이 책의 주제는 오순절 성서 해석학이다. 여기서 저자는 '오순절'이라는 자신의 신학적 입장과 성서 해석이라는 과제의 두 실을 하나의 끈으로 엮는다. 공통적 고백의 대상인 성서의 빛 아래 자신의 신학적 전통을 더 정교화하려는 구심 운동, 그리고 성령의 실질적인 인도하심을 강조하는 자신의 전통이 성서 해석과 적용이라는 공통의 노력을 어떻게 더 견고하고 풍성하게 할 수 있는지를 보여주는 원심 운동, 이 둘이 어우러져 모두에게 유익을 줄 수 있는 책이 되었다. 자신의 출발점을 분명히 하면서도 자신의 목소리를 더 보편적 담론의 자리에 위치시키려는 노력도 반갑지만, 그가 다루는 주제의 폭넓음도 인상적이다. 비교적 넓은 청중을 대상으로 했다는 사실도 많은 독자들에게는 반갑게 여겨질 것이다. 성서 읽기와 성령의 이끄심에 관해 더 선명한 생각을 원하는 이들에게 좋은 참고서가 될 것이다.

권연경 | 숭실대학교 기독교학과 신약학 교수

보통 성서 해석은 본문의 원래 의미를 찾아가는 작업이라고들 한다. 이 작업에는 문법과 구문, 수사학, 역사적 정황들을 고려하며 텍스트의 의미를 찾아가는 과정이 필요하다. 하지만 크레이그 키너는 이 책에서 성서 해석이 단순히 본문과의 씨름이 아니라는 점을 분명히 보여주고 있다. 그에 의하면 성서 해석은 성령의 도우심을 통해 본문이 우리 삶에서 살아나게 하는 작업이다. 키너는 한편으로는 성령의 역할을 강조하면서 성서를 엉뚱하게 영해하는 이들에게도 경종을 울리며, 다른 한편으로는 성서 텍스트와의 지적 씨름과 분석을 해석의 전부라고 생각해온 합리주의적 해석자들에게도 경고를 주고 있다. 크레이그의 책은 신약 해석에서 텍스트의 원래 의미를 분석하는 것의 중요성을 포기하지 않으면서도, 텍스트에 매인 나머지 해석 과정에서 성령의 역할을 도외시해온 이성주의적 해석자들의 척박한 사막에 '생명의 성령'의 바람을 일으키는 도전적인 책이다.

김경식 | 웨스트민스터신학대학원대학교 신약학 교수

키너의 『성령 해석학』은 복음주의적·오순절주의적 성서 해석학이다. 그의 성서 해석학은 복음주의에 확고하게 기반하고 있으면서 오순절주의에 특화되어 있다. 그는 성서가 영감된 하나님의 말씀이라고 철저하게 믿는 복음주의자다. 동시에 그는 해석자의 성령 체험이 성서를 해석하는 데 있어 결정적인 역할을 한다고 믿는다는 면에서 오순절주의자다. 그는 말씀 운동과 성령 운동이 결합될 때 성서 해석과 교회에 놀라운 축복이 있다고 이해한다. 그가 현재 미국 복음주의신학회의 회장인 동시에 오순절신학회의 핵심 멤버인 것은 우연이 아니다. 키너의 신학 안에 복음주의와 오순절주의가 조화롭게 화학적으로 결합되어 있는 것이다. 그의 성서 해석학은 한마디로 말씀 긍정, 성령 긍정, 성서적 체험 긍정의 해석학이다.

김동수 | 평택대학교 신약학 교수, 한국신약학회 직전 회장, 한국오순절신학회 부회장

『성령 해석학』은 오순절 신학의 관점에서 제시된 성서 해석학으로서 기존의 해석학 저서에서 다루지 않는 독특하고 흥미로운 내용을 담고 있다. 해석학이 과거와 현재, 그때와 지금을 가교하고자 한다면, 본 저서는 성령의 영감과 조명이 이와 관련해서 어떤 역할을 수행하는지를 설득력 있게 제시하고자 한다. 비록 오순절 신학의 관점에서 저술되었지만 결코 특정 교파의 좁은 시각을 강요하지 않으며, 오히려 성령의 역사하심과 연관하여 성서 해석을 경험적·성서적·신학적인 관점에서 서술함으로써 모든 그리스도인에게 유익한 보편적인 성서 읽기의 방법을 제시하고자 한다. 물론 이 책은 일반 해석학에서 중요하게 생각하는 문학적·역사적 읽기도 배제하지 않지만, 이 책에서만 맛볼 수 있는 독특한 관점과 내용으로 성서를 사랑하는 모든 사람에게 흥미와 관심을 불러일으키기에 충분하다.

박영식 | 서울신학대학교 교양교육원장, 조직신학 전공

교회는 오순절의 영적 체험과 함께 태동했고, 성령의 임재는 교회를 세우는 토대와 같다. 그렇지만 전통적인 성서 해석학은 '본문에 대한 성령의 감동'이라는 소중한 차원에 관심을 기울이지 못했다. 본서는 본문 해석의 차별화된 요소로서 '성령 해석학'을 제시하는데, 특히 '오순절 관점'이라는 부제가 저자의 방법론적 근거를 확립한다. 즉 1세기에 기록된 성서의 본문과 21세기의 해석을 위한 성령의 역할이 공명할 때, 해석의 편향성이 극복될 뿐 아니라 선교적이고 종말론적이며 보편적인 읽기가 가능해져 본문의 요지를 올곧게 파악할 수 있다는 제안이다. 역사적인 분석을 방기하지 않으면서도 성령의 관점이 적용될 때 성서의 진리를 삶으로 구현할 수 있다고 역설하는 저자의 주장은 설교자와 성서 연구자들에게 상상 이상의 파급력을 가져다줄 것이다.

윤철원 | 서울신학대학교 신학대학원 신약학 교수

성령 해석학이란 무엇이며 어떻게 가능할까? 저자는 경험적 읽기의 현실과 중요성을 통해 말씀과 성령을 한데 묶는 초기 교회의 체험적 가르침을 부활시키고 있다. 하나님의 마음을 아는 것과 말씀을 이해하는 것은 어떻게 다르며 왜 하나가 되어야 하는가? 이 책은 성서를 성령의 경험 아래 읽고 성서를 통해 성령 체험을 할 수 있는 조화로운 방식을 설명한다. 먹어봐야 맛을 안다고, 이 책의 진가는 이 책을 읽는 독자의 감탄에서 확인할 수 있을 것이다.

이민규 | 한국성서대학교 신학대학원 신약학 교수

신약성서 각 권에 대한 방대하고 권위 있는 주석 저술가로서, 보수적인 성향의 학자로 잘 알려져 있는 크레이그 키너는 주로 사회역사학적이고 수사학적인 비평 방법론을 사용하여 그의 주석 작업을 진행해왔다. 『성령 해석학』에서 그는 성서를 읽을 때 성령의 조명이 필요함을 역설함으로써 그의 주석 방법론을 완성시킨다. 저자는 성서에서 하나님의 신적 행위의 확산 및 약속을 인지하고 성서를 읽을 때 성령의 임재 및 가르침을 기대하는 것이 성령 해석학이라고 설명하면서 이 성령 해석학이 보편적 오순절주의의 해석 전통을 넘어 일반 기독교 해석학이 되어야 한다고 제안한다. 성서 읽기에 대한 지성과 영성 및 실천의 통합을 보여주는 『성령 해석학』을 목회자들과 신학생들에게 필요한 성서 해석학의 실제적인 개론서로, 교회 성도들에게는 성서 읽기의 유용한 지침서로 강력하게 추천한다. 이 책을 통해 한국교회를 살아 있는 하나님의 말씀, 성경으로 불러오게 되길 진심으로 바란다.

이상일 | 총신대학교 신약학 교수

예수와 바울을 포함하는 기원후 1세기 경건한 유대인들은 성서(구약)를 냉정하게 객관화한 텍스트로 대하거나 파편화된 분석 작업을 통해 이해하지 않았다. 그들은 하나님의 영이 하나님을 가장 잘 이해한다는 전제 아래 인간의 영이 그 신성한 영과 만나는 체험과 그로부터 유발되는 메시지를 자신과 공동체의 삶의 자리에 적용하는 방식으로 성서와 하나님을 이해했다. 이런 고대적 성서 해석을 선도한 '영감적 인식론'(pneumatic epistemology)의 방법은 근대 계몽주의 이후 서구 성서 해석학의 주류를 형성해온 역사비평 방법과 만날 수 있는 접점이 전혀 없는 것일까? 또 오늘날 21세기 성서학이라는 아카데미아 세계의 지식과, 성서의 말씀에 역동적인 성령의 조명을 구하는 교회 강단의 성서 해석과 메시지 선포 및 적용의 방식은 언제나 엇갈리는 평행선으로 달릴 수밖에 없는 것일까? 나아가 성서 해석과 이해에서 개인과 공동체의 관점, 특출한 엘리트 전문가와 평범한 대중의 시각은 영영 만날 수 없는 갈림길에 불과한 것일까? 혹여 성서 해석에서 개인의 경험과 학문적 이론이 상부상조할 수 있다면 그 묘처는 무엇일까? 이런 질문들에 화답하면서 키너의 이 책은 자신의 학문적 배경과 전통적 이론, 사례 분석과 경험적 간증, 고대와 포스트모던 시대의 교차적 검증 작업 등을 통해 매우 광활하게 대안적이고 보완적인 '성령 해석학'을 조탁한다. 서구 백인 남성, 중산층의 엘리트 주류 계통의 전문 성서학자들이 주구장창 걸어오며 확립해온 딱딱한 성서 해석학의 성채에 이런 다양성의 꽃을 피우며 샛길을 낸 치열한 연구의 성취와, 그 결과 성서를 해석하고 이해하는 더욱 풍성한 관점과 자료를 제공해준 노고에 감사드리며 독자들의 진지한 일독을 권한다.

차정식 | 한일장신대학교 신학과 신약학 교수, 한국신약학회 회장

독특하면서도 신비로운 책이 아닐 수 없다. 책 자체보다 크레이그 키너가 그런 저자이기 때문일지 모른다. 키너는 신앙과 학문의 담벼락을 오르락내리락하면서 마침내 '성령 해석학'의 큰 바위를 학계와 교계의 기울어진 운동장에 힘껏 던져버렸다. 성서에 대한 학문적 엄밀한 읽기의 신랑과 체험적 따뜻한 읽기의 아내가 이혼한 지 오랜 세월, 익숙해진 각자의 상황 아래 치열하게 살고 있는 옛 부부의 일그러진 성서 해석학적 얼굴의 민낯은 그래서 더 측은해 보이는지 모른다. 키너의 『성령 해석학』은 복음주의자들의 자기반성적 성찰과 포용을 통해 한 지붕 아래 각방 생활을 하고 있는 듯한 '성서와 성령', '예수와 성령', '해석과 성령', '저자(과거)의 성령과 독자(현재)의 성령'의 몇몇 부부를 거룩과 하나 됨이 약속된 화해의 풍성한 자리로 초청하고 있다. 그렇기에 '성령 해석학'의 초청 카드를 정성껏 작성한 저자는 오순절 성령 강림 이후를 살고 있는 다양한 교파/교단의 그리스도인 목회자와 신학자 및 성도가 모두 '성서 중심적·그리스도 중심적·성령 중심적·선교 중심적 해석의 프레임'을 더욱 담대하게 하면서도 겸손하게 증언해야 할 순종의 사람들이 되길 기대한다. 이 책을 읽는 독자마다 진리의 복음 안에서 누릴 수 있는 독특하고 신비로운 연합의 대로가 열리는 기쁨이 가득하길 소망한다.

허주 | 아세아연합신학대학교 신약학 교수, 한국복음주의신약학회 회장

크레이그 키너는 성서를 경험적으로, 종말론적으로, 그리고 선교적으로 읽는 것에 대한 설득력 있는 안내서를 저술했다. 키너는 전 세계적으로 폭넓은 오순절 전통의 자원을 활용하여 독자들에게 성령으로부터 깨달음을 이끌어내는 방법, 훈련된 성서 읽기 습관을 기르는 방법, 해석에 대한 논쟁을 이해하는 방법, 그리고 성서 본문을 최대한 활용하는 방법에 대해 안내해준다. 이 책은 그야말로 성령의 불이 함께하는 해석학이다!

마이클 F. 버드(Michael F. Bird) | 호주 멜버른 리들리 대학(Ridley College)

성서 해석학에서 새롭고 참신한 관점이 실제로 가능한지 궁금해하는 사람들이 있다. 키너는 그 일이 가능함을 이 책에서 증명해낸다. 유명 성서학자로서 그는 성서에 대한 전문 지식과 이차문헌에 대한 통달을, 성령 체험이 (단지 오순절 교인만이 아니라) 그리스도인의 성서 읽기 방식을 형성해야 한다는 자신의 깊은 신념과 결합한다. 많은 독자들은 『성령 해석학』에서 자신이 참여하고 숙고해야 할 풍부한 내용을 발견하게 될 것이다.

지닌 브라운(Jeannine Brown) | 미국 샌디에고 베델 신학교(Bethel Seminary)

키너는 기준이 되기에 충분한 이 책에서 성서학에서 가장 중요한 내용과, 자신이 직접 경험한 영적이고 초자연적인 것에 관한 제3세계의 관점을 결합한다. 이 책은 틀림없이 앞으로도 오랫동안 오순절 및 은사주의 해석학에 관한 최고의 저술로 기억될 것이다.

앨런 H. 앤더슨(Allan H. Anderson) | 버밍엄 대학교(University of Birmingham)

결정적으로 중요한 주제에 관해 이처럼 유용하고 상식적인 접근법을 탁월하게 다룬 이 책을 애정을 담아 추천한다.

앤서니 C. 티슬턴(Anthony C. Thiselton) | 노팅엄 대학교(University of Nottingham)

진심으로 반가운 이 책은 모든 교회에서 온전히 통합되고 분명히 드러나야 할 "오순절" 경험을 위한 성령의 계획을 성취하기 위해 대담한 걸음을 내딛고 있다.

마원석 | 영국 옥스퍼드 선교전문대학원(Oxford Centre for Mission Studies)

Spirit Hermeneutics

Reading Scripture in Light of Pentecost

Criag S. Keener

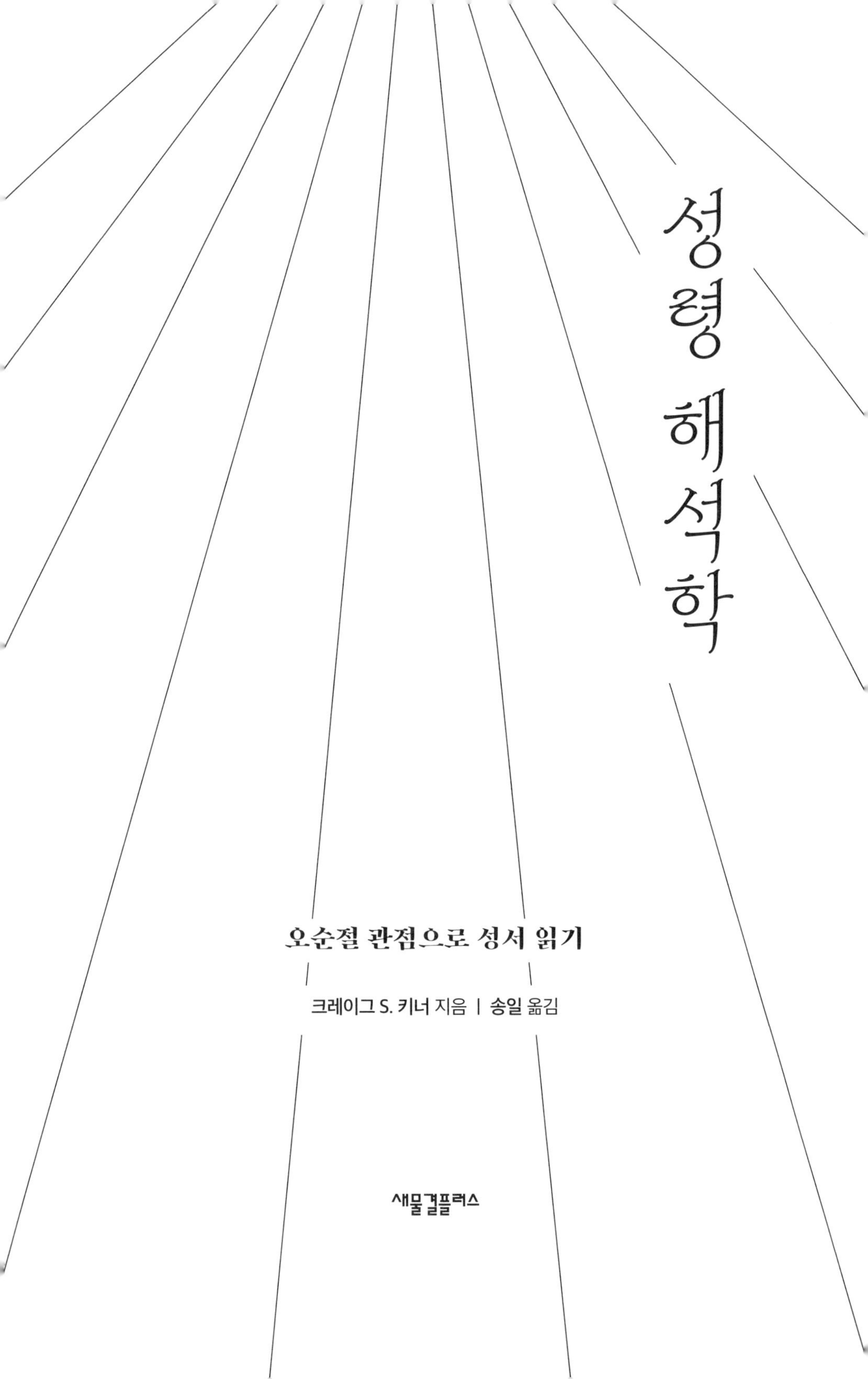

성령 해석학

오순절 관점으로 성서 읽기

크레이그 S. 키너 지음 | 송일 옮김

새물결플러스

애즈버리 신학교의 모든 동료 교수들을 포함하여

성령의 역사를 귀하게 여기는 동료 학자들과

특별히 여러 해 전 젊은 신진 학자인 나를 제자로 받아주신

벤 위더링턴(Ben Witherington) 교수님께 이 책을 바친다.

목차

서문 16
감사의 글 24
약어 25

서론 34

이 책에서 다루지 않는 것 36
성령 해석학이란 무엇인가? 38
성령에 대한 광의의 기독교 해석 56
나의 개인적 배경 64

제1부 실천과 선교를 향한 신학적 읽기 72

1장 경험적 읽기 74
사도행전 2장에 대한 초기 오순절주의의 선교적 읽기 75
성서적 읽기는 경험적 읽기다 83
결론 110

2장 오순절 관점으로 읽기 111
하나님의 마음 알기 112
선교적 읽기 119
성령 충만한 경험 가운데 읽기 120
겸손한 읽기 125
종말론적 읽기 133
비은사중지론적 혹은 은사지속론적 읽기 143
결론 148

제2부 보편적 읽기(Global Reading) 150

3장 보편적 읽기: 오순절의 성서적 모델 152

바벨탑 뒤집기 153

사도행전에서 방언의 내러티브적 기능 156

전통적인 오순절 해석에서 성령 세례와의 연결 158

방언과 교차문화적 선교 162

이중문화적인 헬라파(사도행전 6장) 166

결론 169

4장 보편적 읽기: 상황화와 성서 172

도입: 성서와 상황 173

교차문화적 정경으로서의 성서 174

성서에 관한 다양한 문화의 통찰들 178

성서 내의 교차문화적 소통: 사례 연구 180

성서 내의 상황화 185

성서에서 새로운 상황에 대한 재상황화 190

결론 192

5장 타문화 정보의 필요 193

상황화는 불가피하다 193

문화는 우리가 문화적이라고 생각하는 것을 형성한다 195

사각지대 198

본문에 우선순위 매기기 200

성서의 가르침과 문화적 제국주의 201

오늘날 보편적 교회의 목소리 듣기 203

방법론에 관한 간결한 추기 211

결론 215

6장 제3세계의 가치 있는 통찰 217

사례 연구 I: 영 218

사례 연구 II: 기적 227

결론 239

제3부 의도된 의미와의 연결 242

7장 측정 막대기(The Measuring Stick) 245

정경 문헌의 형성 246

해석의 목적은 방법을 결정한다 247

오순절 전통과 정경 251

정경의 목적 257

성서적 성령, 성령의 영감에 의한 성서 266

결론 279

8장 고대의 의미가 중요한가? 281

(포스트)모던 혹은 고대의 의미? 282

잠재적으로 모호한 명칭 291

고대 상황에 대한 비뚤어진 거부 294

본문의 고대 의미 297

고대 상황에 대한 나의 오순절적 간증 300

현대적 읽기 방식과 전근대적 읽기 방식 303

결론 310

9장 저자를 위해 남겨진 공간? 311

오늘날 저자의 의도? 312

내포 저자와 저자의 의도 파악의 한계 325

결론 328

10장 둘 다 330

문학적 접근과 역사적 접근 둘 다 331

고대와 현대의 의미 둘 다 338

몇몇 읽기는 다른 읽기보다 더 유익하다 343

고대의 의미를 넘어서 345

결론 350

제4부 인식론과 성령 352

11장 말씀과 성령의 인식론 354
전통적인 인식론적 접근법들과 한계 355
하나님 중심적이고 그리스도 중심적인 인식론 358
케리그마적 인식론에서 경험적·증언적 증거 362
인식적 헌신으로서의 믿음 368
신실한 읽기에 관한 예들 372
심판 아래 있는 세계관들 386

12장 성서 인식론과 해석학 390
진리에 대한 담대한 주장들 391
세계관으로서의 불신 397
요한의 인식론적 이원론 409
결론 416

13장 진리로서의 성서 읽기 417
성서 신뢰하기 418
진리는 장르가 아니다 423
하나님의 말씀을 믿는다는 것의 실제 의미 438
믿음의 상상력 442
결론 451

제5부 성서 읽기를 위한 성서 내적 모델 454

14장 예수는 우리에게 성서를 어떻게 들으라고 요청하는가? 456

예수는 상황을 전제한다 458

율법의 보다 중대한 문제들 460

예수는 성서를 자신의 시대에 적용한다 465

율법 이상의 것 469

하나님 나라는 하나님의 이상을 회복시킨다 472

다르게 생각해보기 475

예수의 기독론적 해석 476

결론 479

15장 믿음의 법으로서 율법(Torah) 읽기 480

읽기의 두 가지 방식 480

율법의 정신: 지속적 원칙들, 수정된 내용 483

바울의 원칙 적용하기 488

성서 율법 해석하기 492

결론: 구약성서의 사랑의 하나님 509

16장 기독론적 읽기 또는 개인적 적용? 511

강요된 선택 512

스데반의 그리스도 중심적 해석 515

마태의 그리스도 중심적 읽기 518

복음서의 다른 유비들 525

유비와 적용 529

성서와 일치하는 개인적 적용 535

본보기를 위한 성서 내러티브 읽기 541

단지 연대기가 아닌, 우리를 위한 유형들 544

성서 적용 방식의 일관성 547

율법의 조문과 성령 551

궁극적 말씀 555

결론 558

제6부 누구의 은사주의 해석인가? 560

17장 순진한 "오순절식" 읽기 대 성서적으로 민감한 오순절식 읽기 562
대중적 접근 564
이 접근법의 문제점 566
잘못된 종류의 경험적 읽기 568
대중적 오순절 해석학이 잘못 적용된 몇 가지 예 571
긍정적 예: 고린도전서 14장 경험적으로 다시 읽기 584
결론 586

18장 보편적인 오순절 공동체는 일종의 안전망인가? 588
공동체와 해석 588
누가 오순절 공동체인가? 596
은사주의적 특징을 불필요하게 만들기 599
단순한 은사주의적 교리가 아닌, 은사주의적 경험 603

결론 개인적으로 그리고 역사적으로 말하는 성서 606

이 책의 요지 607
기독교 해석학으로서의 오순절 해석학 608
성령과 적용 610

부록 A 이해를 연결하기 위한 몇몇 이론적 시도 614
부록 B 탈식민주의 접근법들 621
다양한 접근법 622
후기-탈식민주의적 읽기? 624
새로운 민족 중심주의를 피하는 것의 중요성 625
부록 C 보편적인 은사주의 학술 공동체 628
참고문헌 642

서문

어드만스(William B. Eerdmans) 출판사의 오순절 신학 선언 시리즈(Pentecostal Manifestos)의 공동 편집자인 K. A. 스미스(K. A. Smith)와 나는 처음부터 크레이그 키너(Craig Keener)와 대화를 나누면서 언젠가 그가 성서 및 성서-신학 해석학 분야에 관한 책을 써주기를 기대해왔다. 이 연속 출간물의 개요는 여기에 속하는 저술들이 "성격이 다른 두 종류의 책으로 구분될 것"을 제시해준다. 즉 (a) 128-200쪽 분량의 보다 짧고 간결한 주장을 다루는 책으로서 관련 분야 내에서의 담대한 비전을 명확히 설명하는 저술들, (b) 250-300쪽에 달하는 보다 긴 학술 논문으로…"현대의 논의와 논쟁에 대한 오순절 관점에서의 담대한 성명으로서 엄격한 학문으로 뒷받침되는" 저술들이다. 키너가 "엄격한 학문으로 뒷받침되는" 성서 해석에 관한 오순절 신학 선언서 한 권을 저술하기에 적합한 인물이라는 데는 의심의 여지가 없다. 비록 이렇게 표현하는 것이 그의 저술을 알고 있는 이들에게는 일종의 과소평가가 되겠지만 말이다. 그러나 우리는 키너가 저술할 선언서가 여러 권으로 나눌 수 있을 만큼 두꺼운 책이 될 수 없을 거라고 과소평가했다. 아니면 여러 권 분량의 책을 내놓거나 한 페이지에 두 열로 된 주석을 저술하는 그의 습관이 다른 저술 작업에도 전이될 줄은 예상하지 못했다. 그리고 우리는 그가 위의 (b) 사항에 제시된 분량을 넘지 않는 책을 우리에게 보낼 거라는 미심쩍은 예상을 했다. 그런데 이런! 내가 비록 부드럽게 말하고 있지만, 키너가 마침내 원고 작성을 마쳤을 때 그의 원고는 시리즈에 속한 다른 저술의 평균 분량의 두 배에 해당했다. 결국 어드만스 출판사는 단권으로 키너의 책을 출판하는 것이 좋겠다고 결정했다.

이 프로젝트를 촉진하면서 내가 이미 느꼈듯이, 나는 지금 이 부분을 읽고 있는 독자들이 왜 이 책의 남은 부분을 전부 읽어야 하는지에 대한 아홉 가지 이유를 제시하고자 한다. 나는 다음과 같은 세 가지 일반적인 주제 아래 나의 논리적 근거를 정리한다. 즉 『성령 해석학』이 현재 진행 중인 성서-신학 해석학의 논의에 어떻게 기여하는지에 관해, 보다 넓은 해석학적 대화들에 영향을 미칠 수 있는 이 책의 역량에 관해, 그리고 이 책이 성서학자이자 그리스도인인 키너를 이해하는 데 핵심이 될 뿐만 아니라 그가 지금까지 저술한 모든 저서 가운데서도 핵심이 되는 이유에 관해서다(현재까지 키너의 전집에 포함되는 저술들은 하나님의 뜻에 따라 최종적으로 남겨질 유산에 비하면 작은 파편에 불과하다).

첫째, 이 책은 오순절 해석학에 관한 첫 번째 책은 아니지만(이 책의 각 주들이 이를 밝혀줄 것이다), 현존하는 책 중 가장 광범위한 설명을 제공하고 있으며, 성서적·신학적 해석학이라는 보다 넓은 무대에서 오순절 관점에 주의를 기울이는 것이 왜 중요한지를 권위 있게 기록한다. 만일 세계 기독교가 부분적으로 대부분의 나라에 있는 오순절 및 은사주의 교회들의 성장 때문에 폭발적으로 증가하고 있다면, 오순절 방식의 특별한 성서 읽기와 일반적인 해석학적 성향 및 접근법들은 성서 해석 및 보다 넓은 신학 분야에서 등한시될 수 없다. 오순절 해석학에 대한 이전의 저술들과 대조적으로 키너의 저술은 가장 보편적이며, 다른 저술들보다 세계 문화들과 교차문화적 역학에 더 많은 주의를 기울인다. 기독교의 무게 중심이 남반구로 이동하는 것이 의미하는 신학적 측면에 관심이 있는 이들에게 이 책은 성서 해석 및 성서 해석의 신학적 결과, 이 둘 모두의 해석학적 함의들을 추적하는 데 아주 좋은 발판이 된다.

둘째, 『성령 해석학』은 오순절주의의 목소리를 성서의 신학적 해석에서 현재 논란이 되고 있는 중심에 위치시킨다. 이 논의에 연루된 학자들—성서신학자 및 조직신학자들—은 현재 고백적 전통들이 성서의 신학적 해석에서 맡고 있는 역할에 관해 주장하고 있다. 오순절주의는 "고백" 형태의 기독교라기보다는 영성, 에토스, 일련의 감수성이다. 그러나 이런 조합은 대화를 촉발할 수 있고, 심지어 성서의 신학적 해석을 추구하는 집단들 내에서 이미 싹튼 논쟁성을 강화시킬 수 있다. 요지는 다음과 같다. 즉 성령이 성서 본문을 통해 역사한다는 기대를 갖고 성서를 읽는다는 점에서 오순절 해석학은 신학적이라는 것이다. 그러나 이런 읽기는 성서의 신학적 해석과 관련하여 이미 확립된 논쟁의 범주들을 마구 섞어놓을 수 있는데, 그 정확한 이유는 여기서 중요한 것이 단지 수용되는 신학적(혹은 교리적) 전통이 아니라, 이 세상에 역동적인 영향을 미치는 성령의 지속적인 역사 아래에서 겪는 실존적 체험이기 때문이다.

셋째, 오순절 기독교는 적어도 부분적으로는 종교개혁 전통, 구체적으로 말해서 루터주의와 동일한 방식으로 등장했다. 루터가 새로운 교회(혹은 교단)를 세우려는 의도가 전혀 없었던 것과 마찬가지로, 오순절 신자들은 그들이 이제까지 경험한 것보다 더 활력 있고 포괄적인 방식으로 사도적 메시지를 복구하고 재사용하고 있다고 늘 생각했을 뿐이었다. 그래서 이런 회복주의는 처음부터 사도적 길과 전통을 더 온전하게 살아내는 것으로 이해되었다. 이런 의미에서 오순절 영성 혹은 오순절 기독교는 그리스도를 따르는 또 다른 종류나 방식이 아니라, 아버지 하나님의 우편에서 주어지는 성령이라는 그리스도의 선물에 온전히 빠져 사는 것을 의미한다(행 2:33). 이런 의미에서 오순절 해석학은 기독교 해석학이나 다름없으며, 성령을 통해 이해하고 그리스도 안에서 삶을 살아가는 데 헌신하는 것이다.

크레이그 키너는 여기서 온화하고 효과적인 교사다. 그는 너무 자주 오순절 영역에 팽배해 있어서 그 영역을 전염시키고 있는 승리주의에 방심하지 않으면서 예수를 신뢰하는 모든 이들에게—오순절 교인이라고 불리는 자들이든 아니든—이 세상에서 성령의 지속적인 역사 가운데서 보다 온전히 살아갈 것을 요청한다. 간단히 말해 『성령 해석학』은 성서적 충실함에 관한 것으로, 단지 오순절 신앙 공동체에 속한 자들만이 아니라 예수를 성령의 기름 부음을 받은 자로서, 그리고 이제는 정확하게 성령의 권능을 통해 부활한 그리스도로서 따르고자 하는 모든 이들을 위한 책이다.

만일 위의 세 가지 이유가 보다 구체적으로 키너의 책이 성서 해석 분야에 영향을 미친 방식을 강화시킨다면, 다음의 세 가지 이유는 일반 해석학과 보다 광범위한 의미에서의 해석 철학을 생각하는 자들에게 키너의 책이 어떤 차별성을 갖고 있는지에 초점을 맞춘다. 만일 근대 신학의 "아버지"라고 불리는 프리드리히 슐라이어마허(Friedrich Schleiermacher) 이후의 해석학이 지속적으로 저자의 마음을 이해하는(슐라이어마허는 이해라는 표현 대신 추측[divine]이라는 표현을 사용한다) 데 주력하고 있다면, 그리고 칼 바르트(Karl Barth)와 한스 프라이(Hans Frei) 이후의 해석학이 소위 "성서의 낯설고 새로운 세계" 속으로의 보다 완전한 진입을 의도한다면, (넷째) 키너는 기독교 해석학이 어떻게 전자의 자유주의와 후자의 탈자유주의보다 훨씬 급진적인가를 우리에게 보여준다. 고대 본문의 타자성 및 정서적 측면들 모두에 주의를 기울이는 해석학적 감수성을 자세히 설명해줌으로써 말이다. 그러나 키너의 제안에 담긴 급진성은 그와 같은 주의 깊음이 어떻게 현대 독자들과 그들의 공동체의 정서와 지평을 배제하지 않고 포괄하는지를 분명히 보여주는 데 있다. 후자는 본문의 타자성을 제거하지 않고, 멀리 떨어져 존재하는 지평들의 이런 측면들을 보다 효과적으로 사용할 수 있게 만든다.

다섯째, 더욱이 키너는 고대 본문의 이해가 현대적 함의를 지니고 있음을 보여준다. 그리스도인들은 이를 제자도라고 부르며, 키너의 성서-신학적 헌신은 그로 하여금 성서의 종말론적 지평의 측면에서 제자도를 규정하도록 인도한다. 그러나 일반 해석학의 관점에서 볼 때, 이처럼 앞을 내다보며 예상하는 추진력은 독서의 실용적 차원 또는 심지어 목적론적 차원 같은 영역에서도 확인된 것을 포함한다. 즉 과거에 대한 우리의 이해와 수용이 어떻게 현재의 해방적 행위로 이어지고 더 나은 미래를 기대하는 목적을 향할 수 있을까? 마르크스주의적 해석학이 더 나은 미래를 기대하는 궤적에 우선순위를 둔다면, 『성령 해석학』은 성서에 기록되어 있는 것처럼 이런 해방적 역학이 세상에서 역사하는 성령에 대한 오순절적 실재를 통해 자유롭게 표출된다고 주장한다.

여섯째, 만일 키너가 성령의 영감을 받은 본문의 지평을 최소화하거나 그런 본문을 독자의 지평 아래 종속시키지 않는 가다머 방식의 해석학적 변증법을 정확하게 살아내는 방법을 우리에게 보여준다면, 그는 의사소통적 합리성이 한편으로 깊이 종교적이면서도 다른 한편으로는 진정으로 공적일 수 있는 방법을 강조하는 방식으로 기독교가 하버마스 방식의 해방적 해석학에 참여할 수 있도록 해준다. 키너는 대부분의 기독교 해석학 이론가들보다 세계 기독교의 특징, 특히 오순절 및 은사주의 형태로 표명되는 기독교의 특징에 대해 좀 더 기민하다. 따라서 그는 이런 세계적 지평들이 어떻게 공적 담론을 형성할 수 있는지를 지시해줄 수 있다. 그와 같은 세계적 지평들과 상호작용하는 측면에서뿐만 아니라 특정 형태의 해방적 실천을 일으키는 측면에서도 말이다. 일반 해석학 이론에 기여하기 위해 노력하는 기독교 사상가들이 할 수 있는 최선은 키너가 책이라는 대중 매체를 통해 어떻게 고대 문헌과 현대의 세계적·공적 상황 사이를 헤쳐나가는지에 주목하는 것이다.

그러나 많은 독자들은 키너가 성서 주해가 겸 주석가로서 쌓아올린 저명함 때문에 이 책에 끌릴 것이다. 이미 이 사실을 알고 있는 사람들에게 다음에 이어질 마지막 세 가지 이유는 실망스러울 것이다. 왜냐하면 그들은 이미 정교한 내용으로 가득 차 있는 긴 분량의 책을 즐길 준비가 되어 있기 때문이다. 하지만 어쨌거나 남은 세 가지 이유를 감히 말하려고 한다. 키너가 이전에 저술한 책들에서는 대부분 단지 암시되어 있을 뿐이었던 키너 자신의 해석학적 본능 및 헌신을 바로 이 책이 적나라하게 드러내고 있다는 분명한 사실(일곱째)을 지적하면서 말이다. 모든 주해가의 해석학적 가정이 그들의 저술 자체를 통해서만 도출 가능하다는 주장에는 일리가 있다(심지어 한 조직신학자의 방법론은 그의 연구 저술 전체를 통해서만 추적 가능하다). 그리고 이는 이 책에도 적용된다. 그러나 이 책이 아름다운 이유는 다음과 같다. 즉 키너는 그의 독자들이 그가 이전에 저술한 상당한 분량의 책들을 끊임없이 연구하면서(키너의 저술 속도를 따라잡을 수 있는 독자는 없다!) 무엇을 추측해야 할지 이 책에서 명료하고 광범위하게 알려주고 있다. 그러나 그는 성서를 단순히 언급하는 것이 아니라 성서를 활용하는 자신만의 독특한 방식으로 이를 수행한다. 이는 결국 우리가 이 책에서 학자이자 인간으로서의 키너에 대한 통찰뿐만 아니라 성서에 대한 통찰도 얻게 된다는 것을 의미한다.

여덟째, 『성령 해석학』은 오순절 그리스도인—오순절 그리스도인이란 표현은 나의 앞선 언급을 감안하여 오순절이라는 수식어 없이 단순히 그리스도인으로 표현될 수 있다—이 지적인 삶과 성령 안에서의 삶, 이 두 삶의 수렴을 어떻게 예증하고 있는지를 우리에게 보여준다. 많은 그리스도인은 한쪽을 포용하면서 다른 쪽을 거부하거나, 한쪽이 다른 쪽과 양립 불가하다고 생각하면서 이런저런 실수를 저지른다. 크레이그 키너를 통해 우리는 결국 하나의 예를 보게 되는데, 이는 지성의 엄격한 사용과 경이로운 학문적 결과물이 어떻게 영적 행위와 결부되어 있는가를 드러낸다. 그런데 이 영적 행위는 하나님의 통치를 기대하며 예수의 영으로 살아가는 삶에 의해 강제된다. 좀 더 구체적으로 키너의 경우에는 어떤 의미에서 지적 추구를 유지시켜주고 부추기는 영적 삶이 없다면 지적인 삶도 존재하지 않는다고 말할 수 있다.

마지막으로 아홉째(그렇다고 중요도가 제일 떨어지는 건 아니다), 『성령 해석학』은 성령으로 충만한 학문적 삶을 단순히 표방하는 것이 아니라, 현세대의 신학 교육마저 저해하는 다음과 같은 대립들을 초월하여 나아가는 길을 제시한다. 지성과 경건의 대립, 학문적인 것과 영적인 것의 대립, 인지와 정서의 대립, 자기 변화와 세계 변화의 대립, 합리와 은사의 대립, 사색/이론과 실용/실재의 대립, 종파/교구와 초교파/보편의 대립, 교회와 대중의 대립 등등. 각각의 경우에 키너는 어떤 이들이 과장하고 싶어 할 만한 한쌍으로의 묶음과 이원론을 초월하여 나아가는 길을 제시한다. 이 책에서 이것이 성공적으로 작용한다고 해서 우리가 이런 대립들을 극복했다는 것은 아니다. 이는 다만 아무런 통제가 없을 때보다는 보다 안전한 범위 내에서 우리가 읽기 및 삶을 영위해나갈 수 있는 방식으로 이런 대립들이 통제된다는 것을 의미한다. 신학교 교수들은 말할 것도 없고 신학생들도 단지 키너의 해석학 논의에 관한 세부사항에만 집중하지 말고, 그가 엄청난 논쟁거리들에 어떤 담론적 방식으로 개입하고 있는지, 그리고 자신에게 반대하는 토론자들을 무시하지 않으면서 그들과 함께 고민함으로써 어떻게 대화를 전개해나가고 있는지에 주목해야 한다.

독자들이 키너의 모든 주장에 동의하지 않을 것이라는 점은 의심의 여지가 없다. 그러나 그런 차이들이 식별되고 명확해질 수 있는 유일한 방법은 훌륭한 교사인 키너가 저술한 이 책을 읽는 것이다. 나는 키너가 오순절 선언 시리즈 중 한 권을 써달라는 첫 요청을 진지하게 받아들여준 데 대해 감사한다. 그의 책은 오순절 선언 시리즈가 아니라 독자적으로 출간됨에 따라 훨씬 많은 분량을 확보하게 되었을 뿐만 아니라 훨씬 광범위한 독자층을 아우르게 될 것이다. 성령의 숨결이 이 책의 내용에 주목하는 모든 이들에게 체험되고 나아가 그들을 변화시키길 기원한다.

아모스 용(Amos Yong)

캘리포니아주 패서디나

풀러 신학교 신학 및 선교학 교수

감사의 글

이 책을 환영해주고 편집해준 어드만스 출판사 편집자들, 즉 마이클 톰슨(Michael Thomson), 제임스 어니스트(James Ernest), 제니 호프만(Jenny Hoffman)에게 감사한다. 처음에 이 책의 집필을 요청해준 아모스 용(Amos Yong)과 K. A. 스미스(K. A. Smith)에게도 감사를 드린다. 그리고 내가 개념적·교차문화적으로 이 책을 집필할 수 있도록 촉구해준 랄상키마 파추아우(Lalsangkima Pachuau)에게도 감사의 말을 전한다.

약어

AAAM	American Anthropological Association Monographs
AARAS	American Academy of Religion Academy Series
AARTRSS	American Academy of Religion Teaching Religious Studies Series
AB	Anchor Bible
ABD	*Anchor Bible Dictionary*
ABIG	Arbeiten zur Bibel und ihrer Geschichte
ACCS	Ancient Christian Commentary on Scripture
AfSt	African Studies
AfThJ	*Africa Theological Journal*
AJPS	*Asian Journal of Pentecostal Studies*
AJPSS	Asian Journal of Pentecostal Studies Series
AmAnth	*American Anthropologist*
AmJEpid	*American Journal of Epidemiology*
AmSocMissMonS	American Society of Missiology Monograph Series
AmSocMissS	American Society of Missiology Series
AnnBehMed	*Annals of Behavioral Medicine*
ANTC	Abingdon New Testament Commentaries
AnthCons	*Anthropology of Consciousness*
AnthHum	*Anthropology and Humanism*
AnthrQ	*Anthropological Quarterly*
ARAnth	*Annual Review of Anthropology*

ATJ	*Asbury Theological Journal*
AUSS	*Andrews University Seminary Studies*
AUSt	American University Studies
BangTF	*Bangalore Theological Forum*
BAR	*Biblical Archaeology Review*
BASOR	*Bulletin of the American Schools of Oriental Research*
BBR	*Bulletin of Biblical Research*
BDAG	Danker, Frederick W., Walter Bauer, William F. Arndt, and D. Wilbur Gingrich. *Greek-English Lexicon of the New Testament and Other Early Christian Literature.* 3rd ed. Chicago: University of Chicago Press, 2000.
BDB	Brown, Francis, S. R. Driver, and Charles A. Briggs. *A Hebrew and English Lexicon of the Old Testament.*
BETL	Bibliotheca Ephemeridum Theologicarum Lovaniensium
BiBh	*Bible Bhashyam (Biblebhashyam)*
BibT	*The Bible Today*
Bijdr	*Bijdragen*
BIS	Biblical Interpretation Series
BMedJ	*British Medical Journal*
BrCanRes	*Breast Cancer Research*
BrillPauly	*Brill's New Pauly, Encyclopaedia of the Ancient World: Antiquity.* Ed. Hubert Cancik, Helmuth Schneider, and Christine F. Salazar. Leiden and Boston: Brill, 2002-.
BSac	*Bibliotheca Sacra*
BTCB	Brazos Theological Commentary on the Bible
BullHistMed	*Bulletin of the History of Medicine*
BurH	*Buried History*
CBC	Cambridge Bible Commentary
CBET	Contributions to Biblical Exegesis and Theology
CBull	*Classical Bulletin*
CCRMS	Cross-Cultural Research and Methodology Series

ChicSt	*Chicago Studies*
CJ	*Classical Journal*
CNT	Commentaire du Nouveau Testament
ConBOT	Coniectanea biblica: Old Testament Series
CrQ	*Crozer Quarterly*
CSPhilRel	Cornell Studies in the Study of Religion
CSR	*Christian Scholar's Review*
CT	*Christianity Today*
CurTM	*Currents in Theology and Mission*
DNTB	*Dictionary of New Testament Background.* Ed. Craig A. Evans and Stanley E. Porter. Downers Grove, IL: InterVarsity, 2000.
DPCM	*Dictionary of Pentecostal and Charismatic Movements.* Ed. Stanley M. Burgess, Gary B. McGee, and Patrick H. Alexander. Grand Rapids: Zondervan, 1988.
DPL	*Dictionary of Paul and His Letters.* Ed. Gerald F. Hawthorne, Ralph P. Martin, and Daniel G. Reid. Downers Grove, IL: InterVarsity, 1993.
Enr	*Enrichment*
ETR	*Études Théologiques et Religieuses*
EvQ	*Evangelical Quarterly*
ExpT	*Expository Times*
F&M	*Faith & Mission*
FidHist	*Fides et Historia*
FoiVie	*Foi et Vie*
FourR	*The Fourth R*
FPhil	*Faith and Philosophy*
HBT	*Horizons in Biblical Theology*
HealthPsy	*Health Psychology*
HistTh	*History and Theory*
HTIOPS	Hispanic Theological Initiative Occasional Paper Series
HTS/TS	*HTS Teologiese Studies/Theological Studies*

HUCA	*Hebrew Union College Annual*
HumSt	*Hume Studies*
HvTSt	Hervormde Teologiese Studies
IBC	Interpretation: A Bible Commentary for Teaching and Preaching
IBMR	*International Bulletin of Missionary Research*
ICC	International Critical Commentaries
IEJ	*Israel Exploration Journal*
IJPhilRel	*International Journal for Philosophy of Religion*
IntArHistI	International Archives of the History of Ideas
IntJEpid	*International Journal of Epidemiology*
IntJPsyMed	*International Journal of Psychiatry in Medicine*
IntRevMiss	*International Review of Missions*
ITQ	*Irish Theological Quarterly*
JAAR	*Journal of the American Academy of Religion*
JABFM	*Journal of the American Board of Family Medicine*
JAM	*Journal of Asian Mission*
JAnthRes	*Journal of Anthropological Research*
JASA	*Journal of the American Scientific Affiliation*
JBL	*Journal of Biblical Literature*
JChrDis	*Journal of Chronic Diseases*
JClinEpid	*Journal of Clinical Epidemiology*
Jeev	*Jeevadhara*
JETS	*Journal of the Evangelical Theological Society*
JGBSMS	*Journal of Gerontology Series A: Biological Sciences and Medical Sciences*
JGPSSS	*Journal of Gerontology Series B: Psychological Sciences and Social Sciences*
JGRCJ	*Journal of Greco-Roman Christianity and Judaism*
JHSocBeh	*Journal of Health and Social Behavior*
JITC	*Journal of the Interdenominational Theological Center*

JJS	*Journal of Jewish Studies*
JPFC	*The Jewish People in the First Century: Historical Geography, Political History, Social, Cultural and Religious Life and Institutions.* 2 vols. Ed. S. Safrai and M. Stern with D. Flusser and W. C. van Unnik. Section 1 of Compendia Rerum Iudaicarum ad Novum Testamentum. Vol. 1: Assen: Van Gorcum & Comp., B.V., 1974; Vol. 2: Philadelphia: Fortress, 1976.
JPHWMSM	J. Philip Hogan World Missions Series Monograph
JPT	*Journal of Pentecostal Theology*
JPTSup	*Journal of Pentecostal Theology Supplement Series*
JR	*Journal of Religion*
JRelAf	*Journal of Religion in Africa*
JSHJ	*Journal for the Study of the Historical Jesus*
JSJ	*Journal for the Study of Judaism in the Persian, Hellenistic, and Roman Periods*
JSNT	*Journal for the Study of the New Testament*
JSNTSup	Journal for the Study of the New Testament Supplements
JSOTSup	Journal for the Study of the Old Testament Supplements
JSQ	*Jewish Studies Quarterly*
JSS	*Journal of Semitic Studies*
JTS	*Journal of Theological Studies*
JTSA	*Journal of Theology for Southern Africa*
JValInq	*Journal of Value Inquiry*
LCL	Loeb Classical Library
LD	Lectio Divina
LEC	Library of Early Christianity
LNTS	Library of New Testament Studies
LumVie	*Lumière et Vie*
MaisD	*Maison Dieu*
MHR	*Mediterranean Historical Review*

MissSt	*Mission Studies*
NAC	New American Commentary
NatInt	*The National Interest*
NBf	*New Blackfriars*
NCamBC	New Cambridge Bible Commentary
NCCS	New Covenant Commentary Series
NIB	*The New Interpreter's Bible*. Ed. Leander E. Keck. 12 vols. Nashville: Abingdon, 1994-2004.
NICNT	New International Commentary on the New Testament
NICOT	New International Commentary on the Old Testament
NIGTC	New International Greek Testament Commentary
NIVAC	NIV Application Commentary
NovTSup	Supplements to Novum Testamentum
NRTh	*Nouvelle Revue Théologique*
NSPR	New Studies in the Philosophy of Religion
NTMon	New Testament Monographs
NTS	*New Testament Studies*
NTTS	New Testament Tools and Studies
OCD^3	*The Oxford Classical Dictionary: The Ultimate Reference Work on the Classical World*. 3rd rev. ed. Ed. Simon Hornblower and Antony Spawforth. Oxford: Oxford University Press, 2003.
OHCC	Oxford History of the Christian Church
OrOnc	*Oral Oncology*
PAST	Pauline Studies
PHC	Penguin History of the Church
PhilChr	*Philosophia Christi*
PhilFor	*Philosophical Forum*
PhilSt	*Philosophical Studies*
PhilTheol	*Philosophy and Theology*
PNTC	Pillar New Testament Commentary
PRSt	*Perspectives in Religious Studies*

PrTMS	Princeton Theological Monograph Series
PScChrF	*Perspectives on Science and Christian Faith*
PsycTRPT	*Psychotherapy: Theory, Research, Practice, Training*
QC	*Qumran Chronicle*
RelS	*Religious Studies*
ResAg	*Research on Aging*
ResQ	*Restoration Quarterly*
RevExp	*Review and Expositor*
RevQ	*Revue de Qumran*
RNT	Regensburger Neues Testament
RStMiss	Regnum Studies in Mission
SBL	Society of Biblical Literature
SBLMS	Society of Biblical Literature Monograph Series
SBLSymS	Society of Biblical Literature Symposium Series
SBT	Studies in Biblical Theology
ScChrB	*Science and Christian Belief*
SCEthn	Series in Contemporary Ethnography
SCR	Studies in Comparative Religion
SEAJT	*South East Asia Journal of Theology*
SHBC	Smyth & Helwys Bible Commentary
SHCM	Studies in the History of Christian Mission
SHE	*Studia Historiae Ecclesiaticae*
SICHC	Studies in the Intercultural History of Christianity
SJRS	*Scottish Journal of Religious Studies*
SJT	*Scottish Journal of Theology*
SMedJ	*Southern Medical Journal*
SNTSMS	Society for New Testament Studies Monograph Series
SocG	*Sociologische Gids*
SP	Sacra Pagina
SPCI	Studies in Pentecostal and Charismatic Issues
SSMed	*Social Science & Medicine*

StMkRev	*St Mark's Review*
SWJT	*Southwestern Journal of Theology*
TJ	*Trinity Journal*
TJT	*Toronto Journal of Theology*
TQ	*Theologische Quartalschrift*
TSHP	Texts and Studies in the History of Philosophy
TynBul	*Tyndale Bulletin*
UCPLA	Unidade Cientifico-Pedagógica de Letras e Artes
UJT	Understanding Jesus Today
WBC	Word Biblical Commentary
WMQ	*William and Mary Quarterly*
WUNT	Wissenschaftliche Untersuchungen zum Neuen Testament
ZAW	*Zeitschrift für die Alttestamentliche Wissenschaft*
Zyg	*Zygon: Journal of Religion and Science*

서론

『성령 해석학』은 성서에 대한 역동적이고 경험적인 해석을 지지하는 성서신학적 사유의 기능을 수행하기 위해 고안되었다. 동시에 성서에 담긴 성령의 목소리에 대한 진정한 민감성은 역사적·문화적 환경(이 환경 안에서 성령은 현재 우리가 지닌 성서의 모습을 형성했다)에 대한 좀 더 깊은 이해를 환영해야 하는데, 이런 민감성에 대해 경험적·신학적 성서 읽기의 일부 지지자들은 때때로 과민반응을 보여왔다.

이 책은 일반적으로 기독교의 해석 방식에 관심을 두지만, 특별히 오순절 및 은사주의 전통을 많이 다룬다. 이는 두 전통이 성령에 특별한 관심을 두고 있고, 내가 이 두 전통의 역사적 사건과 논의에 친숙하기 때문이다. 나는 보편적 오순절주의와[1] 성서에 관한 학문적 논의에서 모두 은사주의를 견지하는 성서학자다. 비록 내가 때때로 이 두 영역에서 다른 방식으로 존재하기도 하지만 말이다.

1 나중에 본론에서 설명될 이유들로 인해 나는 오순절 교단을 포함하지만 이 교단에만 국한되는 것이 아닌 보편적 오순절 경험을 표현하기 위해 소문자 "p"를 사용함으로써 최근의 몇몇 연구물의 관습을 따른다.

나는 성서학자이므로, 해석학적 논의에 관한 현 상태를 분석하지 않고(많은 이들이 이런 분석을 이미 시도했다) 성서적 증거 자체에 집중함으로써 가장 차별화된 기여를 할 수 있다.[2] 이런 성서적 증거는 모든 기독교적 해석 전통과 연관이 있으며, 이 증거로부터 오순절적 요소들에 의해 특별히 조성된, 즉 성서와 함께하는 나 자신의 여정이 시작되었다. 성서 자체는 더 이른 시기에 기록된 성서의 부분들을 듣는 이들이 이를 자신의 시대에 적용 가능한 것으로서 받아들이는 것에 대한 많은 선례를 제공해준다. 그러므로 성서는 그것이 전달하는 메시지에 대한 경험적 평가의 모범이 된다.

나는 이런 경험적 강조와 이에 대한 전통적 평가의 중요성, 다양한 지역(보편적 기독교) 관점에서의 성서 듣기가 지닌 가치, 그리고 이런 접근들과 성서의 일차적 맥락에서 성서 본문 고유의 경험적 메시지 간의 잠재적 일관성을 제시함으로써 시작한다. 그다음에 이런 접근들이 어떻게 그리스도의 복음에 토대를 두면서 초기의 다양한 기독교 흐름(바울, 요한, 누가의 접근들을 포함하여) 속에서 부상하는 인식론을 반영하고 있는지를 보여준다. 이어서 성서가 이런 방식을 통해 우리를 어떻게 초대하고 있는지를 귀납적으로, 특히 예수와 바울이 어떻게 구약을 해석했는지에 관한 측면에서 보여준다. 마지막으로 나는 이런 요소들과 기타 다른 요소들이 소위 "오순절주의" 혹은 "은사주의" 해석학이라고 자주 불리는 것에 대해 어떤 함의를 지닐 수 있는지를 간단히 고려할 것이다.

---

2 Boda("Word and Spirit," 25)는 해석학에 대한 기독교 신학적 접근법들이 대부분 신약성서에 초점을 맞추고 있다며 애석해한다. 이 책 역시 예외가 아닐 것이다. 그러나 여기서 이런 현상이 발생한 이유는 나의 학문적 전문 분야가 신약성서이기 때문이지, 구약성서에 대한 무시나 종교적인 무관심 때문이 아니다.

이 책에서 다루지 않는 것

과거에 내가 목회학 석사 과정 학생들에게 해석학을 가르칠 때, 이 과목의 상당 부분은 기본적인 주해 방법 및 유형들을 다루었다(여기에 개론 수준의 이론도 덧붙였다). 나는 주로 신학의 다른 분야들, 특히 설교로의 분명한 통합적 전이를 가르쳤지만, 이런 가르침은 그저 학기말에 학생들에게 상대적으로 짧게 제공되었다.

하지만 당시에 나는 정기적으로 설교하면서 성서 본문을 내 청중의 상황에 적용했다. 그리고 성서 본문으로부터 내가 배울 수 있는 것에는 훨씬 더 정기적으로 영적인 귀를 기울였다. 나는 이런 접근을 본보기로 삼아(앞서 언급한 해석학 과목을 포함하여) 다양한 성서 과목을 가르쳤다. 그러나 나는 이런 접근을 숙고하거나 의도적으로 그것을 설명하려고 하지는 않았다. 이 책에서 내가 원하는 것은 이론적 결핍을 해소하는 일인데, 이는 성서 본문에 영적으로 민감한 기독교적 접근이 그리스도인들의 성서 해석에서 왜 (대체제가 아니라) 소중한 동반자인지를 설명함으로써 이루어진다.

이 책에서 나는 독자들이 대부분 문학적·역사적 상황에 대한 관심의 중요성을 이미 이해하고 있다고 전제한다. 이런 중요성은 내가 다른 책들에서도 종종 다룬 주제다. 그러므로 이 책은 기초적 성서 해석을 위한 기본 원칙들을 다루는 일종의 매뉴얼(나는 다른 곳에서 일반 청중 수준의 매뉴얼을 무료로 제공했다[3])도 아니고, 나보다 다른 학자들이 더 잘 다루는 해석학(아

3 상황, 배경, 장르에 초점을 맞춘 매뉴얼은 영어, 스페인어, 불어, 그리고 여타의 언어들로 번역되어 인터넷상에서 무료로 이용 가능하다(http://www.craigkeener.com/free-resources/). 내가 이 매뉴얼을 무료로 제공한 것은 특별히 출판물에 대한 접근이 어려운 독자들을 위함이다.

마도 가장 유명하고 주목할 만한 학자는 앤서니 티슬턴[Anthony Thiselton]일 것이다)과 관련하여 심화된 철학적 논의도 아니다.[4]

따라서 이 책은 독자들에게 문학적 해석학에 관한 기본 능력이 이미 있다고 가정한다(여기에는 문학적·역사적 상황 및 장르에 대한 중요성도 포함된다). 이것이 바로 내가 일반적으로 가르치는 내용인데, 이는 성서를 읽는 대다수의 보통 독자들을 위한 토대가 된다. 이 책의 의도는 이런 기초적 접근들을 보충하고 보완하려는 것이지, 대체하려는 것이 아니다. 나중에 이 책에서 분명히 드러나겠지만, 나는 "성령적"이라고 주장하면서도 성령이 성서 기록에 영감을 불어넣은 배경, 즉 성서의 형성에 대한 특이점들을 설명하는 데 도움이 되는 정황의 구체성을 무시하는 접근법들을 견딜 수 없다.

그러므로 이 책은 성서 이해에 필요한 모든 것을 다루는 것이 아니라 해석학에 대한 특정 질문이나 요소에 집중한다. 즉 우리는 어떻게 성서에서 성령의 목소리를 듣는가? 다른 종류의 문학에서 흔한 여타의 기법들은 성서의 다양한 장르와 필연적으로 관련된다. 결국 성서 본문은 적어도 그 본문의 역사적 정황으로부터 규명 가능한 실제 언어, 역사, 문화, 그리고 장르를 통해 소통되는 텍스트다. 이런 텍스트의 형성은 그에 적합한 해석적 접근을 요청한다.

그러나 『성령 해석학』의 특이점은 이 텍스트를 **성서**로서 읽는 **신자**들

---

4 이 책에서 다루는 명백한 은사주의 연구물들 외에도 적절하고 가치 있으며 영향력 있는 저술들을 제공해주는 동료 복음주의 학자들은 다음과 같다. Thiselton, *Horizons*; Osborne, *Spiral*; Klein, Blomberg, and Hubbard, *Introduction*[2]; Brown, *Scripture as Communication*; Bartholomew, *Hermeneutics*. 이 외에도 다양한 전통 및 접근법을 사용하는 많은 학자들이 언급될 수 있다. 내가 저술한 사도행전 주석은 사회-역사적이고 수사학적인 접근법을 설명한다(그러나 이는 한 가지 접근법으로서 모든 접근법에 반드시 필요한 형태는 아니다). Keener, *Acts*, 1:16-26.

에게 있다.[5] 책임 있는 해석을 하는 동안, 혹은 이런 해석을 마친 후 우리는 성령이 해당 본문을 우리의 삶과 공동체에 어떻게 적용해주시기를 기대하는가? 우리처럼 성서 해석 훈련을 이미 받은 이들은 이 마지막 관심사를 가장 많이 기억해야 할 사람들이다. 우리는 전통적인 주해 방법론을 가르칠 때 종종 이 관심사를 다루지 않는다.

성령 해석학이란 무엇인가?

이 책의 제목인 성령 해석학은 여러 가지 신학적 렌즈를 제시하는데, 나는 성서가 이 렌즈들을 통해 성서를 읽도록 우리를 초대한다고 믿는다.[6] 이 책의 기원은 그 궤적과 유비(analogies) 선택을 설명하는 데 도움을 준다. 아모스 용과 제임스 K. A. 스미스(James K. A. Smith)는 오순절 신학에 관한 그들의 시리즈에 포함될 오순절 해석학과 관련한 책의 저술을 고맙게도 내게 제안했다. 아모스의 제안으로 나는 개인적으로 내가 성서를 어떻게 읽고 있는지를 생각해보았는데, 내 성서 읽기는 내가 성서 해석 수업에서 일반적으로 강의하는 보다 제한된 방법들을 벗어난다. 이 책의 분량 때문에

5 Green(*Seized*, 2-5)은 다른 여느 책과 마찬가지로 성서를 읽는 것이 유익할 수 있다고 말하지만, 이는 성서를 하나님의 말씀으로서 읽는 것이 아니라고 주장한다. "고백적 성서 해석학"에 대한 논의를 위해서는 Craig Bartholomew와 다른 학자들의 연구를 인용하는 Spawn, "Principle," 46-47을 보라.

6 나는 현대의 오순절 방식의 읽기를 활용하기에 앞서 성서 자료를 사용하여 귀납적으로 책의 초안을 작성하고자 애썼으며, 집필 과정 초기에 이 책의 제목을 "성령 해석학"으로 정했다. Clark Pinnock이 동일한 표현을 이미 만들어 사용했다는 것을 우연히 발견한 시점은 집필이 시작된 지 오랜 시간이 지난 후였다. 다음을 보라. Pinnock, "Work of Spirit"(2009년에 처음 출판될 당시의 제목은 "Interpretation"이었다), 233-34, 237-39.

마이클 톰슨(Michael Thomson)과 시리즈의 편집자들, 그리고 나는 이 책을 시리즈와 별개로 출판하기로 동의했다. 그러나 이 책의 기원은 그 본래의 취지를 설명해준다.

그러나 이 프로젝트의 시작부터 나는 "오순절 해석학"(Pentecostal Hermenuetics)이라는 협의의 제목이 비록 정확할지는 몰라도 독자들의 오해를 초래할 수 있다고 주장했다. 왜냐하면 나는 좋은 "오순절" 해석을 특징짓는 요소들은 성령의 인도를 받는 모든 참된 기독교 해석을 특징지어야 한다고 결론 내렸기 때문이다. 즉 우리 모두가 그리스도인으로서 오순절과 성령의 경험이라는 관점으로 성서를 읽어야 한다는 의미에서 이 책은 "오순절적"이다. 이 책의 각주에 나오는 나의 대화 상대자들은 상당수가 오순절, 은사주의, 그리고 다른 부흥운동 전통 출신이지만, 이 책의 해석학적 관찰이 오순절 전통에만 한정되는 것은 절대 아니다.

더 나아가 "오순절 해석학"과 같은 제목은 이 책의 목적이 오순절 교파에 속한 다양한 구성원의 성서 해석 방식을 기술하는 데 있는 것이 아니라는 점에서도 독자들의 오해를 야기할 수 있다.[7] 사실 현재 통용되는 "보편적 오순절주의"(global pentecostalism, 여기서 "p"는 소문자)라는 표현은 성령과 그분의 은사에 관한 역동적 경험을 모두 포괄하는 것이지, 오순절 교파 혹은 독립 교단의 은사주의 교회들에게만 국한되는 것이 절대 아니다. 더

---

7 이에 대한 기술은 특히 Grey, *Crowd*를 보라(여기에는 다양한 대중 환경이 묘사되어 있다. 197-204을 보라). 오순절주의의 목소리를 공개적으로 드러내는 묘사의 가치를 알려면, 페미니스트 및 자유주의 해석학과 비교하고 있는 Grey, *Crowd*, 5을 보라. 오순절 해석의 최초 수십 년에 관한 자세한 사항은 다음을 보라. Archer, *Hermeneutic*, 89-127. 그들의 해석학적 상황에 관해서는 47-88을 보라. 해석학적 필터로서 오순절 공동체의 이야기에 관해서는 128-71을 보라. Archer(*Hermeneutic*, 211)는 이 이야기를 오늘날 오순절 해석학의 토대로서 사용하는 것을 지지하지만, (이 운동 안팎에서) 이에 동조하는 관찰자들조차도 최근 부흥운동의 이야기보다 초기 오순절 이야기에 왜 그렇게 큰 비중을 두어야 하는지를 의아해 할 수 있다.

욱이 "오순절적"(Pentecostal)이라는 표현과 오순절 해석학이라는 용어를 어떻게 정의할지는 애매하다.[8] 심지어 전통적인 오순절적 해석 작업들도 이런 교회들의 역사적 근원과 정황만큼, 그리고 이런 교회들에 속한 해석자들의 학문적 정황만큼이나 다양하다. 사실 그들의 접근법 대부분은 오순절 경험에만 특별히 적용되는 것이 아니다.[9] 실제로 몇몇 오순절 전통은 다른 오순절 해석학의 작업들을 문제 있는 것으로서 묘사한다.[10] 따라서 단순한 설명은 사회학적 분석용으로는 유용할지 몰라도 모든 경우에 상당한 제한 없이 규범적으로 기능할 수는 없다.[11]

이 책의 저술 목적은 오순절 날에 초기 교회에 권능을 불어넣은 성령

---

8 오순절 해석학이라는 용어에 대한 정의는 모호한데, 이는 그 경계들이 유동적이기 때문이다. 비록 핵심이 되는 영적 정체성이 있지만 말이다(다음을 보라. Archer, "Hermeneutics and Society," 320-22). 오순절 신학 협회(The Society of Pentecostal Studies)는 "다양한 해석학 공동체"다(332-35). "오순절 해석은 [성령에 귀 기울이는] 상황화된 신학적 해석 활동 이다"(331). 다른 이들 역시 문화 공동체 내에서의 상황적 해석이 필요함을 강조한다(이는 일반적 개념에서의 "오순절 해석학"과 반대된다). Estrada, "Hermeneutic"을 보라.

9 부흥 전통(예. 보편적 가톨릭 및 개신교 은사주의) 안에 있지만 "구체적인 학문적 방법"이 결여된 해석학에 관해서는 다음을 참조하라. Spawn and Wright, "Introduction," xvii, "Emergence," 21-22; Thomas, "Spirit Is Saying," 115(해석학과 관련하여 광범위한 오순절 접근법들이 등장한다); Bauckham, "Review of Waddell"; K. Archer의 주장을 따르고 있는 Waddell("Hearing," 190-91)은 "본문에 폭력을 가하지 않는 다양한 전략"에 대한 내용을 다룬다. Grey(*Crowd*, 4)는 "오순절적" 읽기들을 다루는데, 이 읽기들은 "모든 학자가 가장 적합하다고 간주하는 보다 넓은 학문 범주에(포스트모던이든, 복음주의든, 아니면 그 외의 것이든 간에) 부합할 수 있도록" 조절되어 있다. 다른 이들은, "성령 해석"에 관해 지나치게 이론적인 논쟁에도 불구하고, 성령 해석을 설명하기 위해 실제로 이루어진 일은 거의 없다고 지적한다(Davies, "Read as Pentecostal," 261). 그러나 오순절의 다양성을 분명하게 인정하는 사람들조차(예. Archer, *Hermeneutic*, 181-92) 때로 "오순절주의자들은 그냥 믿는다"라고 선언한다(252, 254). 이런 문제는 비단 오순절주의자들에게만 국한되지 않는다. 단 하나의 독특한 침례교 정체성의 결여에 대해서는 다음을 참조하라. Kidd and Hankins, *Baptists*, 248.

10 예. Archer의 주장을 비판하고 있는 다음 학자들을 보라. Spawn and Wright, "Emergence," 14-15; Poirier, "Critique"(나는 John Wyckoff의 도움으로 이 논문을 알게 되었다). 참조. Oliverio, *Hermeneutics*, 193, 231.

11 이는 Poirier, "Critique," 특히 1, 3의 요지이기도 하다.

체험이 어떻게 우리의 성서 읽기를 역동적으로 형성할 수 있고 형성해야 하는지를 분명히 밝히는 데 도움을 주는 것이다. 이 목적은 특정 교파나 운동에 속한 해석 공동체 내에서의 성서 읽기에 관한 것이 아니라, 성령의 영감을 받은 성서 본문에 충실할 뿐만 아니라 신자 안에서 혹은 공동체 가운데서 성령을 경험하는 것에도 충실한 성서 읽기 방식들에 관한 것이다. 이런 접근은 교파적 오순절주의자들과 관련이 있지만, 전 세대에 걸쳐 경험적으로 성서를 읽고 성서를 통해 우리와 자신의 백성을 향한 하나님의 영감된 목소리를 듣는 데 헌신한 모든 사람을 위한 것이기도 하다.

성령에 대한 보편적인 오순절적 강조로부터의 통찰

이미 제시했듯이, 이 접근법은 초기 오순절 부흥의 몇몇 핵심 강조와 일치하지만, 보다 광범위한 교회와도 관련이 있다. 초기 오순절주의자들이 소개한(또는 동시대의 성결 부흥운동들로부터 종종 발전된) 것은 그들과 그들의 동료들을 당시에 만연했던 꽤 엄격한 은사중지론(cessationism)으로부터 구별하는 무엇이었다. 그러나 그들의 본래 비전은 초교파적인 것으로서 마지막 때 모든 교회의 갱신이었지, 단순히 다른 기독교 운동들과 완전히 분리된 하나의 경쟁적 운동을 만드는 것이 아니었다.

비록 오늘날 교파적 오순절주의자들이 보편적 교회의 상당 부분을 구성하고 있지만,[12] 오늘날 학자들이 종종 "보편적 오순절주의"라고 부르는 그룹은 교파로서의 오순절주의보다 훨씬 더 광범위하다.[13] 부분적으로

---

12 많은 이들은 대략 백만 명으로 추산한다. Johnson and Ross, *Atlas*, 102을 보라.

13 오늘날 많은 연구자들은 오순절 및 은사주의 신도들을 적어도 5억 명으로 추정한다. 그중 거의 30퍼센트가 보편적 교회의 신도들이고, 거의 40퍼센트가 정기적으로 교회에 출석하

는 초기 오순절주의자들의 역사적 기여 때문에 오늘날 교회의 상당 부분이 성령에 대한 의존의 중요성과 모든 범위의 영적 은사들의 가치를 인지한다. 여기서 다루는 해석학은 바로 이보다 광범위한 집단, 곧 성령에 속한 사람들 모두에게 속해야 한다.[14]

그러므로 이 책에서 나는 성서 내부에서 형성되어 성령의 영감을 받는 읽기의 몇몇 해석학적 원칙에 초점을 맞출 것이다. 나의 개인적 관심사와 시리즈 편집자들의 요구를 견지하면서, 나는 오순절적 학문 연구를 이용하며 내가 중요하다고 믿는 초기 오순절주의로부터 나온 중요한 통찰들에 의존할 것이다.[15] 그러나 보다 광범위한 측면에서 오늘날 성령 해석학은 더 이상 단순한 오순절 전통의 해석학이 아니라 어느 정도 보다 일반적 개념의 기독교 해석학으로 자리 잡았다. 모든 그리스도인은 성서를 경험하며 사는 사람들로서 성서를 읽어야 한다. 고대 문화의 관점에서가 아니라 성서에서 하나님의 백성을 인도했던 바로 그 동일한 성령에 의해 사는 사람들로서 말이다.

그러나 이는 분명히 성서에 대한 비은사중지론적 접근 곧 은사지속론적 접근이다. 부활한 메시아의 추종자들로서 우리는 메시아 시대, 오순절

는 사람들이다. 예. Johnson, Barrett, and Crossing, "Christianity 2010," 36을 보라. 참조. Sanneh, *Disciples*, 275. 이런 수치는 많은 은사주의자들이 포용하는 것보다 더 폭넓은 은사주의에 대한 정의를 사용하는 것이며(Anderson, *Pentecostalism*, 11을 보라), 미래의 보다 정교한 방법들은 이런 수치에 조정을 요구할 수 있다. 그럼에도 불구하고 이 수치는 오순절 및 은사주의 운동의 거대한 규모와 성장이라는 의미를 전달해준다.

14 Elington("Authority," 153)은 "오순절 경험"을 설명하면서 자신의 "절망"에 주목하는데, 그 이유는 비록 이런 경험이 오순절주의자들에게 흔한 일이지만, 그렇다고 특별한 일도 아니기 때문이다. Land, "Passion," 29-30을 따르고 있는 Waddell, "Hearing"에도 주목하라(신학적 읽기에 관해서는 174-75n12와 183을, 다양한 운동과 오순절의 신학적 연계에 관해서는 181을 보라).

15 오순절 영성의 핵심을 반영하는 오순절 운동의 처음 수십 년에 관해서는 Thomas, "Spirit Is Saying," 119을 보라.

사건으로 시작된 성령의 시대에 속한 자들이며, 예언자적·종말론적인 사람들이다. 오순절 날에 마가의 다락방에서 발생한 사건들을 언급하는 사도행전은 하나님께서 일찍이 약속하셨던 성령의 시대를 선언한다. "말세에 내가 내 영을 모든 육체에 부어 주리니, 너희의 자녀들은 예언할 것이요." "성령 해석학"은 그런 해석적 지점에 적합한 제목으로 보인다. 더욱이 "성령 해석학"은 최초의 오순절주의자들과 대부분의 보편적 오순절주의자들, 그리고 나를 포함한 은사주의자들이 공유하는 제목이다.

이것이 뜻하는 바는 다음과 같다. 즉 우리가 성서 본문에 관심을 갖는 이유는 단순히 그 본문이 우리에게 고대 역사나 관념을(물론 나는 이것들에 흥미를 느낀다) 가르쳐주기 때문만이 아니라, 우리가 성서에서 발견되는 영적 경험 및 하나님과의 관계를 공유하고자 기대하기 때문이다.[16] 예수의 부활은 단순한 역사적 정보가 아니다. 예수의 부활은 다음과 같이 선포한다. 즉 우리가 복음서를 통해 알고 있는 예수가 이제는 높임을 받은 주(Lord)로서 그의 성령을 보내사 우리로 하여금 그의 임재를 지속적으로 경험케 하신다고 말이다.

성서 전체에서 우리는 하나님의 음성을 듣는 사람들, 예언하는 사람들, 기적을 체험하는 사람들에 대해 읽는다. 우리 모두가 날마다 이와 같은 성령의 역사를 체험하는 것은 아닐지라도, 성서적 유형들로 인해 우리는 성서를 통해 이런 역사를 일으키셨던 하나님이 현재도 동일하게 그런 일을 일으키신다는 기대를 갖는다. 많은 전통적 접근법들이 성서를 제대로 증언하지 못하고 있다. 예를 들어 이런 접근법들은 성서가 마치 과거의 구속사(몇몇 보수주의 해석자의 접근법), 혹은 과거의 관념들(일부 자유주의 해석자

16 참조. Bultmann, "Problem of Hermeneutics," 76-77, 79. 본문이 일단 그것의 의도된 기능에 따라 이해되고 나면, 이 본문은 "자료"로서 사용될 수 있고, 이 자료를 통해 우리는 다른 질문들을 다루게 된다.

들의 접근법)에 대한 우리의 역사적 관심을 충족시키기 위해 기록된 것처럼 읽는다. 혹은 성서가 하나님과 관계를 맺으라는 요청 없이 그분에 관한 교리를 우리에게 가르치거나, 도덕적 미덕들을 실현할 수 있는 성령의 권능을 주장하지 않은 채로 그런 미덕들을 본보기로서 제시한다고 이해한다.

신중한 성서 연구는 유명한 은사주의적 과잉이라는 통제되지 않은 주관주의를 저지하는 데 도움을 주지만, 성령의 시대에 성서적 경험을 살아내도록 인도하지 못하는 연구는 성서 본문의 요점을 놓치게 된다.[17] 이 시대의 모든 기독교 경험은 적절한 방식으로 "오순절적"이어야 한다. 즉 모든 기독교 경험은 오순절 경험, 즉 교회에 부어지는 성령에 의해 형성되어야 한다.

오순절 해석학 및 성령 해석학

이 책의 기원이 오순절 신학 연구 시리즈에 포함될 해석학에 관한 책을 집필해달라는 부탁이었으므로, 본 서론의 남은 부분은 보다 자의식적인 오순절 해석학과 이 책의 상관성, 그리고 이 책과 그런 종류의 오순절 해석학의 상관성을 다룬다. 다양한 오순절주의자들은 해석학 방식, 오순절 해석학과 다른 종류의 해석학 간의 구별 여부 및 방식에 대해 서로 다른 견해를 보인다.

우리는 다양한 각도에서 오순절 해석학에 관한 책에 접근할 수 있

---

17 참조. "성령이 없는 말씀(합리주의)"과 "말씀이 없는 성령(주관주의)"에 대한 Moore, "Canon," 29-30의 경고와 Pinnock, "Work of Spirit," 233, 241. 정서적 측면과 인지적 측면 두 가지를 모두 평가하려면, 이 책 1장에서 구약의 시편을 예로 들고 있는 "경험적 읽기는 바람직하다" 단락의 논의를 보라.

다. 아래에서 언급하듯이 사회학적으로 가치 있는 한 가지 접근법은 기술적인(descriptive) 접근법일 수 있지만, 다양한 방법을 기술적으로 조사하는 데 훨씬 더 적합한 다른 접근법들이 있다.[18] 대신에 나는 성서적이면서 동시에 성서와 맥을 같이하는 접근법, 그래서 본래의 오순절(과 회복주의자[restorationist]) 에토스에 충실한 접근법,[19] 즉 여러 다른 오순절 학자들과 목회적 관심사를 지닌 성서학자들이 공유할 만한 접근법을 구성할 것이다.

그럼에도 나는 보편적 오순절주의가 신약성서에서 강조되는 몇몇 성령 체험에 대한 값진 "내부적" 관점을 제공하는 데 도움을 줄 수 있다고 믿는다.[20] 초기 오순절주의자들은 자신들이 성서라는 보다 큰 내러티브 세계, 즉 초자연적인 현상과 종말론이 실제로 존재하는 세계 안에 살고 있다고 믿었다.[21] 은사주의적 경험은 신약성서의 경험을 구성하는 중요한 부분이므로, 신약성서 본문의 사용에 관한 적절한 출발점 혹은 전이해를 그런

18 매우 중요한 견본인 Martin, *Reader*를 보라. 다양한 견해에 대한 조사는 다음을 보라. Grey, *Crowd*, 36-61; Macchia, "Spirit and Text"; Ahn, "Debates"; Oliverio, *Hermeneutics*; Wyckoff, *Pneuma*, 143-50에 나오는 참고문헌; Martin, *Reader*, 285-90; Spawn and Wright, *Spirit and Scripture*, 199-211; Archer, *Hermeneutic*, 270-88; Oliverio, *Hermeneutics*, 363-76; (주로 해석학에만 국한된 것은 아니지만) Mittelstadt, *Reading*, 170-205.

19 초기 오순절주의자들은 그들과 동시대의 많은 이들과 마찬가지로 성서를 권위 있는 책으로서 정경적으로 읽는다(Martin, "Introduction," 4-5). 이 방식은 일반적인 기독교 해석과 일치하는데, 이는 각각 다른 저자의 독특한 목소리들을 허용하면서도 전체적인 내러티브와 정경의 근본적인 신학적 일치를 확언한다(Brown, *Scripture as Communication*, 229). 정경적 접근법들에 관해서는 다음을 보라. Childs, *Canon*; idem, *Scripture*; Childs et al., *Bible as Scripture*; Bartholomew, *Canon*; Hahn, *Kinship*; 교부들의 정경적 접근법에 관해서는 다음을 보라. Young, "Mind of Scripture"; 정경적 접근법들에 관한 연구에 대해서는 다음을 참조하라. Brett, *Criticism*; Noble, *Approach*. 어떤 이들은 심지어 막 16:9-20의 가치도 수용할 것이다. 왜냐하면 이 내용이 (비록 마가복음에 포함되어 있지 않았지만) 정경에 속해 있으며, 초기 오순절 전통에서 맡은 역할이 있기 때문이다(Thomas and Alexander, "Signs").

20 참조. Martin, "Spirit and Flesh," 1. 이는 다음에서 인용된다. Johns and Johns, "Yielding," 51. "성령에 따른 주해는 독자가 성서 본문에서 저자가 말하고 있는 바로 그 동일한 실재와 생생한 접촉을 이룬다고 전제한다."

21 Martin, "Introduction," 6-8을 보라.

경험이 없는 것보다는 훨씬 더 많이 제공해준다.[22] 오순절주의자들이 이런 관점을 제공해줄 수 있다고 제안하는 것은 이런 관점이 오직 (가장 넓은 의미에서) 오순절주의자들에게만 국한된다는 말은 절대 아니다. 이 제안은 단순히 이런 관점이 오순절주의자들이 두드러지게 강조하는 것이며, 결과적으로 그들이 역사 속에서 상당수의 나머지 교회에 가져다준 선물임을 의미한다.[23]

오순절적인 핵심 강조들은 참된 성서적 강조들에 의지한다. 이는 재세례파가 가난한 자들에 대한 돌봄을 강조하고 복음주의가 성서 이해를 강조하며 교회의 다른 부분들이 각각 나머지 부분들에 참된 성서적 통찰을 제공하는 것과 마찬가지다. 빈곤한 신자들, 메시아적 유대인 신도들, 가정교회 구성원들, 권력의 충돌이나 박해를 경험한 종교 구성원들과 소수 민족들, 그리고 신약성서에 등장하는 많은 교회에 속한 다수의 성도들과 정체성 측면에서 뚜렷한 공통점을 지니고 있는 다른 신자들 모두가 공감적 유비를 제시함으로써 초기 기독교 경험에 관한 "내부적" 관점들을 제공해줄 수 있다. 그들 각자의 상황은 그들로 하여금 그런 상황이 아니었다면 간과해버릴 수도 있는 경험의 측면들을 강조할 수 있도록 해준다.[24]

이 책은 오순절 혹은 은사주의 주석가들이 사용하는 모든 해석학을 기술하거나 규정하는 데 의의를 두지 않는다. 그보다는 오순절주의자, 은사주의자 그리고 그 외 성령을 따르는 자들이 이미 존재하는 해석학적 지

22 참조. Stronstad, "Experience," 17, 25-26, Archer, "Retrospect and Prospect," 144에서 인용된다.

23 참조. Thomas, "Women," 82. 오순절주의자들은 자신들만의 독특한 해석학을 설명하길 원하는 것과 거리가 멀고, 보다 광범위한 교회에 해석학적 은사를 제공하려고 애쓴다. 그들이 성령론에 대한 강조와 통찰을 통해 그렇게 해왔던 것처럼 말이다.

24 다음과 같은 역사 저술에 관한 폴리비우스의 글을 참조하라. "단순히 학생들이 쓴 글에는 아무런 경험이나 생생함이 담겨 있지 않으므로, 그들의 글은 독자들에게 실용적이지 않다"(Polybius 12.25g.2).

혜에 추가할 수 있는 강조점들을 부각시키는 데 의의를 둔다.[25]

더구나 이 책에서 나의 관심은 단순한 해석학적 접근법이 아니라 그것이 기초하고 있는 보다 근본적인 인식론적 접근법, 즉 성서의 목소리가 제시해주는 인식론이다. 세속적인 학문에 관한 책을 저술할 때, 나는 상당히 제한된 인식론적(결국 해석학적) 접근법들을 사용하는데, 이는 다양한 주장을 제기하는 학자들 사이에 공통으로 수용되는 것이다. 그러나 그런 학문 영역 밖에서 이런 접근법들에 강한 불가지론적 성향을 갖고 사는 사람은 없다. 설령 누군가가 이런 불가지론으로 시작할지라도, 얼마 지나지 않아 그 사람은 무엇인가를 배우게 될 것이고, 바로 그 지점에서 불가지론자가 되는 일을 그치게 될 것이다. 기독교 메시지를 진리로서 받아들이는 우리는 서로 공통점이 있는데, 이 공통점은 자신들의 제한된 방법론을 넘어서기 위해 신학적 중립 혹은 불가지론 도출에 매달리는 세속 학자들 사이의 공통점보다 크다.[26] 자의식적 기독교 해석학을 적절히 다루기 위해 나는 기독교 인식론의 요소들을 구체적으로 탐구해야 한다. 내 생각에 오늘날 어떤 이들이 오순절 해석학이라고 부르는 것은 더 광범위한 기독교 해석학을 의미하는 강조적 표현일 뿐이다.

---

25 다른 이들도 다음과 같이 제안한다. 즉 독특한 오순절적 통찰은 전통적으로 보다 은사중지론적인 복음주의 성향의 학계에 기여할 수 있고, 복음주의가 성서에 우선순위를 두는 전통 역시 오순절주의자들을 도울 수 있다고 말이다. Cartledge, "Text-Community-Spirit," 135-42을 보라.

26 Green(*Practicing Theological Interpretation*, 101-2)은 특히 Haskell, *Objectivity*, 145-73의 주장을 따르면서 개인에게 중요한 이슈들에 대해 종종 자기기만적인 개인적 헌신의 중립성과, 다른 견해에 대한 정직, 공평, 개방, 현실적 자기평가를 의미하는 객관성에 관한 학문적 이상(ideal)을 구분한다.

"오순절 해석학"에서 "오순절"의 의미

전 세계 주요 대학들에서 현재 급성장 중인 오순절주의 연구는 "오순절"이란 표현에 대해 다음과 같은 두 가지 방식으로 종종 언급한다. 즉 하나는 오순절(Pentecostal, 이때는 주로 영어 대문자 "P"로 표기) 교단들이고, 다른 하나는 기본적인 오순절(pentecostal, 이때는 주로 소문자 "p"로 표기) 경험 혹은 에토스를 공유하는 사람들인데, 여기에는 은사주의자들, 제3의 물결(Third Wave) 교회 신도들, 유사한 영적 경험을 강조하는 다른 이들이 포함된다.[27] 이 책은 오순절 신학 선언 시리즈에 속한 다른 책들처럼 더 넓은 의미의 제목을 전제하지만, 내가 사용하는 다수의 특정 예시들은 20세기 초의 전 세계적 부흥운동, 즉 현재 좀 더 만연한 우리의 행위에 중요한 선례들을 제공하는 운동에서 유래한다.

이 책에서 오순절 경험을 말할 때 내가 지시하는 것은 사도행전 2장의 하나님에 대한 경험이며, 오순절이라는 표현을 담고 있는 교단이나 명칭을 의미하지 않는다. 최초의 오순절주의자들은 대부분 사실상 인적 조직을 혐오했다. 그중 몇몇은 아주사 길거리 선교 운동(Azusa Street Mission)이 하나의 인적 조직으로 명명되자 이 운동에서 탈퇴했다.[28] 다행히도 오순절 교단들은 그 이후 선교, 훈련 그리고 다른 유익들을 위해 귀중한 조직을 제공해왔다. 그럼에도 애초에 오순절 부흥에 대한 비전은 기독교 전

---

27 오순절주의에 관한 몇몇 중요한 학문적 연구들의 견본을 위해서는 다음을 보라. Anderson, *Pentecostalism*; Blumhofer, *Faith*; Blumhofer, Spittler, and Wacker, *Currents*; Bomann, *Faith in Barrios*; Cartledge, *Tongues*; Chesnut, *Born Again in Brazil*; Dempster, Klaus, and Petersen, *Globalization*; Jacobsen, *Thinking in Spirit*; Kalu, *African Pentecostalism*; Khai, *Cross*; Poloma, *Assemblies*; Satyavrata, "Globalization"; Angela Tarango, *Jesus Way*; Wacker, *Heaven*; Yong, *Spirit Poured*.

28 참조. Robeck(*Mission*, 290)은 제도화에 대한 초기 관심사를 기록하고 있다.

반의 갱신이었다.[29] 오늘날 보편적 오순절주의는 많은 경계를 넘나든다. 예를 들어 여러 사회학자가 보편적 오순절주의로서 분류하는 무정형의 운동 내에 속한 가장 거대한 단일 조직 중 하나는 가톨릭의 은사주의 운동이다.[30]

이와 유사하게 사람들은 매우 다양한 방식으로 "은사주의"(charismatic)라는 용어를 사용한다. 내가 이 용어를 사용할 때는 바울이 언급한 카리스마타(*charismata*)에 대한 확언을 의미한다. 오늘날 이 정의에 부합하는 몇몇 교회는 이 용어를 회피하는데, 그 이유는 이 용어가 특정 단체들(예를 들어 이 용어를 번영에 대한 가르침과 연결하는) 내에서 지니고 있는 함의 때문이다. 그럼에도 "은사주의"란 용어는 (소문자 "p"로 시작하는 "오순절"이라는 용어보다 더 넓은) 보다 포괄적인 용어처럼 보이므로, 나는 여기에 나타난 정의와 함께 "은사주의"라는 용어를 사용한다.

"은사주의"라는 용어가 다양한 단체에서 여러 가지를 의미해왔지만, 이 용어에 대한 현대적 분류는 바울이 묘사하는 카리스마타 혹은 영적 은사들에서 유래한다(롬 12:6-8; 고전 12:4-11). 이런 은사들은 모두 그리스도의 몸에 속한다. 이를 정의하자면, 몸의 각 지체는 그 몸에 기여할 수 있는 은사가 적어도 한 가지 이상 있다는 것이다(롬 12:4-6; 고전 12:12-30). 즉 모든 그리스도인은 정의상 은사주의자로서 간주되어야 한다. 나는 이 명칭을 이 책에서 다소 협의의 의미로 사용하려고 하는데(18장과 특히 부록 C를 보라), 이는 이 용어의 일반적 용법에 대한 일종의 양보이며, 은사유지론자

29 Oliverio, *Hermeneutics*, 78-81, 255-57. 다음도 보라. Smith Wigglesworth in Anderson, *Ends of the Earth*, 206; Aimee Semple McPherson in Blumhofer, *Sister*, 16-17, 144, 167, 176-77, 207, 211, 217-21.

30 Anderson, *Pentecostalism*, 152(그러나 155도 참조하라). Anderson(*Ends of the Earth*, 212-13)은 1억 2천만 명 이상의 가톨릭 은사주의자들을 제안하는데, 이 수치는 Johnson and Ross, *Atlas*, 102에 나오는 수치를 훨씬 웃돈다.

들의 행위를 묘사하는 데 사용 가능한 용어가 "은사주의" 외에는 다른 것이 없기 때문이다.

몇몇 개신교 사상가는 전통적으로 "초자연적" 은사들의 중지를 주장했다. 그러나 이와 같은 이분법은 성서보다는 가톨릭 전통에 대한 초기 개신교의 반작용(가톨릭이 참여했다는 이유로 선교를 반대한 개신교의 경우와 유사하다) 및 계몽주의적 회의주의에 대한 적응과 더 연관이 있다. 바울에게 모든 은사는 성령의 권능이다. 바울이 확언했던 특정 종류의 은사들을 제외하는 몸은 바울의 관점에서 볼 때 장애가 있거나 기형의 몸으로서, 그 몸을 성숙으로 이끄는 데 필요한 지체적 은사들이 부족한 것이다. 역사적으로 일부 기독교 교회들이 소중한 지체들을 쓸모없는 것으로서 여기고 절단해 왔다는 사실이 모든 절단된 신자들로부터 새로운 몸을 만들려고 하는 것을 정당화할 수는 없다.

이론적으로 오늘날 대다수 그리스도인들은 성서의 다양한 은사가 지금도 지속된다고 믿는다. 그러나 사실상 대부분의 교회는 단지 몇몇 대표적인 은사만을 가지고 있을 뿐이다. 사실 원칙적으로 은사가 오늘날에도 유효하다고 주장하는 많은 교회는 공적 예배와 관련하여 자신들의 전통적인 예배 순서에 맞지 않는 성서적 은사들을 반대하는 사실상의 은사중지론자들이다. 이는 여러 오순절 및 은사주의 교회에도 적용되는데, 그들은 심지어 전통적으로 자기 교회들과 연관된 은사들까지도 부정한다. 내가 사역했던 대부분의 교회도 예외가 아니었다(물론 내가 목양을 했던 교회들은 제외다). 나는 그 교회들에서 섬기고 예배하는 일이 기쁘지만, 성서적으로 볼 때 우리가 중요한 무언가를 놓치고 있다고 확신한다. (때로는 교회 회중의 크기로 인해 여러 지체가 지닌 은사들의 행사에 제약이 있지만, 이는 소모임을 통해 보완 가능하다.)

기술적 혹은 규범적?

위에서 언급했듯이 "오순절 해석학"을 다루는 작업은 기술적일 수 있으며, 다양한 오순절 해석학자가 어떻게 성서 본문을 읽는지를 보여준다. 일반적이고 가치 있는 기술적 독자-반응 접근법은 다양한 사회적 위치에서의 읽기를 포함하며, 수용 역사(reception history)처럼 다양한 읽기 방법을 제시함으로써 우리의 해석적 지평을 넓혀줄 수 있다.[31]

그러나 오순절주의적 해석 방식들은 매우 다양할 수 있다. 여기에는 번영 교육과 금욕주의, 주류 교회 전통과 지역적 혼합주의, 음주를 엄격히 금하는 전통, 열렬한 상황화 등이 포함될 수 있다. 어느 견해가 "오순절적 견해"인지를 결정할 수 있는 오순절 교권은 존재하지 않는다. 단지 여러 학자 혹은 단체가 자신이 오순절 해석학을 대변한다고 주장하면서 마치 자신이 그런 교권인 양 행세할 뿐이다.[32] 우리는 오순절 해석학의 많은 부분을 묘사함으로써 우리가 그런 해석학이 무엇이 되어야 하는지를 규정했

31 이 접근법은 유용한 역사적·사회학적 연구를 제공해주며, 해석자들이 물려받은 다양한 편견을 비평하는 데 유용하다. 이는 이 책이 다루는 내용과 가장 관련성이 높다. 다양한 청중을 위해 본문의 메시지를 번역하고 재상황화함으로써 우리는 해당 본문을 보다 구체적으로 이해하는 데 도움을 얻는다.

32 오순절주의자들은 칼뱅이 추천한 총회(synod)나 협의체를 가지고 있지 않다(Wyckoff, *Pneuma*, 28-29). 만일 그들이 총회나 협의체를 가지고 있다고 해도, 이 총회나 협의체의 결정에 순복할 만큼 그 회의나 단체를 신뢰하는 오순절 학자들 혹은 교단들은 거의 없을 것이다. 오늘날 가톨릭과 개신교 신학자들은 대부분 성령이 모든 신자에게 성서 본문의 내용을 일깨워줄 수 있다고 확언한다(Wyckoff, *Pneuma*, 90). 그러나 신자들(과 공동체들)은 종종 서로 대립하는 각각의 "깨달음들"(illuminations)에 도달한다는 사실이 여전히 문제로 남아 있다. Bullinger와 다른 종교개혁 지도자들은 개인적 편의를 해석 기준으로서 사용하는 것을 막기 위해 "일종의 개신교 수도원의 필요성"을 느꼈다(George, "Introduction," xxviii). 그러나 우리가 신학적 합의를 폭넓은 기독교적 용어로 정의하지 않는 한, 합의의 결여는 이런 접근을 언제나 시작부터 망쳐놓는다.

다고 가정할 수 없다.[33] 오순절주의에 힘을 실어준 것은 특히 그것의 해석학이 아니었고,[34] 오순절주의자들은 이런 방식으로 그리스도의 몸의 다른 부분들로부터 배울 수 있다.

결국 초기 오순절주의 인물인 스미스 위글스워스(Smith Wigglesworth)는 말씀과 성령을 하나로 묶어줄 미래의 부흥을 예언했다.[35] 이는 아마도 말씀과 성령이라는 두 요소를 모두 공급하는 초기의 대중적 오순절주의 대신에, 성령에 대한 오순절적 강조가 말씀에 대한 복음주의적 강조와 결합할 수 있었음을 의미할 것이다. 충분히 겸손한 자세를 가지고 오순절주의자들과 다른 복음주의자들은 때때로 상당히 많은 것을 서로 배울 수 있을 것이다.[36] 복음주의자들은 때로 은사주의적 과잉을 두려워하고, 은사주의자들은 성서적 경험의 참여에 침묵하는 복음주의자들을 견디기 어려워한다. 우리 안에 있는 교만과 두려움으로 인해 우리는 각자가 그리스도의 몸 안에서 각각의 은사를 소유한 동료로서 서로 얼마나 필요한 존재들인지를 보지 못한다. 또한 이 두 진영에 속한 자들이 모두 성서 메시지의 참요소들을 고려하고 있음을 보지 못한다. 서로 반감을 갖거나 어느 은사가 가장 중요한 것인지를 따지는 대신에 성서가 지지하는 경험을 성서적 방법으로 포용해보자. 성서는 반복된 유형의 영적 경험을 제시해줄 뿐만 아니라 우리의 경험을 바른 방향으로 이끄는 일종의 틀과 안내를 제공해준다.[37]

---

33 Poirier, "Critique."

34 참조. Grey, *Crowd*, 187. 오순절주의의 성장이 "반드시 좋은 해석학의 결과를 의미하지는 않는다."

35 Stormont, *Wigglesworth*, 114.

36 고전적인 오순절주의자들은 보수 개신교인들의 "성서에 대한 높은 견해"를 공유했고, 이로 인해 둘 사이의 자연스러운 연결이 일어났다(Oliverio, *Hermeneutics*, 83). 고전적인 오순절주의자들은 성결에 대한 강조와 복음주의라는 틀에서 등장했다(이는 특히 Synan, *Movement* 이후로 종종 강조되었다).

37 나는 이 문단의 후반부를 Keener, "Biblical Fidelity," 40에서 차용했다.

오순절 해석학의 접근법은 이런 접근법을 사용하는 오순절 해석자들 만큼이나 다양하다. 우리는 우리가 배운 해석학적 접근법을 선호하는 경향이 있다(예. 문법적·역사적, 역사비평적, 또는 포스트모던 접근법). 오순절 해석학의 공통적인 핵심을 기술적으로 규명함에 있어 좀 더 유용한 것은 특히 광범위한 독자들에게 여전히 유용한 오순절 접근법의 역사적 독특성을 주시하는 것이다.

그럼에도 오늘날 오순절주의자들의 역사적 특징이라고 할 수 있는 그런 종류의 해석학은 정작 그들에게만 독특한 것이 아니라 다른 성향의 그리스도인들 사이에서도 널리 공유되는 것이다. 따라서 "오순절" 해석학은 몇몇 특별한 관심사처럼 원하는 신학적·윤리적·정치적 결과물을 내기 위한 해석학적 접근이어야 할 필요가 없다. 또한 성령을 강조하는 결과를 만들어내기 위해 필요한 성서에 대한 독특한 접근이어야 할 필요도 없다. 성서를 있는 그대로 읽을 때(혹은 간단히 바울 서신의 용어들을 살필 때), 성서는 성령이 가져다주는 생명, 은사, 열매 및 권능을 확인하도록 우리를 초대한다. 신약성서는 전반적으로 그리스도 안에서 새로운 성령의 시대를 강조하는데, 이런 강조점을 놓치게 만드는 것은 용어의 조사나 주해가 아니라 오직 그것에 필적할 수 없는 세속적 세계관이다. 그렇다면 이런 강조점은 단순히 본문에 집중하는 성서적 해석의 결과다. 이는 모든 교회와 상관이 있는 것이지, 오순절이라고 불리는 거대한 무리에 국한되는 것이 아니다. 만일 우리가 이처럼 광의의 개념으로 오순절이라는 용어를 정의한다면, 이상적으로 말해서 모든 교회는 오순절적이어야 하고, 오순절 관점에서 성서를 읽어야 한다.

보다 규범적 접근

교회 역사가나 사회학자가 아닌 성서학자로서 수년에 걸쳐 성서 본문들과 씨름한 결과, 나는 일부 교회들이 성서에 어떻게 관여하는지를 조사하기보다는 성서에 관여하는 방식들을 제안하는 데 더 적합한 자격을 갖추게 되었다. 그럼에도 다양한 지점에서의 읽기가 우리의 해석적 지평을 넓혀주고 우리가 보지 못하는 사각지대를 발견하도록 도와주듯이, 오순절/은사주의적 통찰을 경청함으로써 우리는 더 광범위한 교회가 놓쳐온 내용에 주의를 기울일 수 있다.

은사주의 운동들, 보다 자유로운 예배 등을 통해 오순절적 가치들이 긍정적으로 더 넓은 교회에 영향을 미쳐왔다. 오늘날 은사중지론이 가장 강력한 매력을 느끼게 하는 이유 중 하나는(심지어 나와 같은 은사주의자들조차도 느낀다) 일부 은사주의자들의 극단적 주관주의 때문이다. 여기서는 신중한 성서적 가르침에 대한 복음주의적 강조가 매우 중요하다. 하지만 삶은 주관적 경험들로 가득하고, 진정성 있게 성서에 주목하는 자들은 영적 경험을 무시할 수 없다. 성서는 하나님과의 역동적 경험들로 가득하고, 이런 경험들이 더 넓은 교회에 정기적으로 상기될 필요가 있다.

이런 경험들을 "오순절적"이라거나 혹은 아니라고 말하는 것은 의미론적 문제다(내 아내의 나라를 예로 들면, 그곳의 그리스도인들은 대부분 오순절 교파나 신오순절 단체에 속하지 않아도 예언과 치유, 참과 거짓을 경험할 수 있다). 그러나 우리가 성서로서의 성서(Scripture qua Scripture)에 충실하기 위해서는 1세기 청중에게 성서가 무엇을 의미했는지를 설명해야 할 뿐만 아니라 성서의 모범들로부터 배워야 한다. 오늘날 성서학자들이 대부분 은사중지론에 탄탄한 성서적 기초가 결여되어 있음을 인지하지만, 성서적 해석은 이런 인지 이상을 요구한다. 서구 그리스도인들은 너무 자주 비일관적이다. 우리는 명목상 은사중지론자들이 아니지만, 실제로는 은사중지론자들이다. 불행히도 이런 현상은 몇몇 오순절 교단에서도 동일하게 발생하고 있다.

우리는 성서를 하나님이 이 세상에서—단지 과거에만 아니라 우리의 시대에—어떻게 역사하시는지를 우리에게 말해주는 것으로서 역동적으로 읽어야 한다. 이는 더 넓은 의미의 교회가 대부분 보편적 오순절주의로부터 제공받는 기여다. 보편적 오순절주의 역시 더 넓은 교회가 제공하는 기여의 혜택을 누리는 것처럼 말이다. 이상적으로 말해서 모든 교회가 성서적이길 바란다면, 교회는 경험적이어야 한다.

궁극적으로 "오순절적" 접근은 기독교 문서를 특화된 기독교 방식으로 읽는 것에 대한 하나의 변증이지, 학문 영역에서 우리가 때때로 이런 텍스트를 읽는 방식에 관한 것이 아니다. 이는 역사비평적 읽기의 기여를 평가절하하는 것이 아니다.[38] 역사적 정보는 본문에 대한 우리의 온전한 이해를 풍성하게 하고, 이런 온전한 이해를 위해 종종 필요하다. 요지를 간단히 말한다면 역사적 질문들에 대한 분석 자체는 특정 본문의 메시지를 이해하고 환영하거나 받아들이는 것과 동일한 것이 아니다.

이제 특정 본문의 문법을 이해하거나 그 문법의 지침들을 인지하는 것이 믿음으로 그 본문의 메시지를 받아들이는 것과 다르다고 말하는 것만으로도 충분하다. 대부분의 학자들은, 개인적으로 본문을 믿음으로 받아들이든 받아들이지 않든, 본문의 정보에 대한 단순한 지식이 신실한 순종 가운데 본문의 메시지를 받아들이는 것과 같은 것이 아님을 인정한다.[39] 더욱이 초자연적 현상에 대한 직접적인 믿음이 완전히 제거된 접근

38 참조. Stibbe, "Thoughts," 181, 192. Stibbe는 본문에 대한 역사비평과 주관적 수용, 이 둘 모두를 가치 있는 것으로 주장한다.

39 예. 바울은 그의 청중이 환대를 행하라는 그의 명령을 인지할 뿐만 아니라 따르기를 원했다 (Brown, *Scripture as Communication*, 98).

은 성서 저자들이 자신의 기록이 읽히기를 의도했던 방식과는 확연히 다르다. 이런 차이에 대한 철학적 논의는 부록 A에서 확인 가능하다.

성령에 대한 광의의 기독교 해석

대다수의 기독교 학자는 그들의 전통이 무엇이든지 간에 학문적 연구를 무시하는 접근을 참지 못하지만, 성서를 이해하고 순종하도록 신자들을 도와주는 성령의 역사를 귀하게 여긴다.

깨달음은 어떻게 작용하는가?

신적 깨달음(divine illumination)이란 성서 본문의 문자적 본질을 아는 체하는 것을 뜻하지 않는다. 성서가 문자적 성향을 지니고 있는 한, 성서의 문자적 형태로 인해 우리는 문헌에 접근하는 방식을 통해 성서에 접근해야 한다. 따라서 어떤 이들은 다음과 같이 제안한다. 즉 궁극적으로 깨달음의 목적은 우리가 이미 스스로 할 수 있는 문법적 주해 같은 것을 가능케 하는 것이기보다는 우리를 향한 본문의 요구들을 인지하고 그 메시지를 믿음으로 수용하도록 해주는 것이라고 말이다.[40]

다른 복음주의 학자들은 독자를 깨닫게 하는 성령의 역할이 영감을 불어넣는 성령의 역사를 반복하거나 "폐지"하려는 것이 아님을 강조한다.

---

40 Stein, *Guide*, 60-66을 보라.

성령은 영감을 받은 인간 대행자들, 즉 자신의 언어로 자신의 환경 가운데서 기록한 이들을 통해 의미를 이미 만들어냈다. 그러므로 깨닫게 하는 성령의 역할은 본문의 발어 매개 행위(perlocution), 즉 "발화 행위의 성공적 결론"에 초점을 맞춘다. 이는 일반적으로 이해와 반응을 의미한다. "발어 매개 행위란 발화 행위에 대해 예견된 반응을 규명하는 것이다. 발어 내 행위(illocution)가 일종의 명령이라면, 발어 매개 행위는 순종을 의미할 것이다.…우리가 해당 본문의 참됨을 이해할 수 있을 때, 성령이 우리에게 요구하는 것을 인지할 때, 그리고 성령이 애초에 인간이라는 도구에 전달한 의도들을 실현하기 위해 적절한 조취를 취할 때, 성령은 주로 발어 매개 행위의 수준에 관여하는 것이다."[41]

그러나 성령은 주해 수준에서도 역사할 수 있는데, 이때 성령은 본문을 탐구하고 수용하는 우리의 인지 능력의 분명한 기능을 통해 가장 많이 역사한다.[42] 어느 오순절 학자의 제안처럼 "깨달음은 해석학적 원칙들의 일반적 적용과 별개로 발생하는 것이 아니라 연계하여 발생한다."[43] 우리는 그런 도움을 교사로서의 성령의 역할과, 예수의 가르침을 우리에게 상기시켜주는 주체로서의 성령의 역할 측면에서 기대해야 한다(요 14:26).[44]

오순절 주석가 프렌치 L. 아링턴(French L. Arrington)은 깨달음에 관한

---

41 Walton and Sandy, *World*, 288-89.

42 이는 다음의 학자들을 비롯한 대다수 성서학자가 동의하는 내용이다. Wyckoff, *Pneuma*, 56, 82-84; Thiselton, "Hermeneutics," 148-49. Thiselton, *Horizons*, 91-92(여기서 Thiselton은 T. F. Torrance의 주장을 따른다), 440도 보라.

43 Wyckoff, *Pneuma*, 84. 위의 인용 선택에 반영된, 관점을 구성하는 내 방식에도 불구하고 나는 Stein, Walton, Sandy가 이에 동의할 것이라고 믿는다.

44 교사로서의 성령에 관해서는 다음을 보라. Wyckoff, *Pneuma*, 80, 97-122(특히 117-18), 129-30; Stibbe, "Thoughts," 184. 칼뱅과 관련하여 이런 성령의 역할에 대해서는 다음을 참고하라. Wyckoff, *Pneuma*, 27. 여기서 Wyckoff는 Forstman, *Word and Spirit*, 75을 인용한다. 요한이 제안하는 교사로서의 성령의 이미지에 관한 배경은 Keener, *John*, 2:977-82을 보라.

획기적이고 근대적인 논문에서 해석과 관련된 성령의 행위가 다음과 같은 상황에서 중요하다고 기술한다. 즉 "(1) 하나님께 마음을 복종시켜 비평하고 분석하는 능력이 성령의 지도 아래 행사될 때, (2) 본문을 살피는 가운데 성령의 증언에 진정으로 열려 있을 때, (3) 전체 해석 과정의 부분으로서 믿음을 개인적으로 경험할 때, 그리고 (4) 변화시키는 음성인 하나님의 말씀에 반응할 때."[45] 이 요점들 가운데 첫 번째는 성령이 우리의 인지 능력을 통해서뿐만 아니라 그 능력을 초월해서도 역사할 수 있음을 깨닫도록 도와준다.[46]

광의의 기독교 전통은 깨달음을 확증한다

성서 본문에서 성령의 음성을 듣고자 하는 노력은 긴 역사를 가지고 있다.[47] 이런 노력의 특징은 기원후 5세기 베네딕도회 수도사들 사이에서 발전된 것으로서 렉시오 디비나(*lectio divina*)라고 불리는 명상적 접근이다.[48] (렉시오 디비나와 동방 정교회의 묵상기도[*hesychasm*]는 다양한 문화의 신자들에게 의미 있는 것이며, 그들에게 적합한 방식들로 조정될 수 있다.)[49] 실제로 오리게

---

45 Arrington, "Use," 105, Archer, "Retrospect and Prospect," 145에서 인용됨. Archer, *Hermeneutic*, 195-96.

46 나는 이 질문을 Keener, *Mind* 등의 책에서 좀 더 자세히 다룬다. 나는 "통해"(through)와 "초월하여"(beyond), 이 둘을 모두 확언하면서 가르치고, 예언하며, 방언으로 기도한다.

47 Moberly("Hermeneutics," 161-62)는 오순절주의자들이 제안한 성령 해석학 접근법들은 대부분 오순절주의자들에게 국한된 것이 아니며, 심지어 교부들의 문헌에서도 등장한다고 강조한다.

48 참조. 예. Magrassi, *Praying the Bible*; Paintner and Wynkoop, *Lectio Divina*; Robertson, *Lectio Divina*; McEntyre, *Phrase*, x.

49 Nyunt, "*Hesychasm*"을 보라.

네스(Origen), 요안네스 크리소스토모스(John Chrysostom), 아우구스티누스(Augustine)와 같은 초기 기독교 해석자들은 성서를 이해하고자 할 때, 독자의 성실한 연구와 더불어 성령의 도움이 필요하다고 주장했다.[50]

루터는 해석자들이 문법적·역사적 주해와 더불어 믿음과 성령의 깨달음을 경험해야 한다고 강조했다.[51] "경험은 하나님의 말씀을 이해하는 데 필수적인 것으로", 말씀은 반드시 "믿어지고 느껴져야 한다."[52] 성서를 올바르게 읽는 것에는 기도와 묵상이 포함되었다.[53] 마찬가지로 칼뱅 역시 사람들은 오직 성령의 계몽을 통해서만 하나님의 말씀을 이해할 수 있다고 주장했다.[54] 청교도들과 경건주의자들은 하나님의 영을 통해서만 성서의 메시지를 정확히 이해할 수 있다고 주장했다.[55] 프린스턴 신학교의 초기 설립자들 역시 깨달음을 강조했다.[56] 비록 이 학교에서 19세기에 주창된 보수적 학풍은 해석에 관한 성령의 역할을 폄하했지만 말이다.[57]

---

50 Wyckoff, *Pneuma*, 13-18, 124. 예. 다음을 보라. Chrys. *Hom. Cor.* 37(이 부분은 Wyckoff, *Pneuma*, 16에 인용됨).

51 Ramm, *Interpretation*, 98; Wyckoff, *Pneuma*, 22-24. 역사적·문법적 해석에서 루터의 신학적이고 그리스도 중심적인 목표에 대해서는 다음을 보라. Grant and Tracy, *History*, 94. 적용에 관한 루터의 강조에 대해서는 Wengert, "Luther," 104, 106을 보라. 루터와 달리, 그의 17세기 일부 계승자들은 가슴으로가 아니라 오직 비판적 지성으로만 성서를 이해했다(Grant and Tracy, *History*, 97).

52 Luther WA 5:108, Bartholomew, *Hermeneutics*, 198에 인용됨. 루터는 성서를 이해하기 위해 자신의 지혜를 버리고 성령에 의지하는 법을 배웠다고 주장했다(WA 4:519.3-4, Bartholomew, *Hermeneutics*, 199에 인용됨). 루터는 바울이 갈 3:5에서 그의 청중에게 호소하는 장면에 주목한다(*First Lectures on Galatians*, on 3:5, in Bray, *Galatians, Ephesians*, 93).

53 George, "Introduction," xxv.

54 Wyckoff, *Pneuma*, 27, Calvin, *Corinthians*, 117을 인용함; Calvin, *Catholic Epistles*, 389; Osborne, *Spiral*, 340, *Inst.* 1:93-95을 인용함; George, "Introduction," xxix; 특히 다음을 보라. Adhinarta, *Doctrine*, 38(39-43에서는 이후의 고백들을 다룸).

55 Oliverio, *Hermeneutics*, 85, Grenz, *Renewing*, 69, 71의 주장을 따름.

56 Wyckoff, *Pneuma*, 43.

57 Wyckoff, *Pneuma*, 43-45. Wickoff는 이런 측면에서 다음과 같은 영향력 있는 인물들을 인용한다. Aquinas(18-20), Francis Turretin(29-30).

1830년대와 1840년대 가장 저명한 침례교 학자였던 브라운 대학교의 프랜시스 웨이랜드(Francis Wayland)는 성서에 대해 성령의 깨달음이 필요함을 강조했다.[58]

마찬가지로 고대 문화에 민감한 주석가이자 어쩌면 19세기 영국 성서학자 중 가장 중요한 인물인 J. B. 라이트풋(J. B. Lightfoot)은 성서를 들을 때 성령의 개입이 필요함을 명확히 언급한다. 나는 매우 균형 잡힌 그의 발언 중 하나를 여기에 자세히 인용할 수밖에 없다.

> 마지막으로 내가 다음의 말을 기억해야 할 필요가 있듯이 당신에게 다음의 말을 상기시키지 못한다면 나의 이런 발언은 가장 문제 있는 발언일 것이다. 즉 성서의 바른 이해를 위해 가장 필요한 것은 기도다. 그리스도인들에게 말할 때 나는 가장 먼저 성서의 권위, 곧 여러분 모두가 인지하고 있는 권위에 호소할 것이다. 그러나 이 권위가 하나의 주장으로서 제기된다면, 나는 하나의 집단 안에서 이 권위를 주장하고 있을 뿐이다. 기도라는 의무를 인지하는 것은 성서의 진리에 대한 믿음을 전제하므로, 나는 이 문제를 기도의 측면에서 다룰 수 있다. 만일 당신이 예컨대 투키디데스(Thucydides)나 타키투스(Tacitus) 같은 고대 작가를 연구 중이라면, 당신이 그 작가가 저술하던 당시로 들어가 그와 함께 생각하고 느끼며 당시 사람들의 삶과 행위에 영향을 미친 모든 환경을 이해하려고 노력하지 않는 한, 당신은 그를 이해할 수 없을 것이다. 만일 그런 노력이 없다면, 당신의 연구는 어떤 결과도 낳지 못할 것이다. 성서 연구도 마찬가지다. 성서의 기록들은 영적 문서로서 당신 앞에 놓여 있고, 이 기록을 이해하기 위해 당신은 성령과 반드시 소통해야 한다. 기도는

58 Kidd and Hankins, *Baptists*, 122. Wayland는 1827년부터 1855년까지 브라운 대학교의 총장이었다. 그의 제자 중 한 명은 베일러 대학교(Baylor University)를 설립했고, 또 다른 제자는 거의 40년간 미시건 대학교(University of Michigan)의 총장을 지냈다(122-23).

바로 이런 소통의 매개다. 그러므로 기도는 성서의 바른 이해를 위해 반드시 필요하다.[59]

20세기 초의 주요 기독교 해석자들 역시 이런 접근을 자주 강조했는데, 때로는 이것을 강조하는 방식이 지나쳐서 복음주의자들의 우려를 사기도 했다. 오스왈드 챔버스(Oswald Chambers) 역시 성서를 하나님의 말씀으로서 확증하면서 "비록 성서가 하나님의 말씀이지만, '예수가 직접 이 말씀을 우리에게 이야기하지 않는 한 성서는 우리에게 생명을 줄 수 없다'"고 믿었다.[60] 우리는 기독교 선교 연합(Christian and Missionary Alliance) 소속의 독실한 신학자 A. W. 토저(A. W. Tozer)를 챔버스와 비교할 수 있다. "기록된 말씀을 가장 강력한 것으로 만드는 것은 현재 들리는 음성(Voice)이다."[61]

교파 간의 합의

오순절주의, 웨슬리주의, 그리고 더 이른 주석가들이 이런 수준의 성서 사용을 중요하게 여긴 유일한 사람들은 아니다.[62] 적용을 귀하게 여기는 측

---

59 Lightfoot, *Acts*, 51.

60 King(*Only Believe*, 207)은 Chambers, *Help*, 146, *Chambers*, 152, 그리고 *Psychology*, 200을 인용하며, 자신의 접근법과 Karl Barth의 접근법을 구별한다. 성서는 "본래 하나님의 말씀이 아니라 [성령을 통해] 비로소 독자에게 하나님의 말씀이 된다"라는 주장(Ellington, "Authority," 156-57)은 신정통주의처럼 들리지만, 언제나 이런 식으로 의도되는 것은 아니다(Davies, "Read as Pentecostal," 257에 언급된 거부 내용을 참조하라. 비록 이 거부 내용 역시 신정통주의처럼 들리지만 말이다).

61 King, *Only Believe*, 207-8, Tozer, *Pursuit*, 68을 인용한다.

62 해석과 관련하여 성령의 중요성을 다루는 연구는 다음을 참조하라. Klein, Blomberg, and Hubbard, *Introduction*, 425-26. 완전히 세속적인 관점에서조차 널리 퍼져 있는 성서에 대한 현대적 호소들은 방법에 대한 관심을 요구한다. Collins, *Babel*, 133의 관찰을 참조하라.

면에서 고전학자들과 철학자들은 가치 있는 지혜를 찾기 위해 고대 문헌을 종종 참고한다.[63] 우리는 성서 본문을 정경으로서 귀하게 여기는 자들에게 이 정도의 관심을 얼마나 더 많이 기대할 수 있을까? 예를 들어 형제교회 학자인 F. F. 브루스(F. F. Bruce)는 성서를 하나님의 책으로서 사용하는 독자들은 문법적·역사적 기초에 대한 탐구를 멈추지 말아야 할 뿐만 아니라 성서 본문을 신학적으로 들어야 한다고 주장했다.[64] 마찬가지로 버나드 램(Bernard Ramm) 역시 성서 읽기가 바른 정황적 해석과 분리되지 않는다는 조건하에 경건주의 전통의 독실한 읽기가 필요하다고 강조했다.[65] 그랜트 오스본(Grant Osborne)은 다음과 같이 촉구한다. "성령은 설교자에게 권능을 부어 설교자의 메시지가 '[인간적] 지혜에 기반한 설득적인 말' 임을 예증하는 것이 아니라, 설교자의 메시지가 '성령'과 하나님의 '권능' 임을 증명한다"(고전 2:4-5).[66]

---

63 예. Newlands, "Ovid"; Tsouna, "Introduction," viii. 학자들은 다른 오래된 문헌들로부터도 현대적인 통찰들을 도출할 수 있다. 예. 다음을 보라. Espinoza, "Pia Desideria" on a 1675 work of Phillip Spener. 스토아 학자들은 종종 학생들이 스토아주의를 이해하길 원하고, 스토아주의에 대한 몇몇 반대에 답하려고 애쓴다(Rorty, "Faces," 243; 참조. Irwin, "Stoic Inhumanity," 238). 다른 학자들은 인지 심리학과 관련하여 고대 스토아 학파의 통찰력이 지닌 가치를 인용한다(Sorabji, *Emotion*, 1-4, 225-26을 보라; 참조. Rorty, "Faces," 260-62).

64 Bruce, "Interpretation," 566, Wyckoff, *Pneuma*, 3에 호의적으로 인용됨. Marshall, *Beyond Bible*을 자세히 보라. 특히 79쪽에 나오는 다음 내용을 보라. "성서는 우리의 교리 및 실천 둘 다에서 해석과 참신한 적용을 필요로 한다."

65 Ramm, *Interpretation*, 60-63. Ramm 역시 예언에 대한 자유주의의 거부가 원래의 의미를 너무 지나치게 강조한다고 항변한다(68). 그러나 Ramm은 성서 구절을 개인적 점술용으로 사용하는 종교적 읽기에 대해서는 경고한다(111-12). 그러나 고대 유대인, 그리스도인, 이교도들은 당시에 성서 본문을 무작위로 펼쳐서 거기서 발견된 메시지를 자신들과 관련된 것으로 받아들였는데, 우리는 이러한 사실도 간과하지 말아야 한다. Van der Horst, "Bibliomancy," 165-67을 보라.

66 Osborne, *Spiral*, 340. Osborne은 스펄전과 칼뱅을 계속 인용한다. 참조. Green(*Seized*, 94-100)은 성서 사용이 "반드시 성령의 영감에 의한 것이어야 한다"고 강조한다. McQuilkin(*Understanding*, 85-88)은 중생, 기도, 겸손(86-87), 그리고 성서에 대한 참된 믿

귀납적 성서 연구의 옹호자들 역시 하나님에 대한 영적 경험이 성서 본문을 그것이 원래 의도된 대로 이해하도록 독자들을 도와준다는 것을 인지한다.[67] 마치 우리가 성서 본문을 통제할 수 있는 것처럼 그 본문을 단순히 객관화시켜 평가할 때 하나님의 음성을 들을 여지는 희박해진다.[68] 가톨릭 학자인 대니얼 J. 해링턴(Daniel J. Harrington)은 대부분의 학자들 역시 본문의 원래 의미를 살핀 후 그 본문이 오늘날 우리에게 의미하는 것을 듣고자 열망한다고 강조한다.[69] 푹스(Fuchs)와 에벨링(Ebeling) 같은 해석학 이론가들의 목적은 새로운 환경에서 새롭게 이야기하는 성서의 음성을 듣는 것이다.[70] 이런 관심은 더 앞선 시기의 기독교의 성서 읽기에서 확실히 만연했는데, 여기에는 종교개혁가들과[71] 현대의 여러 해석자도 포함된다.[72]

음, 곧 헌신과 성령에 대한 의존(87)을 포함하는 믿음을 성서를 이해하기 위한 요건들로서 인용한다. 참조. Wong, "Mind"; Cartledge, "Theology."

67 Bauer and Traina, *Inductive Bible Study*, 36-37, 요 7:16-17, 고전 2:14을 인용함. 성서에는 다양한 장르가 있지만, 그중 일부 장르들은 권면의 방식으로 읽히도록 의도되었고(Poster, "Affections," 23), 대부분의 장르는 [읽는 이들이] 따르게 하기 위해 혹은 따르게 할 요점들을 강조하기 위해 의도되었다.

68 Mulholland, *Shaped*, 19-21, 134. 이런 읽기 방식을 통해 "우리는 들을 귀가 있지만 듣지 못한다"(23). 대신에 Mulholland는 우리 자신을 본문에 의해 형성된 객체로서 간주하는 것을 추천하고(57), 웨슬리의 주장에 따라 본문이 우리를 평가하도록 요청한다(130). 그의 관계적 접근법은 Martin Buber의 "나-당신"(I-Thou)을 반영하는지도 모른다(Buber에게 궁극적 "당신"은 하나님이다; Buber, *I and Thou*).

69 Harrington, *Interpreting*, 126, Wyckoff, *Pneuma*, 67에 인용됨.

70 Thiselton, "New Hermeneutic," 80, Ebeling, *Word and Faith*, 318-19을 인용함; Fuchs, *Hermeneutik*, 92; idem, *Studies*, 35, 191-206. 수사비평에 관해서는 Kwon, *1 Corinthians 1-4*, 3-4을 보라.

71 "성서의 유기적·신학적 일치"에 대한 루터의 강조에 관해서는 Ramm, *Interpretation*, 56을 보라. 비록 루터가 때로는 이런 초점이 결여된 성서 연구를 격하시켰지만 말이다(Fuller, "Analogy," 210n13).

72 Blackman("Exegesis," 26)은 비평만으로는 충분치 않다고 주장한다. 우리는 본문에 대한 이해를 추구해야 한다. 그리고 그 본문을 우선 "그리스도 및 구원에 대한 성서의 핵심 교리"와 연결시킨 다음에 "오늘날의 상황"과 연결시켜야 한다.

대부분의 현대 신학자들 역시 성서 해석과 관련하여 성령의 역할을 소중히 여긴다. 예를 들어 칼 바르트는 역사비평을 성서 이해의 첫 단계로서 환영했지만, 오직 성령만이 문법 및 역사를 초월하여 온전한 이해를 제공해줄 수 있다고 주장했다.[73] 칼 F. H. 헨리(Carl F. H. Henry)는 이를 정통 개신교의 입장으로 간주한다.[74] 도널드 블로쉬(Donald Bloesch), 토머스 F. 토랜스(Thomas F. Torrance), J. I. 패커(J. I. Packer) 등도 성서 해석에서 성령의 역할을 강조한다.[75] 어떤 이들은 이런 전통적인 분업을 두 부류로 설명하는데, 한 부류는 본문의 당시 의미를 연구하는 성서학자들(역사비평가들)이고, 다른 한 부류는 오늘을 위한 하나님의 메시지를 파악하는 신학자들이다. 그리고 이 두 부류는 서로를 심하게 간섭하지 않는다.[76] 그러나 오늘날 많은 성서학자와 신학자들은 성서의 신학적 해석을 통해 관계 회복을 추구해왔다.[77]

나의 개인적 배경

그리스도의 몸을 이루는 여러 다른 교파의 교회들도 오순절 혹은 은사주의 에토스를 인정하고 공유한다. 이런 에토스 및 경험을 대표하는 자들은

73 Wyckoff, *Pneuma*, 46-48.

74 Wyckoff, *Pneuma*, 56, Henry, *God Who Speaks*, 256, 258을 인용함. Wyckoff, *Pneuma*, 131도 보라.

75 Wyckoff, *Pneuma*, 57, 75, 136, 이 저자들 및 다른 저자들을 인용함; Bloesch, "Christological Hermeneutic," 99-102도 보라.

76 Green, *Practicing Theological Interpretation*, 1.

77 다음을 보라. Green and Turner, *Horizons*; Treier, *Interpretation*.

오늘날 전 세계 대부분의 교단에서 발견될 수 있다. 예를 들어 나는 침례교 목사로서 안수를 받았지만, 웨슬리 신학과 감리교 환경이 주를 이루는 곳에서 가르치고 있다. 하지만 나는 방언으로 기도하고(종종 하루에 한 시간씩), 성령 안에서의 깊은 예배를 사모하며, 오순절 계열 신학교에 다녔다. 그리고 나의 목사 안수식을 집행한 침례교 목사는 나를 위해 방언으로 기도했으며 나에 대해 예언했다. 내가 침례교 목사로 안수를 받은 것은 오순절 신앙 양태에 대한 불만 때문은 전혀 아니었고, 단지 인종적 화해와 내가 목사 안수를 받은 지역 교회 및 공동체에 대한 나의 헌신과 관련이 있을 뿐이었다.[78] 나는 성령과 영적 경험에 관한 책을 저술하기도 했는데, 이는 나를 은사주의자로서 명백히 규명해준다.[79] 실제로 성서가 은사중지론을 전혀 지지해주지 않는다는 나의 견해로 인해 나의 저술들에 대한 어느 보수 장로교 목사의 서평을 실은 한 지역 신문은 나를 "광신적 은사주의자"(wildly charismatic)로서 규명했다![80]

---

78 1990년에 목사 안수를 받은 후 수십 년 동안(다음을 보라. Johnston, "Ordination"; White, "Calling"; Usry and Keener, *Religion*, 125-29) 나는 미국 흑인 침례교회들에서 협동목사로 섬겨왔다. 내가 살고 있는 지역의 인구통계학적 이유로 인해, 내가 애즈버리 신학교에서 가르치기 위해 이사한 후 협동목사로서 나의 활동은 더 어려워졌다. 비록 내 헌신과 장기 계획은 동일하게 남아 있지만 말이다. 우리는 이곳에 있는 빈야드 교회에 출석하고 있는데, 그 부분적인 이유는 내 아들이 이 교회의 찬양팀에서 섬기고 있기 때문이다(우리 가족 모두 실제로 이 교회를 좋아하기 때문이기도 하다).

79 Keener, *Questions*. 개정판의 제목은 *Gift*; idem, "Gifts for Today"; idem, "Luke's Pneumatology"; idem, "Power." 게다가 은사주의적 관심의 주제들을 보다 일반적인 학문적 관점에서 다루는 것으로서, 은사주의 집단을 넘어 널리 읽히고 있는 연구들은 다음과 같다. Keener, *Miracles*; idem, *Spirit*; idem, "Acts 2:1-21"; idem, "Gifts"; idem, "Holy Spirit"; idem, "Miracle Reports in Gospels and Today"; idem, "Miracle Reports: Perspectives"; idem, "Miracles"; idem, "Miracles: Dictionary"; idem, "Pentecost"; idem, "Pneumatology"; idem, "Possession"; idem, "Raised"; idem, "Review of *Strange Fire*"; idem, "Spirit"; idem, "Spirit Perspectives"; idem, "Tongues"; idem, "Warfare."

80 Frank Collier, "Holy Spirit book not best source," *Salisbury Post* (Oct. 6, 1996).

그럼에도 이 책은 내가 수년 전에 집필할 수 있었던 책은 아닌데, 그 이유는 다음과 같이 두 가지다. 첫째, 수년 전 내가 『복음서의 역사적 예수』(*Historical Jesus of the Gospels*, 2009)를 집필 중일 때, 나는 복음서에 관한 역사비평적 연구에 한창 몰두하고 있었다.[81] 나는 내 주장을 합의된 주장과 자료들, 즉 내가 충분한 증거를 제시할 수 있는 것으로 제한하기 위해 많은 노력을 기울였다. 나는 내가 내린 결론들이 중립적인 역사기술적 관점에서 도출되었다고 믿는데, 이 중립적 관점은 회의론자들의 관점보다 더 개연성이 높고 역사적으로 더 나은 정보에 바탕을 둔다. 실망스럽게도 여러 회의론자가 내 연구를 복음주의적 "변증"으로서 정형화시킴으로써 그냥 거부해버렸다. 마치 좀 더 관습적인 입장에 찬성하는 주장만이 무엇에 대한 "방어"로서 적합하다는 듯이 말이다.[82]

그들의 반응으로 인해 나는 편견이 심지어 자신이 공평하고 비판적이며 개방적이라고 주장하는 일부 학자들 사이에서조차 얼마나 깊게 지속될 수 있는지를 더욱 확신하게 되었다. 불행하게도 가장 대중적인 관심을 요구하는 미디어 범람 시대에 발맞추어 일부 학문 분야는 정확한 주장보다 특이한 주장(novelty)에 더 초점을 맞춘다. 나는 내 박사과정 학생들에게 종종 다음과 같이 경고한다. 즉 창조성이 이상적이지만, 정확성은 더 중요하다고 말이다. 상당히 회의적인 전통의 학자들로부터 가장 비판적인 반응의 말과 글을 듣고 읽은 후 나는 이런 부류의 학자들과의 관계를 포기하고 싶은 유혹에 저항해야 했다. 기적에 관한 다음 저술을 통해 나는 역사비평

81 *Historical Jesus*.

82 "변증"이란 기술적으로 무엇을 방어한다는 말이다.

이라는 상자 밖에서 생각할 수밖에 없었다. 메타역사적(metahistorical) 질문들은 역사비평적 영역에서 다루는 역사비평적 방법의 사용을 폄하할 필요가 없다. 그러나 역사비평적 영역 역시 인식론적으로 고려할 가치가 있는 유일한 영역으로서 간주되지 말아야 한다.

둘째, 지난 수년간 나는 천 명 정도의 학생에게 성서 해석을 직접 가르쳤다. 이에 더하여 이 주제에 관해 짧지만 실제적인 책을 한 권 집필했는데, 아프리카에 있는 수만 명의 독자에게 이 책이 유포되었다.[83] 성서 해석 수업에서 내 강조점은 주로 잘 알려진 해석을 교정하는 데 있었다. 즉 나는 학생들이 특정 상황과 배경 및 장르를 고려하도록 이끌었다. 이런 내용은 매우 중요한 강조점들인데, 대중 독자들은 이를 종종 놓친다.

그러나 본문에서 설교로 그리고 본문에서 삶으로 이어지는 모델을 고안할 때 나는 본문이 어떻게 설교 및 삶과 연결되어 있는지 설명하는 일을 주로 예전과 영성을 가르치는 동료들에게 맡겼다. 유명한 해석자들은 본문에서 적용으로 너무 자주 이동해서, 나는 학문적으로 난해한 수준일 때를 제외하고는 이 과정이 정당한 이유(justification)가 필요하다고 생각하지 않았다. 여기서 말하는 정당한 이유란 다른 학자들이 이미 적절하게 제공한 것을 말한다.

아모스 용이 오순절 해석학에 관한 책을 써보라고 권했을 때, 나의 학문적 반사작용은 여전히 주로 교정적이었다. 문학적 정황을 넘어 나의 주된 학문적 기여는 독자들이 당시 상황을 재구성하도록 돕는 고대 자료를 제공하는 것이었다. 왜냐하면 이런 재구성이야말로 현대 독자들이 스스로 해결하기에 가장 어려운 일이기 때문이다. 그러나 아모스는 나를 채근하

83 Keener, *Bible in Context*(프랑스어 버전은 더 자주 배포되었고, 남미에서는 스페인어 버전이 유통되었다). 나는 다음 책도 공동 저자로서 집필했다. McCain and Keener, *Understanding and Applying*.

여 오순절적 해석의 값진 기여를 고려하게 만들었고, 이 질문과 씨름하면 할수록 나는 더 많은 흥미를 느끼게 되었다.

그 결과가 바로 이 책이다. 물론 이 책은 신학자나 철학자 혹은 해석 역사가가 썼을 법한 방식으로 집필되지 않았다. 나는 성서학자로서 이 책을 저술했고, 다른 이들이 훨씬 더 유능하게 다룰 수 있는 영역들은 가볍게 언급하며 지나갔다. 나는 이 책을 통해 해석에 관한 다른 중요 업적을 대체하려고 하지 않는다. 다만 나는 필요한 몇몇 논의를 자극하고 여러 학문 분야와 그리스도인의 삶에 공통으로 속하는 이 흥미로운 영역에 기여하고 싶을 뿐이다. 나의 관심사 중 일부는 신자들이 성서신학적 세계 안에 있는 한 지점으로부터 성서 본문을 읽어내는 일이야말로 성서적이라는 것을 보여주는 데 있다.[84]

내가 저술한 주석서들과는 대조적으로 성서적 증언에 대한 나의 접근은 의도적으로 통합적이다. 그리고 나는 다양한 성서 저자 사이를 종횡무진하는데, 이는 중요한 강조점들이 단 한 명의 성서 저자에게 제한되지 않음을 보여주기 위한 일종의 노력이다. 이 강조점들은 사실 대부분 성서 전체에 스며들어 있다. 만일 우리가 서로 다른 초기 유대교 사상들 간에 유사 내용을 발견한다면, 초기 기독교 내에 흐르는 공통된 사상의 흐름을 발견한다고 해서 놀랄 필요는 없을 것이다.

---

84 성서가 신앙 공동체를 위한 것이라는 개념에 관해서는 성서를 교회의 책으로서 간주하는 교부들의 저술들을 보라(특히, Tert. *Praescriptione* 5, 40, Nichols, *Shape*, 170에 인용됨). 오늘날 관련 문헌으로는 다음을 보라. Hauerwas, *Unleashing*, 9, Ellington, "Authority," 161에 인용됨. 롬 15:4; 고전 10:11도 보라. 우리는 성서가 "누구에게"(본래 정황) 기록되었는가라는 질문과 "누구를 위해"(계속되는 하나님의 백성) 기록되었는가라는 이 두 질문을 구분할 수 있다.

오순절 학자들의 유산

초기 오순절주의자들은 특히 19세기 말 복음주의("복음주의"라는 용어는 19세기에 북미에서 지배적으로 사용된 종교적 표현이다) 내의 급진적 진영으로부터 출현했는데, 이 급진적 진영은 거룩, 선교, 사회 정의 및 개혁, 그리고 신적 치유를 강조했다. 오순절주의자들의 노선이 강경해지면서, 20세기 초 근본주의자들은 오순절주의자들을 주로 배척했고 때로는 악마로 치부했다. 그 당시에 오순절주의자들은 대부분의 근본주의 교육 기관에서 환영받지 못했을 것이다. 오순절주의자들은 여전히 근본주의적 주장에 자주 의존했지만, 그들의 주요 의제는 달랐다.[85] 일찍이 근본주의자들로부터 거부당했다는 부분적 이유로 인해 오늘날 오순절 및 은사주의의 많은 학자들은 비복음주의 기관에서 가르치고 있다.

나는 여러 명의 오순절 학자 밑에서 공부했는데, 그중에는 스탠리 호튼(Stanley Horton), 벤 애커(Ben Aker), 개리 맥기(Gary McGee)가 포함된다. 세상을 떠나기 전 스탠리가 내게 베푼 은혜로 인해 나는 그가 숨을 거둔 뒤 첫 번째 호튼 강연자가 되었다. 이 강연은 내가 호튼 교수 밑에서 수학했던 기관 중 하나인 하나님의 성회 신학교(Assemblies of God Theological Seminary)에서 열렸다. 호튼 교수는 (조지 래드[George Ladd]와 거의 같은 시기에) 하버드 대학교에서 몇몇 연구를 했고, 벤 애커와 개리 맥기 교수는 가톨릭 기관인 세인트루이스 대학교(St. Louis University)에서 박사학위 공부를 했다. 내가 듀크(Duke) 대학교에 재학 중일 때 나는 오순절주의자로서

85 최초의 오순절주의자들은 궁극적으로 근본주의 방향으로 전개된 보다 합리주의적인 전통이 아니라, 급진적인 성결 복음주의자들로부터 의제들을 도출했다(Waddell, "Hearing," 181). 비록 현대주의 대 근본주의의 논쟁 동안 최초의 오순절주의자들은 자신들을 반초자연주의적 현대주의자들보다는 근본주의자들과 쉽게 동일시했지만 말이다.

내가 광의의 복음주의 전통에 속한다고 이해했다. 그러나 우리는 (명목상으로 혹은 실천적 측면에서) 은사중지론자들이 하지 않았던 특별한 기여를 오순절주의자들인 우리가 해냈다고 믿었다.

듀크 대학교에서의 한 수업에서 학생 하나가 계속해서 나를 공격했는데, 그 이유는 내 접근법이 마르틴 루터(Martin Luther)의 접근법과 다르다는 것이었다(그 학생의 공격 내용을 지금은 다 기억하지 못한다). 나는 그가 왜 그런 이유로 나를 공격하는지 이해할 수 없었다. 결국 성공회 출신 동료가 나를 위해 다음과 같이 중재했다. "크레이그는 그 전통에 전적으로 헌신하지 않는다." 나는 성서를 중시하는 루터에 동의했지만, 그의 모든 해석에 동의하지는 않았다. 주석가로서 루터는 그가 살던 당시의 전통에 기꺼이 도전장을 던졌고, 나는 그의 모든 해석을 나의 신앙 전통으로서 되울리기보다 전통을 초월하여 성서를 중요하게 여기는 그의 본을 더 열렬히 따르고 싶었다. 기존의 특정한 역사적 해석을 지지하는 일은 내 관심사가 아니었다.[86]

이와 유사하게 나는 많은 복음주의자들이 적어도 특정 유형의 목회 사역에서 여성의 참여를 반대했다는 사실을 알고 있었지만, 내가 여성 목회를 지지하는 주장을 펼칠 때 많은 복음주의자들로부터 받은 가혹한 반응은 나를 당혹케 했다. 다른 복음주의 전통의 관점에서 볼 때, 당시 나는 "자유주의자"였던 것이다. 비록 그 지점에서 나는 내 오순절 복음주의 전통에 충실했지만 말이다[87](나는 당시 내가 사역했던 지역 흑인 침례교회의 전통에

86 여기에는 오순절 전통도 포함된다. 예를 들어 나는 특정한 오순절 배경에서 배운 오래된 세대주의적 종말론의 접근법이 주석적으로 지지될 수 없다고 전적으로 확신한다(내가 이 오순절 배경에 있을 때 그 차이를 지나치게 부각시켰는지도 모른다. 그러나 나는 이 접근법이 주석적으로 너무 쉽게 무너질 수 있음을 언제나 발견한다).

87 예. 다음을 보라. Alexander and Yong, *Daughters*; Wacker, *Heaven*, 158-65(그러나 165-76의 상반되는 경향들을 대조해보라); Yong, *Spirit Poured*, 190-94; McGee, *Miracles*, 135(그러나 136-37에 나오는, 이후의 오순절주의가 맞은 침체에 주목하라); Powers, "Daughters"; idem, "Recovering"; Alexander, "Conscience," 59. 이와 관련하여 세계 곳곳에 있는 다른

도 충실했다). 다른 복음주의 학자들의 멘토링 및 그들과의 교제는 주로 내가 박사과정을 마친 후 시작되었다. 오래된 오해의 여러 장벽이 무너졌다. 그래서 나는 지금이 바로 우리 모두가 그리스도의 몸에서 일어나고 있는 여러 다양한 운동으로부터 배워야 하는 적기라고 믿는다.

내가 받은 소명의 핵심은 다른 많은 성서학자들이 지닌 소명의 핵심과 마찬가지로(종교개혁가들과 종교개혁 이전 혹은 이후에 발생한 부흥운동들도 포함된다) 교회를 성서로 불러오는 것이다. 나는 다른 유효한 소명들이 있음을 잘 알고 있고, 이렇게 다른 소명들이 서로 보완해준다는 것도 알고 있다. 그러나 내 소명의 특징은 지금까지 그래왔던 것처럼 유명한 해석적 오류들을 고쳐나가면서 하나님의 백성이 성서를 하나님께서 우리에게 주신 방식으로 (구체적인 문학적·문화적 맥락을 염두에 두면서) 읽도록 가르치는 일을 포함하는 것으로 보인다.

동시에 우리는 성서를 바르게 이해할 때 그 바른 이해 속에서 하나님과의 신적 조우 및 그리스도와의 살아 있는 관계에 대한 반복된 증언을 발견한다. 성서에서 하나님의 신적 행위의 확산 및 약속을 인지하고, 성서를 읽을 때 성령의 임재 및 가르침을 기대하는 것이 바로 일종의 성령 해석학이다.

학자들의 주장에 관해서는 다음을 보라. Ma, "Women," 136-42; Espinosa, "Healing in Borderlands," 140; Kalu, *African Pentecostalism*, 161-62; Pothen, "Missions," 191-92, 255.

제1부 실천과 선교를 향한 신학적 읽기

성서는 그 자체가 우리에게 실천과 선교에 대한 관심을 갖고 성서를 신학적으로 읽도록 요구한다.[1] 즉 대부분의 성서 저자들은 그들의 청중이 자신이 전달하는 교훈들을 수행하기를 원했다. 그리고 그들의 가르침은 하나님, 그리스도, 교회의 선교를 빈번하게 강조한다. 때로는 현대의 학문적 독자들의 비난을 사기도 하지만, 신학적 관심을 위해 성서를 읽는 것은 전근대적 해석자들의 특징이었고, 이런 성서 읽기는 포스트모던 해석자들에게서도 다시 발견된다.[2] 교회는 단 한 번도 이런 관심을 버린 적이 없었으며, 초기 오순절의 강조점들은 이런 현상의 한 가지 예를 제시한다.

오늘날 학자들은 본문에 대한 이해를 두 지평의 측면에서 자주 설명하는데, 원래 본문 혹은 원저자의 지평과 독자의 지평이다. 성서 연구에 관

1 오순절 해석학의 실천에 관해서는 Johns and Johns, "Yielding," 42-46을 보라(여기서 정의하는 실천은 이 책에서 내가 정의하는 실천보다 더 구체적이다).

2 예. 다음을 보라. Waddell, "Hearing," 182, 186, 여기서도 Steinmetz, "Superiority"를 인용함(Steinmetz, "Superiority"는 McKim, *Guide*, 65-77에도 수록되어 있음). 참조. Bartholomew and Thomas, *Manifesto*. 루터의 신학적 해석에 관해서는 Ramm, *Interpretation*, 55-57을 보라.

한 내 학문적 연구는 대부분 고대 지평과 밀접한 연관이 있지만, 이 책은 성령 해석학의 특징적 요소에 초점을 두고 있으므로, 나는 이 책에서 고대 지평을 넘어서는 읽기에 더 충실하게 초점을 맞춘다. 그럼에도 우리가 성서 본문의 권위를 진정으로 존중한다면, 고대 지평은 반드시 필요한 해석적 토대가 된다. 따라서 나는 특히 8장과 9장에서 이를 다시 다룰 것이다.

대조적으로 성령 해석학에 관한 최근의 논의들은 독자에 너무 초점을 맞춘 나머지 첫 번째 지평에 대한 앞선 시대의 해석적 강조들을 때때로 거부해왔다. 그러나 한 본문의 명확히 의도된 목적은 그 본문의 가장 명확한 용도를 제시하고, 성령의 참된 조명을 받은 해석은 성령의 영감을 받은 본래 의도와 일치해야 한다. 의사소통으로서의 우리의 성서 읽기는 성서 본문의 정황 속에서 가장 잘 이루어진다.

그러나 최근 논의들은 중요한 질문 하나를 제기한다. 즉 이 본문들은 다른 상황에 있는 우리에게 어떻게 지속적으로 이야기하는가? 여기 알려진 유비가 있다. 나는 나중에 이 주제를 다시 다룰 것이다(특히 16장에서). 그러나 나는 먼저 본문의 경험적·종말론적 읽기가 지닌 가치를 보여주고 싶다. 이런 읽기가 원래의 영감적 소통에 내포된 다양한 의미와 상호 관련이 있다면 말이다.

1장 경험적 읽기

기독교 관점에서 읽을 때 성서 이야기는 우리 구세주의 오심과 궁극적인 종말론적 완성을 향해 나아간다. 예수의 초림과 재림 사이에 끼어 있는 현재는 종말론적 시대로, 이 시대를 살아가는 우리는 성령이 교회 안에서 단호히 역사하기를 기대해야 한다. 최초의 오순절주의자들은 성서적으로 더 정확한 이미/아직(already/not yet) 개념의 하나님 나라 종말론의 관점보다는 일반적으로 "늦은 비"의 내러티브 틀을 통해 성서를 읽었지만, 그들의 읽기는 명백히 종말론적이었다.[3] 따라서 그들과 당시의 다른 부흥운동들은 현재의 경험이 지닌 중요성을 인지하면서 경험적·종말론적 성서 읽기에 관한 유용한 모델을 제공해줄 수 있다. 성서 역사 속에서 우리의 위치는 이런 방식의 성서 읽기를 요구한다.

---

3 George Ladd의 성서신학에 큰 영향을 받은 제3의 물결은 이런 강조를 유익하게 바꾸어 놓았다. 예. 다음을 보라. Stibbe, "Thoughts," 188: "은사주의 해석 및 주해의 독특한 특징 중 하나는 하나님 나라의 '현재성'(now)과 '미래성'(not yet), 이 둘 모두에 대한 강조다."

사도행전 2장에 대한 초기 오순절주의의 선교적 읽기

19세기 말 급진적 복음주의자들은 예수의 대위임령의 중요성을 강조했다. 이 대위임령은 그리스도의 복음을 모든 민족에게 전하는 선교 행위다. 종말론적으로, 그들의 빈번한 후천년주의는 이런 기대 속에서 작용했지만, 다른 종류의 종말론을 주장하는 이들도 이와 동일한 기대를 공유했다. 여러 급진적 복음주의자들, 특히 거룩함을 강조하는 집단에 속한 자들은 특별한 권능을 체험하기 위해 기도했다.

케직(Keswick)과 다른 집단에 속한 자들은 사도행전에 언급된 성령의 역사의 초점이 선교를 위해 하나님의 신령한 권능의 부여임을 제대로 이해했고(특히 행 1:8을 보라), 이런 이해에 맞추어 기도했다. 어떤 이들은 이런 보편적 임무가 기적적인 도움 없이 행하기에는 너무 거대하다고 생각하면서, 선교사들이 모든 언어를 우선적으로 배울 필요가 없을 때라야 이 임무가 성취될 수 있으리라고 믿었다(당시에는 많은 언어들이 아직 파악되지 못한 상태였다). 그들은 선교용 방언을 받기 위해 기도했다. 다시 말해 그들은 하나님이 초자연적 권능을 그들에게 부여하여 필요한 언어를 미리 배우지 않고도 그 언어를 말할 수 있기를 기도했다.

성결을 강조하는 집단에 속한 일부 그리스도인들이 극적인 성령 체험의 일환으로 방언을 말하기 시작했을 때, 그들은 처음에 자신들이 선교용 방언을 경험했다고 믿었다.[4] 대부분의 경우 그들은 그렇지 않다는 것을 알

---

4 일반적으로 언급되는 다음의 학자들을 보라. Anderson, *Pentecostalism*, 33-34; McGee, *Miracles*, 61-76; idem, "Hermeneutics," 102; idem, "Strategy," 52-53; Goff, "Theology of Parham," 64-65; Jacobsen, *Thinking in Spirit*, 25, 49-50, 74, 76, 97; Robeck, *Mission*, 41-42, 236-37, 243, 252; 특별히 다음의 학자들을 보라. McGee, "Shortcut"; idem, "Logic";

왔지만,[5] 선교를 위해 권능을 사모하는 그들의 관심은 지속되었다. 그리고 근대 오순절 기독교는 그 첫 세기에 여타의 기독교 운동, 즉 세계적으로 감소 추세를 보이던 다른 운동들에 비해 대단히 빠른 속도로 확장되었다.[6] 그러나 방언과 선교의 연계는 종종 잊혔다.[7]

오순절주의자들이 언제나 이런 연계를 인지했던 것은 아니지만, 방언에 관한 누가의 이야기 역시 선교와 연결되어 있었다. 누가는 선교를 위한 성령의 권능에 집중했으므로(행 1:8), 자연스럽게 성령 행위의 예언적 차원과 교차문화적 요소 사이의 가장 두드러진 교차점을 강조했다. 누가는 성령의 영감을 받아 다른 민족의 언어로 하나님을 예배하는 하나님의 대리인들보다 교차문화적·예언적 권능과 관련하여 어떤 더 큰 표적을 강조할 수 있었을까?[8]

Anderson, "Signs," 195-99.

5 예. 다음의 학자들을 보라. Wacker, *Heaven*, 47-51; McGee, *People of Spirit*, 77-78; idem, "Strategies," 204; Hudson, "Strange Words," 61-63; Anderson, "Points," 167; Ma, "Eschatology," 100.

6 예. 다음의 학자들을 보라. Lee, "Future," 105; Mullin, *History*, 211; Berger, "Faces," 425; Tomkins, *History*, 220; Sweeney, *Story*, 153; Barrett, "Renewal," 388; Barrett, Johnson, and Crossing, "Missiometrics 2006," 28; Barrett, Johnson, and Crossing, "Missiometrics 2007," 32; Sanneh, *Disciples*, 275; Noll, *Shape*, 22, 32, 34; Johnson and Ross, *Atlas*, 102; Hanciles, *Beyond Christendom*, 121; Satyavrata, "Globalization," 3. 그러나 좀 더 미묘한 의미에 관해서는 특히 Anderson, *Pentecostalism*, 11을 보라.

7 그러나 때로 이 둘 사이의 연계는 지속되거나 재등장하고 있다. 다음의 학자들을 보라. McGee, *Miracles*, 102; Miller, *Tongues Revisited*.

8 Keener, *Acts*, 1:823-31, 특히 823-24; idem, "Tongues."

본보기를 위해 성서 내러티브 살펴보기

초기 오순절주의자들이 내러티브 속에서 성령 세례에 관한 단서를 찾으며 사도행전을 읽었을 때, 몇몇 비평가는 내러티브로부터 신학을 얻을 수 없다며 반박했다. 물론 오늘날 학자들은 내러티브가 신학적·정치적·도덕적 관점 혹은 여러 강조점의 결합일 수 있는 관점들을 실제로 자주 전달한다고 말한다.[9] 20세기 중반 성서비평에 만연했던 역사와 신학의 이분법에 반하여, 고대 역사가들은 자신의 저술을 통해 이런 목적을 분명히 밝혔다.[10] 성서 저자들 역시 이런 실천을 확언했다(예. 롬 15:4; 고전 10:11; 딤후 3:16-17).

학자들은 초기 오순절주의자들이 사도행전에 나오는 바른 유형들에 언제나 주목했는가를 놓고 논쟁할지도 모른다(예를 들어 많은 학자가 사도행전에 나오는 성령 세례의 표적들이 그들의 예상보다 더 다양할 것이라고 주장한다). 그러나 초기 오순절주의자들의 내러티브 해석은 그들을 비평하는 사람들이 대부분 행하는 내러티브 해석보다 사도행전 본문에 더 민감하다. 편집비평이 나온 후, 특히 내러티브비평 및 내러티브 신학이 등장한 후 성서학자들은 일반적으로 내러티브의 신학적 가치에 점점 더 민감해졌다.[11] 예를 들어 오늘날 주류 복음주의 학자들은 대부분 사도행전에서 누가가 성령과

---

9 Keener, *Acts*, 1:148-65에 인용되는 많은 자료들을 보라. 복음주의 학자들 중 영향력 있는 연구에 관해서는 다음을 보라. Marshall, *Historian and Theologian*; idem, "Luke as Theologian"; 오순절 학자 중 영향력 있는 연구에 관해서는 다음을 참조하라. Stronstad, *Charismatic Theology*. 신학적·정치적 읽기의 양립성에 관해서는 Elliot, *Arrogance*, 23을 보라.

10 Polyb. 1.1.1; Dion. Hal. *Ant. rom.* 1.2.1; Livy 1, *pref.* 10; Val. Max. 2.pref.; Tac. *Agr.* 1; *Ann.* 3.65; Lucian *Hist.* 59; 참조. Diod. Sic. 37.4.1; Hdn 3.13.3; Max. Tyre 22.5. 도덕적 설명이 방백(asides)으로 나오는 다음의 작품들을 보라. Polyb. 1.35.1-10; Diod. Sic. 31.10.2; Dion. Hal. *Ant. rom.* 7.65.2; Vell. Paterc. 2.75.2; Dio Cass. 1.5.4; Arrian *Alex.* 4.10.8; Corn. Nep. 16 (Pelopidas), 3.1; Tac. *Ann.* 16.15.

11 현대 내러티브 신학에서 일관성 있는 성서 내러티브의 중요성에 관해서는 다음을 보라. Stroup, *Promise*; Hauerwas and Jones, *Narrative*; Loughlin, *Story*; Bartholomew,

선교를 위한 권능을 연결한 것을 포함하여 사도행전에 등장하는 일관된 유형들이 교훈적이라고 말한다.[12]

비평가들 역시 바울신학이 제공하는 분명한 주장들을 인용하면서 오순절 방식으로 사도행전 읽기에 종종 반응했다. 그러나 오순절주의자들은 바울신학에 근거한 이런 주장들을 논점 이탈로서 올바르게 구별했다. 제임스 D. G. 던(James D. G. Dunn)은 오순절주의를 진지하게 받아들여 성령세례에 관한 오순절주의의 일반적 이해를 주제로 학문적 비평서를 저술한 최초의 학자들 중 하나였다.[13] (여기서 주목할 것은 던 자신이 주석적 요점에 관해 엄격한 논의를 하면서도 오순절주의자들과 그들의 행위에 대해 융화적이고 우호적인 자세를 언제나 취한다는 점이다. 사실 던은, 몇몇 일반적 정의에 비추어볼 때 은사주의자가 아니지만, "바울적 은사주의자"[Pauline charismatic]다. 이는 그가 모든 은사의 연속성을 긍정한다는 점과 특히 그의 탁월한 가르치는 은사에서 나타난다.)[14] 많은 오순절 주석가들은 던이 누가와 바울의 목소리를 각각 구별되면서도 보완적인 관계로 보는 대신에 바울의 관점에서 누가를 읽고 있다고 반응했다. 또 그들은 이런 접근이 신약신학의 통일성과 더불어 다양성을 강조하는 던 자신의 관점과 모순된다고 주장했다.[15]

다양한 부흥운동이 사도행전의 초기 교회를 모델 삼아 다양한 방식으

Hermeneutics, 58-84. 내러티브를 강조한다고 해서 모든 학자가 동일한 방식으로 내러티브를 읽는다거나, 이야기 속에서 동일한 핵심 "구절"을 찾는 것이 보장되는 것은 아니다. 그럼에도 내러티브는 성서에서 이미 가장 흔한 장르였다. 그리고 내러티브는 정경의 다른 부분들에 정황을 부여하는 구조를 제공해준다. 구속사에 관해서는 Cullmann, *Salvation*을 보라.

12 Klein, Blomberg, and Hubbard, *Introduction*, 350-51을 보라.

13 Dunn, *Baptism*.

14 2015년 7월 26일부터 27일에 걸쳐 주고받은 개인 편지. "탁월한"(excelling)이라는 말은 그의 겸손한 논평에 내가 첨가한 용어다.

15 Dunn, *Unity*. 예. 다음을 보라. Pinnock, "Foreword," vii. "아이러니하게도 이 지점에서는 적어도 Jimmy Dunn이 인정하는 것보다 더 큰 다양성이 신약성서에 존재한다."

로 사도행전의 삶을 살고자 애써왔다.[16] 19세기 말의 선교 운동들과 초기 오순절주의자들은 사도행전에서 선교 모델을 올바르게 도출했다. 더 중요한 것은 사도행전이 우리에게 하나님의 행위 유형을 가르쳐준다는 점이다. 비록 하나님이 그분의 영을 그분의 백성을 통해 예기치 못한 방식으로 우리에게 부어주시는 것이 그 유형의 일부지만 말이다.

흥미롭게도 사도행전에서의 성령 부음에 관한 많은 토론이 그리스도인의 개별적 경험에 초점을 맞추고 있는데, 이는 이해할 수 있는 현상이다. 하지만 누가의 내러티브들은 집단적 성령 부음에 초점을 맞춘다. 이는 아마도 미국 교회 역사가들이 부흥운동이라고 부르는 것과 같은 것일지도 모른다. 사도행전에서 "부흥운동"의 요소들은 때로 경제적 희생(행 2:44-45; 4:32-35) 또는 기쁨(13:52)과 같은 구체적 특징에서 다양하게 나타난다. 누가의 초점을 고려해볼 때, 누가가 하나님의 말씀에 대한 담대한 선포(행 4:8, 31; 19:6), 비전의 선포(7:55), 방언으로 드리는 예배(2:4; 10:46; 19:6)를 포함하여 특별히 예언적 권능의 요소(2:17-18; 눅 1:67)를 강조하고 있다는 것은 놀랍지 않다. 그러나 우리는 이런 성령의 다양한 부음에 여러 가지 구체적 특징이 포함되더라도 놀라지 말아야 한다. 그것이 죄로 인한 슬픔이든, 그리스도 안에서의 기쁨이든(행 13:52에서처럼) 다른 무엇이든지 말이다.[17] (이상적 관점에서 모든 신자는 성령의 모든 열매를 언제나 표현해야 하지만, 실

---

16 예. 행 2장의 소유를 공유하는 것에 관해서는 다음을 보라. Evans, *Wycliffe*, 155, 226; Wesley in Jennings, *Good News*, 25, 97-117(특히 111-16); 초기 모라비아파(Williams, *Radical Reformation*, 429; 참조. 229-33); 후터파(Hutterites, McGee, "Possessions," 167-68; Williams, *Radical Reformation*, 232, 426-29); 덜 문자적인 의미에서 여타의 많은 재세례파(참조. Finger, *Meals*, 21-22); 더 최근의 중국 공산 단체인 Jesus Family(Anderson, *Pentecostalism*, 135; Zhaoming, "Chinese Denominations," 452-64; Yamamori and Chan, *Witnesses*, 54-62); 북미에서 1960년대와 70년대에 걸쳐 발생한 예수 운동의 몇몇 요소들(Jackson, *Quest*, 32; Di Sabatino, "Frisbee," 395-96; Eskridge, *Family*, 88[참조. 78-79]).

17 부흥운동의 다양성에 관해서는 Shaw, *Awakening*, 203-6을 보라.

제로 특정 표현들은 때로 하나님이 특별한 방법으로 우리의 관심을 그것들에 돌리게 하실 때 겉으로 드러나게 된다.)

오늘날 일부 비평가들은 성서 내러티브가 우리에게 단순히 하나님의 행위만을 가르칠 뿐이며, 하나님께 우리가 어떻게 반응해야 하는지에 대한 본보기를 제공해주지는 않는다고 생각한다. 그들은 성서 본문들이 우리에게 구속사를 가르쳐주지만, 우리의 믿음을 위한 예를 가르치는 것은 아니라고 주장한다. 그러나 이는 성서를 읽는 바울의 방법이 아니다. 그는 아브람의 믿음(창 15:6)을 모든 신자의 본으로서 간주한다(롬 4장). 야고보 역시 바울의 방식과는 다르지만 마찬가지다(약 2:21-23). 이는 아브람의 모든 행위가 긍정적 본이 된다는 말은 아니다. 다만 하나님께서 의롭다고 여기셨던 아브람의 행위는 분명 우리의 본이 된다는 것이다. 마찬가지로 야고보는 예언자들과 욥의 경험을 인내의 본으로서 사용한다(약 5:10-11). 그는 우리와 같은 엘리야의 인간적 성정을 알고 있지만, 바로 그 이유로 인해 하나님의 신적 행위에 대한 엘리야의 믿음을 우리를 위한 본으로서 다룬다(약 5:17-18).

나는 이후에 이 책 10장과 15장에서 내러티브 모델의 이런 적용에 대해 좀 더 자세히 다룰 것이다. 여기서 내 요점은 이런 방식으로의 성서 읽기가 처음부터 오순절 해석의 특징이었다는 것이다.

경건한 읽기의 가치

은사주의 해석학에 대한 비평은 부흥운동에 대한 비평처럼 대중적 은사주의 해석을 비판하는 학자들 혹은 신학교에서 훈련받은 목회자들로부터 종종 제기된다. 이런 비평 중 일부는 특히 은사주의 신학과 같은 유명한 접근법들에 대한 비평을 포함할 수 있다. 혹자는 잘 알려진 비은사주의 해석이 만일 은사주의 학자들에게 비평을 받는다면 훨씬 더 나은 평가를 받을지를 궁금해할 것이다. 유명 해석자들은 종종 맥락과 상관없이 성서를 해석하고 우리의 문화는 듣기 좋은 소리와 간결한 언급을 통해 소통하는 쪽으로 점점 기울고 있으므로, 성서의 몇몇 장르와 관련된 전체적인 논의를 이해하는 능력은 점점 더 부족해질 것이다.

이미 말했듯이 잘 알려진 경건한 해석은 우리와 같은 많은 학자가 자신의 방법론적 정확성에도 불구하고 놓쳐온 통찰을 제공해준다. 즉 우리는 믿음을 갖고 성서에 귀 기울이며 성서를 우리의 개인적 삶에 받아들여야 할 필요가 있다. 성서를 그 맥락을 벗어나 받아들일 때, 독자는 잘못된 사고를 수용하게 된다. 그러나 성서를 맥락을 통해 이해하더라도 성서에 대한 신뢰를 저버린 독자 역시 성서의 참기능을 놓치게 된다. 해석적 거리는 해석의 어느 한 단계에서는 여러 가지 이점을 지니지만,[18] 본문의 메시지를 살아내는 것과 관련해서는 해석자를 매우 불리한 위치에 처하게 만든다.

해석적 근접성에 대한 이런 접근은 비단 오순절주의자들에게만 국한된 것이 아니다.[19] 다만 오순절주의자들은 전통적으로 이렇게 성서를 읽는

18 확실히 해석적 거리는 편견에 대한 부담을 줄이는 데 도움이 된다. 그 편견이 신학적인 것이든(예. 교단의 교리를 변호하고자 하는 것) 문화적인 것이든(예. 신권주의적 가치에 대한 공격) 말이다. 예를 들어 이런 이슈들과 관련하여 나는 내 개인적 전제와 목회적 관심이 무엇이든지 간에, 예수가 이혼에 관해 말한 것 또는 바울이 동성애 행위에 관해 말한 것을 자유롭게 탐구할 수 있다. 그리고 나는 주해 작업 후에 이런 이슈들을 해결하거나 조정할 것이다.

19 예. 해석학적 거리를 줄이는 것에 대해서는 다음을 보라. Green, *Practicing Theological Interpretation*, 13-20(참조. Green, *Seized*, 4); Fraser and Kilgore, *Friends*, 32-36에서 다루는 내용은 문화적 거리를 강조하기보다는 우리 자신과 우리의 세계를 성서에서 발견하는 것이다. 특히 성령에 의한 깨달음의 가치를 이미 강조한 동방 정교회는 Bultmann과 그의 추종자들이 극복하려고 했던 해석학적 거리의 문제로 시달리지 않았다(Vassiliadis,

무리에 속해 있을 뿐이다.[20] 그리스도인으로서 우리는 개인적인 믿음을 갖고 성서를 읽는데, 이는 성서를 이해하기 위함일 뿐만 아니라 성서의 메시지 및 신학적 세계관을 우리가 사는 세상을 위한 진리로서 수용하기 위함이다. 여전히 사람들은 학문적 규칙을 따르는 연구를 수행할 수 있다. 그러나 그런 읽기는 그들의 목적에 적합하겠지만, 여기서 강조하는 신중한 기독교식 읽기와는 다르다. 물론 이 기독교식 읽기 역시 그 나름의 목적에 적합한 것이지만 말이다.[21]

이해하기 어려운 몇몇 성서 본문을 발견한 독자들에게 웨슬리(Wesley)는 기도 가운데 하나님을 찾으라고 촉구했다.[22] 이해하기 위해 기도하는 것은 확실히 성서적 개념이며(예. 왕상 3:9-10; 시 25:4-5; 단 2:18-19; 엡 1:17-18; 빌 1:9-10; 골 1:9-10; 몬 6절; 약 1:5), 이 원칙은 확실히 성서 이해에 적용된다(단 9:2-3, 23). 율법을 이해하기 위한 기도는 시편 119편 후렴에 빈번하게 나타난다(시 119:27, 34, 73, 125, 144, 169). 그러나 우리는 인지적으로 이해하지 못하는 성서의 구절을 발견할 때까지 기다릴 필요가 없다. 경건하게 성서를 읽을 때 우리는 읽으면서 기도할 수 있다. 시간을 내어 하나님

"Ermeneutike").

20 예. Archer, *Hermeneutic*, 167; Oliverio, *Hermeneutics*, 80. 가장 초기의 대중적 오순절주의자들은 사실 원래의 정황에 거의 관심을 기울이지 않았다. 다음에 나오는 해석에 관한 설명을 참고하라. Byrd, "Theory," 204-5, Archer, "Retrospect and Prospect," 134에 인용됨; idem, *Hermeneutic*, 167. 이 문제는 오늘날에도 여전히 존재한다(Grey, *Crowd*, 119의 관찰을 보라). 비록 이런 접근법이 지평을 융합하기보다 첫 번째 지평을 주로 무시했지만, 대부분의 초기 오순절주의자들은 좀 더 완전한 정보에 접근할 수 없었다. 오늘날 학문적 성서 연구는 보통 현재의 지평을 무시한다. 설교나 상황화에 초점을 맞추는 자들에게 지식을 양도하지도 않은 채 말이다. 각각의 접근법은 다른 접근법의 강점으로부터 배울 수 있다.

21 각 영역에 속한 읽기의 가치에 관해서는 다음을 주목하라. Green, *Seized*, 1-2. 참조. Green *Practicing Theological Interpretation*, 73. Green은 여기서 그리스도인들이 토라를 읽는 신학적 렌즈가 바리새인 혹은 에세네파의 신학적 렌즈와 어떻게 다른지를 다룬다.

22 Green, *Practicing Theological Interpretation*, 107, Wesley, *Works*, 5:3을 인용함; 다음도 보라. Mulholland, *Shaped*, 171, Wesley, *Works*, 14:252-53을 인용함.

을 찬양하는 동안에도 기도할 수 있고 성서에서 발견한 것으로 인해 감사하면서 기도할 수도 있다. 이런 접근은 성서의 모든 내용에 집착할 것을 요구하지 않지만, 우리는 우리 자신에게 도전 혹은 특별한 통찰을 제공해주는 내용을 놓고 기도할 수 있다. 기도는 어려움을 극복하고 새로 시작하기 전에 혹은 특별히 우리를 어렵게 만드는 문제와 깊이 씨름하기 전에 우리가 행하는 간결한 속삭임이다.

성서적 읽기는 경험적 읽기다

순전히 주관적인 "경험적" 읽기는 일반 대중의 수준에서 흔히 발견되며, 성서 본문이나 덜 "영적인" 표면상 의미와는 상관이 없는 "깊은" 의미에 대해 특별한 "느낌"을 추구한다. 불행하게도 이런 주관적 읽기와 순전한 "합리적" 읽기는 종종 서로 반대하면서 서로를 좀먹는다. 순전한 합리적 방식의 읽기는 문법 및 문맥적 의미를 분석하는 읽기지만, 절대로 성서 메시지의 요구, 초대, 권면을 고려하는 차원에서 본문을 다루지 않는다. 그런 합리적 읽기는 본문의 한 측면을 종종 다룰 수 있지만, 본문의 메시지를 하나님의 말씀으로서 대하지 않는다.[23] 성서 본문의 메시지를 믿음으로 수용하는 데 대한 집요한 거부는 자신의 습관적인 본문 읽기를 조건지으면서 결국 성서 본문에 대한 냉담한 태도를 야기할 수 있다.

---

23 더 회의적인 읽기들과 대조적으로 어떤 이들은 문법을 존중하면서 본문의 문자를 하나님의 말씀으로서 접근한다. 그럼에도 문법가가 본문의 메시지를 포용하는 데 실패할 경우, 그는 나무로 인해 숲을 보지 못하는 우를 범하게 될지도 모른다. 이는 예수가 경고했던 근시안적 접근법이다(마 23:23//눅 11:42).

책임 있는 방식으로의 경험적 읽기는 성서 해석에서 순전한 주관성을 지지하지 않는다. 나는 성서의 각 구절 혹은 문단에 관한 개인적 적용이나 "요점"(takeaway)에 의존하는 것을 추천하지 않는다. 비록 (나중에 이 책에서 내가 언급하듯이) 책임 있는 유비를 통한 적용이 보다 공감적이고 구체적으로 성서 본문에 귀를 기울이며 그 본문을 적용하도록 우리를 도와주지만 말이다. 오히려 경험적 성서 읽기를 통해 내가 의미하는 것은 성서 본문에서 발견한 것을 우리 존재의 밑바닥에서부터 온전히 믿는 것이다. 예를 들어 우리를 향한 하나님의 사랑을 학문적으로 확증하는 일과, 이 진리를 상처 입고 불신하는 우리의 마음으로 받아들이는 일은 서로 별개다. 나는 합리적 확증과 하나님 아버지의 사랑을 포근히 받아들이는 일, 이 둘 모두를 경험해왔다. 느낌은 인간 경험의 일부분이므로 우리의 영적 삶의 한 요소이지만, 내가 여기서 다루는 경험은 느낌보다는 믿음과 이 믿음이 요구하는 행위와 더 관련이 깊다.

오순절 영성은 성서를 언제나 경험적으로 읽어왔다.[24] 그렇다고 이것이 오순절 그리스도인들이 단순히 성서를 그들의 경험이란 측면에서 읽는다는 뜻은 아니다. 물론 그런 식으로 읽는 오순절 그리스도인들도 존재한다. 그러나 이런 현상은 비단 오순절주의자들에게만 국한되지 않는다. 오히려 내 말의 의미는 우리가 특별히 성서에 비추어 읽고 우리의 경험을 개발한다는 뜻이다.[25]

---

24 예. 다음을 보라. Oliverio, *Hermeneutics*, 51; Moore, "Approach," 12; Archer, "Retrospect and Prospect," 133; 참조. Clarke, "Wine Skins," 180. 독자에 대한 최근의 해석학적 강조는 해석의 이런 주관적·경험적 측면을 강조한다(Wyckoff, *Pneuma*, 87).

25 Menzies, "Methodology," 12-13(Stronstad, "Trends"; Archer, "Retrospect and Prospect," 143에 인용됨). Menzies는 다음과 같이 제안한다. 즉 경험은 그 자체로 신학의 자료가 아니지만, 신자들의 삶에서 성서의 가르침들을 입증할 수 있어야 한다고 말이다. 만일 "입증"이란 말이 너무 현대적인 것으로 들린다면, 그래서 문화적·역사적으로 너무 독특한 것으로 들린다면, Archer, "Retrospect and Prospect," 147에 나오는 우려를 참고하라. 자신이 처한

물론 경험 역시 우리의 문화 및 전통과 마찬가지로 우리가 성서를 읽는 방식을 긍정적이거나 부정적으로 형성한다. 보통 과거의 경험이나 교육에 의해 형성된 전제 없이 본문에 접근하는 사람은 아무도 없다.[26] 우리는 최선을 다해 판단을 유보할 수 있으며, 본문을 정직하게 다루면서 우리의 전제를 조정할 수도 있다.[27] 그러나 우리가 아무런 전제도 갖고 있지 않는 척해서는 안 된다.[28] 심지어 기본적인 사유조차 "정신적 범주"와, 해석적 실재를 위한 어떤 틀을 요구한다.[29] 앤서니 티슬턴의 지적처럼 "역사적 조건화는 양면을 지니고 있다. 즉 현대 해석자는 본문만큼이나 주어진 역사적 정황과 전통에 서 있다."[30]

그러나 현재의 경험들은 성서 본문을 그것의 가치와 공명하는 방식으로 듣도록 우리를 도와줄 수 있다. 다른 문화와의 대화, 유리한 요건들, 혹

현실에서 걷는 것은 적어도 성서적 개념이다(롬 6:11; 고전 6:11). 혹자는 성서에 종속된 경험에 대한 웨슬리의 역할을 이후의 해석자들이 웨슬리의 사변형(Wesleyan Quadrilateral)이라고 부른 것 안에서 비교할 수 있을 것이다(성령의 인도를 받는 이성과 전통을 중요하게 여기면서 말이다. 몇몇 오순절 해석학이 어떻게 이를 사용했는지에 관해서는 Oliverio, *Hermeneutics*, 127-28을 보라). 웨슬리는 성서를 제외하고 기독교 신앙에 가장 강력한 증거로서 경험을 제시했다. 이로써 그는 자신이 성서의 내용을 경험했다는 것을 의미했다.

26 이는 내 친구 Darrell Bock이 지적했는데, 그는 온건한 은사중지론자 집단에 속한다. 그러나 우리는 실제로 이와 매우 비슷한 해석학적 접근법들을 공유한다. Darrell은 경험에서 본문으로, 그리고 본문에서 경험으로 이동하는 것의 중요성을 분명히 밝힌다(2015년 11월 19일에 나눈 사적인 토론).

27 이런 의미에서 전이해는 해석자가 가설로 출발한다는 점을 인지하지만, 이 가설이 곡해와 수정의 가능성에 열려 있다는 점도 인지한다(Hirsch, *Validity*, 260).

28 오늘날 거의 모든 학자는 모든 해석자가 전제를 가지고 있다고 인지한다. 예. 다음을 보라. Dilthey, *Pattern*, 81; Bultmann, "Exegesis"; Thiselton, "New Hermeneutic," 86; Klein, Blomberg, and Hubbard, *Introduction*, 7; Fiorenza, "Hermeneutics," 361(전제를 사용하여 해방적 가정의 사용에 찬성하는 내용은 378-81에 나온다); Green, *Seized*, 24-25; Bauer and Traina, *Inductive Bible Study*, 34-36; Spawn and Wright, "Cultivating," 191-92; Archer, *Hermeneutic*, 223.

29 Osborne, *Spiral*, 412.

30 Thiselton, *Horizons*, 11; 참조. 12, 15.

은 새로운 정보 습득을 통해 우리의 기본 가정들을 조정할 수 있듯이, 성서의 목소리를 통해서도 우리의 기본 가정들을 조정할 수 있다. 그래서 티슬턴 역시 다음과 같이 주장한다. "성서 본문은 '발화-행위'로서 생명을 얻게 되는데…그때는 일종의 교류나 상호 관계가 성서 저자가 다루는 상황과 현대 독자 혹은 청자의 상황 사이에서 발생할 때다."[31] 성서는 이미 권위를 지니고 있는 진리다. 그러나 성서는 예를 들어 용서라는 주제에 관해 권위적인 것으로서 경험된다. 그리고 이때 우리는 그 진리를 개인적으로 수용하게 된다.[32]

성서의 경험과 유사한 경험으로 인해 우리는 그런 경험을 겪지 못한 사람들이 느끼는 것보다 성서를 더 가깝게 느끼고 더 신뢰하게 된다. 앞서 언급했듯이 메시아를 믿는 유대인들 혹은 가정교회 구성원들은 성서의 강조점을 직접 듣거나, 다른 이들이 놓치는 성서 속 경험 혹은 강조점들에 공감할 수 있다. 마찬가지로 기적을 경험한 사람들은 그렇지 못한 사람들보다 기적의 개연성을 더 긍정적으로 생각한다.[33] 더욱이 영적 권능에 대한 경험은 우리를 담대하게 만들어 만연한 이질적 합의에 맞서 진리에 대한 우리의 확신을 수호할 수 있게 해준다. 이는 학자들과 다른 독자들 모두에게 해석적 함의를 지니는 경험이다.

전통적인 오순절주의가 보편적 교회에 가장 두드러지게 기여한 것은 우리가 성서를 읽는 경험적 전이해로서 영적 선물의 온전함을 회복시킨

31 Thiselton, *Horizons*, 436.

32 Thiselton, *Horizons*, 436-37. Stanley 역시 *Diffusion*, 222에서 이 내용을 인용하면서 이것이 복음주의 해석학의 주요 진전이라고 언급한다.

33 참조. Ervin, "Hermeneutics," 33, Fogarty, "Hermeneutic"에 인용됨; Abraham, *Revelation*, 101, 108-11, Spawn, "Principle," 51에 인용됨; 은사주의 경험에 관해 다음도 참고하라. Spawn, "Principle," 62, 71; Thomas, "Spirit Is Saying," 121; 참조. Boda, "Walking," 169; Lewis, "Epistemology."

것이었다. 이는 사소한 기여가 아니다. 하지만 온전한 성령 해석학은 초기 오순절 운동의 특징적인 요소들뿐만 아니라, 초기 오순절 운동을 탄생시킨 교회 운동들이 오랫동안 공유해온 성서적 경험들도 강조해야 한다.

경험적 전이해는 가치가 있지만, 나의 주된 관심은 성서의 유사 경험에 비추어 우리가 어떻게 우리의 경험을 읽는가에 있다. 어느 정도 성서의 경험적 읽기는 불가피하다. 그러나 성서의 경험적 읽기는 불가피할 뿐만 아니라 바람직하고 성서적이다. 만일 이런 경건한 읽기가, 성서 자체가 어떻게 그것을 읽도록 우리를 초대하는가에 관한 신중한 훈련에 의해 형성된다면 말이다. 예수와 그를 따르던 자들, 그리고 더 이른 시기의 예언자들 모두가 경험적으로 성서를 읽는 방식들을 보여준다.

오순절적 접근

경험은 오랫동안 해석에 영향을 미쳐왔다. 예를 들어 휘트필드(Whitefield)와 웨슬리가 들판에서 설교한 경험은 그들로 하여금 복음서를 통해 이미 알고 있었던 예수의 야외 설교를 더 온전히 이해하도록 해주었다. 성서를 정확히 전달하는 평신도 사역자들과 여성들을 경험한 후 웨슬리는 처음에 자신이 저항했던 성서의 진정한 차원에 마음을 열게 되었다.[34] (이 책의 독자 중에 내가 염두에 두고 있는 친한 청중이 하나 있으므로, 나는 여성 사역을 지지하는 성서적 근거를 이 책에서 반복하고 싶다. 그러나 여기서 다뤄야 할 다른 주제들로 인해 나는 이 주제에 관한 나의 이전 연구와 다른 이들의 연구를 독자들에게 추천할 뿐이다.[35])

34 웨슬리는 해석에서 경험의 역할을 허용했다(이 내용은 후에 "Wesleyan Quadrilateral"에서 설명된다). 비록 경험이 성서에 종속되지만 말이다.

35 예. Keener, *Paul*; idem, "Perspective"; Keener, "Learning"; Belleville, *Leaders*; Pierce,

19세기 말 급진적 복음주의자들은 역사 속의 다른 성서 독자들과 마찬가지로 성서에 따라 살기를 원했고, 그들이 성서를 연구할 때 하나님께서 자신을 만나주시기를 기대했다. 그들의 경건성은 초기 오순절적 행위, 즉 오늘날 광의의 은사주의자들 및 다른 그리스도인들 사이에서도 널리 발견되는 행위의 직관적 배경을 형성했다. 성령 및 경험에 대한 초기 오순절적 강조는 실제로 성서에 만연한 주제와, 특히 사도행전과 바울 서신에서 예시된 초기 기독교의 삶을 반영한다. 몇몇 청교도 해석자는 이런 성서적 강조점들을 무시했는데, 이는 아마도 이런 강조점들이 그들 자신의 경험에 비추어 낯설게 보였기 때문일 것이다.

오순절주의는 그것의 전조가 되는 운동들과 (정도는 좀 떨어지지만) 종교개혁, 그리고 몇몇 가톨릭 수도원 운동과 마찬가지로 일종의 회복주의 운동(restorationist movement)이었다.[36] 그들은 부적절한 교회 전통들을 뒤로 하고 성서로 돌아가고자 했다. 물론 회복주의는 하나의 전통이 되었고, 여러 전통과 마찬가지로 다양한 형태의 회복주의는 때로 율법 조문으로 굳어지거나 자신이 속한 집단을 다른 집단보다 높이는 수단이 되어버렸다. 그러나 회복주의의 근본적 관심은 원래 값진 것이었다. 여러 중세 종교개혁자와 수도원 운동의 원동력은 교회의 타락에 반대하는 저항에서 비롯되었다. 초기 자료를 복구하는 것에 대한 문예 부흥의 강조 역시 종교개혁을 부추기는 데 일조했다.[37]

Groothuis, and Fee, *Discovering*. 이와 반대되는 견해들에 관해서는 다음을 보라. Piper and Grudem, *Recovering*; Köstenberger, Schreiner, and Baldwin, *Women*.

36 초기 오순절주의의 정체성에 미친 더 이른 회복주의자들의 영향에 관해서는 다음을 보라. Archer, *Hermeneutic*, 150-56; Blumhofer, *Popular History*, 16-18. 초기 오순절주의자들은 그들의 부흥을 종교개혁에서 시작된, 지속적이거나 심지어 완성된 교회의 회복으로 간주했다(Oliverio, *Hermeneutics*, 76).

37 참조. 원래 정황에 대한 강조를 다루는 다음을 보라. Bartholomew, *Hermeneutics*, 195-97. 많은 회복주의자들은 비역사적 접근법을 사용했다(하나님이 역사하시는 장소로서 역사 또

근본주의자와 현대주의자 사이의 논쟁은 결국 교리적 제안들에 대한 초점을 더욱 강화했지만, 많은 회복주의자들(여기에는 수도원 운동에서 급진적 복음주의자들에 이르기까지 모든 것이 포함된다)은 신약성서에 묘사된 가장 이상적 삶의 방식 혹은 영적 경험으로 되돌아가자고 강조했다. 이런 접근은 최초의 교회를 이상화하고 있을지 모르지만, 예수가(그리고 사실상 모든 기독교 전통이) 하나님의 말씀이라고 확언한 것으로, 그리고 우리의 전통에서 가르침의 어떤 근원보다 가치 있게 여겨져야 하는 것으로 우리를 초청한다.[38]

광의의 오순절적 성서 접근에서 성서의 초자연적 하나님은 현실 세계의 하나님이다. 성서의 내러티브 속 구원 역사와 오늘날까지 이어지는 구원 역사 사이의 경계는 얇다. 그래서 독자들은 삶의 모범으로서의 성서 본문에 접근하고, 이상적으로는 하나님께서 성서에서 행하신 것처럼 지금도 계속 행하시기를 기대한다. 하나님의 임재를 경험하는 것처럼 하나님의 분명한 부재를 경험하는 것도 몇 편의 시편이 우리에게 보여주듯이 성서적이다. 그래서 시편 저자는 하나님께 "나를 멀리하지 마옵소서!"(시 22:11; 35:22; 38:21; 71:12)라고 간청하거나, "주여! 언제까지이니이까?"(예. 시 13:1; 79:5; 89:46; 그리고 합 1:2)라고 질문한다. 구약의 시편은 시편 저자만의 유익

는 역사적 정황에 대한 충분한 인식이 부족했다). 그러나 회복주의의 처음 자극은 어떤 의미에서 정반대였다. "교회"가 항상 더 큰 진리를 향해 나아가고 있다는 것을 받아들이지 않는 그리스도인들은(이에 대한 다양한 견해에 관해서는 Toon, *Development*를 보라) 정기적으로 그리스도인들을 기초 문헌들로 불러들여야 한다. 교회가 진리로 소환되는 것이 아니라 진리를 향해 나아간다는 생각은 19세기 후반 개신교인들의 후천년설과 다른 이들의 사회적 혁명이 지닌 에토스에 부합할지도 모른다. 동시에 적극적으로 교회를 진리로 소환하는 것에 대한 회복주의자들의 강조는 19세기의 대중적 복음주의를 지배했던 아르미니우스주의와도 부합할 가능성이 있다.

38 예외는 전통을 성령의 지시에 의한 것으로서 간주하는 교회들이다(다음의 논의를 보라. Toon, *Development*). 그러나 대부분의 교회는 다층적 목소리의 전통을 성서와 동일한 수준에 놓지 않는다.

을 위해 배타적으로 사용된 것이 아니라, 성전 공동체의 예배 참가자들에게 선포되었고(대상 16:42; 대하 20:21; 스 3:11; 느 12:8, 27, 46), 성전이 파괴된 이후에도 선포되었다(예. 시 89:38). 역대기 저자는 이전의 시편들이 찬양용도로 재사용되었음을 분명히 밝힌다(대하 29:30).[39]

그러나 사실 오순절 경험으로 특징지어지는 영성은 가끔 존재하지 않는 것처럼 보이는 하나님을 위해 전혀 변명하지 않으면서 전형적으로 하나님이 현재 역사하고 계신다는 전제와 함께 시작된다. 심지어 하나님이 멀리 떨어져 계신 듯이 보일 때도 성령을 체험한다는 사실은 하나님이 우리와 함께, 우리 가운데, 우리 안에 거하신다는 것을 상기시킨다. 확실히 이런 강조는 다른 성서적 기대들과 균형을 맞추지 못할 때 오류가 생길 수 있다. 성서적으로 하나님의 임재는 온전함으로의 회복뿐만 아니라 종종 고난도 가져온다. 하나님이 현재 역사하고 계신다는 기대로 시작하는 것은 때로 오순절주의자들을 자연주의적 환원주의(naturalistic reductionism)를 반영하는 일종의 환원주의로 이끌었다. 순수한 자연주의는 아무런 기적도 허용하지 않는다. 일부 초자연주의자들은 조건이 맞아떨어질 때 자동으로 기적을 일으키는 일종의 공식과도 같은 존재로 하나님을 환원시켜버렸다. 반대로 혹자는 세상을 마법에 걸린 장소로 간주할지도 모른다. 그러나 이런 견해는 성서에 기록된 하나님의 뜻과 결부되지 않는 유치한 공상에 지나지 않는다. 실제로 예수는 그리스도를 위한 고난을 회피하면서 장차 소멸할 인생들의 욕구만 바라는 것을 사탄의 일로서 간주한다(막 8:33-35). 그러나 우리가 반대 및 인내를 직면하는 것에 관한 성서적 주제들을 인지한다면, 온 세상을 하나님의 행위를 반영하는 곳으로서 간주하는 것과, 하

39 오늘날 시편 사용에 관해서는 Longman, "Honest"를 보라. 수용 역사와 결합된 시편 사용에 관해서는 다음을 보라. Waltke, Houston, and Moore, *Psalms*.

나님의 뜻이 성취되는 과정 가운데서 그분의 행위를 인지하고 기대하는 것은 성서적이다.

오늘날 위대한 기적들을 경험한 것으로 알려진 사람들은 그들의 일상에서 심지어 아주 작은 부분에서도 역사하시는 하나님을 인지하는 것에서부터 시작했다. 그들의 이런 모습이 바로 신뢰의 태도다.[40] 이런 사람들은 때때로 하나님의 일하심에 대해 그들이 실제 가지고 있는 지식보다 더 많은 지식을 가정하고, 하나님이 일하시는 방식의 구체적 내용을 잘못 이해할 수 있다. 그럼에도 그리스도인으로서 우리는 하나님의 일하심을 신뢰하는—종종 우리가 신뢰하는 것보다 더 많이 신뢰하는—그들을 비난해서는 안 된다. 그것이 실재에 접근하는 오순절적 방식이지만, 이런 방식은 오순절 전통에만 국한되지 않는다(예를 들어 칼뱅주의자들은 대표적으로 그들의 삶에서 모든 것 가운데 현재 일하고 계시는 하나님을 올바르게 인지한다).

이는 우리 교수들이 엄격한 학문적 훈련을 통해 일반적으로 배우는 실재에 대한 접근이 아니다. 학문적인 접근은 예측 가능한 자연스러운 설명에 초점을 맞추고 모든 전제에 비판적으로 이의를 제기하는 것이다.[41] 그러나 몇몇 자료는 다른 자료들보다 더 신뢰도가 높고, 본문과 관련한 주

---

40 Heidi Baker의 오랜 지인은 2013년에 나눈 개인적 대화에서 내게 다음과 같이 불평했다. 즉 Baker 박사가 일반적 기준으로 기적이 아닌 아주 사소한 일 가운데서도 역사하시는 하나님을 본다고 말이다. 나는 Baker 박사의 이런 태도를 하나님이 존중하신다고 생각한다. 왜냐하면 하나님은 Heidi와 그녀의 남편 Rolland를 통해 현재 가시적인 일들을 훨씬 더 많이 행하고 계시기 때문이다(참조. Brown, Mory, Williams, and McClymond, "Effects"; Brown, *Testing Prayer*, 194–233).

41 Keener, *Mind of the Spirit*, 188은 다음과 같이 언급한다. "육신적으로 비평적인 평가는 그리스도를 의존하지 않고 믿음을 정지시킨다. 이런 평가는 종종 인정받지 못하는 여타의 세계관들에 의해 작용한다. 성령 충만한 평가는 믿음이라는 전제에서 출발하고, 하나님의 신뢰할 만한 계시와 일치하지 않는 것을 비판적으로 평가한다." 나의 무신론적 배경은 유신론의 증거를 비판적으로 평가하는 것을 단순화시켰지만, 이런 학자적 접근법과, 그리스도에 대한 나의 새롭고 개인적이며 살아 있는 믿음 사이의 갈등을 인지하는 데는 시간이 걸렸다.

장에 적용되는 습관화된 비판적 평가가 더 나은 신뢰를 받을 만한 사람들과의 관계에 적용될 때 언제나 유익한 것은 아니다. 예를 들어 역사적 예수에 관한 내 연구가 최고조에 달했을 즈음, 내 아내는 내게 일종의 정보, 예를 들어 그녀의 논문 주제와 같은 것을 알려주곤 했는데, 그때마다 나는 습관적으로 다음과 같이 반응하곤 했다. "그런 주장을 뒷받침하는 근거를 제시할 수 있나요?" 나는 곧 이런 접근에 한계와 위험이 도사리고 있음을 깨달았고, 건강한 신뢰가 존재하는 지점이 있음을 알게 되었다. 이는 우리와 하나님의 관계에도 대부분 적용되어야 한다.

오순절 영성의 최고 장점은 하나님과의 역동적 관계를 살아내는 것에 관심이 있다는 것이다. 이런 영성은 성서를 역동적으로 읽는다. 즉 우리가 관계를 맺고 있는 하나님께서 역사를 통해 그분의 백성과 함께 어떻게 일하셨는가에 관한 이야기로서 성서를 읽는다.[42] 이런 식으로 성서를 읽는 사람은 당연히 성서의 내러티브를 단순한 정보나 이야기 혹은 신화로서 읽는 사람과는 다르게 받아들일 것이다. 몇몇 경우에 우리의 주해는 동일할 수 있다. 그러나 우리의 삶에서 그런 내러티브를 사용하는 방식은 완전히 다르다. 믿음으로 성서를 읽는 사람들은 소망을 갖고 성서를 읽는다. 그리고 몇몇 초기 그리스도인이 성서에서 발견했던 목적에 따라 성서를 읽는다. "무엇이든지 전에 (성경에) 기록된 바는 우리의 교훈을 위하여 기록된 것이니 우리로 하여금 인내로 또는 성경의 위로로 소망을 가지게 함이니라"(롬 15:4).

어떤 이들은 이런 읽기를 순진하다고 여기면서, 결국 실망이 뒤따르는

42 하나님과의 관계 및 약속에 관한 성서적 지식에 관해서는 다음을 보라. Johns and Johns, "Yielding," 35-40(특히 35-37); Ellington, "Authority," 160, Pinnock, "Spirit in Hermeneutics,"를 인용함. 요한의 인식론에 관해서는 다음을 보라. Keener, "Knowledge"(특히 30-43); idem, *John*, 1:233-47.

다고 말한다. 그러나 초기 그리스도인들은 하나님을 신뢰하는 자들이 실망하지 않을 것이라고, 그들의 소망으로 인해 부끄럽지 않을 것이라고 확신했다(사 28:16, 다음에서 인용됨; 롬 9:33; 10:11; 벧전 2:6; 참조. 시 22:5; 롬 5:5). 실제로 우리는 고난 가운데 있지만 버림받지 않는다. 심지어 절망 가운데서도 하나님의 임재는 도움을 제공한다(고후 4:8-9; 6:4-10). 실제로 의학적 연구들은 일종의 믿음이 사망률 감소와 관련이 있을 뿐 아니라[43] 죽음을 대면할 수 있는 더 큰 힘을 줄 수 있다고 제시한다(참조. 잠 17:22).[44]

다른 은사주의 해석학의 경험적 읽기

다양한 학자가 오순절 혹은 은사주의적 주해와 관련하여 동일하고 독특한 특징들, 곧 내가 이 책에서 규명하고 발전시키고 있는 것을 독자적으로

---

43 Keener, *Miracles*, 2:623-29에 언급되어 있듯이 다음을 보라. Hall, "Attendance," 106, 108; Wong et al., "Factors"; Ellison et al., "Involvement"; Heuch, Jacobsen, and Fraser, "Study"(이는 제7일 안식일 예수 재림교의 연구 중 하나로 놀라운 일이 아니다); Comstock and Patridge, "Attendance"; Matthews and Clark, *Faith Factor*, 158-61; Koenig, *Medicine*, 129-45; Lutgendorf et al., "Participation"; Musick, House, and Williams, "Attendance and Mortality"; Bagiella, Hong, and Sloan, "Attendance as Predictor"; Strawbridge et al., "Attendance"; Strawbridge et al., "Strength"; Cour, Avlund, and Schultz-Larsen, "Religion"; Hill et al., "Attendance and Mortality"; Helm et al., "Activity"; Krause, "Support"; Van Ness, Kasl, and Jones, "Religion"; Yeager et al., "Involvement"; Ironson et al., "Spirituality"(AIDS와 관련된 영성); Eng et al., "Ties"; Oman et al., "Attendance"; Sears and Wallace, "Spirituality"; 그러나 이스라엘 사람들 가운데서 발생한 보다 애매한 결과들에 관해서는 Kraut et al., "Association"을 참고하고, 부정적인 결과들에 관해서는 Wrensch et al., "Factors"를 참고하라(비록 견본의 규모가 한 국가에 속한 600명의 환자 미만이지만 말이다). 높은 교회 출석률과의 연관관계는 Interleukin-6 면역 단백질의 낮은 수치를 통해 간접적으로 나타난다.(Thoresen, "Health," 8). 살고자 하는 의욕과 "성숙한" 종교에 관해서는 Hedgespeth, "Power"를 보라. 제7일 안식일 예수 재림교에 관해 가장 두드러지는 연구로는 다음을 보라. Matthews and Clark, *Faith Factor*, 22; Koenig, *Medicine*, 109, 124-25.

44 불치병을 다룬 일화들에 관해서는 Lesslie, *Angels*, 45-46, 222-23을 참조하라.

제시해왔다. 예를 들어 영국 성공회 소속의 은사주의 학자 중 하나는 내가 이 책에서 성령 해석학의 일부로 강조하는 많은 동일한 특징을 은사주의적 해석의 특징적 요소들로서 규명한다. 그러나 나는 이런 특징들을 이 책의 한 부분에서 집중적으로 다루기보다는 여러 부분에서 다룬다.[45] 그는 이런 특징들을 베드로의 오순절 설교에서 발견하고 설명한다.[46] 이후에 나는 이 책에서 오순절 경험의 몇몇 보완적 측면에 의존할 것이다.

1. 경험적 읽기[47]
2. 유비적 읽기[48]
3. 공동체적 읽기[49]
4. 그리스도 중심적 읽기[50]

---

45 여타의 다른 오순절 및 은사주의 학자들도 동일한 특징들을 지적한다. 예를 들어 다음을 보라. Martin, "Introduction," 5-9, Ellington, "Locating"; Green, Theology, 182-83을 인용한다. 성령의 임재, 바른 읽기, 성서 내러티브 안으로 들어가기, 계시적 경험, 내러티브에 대한 신학적 접근, 기독론적 초점, 회중 공동체(특히 기독교 설교에 있어서), 그리고 종말론적 읽기를 강조한다.

46 비록 Stibbe의 "Thoughts"가 1998년에 발표된 논문이지만, 내가 이 논문을 발견하고 읽은 시점은 이 책의 집필이 거의 마무리된 때였다. 다시 말해 우리의 견해가 겹치는 지점에서 각자의 견해가 서로를 보강해준다. 하지만 우리의 적용은 서로 다르다. 토론토 블레싱(Toronto Blessing) 부흥운동이 겔 47장의 네 번째 물결일 수 있다는 그의 제안이 잠정적 유비로서 언급되지만(182), 나는 그의 표현이 일반적 유비를 넘어선다고 생각한다(193).

47 Stibbe, "Thoughts," 182-84.

48 Stibbe, "Thoughts," 184-85. 그러나 Stibbe는 페셰르(*pesher*) 접근법을 강조하면서 내가 이후에 강조하는 것과 다른 종류의 유비를 도출한다(184-85). 그러나 이제는 Stibbe 역시 그런 접근법의 취약성을 인지하고 있다(185).

49 Stibbe, "Thoughts," 185-87. J. Rodman Williams(*Theology*, 2:241-42)의 주장을 따르면서 Stibbe("Thoughts," 186)는 성서 저자들의 하나님 경험을 나누는 것의 가치에 적절히 주목한다. 그러나 그 역시 주석적으로 의문을 사고 있는 "보편적 은사주의 공동체"의 해석에 호소한다(186).

50 Stibbe, "Thoughts," 187-88.

5. 종말론적 읽기[51]

6. 정서적 읽기[52]

7. 실천적 읽기[53]

실제로 이런 모든 요소는 성령의 인도를 받는 해석에서 발견되는 성서적 특징들이다. 비록 이 요소들을 정확히 실천하는 방식에 있어서는 학자들마다 때로 상당한 차이를 보이지만 말이다. 여기서 내가 직접 초점을 두는 것은 경험적 읽기다.

경험적 읽기는 불가피하다

사람들은 저마다의 관심사와 안건을 갖고 본문을 읽는다. 예를 들어 역사가들에게는 교회사, 여성사, 군대사 같은 개인적 관심 분야가 있다. 그렇다고 그들이 역사가로서 자질이 떨어지는 것은 아니다.[54] 목회적·신학적 질문을 염두에 두고 성서를 읽는 것과 우리 각자의 개인적 문제들을 가슴에 품고 성서를 읽는 것도 마찬가지다. 많은 성서적 원리들은 이런 문제들에 대해 적절하게 응답해줄 것이다. 고대 그리스도인들은 성서를 그들의 공동체와 연관된 것으로서 종종 들었다. 사막의 성자 안토니우스 혹은 아우

51 Stibbe, "Thoughts," 188-89.

52 Stibbe, "Thoughts," 189-91. Stibbe는 여기서 성서의 메시지가 전인격적인 개입을 요구한다고 바르게 강조하며, 다음의 학자들을 따른다. Jonathan Edwards(*Affections*) and McQueen, *Joel and Spirit*, 111-12.

53 Stibbe, "Thoughts," 191-92.

54 Green(*Practicing Theological Interpretation*, 2)은 다음과 같이 설명한다. 즉 신학적 해석, 남미 학자들(남성과 여성 모두 포함)의 주해, 그리고 여타의 관점 접근법들은 방법론이 아니라 관심사다.

구스티누스 같은 인물들 역시 성서를 개인적으로 받아들였고, 그 결과 부혹은 성적 부도덕을 내버렸다.

개인적 경험은 본문 혹은 의사소통이 우리에게 영향을 미치는 방식에 불가피한 영향을 미친다. 한 스포츠 경기에 대한 동일한 보도는 서로 다른 팀을 응원하는 사람들에게 서로 다른 영향을 미칠 것이다. 인종차별주의의 발생에 관한 보도는 어떤 사람들(나도 여기에 포함되는데, 내 가족은 다민족으로 이루어져 있다)에게는 다른 이들이 느끼는 것보다 개인적으로 더 위협적일 것이다. 세계 곳곳에서 일어나는 폭력에 관한 보도들이 나에게 영향을 미치지만, 내가 살았고 가까운 친구들이 있는 곳, 예컨대 북나이지리아와 같은 곳에서의 폭력 관련 보도들을 접할 때, 그 보도들은 나에게 매우 깊은 영향을 미친다. 나는 이런 보도문이나 방송을 접했던 경험을 무시할 수도 없고, 무시하고 싶지도 않다. 그렇다고 내가 이런 보도에 사용된 단어들의 은밀한 의미에 정통하다는 말은 아니다. 다만 내가 이 보도들을 때로는 더 큰 맥락에서, 때로는 더 개인적인 맥락에서 읽을 수밖에 없다는 말이다.

이것이 바로 몇몇 학자가 본문의 "보다 온전한 의미"에 대해 말할 때 뜻하는 것이다. 비록 다른 이들은 "적용"이라는 용어를 더 선호하지만 말이다.[55] 논리적인 이유로 인해 나는 개인적으로 (그리고 이 책에서 주로) 후자(적용)를 선호한다. 왜냐하면 후자의 용어를 통해 현재 발생하고 있는 본문 메시지의 수용과, 본문 메시지의 이상적 수용자들이 겪을 수 있는 경험을 더 잘 구별할 수 있기 때문이다. 그러나 "적용"이라는 용어를 사용하는 데

---

55 Wyckoff, *Pneuma*, 5, 65-68에 나오는 정의의 범위에 주목하라. "오늘날 본문이 의미하는 것"의 중요성을 강조하는 Archer, *Hermeneutic*, 192을 참조하라. Vanhoozer, *Meaning*, 264-65을 볼 때, 신적 저술에서 비롯된 "보다 온전한 의미"는 정경 수준에서만 제대로 기능하는데, 이는 인간 저자의 의도와 모순되기보다는 인간 저자의 의도와 동반하여 발생한다.

가장 고집스러운 복음주의권의 설교적 접근들조차도 "의미"라는 규정 아래 적용을 포함하는 자들 이상으로 이런 행위를 배제하지는 않을 것이다. 의미에 관한 현대의 많은 논쟁이 좀 더 본질적인 특성을 지니지만, 우리의 몇몇 차이점은 우리가 핵심 용어를 어떻게 사용하는지를 정의함으로써 더 잘 해결될 수 있을 것이다.

귀납적 성서 연구는 마치 다른 보도들을 정직하게 청취하려는 노력처럼 이상적이다. 우리는 성서 본문이 처한 상황에서 본문이 말하는 것을 배움으로써 그 본문이 실제로 다루는 원칙들을 가장 정확히 파악할 수 있다. 과학에서 응용 연구는 기본 연구보다 특별히 목표로 삼은 치료를 더 빨리 발견할 가능성이 높지만, 기본 연구(예컨대 인간 게놈에 대한 조사)는 결과적으로 더 많은 치료를 만들어낸다. 토요일 밤에 설교를 준비하거나 순간의 영감을 말하는 것은 광범위하고 부지런한 성서 연구를 대체할 수 없다. 따라서 귀납적 성서 연구는 질문을 품고 성서에 접근하는 것(특히 목사가 설교하기 전날 밤에 설교 준비를 시작할 때!)보다 종국에는 더 많은 정보를 드러낸다.[56] 우리는 이렇게 잘 통제된 방식의 성실한 성서 연구를 통해 우리가 이미 흥미를 두고 있는 것보다 더 광범위한 주제들에 관한 성령의 가르침에 우리 자신을 더 활짝 열게 된다.

그럼에도 우리는 성서가 우리의 현 상황에 대해 무엇을 말하는지를 알 필요가 있다. 우리의 질문과 투쟁을 이끌어낼 수 있는 유일한 대안은 그런 문제들을 성서가 손대지 않은 그대로 내버려두는 것이다. 우리는 우리의 상황에 대해 이야기하는 성서적 원칙들에 열려 있어야 한다. 사실 건전한 주석적 접근을 하는 사람이라면 누구나 성서(또는 다른) 본문에 대한

56 최소한 몇몇 문화적 상황에서 성서 본문에 대한 귀납적 연구는 복음주의 및 제자도를 위한 보다 효과적인 도구로서 기능한다. Trousdale, *Movements*를 보라.

주석적 통찰을 발견할 수 있지만, 오직 **제자들**만이 자신의 삶에 대한 본문의 요구에 귀 기울일 것이다.

이상적으로 말해서 그리스도인 독자는 원래 메시지에 대한 건전한 이해와 그 메시지가 우리의 상황에 어떻게 말하고 있는지에 관한 통찰을 갖고 있어야 한다. 이것이 이상적인 이유는 우리가 본문의 원래 메시지에 가장 신중하게 귀를 기울일 때라야 비로소 본문에 대한 우리의 경험이 우리를 초월하는 무언가와 관계가 있음을 확신할 수 있기 때문이다. 성령은 우리에게 성서적(또는 다른) 원칙을 상기시키는 모든 것을 통해 우리의 양심을 자극할 수 있다. 비록 이런 상기 유발 요인이 본문에 대한 건전한 주석에서 비롯되지 않더라도 말이다. 그러나 하나님께서 우리에게 성령과 더불어 성서를 주신 이유는 하나님께 대한 우리의 개인적 경험을 위해 보다 객관적인 안내와 틀을 제공하시기 위함이다. 성서가 신학적으로나 경험적으로 단지 우리가 발견하기 원하는 것을 찾는 광산이 되어버린다면, 이는 성서를 지니게 된 목적을 무색하게 만드는 것이다.

이 책의 제3부에서 나는 좀 더 객관적인 자료에 관한 이 논의로 다시 되돌아올 것이다. 그러나 지금 여기서는 다음의 내용을 강조하고자 한다. 즉 성서를 개인적·경험적으로 듣는 것은 불가피하다. 이는 성서의 원래 메시지를 존중하는 방식으로 성서를 읽는 것과 필연적으로 갈등을 빚는 것이 아니다. 경험적·개인적 읽기는 바람직하다. 이런 읽기 방식이 이 책에서 이후에 논의할 신중하고 일관된 읽기 원칙에 의해 형성되고 지도를 받는다면 말이다.

경험적 읽기는 바람직하다

성서의 많은 부분들은 경험적 읽기를 공공연하게 요구한다. 예를 들어 구약의 시편은 그것이 속한 구체적 상황(이 상황은 종종 우리에게 알려지지 않는다)에서 기도와 찬양을 위해 기록된 것이지, 주해를 위해 기록된 것이 아니다.[57] 시편은 복잡한 형태의 대구법(예컨대 미학적 즐거움을 주는 알파벳 시인 119편)이나 점증적 분위기 고조(시 150편) 등의 다양한 수사 기법을 동원하여 감정을 불러일으킨다.[58] 우리는 시편의 역사적 상황을 재구성하려고 애쓰거나(이는 다수의 시편에서 매우 어려운 일이다), 그것을 주변 문화의 예전적 형태들과 비교해볼 수 있다(예를 들어 가나안의 시편이나 이집트인들이 신들에게 바친 찬양). 그러나 우리가 할 수 있는 모든 조사를 마치고 나면, 각 장르에 따른 시편들은 우리에게 그런 연구 이상을 요구한다. 즉 이 시편들은 우리에게 그 시편을 사용하여 기도하며 찬양하라고 요청한다. 아니면 우리의 기도에 활기를 불어넣기 위한 모범으로서 그 시편들을 사용하라고 요청한다. 이 시편들은 기도에 대한 역사적 어휘를 우리에게 제공해준다.

성서를 "경험"하는 확실한 방법 중 하나는 성서를 올바르게 이해한다는 전제하에 역동적인 예배와 기도 가운데 성서를 사용하는 것이다.[59] 이

---

57 대부분의 표제(superscriptions)를 원문으로서 받아들인다고 해도(나는 이에 동의하지 않는다), 이는 사실이다. 이와 대조적으로 우리는 고대 근동의 문학 형태들이나 히브리어의 언어적 특성과 같은 일반적 상황을 고려할 수 있다.

58 시편 언어의 연상적 사용에 관해서는 다음을 보라. Brueggemann, *Praying*, 28, Ellington, "Authority," 167에 인용됨. 시편의 감정적 특징에 관해서는 다음을 보라. Martin, "Psalm 63," 특히 265, 268. 시편을 사용하며 기도할 때 내 기도는 내 삶과 오늘날 세상에서의 유사한 이슈들, 예를 들어 박해받고 있는 교회를 위한 간구로 즉시 전환된다. 몇몇 해석학적 접근법은 감정적 환기를 설명하려고 한다. 예. 다음을 보라. D'Sa, "Dhvani"; Soares Prabhu, "Reading." 상당수의 고대 시들은 순전히 심미적 목적을 지닌다(Quint. *Inst.* 10.1.28). 그러나 시편은 경배를 목적으로 작성되었다.

59 성서에도 이와 관련된 내용이 등장한다. 다음을 보라. 요 4:23-24; 엡 5:18-20; 빌 3:3; 참

런 요소들은 성서의 인지적 난제와 더불어 감정적 영향을 전면에 부각시킨다.[60] 애즈버리 신학교에서 성서 해석을 가르치던 내 전임자 중 하나인 밥 멀홀랜드(Bob Mullholland)는 우리가 성서 본문에 정서적 반응을 보이는 이유를 탐구할 때 하나님의 영이 우리에게 어떻게 말하는가를 고려해야 한다고 독자들에게 촉구했다.[61]

독자들은 대다수 청교도들이 그랬던 것처럼 시편이 기도문으로 사용되어야 한다는 점에 동의할 것이다. 그러나 역사적 내러티브가 경험적 읽기를 요청하는가? 전기(biography)는 어떤가? 그러나 이런 장르에서조차 내러티브는 우리를 그 세계로 끌어들이고, 독자가 스스로를 텍스트 속의 등장인물과 동일시하게 해주며,[62] 그 세계관에 속한 무언가를 받아들이라고 우리에게 요청한다. 우리는 요한복음을 예로 들 수 있다. 예수가 제자들에게 서로 사랑하라고 가르치는 대목을 읽을 때, 우리는 요한복음 저자 혹은 예수가 여기서 의도하는 것을 이 대목에 사용된 그리스어를 연구함으로써 진정으로 수행하게 되는 것일까? 사랑에 관한 고대의 주장들을 비교하고, 이 내러티브에 표현된 사랑과 관련한 주장이 어떻게 다른지를 보여주기만 하면, 우리는 요한이나 예수의 의도를 수행하게 되는 것일까? 이런

조. 왕상 3:15; 대상 25:1-2; 고전 14:15; 골 3:16.

60 본문 평가의 감정적·인지적 측면, 이 둘 모두의 중요성에 관해서는 다음을 보라. Johns and Johns, "Yielding," 34-35, 40-41; Thomas, "Spirit Is Saying," 121-22. 오늘날 많은 이들이 파토스(pathos)에 대한 스토아 철학의 혐오를 따르고 있지만, 행 20:31의 바울은 그렇지 않았다(바울과 파토스에 관해서는 다음을 보라 Kraftchick, "Πάθη," 특히 61-63; Sumney, "Rationalities"; Anderson, *Rhetorical Theory*, 181-82; Martin, "Voice of Emotion," 181-202; Keener, *Acts*, 3:3050-52). 감정적 측면에 관해서는 Martin, "Psalm 63," 265-69(266에는 Edwards, *Affections*에 나오는 이전 모델들이 인용됨); Collins, "Topography"에 인용된 Wesley도 보라. 다음도 보라. Baker, "Pentecostal Bible Reading," 98-100에서 Baker는 Barthes, *Pleasure*(특히 14)에 주목하지만, 특히 85, 154-56에서 Clapper와 Wesley의 모델이 더 관련이 있음을 발견한다.

61 Mulholland, *Shaped*, 22.

62 참조. Beck, "Anonymity"; idem, *Paradigm* (예. 144).

연구들은 근거 있는 가치를 지니지만, 어쩌면 요한은 우리가 실제로 서로 사랑함으로써 이 본문에 충실히 반응하기를 원할 것이다.

성서 내러티브를 순전히 역사적 관점으로만 읽는 사람들은 개인적 적용을 하지 않은 채 성서 내러티브에 담긴 가르침을 제외시킬 것이다. 그럼에도 어떤 이들은 이런 말씀이 예수의 첫 제자들에게만 유효하다고 주장할 수도 있다. 그러나 그런 접근은 불만족스럽다. 요한복음의 내러티브 안에서 예수는 그 당시 제자들에게 이야기한다. 하지만 요한은 왜 그의 말씀을 보도하는가? 요한 역시 아마도 자신의 청중을 염두에 두고 있었을 것이다. 여기에는 그가 직접 속한 집단보다 더 큰 잠재적 청중이 포함되었을 것이다. 요한복음의 이 내러티브 이후 얼마 지나지 않아, 예수는 자신의 메시지를 그의 첫 청중뿐만 아니라 그를 따르는 모든 사람에게 적용한다(요 17:20).

우리는 이와 같은 방식으로 우리에게 예수를 계속해서 계시하기 위해 보냄을 받은 성령의 오심에 관한 예수의 말씀에 접근해야 한다(요 14:16-17, 26; 15:26; 16:7-15). 어떤 이들은 이 약속들을 신약성서 메시지의 저자들로서 당시 예수와 함께 있었던 제자들에게만 특별히 적용한다. 이런 적용이 적절하더라도, 그것은 이 말씀들에 관한 모든 합당한 적용을 망라하지 않는다. 요한은 분명히 그런 배타적 적용에 관심이 없었다. 요한복음 20:22에서 성령은 구체적으로 첫 제자들에게 임한다. 그러나 예수를 믿는 모든 사람이 성령을 받게 될 것을 우리는 알고 있다(요 7:39). 따라서 성령의 내주하심과 예수가 약속한 더 큰 일은(예. 요 14:12-13, 17, 23), 예수가 길이기 때문에(요 14:6) 그를 통해 아버지 하나님께 나아올 수 있는 가능성만큼이나 모든 믿는 자에게 확실히 적용된다.[63]

---

63 요 14장에 관한 은사중지론적 접근법들에 반대하는 은사주의 학자에 관해서는 다음을 보

이것이 요한복음을 이해하는 정확한 방식이라는 점은 요한1서를 보면 분명하다. 요한1서는 요한복음과 같은 공동체에 말하고 있으며 예수에 대한 요한복음의 묘사에 의존한다. 분명히 "새 계명"은 요한복음 13:34-35에서처럼 예수의 첫 제자들뿐만 아니라 요한의 모든 청중에게 유효하다(요일 2:7-10; 요이 5절). "서로 사랑하는" 것은 예수가 "우리"에게 명령한 것으로(요일 3:23), 바로 이어지는 맥락에서 "우리"는 예수 그리스도 안에 있는 모든 믿는 자를 지칭하는 것으로 보인다(요일 3:14, 16, 18-24). 같은 방식으로 참신자들은 그들 안에 살아 있는 성령을 지니고 있으며(요일 3:24; 4:13), 성령이 그의 제자들에게 모든 것을 가르칠 것이라는 예수의 말씀처럼(요 14:26), 요한1서의 기름 부음은 그들에게 모든 것을 가르친다(요일 2:20, 27).[64] 요한복음은 지적인 주해 그 이상을 필요로 한다. 요한복음은 이 복음서에 주목하는 자들을 소환하여 생명의 떡인 예수로부터 양식을 공급받고 예수를 생명의 근원으로서 갈망하게 한다.[65]

누군가는 이런 특징들이 예수의 가르침으로서는 괜찮지만, 예수에 관한 내러티브에는 적용되지 않는다며 다시 반대할지도 모른다. 그러나 요한복음은 예수와 아버지 하나님의 관계를, 믿는 자들과 하나님의 관계의 본보기로서 사용한다(요 10:14-15). 요한복음을 정확히 언급하지는 않지

라. Brown, *Authentic Fire*, 188-90.

64 성령의 가르치는 역할에 관해서는 다음을 보라. Boda, "Word and Spirit," 41; Keener, *John*, 2:977-82; Wyckoff, *Pneuma*, passim. 그럼에도 요한의 기름 부음은 그리스도의 몸에서 교사의 은사를 거부하는 전적으로 개인적인 해석을 요청하지 않는다(다음을 보라. 요일 1:2; 2:19; 4:6; 참조. 롬 12:7; 고전 12:28-29; 엡 4:11; 딤후 1:11). 이는 칼뱅이 "광신자들"에 대해 강조했던 요점이기도 하다(Wyckoff, *Pneuma*, 28-29).

65 이에 대한 나의 관심사는 *John*, xxviii-xxix을 보라. 나는 해체주의자가 아니지만, Moore, "Cadaver," 270의 다음과 같은 주장은 옳다. 즉 성서학자들은 본문을 먹고 살아가기보다 그것을 시체처럼 해부하는 경향이 있다. 먹고 마시는 요한의 이미지들에 대한 논의에 관해서는 다음을 보라. Webster, *Ingesting Jesus*, 53-64.

만, 요한1서 역시 그것의 청중이 예수의 행위를 일종의 본보기로서 사용하도록 요청한다. 즉 우리가 예수 안에 거한다고 주장한다면, 우리는 예수처럼 살아야 한다(요일 2:6).

이런 관찰은 비단 요한복음에만 해당하는 것일 수 없다. 대부분의 누가복음 학자들은 초기 기독교 선교에 관한 이야기를 자신의 복음서에 대한 속편으로서 기록한 유일한 복음서 저자인 누가가 사도행전에 나오는 교회 구성원들을 누가복음의 예수와 의도적으로 병행시키고 있다는 데 동의한다. 이런 병행은 매우 광범위하게 나타난다.[66] 더욱이 사도행전 서두에 나오는 누가복음의 이야기, 즉 "무릇 예수께서 행하시며 가르치시기를 시작하심부터"라는 내용은 예수의 역사가 사도행전에서 그를 따르는 자들 사이에서 지속됨을 나타낸다.[67] 최초의 증인들에게 권능을 부여한 성령은(행 1:8) 모든 믿는 자들에게 주어진다(행 2:38-39). 왜냐하면 해야 할 일이 아직 끝나지 않았기 때문이다. 사도행전의 선교는 열린 결말로, 열방을 향한 선교는 지속된다.[68] 누가는 누가복음에서 예수를 본보기로서 제시하고(눅 22:27), 사도행전에서는 바울을 본보기로서 제시한다(행 20:35). 위에 언급했듯이 고대 청중은 내러티브를 통해 배우기를 기대했다. 학자들은 오로지 정보만을 위해 성서 본문을 읽을 수 있다. 그러나 그리스도인들(학자든 아니든) 역시 교화의 목적만을 위해 성서를 읽을 수 있다. 바울이 말했듯이, 성서는 "우리의 교훈을 위하여 기록된 것이니 우리로 하여금 인내로 또는 성경의 위로로 소망을 가지게 함이니라"(롬 15:4).

---

66 특히 다음을 보라. Goulder, *Type and History*. 보다 신중하게 다음을 보라. Talbert, *Patterns*; Tannehill, *Luke*; idem, *Acts*; Keener, *Acts*, 1:550-73; Edwards, "Parallels."

67 Keener, *Acts*, 1:645, 651-53과 그곳에 인용된 견해들을 보라.

68 다음을 보라. Keener, *Acts*, 1:708; 4:3758-62; 참조. Dunn, *Acts*, 278; Rosner, "Progress," 232-33; Cayzer, "Ending"; Marguerat, "Enigma of Closing," 304; Moles, "Time," 117.

연상은 인간의 기억에서 중요한 역할을 담당한다. 훈련되지 않은 자유로운 연상은 종종 부적절한 연결을 초래하지만, 연상은 불가피하며 때로 유익하다. 우리가 여러 본문들을 연구하면서 다양한 방식으로 하나님을 만나게 되면, 그에 대한 연상은 우리가 그 본문들을 생각할 때마다 촉발될 것이다. 즉 성서와 연계하여 영적으로 형성된 훈련받은 삶은 우리가 다시 성서를 읽을 때 과거의 다양한 영적 경험을 불러일으킴으로써 누적된 통찰들을 생산해낼 수 있다. (이전의 경험들이 성서 본문에 대한 오해에 기반할 때 성서 훈련은 종종 이런 경험들과 우리를 분리시켜준다. 따라서 우리의 영적 성장 초기에 성서 본문을 그 메시지에 충실한 방식으로 읽는 법을 배우는 것이 이상적이다.) 이런 방식으로 성서는 하나님과 우리의 관계를 위한 접촉점이 되고 영적 형성에 유용하게 기여한다. 하나님의 주권과 성령의 인도를 신뢰하는 것은 특히 삶과 사역에 대한 유비를 포함하여 유익한 연상을 체험하도록 우리를 초대할 수 있다.

경험적 읽기는 성서적이다

교회를 향한 성서의 메시지를 듣고 이해하고자 노력하는 자들은 적절한 유비를 통해 성서의 메시지가 지닌 역사적 특징과, 우리가 그 메시지로부터 배울 수 있는 것을 인식한다.

오늘날 우리는 구약성서의 지지를 통해 예수가 처음 이 땅에 왔을 때 평화의 메시아였음을 회상하며 이해한다. 때로 우리는 예수의 동시대 사람들이 이 사실을 구약성서에서 인식하지 못한 것을 놓고 비난하기도 한다(사 11:6-10[그러나 참조. 11:4]; 슥 9:9-10[그러나 참조. 9:1-8]). 물론 메시아 시대와 메시아의 사역에 관한 여러 예언이 존재했지만, 무엇이 문자적 의미이고 무엇이 비유적 의미인지, 재림과 대조적인 초림의 특징이 무엇인지 등을 확실히 파악할 방법이 거의 없었다. 예수의 초림 이전의 독자라면 두 번의 강림이 있으리라는 것조차 쉽게 파악할 수 없었을 것이다.

초기 그리스도인들은 메시아에 관해 예언한 구약 본문의 의미를 예수로부터(눅 24:25-27, 44-45을 보라), 그리고 예수 안에서 실현된 것으로부터 제대로 배웠다. 다시 말해 그들은 예수에 대한 자신의 경험에 비추어 성서 본문을 읽었는데, 이는 사실과 정확히 들어맞았고 너무 신성해서 우연 혹은 날조로 볼 수 없었다. 그들의 경험은 다양한 예언을 분류하여 이것들이 서로 들어맞는 방식을 이해하도록 그들을 도와주었다. 이 책에서 이어지는 논의는 이 주제를 더 자세히 다룰 것이다(제5부, 특히 16장을 보라).

성서에서 배운 사람들이 자신의 경험에 기초한 믿음을 가진 한 남성을 비난했을 때, 그는 이렇게 반응할 수 있었다. "내가 맹인이었으나 이제는 보나이다." 그리고 그는 그 사람들의 주장이 지닌 모순을 해체할 수 있었다(요 9:25, 31-33). 이 남성의 이런 반응이 그 오만한 자들을 설득하지는 못했지만, 예수에 대한 그의 경험은 부정할 수 없는 실제 사건이었다. 확실히 다른 이들은 때로 반대의 경험을 들이대면서 우리의 경험에 이의를 제기할 것이다(예. 출 7:11-12; 왕하 18:33-35). 믿음을 강화하고 반대를 거부하는 답변을 제공하는 일은 타당한 사역이다(눅 21:15; 행 18:28; 딛 1:9). 그럼에도 하나님은 예수의 사역에서 반복적으로 발생한 만남들에서처럼 사람들에게 진리를 계시하신다. 보다 큰 성서적 맥락에 분명히 적합한 이런 경험에 주의를 기울이지 않는 것은 자신의 백성을 찾아오시는 하나님을 놓치는 것이다.

이렇듯 자유로운 경험적 접근을 남겨두는 것의 위험에 대해 우려하는 사람들은 당연히 관심을 가져야 할 것이다.[69] 그러나 경험이 반박의 여지 없이 신성하고 성서 및 성서의 경험과 본질상 일관성을 유지할 때, 이 경험은 성서를 살필 때 사용할 신선하고 적합한 질문들을 갖추게 된다. 종종 지적되듯이, 사도행전 10장에 나오는 베드로의 환상은 이미 성서에 기초하여 수 세기에 걸쳐 이어온 관행을 전복시킨다.[70] 이 경험은 외적 증거, 즉 경험이 개인적 믿음을 초월했음을 보장하는 증거를 갖고 있었다. 즉 고넬료의 독립된 환상을 통해 그리고 주권적으로 성령을 이방인들에게 나누어주시는 하나님을 통해 베드로의 환상 체험이 확증되었다. 다시 말해 베드로가 본 계시는 순전히 주관적인 경험으로서 쉽사리 설명될 수 없다. 물론 다른 요소들 역시 초기 교회의 이런 신학상의 변화와 관습을 지지했다. 그러나 이런 요소들 대부분은 예수에 대한 새로운 경험과 관련이 있었다. 초림과 재림 사이에 살고 있는 우리는 이와 동일한 종류의 새로운 예수 경험을 겪지 않는다(왜냐하면 성육신은 일회성 사건이기 때문이다). 하지만 우리는 그리스도와 함께하는 우리의 삶을 이해하도록 도와주는 경험을 지속적으로 겪는다.

더욱이 우리의 주관적 자료뿐만 아니라 객관적 자료도 제한되어 있다. 주해적으로 우리가 해결할 수 없는 여러 문제가 있다. 정직한 주해가라면 당신에게 그렇다고 말할 것이다. 우리는 본문에 대한 계시적 해석에 관한 일부 주관적 주장들을 반박하기에 충분할 만큼 분별할 수 있다. 성서는 이미 계시이고, 우리에게 객관적 기준을 제공해주며, 이 기준을 통해 우리는 다른 해석적 주장들을 평가할 수 있다. (성령이 특정 표현 혹은 메시지를 어떤 방식으로든 적용하는) 성서 본문에 대한 개인적 경험은 각 개인에게 독특

69 아마도 부분적으로는 우리의 이상하고 잘못된 은사주의적 계시의 주장들 때문에 오래된 은사주의자들인 우리 중 몇몇 사람은 객관적 경계들을 강조하는 데 열심을 낸다.

70 예. 다음을 보라. Thomas, "Women," 85; Pinnock, "Work of Spirit," 236.

할 수 있다. 이 개인적 경험이 해당 본문의 권위 있는 의미를 반드시 결정하거나 드러내는 것은 아니다. 그럼에도 주해를 통해 찾지 못한 많은 의미가 분명히 존재하는데, 이는 우리가 성서 저자들의 언어, 문화 또는 경험에 속한 특정 측면들을 더 이상 이해할 수 없기 때문이다. 그들이 그랬듯이 우리도 그리스도 안에서 살아야 한다면, 우리도 성서 안에서 우리가 이해할 수 있는 것을 발견해낼 필요가 있다. 그리고 덧붙여서 우리도 그들처럼 기꺼이 그리스도 안에서 살며 그분을 의존하고자 하는 마음을 가져야 한다.

모든 믿는 자에게 기대되는 성령의 열매는 경험적·정서적·행동적이다. 즉 사랑, 기쁨, 평화, 인내 등이다. 이미 언급했듯이, 시편의 감정을 수용하지 않고서 그 시편이 들리도록 의도된 방식으로 그것을 읽을 수는 없다. 정서는 성서에 낯선 개념이 아니다(어떤 의미에서 하나님조차 정서를 지닌 분으로 묘사된다). 자신이 이상적이고 공정한 연구자라고 간주하는 사람에게 정서는 낯선 개념이겠지만 말이다. 보다 정교하고 존중할 만한 읽기 전략들과 대조적으로, 초기 오순절주의자들은(이들 중 다수는 당시 존경받던 학자들과 동일한 사회 계층 출신이 아니었다) 정서의 수용을 부끄러워하지 않았다.[71] 그들은 단지 칼 같은 문법 분석을 통해서만이 아니라 감정을 갖고서도 본문으로 들어갈 수 있었다. (여기서 나의 이진법적 대조는 생생하게 요지를 강조하기 위함이다. 비록 이런 대조가 특히 학문적 측면에서 실제 이분법을 과장할 수도 있지만 말이다.)

---

71 Baker("Pentecostal Bible Reading," 95)는, 아마도 익살조로, 빈번히 비판받고 있는 이 접근법을 뇌 이상으로 무감각증을 겪고 있는 많은 정신분열증 환자들의 열정 없는 경험에 비유한다. 정서에 대한 유용한 기독교 접근법에 관해서는 Elliott, *Feelings*를 보라.

일회성 사건들

물론 오늘날 우리가 성서에 등장하는 모든 종류의 경험을 복제해야 하는 것은 아니다. 어떤 사건들은 분명 일회적이기 때문이다. 즉 마리아가 성령으로 아기를 잉태할 것이라는 천사의 약속은(눅 1:31-35) 독자들에게 그들 역시 동정녀 잉태의 주인공이 되리라는 약속으로서 절대 여겨질 수 없다. 그럼에도 우리는 마리아의 예를 통해 배울 수 있다. 그녀는 하나님의 메시지를 수용하고 주의 여종(δούλη)으로서 성령과 하나님의 부르심에 순종한다(눅 1:38; 참조. 1:48). 똑같은 그리스어 단어가 다시 등장하는 때는 누가의 두 번째 책의 시작 부분이다. 신약성서의 이 부분에서만 같은 단어가 한 번 더 등장한다. 누가의 두 번째 책, 즉 사도행전에서 하나님의 백성은 성령의 권능을 받은 남종과 여종들이다(행 2:18). 성령께 대한 마리아의 순종은 우리 모두를 위한 제자도의 본보기를 제공해준다. 왜냐하면 우리 역시 우리의 삶에서 하나님의 영의 통치에 순종해야 하기 때문이다.

마찬가지로 어떤 학자들은 다음 내용을 강조한다. 즉 다윗에 대한 장황한 내러티브들이 성서에 나타나는 유일한 이유는 그가 이스라엘을 다스리는 왕이 되고, 결국에는 하나님의 더 큰 목적 안에서 우리의 영원한 왕인 메시아 예수의 조상이 되기 때문이라는 것이다. 이 학자들은 분명 옳다. 성서에서 대부분의 예언자와 관련한 설명들은 다윗에 관한 설명처럼 그렇게 자세하지 않다. 몇몇 인물은 다윗보다 더 하나님과 밀접한 삶을 살았는데도 말이다. 다윗은 고대 이스라엘인들의 특별한 관심사를 다루는 특수한 임무를 수행했다. 그의 과거 왕국과 그를 향한 하나님의 약속은 미래 왕국에 대한 희망을 제공했다.

그러나 이런 접근이 우리가 다윗의 삶에서 개인적 교훈을 발견하지 못하도록 만드는 것은 아니다. 물론 우리는 이런 접근을 훈련된 방식으로 시행해야 한다. 다윗이 받은 소명 없이 다윗과 같은 영웅이 되고자 하는 사람은 놀라운 패배에 직면하게 될지도 모른다. 다윗의 조카 아사헬은 그의 삼촌 다윗이나 그의 형 요압과 같은 영웅이 되려고 했다. 그러나 그렇게 함으로써 그는 자신의 죽음을 초래했을 뿐이다. 육상선수 같은 빠른 발을 가지고 있었음에도 불구하고 말이다(삼하 2:18-23). 우리는 다윗이 골리앗에 맞설 수 있었던 이유가 하나님께서 그의 명예를 지켜주실 것을 신뢰했기 때문임을 기억해야 한다(삼상 17:26). 또한 다윗이 골리앗과 싸울 수 있었던 다른 이유는 그가 하나님으로부터 자신의 운명에 대해 특별한 약속을 받았기 때문이다(삼상 16:1, 13). 다윗은 곧 시험에 빠지게 된다. 이를 통해 그는 사라와 요셉 그리고 다른 이들이 그랬던 것처럼 하나님께서 그분의 약속을 성취하시지만 기대처럼 언제나 신속히 성취하시는 것은 아님을 깨닫게 된다. 그러나 하나님의 신실하심에 대해 우리가 배우는 교훈들은 모든 소명에 적용된다. 하나님의 부르심에는 종종 희생이 따른다는 교훈과 하나님의 축복이야말로 다른 이들이 능력으로 간주하는 것보다 더 중요하다는 교훈(삼상 17:33) 등도 마찬가지다.

그러나 우리는 한 인물로서 다윗의 행위를 통해서도 배운다. 다윗이 언제나 긍정적인 본보기가 아니라는 사실은 자명하지만(참조. 삼하 11:1-27), 그가 보인 적극적인 믿음의 행위들은 모범이 된다. 그것들은 성서 내러티브에서 발견되는 긍정적인 본보기의 유형에 들어맞는다. 그리고 사무엘상하와 열왕기상하(이 책들은 여러 권으로 이루어진 단일 작품)의 자료를 수집한 고대 저자는 그것들을 다윗의 후계자들을 위한 긍정적인 롤 모델로서 분명하게 지지한다(예. 왕상 11:33, 38; 15:3, 5, 11; 왕하 14:3; 16:2; 18:3; 22:2). 다른 성서 저자들도 이에 동의했다(대하 28:1; 29:2; 34:2). 마찬가지로 히브리서 저자는 다윗을 믿음의 본으로서 분명히 인용하는데, 이 모본으로부터 우리는 (선택적으로) 배울 수 있다(히 11:32; 참조. 막 2:25; 롬 4:7-8).

결론

초기 오순절주의자들은 영적 부흥 시대의 많은 독자들처럼 자신들이 성서 내러티브의 연장선상에 자리하고 있는 것으로 이해했다. 그들이 성서 내러티브를 살핀 것은 단순히 과거에 대한 정보를 찾기 위해서가 아니라(물론 이런 이유로 성서를 살피는 것도 흥미롭다), 하나님께서 어떻게 인간 대리자들과 지속적으로 일하시는가에 관한 진리를 찾기 위해서였다. 그들은 성서 본문 안에 있는 하나님을 경험하고자 애쓰면서 성서를 헌신적으로 읽었다.

성서에 비추어 우리의 경험을 읽는 것과 성서를 읽을 때 이 경험을 고려하는 것은 초기 오순절주의자들에게만 국한된 행위가 아니다. 우리의 읽기가 성서에 제시된 참된 메시지로부터 흘러나오는 것이라면(제3부를 보라), 경험적 읽기는 불가피하고 바람직하며 성서적이다.

2장 오순절 관점으로 읽기

오순절 사건은 이전에 발생한 사건들을 토대로 하면서도 새로운 것을 소개한다. 사도행전 2장의 오순절 체험은 그 이전의 많은 성서적 주제들과 특히 누가복음에 나오는 예수의 성령 체험을 되울린다.[1] 그럼에도 오순절 사건은 동시에 새로운 무언가를 의미한다. 즉 하나님의 모든 백성의 사역에 예언적으로 권능을 부여하는, 마지막 날 하나님의 영의 부어짐이다. 더 이상 예언적 권능의 부여가 이스라엘의 몇몇 예언자에게 국한되지 않았다. 이제 이 예언적 권능은 하나님의 모든 백성과 열방을 향한 선교에도 적용되었다. 성령이 모든 육체 위에 부어졌고, 그 결과 예수의 모든 제자들, 유대인과 이방인이 그 선교에 동역하기 위해 권능을 받게 되었다(행 1:8; 2:17-18, 38-39).[2]

오순절 경험은 우리의 성서 읽기에 어떤 영향을 미치는가? 성령의 오

---

1 더 이른 성서적 반향은 행 1:8에서 이사야의 사명을 포함한다(다음을 보라. Pao, *Isaianic Exodus*, 특히 85, 92). 엘리야에서 엘리사로의 사역 이동(왕하 2:9-15 in 행 1:8-11; 다음을 보라. Keener, *Acts*, 1:713-19, 특히 713, 715, 719); 2:2-4의 신현의 반향(다음에 나오는 논의를 보라. Keener, *Acts*, 1:801-3). 행 2:5-13에서 창 10-11장의 바벨탑에서 흩어진 나라들의 표(다음에 나오는 논의를 보라. Keener, *Acts*, 1:841-44); 행 2:17-39의 요엘, 다윗 계보, 그리고 시 16편과 110편에 대한 분명한 언급을 보라(누가가 다윗 암시를 사용하는 것에 관해서는 Strauss, *Messiah*를 보라).

2 열한 사도에게만 국한되지 않고 모든 민족을 위한 것이라는 약속에 관해서는 다음의 논의를 보라. Keener, *Acts*, 1:696, 987.

심은 필연적으로 우리의 읽기에 경험적 차원을 추가한다.[3] 이 경우에 오순절 내러티브의 핵심 요지는 선교를 위한 권능의 부여이므로, 이런 관점에서의 읽기는 성서를 선교적으로 읽을 것을 요청한다. 즉 믿는 자들은 자신을 위해 하나님이 해주시길 원하는 일만이 아니라 하나님이 우리에게 맡기신 일에 대해서도 세심하게 읽어야 한다. 마지막으로 오순절 관점으로 읽는 것은 종말론적 읽기인 동시에 은사지속론적 읽기다. 이는 오순절이 "마지막 날"에 관한 성서적 관점을 제공하기 때문이다.

하나님의 마음 알기

성령의 영감을 받은(행 2:4) 베드로는 성서의 메시지를 포함하여 하나님의 메시지를 그의 청중에게 선포한다(행 2:17-21, 25-28, 34-35). 성령의 인도를 받은 설명에서 베드로는 그의 청중이 지니고 있는 예수의 이적에 관한 지식(행 2:22)과 부활하신 주님에 대한 사도들의 경험(행 2:32), 그리고 성령의 현재 행위를 목격한 청중의 경험에 호소한다(행 2:15-16, 33). 성서의 적용은 사도행전에서 이어지는 성령의 인도를 받은 설교들에서 두드러지는데, 이는 특히 성서에 정통한 이들을 대상으로 삼는다(행 3:22; 4:11, 24-26; 7:2-53; 13:15-41, 47; 15:16-18; 20:26; 23:5; 26:17-18, 22-23, 26-27; 28:26-27). 그러나 성서를 인지하지 못하는 자들도 암시적으로 포함된다(행 10:24, 43; 14:15; 17:24-26; 24:14-15).

---

3 (전통적인 유대교 접근을 거부하지 않고) 새로운 방식의 읽기를 만들어내는 행 2장의 오순절 사건에 관해서는 다음도 보라. Martin, "Introduction," 2.

더 일반적으로 성령의 오심은 우리의 읽기에 경험적 차원을 더한다. 이 차원은 이전의 서기관적 접근들의 통찰(참조. 마 13:52)을 대체하는 것이 아니라, 그런 통찰을 성서적 원칙을 살아내기 위해 필요한 변화된 마음으로 보완한다(겔 36:27). 전이해가 본문에 접근하는 우리의 방식을 형성하기 때문에,[4] 변화된 마음 역시 성서에 접근하는 우리의 방식과(열의, 믿음, 순종을 통해) 우리가 성서에서 듣는 것을 변화시켜야 한다.

훈련된 비평적 방법들은 성서 해석에 관한 틀을 여러 측면에서 우리에게 제공해준다. 그러나 성서를 듣는 데 가장 중요한 요소는 최고의 비평 연구를 통해서도 이해되지 않을 수 있다. 나는 문화적 배경에 대한 이해가 필수라고 확실히 믿는다. 내 학문 경력의 대부분은 문화적 배경을 좀 더 이용 가능하도록 만드는 데 집중해왔다. 그러나 배경에 대한 좀 더 깊은 이해는 주동 인물들의 개성과 저자들의 목소리를 이해할 때 발생한다. 내가 저자 혹은 주동 인물과 개인적 친분이 있다면, 나는 그들이 말했을 법한 방식으로 그들이 하는 이야기를 들을 수 있다. 나는 일반적으로 그들의 기본 의도를 이해할 수 있다. 비록 문화적이거나 언어적인 몇몇 암시는 이해할 수 없지만 말이다. 이런 경험이 우리의 비평적 결론에 언제나 영향을 미치는 것은 아니지만, 우리가 본문을 수용하는 데 분명히 영향을 미칠 것이다.

우리가 실제로 성서에서 하나님의 마음을 듣는다면, 우리는 성서를

4 Dilthey는 독자들로 하여금 역사적 인물들과 동일시하게 해주는 전이해의 요소로서 공통된 인간성을 강조했다(Dilthey, *Pattern*, 66-67, 70; 참조. Rickman, *Dilthey*, 141-42; idem, "Introduction," 39-41). 여기서 나는 성서에서 공유된 공통점의 요소에 대해 더 이야기한다. 왜냐하면 신자들로서 우리는 성서와 기도, 이 둘 모두에서 동일하게 신성한 위격을 인지하기 때문이다. (일반적인 동일시가 아니라) 통찰력이라는 측면에서 하나님의 마음의 일부 요소를 공유하는 것에 관해서는 다음을 보라. *Mind of the Spirit*, 205-6. Jonathan Edwards는 나의 주장에서 더 나아갔다. 다음을 보라. McClymond and McDermott, *Theology of Edwards*, 422-23; Hastings, *Edwards and Life of God*.

다른 방식으로 읽을 것이다.[5] 자신이 이전에 그리스도인을 박해했기 때문에 자신은 지극히 작은 자라는 바울의 주장을 완악한 자들은 영리한 거짓 겸손으로 이해할 것이다(고전 15:9; 엡 3:8; 딤전 1:15). 반대로 은혜를 깊이 경험한 사람은 그런 주장이 표현하는 감사를 분별할 것이다(참조. 삼하 16:10-12; 눅 7:44-47; 18:10-14). 일찍이 권위 있는 인물들로부터의 분노를 경험했던 사람들은 성서에 나오는 하나님의 분노에 대한 표현에 움츠러들지도 모른다. 그러나 하나님의 분노를 표현하는 광의의 내러티브들은 대개 사람들이 하나님을 격노케 하고 믿음에 반대하는데도 불구하고 하나님께서 얼마나 더디게 분노하시는지를 분명히 보여준다.

예를 들어 복음서에서 예수는 고통 가운데 있는 자들을 고치시고 소외당한 자들을 환영하신다. 그는 하나님 아버지와의 완벽한 관계를 나타내는 본보기가 되시며, 하나님 아버지의 마음을 이해하지 못하는 자들에 대해 한탄하신다. 종교적인 사람들은 우월한 입지에서 다른 이들을 판단할 것이다. 예수는 이런 그들을 비난하는데, 이는 그들이 스스로를 비천하다고 여기는 자들을 하나님의 길에서 벗어나게 했기 때문이다(참조. 마 23:4, 13). 예수는 사람들을 구원하기 위해 자신의 목숨을 내놓으려고 이 땅에 오셨다. 그리고 사랑의 섬김은 하나님 아버지의 마음을 진정으로 이해하는 자들의 방식이다. 예수는 자기 자신의 영광이 아니라 아버지의 영광을 구한다고 설명했다(예수의 아버지이신 하나님 역시 예수를 사랑하셨고 그의 영광을 구하셨지만 말이다). 예수는 다음과 같이 한탄했다. "너희는 그를 알지

---

5 주님은 깨끗한 자들에게 그의 깨끗하심을 보이신다. 그러나 그는 각 사람의 마음에 따라 보여주실 것을 보여주신다(참조. 시 18:25-26). 사람이 하나님의 뜻을 행하려 하면, 이 교훈이 하나님께로부터 왔는지 내가 스스로 말함인지 알리라(요 7:17). 진리를 행하는 자는 빛을 찾는다(요 3:20-21). 대중적 수준에서 나는 하나님의 마음과 목소리를 아는 것에 대해 다룬다. Keener, *Gift*, 17-50.

못하되 나는 아노니, 만일 내가 알지 못한다 하면 나도 너희 같이 거짓말쟁이가 되리라. 나는 그를 알고 또 그의 말씀을 지키노라"(요 8:55).

혹자는 예수의 말씀을 간접적 자랑으로 들을 수 있다(이런 식으로 자랑하는 것은 고대 도시 맥락에서는 적절한 것이었다). 그러나 하나님과의 깊은 친밀함을 경험해온 나는 여기서 자기 자신이 아니라 하나님 아버지와의 웅장한 관계를 자랑하는 예수를 본다. 나는 이와 같은 기쁨을 경험하지 못한 사람이 내가 여기서 하는 말을 어떻게 오해할지를 예상할 수 있다. 그러나 우리가 경험해보지 않는 한, 또는 그런 경험을 해본 사람들을 알거나 신뢰하지 않는 한, 우리가 결코 이해하거나 규명하지 못할 태도가 있다.

하나님의 마음을 가장 분명히 드러내는 성서에서 하나님의 마음을 아는 것은 성서 외의 다른 곳에서도 하나님의 음성을 듣도록 우리를 도와준다. 예를 들어 우리는 심판에 대한 말들이 고통스럽게 선포됨을 알 수 있다(분명한 예로서 호 11:5-8을 보라; 참조. 삿 10:16). 물론 그런 본문에서조차 하나님은 그의 청중에게 이해 가능한 문화적·언어적 형태를 통해 이런 고통을 전달하시지만 말이다(참조. 호 2:2-3).[6] 예수는 그에게 속한 자들이 그를 안다고 말했다. 마치 그가 아버지 하나님을 알고 아버지가 그를 아시는 것처럼 말이다(요 10:14-15). 우리가 예수를 친밀하게 알고 있다는 이 주장은 이상적이거나 신적인 잠재성을 묘사하지만, 여기서의 요점은 믿는 자들이 하나님 아버지와 관계를 맺어야 한다는 것이다.

요한복음의 그리스도인들을 비난하는 가장 엘리트적인 비평가들은 전자보다 학문적으로 더 능숙했을 것이다. 그리고 토라에 대한 그들의 우

6 여기서 연상되는 관습에 관해서는 다음을 보라. Gordon, *Near East*, 229-30; Friedman, "Israel's Response," 202; Yamauchi, "Adultery," 20; Harrison and Yamauchi, "Clothing," 326; 참조. Tacitus, *Germania* 19.

월한 지식을 자랑했을 것이다.[7] 그러나 요한은 그의 청중이 비평가들보다 토라를 더 잘 알고 있다고 확신시킨다. 왜냐하면 요한의 청중은 육신이 된 말씀(Word)을 알고 있기 때문이다(요 1:1-18). 그들은 그들을 비판하는 자들이 소유했다고 말조차 꺼내지 못했던 성령을 통해 하나님을 경험한다.[8] 성령은 계속 그들을 통해 예수를 세상에 드러낼 것이다(요 16:7-11). 그리고 계속하여 예수에 관한 은밀한 것을 그를 사랑하고 따르는 모든 사람에게 드러낼 것이다(요 16:12-15; 참조. 15:15의 병행 구절).[9] 믿는 자들은 하나님을 경험하고, 이 경험은 우리가 성서를 읽는 방식을 형성한다. 모세와 달리, 우리의 수건은 벗겨졌다(고후 3:14-18).[10] 나름의 용도가 있는 비판적 지식은 비판적 연구를 통해 나오지만, 하나님에 대한 친밀한 지식은 우리 안에 있는 하나님의 성령의 역사, 곧 우리를 그리스도의 형상으로 변화시키는 역사를 통해 나온다(고후 3:17-18).[11]

학위를 마친 후 극적으로 성령을 경험한 어느 성서학자는 다음과 같이 말하며 비통해한다. "학문적 작업은 우리가 비평가나 평론가처럼 무대 밖에 서 있어야 할 것을 요구한다. 그래야 우리가 더 객관적인 학문적 시각으로 드라마를 관찰할 수 있으니 말이다. 반면에 성령은 무대 위에서 배우들과 함께 서도록 우리를 끌어당긴다."[12] 그는 자신이 학문적 연구에 진 큰 빚을 인정하지만, 이런 긴장이 "증인"과 "분석가" 간의 차이를 반영한

---

7 Keener, *John*, 1:207-14, 358-63.

8 Keener, "Knowledge"; idem, "Pneumatology"를 보라.

9 Keener, *John*, 2:1035-43, 특히 1038. 나는 이 책의 11장인 "말씀과 성령의 인식론"에서 요 16장의 적절성을 다시 다룬다.

10 다음도 보라. McKay, "Veil"; Wyckoff, *Pneuma*, 76.

11 참조. Nebeker, "Spirit." 변화적 읽기와 묵상을 통해 성령은 우리를 그리스도의 형상, 즉 아담 안에서 원래 의도된 형상으로, 다시 말해 우리가 만들어진 목적으로 빚어간다.

12 McKay, "Veil," 74.

다고 설명한다.[13] 이 긴장은 양쪽 모두의 가치를 구현하는 교수들에게서 배운 우리에게는 상대적으로 적게 느껴지지만, 나는 이 긴장과 수년간 씨름했다.

나는 결코 비평적 읽기가 우리의 이해에 도움을 줄 수 없다고 주장하는 것이 아니다. 내러티브비평가는 하나님을 본문의 등장인물로서 분석할 수 있다. 그리고 이 비평가가 자신의 신념을 유보하면서 본문에서 들리는 하나님의 음성을 받아들인다면, 그는 성령이 본문에서 말하는 무엇인가를 경험하게 된다. 그러나 비평가(또는 비평가가 아닌 자)가 본문을 읽고 그것을 믿음으로 받아들일 때, 혹은 이미 하나님을 아는 사람 곧 하나님과 이미 친밀한 관계를 형성하고 있는 사람이 본문에서 직접 하나님의 음성을 들을 때 추가되는 차원이 있다. 물론 때로는 이런 수용이 불화로 이어지기도 한다. 그리스도 안에서 하나님을 아는 누군가가 여호수아서의 정복 내러티브를 읽을 때처럼 말이다. 평화의 왕을 추종하는 사람이 어떻게 그런 폭력을 자행할 수 있단 말인가? 그러나 이런 불화는 우리가 여호수아서의 하나님을 (여호수아서에 가정된 모세 율법의 신학적 맥락을 포함하여) 좀 더 넓은 신학적 맥락에 위치시키도록 만들고, 또 여호수아서 내의 단서들, 즉 하나님에 대해 좀 더 온전한 그림을 가리키는 단서들에 민감하게 함으로써[14] 우

---

13 McKay, "Veil," 77. Moore의 "Fire of God," 117-18에 기술된 유사한(그러나 좀 더 완전히 해결된) 긴장을 참조하라. 다음도 보라. Spittler("Enterprise," 76)는 역사적 방법들에 대한 역사비평적 방법론의 타당성을 인지하지만, 믿음과 공동체의 삶과 관련하여 이 방법론의 부적절성에 대해서도 인지하고 있다.

14 예. 라합과 기브온 사람들에 관한 내러티브들 또는 이스라엘의 하나님 앞에서 도망치는 대신 전쟁을 선포하는 극도로 미친 가나안 사람들(수 11:20은 그들이 하나님 앞에서 도망쳤을 경우 살아남을 수 있었을 것이라고 암시한다). 다음도 보라. Paul Copan, *Is God a Moral Monster? Making Sense of the Old Testament God* (Grand Rapids: Baker, 2011); Hubbard, *Joshua*, 42-48; Dallaire, "Joshua," 841-45; Colesan, "Joshua," 13-17. 이에 관한 내 생각은 다음을 보라. http://www.craigkeener.com/slaughtering-the-canaanites-part-i-limiting-factors/; http://www.craigkeener.com/slaughtering-the-canaanites-part-ii-switching-

리에게 유익을 준다. 본문의 요지를 더 잘 이해할 때까지 우리는 하나님의 마음에 대해 우리가 알고 있는 것을 고려하면서 본문과 씨름한다.

또 다른 예로, 예수는 불필요한 어려움을 부과하기 위해 임의로 이혼에 반대한 것이 아니라, 이혼을 원하는 남편의 행위가 그의 아내에게 "해를 가하기" 때문에 이혼에 반대했다(막 10:11). 배신은 잘못된 것으로, 예수는 아내를 희생시키면서 남성의 완악한 마음을 수용하길 거부했다(막 10:5; 그 반대의 경우는 10:12을 참조하라).[15] 그러나 이런 예수의 마음을 이해할 때 우리는 아무 잘못이 없는 배우자에게 독신을 요구했던 이후 그리스도인들의 일반적 습관에 참담함을 느낀다. 이와 같은 요구는 예수가 열정적으로 보호하고자 했던 그 배우자에게 더 큰 해를 입히는 것이다.

하나님의 마음을 고려하면서 읽는 것은 개인의 삶과 읽기에 개인적으로 관여하시는 하나님을 느끼면서 시작될 수 있다. 결국 우리가 하나님의 마음 안에서 그분의 관심사에 관심을 가지면서 성장할 때라야 다른 사람들, 특히 하나님의 사람들을 보호하는 데 있어서도 성장하게 될 것이다. 우리의 지식은 성서의 예언자들의 지식과 마찬가지로 유한하므로(예. 마 11:3// 눅 7:20; 고전 13:9), 항상 최고의 적용을 할 수 있는 것은 아니다. 그러나 이상적으로 모든 것을 아는 성령은 그가 우리에게 원하는 행위와 관련하여 적어도 우리가 보아야 할 것을 우리에게 보여주면서 우리를 안내해 줄 수 있다.

---

sides/; http://www.craigkeener.com/slaughtering-the-canaanites-part-iii-gods-ideal/; 참조. http://www.craigkeener.com/slaughtering-the-benjamites-i-benjamins-depravity-judges-191 -2028/; http://www.craigkeener.com/slaughtering-the-benjamites-ii-merciless-anarchy-judges-2029-2125/.

15 나는 다음에서 역사적 정황을 다룬다. Keener, *Marries Another*; 더 간략한 것으로서 다음을 보라. idem, "Adultery"; idem, "Remarriage."

선교적 읽기

오순절과 관련하여 성령에 대한 예수의 약속은 선교에 대한 권능 부여의 약속이었다(눅 24:48-49; 행 1:8). 예수는 승천하면서 성령을 부여하는데, 이는 엘리야와 그의 영력을 두 배나 받은 후계자 엘리사를 연상케 한다(행 1:8-11). 성령이 특별히 선교를 위해 우리에게 권능을 부여한다면, 성령의 인도함을 받는 성서 읽기가 선교의 주제를 강조하는 것은 놀랄 일이 아니다.[16] 그렇다면 예수의 인도를 따라서 쏟아부어진 성령에 대한 베드로의 성서적 설명은 예언적 권능의 부여다(행 2:17-18).

누가는 이런 권능 부여의 필요성을 누가복음의 결론과 사도행전의 도입부에서 강조하면서 이것이 얼마나 중요한 것인지를 나타낸다.[17] 이렇게 해서 예수가 종으로 섬겼듯이 예수를 따르는 자들도 종으로 섬기게 된다. 성령에 관한 누가의 주된 강조는 선교를 포함하고, 학자들은 대부분 선교를 위한 권능의 부여를 사도행전에서 성령의 가장 두드러지는 행위로서 인정한다.[18]

성서 내러티브들은 누가가 성령의 은사와 예수의 승천 사이를 연결한 것에 대한 본보기들을 폭넓게 제공해주었다. 모세 역시 성령을 여호수아에게 전해주어 여호수아가 지혜의 영으로 충만했지만(신 34:9; 참조. 행 2:4;

16 선교적 성서 읽기에 관해서는 다음을 보라. Wright, *Mission*.

17 Miller, *Empowered for Mission*, 62, 69; Hernando, "Function," 247-48.

18 사도행전의 성령 및 선교에 관해서는 다음을 보라. Hull, *Spirit in Acts*; Marshall, "Significance of Pentecost"; Stronstad, *Charismatic Theology*; Shelton, *Mighty in Deed*; Penney, *Missionary Emphasis*; Hur, *Reading*, 275; Haya-Prats, *Believers*, 97-108, 192; Bovon, *Theologian*, 198-238; Meagher, "Pentecost Spirit"; Klaus, "Mission," 574-75; 참조. Bruce, "Holy Spirit in Acts"; Russell, "Anointing"; Wyckoff, "Baptism," 448-49; Robinson and Wall, *Called*, 122; Keener, "Power."

6:3, 10), 엘리야의 영력과 사역이 엘리사에게 전달된 사건은 이보다 관련성이 훨씬 더 크다(왕하 2:9, 15; 참조. Sir 48:12).[19] 이는 후자의 예가 구약성서에서 유일하게 승천 장면을 제시해주기 때문이다(이 승천 장면은 성령의 전달과 분명히 연결된다; 왕하 2:10, 13; 참조. Sir 48:9, 12). 이런 성서의 본보기들은 예수가 그의 예언적 권능 부여를 그의 추종자들에게 위임했음을 나타낸다.[20]

베드로가 행한 오순절 설교의 도입부는 이런 특징을 강조한다. 실제로 누가의 의도적인 모든 본문(눅 4:18-19; 24:45-49; 행 1:8; 2:16-17; 참조. 눅 3:4-6)은 하나님의 영이 선교를 위해 하나님의 대리인들에게 권능을 부여하는 내용을 공통적으로 담고 있다. 성령의 권능 부여는 선교로 이어지고, 그 경험에 관한 감동적인 설교가 우리에게 본보기를 제공하기까지 할 정도로 성령의 권능 부여에 대한 선교적 읽기로도 이어진다.[21]

성령 충만한 경험 가운데 읽기

베드로는 오순절 경험을 성서에 비추어 설명했고, 성서를 오순절 경험에 비추어 설명했다. 어느 학자는 다음과 같이 질문한다. "사랑을 모르는 사람에게 사랑에 대해 말하는 것은 헛된 일이 아닌가? 또는 배움을 거절하는 자들에게 배움의 기쁨에 대해 말하는 것은 헛된 일이 아닌가?"[22] 공유된

---

19 예. Green, "Repetition," 292.

20 예. Johnson, *Acts*, 30; Stronstad, *Charismatic Theology*, 20-21.

21 확실히 이것은 누가의 독특한 강조이지만, 그렇다고 누가에게만 유일한 것은 아니다(마 10:20; 막 13:10-11; 요 15:26-27; 20:21-22; 롬 15:19; 고전 12:7; 살전 1:5-6; 벧전 1:12; 계 19:10).

22 Palmer, *Hermeneutics*, 87-88, Thiselton, "Hermeneutics," 161에 인용됨.

경험은 현재 소통되는 경험을 더 깊이 이해하도록 만든다. 역사적·문학적 맥락과 같이 해석할 때 고려되어야 할 여러 맥락 가운데서 영적 맥락 역시 중요하다. 즉 성서 저자들은 특정한 역사적 상황의 청중을 대상으로 삼았지만, 때로 성서 저자들이 상정하는 영적 실재를 공유하는 살아 있는 신앙 공동체도 대상으로 삼았다.[23]

성서의 은사주의적·예언적 경험들은 그 형태가 다양하다. 따라서 예언 혹은 기적에 대한 단순한 경험은 한 사람의 경험이 어떤 성서적 경험과 존재론적으로 동일하다는 것을 의미하지 않는다. 그러나 성서는 그 경험에 대한 공감과 그 경험을 들여다보는 창문을 제공하는데, 이는 일반적으로 그런 경험을 하지 못한 사람들이 쉽게 규명하지 못할 방식으로 제공된다.[24] 즉 우리가 어떤 방식으로든 성령을 경험한 적이 있다면, 우리는 성서에 나오는 그런 경험들을 과거의 당혹스러운 수수께끼 혹은 일종의 문학적 픽션으로 받아들이는 사람보다는 그런 경험들에 적어도 더 쉽게 고개를 끄덕일 것이다.

특정한 영적 은사(또는 영적 열매)와 같은 성서적 경험을 나누는 것은 성서에 나오는 그런 경험을 우리가 개념화하는 방식에 영향을 미친다. 예를 들어 사도행전에 기초한 영화들이 묘사하는 방언에 주목해보라. 방언

---

23 내가 "때로"라는 표현을 쓰는 이유는 성서의 다양한 부분이 타락한 이스라엘 출신의 인물들(예. 아모스)에서부터 사역 동료들(예. 디도)에 이르기까지 여러 인물을 직접 다루기 때문이다. 공통된 상황으로서 하나님의 백성을 다루는 것에 대해서는 다음을 참고하라. Green, *Practicing Theological Interpretation*, 42.

24 성서 본문 배후의 영적 경험에 대한 관심은 다음을 보라. Fee, *Listening*, 11(우리는 성서 저자들의 영성과 공감을 이루어야 한다). 비록 다른 방식이긴 하지만, 이런 배경은 확실히 "문화적 배경"만큼이나 소중하다. 예. Grey, *Crowd*, 68-69에는 사 6장에 기록된 이사야의 경험에 대한 공감이 기술되어 있다. 이는 내가 인정하는 영적 적용이다. 여러 유명한 오순절 방식의 읽기(Grey, *Crowd*, 69-76)는 사 6장의 다양하며 참된 요소들을 연상시킨다. 비록 이런 요소들 대부분이 전체 맥락을 포용하지는 못하지만 말이다. 참조. 176-79.

은사를 경험한 누군가는 이와 다르게 묘사할 수 있을 것이다. 개인적으로 주 예수를 알고 있는 누군가는 나사렛 영화에 등장하는 눈도 깜박이지 않고 시무룩한 표정의 예수를 인정하려 들지 않을 것이다. 이 영화의 긍정적 특징에도 불구하고 말이다.

이와 비슷하게 장기간 은사주의자로서 살아온 사람은 열왕기하 2:3-5, 16-17과 사도행전 21:4, 11-14에서 묘사되는 예언적 경험의 모호함을 자연스럽게 받아들일 수 있다. 비록 이런 모호함이 많은 다른 독자들을 당혹케 하지만 말이다.[25] 마찬가지로 성령에 관한 관심은 성서가 증언하고 있지만 해석자들이 종종 무시하는 경험들에 관해 질문하고 그것을 규명하도록 우리를 도와준다. 사무엘이 소년이었을 때는 환상이 드물었다(삼상 3:1). 그러나 사무엘이 지도자가 된 후 예언자들이 이스라엘에서 급증했다. 심지어 여러 무리의 사람들이 동시에 예언했으며, 어느 때는 길바닥에서도 예언이 선포되었다(삼상 10:5, 10; 19:20, 24). 우리 모두가 사무엘 같은 획기적인 예언자적 지도자는 아니지만, 여기에 묘사된 영적 경험을 통해 배울 수 있고, 회복을 위해 기도할 수 있다.[26] 이 경험에 대한 자세한 설명이 제시되어 있지는 않지만, 내레이터는 그의 청중이 이스라엘 예언자들의 행위에 친숙하다고 가정하는 것으로 보인다. 비록 우리에게 그와 같은 친숙함이 없을지라도, 우리는 우리가 직접 겪은 성령 경험을 통해 예언자들이 역동적으로 경험한 압도적 영감을 더 잘 이해할 수 있다.

여기서 나는 내 개인적 예시에 의존하는데, 그 이유는 오늘날 이 주제에 관해 일부 저자들이 오순절 전통을 인용함으로써 자신이 오순절적 해

---

25 Keener, *Acts*, 3:3083-84을 보라.

26 실제로 한나는 부흥을 위해 기도하지 않았고 단지 아들을 주시고 신원해주시기를 기도했다. 그러나 하나님은 겸손한 자들 가까이에 계신다(삼상 1:10-11). 누가-행전에서 성령의 부어짐은 종종 기도 이후에 발생했다(행 1:14; 4:31; 눅 11:13의 원칙을 보라).

석의 정의를 바르게 내렸다고 생각하기 때문이다. 나는 살아오면서 예언의 은사를 정기적으로 다루어왔기 때문에 성서의 예언자들에 공감할 뿐만 아니라 예언적 영감이 어떤 느낌인지도 알고 있다(하지만 내가 이와 관련하여 저술한 무언가가 정경적 권위를 갖는다고 주장한 적은 전혀 없으므로 은사중지론자들은 걱정하지 않아도 된다). 나는 성서에서 그런 경험을 무시하기는 불가능하고 인정하기는 쉽다는 것을 발견한다.[27] 내 삶에서 한 시기의 경험을 통해 나는 예레미야의 메시지를 거절한 사회로부터 그가 겪은 심한 소외가 무엇인지를 규명할 수 있다. 또 다른 시기의 경험을 통해 나는 호세아서에 나오는 하나님의 찢어지는 마음을 놓고 울 수 있다.

딜타이(Dilthey)가 공통된 인간성에서 저자와 독자를 연결해주는 일반적 수단을 찾았던 것처럼, 그리고 중동 및 지중해 지역의 전통적 배경을 지닌 사람들이[28] 성서 본문과의 보다 특별하면서도 공통된 문화적 연결을 찾았던 것처럼, 공통의 영적 경험 역시 특별한 수준에서의 귀중한 연결점을 제공해준다.[29] 성령의 역사를 경험한 후 보다 자유주의적이거나 급진적인 학자는 초자연적 행위에 대한 성서의 보도를 무시하는 일이 더 어렵다

---

27 McKay, "Veil," 64-68을 보라. McKay는 케임브리지 대학교에서 박사학위를 받았다. 참조. Moore, "Fire of God," 114-17.

28 비록 구체적인 고대 자료들이 최고이기는 하지만, 일반적으로 서구 문화보다는 현대 중동 문화가 고대 중동 문화에 더 가깝다(Bailey, *Peasant Eyes*, xv). 몇몇 공통 요소도 지중해 문화의 상당 부분을 지배하고 있다(Gilmore, "Shame," 3, 16). 비록 중대한 변화가 간과되어서는 안 되지만 말이다(Eickelman, *Middle East*, 154). 그럼에도 유일신 종교들까지 포함하는 이후의 운동들은 지역 문화들을 재형성해왔다(지중해 문화를 다루고 있는 Brandes, "Reflections," 126과 중동을 다루고 있는 Eickelman, *Middle East*, 9-10, 97을 보라).

29 참조. "공통 경험"에 관한 McKay, "Veil," 66-67; 참조. Pinnock, "Work of Spirit," 246은 성서 말씀 배후의 "실재"에 대한 이해 없이 그 말씀을 적절히 이해할 수 없다고 주장한다. Ellington("Authority," 162)은 성서가 "그것이 처음 형성된 상황과 똑같은 상황에서, 즉 신앙 공동체 내에서" 재경험된다고 주장한다. Dilthey에 관해서는 이 책 부록 A의 논의를 보라. 전통적인 중동 관점으로 읽기에 관해서는 다음을 보라. Kenneth Bailey, *Poet*; idem, *Peasant Eyes*.

는 것을 알게 될 것이다.[30] 반은사주의 배경 출신의 사람은 성령을 체험한 후 은사주의 경험에 더 많은 공감을 표하게 될 것이다. 마찬가지로 예언적 영감을 경험한 사람은 기계적 지시에 의한 영감이라는 낡은 견해가 그럴듯하지 않다고 생각할 것이다.[31]

예언의 은사 속에서 지내온 사람으로서 나는 예언이 존중되어야 한다는 것을 인정한다. 나는 누군가를 향한 내 예언이 내가 상상할 수 있는 것 이상으로 그들의 상황에서 더 정확하고 심오한 무엇을 의미할 수 있다는 점도 인정한다.[32] 동시에 나의 개인적 상황은 일반적으로 가능한 의미들의 범위에 제한을 가한다. 예를 들어 예언은 주로 화자의 언어와 어휘의 잠재적 범위 내에서 이루어진다.

만일 누군가가 "주님께서 말씀하시길, '내가 열방을 대적하는 칼을 일으킬 것이다'"라고 예언한다면, 듣는 사람은 이 예언을 세상 가치를 좇아 사는 삶에 대한 경고로서 추론할 수 있다. 이와 대조적으로 누군가가 이 예언을 다른 근거 본문, 예컨대 죄인의 부는 의로운 자들을 위해 쌓이고 있다는 구절(잠 13:22)과 연결하여 자신에게 곧 주어질 금전적 부에 대한 보장으로 사용한다면, 이 사람은 메시지의 본래 의미에서 벗어나 있을 가능성이 매우 높다. 만일 예언이 아무것도 의미하지 않는다면, 나는 보다 명확한 장르에 속하는 고대의 영감 받은 문헌들, 특히 저자의 자료 사용과 사고 과정(예. 역사에서 혹은 바울의 성서적 논쟁에서처럼)이 좀 더 완전하게 관여했던 문헌들 역시 아무것도 의미하지 않는다고 말하고 싶다.

---

30 McKay, "Veil," 68. 참조. 예를 들어 기적을 직접 목격함으로써 예수 세미나의 회원인 Walter Wink의 세계관이 얼마나 급변했는지를 보라(Wink, "Write," 특히 4-6).

31 McKay, "Veil," 69, 고전 13:9; 14:32을 인용함.

32 예. 1978년 가을에 나는 한 이혼녀에게 예언했는데, 이 예언은 그녀에게 내가 상상할 수 있는 것보다 더 많은 것을 의미했다(이 예언 후에야 그녀는 자신이 이혼녀임을 내게 알렸다). 다음을 보라. Keener and Keener, *Impossible Love*, 24-25.

겸손한 읽기

성령 충만한 베드로가(행 4:8) 사도행전 4:8-12에서 예루살렘의 엘리트 집단과 충돌할 때, 이 집단은 베드로와 요한이 엘리트 교육을 받지 못했다고 지적한다(행 4:13). 그들은 이 어부들이 예수와 함께 있었다는 이유로 담대히 말하고 있음을 알고 있다(4:13). 베드로와 요한은 처소로 돌아온 후 믿는 자들의 지속적인 담대함을 위해 기도하는데(4:24, 29), 하나님은 이 기도에 응답하셔서 그들 모두에게 성령을 부어주신다(4:31). 예수는 교만한 자들이 아니라 그를 의지하는 비천한 자들을 부르고(눅 5:2, 10; 6:13) 그들에게 권능을 부여하신다(행 2:4). 이것은 적어도 왜 성령이 엘리트 집단이 아니라 하나님께 순종하는 겸손한 자들에게 주어지는지에 대한 부분적인 이유다(행 5:32).

성서는 하나님께서 마음이 상한 자를 가까이하시고 교만한 자를 멀리하신다는 것을 자주 드러낸다(시 138:6; 잠 3:34; 마 23:12; 눅 14:11; 18:14; 약 4:6; 벧전 5:5). 우리는 이 주장에 해석적 함의가 있음을 기대해야 한다.[33] 하나님이 성서를 읽거나 듣는 이들에게 자신을 드러내시는 방식과, 일반적으로 자신을 드러내실 때의 방식이 서로 달라야 하는 이유는 무엇인가? 주해가들은 때로 자신의 지식을 자랑스러워한다. 바울이 지적한 것처럼 지식은 우리 자신을 과대평가하도록 이끄는 경향이 다분하다(고전 8:1). 초기 오순절주의자들은 대부분 가난하고 사회적으로 소외된 계층 출신이

33 읽기에서 하나님 앞에서의 겸손에 관해서는 Mulholland, *Shaped*, 59을 보라. 초기 오순절주의의 이런 주장에 관해서는 다음을 보라. Oliverio, *Hermeneutics*, 91 (D. W. Kerr's "poor in spirit").

었다.[34] 오늘날 우리는 대부분 거룩을 중시하는 소외된 신자들(이 신자들에는 웨슬리와 윌리엄 로[William Law], 그리고 대부분의 청교도들이 속한다)의 요구가 때로 너무 급진적이라고 여긴다.[35] 그러나 그들은 하나님의 가르침이라고 믿었던 내용에 결연히 순종했다. 그들이 치러야 할 사회적 대가가 무엇이든지 말이다. 물론 그런 집단이 소중하게 여기는 것에 뛰어난 사람들은 그들 자신의 자부심을 키울 수 있지만, 일반적으로 그들은 당시 가장 권위 있는 신학 기관을 지배했던 이들보다 훨씬 더 겸손한 집단이었다.

오늘날 가장 심오한 영적 부흥이 경험되는 곳은 대부분 가난한 자들과 소외된 자들로 구성된 집단들이다.[36] 휘트필드와 웨슬리가 주도한 부흥운동들은 들판에서 시작되었다. 19세기 미국 국경 지역, 예컨대 켄터키주 케인 리지(Cane Ridge)나[37] 뉴욕주 북부[38] 같은 곳에서 시작된 부흥운동들을 비교해보라. 20세기가 태동하던 시기의 여러 부흥운동은 이런 유형에 부합한다. 예를 들어 1904년부터 1905년까지 지속된 웨일즈(Welsh) 부흥운동은 처음에 광산 노동자들과 웨일즈 사회의 다른 소외된 계층 사이에서 번성했다.[39] 1905년에 인도에 있는 판디타 라마바이(Pandita Ramabai) 고아원에서도 부흥운동이 일어났다.[40] 짐 크로우 사우스(Jim Crow South)에

34 예. Archer(*Hermeneutic*, 23-29)는 George Marsden과 다른 이들의 주장을 따른다; Grey, *Crowd*, 26.

35 참조. 초기 감리교 신자는 그녀의 사촌이 갖고 있던 카드들을 불 속에 집어넣어, 그가 하나님의 부르심에 귀 기울이도록 했다고 알려진다(Wigger, *Saint*, 44).

36 오늘날 많은 치유의 예에 주목하라. 예. Währisch-Oblau, "Healthy," 97; Chevreau, *Turnings*, 16-17; MacNutt, *Healing*, 26-27; Bomann, *Faith in Barrios*; idem, "Salve." 사회 격변의 시기에 특히 번창했던 부흥운동에 관해서는 Shaw, *Awakening*, 25-28을 보라.

37 예. 다음을 보라. Noll, *History*, 167; Wolffe, *Expansion*, 58-61.

38 예. 다음을 보라. Noll, *History*, 174-75; Wolffe, *Expansion*, 71-78.

39 Shaw, *Awakening*, 22.

40 Shaw, *Awakening*, 22-23. Pandita Ramabai와 그녀의 사역에 관해서는 다음을 보라. Burgess, "Pandita Ramabai"; Arles, "Study"; idem, "Appraisal"; Frykenberg, *Christianity in India*, 382-410.

서 온 겸손하고 외눈을 가진 아프리카 아메리카계 성결교단 소속의 설교자 한 명을 통해 1906년에 아주사 길거리 부흥운동(Azusa Street Revival)이 일어났다. 1907년 국가적 어려움과 실망에 빠져 있던 한국에서 "대부흥운동"이 일어났다.[41] 하나님은 1980년대 중국의 시골 농부들과 동시대의 모잠비크 및 다른 나라들의 고아들에게도 그의 영을 부어주셨다.[42]

더 주목할 만한 몇몇 예외조차 이런 일반적 유형을 벗어나지 않는다. 기업가들이 주축이 된 정오 기도 부흥운동(1857-1858년)은 1857년에 발생한 시장 붕괴 이후에 일어났다.[43] 성서 유니온(Scripture Union)에 재학 중이던 나이지리아 학생들 사이의 부흥운동은 나이지리아 남동부의 그리스도인 지역을 황폐화시킨 비극적인 내전이 발생한 이후인 1967년에 일어났다.[44] 미국에서 예수 부흥운동은 불만 가득한 청소년들 사이에서 번져나갔고, 예컨대 애즈버리 대학에서 있었던 학생 부흥운동들과 같은 많은 학생 부흥운동들이 현재 자신의 상황에 불만을 느끼고 하나님께 굶주린 학생들 사이에서 일어났다. "의에 주리고 목마른 자는 복이 있나니 그들이 배부를 것임이요"(마 5:6).

이것이 바로 해방신학이 우리로 하여금 기대하도록 이끌어야 하는 것이다.[45] 그리고 이는 성서신학이 우리로 하여금 기대하도록 이끄는 것이

---

41 Shaw, *Awakening*, 33, 39을 보라.

42 웨슬리의 지적처럼 하나님의 영은 근면과 절약을 낳으며, 이는 부로 이어진다. 그러나 때가 이르면 이 신분 상승은 이전 세대들의 축복에 의존하는 세대들을 만들 수 있다. 하나님이 우리 중 일부를 축복하사 부흥운동 당시 우리의 조상이 누리지 못했던 신분 상승을 허락하셨다면, 우리는 이 신분 상승의 축복을 지혜롭게 사용해야 한다(딤전 6:17-19). 우리는 가난하고 마음이 상한 자들과의 특별한 연결을 잃어버리는 위험을 감수해서는 안 된다. 우리가 그들을 섬기고 그들에게 힘을 실어줄 수 있지만, 우리 역시 그들로 인해 복을 받는다. 그들은 우리에게 필요한 무엇을 갖고 있다. 참조. Sanders, *Margins*.

43 Noll, *History*, 288.

44 Shaw, *Awakening*, 163-65.

45 전체 오순절 신도 수에 비추어서 Waddell("Hearing," 187)은 해방신학의 경우와 마찬가지

다. "가난한 자는 복이 있나니"(누가복음) 혹은 "심령이 가난한 자는 복이 있나니"(마태복음), "천국이 그들의 것이다"(마 5:3; 참조. 눅 6:20). "겸손한 자는 복이 있나니", 즉 자신의 중요성에 우쭐하지 않고 다른 이들의 중요성에 민감한 자들은 복이 있나니, "그들이 장차 임할 세상을 기업으로 받을 것이다"(마 5:5). 마찬가지로 마음이 상한 자는 위로를 받을 것이고(마 5:4), 의와 예수의 이름으로 인해 핍박을 받는 자는 복을 받을 것이다(마 5:10-12).

예수는 예루살렘의 궁전을 통해 이 땅에 오지 않았다. 비록 동방박사들이 아기 예수를 찾기 위해 처음으로 방문한 곳이 예루살렘이었지만 말이다(마 2:1-2). 사실 누가는 아기 예수를 존경받는 황제 아우구스투스와 비교하고 있는 듯한데, 황제 아우구스투스의 불편한 칙령은 누가의 탄생 내러티브에 지리적 전제로서 등장한다(눅 2:1). 아우구스투스는 무력과 선전으로 지탱되는 보편적 제국을 주장했다. 이와 대조적으로 예수는 인류의 참되고 자비로운 지배자였다.[46]

아우구스투스, 지중해 세계의 황제	예수, 창조세계를 다스릴 참된 다윗 혈통의 왕
아우구스투스는 궁전에 있었다	예수는 동물의 구유 안에 있었다(눅 2:7)
지상의 합창단이 아우구스투스를 찬양했다	천상의 합창단이 예수가 탄생할 때 그를 찬양했다(눅 2:13)
아우구스투스는 팍스 로마나를 확립한 자신의 업적을 자랑했다	예수는 "땅 위에 평화"와 연결된다(눅 2:14)
아우구스투스는 "구원자"와 "주"(lord)로서 환호받았다	"오늘…너희를 위하여 구주가 나셨으니 곧 그리스도 주(Lord)시니라"(눅 2:11)

로 오순절 방식의 읽기를 "밑바닥에서부터 또는 소외계층으로부터"의 읽기로서 확언한다. 그는 Johns, *Pentecostal Formation*을 유용하게 인용한다.

46 이후에 나오는 표는 나의 강의 노트를 따른다. 그러나 다음도 참고하라. Danker, *New Age*, 24.

아우구스투스는 권세자들이 함께했다	예수의 탄생은 목자들, 즉 사회적으로 소외된 계층과 하늘 군대가 함께했다(눅 2:8, 13)
아우구스투스는 지중해 세계에서 최고 지위를 차지했다	예수는 수치스러울 수 있는 상황에서 젊은 갈릴리 부부에게서 태어났다(눅 2:5)

두 장 뒤에서 누가는 부분적으로 예수의 사역을 가난한 자들을 위한 복된 소식으로서 요약한다(눅 4:18). 메시아 시대를 지시하는 자신의 표적을 요약할 때 예수는 여러 기적을 열거한 다음 가난한 자들을 향한 복된 소식을 선포하는 것으로 마무리하는데, 이는 어쩌면 마무리가 아니라 절정일 수도 있다(마 11:5//눅 7:22). 가난한 자들은 예수의 팔복에서 첫 번째 대상이다(눅 6:20; 참조. 마 5:3). 비록 누가복음이 고위직 인사에게 헌정된 저술로 분명하게 확인되지만(눅 1:3), 누가복음에서 바늘 구멍을 통과할 수 있는 소수의 부자는(참조. 6:24, 8:14; 12:21; 16:22-23; 특히 18:25) 가난한 자들을 위해 희생하거나(19:8; 참조. 14:12-14) 예수를 기리기 위해 자신의 목숨을 아끼지 않는 사람들이다(23:52).[47]

마찬가지로 예수는 어부들(눅 5:10)과 세리(5:27)를 그의 제자로 삼았다. 예수의 제자들의 직업 중에서 어부와 세리만이 특별히 언급되고 있다는 점은 다른 제자들의 직업이 이보다 별 볼 일 없었음을 암시할 수 있다. 대다수의 갈릴리 사람들은 아마도 농부였을 것이므로, 어부들과 세리들은 그들보다 더 나은 삶을 살았다. 비교하자면 예수의 주요 제자들 중에는 서기관이 단 한 명도 없었고, 그들 중 누구도 더 저명한 바리새파에 속하지 않았으며, 확실히 아무도 예루살렘의 사두개파 소속의 대제사장 엘리트 그룹에 속하지 않았다.[48] 소수의 사적인 예외가 있긴 하지만, 예수를 따랐

47 아리마대 요셉이 생명의 위험을 무릅쓴 것에 관해서는 Keener, *John*, 2:1160-61을 보라.

48 아리마대 요셉은 이미 예수의 제자였거나(마 27:57; 요 19:38), 제자가 되었을 것이지만, 갈릴리에서 예수의 사역 전반에 걸쳐 예수를 따랐던 것 같지는 않다.

던 자들은 예수 당시의 지적 엘리트들이 아닌 하층민들이었다. 예수는 다음과 같이 기도했다. "천지의 주재이신 아버지여, 이것을 지혜롭고 슬기로운 자들에게는 숨기시고 어린아이들에게는 나타내심을 감사하나이다"(마 11:25//눅 10:21). 어린아이처럼 하나님 나라를 영접하는 자들만이 그곳에 들어갈 것이다(막 10:15).

영적 수준에서 그리고 방법론적 수준을 넘어서 아우구스티누스와 안셀무스(Anselm)는 이해를 추구하는 믿음에 대해 말한다.[49] 마찬가지로 루터와 칼뱅은 믿음을 이성 위에 올려놓았다.[50] 루터에게 있어 성서에 깊이 잠기지 않은 채 교회 예배에 참석하는 사람이 성서를 이해할 가능성은 목동이나 농부가 되지 않은 채 베르길리우스(Virgil)의 농경시(*Bucolics*) 또는 목가(*Georgics*)를 이해할 수 있는 가능성보다 높지 않다.[51] 바르트는 참된 이해를 위해서는 믿음이 꼭 필요하다고 주장했다.[52] 우리의 정보와 지력은 유한하다. 그러므로 보다 위대한 지혜는 먼저 전지한 존재를 신뢰하는 것이다. 지적인 사람들은 이런 주장을 좋아하지 않을 것이다. 왜냐하면 이는 우리가 발전시켜왔고 열심히 연구해온 인식론적 접근이 아니기 때문이다. 그러나 예수는 그것이 하나님이 일하시는 방식이라고 선포했다. 우리는 공로나 지력을 포함하는 개인적 장점으로가 아니라 믿음으로 의롭게 된다.

나는 지식이 우리의 성서 연구에 방해가 된다고 말하는 것이 결코 아니다. 잠언은 우리에게 지혜를 부지런히 찾으라고 강권한다(잠 8:17; 15:14;

---

49 Wyckoff, *Pneuma*, 18을 보라. 비록 아퀴나스의 접근법을 반대하지만 말이다(19-20). 이 특별한 표현은 안셀무스를 반영한다.

50 Wyckoff, *Pneuma*, 22-23; Wengert, "Luther," 110. Wyckoff, *Pneuma*, 31에 언급된 것처럼 웨스트민스터 신앙고백도 마찬가지다.

51 Edwards, "Revolution," 53, 루터의 마지막 저술 중 하나를 인용한다.

52 Wyckoff, *Pneuma*, 47. "계시의 주관적 실재"로서 인간에게 다가오는 하나님의 말씀과 관련하여 Wyckoff(*Pneuma*, 48)는 Barth, *Church Dogmatics*, 1.2.1-25, 203-40, 717을 인용한다.

18:15). (이와 다르게 생각하는 자들에게 간단히 반응하면서 나는 이 주제를 이후에 다시 다룰 것이다.)[53] 그러나 잠언은 우리 스스로 지혜롭게 여기지 말라고 경고하며(잠 3:7; 12:15; 26:5, 12, 16), 참지혜와 지식이 하나님을 경외하는 것에서부터 시작된다고 말한다(잠 1:7; 9:10; 15:33; 참조. 시 111:10). 어리석은 자는 스스로 자신의 행위를 옳다고 여기고 다른 이들로부터 배우기를 꺼린다(잠 12:15; 참조. 26:12, 16). 이사야 역시 스스로 지혜롭게 여기는 자들을 힐난한다(사 5:21).

겸손한 자들은 단순히 지식을 견고하게 하기 위해서가 아니라 성서에서 하나님의 목소리를 들으려는 절박함과 믿음을 가지고 성서를 읽는다. 그들은 하나님을 의지하면서 자신을 인도하는 성령을 신뢰하는 가운데 성서를 읽는다. 방법론과 정보는 우리를 도와주지만, 성서 연구에서 하나님을 만나고자 하는 열망을 기계적으로 대체할 수 있는 것은 없다.[54] 이런 방식의 읽기는 초기 오순절주의자들 사이에서 발견되었고, 오늘날 제3세계의 오순절주의에 널리 퍼져 있다(제2부에서 더 심도 있는 논의를 보라). 초기 오순절주의자들은 성서 본문에 대한 "적절한 수용 태도"를 강하게 주장했는데, 그들은 이런 태도가 단순히 성서의 정보를 조직적으로 정리하는 것보다 더 참신한 통찰을 만들어낸다고 믿었다. 이는 영적 통찰이 없어도 누구나 할 수 있는 일이다.[55] 물론 성서 본문에서 하나님을 만나는 것에 대한

53 특히 제3부를 보라.

54 오순절주의자들은 성서를 배타적으로 정보 습득만을 위해 읽는 것이 아니라 "본문에서 하나님을 만나기 위해" 읽는다. 다음을 보라. Davies, "Read as Pentecostal," 251–52(이 부분은 Anderson, *Ends of Earth*, 122에도 인용된다). Waddell, "Hearing," 184; Thomas, "Spirit Is Saying," 122; Archer, *Hermeneutic*, 251; Grey, *Crowd*, 3, 10, 15–21, 161; Martin("Psalm 63," 280–81)은 초기 오순절주의 인물들과 Green, *Theology*, 289을 포함하여 다양한 자료를 인용한다.

55 Oliverio, *Hermeneutics*, 97, D. W. Kerr에 대한 내용이 나온다.

기대는 오순절주의자들에게만 국한된 것이 절대 아니었다.[56] 예를 들어 웨슬리는 "최고의 지식을 얻기" 위해, 즉 하나님을 알기 위해 지속적인 성서 묵상을 촉구했다.[57]

학문이 전통적인 오순절 영성에 가져다주는 선물이 있다. 그러나 전통적인 오순절 영성 역시 인간 독자로서의 학자들에게 가져다주는 선물이 있다. 이런 관찰은 제3세계에서 부상하고 있는 신흥 학자들과도 관련이 있는데, 그 이유는 서구식 교육을 받고 서구의 목소리에 귀를 기울이는 제3세계 내에서 학식 있는 소수의 목소리가 그리스도인 민중의 목소리와는 다를 수 있기 때문이다.[58] 즉 단순히 더 넓은 실재와 단절된 서구 엘리트들을 만족시키기 위해 당신의 값진 하나님 경험을 내던질 필요는 없다. 이런 관찰은 단절된 문화적 거품 안에서 가르치고 책을 쓰는 서구권 종신교수인 우리에게 보다 큰 경고로서 작용한다. "누구든지 하나님의 나라를 어린아이와 같이 받들지 않는 자는 결단코 그곳에 들어가지 못하리라"(막 10:15).

---

56 경건에 대한 동일한 욕망이 R. A. Torrey와 A. W. Tozer 같은 비오순절 계통이지만 성령의 인도를 받는 저자들에게서도 나타난다. 다음도 보라. Mickelsen, *Interpreting the Bible*, 365–66; Mulholland, *Shaped*, 21, 95; Green, *Practicing Theological Interpretation*, 5.

57 Mulholland, *Shaped*, 123; 참조. 127에서 하나님의 뜻을 발견하기 위한 읽기와 관련하여 Wesley의 주장을 보라.

58 다음과 같은 Chan의 불만을 보라. Chan, *Grassroots Asian Theology*, 22–27. 이런 관찰은 학문적 목소리의 가치를 축소하고자 함이 아니다. 민중은 도움이 되지 않는 유명한 서구 또는 여타 이데올로기의 영향을 받을 수 있다. 이런 관찰은 우리가 하나님의 양 떼를 지배하지 않고 종으로서 우리의 은사를 사용해야 함을 주지시키고 있을 뿐이다.

종말론적 읽기

베드로는 예수를 따르는 자들이 이제 성서적으로 약속된 특별한 시대, 곧 "마지막 날"을 살고 있다고 인식하는데, 이 마지막 날에 하나님은 그의 영을 부으시고 예수 그리스도의 이름을 부르는 자들을 구원하실 것이다(행 2:17-21). 이 지점에서 베드로의 이해는 아직 불완전하지만(행 10:28-29), 이미 하나님은 성서의 개념화를 위해 새로운 메시아적인 틀, 즉 결과적으로 종말론적인 틀을 가르치고 계신다(참조. 눅 24:27, 44-49; 행 3:18, 24; 10:43).

새로운 세상의 경계에서

초기 오순절주의자들은 그들이 마지막 날에 살고 있다고 믿었다. 예언자 요엘이 약속한 마지막 날에 부어질 성령(욜 2:28-29)에 관해 읽으면서 그들은 종종 자신들의 시대를 오순절 사건의 "이른 비"(욜 2:23)에 대응하는 "늦은 비"로서 간주했다.[59] 불행하게도 이스라엘의 기후와 관련한 이런 알레고리적 읽기는 요엘의 요점을 놓치기 쉽다. 마지막 날에 관한 초기 오순절주의자들의 직관이 분명히 옳았다고 해도 말이다. 그들이 자신들을 마지막 때에 속한 교회의 일부로서 이해한 것은 성서적으로 맞는 것이었

59 참조. 늦은 비 모티프에 관한 논의가 나오는 Archer, *Hermeneutic*, 136–50. 늦은 비 접근법에서 보다 세대주의적인 접근법으로의 전환에 관해서는 Oliverio, *Hermeneutics*, 114을 보라. Myer Pearlman은 구원에 관한 성서의 메타내러티브를 더 유익하게 제시했다(Oliverio, *Hermeneutics*, 122–23, 129).

다.[60] 이런 종말론적 관점은 부흥운동 시대의 교회들에서 종종 나타나는 특징이었다.[61]

하나님은 오순절에 성령을 부으시고 다시 역사 속에서 성령을 부으신 다음에 그들의 시대에 또다시 성령을 부으신 것이 아니다. 또한 하나님은 마지막 날을 시작하지 않으셨고, 실제로 마지막 날이 아닌 그 마지막 날들 뒤에 얼마 동안을 허락하셨고, 이제 더 많은 마지막 날들로 마무리 지으실 것이다. 성령은 사도행전이 끝난 후에도 활동을 멈추지 않았다. 초기 오순절주의자들의 회복주의적 접근은 단순히 당대의 은사중지론을 채택하고, 그것을 일시적 중단으로 규정함으로써 수정했다. 초기 오순절주의 관점으로 혹은 종교개혁 관점으로 혹은 이런 관점들 이전에 있었던 회복주의 관점으로 보는 역사가 어떠하든지, 성서는 영적 휴지(inactivity)라는 조정 기간을 적시하지 않는다. 비록 영적 활동이 마지막 때 이전에 발생할 것으로 예언된 몇몇 사건을 성취하는 데 있어서는 반드시 필요하지만 말이다(마 24:14; 롬 11:12, 25-26).[62] 성서 전반을 볼 때, 영적 활동, 배교 및 부흥, 그리

---

60 그들의 전통적인 종말론적 자기 이해에 관해서는 다음을 보라. Anderson, *Ends of the Earth*, 61; Menzies, *Anointed*, 57; Blumhofer, *Sister*, 209; Waddell, "Hearing," 179–80, 187; Martin, "Psalm 63," 284; 그들의 "선교 열정"과 "종말론적 운명에 대한 감각" 간의 연결에 관해서는 Anderson, *Ends of the Earth*, 62을 보라. 그러나 불행히도 종말론적 긴박성은 초기 선교 준비를 축소시키기도 했다(84). Aimee Semple McPherson과 같은 사람들은 여성 설교자들을 "마지막 때 교회의 합법적인 일부"로서 간주했다(Blumhofer, *Sister*, 195); 참조. 행 2:17–18.

61 이런 관점을 지닌 최근 몇 세기의 인물/운동은 다음과 같다. 루터와 초기 청교도들(Kyle, *Last Days*, 55, 61–62, 65; Gritsch, "Reformer," 35); 초기 침례교도들(Hayden, "Walk," 8); 에드워즈("God's Wonderful Working," 15); 부스(Green, "Booth's Theology," 28); 예수 운동(Eskridge, *Family*, 85–87); 참조. Joseph Smale(Robeck, *Mission*, 83).

62 엡 4:11-13이 모든 세대를 위한 모범이기는 하지만 하나님의 지혜를 교회에 "지금"(엡 3:10) 계시하는 것이 중요성을 갖는다는 말은 아마 다음과 같은 의미일 것이다. 즉 하나님은 이 이상이 이 세대에서 아마도 하나님의 이상적인 백성이 묘사되는 계 12:10-11, 17과 같은 상황에서 최소한 한 번은 구현되도록 계획하신다는 것이다.

고 신앙의 포기 및 회개의 기간에는 일진일퇴가 있다.

성서적 접근은 성서가 제시하는 시대와 다른 현재의 과도기(이는 많은 은사중지론자들에 해당함)를 생각하지도 않았고, 그런 과도기를 끝낸 새로운 부흥운동(이는 여러 오순절주의자들에 해당함)을 생각하지도 않았다. 오히려 마지막 날 오순절에 부어진 성령은 세상을 향한 교회의 선교에 부어진 하나님의 권능이었다. 따라서 이 성령은 언제나 사용되어야 했다. 상이하게 보이는 이 역사는 교회의 실패(오늘날에도 종종 적용되는)를 시사하는 것이지, 성령이 지닌 유효성의 결핍을 시사하는 것이 아니다. 그러나 경험적 차원에서 이는 오순절주의가 경험이라고 주장하는 것에 해당한다. 하나님의 영으로부터 권능을 입은 사람들은 종말론적 존재다.

신약성서의 관점에서 예수의 사람들은 자신들이 "이미/아직"(이는 학자들이 즐겨 사용하는 표현이다)의 시기에 살고 있음을 언제나 인지하고 있어야 한다. 예수는 장차 올 하나님 나라만을 선포한 것이 아니었다. 그의 표적들은 그 하나님 나라의 온전함을 미리 맛보여주는 것이었다(마 12:28//눅 11:20). 세례 요한은 예수가 불로 세례를 준 것이 아니라 병자들을 고쳐주었다는 것을 들었을 때 예수의 정체성에 의문을 품었다(마 11:3//눅 7:19). 그러나 예수는 약속된 회복을 연상시키는 용어를 사용하여 그의 치유 행위를 규명함으로써 세례 요한의 의문에 답했다(마 11:5//눅 7:22; 사 35:5; 61:1). 그의 표적들은 약속된 새로운 세계를 미리 맛보여주는 것이었는데, 이 새로운 세계가 도래할 때 치유와 구원이 완성될 것이다. 장엄한 하나님 나라는 이미 존재하고 있었는데, 작은 겨자씨와도 같아서 믿음의 눈을 가진 자들만이 이를 알아볼 수 있었다(막 4:31-32).

이와 유사하게 바울은 그리스도께서 우리를 현재의 악한 세대로부터 구원하셨다고 선언한다(갈 1:4). 바울은 이 악한 세대를 본받지 말라고 우리에게 강권한다(롬 12:2). 이 세대를 본받는 대신에 우리는 새롭게 된 마음, 즉 장차 올 약속된 세대의 기준에 부합하는 마음으로 생각해야 한다.[63] 이 접근은 현재에 영향을 미치는 종말론적 시대에 대한 바울의 이해를 드러내고, 우리가 이런 종말론적 관점으로 성서를 읽어야 함을 자연스럽게 요구한다(참조. 바울은 인간이 하나님을 이해할 수 있는 가능성을 부정하는 성서의 증언을 성령의 관점에서 설명하는데, 고전 2:9-10과 2:16을 보라).[64] 바울은 성서를 마지막 세대를 살아가는 하나님의 백성과 관련이 있는 책으로서 읽는다(고전 10:11). 성령은 미래의 약속된 수확 중 첫 번째 열매이고, 장차 올 세상에서 우리의 유산에 대한 보증금이다(고후 1:22; 5:5; 엡 1:13-14). 따라서 약속된 미래의 비교할 수 없는 부요함은 오직 묵시적 비유의 이미지를 통한 표현으로만 현재 묘사되며, 성령을 통한 맛보기로서 이미 경험된다(고전 2:9-10). 또 다른 초기 그리스도인이 표현한 것처럼 우리는 이미 "내세의 능력을 맛보고 있다"(히 6:5).

만일 대부분의 주석가가 생각하는 것처럼 요한계시록 12:5에서 만국을 다스리기 위해 하늘로 올려진 아이가 예수라면, 12장의 나머지 부분에서 그의 이름으로 인해 고통당하는 신자들은 종말론적 시대에 살고 있는 중이다. 적어도 요한계시록의 이 구절과 같은 부분들에서 많은 유대인들이 예상한 종말론적 환난은 아마도 새로운 세상에 앞서 존재하는 해산의 고통과도 같은 기간인 현세대 전체를 나타내는 것일 수 있다(참조. 롬 8:22).[65]

---

63 Keener, *Mind*, 5장을 보라. 참조. Mulholland, *Shaped*, 135.

64 Keener, *Mind*, 6장을 보라. 고전 2:10-16에 관해서는 다음도 보라. Wyckoff, *Pneuma*, 142; Ervin, "Hermeneutics", Spawn and Wright, "Emergence," 6에 인용됨; 특히 Pinnock, "Work of Spirit," 240. 새로운 "지각적 틀"(perceptual frameworks)에 따른 성서 읽기에 관해서는 Mulholland, *Shaped*, 33도 참조하라.

65 종말론적 환난에 대한 이런 이미지에 관해서는 다음을 참고하라. 1QHa XI, 3-18; *1 En*. 62:4; *b. Sanh*. 98b; *Šabb*. 118a; 종말론적 고난, 메시아, 공동체의 기원에 관해서는 사 26:17-19; 66:7-8; 미 5:2-4을 보라. "출산 고통"의 충격적 이미지는 심판 용어를 발달시킨다(시

사도행전 2:17의 마지막 날[66]

오순절 날에 부어진 성령을 설명하면서 베드로는 자신의 시대를 "마지막 날"을 경험하는 시대로서 언급한다. 베드로의 "마지막 날"은 요엘서의 본문을 변경한 것으로, 요엘서에 나오는 "이후에"를 "마지막 날"로 대체하고 있다. 그러나 이 변경은 그가 인용하지 않는 정황적 함의들을 단순히 강조할 뿐이다.[67] "마지막 날"(과 "마지막 때"와 같은 관련 표현들)은 성서적 어구로, 이스라엘에게 약속된 회복의 기간에 특별히 적용된다. 유대적 소망은 이 회복을 종말론적 시대에 고정시켜놓았다(사 2:2; 호 3:5; 미 4:1; 단 2:28).[68]

회복의 종말론적 시기를 뜻하는 이 표현은 회복 직전에 임할 큰 고난의 시기에도 적용되었는데(렘 23:20; 30:24; 겔 38:16; 단 10:14),[69] 이는 유대 전통이 신실하지 못한 자들 가운데 배교가 발생할 것으로 예상한 기간이다.[70] 신약 본문 역시 마찬가지로 고난과 배교의 종말론적 시기를 언급하

48:6; 사 13:8; 21:3; 26:17; 42:14; 렘 4:31; 6:24; 13:21; 22:23; 30:6; 31:8; 48:41; 49:22, 24; 50:43; 호 13:13; Glasson, *Advent*, 175; 참조. 1QHa XI, 8, 12; XIII, 30–31; 4Q429 1 IV, 3). Keener, "Charismatic Reading"도 보라.

66 이 부분에서 나는 Keener, *Acts*, 1:877–80을 차용하고 있다.

67 참조. 욜 4:1 LXX(ET 3:1); Ridderbos, "Speeches of Peter," 13; Horton, *Spirit*, 146. 그리스-로마 청중은 그들의 의도를 명확히 하기 위해 다른 이들의 말을 인용하는 관습에 익숙했을 것이다(Stanley, *Language of Scripture*, 291; 참조. 335, 337, 342–44).

68 11Q13 II, 4; *1 En.* 27:3–4(최후 심판 이후); 참조. 4Q509 II, 19; *2 Bar.* 76:5; *Test. Zeb.* 8:2; 9:5. 이 시대의 유대인 해석자들 역시 신 4:30; 31:29을 그렇게 이해했을 것이다. 다른 이들의 회복에 관해서는 렘 48:47; 49:39을 참조하라. "마지막 날" 혹은 "마지막 세대"는 페샤림(pesharim)의 자연스러운 특징이다(예. 1QpHab I, 2; II, 5–6).

69 1Q22 I, 7–8; 4QpNah 3–4 III, 3; 맥락을 고려한 4Q162 II, 1; 4Q163 23 II, 3–11; 4Q176 12 + 13 I, 9; 4QMMT C.21–22; *Test. Dan* 5:4; *Test. Zeb.* 9:5; *Test. Iss.* 6:1; 참조. *Sib. Or.* 5.74; *Apoc. Elij.* 1:13.

70 다음을 보라. *Test. Iss.* 6:1; 1Q22 I, 7–8; 4QpNah 3–4 III, 3; 4Q162 II, 2–7; 4Q390 1 7–9; *1 En.* 91:7; *3 En.* 48A:5–6; *4 Ezra* 14:16–18; *Sib. Or.* 5.74; *Test. Naph.* 4:1; *Test. Dan* 5:4; *Test. Zeb.* 9:5; *Sipre Deut.* 318.1.10; *b. Sanh.* 97a; *Pesiq. Rab Kah.* 5:9. 참조. 아마도 4Q501, line 3.

며(참조. 막 13:9-13; 롬 8:22; 요일 2:18), 종종 이 종말론적 시기를 종말 이전의 마지막 시기로 지시한다(딤전 4:1;[71] 딤후 3:1; 벧후 3:3). 마지막 고난의 시대로서 마지막 날은 마지막 "주의 날"(행 2:20)을 예시했다. 이스라엘의 회복의 시기로서 마지막 날은 이스라엘의 회복과 동일하거나 그 회복 이후에 도래하는 것이었다. 따라서 "마지막 날"이라는 표현은 대략 "종말론적 시기"를 의미한다.

초기 그리스도인들은 일관성 있게 이 종말론적 시기를 그들이 살고 있는 시기로서 간주했다(딤전 4:1; 딤후 3:1; 히 1:2; 약 5:3; 벧전 1:20; 벧후 3:3; Ign. *Eph.* 11.1).[72] 누가가 마지막 날이라는 이 표현(행 2:17)을 의도적으로 다르게 사용한다고 생각할 이유가 전혀 없는데, 왜냐하면 이 표현은 "마지막", "최후" 또는 "종말론적"으로 특징지어지지 않는 다른 시기로 이어진다면 아무런 의미가 없기 때문이다.

따라서 누가가 요엘서를 의도적으로 사용한 것은 단순한 역사적 기술이 아닌 신학적 규범의 의미를 갖는다. 즉 누가는 당시의 교회가 성령 부음과, 이와 동시에 발생하는 예언을 경험하고 있다고, 혹은 계속 경험해야 한다고 믿고 있다. "말세에 내가 내 영을 모든 육체에 부어 주리니, 너희의 자녀들은 예언할 것이요, 너희의 젊은이들은 환상을 보고, 너희의 늙은이들은 꿈을 꾸리라. 그때에 내가 내 영을 내 남종과 여종들에게 부어 주리

71 Wilson(*Pastoral Epistles*, 16)은 디모데전서가 누가의 방식으로 "마지막 날"을 사용하고 있다고 생각한다.

72 쿰란 사본에서도 마찬가지다(예. 4Q162 I–II, 특히 II, 1–10; 4Q163 23 II, 10–11). 쿰란 사본은 성서의 상당 부분에 마지막 날, 곧 성취의 특별한 시기라는 구체적 상황을 적용하기 위해 (시편 등에서) 자신들의 페셰르 해석을 사용했다(예. 4Q162 I–II; 4Q176 12 + 13 I, 7–9; 4QpNah 3–4 IV, 3; 다음도 보라. *1 En.* 108:1). 베드로 역시 성취의 시간이 도래했다고 믿으며 동일한 해석 방식을 보인다(행 3:18-26). 하나님은 마지막 때에 이스라엘의 타협하는 지도자들의 악함을 폭로하실 것이다(4QpNah 3–4 III, 3). 쿰란 문헌의 "은사주의적 주해"에 관해서는 다음을 보라. Wright, "Jewish Interpretation," 75–91.

니, 그들이 예언할 것이요"(행 2:17-18). 모두가 요점을 놓치지 않도록 하기 위해 베드로는 요엘서 본문에 "그들은 예언할 것이요"라는 구문을 추가하여 그 뜻을 분명히 한다. 하나님의 백성에게 주어지는 예언적 권능은 예수를 따르는 자들이 살아가는 종말론적 시대를 특징짓는다.

누가는 틀림없이 이 약속을 당시의 모든 믿는 자에게 유효한 것으로서 여기고 있는데, 이는 그가 "모든 육체"(즉 모든 종류의 사람들, 행 2:17)를 언급하는 본문에 호소하고 있고, 이 선물이 그들의 후손과 심지어 먼 데 있는 자들까지도 위한 것이라고 강조하고 있기 때문이다(행 2:39). 이런 권능의 부여 혹은 그에 관한 예언적 표현들이 누가의 시대에 끝났거나 주님의 재림 전에 끝나도록 계획되었다는 생각은 누가의 표현을 볼 때 그가 갖고 있었던 생각일 수 없다. 누가에게 성령의 그런 행위는 교회가 살고 있는 종말론적 시대의 특징이다. 누가는 이 시기가 오순절 사건을 계기로 시작되었다고 강조하지 않을 것이다. 그리고 그는 우리가 분명한 증거 없이 이 시기가 그리스도의 재림에서 최고조에 달하기 전에 사라질 것이라고 추론하길 기대하지 않을 것이다.[73] 하나님은 그의 영을 부으시고 나서 또 다시 그의 영을 부으시지 않을 것이다![74] 실제로 그런 모순은 종말론적 메시아가 진정으로 도래했는지 의문을 제기하는 사람들의 손에 놀아났을 것이며, 누가의 변증과 성취 신학을 훼손했을 것이다.

게다가 누가는 하나님 아버지 우편에 앉으신 그리스도께서 통치하시는 중간기의 메시아 시대(행 2:34-35)를 성서에서 하나님의 역사와 연속선상에 있는 것으로서 제시한다. 만일 이 종말론적 시대가 "성서적" 경험을

---

73 참조. 고전 13:8-13에서 그리스도의 재림 때까지 예언에 대한 바울의 기대도 유사하다. 이와 관련된 논의는 Keener, *Corinthians*, 109–10을 보라.

74 즉 현대 신학 용어상 누가는 성령의 예언적 은사와 관련하여 은사중지론자일 수 없다. 이 구절과 계속되는 표적에 대한 기대에 관해서는 Menzies, "Paradigm"도 보라.

지속시킨다면, 누가가 성서 역사에서 예언주의의 일진일퇴에도 불구하고 그것이 언제나 작용했다고 믿는 것은 적절하다(행 3:18, 21, 24). 이 메시지를 받아들인 자들은 실제로 아브라함의 자손뿐만 아니라 "예언자들의 자손"이 될 것이다(참조. 행 3:25).[75] 기독교의 예언이 이후 세대에도 이어졌고[76] 이후의 기독교 반대자들이 이 예언을 계속 공격했다는 것은 놀랄 일이 아니다.[77]

오순절 사건과 뒤따른 부흥

만일 하나님께서 오순절 날에 성령을 부어주셨다면, 우리가 "부흥"으로서 표상하는 것의 상당 부분은 단순히 정상적인 그리스도인의 삶의 일부분일 뿐이다. 부흥은 마치 다른 부분들이 그것을 분파적 문제 혹은 분열을 일으키는 문제로서 치부할 수도 있다는 듯이 그리스도의 몸의 한 부분이 단독으로 소유하는 것이 아니다. 이는 하나님의 선물의 일부이며, 이를 멸시하는 것은 거룩하지 못하고, 하나님을 대적하는 죄다(참조. 살전 5:20). 동시에 우리가 스스로를 "오순절주의자" 혹은 "은사주의자"라고 부르는 것이 우리가 그것을 가지고 있음을 의미하지 않는 것처럼, 부흥도 일종의 이름표(label)같은 것이 아니다. 이는 부흥을 단순히 종파적 소유로 축소시키는 것

75 예언의 중단이라는 개념은 이후 몇몇 시대, 즉 예언이 드물거나 명백히 잘못된 것이었던 시대에 목격된 그리스도인들의 경험을 신약성서에 투사함으로써 발생했을 것이다. 그러나 이런 관찰은 기독교 역사의 여러 다른 시대에서 발생한 예언 현상의 빈도에 의해 균형이 잡혀야 한다. 여기에는 은사주의 집단들과 특히 세계 몇몇 지역에서 현재 발생하고 있는 예언 현상도 포함된다.

76 예. Shogren, "Prophecy"를 보라.

77 예. Cook, *Interpretation*, 77-79을 보라.

이다. 부흥은 이름표 혹은 단순히 그것을 확언해주는 신학과 함께 발생하는 것이 아니다. 부흥은 하나님께서 그분의 교회에 주시는 선물에 대한 순종적 믿음에서 발생한다.

초기 그리스도인들은 하나님께서 그들의 시대에 역사하시기를 기대하며, 자신들이 마지막 날과 성서 시대의 연속선상에서 살고 있다고 여겼다. 도미니크 수도회 소속의 한 관찰자의 지적처럼, 20세기 초 오순절 운동에서 특별히 독특한 점은 방언이 아니라 그들이 "사도들의 교회, 즉 '오순절 교회'의 삶"에 속해 있었다는 것이다. 그들은 예언, 치유 등의 회복을 "그들이 '마지막 때'에 가져오는 표적들로서" 이해했다.[78] 즉 사도적 교회와 그들의 연속성은 장차 임할 하나님 나라의 맛보기이자 전령이었다.

초기 오순절주의자들이 당시의 다른 회복주의 운동들과 마찬가지로 교회 역사에서 자신들만의 독특한 역할을 많이 강조했지만, 그들은 우리의 성령 경험이 종말론적이라는 성서적 관점을 올바르게 이해했다. 회복주의자들이 역사의 보다 큰 계획을 올바로 이해했든 아니든 간에, 그들은 동시대 사람들이 이미 잊어버렸던 중요한 강조점이나 경험들을 회복시켰다는 점에서 종종 옳았다. 그리고 신학적 회복주의 외에도 초기 오순절주의자들은 더 넓은 교회로 하여금 영적 은사들이 지속되어야 한다는 인식을 회복하도록 하는 역사적 임무를 궁극적으로 수행했다(비록 그렇게 함으로써 그들은 심슨의 선교 연합[A. B. Simpson's Missionary Alliance]과 같은 이전의 급진적 복음주의 운동들의 일부가 되었지만 말이다).

다양한 학자가 보여준 것처럼, 초기 오순절주의자들은 은사의 회복을 그리스도의 임박한 재림의 표적으로서 간주했고, 이런 종말론적 소망

78 John Orme Mills, Land, *Pentecostal Spirituality*, 62과 Robinson, *Divine Healing*, 39에 인용됨.

은 오순절주의의 성장을 가속화했다.[79] 많은 초기 오순절주의자들이 당시 에 인기 있던 세대주의의 전통적 종말론을 수용했지만, 그들의 관점은 성결 운동(holiness movement)의 기대적 종말론을 이어나갔다(이 관점은 현재의 교회 세대를 성령의 세대로서 간주했다).[80] 더욱이 특정 사건들을 과거 혹은 미래로 귀속시켜버리는 전통적인 세대주의와 대조적으로, 이 초기 오순절주의자들은 현재를 위해 성서의 원칙들을 더 많이 적절하게 사용했다.[81] 전통적 세대주의는 초기 오순절주의자들을 둘러싸고 있던 근본주의 환경에서 점점 그 지배력을 키워나갔는데, 초기 오순절 종말론의 보다 독특하고 연관된 요소들을 상당한 정도로 압도해버렸다.[82] 그러나 성서적 학문은(조지 엘돈 래드[George Eldon Ladd]의 하나님 나라의 이미/아직에 대한 강조도 포함하여) 오순절 부흥운동의 본래적인 영적 충동에 훨씬 근접한 것들의 광범위한 부활로 이어졌다.

하나님은 때로 다른 시대에 다른 방식으로 일하신다. 오늘날 그리스도인들은 그런 특별한 시기들을 부흥 혹은 각성의 시기라고 종종 부른다. 어떤 상황과 시기에는 기적이 규칙적으로 발생하고, 다른 시기에는 좀처럼 일어나지 않는 것으로 보인다. 우리는 하나님의 주권이라는 요소를 인지할 필요가 있다. 동시에 하나님은 우리가 그분의 활동을 위해 기도하는

79 영향력 있는 다음 연구들을 보라. Faupel, *Everlasting Gospel*; Althouse, *Spirit*.

80 다양한 기여 맥락을 구별하고 있는 Dayton, *Roots*, 145, 149 – 52; King, *Disfellowshiped*, 59 – 60을 보라. 성장하는 근본주의로부터 직접 영향을 받은 운동의 일부에서 세대주의적 영향이 가장 강했다는 Dayton의 주장은 아마도 옳을 것이다(*Roots*, 146을 보라).

81 Dayton, *Roots*, 145.

82 Althouse, *Spirit*을 다시 보라. 예를 들어 아칸소주 핫스프링스에 소재한 대부분의 하나님의 성회의 조직 위원들은 스코필드 관주 성서(Scofield Reference Bibles)를 갖고 있었다. 이 성서가 초기 하나님의 성회에 미친 영향에 관해서는 다음을 보라. Oss, "Hermeneutics of Dispensationalism," 2, Campos, "Tensions," 149n14에 인용됨. 이 성서에 대한 일시적 논쟁에 관해서는 다음을 보라. McGee, *People of Spirit*, 192 – 93.

것을 환영하시고(참조. 행 4:29-30), 우리의 기도를 들으신다고 약속하신다(눅 11:13). 하나님의 말씀이라는 실재 안에 거하고 그의 영의 임재 가운데 사는 것은 항상 우리의 삶을 특징지을 수 있는 중요한 것이며, 하나님께서 우리의 시간과 장소에 성령을 부어주시는 방식이 무엇이든지 간에, 우리로 하여금 그것을 점차 준비하도록 만든다. 믿음은 기대를 통해 표현될 수 있고, 이 믿음은 그 자체로 하나님이 움직이고 계신다는 느낌을 표현할 수 있다. 이는 우리의 마음속에서 역사하시는 하나님의 활동에 기초한 감각이다. 이 책에서 이후에 좀 더 언급하겠지만, 성서적 믿음은 "믿는 체"하거나, 열심히 기원하는 것이 아니다.[83] 믿음은 볼 수 있는 눈과 들을 수 있는 귀를 지닌 영적 감각이며, 하나님이 신뢰할 만한 대상임을 인식하고, 성서 본문의 관점에서 하나님이 역사하고 계신다는 것을 인식하거나, 하나님께서 지금 행하시고 있는 것을 인식하는 것이다. 믿음은 하나님의 신뢰성에 대한 온전하고 적절한 반응이다.

비은사중지론적 혹은 은사지속론적 읽기

본문을 적용할 때 우리는 본문의 메시지와 오늘날 환경 사이의 연속성을 찾는다. 이 과정은 자신들의 신학이 보다 높은 수준의 연속성을 허락하는 자들에게만 국한되는 것은 아니지만, 그 사람들에게 훨씬 더 단순하다. 성서적 지지를 받지 못하는 강경한 은사중지론자들은(바로 이런 사람들이 이 책

83 R. A. Torrey는 George Müller의 본보기로부터 이것을 배웠다(King, *Moving Mountains*, 28). 믿음의 본질에 관해서는 다음도 보라. Moreland and Issler, *Faith*.

에서 주로 비판 대상이 된다) 몇몇 중요한 지점에서 급진적 단절을 제기한다.[84]

내가 젊은 그리스도인이었을 때, 나는 완고한 전통적 세대주의자가(현재의 "진보적 세대주의자"와는 종류가 다르다) 가르치는 성서 공부에 참석했다. 이런 극단적 세대주의자들 중 일부는 세례 혹은 성만찬이 이 세대를 위한 것임을 믿지 않았고, 오직 바울이 옥중 서신에서 가르친 것만을 받아들였다. 나는 이런 접근이 극단적임을 깨달았고, 영적 은사에 관해 그들에게 동의하지 않았다. 그럼에도 나는 그들이 실제 삶에서 적용했던 성서 본문에 대한 그들의 사랑을 인정했고, 수개월 동안 구약과 신약 사이의 급진적 단절에 대한 그들의 기본 전제를 받아들였다. 이런 수용은 내가 계속된 성서 연구를 통해 그 전제가 옳지 않다는 것을 알게 될 때까지 지속되었다.

바울 서신을 읽으면서 나는 바울이 그리스도를 믿음으로써 받는 구원에 관한 주장의 근거를 구약에 두고 있음을 곧 깨달았다. 바울은 구약과의 연관성을 인정했던 것이다. 만일 그가 틀렸다면 나의 어린 신앙을 위해 내가 선택할 수 있는 최선의 길은 예수 더하기 구약성서라는 도식을 수용하는 것밖에 없었을 것이다. 다시 말해 나는 율법을 실천해야 했을 것이다. 그러나 신명기를 연구하면서 나는 신명기가 은혜로 가득 차 있음을 발견했다. 하나님은 언제나 믿음을 통한 은혜로 사람들을 구원하셨다. 변화 혹은 단절은 은혜와는 관계가 없었지만, 구속사에 나타난 보다 새로운 계시와 계시적 사건들, 궁극적 존재, 곧 우리를 위해 육신을 입고 죽으시고 살

84 나는 이상적인 의미에서 "강경한" 은사중지론자들에 대해 이야기하고 있다. 실제로 적어도 내가 잘 알고 있는 친구들 중 대부분의 은사중지론자들은 특별한 하나님의 행위가 아니라, 단지 일반적 개념의 초자연적 은사들만을 배제한다. 나는 이런 입장을 성서적·철학적으로 일관성이 결여된 것으로서 간주한다. 그러나 이 입장을 견지하는 자들이 모두 "강경한" 은사중지론자는 아니다. 하지만 지속되는 예언적 메시지들을 배제하는 것은 전체적인 성서 전통과의 급진적 단절을 암시한다. 이것은 성서의 경고를 무시하는 처사다. 이런 단절은 그런 메시지들을 주장하고 분별의 필요성을 우리에게서 제거해버리는 자들의 연약함을 다루지만, 이는 그런 문제들에 대한 성서적 접근이 아니다.

아나신 하나님과 관계가 있었다. 그러나 가능한 한 모든 곳에서 연속성을 염두에 두고 성서를 읽는 것은 내가 성서의 메시지를 오늘 나의 삶을 위한 것으로 환영하도록 도와주었다.[85]

몇몇 강경한 은사중지론자는 다음과 같이 주장해왔다. 즉 정경의 완성 후 은사가 사라질 것이라고 분명히 밝히는 본문은 아무것도 없지만, 그 반대를 분명히 밝히는 본문도 없다고 말이다. 이것은 참으로 기이한 논쟁 방식인데, 왜냐하면 구약성서와 신약성서의 예언 모델들로부터 이처럼 극적인 전환이 성서에서 명시적으로 발표될 것으로 예상해야만 하기 때문이다. 대신에 바울은 우리가 예수를 얼굴로 대면할 때까지 예언과 방언이 지속된다고 가정하고 있는 것으로 보인다. 이 예언과 방언은 예수가 우리를 알고 있듯이 완전한 지식에 의해 대체될 때까지 부분적인 지식으로서 가치를 지닌다(고전 13:8-12).

이런 은사중지론적 주장은 이성의 선택적 본성을 고려해볼 때 진기한 전략으로 보인다. 다양한 은사로 이루어진 그리스도의 몸의 연합이 정경의 완성과 함께 사라질 것이라고 주장하는 사람이 있을까? 반대의 명백한 증거가 없는 한 말이다(참조. 엡 4:11-13). 혹은 보다 실질적 차원에서 정경이 완성되면 더 이상 가르치는 은사가 필요하지 않다고 주장하는 사람이 있을까? 왜 어떤 은사는 계속 필요하고 다른 은사들은 필요하지 않은 걸까? (가르침은 정경과 경쟁할 위험이 방언이 경쟁하는 것보다 더 큰 것으로 보인다.) 어떤 사람들은 신약성서가 악기 사용을 언급하지 않는다면 악기 사용을 금해야 한다고 주장한다. 다른 사람들은 자동차와 전등도 배제할 수 있다

85 "언약"(testaments)이라는 우리의 용어는 정말 잘못된 표현이다. 왜냐하면 구약과 신약, 양쪽에는 언약에 대한 직접적인 내용보다 내러티브가 압도적으로 많기 때문이다. "구약과 신약"의 관계에 대한 접근법들을 조사한 것으로서 Baker, *Testaments*, 34-176을 보라.

고 반응할지도 모른다.[86]

그러나 강경한 은사중지론자는 더 이상한 주장을 한다. 즉 그는 성서에 있는 것을 배제한다(예컨대 성서 역사 전반에 나타나는 예언과 고전 14:1, 39에서 예언을 추구하라는 성서적 명령). 그것이 중지되어야 한다는 아무런 증거도 없이 말이다. 이런 주장의 기초는 성서가 아니라 성서에 관한 신학적 추론이다. 아이러니하게도 이것은 성서 이후의 예언을 허용하기를 가장 두려워하는 강경한 은사중지론자들 스스로가 "성서 이후의 교리"를 추가하는 셈이다.

이런 접근과 대조적으로, 성서 내러티브를 하나님이 이 세상에서 일하시는 방법을 이해하기 위한 모본으로서 읽고, 그 내러티브에 비추어 사는 것이 성서적으로 더 충실한 것으로 보인다. 이런 읽기는 믿음을 필요로 하고, 우리 주변의 실재에 대한 완전히 새로운 세계관 혹은 접근을 요청한다. 이런 읽기는 우리 주변 세계에서 적극적으로 일하시는 하나님에 대한 기대를 소개한다. 따라서 우리는 우리의 삶에서 하나님의 섭리를 신뢰하고, 그분의 영이 우리를 인도하시기를, 그리고 그분의 목적을 위해 적절하다고 판단될 경우 비범한 일들을 행하시기를 기대한다.

이런 읽기는 하나님의 활동을 초기 그리스도인들이 경험했던 방식으로 경험하도록 우리를 초대한다. 우리가 초기 그리스도인들과 똑같이 온전한 헌신적 선교에 기꺼이 참여하고자 한다면 말이다. 이는 급진적 복음주의를 표방했던 초기 미국 감리교에서 실제로 발생했다. 프랜시스 애즈버리(Francis Asbury)가 미국에 도착했을 때부터 죽을 때까지 감리교인들은 천 배 이상 성장했다.[87] 그의 인생 말기에 애즈버리는 다음과 같이 경고했

86 확실히 악기 연주 은사중지론자들은 최고의 아카펠라 가수들을 많이 배출한다. 전기가 없을 때 옛 아미시파 신도들보다 준비를 더 잘할 수 있는 사람들은 없을 것이다.

87 다음을 보라. Noll, *Rise*, 190; Mullin, *History*, 182–83; Sweeney, *Story*, 64; 참조. 다음에 나

다. 즉 종교개혁은 1세기 교회의 정신을 소멸시킨 타락의 일부만을 제거했다고 말이다. 1784년 교단 총회는 그를 지도자로 삼아서 "교회 정치의 사도적 형태"를 출범시켰다.[88] 그는 어떤 이들이 다음과 같은 의문을 품고 있다고 경고했다. 즉 오늘날 교회가 "사도 시대의 교회처럼 그런 교리, 그런 훈련, 그런 확신, 그런 회개, 그런 성화의 증언, 그리고 그런 거룩한 사람들을 소유할 수 있을까? 그러나 나는 우리가 소유할 수 있다고 말한다. 나는 우리가 그것들을 소유해야 한다고 말하고 있다. 그렇다. 나는 우리가 그것들을 이미 가지고 있다고 말한다.…"[89]

성서적 관점의 흡수는 건강한 기독교적 삶에 반드시 필요하다. 세상 뉴스에만 몰두하게 되면 좌절을 맛볼 수 있다. 몇몇 종말론적 접근은 두려움을 가져온다. 그러나 성서로의 몰두는 우리가 우리 앞에 있는 하나님의 백성을 규명하도록 해준다(예. 고전 10:1-12). 우리는 이런 위기들을 전부터 겪어왔다. 최후 고난에 대한 성서적 예언조차 이 고난을 넘어서는 최후의 성서적 소망에 보통 항복한다. 우리 자신을 성서에 몰두시키는 것은 궁극적 미래가 주권자이시며 우리의 신뢰를 받기에 합당하신 주님의 손에 달려 있다는 우리의 확신을 강화시킨다.

오는 초기의 다른 감리교 인물들, Bebbington, *Dominance*, 51; Wolffe, *Expansion*, 57-62, 70; Kidd, *Awakening*, 322; 참조. 침례교도들(이들은 72년 동안 80배 성장했다. Kidd and Hankins, *Baptists*, 77). 이런 인물들은 다른 부흥운동들과도 관계가 있다(Keener, *Acts*, 1:998nn64-66에 인용된 자료들을 보라). 예를 들어 1907년 한국의 대부흥운동(Lee, "Korean Pentecost," 81).

88 Asbury는 정치색이 다분하거나 재정 후원을 받은 주교가 아니었다. 그는 말을 타고 일 년에 수천 마일을 돌아다니며 주님이신 그리스도를 위해 아주 적은 사례를 받으면서 모든 교회를 섬겼다.

89 1813년 Francis Asbury의 고별사다. 이 고별사는 다음에서 다시 발표되었다. *Christian History* 114 (2015): 39("The patriarch broods over his family's future"). "역사적 주교 제도에 대한 가톨릭 교리"를 거부하면서 Asbury는 신약성서의 "원래 제도" 곧 "가난과 순회라는 사도적 제도"로 돌아가고자 애썼다(Cracknell and White, *Methodism*, 48).

결론

성서 저자들과 그들의 첫 번째 청중이 공유했던 문화적 배경이 독자들이 본문의 간극들을 채우는 데 도움을 주는 것처럼, 공유된 영적 경험 역시 우리가 본문의 경험, 예를 들어 성령의 인도, 비전, 예언을 경험하는 것이 (적어도 몇몇 경우에) 어떤 느낌인지를 진술하는 데 도움을 줄 수 있다. 때로 내적 불안이 내가 의도한 본문에 접근하지 못하도록 나를 가로막는다. 내 지성과 영혼이 모두 만족할 때까지 기도하고 주해하면서 그 본문과 씨름하도록 나를 강제하면서 말이다. 오늘날에도 하나님이 일하심을 믿으면서 살아가는 것은 우리가 성서를 받아들이는 데 영향을 미친다.

오순절 관점으로 읽는 것은 하나님의 마음 알기, 선교적 읽기, 성령 충만한 경험 가운데 읽기, 겸손한 읽기, 종말론적 읽기, 우리 자신을 성서가 이야기하는 신학적 세계의 일부로서 바라보는 관점에서 읽기 등을 포함한다.

제2부 보편적 읽기(Global Reading)

해석 공동체들이 해석적·신학적 논의에서 두드러지게 되었다. 그리고 성서 해석학에 관해 이야기하는 많은 학자들은 해석 공동체의 역할을 강조한다. 그러나 일반적인 그리스도인들에게 있어서 특별히 예컨대 오순절, 가톨릭, 영국 성공회와 같은 다양한(그리고 겹치는) 기독교 운동들에서 우리는 오늘날 보편적 차원의 보다 큰 해석 공동체들에 속한다. 제2부에서 나는 우리가 서로의 목소리에 비판적으로 귀를 기울일 때 성령의 음성을 보다 분명히 들을 수 있다고 제시할 것이다.

3장은 사도행전의 오순절 내러티브, 즉 성령을 강조하는 대부분의 기독교 운동들의 패러다임이 되는 이 내러티브 역시 보편적 읽기를 요청하고 있음을 제시한다. 4장은 상황화가 성서적이고, 성서에서 우리를 위한 본보기가 되며, 성서적 메시지로 반드시 시작해야 한다고 주장한다. 실제로 고대 문헌들은 우리의 문화와는 다른 문화들을 반영하고 있으므로, 이 문헌들에 대한 적절한 주해는 (원래 문화들에 대한 민감함을 포함하여) 교차문화적 민감함을 요구하고, 그 문헌들의 메시지를 우리의 상황에 적용하는 것은 재상황화를 요구한다. 5장은 성서 본문을 이해하기 위해 다양한 보편적 문화로부터 나오는 통찰이 지닌 가치를 강조한다. 제2부의 마지막에 해당하는 6장은 이 분야에 관한 두 가지 특별 사례 연구를 강조한다. 급진적 계몽주의 철학과의 통합으로 인해 오랫동안 시달려온 서구 교회는 이 사례 연구들에서 제3세계 신자들로부터 영들과 기적에 대해 배울 수 있다.

3장 보편적 읽기: 오순절의 성서적 모델

오순절 관점으로의 읽기는 교차문화적이면서 보편적으로 민감한 읽기이기도 하다. 오늘날 보편적 읽기가 지닌 가치를 살피기 전에, 나는 사도행전 2장에서 오순절의 성령 체험과 모든 문화적 배경으로부터 온 동료 신자들의 기여를 수용하는 것 사이의 연결에 잠시 주목해야 한다.

이 연결은 사도행전 2:5-13에서 바벨탑 사건을 분명히 역으로 뒤집는(혹은 그 사건과 병행하는) 관점에서 볼 때 분명한 것으로 보인다. 사도행전 2:5-13의 내러티브는 누가의 성령론(행 1:8)과 특별히 방언으로 기도하는 것에 대한 그의 언급(행 2:4)에 담긴 교차문화적 요소를 강조한다. 베드로가 비록 그 내러티브 세계 내에서 자신의 말이 지닌 중요성을 인지하지 못하는 것 같지만, 사도행전의 보다 큰 맥락에서 그가 말하는 "모든 육체"(행 2:17)와 "먼 데 있는 모든 자"(행 2:39)는 이방인들을 포함할 것이다. 오순절 사건은 모든 민족을 위한 사건이다. 사마리아 사람들(행 8:14-17)과 이방인들(행 10:44-48) 가운데서 발생한 오순절 사건의 반복은 새로운 집단으로부터 온 신자들 역시 선교를 위한 권능을 받아서 더 일찍 신자가 된 이들의 선교 동역자가 된다는 것을 강조한다.

바벨탑 뒤집기[1]

많은 학자들은 사도행전 2장을 바벨탑 이야기를 뒤집는 것으로 이해하고, 누가가 바벨탑 이야기를 토대로 사도행전 2장의 내러티브를 구성했다고 믿는다.[2] 몇몇 고대 주석가도 동일하게 두 이야기를 연결했다.[3] 그런 접근은 문화적·언어적 장벽을 초월하는 선교에 대한 누가의 주제와 정확히 들어맞는다.[4] 이에 대해 어떤 이들은 다음과 같이 반대한다. 즉 이런 연결이 누가가 사용한 자료들에 대한 정당한 신학적 추론일 수 있지만,[5] 본문인 사도행전 2장은 누가가 이런 연결을 의도했다는 아무런 단서도 제시해주지 않는다는 것이다.[6]

---

1 Keener, *Acts*, 1:842-44에서 차용함.

2 예. Moule, *Messengers*, 23; Bruce, *Commentary*, 64; Dominy, "Spirit, Church, and Mission"; Smith, "Hope after Babel?"; Spencer, *Acts*, 32-33; Chéreau, "Babel à la Pentecôte"; Venter, *Reconciliation*, 155; Turner, "Experience," 32; Kim, "Mission," 40; Nasrallah, "Cities," 557; Asamoah-Gyadu, "Hearing"; Wackenheim, "Babel"; 참조. B. H. Carroll(1916) in Barr, Leonard, Parsons, and Weaver, *Acts*, 120.

3 Cyril Jer. *Cat. Lect.* 17.16-17 (Martin, *Acts*, 24); Arator *Acts 1* (Martin, *Acts,* 26); Bede *Comm. Acts* 2.4 (trans. L. Martin, *Bede*, 29; also Martin, *Acts*, 23); Marguerat, *Actes*, 81n45에 나오는 다른 교부 자료들도 보라. 초기 오순절주의자들 역시 그들의 경험을 바벨탑 사건의 반전으로서 이해한다(Anderson, *Pentecostalism*, 44).

4 예. Keener, "Tongues," 181-82을 보라. González는 *Acts*, 39에서 "두 번째 바벨탑 사건"을 새로운 흩어짐과 함께 강조하면서, 일치에 대한 요구와(예. 모든 이들이 아람어를 이해하게 되는 것과 같은) 반대되는 문화적 다양성을 중요하게 평가한다. 참조. Wagenaar, "Kumba." 이와 유사하게 Macchia는 "Babel"에서 부분적 반전을 예상하지만, 이는 실상 다음과 같은 부분적 유비다. "이런 사건들 사이의 약속/성취 관계에서 바벨탑 사건의 어리석음과 위협만이 오순절 사건에서 반전이 된다. 그러나 하나님의 섭리하시는 뜻과 목적은 반전 대상이 아니다"(51).

5 교회 신학에서 이 연결에 관해서는 (누가가 이 연결을 알렸든 아니든), Cloete and Smit, "Name Called Babel"을 보라. Arrington(*Acts*, 20)은 이 암시를 강력하지만 불확실한 가능성으로서 다룬다.

6 Polhill, *Acts*, 105을 포함한 여러 학자; 참조. Barrett, *Acts*, 112.

그러나 나는 다음과 같이 주장한다. 즉 특별한 여러 암시의 축적은 의도적 연결을 확증하는 설득력 있는 이유처럼 보이고,[7] 누가는 해당 내러티브 구조에서 미묘한 암시들을 제시해준다고 말이다. 만일 우리가 창세기 10장에 나오는 민족들의 목록이 사도행전 2:9-11의 민족들의 목록에 정보를 제공한다고 추측한다면(사실 창 10장은 유대교의 민족 목록에 정보를 제공했다), 같은 맥락에 있는 창세기 11:1-9의 바벨탑 사건에 대한 암시는 가능성이 있다.[8] 우리가 바벨탑 사건이 구약성서에서 유일하게 언어들이 흩어진 것을 나타낸다고 간주할 때, 따라서 이 사건이 누가의 모든 이상적 청중이 공유하는 누가의 이야기에 대한 유일하게 가능성 있는 배경을 나타낸다고 간주할 때, 이런 제안은 가능성이 더 높아진다. 이것은 성서의 감동적인 "언어 기적"이다. (확실히 바벨탑 이야기는 매우 유명한 책인 창세기의 한 부분으로서 널리 알려지고 다시 언급되었으며[9] 새로운 환경에 재적용되었다.)[10]

쿰란의 「전쟁 두루마리」(*War Scroll*)의 저자가 "언어의 혼돈"에 대해

7 행 1:14; 2:46의 마음의 일치와, 70인역(LXX) 창 11:1의 "하나의 언어와 하나의 말"을 비교해보라. 행 2:5의 "천하 각국"과 창 11:1, 8의 "온 땅"도 비교해보라. 행 2:9에만 구체적으로 강조되는 메소포타미아 민족들과 창 11:2, 9을 비교하고, 예수 이름을 높이는 것(행 2:21, 38)과 창 11:4의 자신들의 이름을 높이는 것도 비교해보라(이는 창 12:2과 의도적인 대조를 이룸). 무리의 반응을 표현하는 눅 2:6의 동사는 70인역의 바벨탑 내러티브에 사용된 용어를 암시한다(창 11:7, 9; Wis 10:5; 참조. 다음에서 빈번히 사용되는 용어들. Philo *Conf.* 1, 9, 43, 84, 109, 152, 158, and 183-98; 특히 168, 182, 189, 191; Josephus *Ant.* 1.117). 여기서 혼란스러운 것은 언어라기보다는 청중이다. 그러나 다른 암시들의 관점에서 볼 때, 이 사건은 추가적인 예시일 것이다(아마도 반전을 강조하기 위해 혼란스러운 자들의 정체성을 뒤집었을 것이다).

8 Goulder, *Type and History*, 158; Scott, "Horizon," 530.

9 바벨탑 내러티브에 대한 이후 유대인들의 언급에 관해서는 다음을 보라. Jos. *Ant.* 1.116-18; *L.A.B.* 7; *Sib. Or.* 3.98-107; 8.4-5; 11.9-13; *y. Meg.* 1:9, §1.

10 Inowlocki("Rewriting")는 이방인 청중을 위한 이런 다시 쓰기를 요세푸스의 저술에서 발견한다(요세푸스는 다른 곳에서와 마찬가지로 여기서도 폭정에 반대하고 예루살렘에 대한 하나님의 심판을 예상한다).

언급할 때,[11] 우리는 그가 바벨탑 사건을 언급하고 있음을 알게 되는데, 그 이유는 이 언급이 아담의 창조 및 그의 후손 이야기 다음에 나오고 흩어짐과 병행을 이루기 때문이다. 누가가 민족들의 목록을 사용한 것과 흩어진 언어들을 언급한 것도 이와 유사하게 분명해 보인다. 3년 주기로 되풀이되는 유대교 성구집 읽기의 날짜가 언제이든지 간에,[12] 적어도 몇 번의 성구집 읽기는 더 이른 전통들을 반영한다. 따라서 우리가 다른 이유를 토대로 그 주기의 첫 해에 창세기 11장이 오순절 사건을 기념하는 읽기의 본문으로서 사용되었다고 결론을 내릴지라도, 이는 아마도 우연이 아닐 것이다.[13] 그러나 이런 성구집 연결이 완전한 우연일지라도, 이 내러티브에서 바벨탑 사건에 대한 암시는 충분히 분명하다. 주목할 만한 것은 최소한 일부 유대인들 역시 바벨탑 사건의 종말론적 뒤집기를 생각했다는 점이다(참조. *Test. Jud.* 25:3).[14]

물론 이 내러티브들 간의 차이점은 자명하다. 하나님은 바벨탑에서 신처럼 되고자 하는 민족들을 흩어버리셨는데(창 11:4), 이는 아담이 반역하여 에덴동산으로부터 추방당한 일과 병행을 이룬다(창 3:5, 22-23). 이와 대조적으로 오순절 날에 예수의 제자들은 신적 명령에 순종하여 기다리는 중이었다(행 1:4-5). 하늘에 닿으려고 노력하는 대신에 그들은 이미 승천하신 주님께서(행 1:9-11) 그들에게 성령을 보내주시길 기다리는 중이었다. 창세기 11:7에서 하나님은 반역자들을 혼동케 하기 위해 이 땅에 내려

11 1QM X, 14.

12 예. 다음을 보라. Safrai, "Synagogue," 927(초기 시대의 고착된 순서를 의심한다); Perrot, "Lecture de la Bible"(주기가 아직 가동되지 않았지만 이후에 사용된 성구집의 몇몇 원칙이 등장한다).

13 Charnov, "Shavuot"을 보라; Moule, *Messengers*, 23을 주의 깊게 참조하라.

14 참조. 심판의 날에 바벨탑 저주의 종말(*Jub.* 10:22). 그러나 우리는 이 본문에 너무 많은 의미를 부여하지 말아야 한다.

오셨다(여기서 사용된 표현은 창 11:3-4에 나오는 그들의 반역을 반영한다). 그러나 오순절에 하나님은 어떤 의미에서 다른 방식으로 이 땅에 내려오신다(행 2:33). 창세기에서 하나님은 이 땅에 내려오셔서 인간의 연합을 막기 위해 언어를 흩으셨다. 사도행전에서는 성령이 이 땅에 내려와 다문화적 연합을 이루기 위해 언어를 흩으신다(행 1:14; 2:1, 42, 44-46).

사도행전에서 방언의 내러티브적 기능[15]

여기서 나의 관심은 방언에 대한 완전한 신학이 아니라 어떻게 방언이 이 맥락에서 기능하고 있는가에 있다. 바울은 방언의 다른 측면을 강조하지만, 누가는 경험을 사용하여 성령이 예수의 증인들과 교회에 권능을 부여해서 그들이 예언적 영감을 받은 메시지를 통해 문화적 장벽을 넘을 수 있게 했다고 강조한다. 선교를 위한 이 교차문화적 권능의 부여를 방언 현상보다 더 잘 상징하는 것이 존재할까? 누가는 방언을 배우지 않은 언어로 말하는, 영감에 의한 발언으로서 이해한다.[16]

누가가 방언을 강조한 것은 놀랍지 않다. 바레트(Barrett)의 지적처럼, "사도행전에서 말(speech)은 성령의 임재를 나타내는 특징적 표시이며, 성

15 Keener, *Acts*, 1:823-30에서 차용됨; 다음도 보라. Keener, "Evidence"; Keener, *Questions*, 69; idem, *Gift*, 180; idem, "Tongues," 177-78, 180-81, 183-84; 참조. Wrede, *Secret*, 232; Lenski, *Acts*, 62-63; Wikenhauser, *Apostelgeschichte*, 38; Fitzmyer, *Acts*, 239; York, *Missions*, 80, 185-86; 특히 Ladd, *Young Church*, 56; Dupont, *Salvation*, 52, 59; Stendahl, *Paul*, 118-19; Kilgallen, *Commentary*, 16; Kim, "Mission," 37-40.

16 오순절 사건에서 오직 그 자리에 있던 자들만이 여러 나라 말을 이해한다. 바울이 이해한 것과 마찬가지로 방언을 말하는 자들은 방언을 감정적인 예배로서 경험할 수 있다.

령은 때로 방언(glossolalia) 가운데(행 2:4; 10:46; 19:6), 때로 예언 가운데(행 2:17, 18; 11:27; 13:1-3; 21:(4), (9), 10, 11), 때로 선포 가운데(예. 행 4:31) 임재한다."[17] 브루스(Bruce)의 관찰에 의하면, 성령의 역사가 고대 이스라엘에서 예언적인 말을 종종 만들어냈듯이, 이제 성령이 "아주 특별한 종류의 예언적 말"을 일으킨다.[18] 누가는 성령의 역사를 예언으로 규명하기 위해 방언을 명시적으로 사용하지만(행 2:17-18), 문화적 경계를 뛰어넘는 것에 특별히 초점을 맞춘다.

추측하건대 누가가 일반적으로 설명하는 성령의 권능이 지닌 예언적 측면은 성령이나 예언적 기적들의 영감을 받은 모든 말을 포함하고, 또 그런 말을 통해 증명될 수 있다. 다만 이 말이 예수를 증언한다는 전제하에 말이다. 누가의 논제인 사도행전 1:8의 관점에서 그의 주요 관심사는 일반적 측면에서의 예언적 말이 아니라 타 민족들을 포함하는 특별한 예언적 말이다(학자들은 이런 예언적 말을 누가가 "이방인 선교"를 강조한 것과 연결한다).

그러므로 여기서 방언은 지속적인 교차문화적 선교를 위해 예언적 권능을 부여하는 표지로서 기능한다. 사도행전 전반부에 묘사된 사도들의 모습과 대조적으로, 누가는 누가복음 서두에서 신적 메시지를 처음에 믿지 않았다가 말을 못하게 된 한 제사장에 대해 보도한다(눅 1:20). 그러나 그 제사장은 이후에 성령의 충만함을 입게 되자 신적 메시지를 예언하기에 이른다(눅 1:67).[19] 이 부분과 병행을 이루면서, 성령의 충만함을 입은 예수 역시 이방인 선교를 예고한다(눅 4:1, 14, 24-27). 따라서 방언은 일종의 예언적 말을 제공하며(행 2:16-18), 특히 교차문화적 선교에 대한 누가의 강조와 관련이 있다.

---

17 Barrett, *Acts*, 2:lxxxiv.

18 Bruce, *Commentary*, 56.

19 참조. Spencer, *Acts*, 32-33.

전통적인 오순절 해석에서 성령 세례와의 연결

이어진 역사에서 발생한 여러 성령 부흥운동에는 다양한 강조점이 있다.[20] 이전에는 방언이 산발적으로 발생했지만,[21] 방언을 통해 개인적 예배의 확산에 기여한 것은 20세기 오순절 부흥운동의 귀중한 강조점 중 하나였다. 그러나 초기 오순절 부흥운동에서도 방언의 필요성에 대해 여러 이견이 있었다. 방언을 찬성하며 영향력을 행사했던 초기 오순절주의자들은 (예. 아그네스 오즈먼[Agnes Ozman], F. F. 보스워스[F. F. Bosworth], 미니 아브람스[Minnie Abrams], 그리고 심지어 아주사 길거리 부흥운동의 지도자 윌리엄 세이무어[William Seymour]) 방언을 말하는 것이 사도행전에 묘사된 감동적인 성령 체험의 필수 증거라는 주장을 분명히 거부했거나, 거부하게 되었다.[22] 이런 관점은 미국 밖에서 훨씬 더 유행했을 것이다.[23] 다른 초기 오순절주의 지도자들은 방언보다는 다른 것에 오순절 운동의 초점을 맞추길 원했다.[24]

---

20 부흥운동의 다양성에 관해서는 Shaw, *Awakening*, 203-6을 보라.

21 방언의 이전 발생에 관해서는 다음을 보라. Anderson, *Pentecostalism*, 24-25, 36-37; Hinson, "History of Glossolalia," 57-66.

22 Robeck, "Seymour," 81-89; McGee, "Hermeneutics," 108-10; idem, *Miracles*, 135 (Abrams); Wacker, *Heaven*, 41; Opp, *Lord for Body*, 152 (on Bosworth); Williams, "Acts," 219 (on Seymour); Alexander, *Fire*, 130-31 (Seymour); 참조. Robeck, *Mission*, 178; Jacobsen, *Thinking in Spirit*, 10; Kalu, *African Pentecostalism*, 20 (on Abrams). Seymour는 성령 세례에 방언이 포함되는 것을 거절했다기보다 방언의 역할을 경시했을 것이다(Jacobsen, *Thinking in Spirit*, 78; Tarr, *Foolishness*, 379-80); Seymour는 그의 성결 운동의 배경에 따르면서 방언과 윤리를 보다 밀접하게 연결시켰다(Brathwaite, "Tongues"를 보라).

23 오순절 운동의 초기에 관해서는 특히 위에 언급된 Minnie Abrams와 더불어 다음의 인물을 주목하라. Pandita Ramabai (Burgess, "Evidence," 33-34; McGee, "Hermeneutics," 107-8; Hudson, "Strange Words," 67; Burgess, "Pandita Ramabai," 195). 유럽과 남미의 여러 오순절 운동은 여타의 많은 전통적인 오순절주의자들보다 방언을 덜 강조한다(Spittler, "Glossolalia," 339).

24 Blumhofer, *Sister*, 208-14. 사실 많은 오순절주의 지도자들과 학자들은 처음부터 초점이 방

이런 고려는 나중에 단일한 오순절 해석이 존재하는지의 여부를 이 책에서 고려할 때 중요해질 것이다. 초기 오순절주의의 가장 독특한 교리조차도 만장일치의 결론에 이르지 못했다.

그러나 오순절주의의 초기 중요 인물들 중 몇몇 사람의 불일치에도 불구하고,[25] 방언은 성령 세례의 "첫 번째 증거"로서 전통적 오순절주의자들 사이에서 지배적인 견해가 되었다.[26] 이 견해는 오늘날 보편적 은사주의자들과 전통 교단에 속한 은사주의자들 사이에서는 소수의 견해일 것이다.[27] 심지어 몇몇 전통적 오순절주의 교단도 그들의 배후에 첫 번째 증거 교리의 유산이 없다면, 오늘날 상황에서 자신들의 교리를 만들면서 좀 더 다양한 견해를 환영할 것이다.[28] 사실 가장 큰 오순절 교단에서 첫 번째 증

언이 아니라 권능의 부여에 맞춰져야 한다고 강조해왔다(Wyckoff, "Baptism," 450과 그가 인용한 자료들; Robeck, *Mission*, 163 [on Seymour]; Jacobsen, *Thinking in Spirit*, 75-80 [특히 on Seymour], 190-91, 287, 289, 354).

25 다음을 보라. McGee, "Hermeneutics," 107-10; Jacobsen, *Thinking in Spirit*, 293, 314-15, 395n4. 복음에 부차적인 문제들에 대한 교리적 자유는 초기 오순절주의의 특징이었다(다음을 보라; Lederle, *Treasures*, 29-31, 특히 29; Hollenweger, *Pentecostals*, 32, 331-36).

26 예. 다음을 보라. Jacobsen, *Thinking in Spirit*, 62, 84, 95-98, 288-90; Johns, "New Directions"; Horton, *Spirit*, 157, 216-19, 259-60. 이 견해를 최초로 주장한 사람은 Charles Parham으로(Jacobsen, *Thinking in Spirit*, 19, 48-49), 그는 오순절주의자들을 그들의 친족이라고 할 수 있는 성결 부흥운동의 참여자들과 구별하는 명백한 사회적 표지를 제공했다(288; 참조. 이런 초기 회복주의 수사학의 기능에 관해서는 Nienkirchen, "Visions"를 보라). 비록 이런 "증거"에 대한 집착이 현대의 인식론적 가정을 반영하고 있을지도 모르지만 말이다(Smith, *Thinking*, 124n1). 일부의 추정에 의하면, 약 35퍼센트의 오순절주의자들이 방언으로 기도해왔다(Lederle, "Evidence," 136; 하지만 *Landscape Survey*, 55에서 더 최근의 광범위한 수치는 50퍼센트에 육박한다). 35퍼센트라는 통계 수치는 일세대 오순절주의자들 중 방언으로 기도했던 사람들의 수치에 필적한다(Wacker, *Heaven*, 41). 최소한 어느 정도로 19세기 Edward Irving은 방언과 성령 세례를 분명히 연관시켰다. 다음을 보라. Dorries, "Irving and Spirit Baptism"; Strachan, *Theology of Irving*; 참조. Synan, *Voices*, 85-87.

27 Lederle, "Evidence," 131ff.

28 1918년에 방언이 최초의 증거라는 D. W. Kerr의 주장은, 방언이 증거가 맞지만 유일한 증거는 아니라는 F. F. Bosworth의 보다 개방적인 주장을 이겼고, 이로 인해 Bosworth는 CMA를 떠나게 되었다(Oliverio, *Hermeneutics*, 101n68). 오늘날의 분위기는 이 점에 대해 보다 포괄적일 것이다.

거 교리를 최초로 공식화한 주요 인물조차도 다음과 같이 분명히 주장했다. 즉 방언은 때때로 과정의 대미를 장식했을 뿐, 첫 번째 성령 세례 체험을 언제나 수반한 것은 아니라고 말이다.[29]

심지어 오순절 및 은사주의 전통에 속한 해석자들조차도 방언이 성령 세례를 받은 모든 개인의 표지가 되는지의 여부에 관해 의견이 다르지만, 방언과 성령 세례 간의 좀 더 일반적인 연결은 본문과 누가의 전반적인 내러티브 유형에 대한 진정한 관찰에 기초한다. 그런데 몇몇 초기 해석자에게 이 둘의 연결은 그들의 경험에 너무 낯선 것이어서, 그들은 이 둘의 연결을 간과했을 수 있다. (최초의 기독교 해석자들 중 몇몇은 이 둘의 연결을 분명히 인식했다는 사실에도 불구하고 말이다.)[30] 초기의 전통적 오순절주의자들을 비롯하여 방언을 성령 세례와 연결하는 오순절주의의 현대 학자들은 모두 누가 이야기의 진정한 특징을 관찰했다.[31]

오순절주의자들이 이런 연결에 주목한 유일한 독자들은 아니다. 제임스 던은 성령 세례를 뒤에 이어지는 경험보다는 회심의 시초와 동일시함으로써 전통적 오순절주의에 이의를 제기한 것으로 유명하다. 그는 다음과 같이 지적했다. "누가가 오순절 사건의 방언을 성령 부음의 외적 증거로서 간주했다는 점은 의심할 여지 없이 사실이다." 누가는 사도행전

---

29 D. W. Kerr에 대한 Menzies, "Tongues"를 보라. 이는 J. Roswall Flower와 같은 몇몇 초기 오순절주의 지도자에게 여지를 남겼다. Flower의 방언 체험은 몇 주 혹은 심지어 몇 달씩 지속되었던 그의 성령 세례 체험 이후 발생했다(185-86n30. 184-85n29에서 E. N. Bell의 융통성도 참조하라).

30 안티오키아의 세베루스는 *Cat. Act.* 10.44(Martin, *Acts*, 140)에서 기적과 그런 증거들이 자신의 시대에 여전히 필요한 것인지를 의심했다. 하지만 그는 사도 시대에 "성령 세례를 받은 자들이 자신이 성령을 받았음을 입증하기 위해 방언과 예언을 했다"고 주장했다. 참조. Aug. *Retract.* 1.13.7(PL 32:604-5, Kelsey, *Healing*, 185에 인용됨); McDonnell and Montague, *Initiation*, 314(McGee, "Miracles and Mission"에 인용됨).

31 예. Menzies, *Empowered*, 254-55. 이것으로부터 Menzies는 더 나아가 성령의 선물을 받은 사람들이 방언을 나타내기를 기대해야 한다고 추론한다(255).

10:45-46과 19:6에서 동일한 방식으로 방언을 사용했고, 던은 방언이 비록 직접 언급되지는 않지만 8:17에서 발생했을 것으로 생각한다.[32] 위에 언급한 구절들이 사도행전에 기록된 "첫 번째" 증거들을 총망라하고 있으므로(9:17은 바울의 성령 충만을 예언할 뿐, 현재 바울의 성령 충만을 묘사하지 않는다), 던은 "누가가 '방언으로 말하는 것'을 성령 부음의 '첫 번째 물리적 조건'으로서 묘사하려고 의도했다"는 주장은 대부분의 학자가 주목해왔던 것보다 훨씬 더 이치에 맞는다고 인식한다.[33]

그러나 던은 지배적인 전통적 오순절주의의 결론에 다음과 같이 이의를 제기한다. 즉 누가의 의도는 방언을 통한 성령의 임재를 증명하려는 것이지, 방언이 언제나 성령을 동반한다고 "가르치려는 것"이 아니라고 말이다(누가는 결국 행 8:17에서 방언을 언급하지 않는다).[34] 다수의 해석자가 사도행전에서 우리가 발견하는 매우 제한된 증거에 기초하는 던의 결론에 동의한다. 즉 던은 누가가 방언을 찬양(행 2:11; 10:46), 예언(19:6; 참조. 2:17-18), 담대함(4:8, 31) 등과 함께 구두로 영감을 받은, 예언적 성령의 발현으로서 간주했다고 결론 내린다.[35] 이런 표현들은 권능 부여의 예언적 특징을 강조한다. 마찬가지로 앞으로 더 언급하겠지만 방언으로 말하는 것은

32 Dunn, *Jesus and Spirit*, 189. 그 반대가 8:17에서 주장될 수 있다(Keener, *Acts*, 2:1520-27을 보라). 그러나 이 두 주장의 내용을 지지해줄 근거는 어디에도 없다.

33 Dunn, *Jesus and Spirit*, 189-90. 참조. 가톨릭 학자 Haya-Prats, *Believers*, 120: "누가는 방언을 성령의 전형적인 발현으로서 제시한다."

34 반드시 결론 *b*에 이르는 전제 *a*와 그 역(반드시 결론 *a*에 이르는 전제 *b*), 이 둘의 논리적 구분은 고대 사상가들부터 현재에 이르기까지 소실된 적이 없다(예. Hermog. *Issues* 51.16-22; 52.1-4; Porph. *Ar. Cat.* 90.12-91.12; 참조. Epict. *Diatr.* 1.8.14에서 또 다른 종류의 구분).

35 Dunn, *Jesus and Spirit*, 190-91; 참조. Turner, *Power*, 446-47(Turner는 초기 유대 문헌들이 특별한 "최초 증거"를 기대했다는 주장에 회의적이다, 448-49); Talbert, *Acts*, 33, 99; Twelftree, *People*, 98-99(여기서는 무아지경 또는 초자연적 현상이 다루어진다). 참조. 나이지리아 출신 침례교 학자 Caleb Olapido는 요루바(Yoruba) 그리스도인들이 성령으로 충만할 때 "무아지경의 발언은 흔하다"라고 강조한다(*Development*, 108, 112-13 in Barr, Leonard, Parsons, and Weaver, *Acts*, 133).

성령 세례 체험을 증명하는 것이지(즉 방언의 목적과 기능을 드러낸다), 성령 세례를 받은 개인들을 증명하는 것이 아니다. 그러므로 방언은 그것의 상징적 기능을 유지하기 위해 모든 경우에 일어날 필요가 없다.[36] 그럼에도 누가가 방언을 강조한 것은 임의적이지 않으며, 교차문화적 선교와의 연관성을 반영한다.

방언과 교차문화적 선교

이 문제에 대한 논쟁이 지속되고 있지만, 누가의 강조는 방언의 신학적 의미와 특별히 관련이 있다. 누가가 보도하는, 특히 전형적인 핵심 본문들에서 발견되는 가장 눈에 띄는 성령의 발현은 음성적(vocal)이다(행 1:8; 2:4, 17-18). 누가는 초기 기독교의 다른 작가들이 언급한 성령의 역사의 모든 측면에 초점을 맞추지 않는다. 그는 예언적 성령으로부터 흘러나오는 영감 받은 말씀에 초점을 맞춘다(행 2:17-18). 동시에 누가가 성령의 영감을 받은 말, 즉 방언의 특별한 형태를 강조하는 다음의 이유가 있다(이로 인해 나는 누가가 행 8장을 위해 사용한 자료에서 방언을 발견했다거나, 자료의 도움 없이 자의적으로 방언을 추론했다는 주장에 던보다 더 회의적이다. 비록 교리적으로는 그

36 물론 예언적 권능 부여는 적어도 예언적 증언으로 이어져야 하고, 교차문화적 권능 부여는 특히 교차문화적 증언에의 참여로 이어져야 한다. 방언이 발생할 때 누가는 이 권능 부여에 대한 예언적 증거들을 종종 보도한다. 그렇다고 모든 경우에 이런 보도가 수반되는 것은 아니다. 따라서 방언이 발생했지만 누가가 아무런 은사주의 현상도 보도하지 않는 사건들을 우리가 어떻게 바라보느냐에 따라 견해가 갈리게 된다. 어떤 의미에서 양측 모두 근거 없이 각자의 주장을 말하고 있을 뿐이다. 방언이 발생할 때 수반되는 은사주의적 현상이 누가에게 이상적인 유형을 나타내는 것일 수 있다. 그러나 누가는 자신의 이상적 유형들을 엄격히 부과하지 않는다(예. 행 2:38과 10:44-48을 비교해보라).

렇지 않더라도 말이다). 즉 이렇게 특별한 형태의 예언적 말은 복음으로 문화적·언어적 장벽을 극복하도록 권능을 받은 사람들에 대한 가장 분명한 상징을 제공하는데, 이는 누가의 강조에 부합한다(행 1:8).

방언은 단순히 성령 세례와 임의적으로 연결된 여러 표적 중 한 가지가 아니다. 오히려 방언은 문화들을 넘나들며 그리스도를 선포하기 위한 성령의 권능 부여에 대한 누가의 강조와 본질적으로 연결된다(행 1:8).[37] 방언 체험이 방언을 받은 모든 개인의 교차문화적 능력을 입증하는 데 필수적인 요소는 아닐 것이다. 그러나 누가의 내러티브에서 방언 체험은 성령 세례의 특징을 입증하며, 성령의 권능 부여의 본질을 누가에게 설명해준다.

몇몇 역사가는 19세기 성결 운동의 옹호자들이 그들의 선교적 노력에 방언이 적합하다고 믿었기 때문에 처음으로 "방언의 은사"를 사모했다고 지적했다.[38] 이런 기대를 좇아, 오순절주의의 초기 설명가들은 방언을 선교적 외국어(xenoglossy)의 한 형태로서 이해했다.[39] 이 견해는 몇몇 교부 사이에서도 입증된다.[40] 선교적 외국어에 관한 몇몇 사례가 나타났지만, 대부분의 방언 체험은 이런 방식으로 작동하지 않았다(신약성서에서나 오늘

37 Keener, "Tongues"를 보라.

38 예. Anderson, *Pentecostalism*, 33-34; McGee, *Miracles*, 61-76; 아래 각주에서 외국어 방언에 대한 초기 오순절주의의 견해들에 관한 몇몇 문헌.

39 다음을 보라. McGee, "Hermeneutics," 102; idem, "Strategy," 52-53; Goff, "Theology of Parham," 64-65; Jacobsen, *Thinking in Spirit*, 25, 49-50, 74, 76, 97; Robeck, *Mission*, 41-42, 236-37, 243, 252; 특히 다음을 보라. McGee, "Shortcut"; idem, "Logic"; Anderson, "Signs," 195-99. 오순절주의 이전에 A. B. Simpson, 초기 기독교 선교 연합, 그리고 유명한 "케임브리지 7인"(Cambridge Seven) 중 세 명과 같은 몇몇 복음주의 선교 옹호자는 선교를 위한 외국어 방언을 간구했지만, 대부분 성공하지 못했다(McGee, "Radical Strategy," 77-78, 80-83).

40 특히 다음을 보라. Parmentier, "Zungenreden"; Talbert, *Corinthians*, 90(여기서 언급되는 자료들은 다음과 같다. Iren. *Her.* 5.6.1; Chrys. *Hom. 1 Cor.* 29, on 12:1-11; 외국어 방언이 통변보다 덜 흔하다고 지적하지만, 여전히 유용한 다음을 보라 Iren. *Her.* 5.6.1; Tert. *Marc.* 5.8).

날에도).[41] 대부분의 초기 오순절주의자들은 "선교적 방언"이라는 견해가 선험적 테스트를 대체로 통과하지 못하자 꽤 신속하게 이 견해를 포기했지만,[42] 초기 오순절주의 교사였던 찰스 파람(Charles Parham)은 이 견해를 끝까지 고수했다. 이 견해를 포기한 다른 이들을 비난하면서 말이다.[43] 초기 오순절주의자들은 선교를 위한 권능과 방언을 말하는 것을 둘 다 지속적으로 수용했지만, 방언을 말하는 것을 선교를 위한 권능의 더 상징적인 표지로서 여겼다.

그러나 대부분의 전통적인 오순절주의자들은 방언의 직접적인 "선교적" 기능을 더 이상 주장하지 않았다. 선교적 외국어가 방언 은사의 일반적 기능도 아니지만, 그 교리의 첫 번째 옹호자들은 이후 대부분의 해석자들이(대부분의 오순절주의자들을 포함하여) 놓친 진정한 연결에 주목했다. 즉 누가 신학에서 방언을 말하는 것과 보편적 선교를 위한 권능 부여의 연결 말이다.[44]

누가가 집중하는 성령 세례의 측면은 교차문화적 선교를 위한 권능의 부여다. 비록 방언을 말하는 것이 사도행전에서 이런 권능 부여의 핵심

41 몇몇 예외 사항에 관해서는 다음을 보라. Keener, *Acts*, 1:829; May, *Witnesses*.

42 예. Wacker, *Heaven*, 47-51; McGee, *People of Spirit*, 77-78; Hudson, "Strange Words," 61-63; Anderson, "Points," 167; Ma, "Eschatology," 100(여기서 Ma는 Goff, *Fields*, 16에 주목한다). 저명한 지도자 G. B. Cashwell은 분명히 이 운동에서 탈퇴했는데, 그 이유는 부분적으로 외국어 방언이 선교 사역에서 실패했기 때문이다(Alexander, *Fire*, 141). 특별히 인도 선교의 상황에서 변화에 주목하라. 이 변화 이후에 Garr는 다음과 같이 강조했다. 즉 핵심은 방언 자체에 있는 것이 아니라, 방언이 어떻게 성령 세례를 상징했는가에 있다고 말이다(McGee, "Calcutta Revival," 138-39). 선교적 방언 견해는 이 운동이 시작된 직후인 "1906년 즈음에 이미 약화되고 있었다"(McGee, "Strategies," 204).

43 Anderson, *Pentecostalism*, 190.

44 그러나 Miller(*Tongues Revisited*)를 포함한 다른 이들은 이 연결을 인지했다. McGee(*Miracles*, 102)는 이런 강조가 지속되었다고 지적한다. 확실히 보편적 선교는 오순절 신학의 핵심 이슈 중 하나로 남아 있다(동일한 내용이 Ma, "Studies," 62-63에도 등장한다). 이런 강조는 의심의 여지 없이 20세기 오순절주의의 거대한 성장에 박차를 가했다.

예시를 제공하지만(누가가 이를 허용할 때), 누가의 진정한 성령론적 초점은 그리스도의 메시지를 교차문화적으로 소통하는 예언적 영감에 있다.[45] 이런 연결에 대한 인지는 현대 해석자들에게만 국한되는 것이 아니다. 요안네스 크리소스토모스가 지적한 것처럼, 고린도 교회 성도들은 방언을 존중했는데, 이는 방언이 오순절 사건에서 발생한 첫 번째 성령의 은사였기 때문이다. 그러나 방언은 "그들이 복음을 전하기 위해 어디든 가야 한다는 표지로서" 첫 번째 성령의 은사였다.[46] 이와 비슷하게 비드(Venerable Bede)는 사도행전 2:3-4이 "거룩한 교회가 땅끝까지 복음을 전파했을 때 모든 민족의 언어로 말해야 함을 가리킨다"고 믿었다.[47]

누가에게 방언은 성령 세례에 관한 임의적 증거가 아니지만, 그가 방언을 강조하는 이유는 그것이 본질적으로 누가가 성령 체험을 통해 의미하는 요점과 관련이 있기 때문이다.[48] 내러티브 관점에서 방언이 성령 체험의 본질을 입증하거나 설명하는 표시라는 것은 자명해 보인다. 비록 오순절주의 학자들은 방언이 성령을 체험한 모든 개인의 필수적인 표시인지

45 참조. 아주 자세한 설명이 나오는 Keener, *Questions*, 66-76, 특히 69; idem, *Gift*, 177-85, 특히 180; and idem, "Tongues."

46 Chrys. *Hom. 1 Cor.* 35.1(Bray, *Corinthians*, 138); 방언을 첫 번째 은사로서 높이는 고린도 교회 성도들에 관해서는 Theodoret, *Comm. 1 Cor.* 251도 보라. 테오도레토스(*Comm. 1 Cor.* 240)는 이런 은사들이 이전 시대에 흔했다고 생각하며, 고린도 교회 성도들이 교회를 교화시키기 위해 은사를 사용하는 것이 아니라 자신을 뽐내는 도구로서 그것을 악용하는 것에 대해 꾸짖는다.

47 Bede *Comm. Acts* 2.3A(Martin, *Acts*, 22). 참조. Leo the Great *Sermons* 75.2(Martin, *Acts*, 23): 행 2:4에서 "각기 다른 사람들의 특정한 목소리가 교회의 입에 친숙해진다." 오리게네스는 *Comm. Rom.*에서 롬 1:14에 대해(CER 1:128, 130; Bray, *Romans*, 28) 다음과 같이 결론 내린다. 즉 바울은 모든 민족에게 빚이 있었는데, 그 이유는 그가 그들의 언어들을 받았기 때문이라고 말이다(고전 14:18). 참조. 오순절 방언 사건을 각양각색의 언어를 말하는 민족들이 하나님을 경배하는 맛보기로서 간주하는 웨슬리의 주장(Wesley, *Notes*, 396, McGee, *Miracles*, 61에 인용됨). 매우 최근의 주장으로는 다음을 보라. Packer, *Acts*, 27: "방언 은사는 그들이 해야 할 세계적인 일을 상징했다(1:8)."

48 보다 자세한 내용은 Keener, "Tongues"를 보라.

아닌지에 대해 논쟁하고 있지만 말이다.

따라서 오늘날 많은 해석자들은 기독교의 세계화, 교회의 보편적 다문화주의, 혹은 토착 언어 및 문화에 대한 기독교 선교의 민감함을 오순절 사건의 신학적 연장으로서 간주하는데, 이를 놀라워해서는 안 된다.[49]

이중문화적인 헬라파(사도행전 6장)

사도행전 2장에서 다문화적 방식으로 오순절 사건이 발생했음에도 불구하고, 문화적·사회적 구분은 독자가 사도행전 6장에 이를 때까지 예루살렘 교회를 긴장시킨다. (이와 유사하게 아주사 길거리 부흥운동의 인종적·다문화적 열매들은 결국 짐 크로우[Jim Crow]와 다른 세속적 사회 요소들에 의해 강제로 쪼개졌다.[50]) 헬라파 과부들은 예루살렘 교회의 주류를 이루고 있었던 "히브

---

49 예. Bediako, "African Culture," 120(토착어 해석에 관한 내용); González, *Months*, 18; Solivan, *Spirit*, 112-18; Míguez Bonino, "Acts 2," 163-64; 참조. Keener, "Acts 2:1-21," 526-27; idem, "Diversity"; Marguerat, *Actes*, 81; 참조. Harms, *Paradigms*. 이 적용은 20세기 초 아주사 길거리 부흥운동의 사도행전 적용에서도 중요했다(예. Robeck, *Mission*, 88, 137-38; Horton, *Corinthians*, 66n29에 담긴 증언; 참조. Synan, *Movement*, 80, 109-11, 165-69, 172, 178-79, 182-83, 221; Synan, "Seymour," 778-81; idem, "Legacies," 148-49; Lovett, "Holiness-Pentecostalism," 83; Daniels, "Differences"; Jacobsen, *Thinking in Spirit*, 63, 260-62). 민족 및 계층 간 화합은 이 구절의 자연스러운 적용이다(예. Yong, *Spirit Poured*, 94, 169-73; Park, *Healing*, 130-32; Keener, "Acts 2:1-21," 526-27; Williams, "Acts," 219-20[적용의 실패에도 주목하라]). 민족 및 계층 간 화합은 아주사 길거리 부흥운동과(Yong, *Spirit Poured*, 183) 인도의 초기 오순절주의에도 적용되었다. 비록 민족적 실상 또는 카스트 제도의 실상이 즉시 민족 및 계층 간의 반목을 다시 불러왔지만 말이다(Yong, *Spirit Poured*, 56-57). 1921년 인도의 다른 부흥운동의 민족 간 화해에 관해서는 Hickson, *Heal*, 62, 64, 66을 보라. 남아프리카 공화국의 민족 간 화해 부흥운동에 관해서는 다음을 보라. LaPoorta, "Unity", Tarr, *Foolishness*, 379-80에 인용됨.

50 William Seymour의 다문화적 비전에 관해서는 다음을 보라. *The Apostolic Faith* 1 (1, 1906):

리파" 사람들에게 불만을 제기한다. "헬라파"(Hellenists)는 아마도 그리스어만을 말하고 그리스 관습에 더 익숙했던 자들을 가리킬 것이다. 많은 경우에 그들은 지중해 세계의 다른 지역으로부터 예루살렘으로 돌아온 디아스포라 유대인들이었다.[51] 디아스포라 유대인들은 이미 사도행전 2:7-12과 4:36에 등장하고 6장에서 분명하게 제시된다(6:9을 보라).

예수의 열두 제자는 헬라파 유대인 과부들의 불만에 고대 세계에서 거의 전례가 없는 일은 아니지만 드문 방식으로 반응한다. 즉 열두 제자는 감정이 상한 소수파, 즉 헬라파 유대인들 중 용납할 만한 구성원들에게 음식 배분권을 양도한다. 단 그들은 성령과 지혜로 충만해야 한다(6:3). 그들의 그리스식 이름은 이 일곱 사람이 소수인 헬라파 무리에 속해 있었음을 암시한다. 확실히 몇몇 유대 거주인은 그리스식 이름을 갖고 있었다.[52] 그러나 그리스식 이름을 갖고 있던 유대 거주인 중 몇몇은 헬라파였다. 전반적으로 부유한 유대 거주인들이 그리스식 이름을 가졌을 가능성보다 디아스포라 유대인들이 성서적 이름을 가졌을 가능성이 더 높았다.[53] 4분의 3에 해당하는 유대인 비문들이 그리스어로 기록된 반면 단지 1퍼센트의 비문만이 셈어로 기록되었던 로마에서, 유대인 이름의 15.2퍼센트가 셈어

1. Waddell, "Hearing," 20에 인용됨; 참조. "세상의 모든 언어"를 말하는 것에 대해 이야기하는 Seymour in Robeck, *Mission*, 162. Bartleman은 *Azusa Street*, 54에서 다음과 같은 유명한 언급을 했다. "'피부색'이 피 속에 씻겨져 나갔다." 그러나 몇몇 변화를 일으킨 Jim Crow 분리주의자들의 폭력적 반응에 관해서는 Bosworth, "Beating"을 참조하라.

51 참조. 2 Macc 4:10, 13, 15; 6:9; 11:24; Keener, *Acts*, 2:1253-59을 보라. 예루살렘에 정착한 디아스포라 유대인들에 관한 고고학적 증거는 다음을 보라. Safrai, "Relations," 193-94.

52 Fitzmyer, *Acts*, 350; 특히 다음을 보라. Mussies, "Greek," 1051-52과 인용된 참고 자료들. 나는 이 장의 남아 있는 단락들에서 Keener, *Acts*, 2:1287을 차용한다.

53 참조. 몇몇 "부유하고 교양 있는 자들"의 그리스식 이름(Williams, "Names," 109). 그러나 어느 한 계층이 이 일곱 사람 모두에게 그리스식 이름을 제공하지는 못했을 것이다. 그들이 실제로 헬라파가 아니었다면 말이다. 이는 이 이야기의 요점에 들어맞는다(행 6:9).

적 요소를 포함하고 있었다.[54] Pseudo-Aristeas에 기록된 70인역(LXX) 번역가들의 이름이(이는 추정에 의한 이름이다) 언어학적 복합체라는 사실 역시 유익한 정보를 제공해준다.[55] 수 세기 이후에도 팔레스타인 랍비들은 이방인 이름이 특별히 디아스포라 유대인들 가운데서 흔하지만 이스라엘 본토 유대인들에게서는 훨씬 드물다고 언급했다.[56]

이 일곱 사람이 모두 그리스식 이름을 갖고 있었다는 것은 우연이 아니라 확실히 의도된 것이며,[57] 이런 그리스식 이름이 흔한 지역에 살았던 누가의 고대 청중은 이를 인지했을 것이다. 이를 알고 있는 누가의 청중은 그들의 환경과 친숙한 상황에 갑자기 처하게 된다. 대부분의 학자는 이 일곱 사람이 헬라파 소속이라는 데 의견이 일치한다.[58] 예수의 "열두 제자"가(행 6:2; 눅 8:1; 9:1, 12; 18:31; 22:3, 47; 참조. 막 3:16; 고전 15:5) 교회의 전반을 이끌었으므로, 이 "일곱 사람"(행 21:8)은 예루살렘 교회에 속한 소수의 하위 문화에 알려지고 보편적으로 용납되는 리더십을 제공했을 것이다.[59]

이 새로운 지도자들은(유대교에 입교한 한 사람까지 포함하여, 행 6:5) 디아스포라에서(행 13:1) 이방 선교를 위해 일어날 지도자들을 예시한다. 그들의 이중문화적 자질은 헬라파 유대인 그리스도인들이 비유대인 헬라파에

---

54 Leon, *Jews of Rome*, 107-8; Lung-Kwong, *Purpose*, 102-3.

55 *Let. Aris.* 47-50. Cohen은 "Names of Translators"에서 페르시아식 이름들을 페르시아 틀에서 헬레니즘 틀로의 변환을 나타내는 표시로서 간주한다. 그러나 이 문헌의 기록 장소가 알렉산드리아라는 사실은 팔레스타인에 거주하는 유대인들이 (적어도 초기 시대에는) 다양한 이름을 갖고 있었다는 Pseudo-Aristeas 저자의 기대를 암시한다.

56 *y. Giṭ.* 1:1, §3을 보라.

57 Hill, *Hellenists*, 47.

58 예. Klausner, *Jesus to Paul*, 289; Bruce, *Commentary*, 129; Dunn, *Acts*, 83.

59 참조. Dunn, *Acts*, 84; Simon, *Stephen and Hellenists*, 7. 예수 운동의 지도자들은 이 운동의 더 많은 "소유권"(즉 리더십으로의 더 많은 참여)을 문화적으로 소외된 소수의 사람에게 줄 수 있다. 이 소수의 사람 역시 하나님의 영에 인도함을 받는다면 말이다. 참조. González, *Acts*, 92-93.

닿기 위한 자연스러운 연결 다리가 되도록 만들었다(11:20).[60] 따라서 이 시대에 예루살렘 교회가 이미 처해 있었던 이중 언어라는 환경은 앞으로 올 전환을 위한 토대를 제공해주었다.[61] 사도들의 승인을 받은(6:6) 이 일곱 명의 헬라파는 이제 사도들의 사역 영역을 신학적으로(행 7장), 지리적·문화적으로(행 8장) 확장한다. 그렇게 함으로써 이 일곱 사람은 예수가 사도행전 1:8에서 규명한 사역의 목적을 향해 전진해나가도록 성령의 인도함을 받는다.

앞서 지적했듯이 사마리아인들과(행 8:14-17) 이방인들에게(행 10:44-48) 성령이 부어지는 사건이 반복적으로 발생한 것은 새로운 무리의 신자들도 선교를 위해 권능을 부여받고, 더 일찍 신자가 된 이들의 선교 동역자가 되었음을 강조한다. 누가의 초점이 복음의 확산을 위한 권능의 부여에 있었지만, 이 선교는 성서를 이해하는 것과 그들 자신의 상황에 성서를 적용하는 것을 반드시 포함해야 한다.

결론

때로 대안적 틀은 우리가 시작한 틀보다 더 정확한 것으로 드러나는데, 이런 상황은 사도행전의 사도들 가운데서도 나타난다. 스데반과(신학적으로) 빌립(실천적으로; 행 6-8장) 같은 이중문화적 헬라파 신자들은 왜 예루살렘의 사도들에 앞서 문화적 간극을 연결하기 시작할 수 있었을까? 사도들은

60 Larsson, "Hellenisten und Urgemeinde." 이는 율법에 덜 충실한 신학적 현상이라기보다 언어학적 현상에 가깝다.

61 참조. Hengel, *Jesus and Paul*, 26.

예수로부터 직접 복음을 "땅끝까지"(행 1:8) 전하라고 지시를 받은 자들이었다. 그러나 처음에 그들은 자신들이 예루살렘에 남아 계속 사역하는 동안 복음이 간접적으로 혹은 절대주권적 기적에 의해 전파되길 기대했을 수 있다. 그러나 베드로와 요한이 빌립이 사마리아에서 거둔 성공을 증언하고 지지하자, 그들은 사마리아 마을들에서 복음을 전파하기 시작했다(행 8:25). 최초로 예수의 명령을 가장 분명히 이해했던 자들이 문화적 렌즈에 영향을 받는다는 것이 가능할까?

오순절 관점으로 읽을 때 우리는 하나님이 모든 언어를 말씀하시고 모든 문화에 접근하신다는 것을 알게 된다. 다양한 문화는 성령이 말씀하시는 음성의 여러 측면을 더 쉽게 들을 수 있다. 그렇다면 오순절 관점에서의 읽기는 우리가 서로 대화를 나누고, 서로에게 귀를 기울이며, 서로 나눔을 행하는 데 충분할 만큼 보편적 교회에서 일어나는 성령의 역사를 신뢰하도록 우리를 초대한다.

성령은 다양한 은사를 통해 지역 교회에 말씀하신다. 그리고 우리 모두는 서로의 사각지대를 분별하기 위한 안전망을 제공한다(고전 14:29).[62] 동일한 현상은 보편적 교회에도 적용될 것이다. 때로 다른 이들이 보편적 교회에서 성령으로부터 듣는 내용은 우리에게 도전을 줄 것이고, 때로 우리가 성령으로부터 듣는 내용은 다른 이들에게 도전을 줄 것이다. 그러나 우리는 모두 그리스도 안에서 한 몸이며, 서로를 필요로 한다. 한 성령의 목소리는 한 몸을 통해 가장 잘 들린다. 그리고 우리는 성령에 의해 한 몸으로 세례를 받았다(고전 12:13; 엡 4:4-6).

62 참조. Pinnock, "Work of Spirit," 244: 성령 해석학을 위한 "최고의 보호장치"는 "은사주의 공동체의 권위다." 그러나 우리는 다음에 주목해야 한다. 즉 잘못된 가르침과 관행으로 물들어 있는(예. Word of Faith 운동의 극단적 가르침) 일부 개별 은사주의 공동체들은 하나님의 말씀을 듣는 다른 이들로부터 더 많은 외부적 도움을 필요로 한다는 것을 말이다.

이 장에서는 오순절 관점으로의 읽기가 여러 문화를 포용할 준비가 된 읽기여야 한다고 제안했다. 다음에 이어질 세 개의 장은 이 비전을 주해적으로 가장 잘 실행할 수 있는 방법에 관한 제안들을 제공한다.

4장 보편적 읽기: 상황화와 성서

이전 장에서 논의했듯이 오순절 관점으로의 읽기가 여러 문화에 대한 민감함을 포함한다면, 이 점을 인지하는 것은 성령의 인도를 받는 주해에 관해 어떤 함의를 가져야 할까?[1] 우리는 비유대인들의 회심을 알게 된 야고보가 성서를 적용하는 방식과, 이 적용이 성령에 의해 이루어지는 방식을 비교할 수 있다(행 15:14-18, 28). 바울이 이방인에 관한 성서의 메시지를 새롭게 이해한 것은 사실 그의 보편적 선교의 핵심이었고, 참신한 사도적 계시였다(롬 16:25-26; 참조. 엡 3:5-6). 성령은 그리스도를 따르는 자들이 성서를 새로운 문화적 환경에 적용하면서 사도행전에서와 같이(예. 행 8:29; 10:19, 44; 11:12, 15; 13:2, 4; 15:8, 28) 문화적 장벽을 넘어 지속적으로 이동하게 만든다.[2] 다른 이들이 이런 도전을 더 자세히 다루었지만, 나는 여기서 실제적인 문제 몇 가지를 살피고자 한다.[3]

---

1 다른 이들 역시 보편적 오순절주의의 형성과 보편적 교회 내 은사주의자들의 비율을 감안할 때 "오순절식" 읽기가 보편적 읽기가 되어야 한다고 지적했다(예. Waddell, "Hearing," 188을 보라).

2 종종 성서의 바른 해석과 관련하여 성령과 가르침의 관계에 대해서는 다음을 참조하라. 행 20:28; 롬 7:6; 고전 2:13; 12:8; 고후 3:6, 15-18; 갈 3:2-5; 5:18, 22-23; 엡 3:5.

3 이 책의 다음 세 장은 2014년 10월 10일 애즈버리 신학교의 성서 연구와 간문화 연구 박사과정 학생들을 위한 학제 간 토론회에서 내가 발표했던 발제문에 토대를 둔다. 이 발제문은 "Scripture and Context"라는 제목으로 출판되었고, 2015년 3월 4일 편집자인 Robert Danielson의 허락을 받아 이 책에 압축적으로 사용되었다. 이 발제문은 나의 저술 *Miracles*

나는 다수의 문화적 상황으로부터 본문을 듣는 것의 가치를 제시하면서 상황화와 성서를 다루는 것으로 시작한다. 그 후에 나는 관습적으로 "오순절 이슈들"과 연관된 문제들의 구체적인 예 두 가지를 제시할 것이다. 여기서 제3세계의 여러 가지 읽기가 서구 독자들로 하여금 성서 본문에 보다 공감하면서 성서의 최초 청중이 들었던 것에 좀 더 가까운 방식으로 성서 본문을 듣도록 도와줄 수 있을 것이다.

도입: 성서와 상황

은사주의자이자 영국 성공회 소속 학자인 N. T. 라이트(N. T. Wright)는 우리 세대의 가장 창조적이며 다작을 하는 신약학자 중 하나다. 그는 마가복음 13장이 "'부지중에 마지막 나팔소리와 함께 붙잡힌 사람보다 군사적 침략으로부터 도망친 난민에게 더 유용한' 충고"라고 주장했다.[4] 이 주장이 확실히 마가복음 13장의 일부분에 적용되지만, 나는 18개월간 난민 생활을 했던 내 아내에게 마가복음 13:24-27에 관해 물었다. 그녀는 이 본문이 자신에게 "세상의 종말"처럼 들렸고, 콩고-브라자빌(Congo-Brazzaville)의 사람들 역시, 그들이 난민이든 아니든 상관없이, 이 본문을 자신과 같이 읽는다고 대답했다.[5] 이 경우에 해석적 전통은 사회적 위치만큼 많은 역할을 할 수 있다. 그럼에도 사회적 위치는 우리가 성서를 이해하는 방식에

의 응축된 자료를 포함하는데, 특히 사례 연구를 다룬 장에 많이 포함되었다. 성령의 언어 상황화와 관련된 내용을 포함하는 통찰은 Harrison, *Overwhelmed*, 194-96도 보라.

4 Wright, *Victory*, 359, 자신의 스승인 G. B. Caird의 말을 인용한다.

5 Médine Moussounga Keener, Wilmore, KY, Sept. 19, 2012.

불가피한 영향을 미친다.

인간은 문화가 소통에 차이를 만든다는 사실을 오랫동안 인지해왔다.[6] 그러나 문화 간 소통에 내재된 일반적인 복잡성 외에도, 성서의 메시지를 듣는 것은 추가적인 문화적 복잡성과 관련된다. 이는 관련 이론이(아래에서 언급됨) "이차 소통"이라고 부르는 것이다.[7] 콩고 사람인 내 아내와 내가 소통할 때, 우리는 토론을 통해 우리의 의미를 분명히 한다. 이는 때로 협상적 의미라고 불린다. 그러나 만일 우리가 우리에게 낯선 다른 문화로부터의 보도를 읽는다면, 단어는 번역되지만, 관용어구, 문학적 형태 등은 번역되지 않으며, 직접적인 대화가 언제나 가능한 것도 아니다.

교차문화적 정경으로서의 성서

이차 소통에서 수용자와 전달자의 문화는 중요하다. 그러나 우리가 원래 소통이 의도하는 내용을 진정으로 이해하길 원한다면(누군가는 영감 받은 소통을 위해 우리가 이것에 신경을 쓰길 바랄 것이다), 우리는 본래 소통의 문화

6 고대 지중해 사람들 역시 서로 다른 민족들에게 다른 관습이 있음을 쉽게 인지했다. 예. 다음을 보라. Cornelius Nepos *Generals* pref. 5; Plutarch *Themistocles* 27.2-3; Sextus Empiricus *Eth*. passim.

7 이 접근법은 대상자에게 직접 언급되지 않은 본문을 "죽은 언어"로 간주하는 것보다 더 유익하다(참조. 이 견해는 Patte, *Structural Exegesis*, 5에서 언급된다). 관련 이론 외에 교차문화적 소통과 직접 연관된 몇몇 다른 접근법은 더 큰 문화적 개념들을 전달하고자 애쓴다. 관련 이론보다 최근에 발표되었지만 성서 연구에서 훨씬 덜 알려져 있는 다음의 주장을 통찰력 있게 보라. Zhang, "Ethics of Transreading"; Zhang은 다양한 문화의 서로 다른 문학적 본문과 함께 성서 본문을 가지고 연구한다.

적 상황을 이해할 필요가 있다.[8] 만일 성서가 우리가 말하고 싶은 것을 위한 단순한 장식이나 지지대가 아니라 우리에게 특별한 권위를 지니고 있다면, 우리는 하나님이 성서 저자들에게 영감을 주어 말하도록 한 것에 귀 기울이기를 원한다. (다른 사람들은 몰라도[9] 적어도 은사주의자들은 하나님이 사람들에게 영감을 주어 그분의 메시지를 말하도록 하실 수 있음을 알아야 한다. 확실히 우리는 행 1:8; 2:4; 2:17로부터 이 점을 추론할 수 있다.) 그러나 이 저자들은 그들의 메시지를 특정한 언어, 문화, 환경 속에서 전달했다.

성서를 읽을 때 문화적 민감함은 믿는 자들에게 문화 간 대화를 위한 공통의 기능적 토대 혹은 정경을 제공하면서 문화를 초월하는 토대가 된다. 이는 서로 다른 문화에 귀 기울이도록 우리에게 요청하는 동일한 접근법의 자연스러운 구성 요소다. 그리스도인으로서 우리는 인정된 정경 본문 안에서 대화를 위한 공통의 토대를 공유해야 한다.[10] 이 본문은 문화적 진공 상태가 아니라 구체적인 언어적·문화적·역사적 환경에서(이 환경은 탐구될 수 있다) 탄생했다.[11] 히브리어, 아람어, 그리스어 단어들과 심지어 글자들조차도 그것들이 유래한 특유의 언어적 환경으로부터 뽑아내버리

---

8 Brown은 *Scripture as Communication*, 27에서 다음과 같이 말한다. 즉 "본문이 문화적으로 자리 잡은, 특정 장소 및 시간에 한정된 소통 행위인 한(비록 이 소통 행위에 그런 특정성을 초월하여 말할 수 있는 가능성이 있지만), 그 본문의 저자 및 기원에 대한 질문들은 해석과 관련이 있을 것이다." "A Communication Model of Hermeneutics"에 관해서는 다음을 보라. Brown, *Scripture as Communication*, 29-56.

9 몇몇 비오순절주의자 역시 오순절주의자들이 특별히 영감의 역학에 호의적일 것으로 기대한다. 예. Dunn, "Role," 155을 보라.

10 모든 그리스도인을 연합시키는 성서에 관해서는 Sunquist, *Century*, 181을 보라. 여기에는 콘스탄티노플 총대주교인 Bartholomew 1세가 가톨릭교회 주교 총회에 보낸 다음 서한에 대한 논평이 담겨 있다. "우리의 두 교회가 완전히 합쳐지는 날이 올 것입니다"(2008년 10월 18일).

11 예. Dunn, "Reconstructions," 296을 보라. 고대 지중해 세계는 "대화나 글이 언급하는 것의 상황에 대해 널리 공유되고 일반적으로 잘 이해되는 지식"을 가정하는 "고맥락"(high context) 문화였다(Malina and Pilch, *Letters*, 5).

면 이해할 수 없는 표시에 지나지 않는다.[12]

부스(Booth)와 같은 "신아리스토텔레스주의"의 "시카고 학파" 비평가들은 저자와 독자 사이의 소통을 강조함에 있어 이전 시대의 신비평가들과 차이를 보인다.[13] 저자의 행위는 다른 종류의 본문에서 다르게 기능한다. 이런 현상은 (시와 같은) "표현적" 소통보다는 (편지와 같은) "전송적" 소통에서 더 두드러지며, (사도행전 같은) 내러티브는 두 양극단 사이에서 내러티브 세계를 환기시키는 역할을 한다.[14]

오늘날 인지 언어학에 구체적으로 기초하는 접근법인 관련 이론은 본문에 정보를 제공하는 문화적 가정들을 고려하면서 소통의 차원에서 본문에 접근한다.[15] 일반적 예를 하나 들면, 문화적 상황은 "커피 주세요"라는 표현에 드러나지 않는 의미를 채워준다. "9월 11일에 당신은 어디에 있었나요?"라는 질문은 21세기 초 북미 상황에서는 일리가 있지만, 1997년의 독자들에게는 의미가 없거나 다른 의미를 전달했을 것이다. 하물며 1911년 10월의 독자들에게는 더 말할 필요도 없을 것이다.[16] 좀 덜 친숙

12 예. Vanhoozer, *Meaning*, 242; 저자의 의도가 어떻게 언어 기호들에 의미를 가져오는가에 대리 및 출현 개념을 적용하는 Vanhoozer에 관해서는 249을 보라. 참조. Hirsch, *Validity*, 23: "여기서 부정되는 것은 언어 기호들이 어떻게든 그것의 의미를 말할 수 있다는 것이다. 이는 설득력 있게 옹호된 적이 전혀 없는 일종의 신비사상이다." 확실히 언어 기호들은 해당 언어에 생소한 사람에게는 의사소통의 가치가 없다(134).

13 Aune, *Dictionary of Rhetoric*, 317-18.

14 Brown, *Scripture as Communication*, 75-76.

15 예. 다음을 보라. Sperber and Wilson, *Relevance*; idem, "Précis"; Wilson and Sperber, "Representation"; 성서 연구에 관해서는 다음을 보라. Jobes, "Relevance Theory"; Brown, *Scripture as Communication*; Green, "Relevance Theory." 이 책 10장에서 더 자세한 논의를 보라.

16 1911년 9월을 회상해볼 때, 그해에는 다음과 같은 사건들이 발생했다. 러시아 제국이 랭겔섬(Wrangel Island)을 요구했고(9월 2일), 20만 명의 독일인이 독일 정부의 군사화에 항의했으며(9월 3일), 에트나산(Mount Etna)에 화산이 발생하여 2만 명의 이탈리아 사람들이 집을 잃었다(9월 11일). 보스턴 레드삭스 야구팀의 투수 사이 영이 511번째 마지막 승리를 거둠으로써 장기간의 기록을 수립했고(9월 20일), 프랑스 전함 *Liberté*의 폭발로 3백 명의

한 예를 하나 들면, 누군가 우리에게 "당신을 잠깐 만나서 좋았어요"(It was good to see you briefly)라고 말한다면, 우리는 그녀가 우리에게 다음의 둘 중 무엇을 말한다고 추론해야 할까? "만나서 좋았어요. 비록 짧은 만남이었지만 말이에요"일까? 아니면 "당신을 잠깐만 봐도 돼서 좋았어요"일까?[17]

문학적이거나 문화적인 암시들은 이보다 훨씬 파악하기 어려운 것으로 드러날 수 있다. 내 아내는 콩고에서 자랐기 때문에, 나는 내 어린 시절의 스타트렉 혹은 배트맨 관련 암시들을 그녀와 교환할 수 없다. 적어도 우리는 둘 다 타잔을 읽었다. 그러나 우리와 우리 아들은 우리가 수년간 함께 봤던 성서 관련 영화들의 대사를 자유자재로 인용할 수 있다. 2015년에 친구와 나는 사기 수법으로 기금을 모금하는 기술들을 한탄하고 있었다. 그때 그 친구가 다음과 같이 제안했다. "오늘 나한테 햄버거를 사주면 화요일에 그 값을 기쁜 마음으로 자네에게 주겠네." 이에 나는 다음과 같이 대답했다. "햄버거는 잊어버리게. 나는 시금치가 필요하다네." 북미에서 자라난 우리 또래의 사람들은 위의 대화에 담긴 윔피와 뽀빠이(Wimpy and Popeye) 암시를 포착했을 것이다. 그러나 우리의 가벼운 농담의 요점은 (이 농담의 장난스러움은 차치하고) 그런 지식이 없다면 실제로 이해가 불가능할 것이다.

몇몇 동시대의 접근은 다음과 같이 결론 내릴 수 있다. 즉 "나는 화자/저자가 의도한 것에 관심이 없어"라고 말이다. 그러나 만일 우리가 실제로 관심이 있다면, 보통의 인간 소통의 경우에서처럼, 또는 저자가 전달하

군인이 사망했다(9월 25일). 이탈리아가 터키와 전쟁을 벌였고 리비아를 침략했다(9월 29일). 펜실베이니아주의 댐에 균열이 일어나 78명이 사망했다(9월 30일; 실제 사망자 수는 이보다 훨씬 높았을 것으로 추정된다). 아마도 가장 극적인 사건은 중국 양쯔강의 홍수인데, 선교사들은 이 자연재해로 인해 30만 명에 달하는 사망자가 발생했다고 보도했다.

17 Walton은 *Thought*, 19에서 "켄트 주립대 총격 사건"(1980년대에 이해할 수 있는 개념임), "베를린 장벽" 또는 "철의 장막"과 같은 예들을 인용한다.

고자 의도했을 내용으로 우리가 존중하는 본문의 경우에서처럼, 오직 (화자와 의도된 청자의 관계와 같은) 상황만이 그 의미를 결정하도록 도와줄 것이다. 우리의 문화초월적 목적의 일부는 본문에 정직하게 귀를 기울이는 것이어야 한다. 우리가 본문을 그것의 처음 상황에서 더 효과적으로 읽을수록, 다른 환경의 원칙들을 재상황화할 때 우리가 가지는 확신이 더 강해지고, 그 본문이 오늘날 우리에게 무엇을 말하고 있는가에 관한 대화를 위해 우리가 공유하는 기반도 더 커진다.[18]

성서에 관한 다양한 문화의 통찰들

우리는 서로에게 귀를 기울일 때 성서 본문을 보다 명확히 이해하게 될 것이다. 왜냐하면 몇몇 문화에 속한 그리스도인들은 원래 상황에 더 근접한 방식으로 특정 본문의 관습과 개념을 직관적으로 이해할 것이기 때문이다. 신부 가족에게 주는 지참금이나 계대혼인(levirate marriage) 등과 같이 널리 퍼져 있는 관습조차도 문화마다 그 내용이 다르다. 가나의 그리스도인은 이런 관습을 서구의 그리스도인보다 직관적으로 더 잘 이해할 수 있겠지만, 여전히 전자의 이해는 성서 저자들이 그들의 첫 번째 청중이 그 관습을 이해하길 바랐던 방식과는 다소 다를 수 있다.

우리는 사람들의 행동이나 말을 우리의 광범위한 지식 혹은 문화적 가정들에 비추어 직관적으로 해석한다. 다른 문화 출신의 해석자들은 이해에 대한 대안적 가능성들을 제공한다. 때로 한 문화 혹은 한 해석자의

18 이는 내가 저술한 *Background Commentary*의 목적이다.

읽기는 다른 문화 혹은 다른 해석자의 읽기보다 해당 본문을 더 만족스럽게 설명한다. 때로 우리는 다양한 해석의 선택을 통해 본래의 문화적 상황을 더 심도 있게 탐구하게 되거나, 우리의 선험에 대해 더 신중하게 된다. 우리가 본문 너머의 일부 내용을 재구성할 수 있는 수단이 부족할 때는 특히 그렇다.

가난한 자들을 위한 정의와 희생적 돌봄에 대한 가르침은 성서의 중요한 부분을 이루며, 성서의 가장 흔한 주제들 중에 속한다.[19] 해방신학자들은 이렇게 중요한 주제들에 주목했지만, 전통적인 서구의 조직신학은 이런 주제들의 가치에도 불구하고 이것들을 학문 연구의 주제로서 일반적으로 무시해왔다.[20] 우리가 인죄론(hamartiology)을 신학의 한 표제로 다룬다면, 식탐이 사소한 죄인지 혹은 브라질의 길거리 아이들이 학대당했는지에 관한 우려는 각각 다른 실제 상황을 나타낸다. 나는 다음과 같이 고백한다. 즉 사례를 받지 못해 매우 굶주렸던 젊은 목사로서의 내 경험은 나의 해석적 기준에 실제적인 영향을 미쳤지만, 굶주림을 전혀 경험하지 않은 자들의 편견과 유사한 것을 만들어내기보다 성서적인 강조점(나는 원칙적으로 이것을 이미 알고 있었다)을 나에게 부각시켜주었다고 말이다.

---

19 예. 다음을 보라. Sider, *Cry Justice*; idem, *Fed*; 웨슬리의 가르침과 관련해서는 Jennings, *Good News*를 보라.

20 19세기의 몇몇 노예 폐지론 저술가는 이런 주제들을 이미 강조했다. 예. 다음을 보라. Sunderlund, *Testimony*; idem, *Manual*.

성서 내의 교차문화적 소통: 사례 연구

성서만 놓고 보더라도 그 안에서의 교차문화적 소통은 복잡할 수 있다. 따라서 예수가 요한복음 4장에서 사마리아 여인과 이야기를 나눌 때, 둘의 대화는 유대인과 사마리아인 사이의 관계 저변에 흐르고 있는 적대감을 전제한다. 그리고 요한의 청중은 이 적대감을 당연하게 여겼을 것이다. 예수는 이 여인과의 소통을 방해하는 세 가지 사회적 장벽을 뛰어넘는다.[21] 첫째, 예수의 문화에서 보수적 견해를 지닌 자들은 친인척 관계가 아닌 여인들과 홀로 대화하는 남성에게 눈살을 찌푸렸다.[22] 이 관습이 해당 내러티브의 누군가에게 정말로 영향을 미쳤는지 의구심이 생긴다면, 요한복음 4:27의 내용을 떠올려볼 필요가 있다. 즉 예수의 제자들은 예수가 "여인과 대화 중"인 것을 보고 놀랐다. 물론 예수는 이 상황을 변화시키는데, 그 이유는 4:29에서 이 여인이 빌립이 나다나엘을 부를 때(요 1:46) 사용했던 동일한 말로써("와서 보라") 결국 자신의 동네 사람들을 예수에게로 초청하기 때문이다. 다시 말해 그녀는 훨씬 더 극적인 차원에서 예수의 증인이 된다. 여성들의 증언이 당시의 더 넓은 문화에서 보통 무시받았다는 사실에도 불구하고 말이다.[23]

---

21 요한복음의 이 부분에 대한 자세한 내용은 Keener, *John*, 1:584-628을 보라; 참조. 좀 더 간단한 자료로 Keener, "Invitations," 195-202; 가장 간단한 자료로 Keener, "Reconciliation," 124-25.

22 예. *m. Abot* 1:5; *Ketub*. 7:6; *t. Shab*. 1:14; *b. Ber*. 43b, bar.; *Erub*. 53b; 참조. Sir 9:9; 42:12; *T. Reub.* 6:1-2; *y. Abod. Zar.* 2:3, §1; *Sot.* 1:1, §7; 더 이른 시기의 이방인 문헌에 관해서는 다음을 참조하라. Euripides *Electra* 343-44; frg. 927; Theophrastus *Char*. 28.3; Livy 34.2.9; 34.4.1.

23 예. 다음을 보라. Justinian *Inst.* 2.10.6; Josephus *Ant.* 4.219; *m. Yeb*. 15:1, 8-10; 16:7; *Ketub*. 1:6-9; *t. Yeb.* 14:10; *Sipra Vayyiqra Dibura Dehobah* pq. 7.45.1.1. 이와 같은 일반 관습의 조

두 번째, 유대인들과 사마리아인들은 모두 정직한 사람이라면 부도덕하다고 알려진 사람들과의 불필요한 접촉을 피해야 한다는 데 동의했다. 다른 복음서들에서 예수는 이런 장벽을 넘어 그런 자들에게 나아간다. 이번 경우에 문제가 더 많은 논쟁을 가져왔지만, 예수는 여기서도 그렇게 한다. 이 여인은 다섯 번이나 과부가 되는 경험을 했고, 지금은 자신의 남자 형제와 함께 살고 있는 상황일 수도 있다(요 4:18).[24] 그러나 이것이 왜 그녀가 홀로 우물에 왔는지를 설명해주지는 않는다. 왜냐하면 동네 여인들은 보통 함께 우물에 왔기 때문에 이 여인이 홀로 우물에 왔다는 것은 매우 눈에 띄는 행동이었다.[25] 더욱이 그녀는 제6시에 우물에 왔다(요 4:6). 이는 정오에 해당하는 시간으로, 고대 지중해 문학을 통틀어 사람들은 이 시간에 일하는 것을 멈추고 그늘에서 종종 낮잠을 자며 휴식을 취했다.[26] 그녀는 아무도 우물에 오지 않을 바로 그 시간에 우물에 온다. 이는 아마도 그녀가 다른 여인들 사이에서 환영받지 못했기 때문일 것이다. 이 여인이 다른 동네 여인들과 함께가 아니라 혼자, 그것도 하루 중 가장 뜨거운 시간에 우물에 와야 했다는 것은(요 4:6) 그녀가 다른 여인들 사이에서 환영받지 못했음을 암시할 수 있다.

교차문화적 배경에서 한 방식으로 의도된 행동들은 쉽게 오해될 수 있다. 예수가 이 여인에게 그녀의 남편을 "불러오라"고 말할 때(이 "불러오라"라는 표현은 요 1:48에서 빌립이 나다나엘을 "부를" 때도 사용되었다), 그녀는 이

건들에 관해서는 다음을 보라. Ilan, *Women*, 163-66; Maccini, *Testimony*, 63-97.

24 이에 반대하는 주장들에 관해서는 Keener, *John*, 1:606-8을 보라.

25 참조. 창 24:11; Pizzuto-Pomaco, "Shame," 50; Eickelman, *Middle East*, 163.

26 예. Sus 7 (단 13:7 LXX); *Joseph and Asenath* 3:2/3; *Life of Aesop* 6; Virgil *Georg*. 3.331-34; Columella *Trees* 12.1; Plutarch *Them*. 30.1; Longus 1.8, 25; 2.4; Aulus Gellius 17.2.10; Suetonius *Aug*. 78.1; *Vesp*. 21; Pliny *Ep*. 1.3.1; 7.4.4; 9.36.5. 더위에 대해서는 다음을 보라. Aeschylus *Seven Ag. Thebes* 430-31; Sophocles *Antig*. 416; Apollonius Rhodius 2.739; 4.1312-13.

렇게 답한다. "나는 남편이 없나이다"(요 4:16-17). 오늘날 우리는 그녀의 이런 반응을 다양한 방식으로 읽을 수 있다. 그러나 이 반응은 요한의 첫 청중에게 확실한 충격을 가했을 것이다. 예수가 살던 시대에 사람들은 때로 우물에서 결혼 상대 혹은 성적 상대를 찾았다.[27] 성서의 내용을 알고 있는 사람들은 리브가, 라헬, 십보라와의 만남을 생각할 것이다(창 24:13-15; 29:10; 출 2:15-21).[28] 그러나 이 여인은 예수의 의도가 성적이거나 결혼과 관련된 것이라고 의심하지만, 그녀의 가정 상황에 대한 예수의 설명(요 4:18)은 그의 관심사의 본질을 명백히 밝혀주며, 그녀는 그가 하나님의 예언자임을 깨닫는다(요 4:19).

세 번째 장벽은 분명히 인종적 장벽이다. 요한이 4:9에서 다음과 같이 간단히 언급하듯이 말이다. "유대인이 사마리아인과 상종하지 아니함이러라." 유대인 교사들은 유대인 여성이 한 달에 한 번 일주일간 부정하다고 간주했지만, 사마리아 여성은 유아기 이래로 매달 매주 부정하다고 여겼다.[29] 따라서 그녀가 자신에게 마실 물을 달라는 예수의 요청에 놀라는 것은 당연한 현상이다. 그것은 유대 전통을 어기는 일이기 때문이다.

그러나 이 여인 역시 사마리아 전통을 넘어서는 모험을 단행하고 있다. 적어도 우리의 이후 자료들이 정확하다면, 사마리아인들은 모세와, 모세와 같은 미래의 회복자 사이에 있었던 예언자들을 믿지 않았다.[30] 그러므로 그녀가 요한복음 4:19에서 예수를 예언자로서 인정하는 순간, 우리

---

27 예. 다음을 보라. Menander *Dyskolos* 200; Arrian *Alex.* 2.3.4; Llewellyn-Jones, *Tortoise*, 88; 참조. Cicero *Pro Caelio* 15.36; 아마도 *Lam. Rab.* 1:1, §19.

28 참조. Brant, "Husband Hunting," 211-16의 고려 사항.

29 다음을 보라. *m. Nid.* 4:2; *t. Nid.* 5:1-2; 참조. *m. Toh.* 5:8.

30 Bruce, *History*, 37-38을 보라; 참조. MacDonald, *Theology of Samaritans*, 15. Josephus *Ant.* 18.85-87에서 예외가 되는 인물은 모세와 같은 예언자로서 간주되었을 종말론적 예언자일 것이다.

의 눈에는 그녀가 다른 주제로 즉시 이동하는 것으로 보인다. "우리 조상들은 이 산에서 예배하였는데 당신들의 말은 예배할 곳이 예루살렘에 있다 하더이다"(요 4:20). 만일 그가 예언자라면, 유대인들이 옳고 사마리아인들은 틀린 것이다. 그러나 사마리아인들이 예루살렘 성전을 욕보인 이래, 그들은 그곳에서 더 이상 환영받지 못했다. 따라서 그녀와 그녀의 사람들에게는 희망이 없었다. 그녀가 조상들의 예배 장소를 언급할 때, 두 민족 간 분리의 역사를 상기시켜주는 과거 시제를 사용한 점 역시 의도적이다. 즉 유대인들이 백 년도 더 된 옛날에 그리심산에 있던 사마리아 성전을 파괴했다는 것이다.[31] 예수는 예루살렘이나 그리심산보다 더 나은 예배 장소를 언급함으로써 이런 민족적 분리를 계속해서 초월한다(요 4:22-24).

언어뿐만 아니라 문화 역시 이 본문에 새겨져 있다. 만일 문화적 상황을 고려하지 않고 이 본문을 이해하고자 한다면, 우리는 몇몇 의미를 놓치게 될 것이다.[32] 내러티브의 단서들은 첫 번째 청중에게 그 의미를 제시했다. 그러나 몇몇 의미는 직접적 언급 없이 본문에 함축되어 있을 수 있다. 왜냐하면 몇몇 정보는 저자와 청중이 공유하는 것으로서 단순히 가정될 수 있기 때문이다.[33] (관련 이론으로 다시 돌아가보자. 소통은 당사자들이 당연하게 여기는 요소들을 언급하지 않음으로써 종종 가장 간단한 형태를 취한다.)[34]

---

31 이 성지들에 관한 갈등은 다음을 보라. Josephus *Ant.* 11.310, 346-47; 12.10, 259; 13.74; 18.10; *War* 1.62-63; 2.237.

32 "언어적 이해와 문화적 이해 사이의" 유동적 경계에 관해서는 Thiselton, *Horizons*, 131을 보라.

33 해석에서 "내포 저자"의 귀환에 관해서는 다음을 보라. Brown, *Scripture as Communication*, 69-72; Osborne, *Spiral*, 393-95; 보다 광범위한 내용을 다루는 Vanhoozer, *Meaning*, 201-80. 성서 본문이 종종 현대 독자들에게 생소한 문화적 정보를 가정하고 있다는 생각은 새로운 통찰이 아니다. 예. 다음을 보라. Ramm, *Interpretation*, 5-6, 98-99, 133-35, 150-57.

34 예. 다음을 보라. Gutt, *Relevance Theory*, 33; 위의 내용을 주목하라. 어느 비평가의 제안처럼 "모든 본문은, 가장 기초적인 본문조차도, 그 본문이 당연한 것으로 여겨서 설명해주지 않는 정보를 함축하고 있다. 이런 정보를 아는 것이 독서의 결정적 기술이다"(Hirsch, *Literacy*,

이런 현상은 성서의 다른 부분에서도 발생한다. 예를 들어 마가는 마가복음 7:3-4에서 유대 관습에 관해 설명한다. 마태는 마태복음 15:1-2에서 같은 이야기를 다시 말할 때 유대 관습에 관한 설명을 생략한다. 이는 마태의 유대 그리스도인 청중이 그것을 알 필요가 없었기 때문일 것이다. 성서는 첫 번째 청중이 관련 문화를 잘 알고 있다는 이유로 얼마나 자주 그것을 설명하지 않고 그냥 넘어가고 있을까? 그러나 오늘날 우리는 그 문화에 대한 설명이 필요하다.

어떤 이들은 하나님이 사람들의 문학적·역사적 상황에서 비롯된 구절들을 적절히 사용하여 그들에게 말씀하신다는 것에 이의를 제기한다. 하나님은 주권자이시므로, 우리는 이런 양보를 받아들일 수 있다. 그럼에도 그들의 경험은 본문의 보편적 메시지를 제공하지 않는다. 우리는 그들이 하나님이 본문에 영감을 불어넣은 방식으로 본문을 더 잘 이해함으로써 하나님의 말씀을 훨씬 더 분명히 들을 것을 기대할 수 있다.

더욱이 나는 배경을 사용하는 것에 대한 이런 저항을 16세기에 자국어 성서 역본의 가치를 거부하는 어떤 이들과 비교할 수 있다. 그들이 자국어 성서 역본의 가치를 반대한 것은 그것이 서구 교회의 불가타 역본에 문제가 있음을 함의한다는 이유 때문이었다. 오늘날 우리는 사용 가능한 여러 성서 역본을 가지고 있으며, 일반 대중의 수준에서 사용 가능한 상당한 양의 배경 지식도 가지고 있다.[35] 이제 질문은 다른 이들의 희생이 우리에게 제공해준 것을 우리가 사용할지의 여부다.

---

112). 이 주장은 구약성서와의 상호텍스트성을 고려하는 신약성서 비평가들에게 널리 인정받고 있다.

35 대중 수준의 배경을 제공하는 일은 바로 내가 1993년에 첫 번째 "배경 주석"을 제안한 이유였다(*Background Commentary*를 보라). 훨씬 더 대중적인 자료들이 *NIV Cultural Backgrounds Study Bible*(Grand Rapids: Zondervan, 2016)을 통해 제공될 것이다.

만일 우리가 성서에서 이와 같은 배경의 관련성을 묵살한다면, 우리는 현대의 교차문화적 대화에서도 동일한 행동을 보일까? 아내와 내가 처음 결혼했을 때, 나는 종종 "사랑해요"라고 말하면서 그녀에 대한 나의 사랑을 확증했고, 이에 대해 그녀는 "고마워요"라고 응답했다. 나는 낙담이 되었는데, 왜냐하면 나의 문화에서 "사랑해요"에 대한 기대 반응은 "나도 사랑해요"이기 때문이다. 그래서 나는 그녀가 나를 사랑하지 않을까 봐 두려웠다. 결국 우리는 사랑의 고백에 대한 기대 반응이 우리의 문화에서 서로 다르다는 것을 알게 되었다. 그것은 사랑에 관한 문제가 아니라 교차문화적 소통에 관한 문제였다. 성서는 그 문화의 장르 및 소통의 일반적 규범을 보류시키는 일종의 마술과 같은 암호로 기록되어 있는가? 진정으로 민감하고 공손한 성서 읽기, 즉 오늘날 교회의 보편적 본질과 일치하는 읽기는 원래의 문화적 상황에 대해 우리가 알 수 있는 것을 고려해야 한다.

성서 내의 상황화

내 소중한 친구이자 이웃, 그리고 이전 신학교의 선교학 동료 교수인 사무엘 에스코바르(Samuel Escobar)에게 나는 다음과 같이 물었다. 즉 성서학이 선교학에 도움이 되는 지점이 어디냐고 말이다. 그는 선교학자들이 상황화와 혼합주의의 경계를 규명할 때 성서학자들이 도울 수 있다고 말했다.[36] 성서 전체가 문화적 상황을 지니고 있으므로, 성서 전체는 비혼합주

36 상황화 및 해석학에 관한 초기 서구 복음주의의 논의들에 관해서는 다음을 보라. Carson, *Interpretation*에 실려 있는 소논문들; Blomberg, "Globalization"; 보다 최근의 몇몇 상황적 접근법에 관해서는 다음을 보라. Jayakumar, *Mission Reader*; Satyavrata, *Witness*. 신약성서의

의적 상황화에 대한 본을 우리에게 제공해준다.

우리 가운데 성서를 신성한 계시로서 받아들이는 사람들은 하나님이 교차문화적으로 소통하셨음을 반드시 알아야 한다. 모든 소통에는 문화적 상황이 있다. 문화적 진공 상태에서 소통하거나 듣는 사람은 아무도 없다. 우리가 성서를 소통으로서 듣고자 하는 한, 우리는 성서의 문화적 상황을 고려할 필요가 있다.[37]

성서는 하나님이 문화를 규명하시는 예를 무수히 보여준다. 이런 예는 여러 종류의 제사에 사용되는 용어들과 예언을 위한 문학적 형태들, 그리고 동시대 현인들의 수사적 형태를 사용하는 잠언, 예수, 바울에 이르기까지 다양하다. 그러나 성서는 하나님이 문화에 도전하시는 예도 무수히 보여준다. 우상을 만드는 것에 대한 경고를 예로 들 수 있다. 참된 상황화는 주류 문화의 모든 가치를 단순히 채택하지 않는다(이런 채택은 혼합주의를 포함할 것이다). 오히려 참된 상황화는 하나님의 이전 메시지를 지역 문화의 언어 및 관용어로 소통하며, 이런 소통을 통해 그것의 확증 내용과 요구를 좀 더 이해 가능한 것으로 만든다.

하나님은 오늘날 우리 대부분이 지역 문화와 관련을 맺는 것보다 더 많이 관계를 맺으셨다. 많은 경우에 하나님은 이스라엘의 이웃 국가들의 종교적 행위에서 사용된 것과 닮은 형태들을 사용하셨다. 그런 형태들에 새로운 의미를 주입하시면서 말이다.

성서의 몇몇 예는 하나님의 기준에 미치지 못하는 제한된 문화적 수용을 나타내지만(참조. 막 10:5: "너희 마음의 완악함으로 말미암아"), 다른 예들은 주류 문화에서 이해 가능한 언어 및 이미지로의 번역을 나타낸다. 예

상황화에 관해서는 특히 다음을 완독하라. Flemming, *Contextualization*.

37 몇몇 예는 내가 1998년 11월에 올랜도에 있는 성서 연구회(Institute of Biblical Research)에서 발표했던 논문 내용을 반영한다. 주해는 교차문화적 행위다(deSilva, *Global Readings*, x).

를 들어 성막(Tabernacle)[38]은 이집트 및 가나안 신전의 표준 모델인 삼중 구조 설계를 채택한다.[39] 이와 비슷하게 성막은 고대 근동에 있는 대부분의 신전들처럼 지성소에 신성한 물체를 보관한다.[40] 장막으로 성소를 만드는 것 역시 고대 근동 신전들의 영향을 받았다.[41] 언약궤에 가장 가까이 놓여 있는 가장 값비싼 염료와 금속은 성결의 척도에 대한 폭넓은 이해를 반영한다. 섬기는 신에게 다가갈 때 지녀야 할 위엄과 경외를 강조하면서 말이다.[42] 이런 특징들은 이스라엘 백성—이집트인들은 이들을 고용하여 신전을 건축하는 일꾼으로 부렸을 것이다—이 성전으로서의 성막과 더 잘 연결되도록 도왔을 것이다(출 25-27장을 보라).

그럼에도 이런 문화적 유비는 다른 고대 근동 성소들과의 분명한 차이가 지닌 의미를 강화시켰다. 예를 들어 성막에는 신을 위한 침상을 두지 않았는데,[43] 이는 야웨가 졸지도 주무시지도 아니하시기 때문이다(시 121:4). 사실 가장 놀라운 것은 다른 고대 신전들의 핵심이 신의 이미지였으나 언약궤의 그룹들 위에는 아무런 형상도 놓이지 않았다는 점이다.[44] 하나님은 그의 백성에게 아무런 우상도 가지면 안 되고 다른 신들을 시야에 두어서도 안 된다고 상기시키신다(출 20:3-5). 문화의 요소들은 유익할 수도 있고 해로울 수도 있다. 좋은 상황화는 혼합주의를 피한다.

---

38 좀 더 자세한 내용은 Keener, "Worship"을 보라.

39 Nelson, "Temple," 147; Scott, "Pattern," 314; Badawy, *Architecture*, 176-77. 지중해 동쪽 지방에 관해서는 다음을 보라. Gray, "Ugarit," 146-47; Dever, "Stratifications," 43.

40 Nelson, "Temple," 148-49; Badawy, *Architecture*, 177.

41 예. Kitchen, "Background," 8-11; Nelson, "Temple," 148-49; Meyers, *Exodus*, 220.

42 Haran, "Image," 202, 206.

43 예. 다음을 보라. Murray, *Splendor*, 183-84; Cassuto, *Exodus*, 322-23; Gurney, *Hittites*, 149-50; Meyers, *Exodus*, 221.

44 많은 이집트 신전에서 서로 인접해 있는 수호신 신당들과도 대조해보라(Badawy, *Architecture*, 180).

고대 근동의 제사장들은 종종 이 땅의 신전을 하늘 신전의 이미지를 모방하는 문으로서 다루었다.[45] 하늘 신전에 대한 관념은 묵시문헌들에서 좀 더 흔하다. 히브리서 또는 요한계시록이 하늘 성전에 대해 말할 때, 이 책들은 알렉산드리아의 유대인 철학자 필론(Philo)의 저술에서 발견되는 플라톤적인 알레고리의 세부 내용을 언급하지 않는다.[46] 그럼에도 이 책들은 동시대 청중이 이해했을 이미지들을 사용한다.

성서에서 하나님의 종들이 사용하는 교차문화적 전략들은 성령의 인도를 받는 상황화의 직접적 모델들을 더 많이 제공해줄 수 있다. 가능한 한 많은 사람을 얻기 위해 바울은 자신이 모든 사람에게 모든 것이 되었다고 말한다(고전 9:19-23).[47] 바울은 회당에서 성서의 말씀을 전하고(행 13:16-41), 농사 공동체에서는 자연으로부터의 말씀을 전하며(행 14:15-17), 아테네에서는 성서신학과 교차되는 철학적 주제들과 그리스 시인들로부

---

45 다음을 보라. Keener, "Tabernacle," 838; idem, "Worship," 130-31.

46 예. 다음을 보라. G. B. Caird, "The Exegetical Method of the Epistle to the Hebrews," *Canadian Journal of Theology* 5 (1, 1959): 44-51; 참조. J. R. Sharp, "Philonism and the Eschatology of Hebrews: Another Look," *East Asia Journal of Theology* 2 (2, 1984): 289-98. 당연히 요한계시록은 묵시문헌에 훨씬 가깝고, 히브리서는 헬레니즘 유대교에 훨씬 가깝다(참조. Charles Carlston, "The Vocabulary of Perfection in Philo and Hebrews," 133-60 in *Unity and Diversity in New Testament Theology: Essays in Honor of George E. Ladd* [ed. Robert A. Guelich; Grand Rapids: Eerdmans, 1978]). 그러나 히브리서 저자는 필론보다는 정교함이 떨어지는 수준의 헬레니즘식 글을 보여준다.

47 이에 관한 간단한 논의는 다음을 보라. Keener, *Corinthians*, 80-81. 지역 관습에 적응하는 것은 긍정적으로 간주될 수 있었는데(Cornelius Nepos 7.11.2-6), 그 이유는 관습이 지역별로 다르다는 점이 당시에 널리 알려졌기 때문이다(예. Apollonius Rhodius 2.1017). 그러나 일반적으로 귀족적 이데올로기는 대중을 이용하는 일에 반대했다. 왜냐하면 귀족들은 이런 행위를 선동적인 것으로 간주했기 때문이다(예. Aristophanes *Acharnians* 371-73; *Frogs* 419; Aristotle *Pol.* 4.4.4-7, 1292a; Diodorus Siculus 10.7.3; Dionysius of Halicarnassus 7.8.1; 7.45.4; 7.56.2; Livy 6.11.7; Appian *R.H.* 2.9; 3.7.1). 따라서 대중에 호소했던 철학자들과 도덕주의자들은 높은 지위의 사람들과 멀어지는 위험을 감수했다(Aristotle *Rhet.* 2.20.5, 1393b; Liefeld, "Preacher," 39, 59, 162). 바울은 바로 이런 위험을 고린도에서 감수했을 것이다(참조. Martin, *Slavery*, 92-116).

터의 말씀을 전한다(행 17:22-31).[48] 바울은 이방 선교에서 아시아 관리들과 친구가 되는데, 그들 중 다수는 이교적 종교 행위에 참여했을 것이다(행 19:31).[49] 마찬가지로 바울은 이스라엘의 유산(그러나 유대인 민족 중심주의는 아닌)과의 확고한 유대를 재확증하면서 예루살렘 성전에서 제사를 드렸다(행 21:24-26).[50]

바울 서신은 지역 혹은 문화적 상황에 대한 민감함으로 가득 차 있다. 예를 들어 그는 머리 가리개를 사용할 것을 확증하는데, 이는 적어도 지중해 동쪽 지역의 하층민들에게 성적 단정함을 나타냈다.[51] 오늘날 우리 대부분은 바울이 그의 상황에 맞추어 관련 원칙을 유용하게 상황화했음을 알고 있지만, 다른 문화에서는 다른 방식으로 성적 단정함을 표현하는 것을 편안하게 느낄 것이다.

그러나 상황화는 해석을 요구하고, 일부 뉘앙스와 더 이른 시기의 이미지와의 연결은 이 과정에서 반드시 상실된다. 따라서 역동적인 긴장이 존재한다. 그러나 성령은 우리의 해석을 도와준다(참조. 고전 2:11-13; 고후 3:14-18). 실제로 우리는 미래 세계에 대한 이미지를 개념적으로 알고 있을 때조차도 성령을 통해 그 세계를 미리 맛보는 데 참여할 수 있다(고전 2:9-10).

---

48 청중에 적응하는 것은 좋은 수사법이다(Quintilian *Inst.* 3.7.24; 예를 들어 다음을 보라. Suetonius *Rhet.* 6; Eunapius *Lives* 495-96).

49 좀 더 자세한 내용은 Keener, "Asiarchs"를 보라.

50 다음의 논의를 보라. Keener, *Acts*, 3:3113-43, 특히 3141-43.

51 참조. Charillus 2 in Plut. *Saying of Spartans, Mor.* 232C; Valerius Maximus 5.3.10-12; *m. Ketub.* 7:6; 참조. 전통적인 중동 문화에 관한 Delaney, "Seeds," 42; Eickelman, *Middle East*, 165. 보다 자세한 내용은 다음을 보라. Keener, *Paul*, 19-69; MacMullen, "Women in Public," 217-18; 특히 Keener, "Head Coverings."

원칙 혹은 이미지를 새로운 상황에 다른 방식으로 적용하는 재상황화는 이미 성서 내에서 실행되었다. 예를 들어 신약성서 저자들은 구약성서의 이미지들을 새로운 상황을 위해 재상황화했다. 따라서 요한계시록은 구약성서의 병거 탄 하늘 군대를(왕하 6:17; 사 66:15; 참조. 왕하 2:11; 슥 6:1-8) 계시의 날에 나타날 말 탄 군대로(계 19:14) 갱신한다. 말 탄 군대는 오늘날의 이미지를 사용하면 아마도 전투기로 표현될 수 있을 것이다.

마찬가지로 요한계시록은 문자적인 바빌로니아를 향한 하나님의 계시 말씀을 채택하여(예. 사 21:9; 47:7-9; 렘 51:6-14) 로마에 적용한다(계 18:2-8). 이런 전이는 논리적인데, 그 이유는 유대인들에게 당시 로마는 바빌로니아와 유사한 역할을 하는 제국이었기 때문이다. 당시 유대인 해석자들은 로마를 다니엘의 네 왕국(단 2:37-45; 7:3-14) 가운데서 바빌로니아 제국을 이을 궁극적 후계자로서 해석했다.[52] 몇몇 유대인 사상가는 로마를 새로운 바빌로니아로서 묘사했는데,[53] 이는 로마가 이전의 바빌로니아처럼 예루살렘 성전을 파괴하고 하나님의 백성을 노예로 부렸기 때문이다. 사람들은 로마를 일곱 개의 언덕 혹은 산 위에 있는 도시로서 종종 언급했

52 참조. 예. Josephus *Ant.* 11.276; *2 Bar.* 39:4-7; *Sipre Deut.* 317.4.2; 320.2.3; 창 15:12에 관한 *Tg. Neof.* 1. 다니엘서의 깃딤(Kittim)을 로마로 보는 가장 최근의 쿰란 문헌도 주목하라. 다음을 보라. Dupont-Sommer, *Writings*, 349; Vermes, "Elements." 더 이른 시기의 그리스인들과 로마인들은 로마를 추가하기 전에 네 개의 동쪽 제국을 상상했다. 비록 바빌로니아를 아시리아로 대체했지만 말이다. 다음을 보라. Velleius Paterculus *Compendium* 1.6.6(어떤 이들은 이를 용어 해설로서 간주한다); Mendels, "Empires"; 참조. *Sib. Or.* 8.6-11.

53 예. *Sib. Or.* 5.143, 159-61; 아마도 벧전 5:13(Papias *frg.* 21.2와 함께); *4 Ezra* and *2 Bar.* passim. 다음에 나오는 논의를 보라. Gaster, *Scriptures*, 318; Kelly, *Peter*, 218; Kraybill, *Cult and Commerce*, 149-50.

고,[54] 지상의 왕들을 다스리는 도시,[55] 요한계시록 18:12-13에 열거된 상품들을 장사하는 도시로서 이해했다.[56] 그러나 요한계시록의 짐승은 다니엘서에 나오는 네 마리의 짐승을 모두 섞은 것이므로(단 7:3-14; 계 13:1-7), 요한은 로마가 이 짐승 이미지의 중요성을 모두 나타낸다고 기대하지 않았을 것이다. 악한 제국의 영은 로마보다 더 오래 존재했다. 비록 이 악한 제국의 영이 바빌로니아와 로마처럼 종국에는 저주를 받지만 말이다(참조. 살후 2:8).

이와 유사하게 바울은 디모데전서 2:13-14에서 하와의 모습을 여성에게 적용하지만, 고린도후서 11:3에서는 고린도 교회에 적용한다. 디모데전서 5:14에서 여성은 이상적으로 가정 내 영역을 다스리는데, 이는 에베소에 적합한 이상적인 그리스 문화다. 그러나 다양한 구약성서 본문에서 여성은 때로 가정 밖에서 일한다(창 29:9; 잠 31:16, 24; 아 1:6).[57]

오해를 가능한 한 많이 줄이기 위한 가장 이상적인 방법은 언어학적 문제들을 언어학적으로(즉 번역에 의해) 풀고, 상황적 문제들을 상황적 지식을 공급함으로써 푸는 것이다.[58] 따라서 우리는 우리의 청중을 본문의 세계 속으로 데리고 들어가서 그들이 본문을 잘 듣도록 도와줌으로써 재상황화한다.[59] 내 생각에 이상적 자료란 본문에 대한 정보를 제공하는 고대

---

54 예. 다음을 보라. *Sib. Or.* 2.18; 11.113-16; Dionysius of Halicarnassus *Ant. rom.* 4.13.2-3; Varro *Latin Language* 5.7.41; Ovid *Tristia* 1.5.69-70; Pliny *N.H.* 3.5.66; Silius Italicus 10.586; 12.608; Statius *Silvae* 2.3.21; 4.1.6-7; Symmachus *Ep.* 1.12.3. 이 언덕들 위에 세워진 로마를 경축하는 연례 축제에 관해서는 Suetonius *Dom.* 4.5를 보라.

55 예. Diodorus Siculus 1.4.3; Dionysius of Halicarnassus *Ant. rom.* 1.9.1; Cicero *Phil.* 4.6.15.

56 다음을 보라. Bauckham, *Climax,* 352-66; 특히 Pliny *N.H.* 37.78.204.

57 이 질문들에 관한 상세한 설명은 Keener, *Paul*을 보라.

58 Gutt, *Relevance Theory*, 73. 재상황화는 조금만 시간이 흘러도 구식으로 전락할 수 있는 번역들보다는(예. 구어체의 *Cotton Patch Version*, 이 구어체 버전은 번역될 당시의 상황에서는 유익한 것처럼 보였다) 상황적 설교에서 더 쉽게 성취된다.

59 Hays(*First Corinthians*, 173)는 강제된 "관련성"을 비판한다.

문화의 요소들을 공급해주는 풍부한 설명을 가진 좋은 번역일 것이다. 그런 설명이 없다면 본문은 현대 독자들에게 계속 낯선 것으로 남아 있을 것이다.[60]

결론

사도행전에서 문화적·인종적 분리를 연결하는 성령의 역할을(3장에서 논의되었듯이) 진지하게 받아들인다면, 우리는 성령의 영감을 받았지만 구체적으로 문화화된 성서의 메시지와, 성서 자체가 예증하는 교차문화적 소통의 역학에 주목할 필요가 있다. 하나님은 그분의 메시지를 상황화하셨고, 우리 역시 원래의 메시지에 충실하면서 새로운 환경에 맞추어 우리의 해석을 상황화해야 한다. 우리는 다른 문화들로부터의 정보를 사용하여 이런 과제를 더 적절히 수행할 수 있다.

60 이 점이 바로 우리가 새로 출간한 *NIV Backgrounds Study Bible*(Grand Rapids: Zondervan, 2016)에서 드러내고자 애쓴 것이다. 문화적 정보 자체는 논란의 여지가 많고, 본문 해석은 종종 어느 고대 배경이 가장 관련이 많은지를 강요하므로, 이와 같은 도구들은 진행 중인 작업으로 남을 것이고, 관련 본문과 직결되는 문학적 맥락에 언제나 부차적인 것이 될 것이다. 그럼에도 고대의 관습과 사상을 이해하기 위해 계속 축적되는 우리의 자료들은 이런 문제들에 있어 고대 이래 가능했던 것보다 더 큰 정확성을 허용한다.

5장 타문화 정보의 필요

성서의 영속적 메시지와, 원래 청중을 향한 그 메시지의 구체적인 문화적 적용을 구별하려고 노력하면서 많은 그리스도인들은 문화적으로 종종 영향을 받는 자신의 가정에 의존하라는 유혹을 자주 받는다.[1] 오늘날 서구 교회와 교단들은 어떤 이슈들이 문화적이고, 어떤 이슈들이 초문화적인지에 관해서조차 종종 의견이 갈린다. 비록 본문들이 전달하는 초문화적 요점들이 무엇이든지 간에 그 본문들은 문화적·언어학적으로 특정한 방식들로 소통되지만 말이다.

상황화는 불가피하다

상황화는 필요하고 우리는 이를 일상적으로 실행한다. 성서 문화에 한 방식으로 적용된 원칙들은 다른 상황에서 다른 방식으로 표현될 것이다. 우리 중 얼마나 많은 이들이 성서적 건축 기호를 따르는가? 신명기 22:8은

1 물론 대부분의 학자들은 그들의 해석학에서 훨씬 더 미묘한 차이를 보인다. 예. Webb, *Slaves*를 보라.

피 흘림의 죄를 짓지 않기 위해 지붕 주위에 난간을 요구한다. 이스라엘 백성은 그들의 평평한 지붕 위에서 여러 활동을 할 수 있었으므로, 누군가 지붕에서 떨어져 다치거나 죽는 것을 방지하기 위한 보호책이 요구되었다.[2] 오늘날 우리 대부분은 지붕 위에서 시간을 거의 보내지 않는다. 그러나 우리 이웃의 안전을 위한 수칙과 안전 절차는 우리가 지붕 주위에 난간을 설치하든지 않든지 존재한다.

성서를 우리 자신의 문화를 포함하여 대상 문화와 연결하는 것은 우리가 성서의 메시지를 보다 생생하게 들을 수 있도록 해주어야 한다. 성서가 제시하는 평안의 메시지뿐만 아니라 때로는 불쾌한 메시지까지도 말이다. 따라서 예를 들어 우리가 고린도 교회의 유력한 자들이 그들의 동료 신자들에게 받았던 지위적 기대(status expectations)를 이해하지 못하는 한, 우리는 그들의 영적 미성숙을 쉽게 간과해버릴 수 있다. 그러나 우리가 그들의 상황을 더 잘 이해하여 오늘날 우리의 상황에서 그와 유사한 상황을 찾는다면, 우리의 편견과 행위에 대한 이 본문의 도전을 쉽사리 피할 수 없을 것이다.

그러나 상황화가 불가피하기는 하지만, 원래 메시지의 의도와 불일치하는 방식으로 상황화할 여지도 존재한다. 실제로 상황화가 혼합주의로 교체되는 일이 종종 일어난다. 본문을 잘못된 상황에서 읽음으로써 발생하는 역읽기(counterreading)는 새로운 문제를 만들어낸다. 갈라디아에서 바울의 적대자들은 성서를 그들이 배운 방식대로 읽으면서 복음과 자신들의 문화를 섞어버렸다. 그들이 이런 혼합을 다른 문화의 신자들에게 부과하는 데까지 나아가자, 바울은 그들의 접근을 이단적인 것으로서 거부했다.

근대 선교의 역사는 교차문화적 불행에 대한 풍부한 사례들을 포함

---

2 예. Craigie, *Deuteronomy*, 289.

한다. 예를 들어 19세기 서구 선교사들은 한 문화권에 들어가 여성에게 가슴 가리개를 하라고 강요했다. 사회적 지위를 나타내는 이 가리개의 기능을 무시함으로써 이 선교사들은 사회적 불안을 야기했다.[3] 다른 곳에서도 피부를 덮어야 한다는 동일한 선교적 염려는 일부 그리스도인들, 즉 문화적으로 고유한 방식을 사용하여 자신의 믿음을 표현하는 사람들의 마음에 깊은 상처를 입혔다.[4]

문화는 우리가 문화적이라고 생각하는 것을 형성한다

이런 질문들은 어느 문화에서나 발생할 수 있다. 내가 나이지리아 플래토주(Plateau State)에 있는 조스 대학교(University of Jos)에서 강의하고 있었을 때, 몇몇 학생은 성서가 모든 문화의 여성들에게 교회에서는 머리 가리개를 쓰라고 명령한다고 믿었다. 그러나 내가 머리 가리개에 관한 말보다 더 자주 등장하는 명령(롬 16:16; 고전 16:20; 고후 13:12; 살전 5:26; 벧전 5:14)을 언급하면서, 왜 아무도 나를 거룩한 입맞춤으로 환영해주지 않느냐고 그들에게 물었을 때 그들은 모두 웃었다.[5]

입맞춤은 그들의 문화에서 인사의 형태로서 기능하지 않았지만, 머리

---

3 Carson, "Colonialism," 148-49; Lalitha, "Feminism," 82. 선교지의 여성들이 그들의 가슴을 가려야 한다는 선교사들의 주장에 대해서는 Putney, *Missionaries*, 41을 보라.

4 Mayers, *Christianity Confronts Culture*, 204(참조. 207).

5 입맞춤은 고대 지중해 문화에서 널리 행해졌던 인사의 한 형태였다(예. Homer *Od.* 21.224-27; Euripides *Androm.* 416; Virgil *Georg.* 2.523; Ovid *Metam.* 2.430-31; Artemidorus *Oneir.* 2.2; 1 Esd 4:47; *t. Hag.* 2:1). 보다 자세한 내용은 Keener, "Kiss"를 보라. 머리 가리개에 관해서는 앞서 나온 각주의 내용을 보라.

가리개는 성(gender)과 단정함의 표지로서 그들의 문화에서 기능했다. 그러나 우리가 본문에서 성적 단정함, 과시, 계층 간 갈등의 문제들을 살펴나가는 동안 대다수의 학생이 본문의 원칙들이 머리 가리개를 넘어선다는 것을 깨닫게 되었다. 머리 가리개를 하는 것이 그들의 상황에서는 적합하지만, 모든 상황에서 동일한 방식으로 기능하는 것은 아니다. 몇몇 학생은 다른 사람들이 때때로 머리 가리개를 뽐내기 위해 사용하거나 이성의 관심을 끌기 위해 사용한다고 불평했다.

인도네시아에서 온 한 친구는 자신이 처음 미국에서 운전을 시작했을 때 자카르타에서 운전하던 익숙한 방식으로 운전했다. 그녀는 그렇게 운전하는 자신에게 미국 사람들이 우호적인 태도로 손을 흔든다고 생각했다. 그녀는 가운뎃손가락을 치켜세우는 것이 여기서는 외설스러운 손짓임을 아직 알지 못했던 것이다. 가운뎃손가락을 보이는 것은 고대 그리스에서도 부적절한 행위였다.[6] 그러나 그 이유가 꼭 동일한 것은 아니다. 따라서 인도네시아 사람들이나 북미 사람들 양쪽 모두 고전 문헌에 등장하는 그런 표현의 의미를 직관적으로 오해할 수 있다.

몇몇 아프리카 친구는 그들의 문화에서 전통적 관습인 신부 지참금과 가족 간 중매결혼이 값비싼 교회 결혼식과 결혼반지보다 예수 당시의 유대인 결혼 관례와 더 유사하다는 것을 배우고 나서 놀라움을 표했다.[7] 이런 통찰은 값진 것으로 드러났는데, 왜냐하면 몇몇 아프리카 그리스도인이 수년간 동거하면서 교회 결혼식을 위한 비용을 저축하고 있었기 때문이다. 이 경우에 문제의 관습은 자신의 문화적 관습을 사실상의 기독교 문화로서 가정했던 서구 선교사들이 부분적으로 유입한 것이었다.

---

6 Diog. Laert. 6.2.34-35.

7 예. 다음을 보라. Keener, *Matthew*, 89-94; idem, "Marriage," 약혼, 결혼 지참금, 다른 관습들을 다룬다.

오늘날 거의 모든 사람은 적어도 성서의 일부 본문이 특정 지역만의 상황을 다루고 있음을 알고 있다. 예를 들어 대부분의 그리스도인들은 주일마다 예루살렘 교회에 보낼 헌금을 따로 챙기지 않는다(고전 16:1-3). 바울의 외투를 찾아 그에게 가져다주기 위해 드로아를 실제로 방문할 사람은 아마 없을 것이다(딤후 4:13). 그러나 성서 본문에는 경우가 그렇게 분명하지 않은 문화적 정황, 혹은 때로는 상황적 정황이 있다. 성서 본문에 담긴 원래의 문화적 배경에 주목하지 않을 때, 우리는 우리 자신의 문화적 배경에 비추어 성서를 직관적으로 읽게 된다. 우리는 무엇으로 본문의 여백을 채우든지 간에 여하튼 어떤 배경을 가지고서 본문을 읽는다.[8] 오늘날 많은 독자들에게 예수는 "로르샤흐 잉크반점"(Rorschach inkblot) 즉 "개인과 단체가 '그의 이름으로' 무엇을 하든지 이를 지지하고 정당화해주는" 존재에 불과하다.[9] 제3제국(Third Reich)의 아리아인 예수가 바로 그런 예였다.[10]

그리스도인으로서 우리는 모든 성서를 하나님의 메시지로서 수용한다. 그렇지만 우리는 성서가 언어와 문화 내에서 상황화된다는 점도 인지해야 한다. 실제로 그리스도인들은 하나님의 말씀이 우리의 고려를 요청하는 구체적 상황에서 소통될 수 있을지 질문할 수 없다. 왜냐하면 우리는 성육신을 확신하기 때문이다. 궁극적 상황화는 1세기 갈릴리의 유대인 남성으로서 육신을 입은 말씀(the Word)이다. 그는 특히 불가능할 정도로 일반적이고 문화가 없는 사람보다 우리의 특수성에서 우리와 더 잘 동일시될 수 있을 것이다.

---

8 예. Brown, *Scripture as Communication*, 205도 보라.

9 Malina, *Anthropology*, 153.

10 예. Head, "Nazi Quest"에 나오는 논의를 보라. Solberg, *Church Undone*의 선별된 문헌들도 보라.

신약성서의 상당 부분은 사도들의 기본적인 복음 메시지와 이 메시지의 윤리적 함의들을 강화한다. 여러 구체적 상황에 맞추어 그 메시지를 상황화하면서 말이다. 그렇게 함으로써 신약성서 저자들은 우리에게 어떻게 그들의 가르침을 그들의 상황과 종종 다른 오늘날의 구체적 상황, 예컨대 나이지리아, 네팔, 니카라과, 혹은 북미에 적용할 것인지에 대한 본보기를 제시해준다.

사각지대

많은 신학적 관심사들은 상황과 관련된다. 그러나 한 세대의 신학화 혹은 변증학은 쉽게 다음 세대의 전통이 될 수 있다. 신학을 신학자들의 문화로부터 해방시키는 계기는 종종 선교 혹은 새 문화와의 만남이다.[11] 새로운 문화적 배경은 때로 중요한 신학적 통찰에 기여하는 질문을 제기한다. 이런 현상은 성서 시대에도 발생했다. 예를 들어 성서는 페르시아 시기의 문헌 중 가장 먼저 사탄의 이름을 언급했을 것이다. 부활 신앙이[12] 언제 시작되었든지, 그것이 최초로 가장 명확히 설명된 때는 페르시아 시기이며, 당시의 주변 문화는 유다 사람들에게 개인적 종말에 대한 새로운 질문을 제기하고 있었다. 새로운 상황과 주변 문화와의 상호작용은 때로 주변 문화의 대답과 유사하거나 반대되는 참신한 하나님의 대답을 위한 문을 여는

---

11 참조. Bonk, "Missions." 오늘날 점점 증가하는 신학자들은 새로운 보편적 교회의 상황에서 저술 작업을 한다. 예. Tennent, *Theology*; Yong with Anderson, *Renewing*.

12 구약성서의 부활에 관해서는 특히 Raharimanantsoa, *Mort*를 보라. 부활 신앙에 미친 페르시아의 영향에 관한 논의는 Yamauchi, *Persia*, 303, 452-61을 보라.

새로운 질문을 제기한다.

우리 모두는 문화적 사각지대를 갖고 있고, 종종 내 눈의 들보를 뽑기 전에 다른 이의 눈에 있는 티끌을 떼주려고 한다(마 7:3). 예를 들어 대부분의 북미 복음주의자들은 혼합주의를 하나님과 맘몬을 동시에 섬기는 측면에서보다(예수는 이를 분명히 우상숭배로 간주했다; 마 6:24; 눅 16:13) 동아시아인들의 조상 숭배 측면에서 더 생각하는 경향이 있다.[13] 우리 문화에서 세속주의와 고삐 풀린 소비주의는 기독교의 가치와 경쟁한다. 그러나 유일신론은 한 하나님 그 이하를 의미해서는 안 된다.

이와 비슷하게 몇몇 서구 그리스도인은 다른 문화의 그리스도인들이 지역의 이교도 전통과 연결되는 암시들을 재빠르게 비난하면서도, 정작 자기 자녀들에게는 이빨 요정, 부활절 토끼, 계절에 따른 마멋의 행동에 관한 주술적 전통과 같은 이야기를 해주거나, 도덕적으로 긍정적인 마녀나 마술사들에 대한 이야기를 자세히 들려준다. 이런 이야기 세계를 믿음의 영역과 분리할 수 있다고 확신하는 서구 그리스도인들은 종종 이런 확신의 표현들을 다른 문화의 성숙한 그리스도인들에게는 허용하지 않는다.

이런 문제는 보통 지배 문화의 구성원들에게 가장 심각하다. 소수 문화의 구성원들은 생존하기 위해 다수의 문화에 대해 배워야 하지만, 지배 문화의 구성원들은 소수 문화에 대해 거의 알지 못해도 평생을 살 수 있다. 세상의 다른 부분에서 발생하는 부족주의 및 민족 충돌에 대한 서구 기독교의 비평은 북미 교회의 잦은 인종차별과, 인종 및 문화적 노선에 따른 이상적 분리를 목도하는 다른 사람들에게는 공허한 외침일 뿐이다.

13 하나님을 제외한 다른 존재에 대한 숭배는 금지된다. 그러나 성서의 중요 인물들은 죽은 자들을 (적어도 이들의 사망 시에) 기리는 많은 관습적 표현들을 사용했다(창 23:2-20; 막 14:8; 요 19:38-40; 행 8:2; 9:39).

본문에 우선순위 매기기

대부분의 그리스도인들은 사실상 정경 안의 또 다른 정경을 통해 행동한다. 다시 말해 그들은 성서의 특정 본문이나 가르침을 다른 본문이나 가르침보다 우선시한다.[14] 믿음 해석학에 대한 마르틴 루터의 유비는 상당히 명백하게 정경 안의 또 다른 정경을 생성했다.[15] 그러나 여러 교회 전통은 항상 기능적 정경을 지닌다. 예를 들어 예수를 메시아로 믿는 유대인 신자들은 우리가 역사적으로 무시해온 율법 혹은 유대인들에 관한 긍정적 본문에 대해 이방인 그리스도인들의 관심을 촉구한다. 유교적 전통 가치로 인해 중국 및 한국 신자들은 성서에 나오는 존경과 존중의 가치를 서구인들에게 강조한다.[16] 서구 개인주의에서 우리는 부모와 권세 있는 자들을 존경하라는 성서의 가르침을 무시하기 쉽다. 실제로 우리가 심지어 자신이 선출한 정치 지도자까지도 비판하는 것은 거의 북미인들의 의무처럼 보인다!

---

14 Davies는 "Read as Pentecostal," 257-58에서 오순절주의자들에게 올바로 경고하는데, 그들은 이런 위험에도 불구하고 자신이 가장 영적·개인적으로 의미 있다고 생각하는 본문들에 빠져든다.

15 Fuller, "Analogy," 210, n. 13; 참조. Ramm, *Interpretation*, 55-56; Grant and Tracy, *History*, 93. 예. 루터의 첫 번째 독일어판 신약성서 서문을 보라(Mittelstadt, *Reading*, 1-2n3). Mark Allan Powell의 설명에 의하면, 루터에게 성서의 핵심은 율법(하나님에 대한 경외를 불러오는 읽기 방식)과 복음(하나님의 사랑을 불러오는 읽기 방식)이었다. Powell, "Answers"를 보라. 루터의 해석학과, 바르게 이해되는 율법과 관련하여 이 해석학의 위치에 관해서는 다음도 참조하라. Hafemann, "Yaein," 119; Barclay, *Gift*, 103, 340. 어느 성서 본문이 구속력이 있는지에 관한 종교개혁 시기의 논쟁에 대해서는 Wengert, "Luther," 93을 보라.

16 거의 예외 없이 유교의 가르침들은 기독교와 정반대되는 종교 체계의 가르침들보다 현인들(예컨대 잠언에 등장하는 이집트 및 중동의 대화 상대들)의 가르침들과 더 유사하다. 사실 서구의 유물론과 대조되는 유교의 전통 가치들은 다양한 점에서 성서의 전통 가치들과 중복된다. 예. 다음의 연구들을 보라. Yeo, *Musing*; Yeo, "Xin"; Ten Elshof, *Confucius*.

동시에 1970년대 서구의 예수 부흥운동이나 남미의 혁명적 상황에 영향을 받은 우리는 정의와 해방을 강조할 수 있다. 이런 강조가 권위에 대한 예언적 도전으로 이어질지라도 말이다. 나치 독일에서의 고백교회와, 남아프리카 공화국에서 반인종차별정책을 지지했던 그리스도인들은 악한 정치 이데올로기에 복종하는 교회들에 이런 도전을 제기했다. 기독교의 읽기가 우리의 상황에 수용 가능한 방식으로 성서를 길들이는 일은 너무 자주 일어난다. 그러나 다른 상황에 있는 그리스도인들에게 귀를 기울임으로써 우리는 우리의 해석의 사각지대와 정경 안의 정경에 이의를 제기하는 데 도움을 받는다. 시각의 교정이 해석사 연구로부터 비롯되든 오늘날 살아 있는 교회들의 보편적 목소리로부터 비롯되든 간에, 이것은 사실이다. 우리는 그리스도의 몸이기 때문에, 각 지체가 필요한 은사와 통찰들을 가져오도록 허용해야 한다.[17]

성서의 가르침과 문화적 제국주의

우리 중 아무도[18] 성서에서 처음 다룬 문화에서 살고 있지 않다. 이는 우리가 성서 본문의 언어를 직관적으로 이해하는 데 제약이 된다. 한 문화를 다른 외부인보다 더 잘 알고 있는 외부인에게도 그 문화를 이해하는 데 있

17 성령(행 15:28)도 "토의와 심의"를 사용하여(참조. 행 15:6-7) 목적을 성취한다(Boda, "Word and Spirit," 41). 제2성전기의 쿰란 해석자들 역시 성령이 자신들의 해석 과정에 역사한다고 믿었다. Wright, "Jewish Interpretation," 91을 보라.

18 오늘날 예수를 따르는 중동 시골의 제자들도 마찬가지다. 비록 성서의 많은 부분과 관련하여 그들이 제일 근접한 문화 가운데 살고 있을 수 있지만 말이다.

어 사각지대가 있다. 이는 역사를 통해 쉽게 증명된다. 역사적으로 많은 선교사들, 예컨대 동아시아의 예수회 선교사들, 인도의 윌리엄 캐리(William Carey), 허드슨 테일러(Hudson Taylor)의 중국 내지 선교회에 속한 선교사들은 그들의 문화 전송을 통해 토착 문화를 규명하고자 하는 편견을 극복했다.[19] 식민주의가 절정에 달했던 때였음에도 아프리카의 유럽 복음주의 선교사들은 대부분 유럽인의 민족 중심주의와 거리가 먼 사람들이었다.[20]

그럼에도 서구인들은 많은 경우에 문화적으로 무감각하고 심지어 제국주의적인 관점에서 선교 활동을 수행했다.[21] 선교사들은 종종 그들의 문화를 강요했는데, 이런 강요는 특히 자신의 문화보다 열등하다고 생각되는 토착 문화에서 가장 강하게 이루어졌다(예컨대 아프리카의 많은 곳에서 이런 일들이 벌어졌다). 그래서 정복자들은 때로 칼을 동원하여 기독교 형태의 문화들을 소개했다(예컨대 남미의 많은 곳에서 이런 일이 발생했다).[22]

이런 민족 중심주의적 접근들은 갈라디아에 있었던 바울의 적대자들과 다르지 않은데, 그들은 회심자들에게 좀 더 온전히 하나님의 백성에 포함되려면 전송 문화의 규범에 순응해야 한다고 요구했다. 성서는 이런 행

---

19 예수회에 관해서는 다음을 보라. Spence, *Palace*; Neill, *History of Missions*, 162-65, 183-94; Tucker, *Jerusalem*, 59-66. William Carey에 관해서는 *Christian History* 36 (1992)을 보라. Hudson Taylor에 관해서는 *Christian History* 52 (1996)을 보라.

20 Isichei, *History*, 75. 제국주의 당국과 결탁된 국가 교회로부터 파송되지 않은 선교사들 역시 해당 당국으로부터 빈번한 박해를 받았다. 예언자 Braide가 서아프리카에서 주도한 운동과 같은 원주민 그리스도인 운동들이 그러했듯이 말이다. 참조. Sanneh, *West African Christianity*, 36, 167; Turaki, "Legacy"; Isichei, *History*, 233; Noll, *History*, 341. 다른 시기에 교회의 가르침은 제국주의와 반제국주의 모두를 위해 사용되었다. 참조. Stuart, *Missionaries*, 193-94; Sunquist, *Century*, 18-23.

21 예. 다음의 기록을 보라. Heaney, "Conversion to Coloniality," 73; Hawk and Twiss, "Indian," 47-54; Cuéllar and Woodley, "Mission," 63-69.

22 식민지 정복과 선교의 연관성에 관한 예들은 다음을 보라. Dussel, *History*, 41-44, 59; Koschorke, Ludwig, and Delgado, *History*, 277-89; Irvin and Sunquist, *History*, 11-21; Deiros, "Cross."

위를 분명히 정죄한다. 몇몇 본문은 기꺼이 문화적 제국주의를 다루는데, 선교의 긍정적 본보기를 제공하는 본문들(예. 사도행전에서의 바울)[23] 혹은 선교의 부정적 본보기를 제공하는 본문들(예. 갈라디아에 보낸 바울의 편지)[24]이 그런 예다. (탈식민주의 비평은 이런 몇몇 이슈를 다루지만, 보편적 교회가 내는 목소리의 한 국면만을 보여준다; 부록 B를 보라.)

오늘날 다른 그리스도인들의 목소리에 귀를 기울이는 것은 보편적 교회의 목소리에 귀를 기울이는 것을 의미한다. 서구 학계는 오랫동안 우리의 읽기와 접근에 영향을 미쳐왔는데, 이제 우리의 사각지대를 인지해야 할 필요가 있다. 동시에 성서를 그 자체로 권위 있는 것으로서 듣는 일은 우리가 성서 외적인 문화로부터의 읽기에 특권을 주지 않는다는 것을 의미한다. 그것이 서구 문화든 아니든 상관없이 말이다. 모든 문화의 신자들은 최선을 다해 성서 본문 주위에 모여야 하고, 우리의 다양한 읽기를 테이블로 가져와서 서로에게 배워야 한다. 몇몇 전통적인 학문적 접근법은, 그것이 겸손하고 문화적으로 민감성을 유지하는 한, 지속적으로 많은 기여를 할 것이다.

오늘날 보편적 교회의 목소리 듣기

나는 보편적 읽기라는 말을 통해 모든 읽기가 똑같이 좋다는 것을 의미하지 않는다. 예를 들어 요한복음의 거듭남을 힌두교의 환생에 비추어 이해

23 예. Keener, "Asia and Europe"을 보라. 나는 여기서 행 16장은 아시아의 믿음이 유럽으로 이동할 때 그리스와 로마의 식민주의가 역전되고 있음을 묘사한다고 제안한다.

24 예. 다음을 보라. Niang, *Faith*; deSilva, *Global Readings*.

하는 사람은 요한복음의 본문을 그것의 원래 상황과 너무나 동떨어진 방식으로 읽는 것이다. 그러나 서구식 읽기가 원래의 상황보다 더 우선시되어서는 안 된다. 그리고 본문을 다른 문화 및 다른 시대의 그리스도인들과 함께 읽는 것은 우리의 문화적 눈가리개를 벗어버리는 데 도움이 된다.[25]

오늘날 해석 공동체들은 한 세기 전보다 훨씬 다양하다. 대니얼 캐롤 로다스(Daniel Carroll Rodas)와 나는 『보편적 목소리들』(*Global Voices*)의 서론에서 다음과 같이 언급했다. "많은 이들이 추정하듯, 1900년에…16.7퍼센트의 그리스도인들이 아프리카, 아시아, 남미에 살았다. 2010년까지 이 수치는 63.2퍼센트까지 올랐고, 2025년쯤에는 거의 70퍼센트에 육박할 것이다."[26] 지난 반 세기 동안 이 대륙에 살고 있는 복음주의자들은 대략 12배 이상 증가했고, 이미 전세계 복음주의자들의 80퍼센트를 차지한다. 이 수치는 서구 복음주의자들의 숫자를 훨씬 상회한다. 서구 복음주의자들이 복음주의적 신학 교육을 대부분 계속 통제하고 있지만, 이는 사실이다.[27]

한편 기독교 세계는 다른 극적인 변화들도 겪어왔는데, 그중 몇몇 변화는 "은사주의" 또는 "오순절" 성서 읽기와 관련이 있다. "독립" 교회들은 1900년에 전체 그리스도인 인구의 1퍼센트로 출발했지만, 2050년까지 4분의 1을 차지하게 될 것이다.[28] 독립 교회와 여러 면에서 겹치는 은

---

25 특별히 유용한 Yeo, "Cultural Hermeneutics," 809을 보라. 모든 해석이 환영받지만, 몇몇 해석은 더 개연성이 높다. 이렇게 개연성이 높은 해석은 "끊임없이 확장되는 교차문화적(보편적) 해석 과정을 통해" 가장 잘 성취될 수 있다.

26 Keener and Carroll, "Introduction," 1.

27 Keener and Carroll, "Introduction," 1. 이 통계 수치의 출처는 다음과 같다. Mandryk, *Operation World*, 3, 5; Hanciles, *Beyond Christendom*, 121(다음도 주목하라. 즉 2050년까지 "세계 그리스도인 인구의 5분의 1만이 백인일 것이다"); 다음도 보라. Johnson and Ross, *Atlas*; Barrett, *World Christian Encyclopedia*; *IBMR*의 정기 업데이트.

28 Johnstone, *Future*, 113.

사주의자들과 오순절주의자들은 2050년까지 전체 그리스도인 인구의 약 3분의 1을 차지하고, 세계 인구의 11퍼센트를 차지하게 될 것이다.[29] 보편적 기독교의 미래를 다루면서 이문장(Moonjang Lee)은 다음과 같이 말한다. "비서구권 세계에서 성장 중인 교회들은 대부분 오순절주의-은사주의 교회들이며, 남미, 아프리카의 독립 교회들, 그리고 아시아의 은사주의 운동들에서 볼 수 있다." 기독교가 그것의 전통적인 서구 형태를 잃어가고 있음에 주목하면서, 이문장은 기독교가 생존과 번영을 위해 그것의 초기 은사주의적 특징을 온전히 회복할 필요가 있다고 경고한다.[30]

주류 역사가인 로버트 브루스 멀린(Robert Bruce Mullin)은 이미 20세기 말에 주류 개신교인들보다 "더 많은 오순절주의자들이 전 세계에" 있었다고 말한다.[31] 사회학자인 피터 버거(Peter Berger)는 아마도 광의의 오순절주의가 "복음주의적 개신교주의의 80퍼센트를 차지한다"고 주장한다.[32] 이 주장은 실제로 그 수치 속에 무정형으로 배열된 그리스도인 집단들을 포함시키지만, 많은 이들이 전 세계적으로 거의 5억에 달하는 은사주의자들을 추정하고 있다는 점은 의미가 있다. *International Bulletin of Missionary Research*에 실린 최근의 소논문은 이들의 숫자를 6억 1천 4백만 명으로 추산한다.[33] 만일 그런 추산이 실재와 가깝다면, 기독교세계에서 은사주의자

29 Johnstone, *Future*, 125. 오순절주의가 이미 문화적으로 매우 다양하다는 사실은 다양한 문화적 배경의 오순절 학계를 장려해야 할 지속적 필요성을 강화한다(Mittelstadt, *Reading*, 169도 보라).

30 Lee, "Future," 105. 참조. Ma, "Shift," 특히 68-69, 한 세기 전의 선교사들이 아프리카와 오순절주의의 성장에 얼마나 철저히 준비되지 않았는가를 다룬다.

31 Mullin, *History*, 211; 참조. Noll, *Shape*, 32.

32 Berger, "Faces," 425. 참조. Tomkins, *History*, 220: "역사상 가장 빨리 성장하고 있는 형태의 기독교." 기적으로 인해 1981년에 이미 거대한 성장을 이룬 교회들에 관해서는 다음을 보라. De Wet, "Signs"; Yung, "Integrity," 173-75; Moreland, *Triangle*, 166-67.

33 Johnson, Barrett, and Crossing, "Christianity 2010," 36; 다음도 보라. Johnson and Ross, *Atlas*, 102; Anderson, *Pentecostalism*, 11. 이 수치의 3분의 1만 인정하더라도 그 수는 괄목할

들은 규모 면에서 로마 가톨릭(은사주의 분파는 로마 가톨릭과 겹친다) 다음으로 큰 집단이 된다.

세계 기독교의 중심이 제3세계로 이동했으므로, 세상에서 지배적인 기독교 관점들도 이와 함께 이동했다.[34] 이런 이동은 교회의 성서 해석이라는 과제에 중요한 함의를 지닌다.[35] 20세기 중반 서구 성서학계의 관심사는 더 이상 보편적 교회의 이슈들에 관한 것이 아니었다. 제3세계에서 우후죽순처럼 성장하는 교회는 더 많은 성서적 학문을 절실히 필요로 한다. 그러나 성서적 학문은 보편적 교회가 직면하고 있는 진짜 이슈들과 맞닿아 있는 것이어야 한다. 제한된 교육을 받은 제3세계 출신의 한 젊은 여성은 오늘날 보통의 그리스도인을 대변하는데, 그녀의 관심은 양식비평(*Formgeschichte*)의 난삽한 구문 분석보다는 성서 내러티브를 이해하는 것에 있다.[36]

전통적인 역사비평적 방법들은 분명 가치가 있으며, 나는 역사적 질문들을 다루면서 이 방법들을 강조한다.[37] 역사비평적 방법들은 설교나

만하다.

34 Laing, "Face," 165.

35 참조. Nadar, "Feminism." 이 연구는 남아프리카 인디언 여성주의 관점에서 이루어졌으며, 학자들이 성령의 역할을 인지하고, 널리 퍼져 있는 은사주의적 개념을 활용하며, 참된 변화를 육성하기 위해 노력해야 한다고 지적한다.

36 실제로 민족 중심적인 가정들은 몇몇 역사비평적 관심사뿐만 아니라 이 가정들의 몇몇 접근법에도 포함되어 있다. 따라서 어떤 이들은 전통적인 문서 가설(Documentary Hypothesis)이 율법의 기원을 늦은 시기로 잡는 것은 민족 중심적인 헤겔식 가정을 반영하는 것이지, 고대 근동 문화에서 율법이 실제로 언제 생성되고 발전했는지를 반영하는 것은 아니라고 제안한다. 예. Harrison, *Introduction*, 21의 논의들; Livingston, *Pentateuch*, 227, 229-30; 참조. Whybray, *Making*, 46-47; Levinson, "Introduction," 10-11; 참조. Bartholomew, *Hermeneutics*, 214-15이 언급하는 W. de Wette의 19세기 초 접근법의 철학적 토대.

37 예. Keener, *Historical Jesus*; idem, "Assumptions." 역사비평적 방법론을 통한 오순절주의와 복음주의의 대화에 관해서는 Cheung, "Study"도 보라.

신학적 질문들이 아니라 역사적 질문들에 초점을 맞춘다. 이 방법들은 여러 종류의 목적보다는 한 종류의 목적을 위해 고안된다.[38] 그럼에도 이런 방법들의 패권적 사용, 즉 특정 환경을 위해 고안된 다른 방법이 있음에도 불구하고 이 방법들을 사용하는 것은 그것이 적용될 수 없는 상황에서 "참학문"으로서 공포될 때 강압적이면서 부적절한 것이 될 수 있다. 교수가 알게 된 가장 최근의 비평적 방법론은(때로 이는 오랫동안 진행된 박사과정을 통해 이루어진다), 그것이 무엇이든지 간에, 학문을 하는 데 가장 좋은 방법론으로서 학생들에게 종종 가르쳐진다. 그다음에 그런 방법론은 관련 이슈들이 보통 교회의 삶과 무관한 전 세계의 상황 속으로 전파된다.[39] 탈식민주의 주해가인 다비나 로페즈(Davina Lopez)는 R. S. 수기르타라자(R. S. Sugirtharajah)의 의견을 따르면서 이 접근법이 지적인 식민화 행위로서 작용해왔다고 경고한다.[40]

극단적 역사비평의 지나친 사변은 부적절함을 더욱 악화시킨다. 예일 대학교 신학부의 한스 프라이는 리처드 헤이스(Richard Hays)가 말한 것처럼 다음과 같이 강조했다. "복음서의 메시지는" 그 복음서가 예수에 관해 이야기하는 내용 안에서 "우선적으로 발견되어야 하는 것"이지, "본문

38 Martin, "Hearing," 212은 이에 대한 유용한 내용을 다룬다. Bartholomew(*Hermeneutics*, 237)는 R. Alter와 F. Kermode를 인용하면서 역사비평이 기존의 성서 문학을 보다 가치 있는 실제 역사를 발굴해내는 잔해로서 사용했다고 제안한다. 이런 발굴은 일반적으로 해석자들의 능숙한 창의력에 토대를 둔 재구성을 의미한다.

39 전통적인 역사비평적 방법론의 기원이 된 탈식민주의 비평에 관해서는 다음 연구의 관찰에 주목하라. Segovia, *Decolonizing*, 119-32, Agosto, "Foreword," xiv에 인용된다. 오늘날 많은 서구 학자들 역시 역사-비평적 패러다임의 객관성에 이의를 제기한다. 예. Horrell and Adams, "Introduction," 42의 요약과 Stanley, "Introduction," 3을 보라.

40 Lopez, "Visualizing," 76, Sugirtharajah, "Catching," 176-85을 인용한다. 다음 연구의 관심사도 보라. Heaney, "Conversion," 68-69, 77. 오늘날 많은 이들은 지배적 패러다임이 객관성을 가장하는 데 이의를 제기한다. 예. 다음을 보라. Smith, "Tolerance"; Stanley, "Introduction," 3; Lee, "Nationalism," 223; Merrick, "Tracing."

배후의 사건 혹은 공동체에 관한 사변적 재구성에서 발견되는 것이 아니다."[41] 빈번히 제기되는 또 다른 도전은 초자연적 현상들을 더 오래된 종류의 역사비평으로부터 우선적으로 배제하는 것인데, 이는 종종 다비트 프리드리히 슈트라우스(David Friedrich Strauss, 1808-1874)가 본문에서 "역사적이지 않은" 초자연주의적 요소들을 벗겨내면서 본문의 심리학적 요소들을 가치 있게 평가하는 것을 종종 따라왔다.[42]

내가 단순히 역사적 맥락에서의 성서 읽기를 언급하는 것이 아님을 기억하길 바란다. 위에서 제안했듯이 우리가 참된 교차문화적 경청에 일관적이어야 한다면, 역사적 맥락에서의 성서 읽기는 반드시 필요하다. 우리가 보편적 교회의 목소리를 그것의 상황에서 들었다고 확신한다면, 우리가 정경적이라고 간주하는 목소리에 대해 동일한 특권을 부인하는 것은 대단히 일관성이 없는 것이다. 그러므로 역사비평의 (종종 가설적인) 자료 집착에 대한 반작용은 본문의 역사적 상황에 대한 관심을 거부할 변명이 되지 않는다.[43] 이런 관심은 현대의 변증법적·비판적 관심보다 훨씬 앞선

41 Hays, *Reading Backwards*, xvi. 회의적이고 사변적인 역사비평 및 재구성은 반본문적(antitextual) 성향을 띠는 경향이 있다. Green, *Practicing Theological Interpretation*, 70을 보라. 역사적 예수에 관한 나의 연구는(Keener, *Historical Jesus*) 복음서 연구에 많이 의존했다. 그러나 역사적 예수 학계에 대한 조사를 통해 우리는 이 연구의 상당 부분이 많이 출판된 복음서 연구를 확실히 인지하지 못한 채 이루어지고 있음을 알게 될 것이다.

42 Frei, *Eclipse*, 239, 241-42을 보라; 참조. 274.

43 안타깝게도 Davies, "Read as Pentecostal," 252n10에는 심각한 혼란이 반영되어 있다. Hays가 "단일하고 명료한 '원래 의미'"에 대한 "현대주의자"의 관심을 비평하는 데에도 혼란이 반영되었을 수 있다(Hays, *Reading Backwards*, 30). 비록 비유에 대한 Hays의 이해에서 주요 요점에 내가 동의하지만 말이다. 반면에 다음 연구들은 앞선 연구들과 분명한 차이를 보인다. Green, *Practicing Theological Interpretation*, 45; Archer, *Hermeneutic*, 69(Robert Traina의 방법론이 논의되고 있다), 221. 비록 191에서 적어도 약간의 혼란이 나타나지만 말이다. Bartholomew가 "객관성의 두꺼운 개념, 얇은 개념"이라고 부르는, 이 두 개념의 유용한 구분을 보라(Bartholomew, *Hermeneutics*, 415). Archer의 우려는 본문 이해를 명확히 하기 위한 문화적 상황의 사용에 있는 것이 아니라, 결코 완전히 복구될 수 없고 가설적으로 재구성될 수 없는 본문 뒤의 세계에 집중하는 데 있다(Archer, *Hermeneutic*, 207을 보라).

다. 다른 역사적 배경을 위해 기록된 본문을 이해하는 데 있어 그 배경이 유용하지 않다고 주장하는 것은 영어권 독자들이 번역본 없이 그리스어와 히브리어 성서 사본을 이해하길 기대하는 것과 같다.[44]

그러나 우리의 전통적인 비평 방법들이 대부분 특정 상황에 만연하거나 만연했던 질문들(예. 계몽주의 회의론을 다루는)에 답하기 위해 고안되었다는 비평가들의 주장은 여전히 옳다. 이런 질문들은 그것들의 적절한 상황 속에서 가치를 지니지만, 다른 상황에서는 다른 관심사들이 믿는 자들에게 우선순위를 지닌다. 예를 들어 예전에 한 중국 교회 지도자는 다음과 같이 경고했다. "서구 그리스도인들의 신학적 통찰력은 중국에 유익을 주지 못할 것이다. 만일 필요가 발생했을 때, 당신이 악마를 쫓아낼 수 없다면 말이다."[45] 학자들이 독특한 오순절 해석학을 추구해온 이유 중 하나는 교회가 성서를 사용하는 데 있어 영적으로 막다른 골목에 치우치는 경향이 있는 "고삐 풀린 이성주의"에서 벗어나려는 욕구 때문이다.[46]

더욱이 위에서 언급했듯이 몇몇 비서구식 읽기는 성서에서 직접 다루는 가치와 좀 더 유사한 가치를 지닌 문화들에서 유래한다. 그리고 이런 문화들은 때로 성서 저자들이 직접 대답하고 있는 질문들과 더 유사한 질문들을 제기한다. 예를 들어 나의 아내 메딘(Médine)과 내가 처음 창세기

44 아니면 임의로 선택된 영어성서 번역본 또는 모든 영어성서 번역본(Watchtower 번역본 같이 완전히 왜곡된 내용을 담은 번역본들도 포함된다)을 원래 본문만큼 권위적인 것으로서 다루는 것과 같다.

45 Watchman Nee in Kinnear, *Tide*, 152. 영적 존재를 믿지 않는 사람들조차도 귀신 들림이 자신들의 상황을 문화적으로 가장 잘 설명해준다고 인정하는 자들에게 축귀가 문화적으로 가장 민감한 치유법이 된다고 주장한다. 예. 다음을 보라. Martínez-Taboas, "Seizures"; Hexham, "Exorcism"; Singleton, "Spirits," 478; Heinze, "Introduction," 14.

46 Thomas, "Women," 81. Thomas는 82에서 해석에서의 성령의 역할과, 해석학의 패러다임 전환에 대한 학문적 숙고의 필요성에 대해 지적한다. 참조. Cross, "Proposal," Cartledge, "Text-Community-Spirit," 132에 인용됨.

를 함께 공부할 때, 나는 고대 근동 문헌에 대한 나의 문학적 지식을 바탕으로 몇몇 구절에 대한 통찰을 제공했다. 그러나 메딘은 목축 문화에 대한 그녀의 직관적 이해를 바탕으로 족장 내러티브에 대한 더 많은 통찰을 제공했다. 더욱이 내가 창세기에서 매우 이상하게 생각했던 유별난 출생들이 사실 그녀의 문화에서는 낯선 것이 아니었다.

중동의 시골 문화에서 자라난 사람들은 창세기에 관한 나의 여러 해석적 질문에 훨씬 정확히 대답할 수 있을 것이다(예. 창 21:23-24에서 아브라함이 아비멜렉의 후대를 되갚기로 동의할 때, 이 동의는 더 큰 내러티브 차원에서 아이러니하게 작용하지 않는가라는 질문).[47] 이 지점에서 나는 고대 그리스-로마에 대한 지식을 토대로 대부분의 신약성서 관련 질문들에 자신 있게 대답할 수 있지만, 나의 교차문화적 민감함으로 인해 종종 구약성서에 관해서는 답보다는 질문들을 더 많이 남기게 된다. 만일 나에게 특정 고대 배경에 관한 결정적 정보가 없다면, 나는 내 문화적 해석과 더불어 더 많은 문화적 해석의 선택지들을 확보할수록 더 나은 답을 얻을 수 있다.

더 폭넓은 배경을 토대로 해석을 고려하는 것은 유익한데, 그 이유는 우리의 경험이 자주 우리의 해석적 선택지의 범위를 형성하거나 확대하기 때문이다. 흑인 교회(Black Church)의 일원이 되기 전에 나는 성서가 그저 민족적 화해를 해결해주길 바랐다. 그러나 이 질문이 내게 실존적인 것이 되자, 나는 신약성서에서 유대인-사마리아인, 유대인-이방인 이슈들

---

47 창 26:29에서 아비멜렉은 이삭을 강권하여 그들을 해하지 않을 것을 맹세하게 한다. 그들이 그에게 "손을 대지" 않고 평안하게 보냈던 것처럼 말이다. 언약을 맺은 후 그들은 "평안하게" 이삭을 떠난다(창 26:31). 그들이 이삭에게 "손을 대지" 않은 것은 아마도 그들이 이삭의 아내를 성적으로 범하지 않았거나 이삭과 그의 아내 둘 중 아무도 해하지 않았음을 의미할 것이다(창 26:11). 동일한 동사가 성적 위험에 처했던 사라의 이야기에도 등장하는데(창 20:6; 12:17), 이 동사는 하나님이 바로와 그 집을 재앙으로 치신 것과는 상이하게 다른 의미를 지닌다. 그러나 그들이 이삭을 평안하게 보낸 것은 순전히 우호적 이유만은 아니었다(창 26:16; 참조. 26:20-21).

이 어떻게 화해를 위한 많은 잠재적·구체적 본보기를 제시하는지를 숙고하기 시작했다. 물론 차이점들이 있었지만, 다음과 같이 유용한 유사점들도 있었다. 만일 하나님이 그의 백성을 그가 역사 가운데 세워놓으신 민족적·문화적 경계를 극복하도록 부르신다면, 하나님은 우리가 다른 모든 경계를 극복하도록 얼마나 더 부르시겠는가?[48] 만일 나의 새로운 경험이 "편견"이라면, 내 이전의 경험 부족은 그런 편견이 아니란 말인가?

방법론에 관한 간결한 추기

다문화적 관점의 범위에 대한 논의를 환영하는 것은 단 하나의 관점만을 환영하는 것보다 편견을 점검하는 데 있어 훨씬 유리하다. 그러나 이 다문화적 관점이 논의될 때 이상적인 결과는 이런 대화가 우리 자신 혹은 (좀 더 유익하게) 서로에 대해서뿐만 아니라 성서 본문에 대해, 그리고 성서 본문이 우리의 다양한 상황에 어떻게 말하고 있는지에 대해서도 좀 더 명확히 들을 수 있도록 우리 모두를 도와줄 수 있다는 것이다.

권위 있는 본문의 메시지를 듣는 것이 우리의 목적으로 남아 있는 한, 우리는 우리가 사용하는 접근법들의 역사적 상황에 유념해야 하고, 이런 접근법들이 우리의 목적의 성취를 좌절시킬 수 있는 위험성을 가지고 있

48 예. Keener, "Reconciliation"에 나오는 나의 논의; idem, "Invitations." 한 비평가는 내가 구체적 적용보다는 일반 원칙을 도출했다고 불평했다. 그러나 이 비평가는 나의 소논문 전체를 읽지 않았다. 왜냐하면 내 소논문은 화해와 더불어 정의를 강조하고, 일반적 원칙과 구체적 적용 모두에 대한 구체적 예시들을 확실히 제시하고 있기 때문이다. 공통의 원칙을 발견하는 것은 누군가의 적용이 정말로 유사함을 확인하는 것과 연관이 있다.

다는 점도 염두에 두어야 한다. 나는 여기서 이런 위험들을 소개하는데, 그 이유는 이 위험들에 관한 우려가 이 책의 이어지는 부분을 알려주기 때문이다. 하지만 제3부에서는 관련 질문을 좀 더 전개할 것이다(여기서는 제4부와 5부에 나오는 내 접근법을 뒷받침해주는 몇 가지 이유에 대해 생각해볼 것이다). 그 위험들은 성령 해석학에서 주관적·경쟁적·독단적 읽기의 잠재성과 함께 특별한 위험으로 남아 있다.

몇몇 해석학적 접근법은 해석에서 해석자의 지평에 이전의 방법론이 환영했던 것보다 더 많은 여지를 허용해왔다(부록 A와 B를 보라). 그러나 때로 그런 접근법들은 그렇게 함으로써 첫 번째 지평을 제거해버렸다. 한 본문이 그것의 저자가 의도한 것과 별개로 존재하는 독립적인 무엇을 의미할 수 있다는 형식론적 주장은 그 본문이 처음에 소통했거나 야기했던 의미를 낳은 생성적인 사회언어적 배경에 더 많은 주의를 기울여야 했다. 불행하게도 많은 사상가들은 이런 독단성을 훨씬 더 발전시켜버렸다.

해체주의자들은 본문이 읽힐 수 있는 상황적 범주를 고려할 때 본문의 의미 범주에는 사실상 제한이 없다고 주장했다.[49] 이는 새로운 비평이 궁극적으로 도착한 지점이다. 다른 이들은 해체주의적 접근의 중요성에 이의를 제기했다. 언어는 완전히 부적절하지 않은 상태에서 불완전할 수 있다.[50] 물론 해체주의자들조차도 독자들이 알파벳 부호, 단어, 그리고 그

49 전통적인 서구 철학과 존재신학에 도전하는 Derrida에게 그 자체로 임의적인 언어 밖에 존재하는 것은 아무것도 없다(참조. Derrida, *Speech*; idem, *Writing*; Derrida and Stocker, *Derrida*). 나는 언어가 사회적으로 구성되어 있다는 점에 동의한다. 그럼에도 언어는 참조적 소통을 추구한다. 해체에 대한 몇몇 성서학자의 접근은 다음을 보라. Crossan, "Metamodel"; "Derrida and Biblical Studies" (Semeia 23 [1982]); 가장 유용한 Moore, *Poststructuralism*.

50 예. 다음을 보라. Grunlan and Mayers, *Cultural Anthropology*, 75, 95, Chomsky, *Structures*를 인용함; 참조. Hirsch, *Validity*, 18-19; Spawn and Wright, "Cultivating," 193은 Vanhoozer, *Meaning*, 299-303의 주장을 따른다. 이런 관찰은 해체를 바르게 비난했던 구조주의를 지

들의 견해가 암호화되어 있는 소통 매체의 기능, 즉 역사적으로 발전되어 왔고 문화적으로 조건화된 기능을 인지함으로써 그들의 기본 요점을 이해하길 기대했다.[51]

독자반응비평가들은 본문이 다른 배경에서 읽히는 방식들을 관찰함으로써 해체주의자들의 주장을 따랐다.[52] 기술적인 도구(descriptive tool)로서 독자반응비평은 다른 해석 공동체들의 다른 해석들을 규명해준다. 이 독자반응비평은 새로운 질문들과 해석적 선택지들을 고려 대상으로 제시함으로써 유익을 줄 수 있다.[53] 기본적인 차원에서 이 접근법을 반대하기란 쉽지 않다. 왜냐하면 주석을 참조하는 독자들은 다양한 의견을 고려하게 되고, 더 폭넓은 문화로부터 통찰을 끄집어내는 것은 우리의 선택지들을 더 풍성하게 해주기 때문이다.[54]

그러나 독자반응비평은 다른 방식으로 사용되어왔다.[55] 많은 비평가

지하기 위함이 아니다. 실제 독자들의 본문 체험 방식에 대한 심리학적 연구로 인해 언어학자들은 구조주의와 구조주의 바로 다음에 등장한 견해들을 거부해왔다(Malina, "Reading Theory Perspective," 13-14). 구조주의의 반역사적 특징에 관해서는 Kee, *Miracle*, 290-91의 비평을 보라; 참조. Sanders, *Jesus and Judaism*, 128. 언어의 한계와 어느 정도 해체를 가져오는 본문에 관해서는 다음을 보라. Dio Chrys. *Or.* 52.7과 Keener, *John*, 1:38-39, 901n19에 나오는 널리 읽혔던 고대 자료들 내의 예시들, 그리고 Dio Chrys. *Or.* 11의 수사 기법.

51 Derrida 자신은 언어가 일반적 의사소통을 위해 "작용한다"고 인정할 수 있었다(Vanhoozer, *Meaning*, 211-12. 그러나 Vanhoozer 역시 해체주의적 소통의 아이러니를 본다[266n21]; Smith, "Inc/arnation," 112-19[Oliverio, *Hermeneutics*, 218-19에 인용됨]).

52 Hirsch(*Validity*, 10)는 본문을 그것의 저자와 독립시켜버리면 그 본문이 원독자에게 의미하는 것이 무엇이든 그 의미를 떠나는 것이라고 불평한다.

53 다양한 사회적 자리에서 발생하는 다양한 읽기의 예들에 관해서는 다음을 보라. Barreto, "Affects What I See"; Keener and Carroll, *Global Voices*; Patte, *Global Bible Commentary*. 대화 상대의 범위를 확장하는 것의 가치에 관해서는 다음도 보라. Gross, *Preach*, 113; Brown, *Scripture as Communication*, 89-90; Klein, Blomberg, and Hubbard, *Introduction*, 148; Lines, "Readings"; Fraser and Kilgore, *Friends*, 73에 언급된 성서 연구 모임.

54 다문화 해석학과 관련된 환대 및 대화에 대해서는 매우 유용한 Choi, "Hermeneutics," 114-17을 보라.

55 예를 들어 Stanley Fish는 확실히 상대주의를 중요하게 여긴다. 2001년 9월 11일 이후 그는

들은 해석 공동체의 지도자들에게서 의미를 찾아왔다. 따라서 해석은 일종의 정치적 행위로서 공동체에 의미를 규정한다. 해석의 성공은 내재적 소통자가 지닌 관심과의 조화에 달린 것이 아니라, 해석자의 사회적 혹은 정치적 능력에 달린 것이다. 따라서 대부분의 소통과 심미적 문학 작품은 해석자의 목적 달성을 위한 선동으로 해체된다. 비판적 독자들은 이제 내포 저자의 설득 전략에 저항하는 사람들이 되는 대신에 독자 자신의 목적을 위해 본문을 부당하게 이용하거나 심지어 조작하게 된다.

언어가 종종 정치적으로 사용되는 것은 분명하다. 그러나 독자반응 비평은 기술적 역할에서 규범적 역할로 옮겨갈 때 몇몇 의미를 다른 의미보다 공동체에게 더 권위적인 것으로서 분류한다. 새로운 권위가 해석자, 해석 공동체의 지도자, 혹은 해석자가 선호하는 사회적으로 구성된 가치나 정치에 있다는 것을 제외하면 말이다.

기술적 접근은 모든 목소리를 고려 대상으로 삼는다는 점에서 가치가 높다. 그러나 규범적 접근은 본문을 하나님의 말씀으로서 듣고자 하는 이들에게 질문을 제기한다. 사람들은 자신들의 안건을 해결하기 위해 본문을 종종 사용하는 것을 당연하게 여긴다. 성서 본문은 확실히 이런 방식으로 꽤 빈번히 사용된다. 그러나 이런 기술적 관찰은 우리의 보다 나은 대의를 위해 본문을 더 효율적으로 악용하라는 요청이 아니다(왜냐하면 우리는 어떤 대의를 다른 대의보다 선호하는 것에 대한 구체적이고 표준적인 근거가 더 이상 없기 때문이다). 만일 우리에게 성령이 있다면, 우리가 하나님의 공동체인 교회에서, 즉 가장 작은 자가 가장 큰 자가 되어야 하는 곳에서, 성서 읽기

미국의 민주주의 이상이나 알카에다의 이상을 평가해줄 보편적 도덕 기준이 존재하지 않는다고 주장했다(Fish, "Condemnation", Collins, *Babel*, 149-51에 인용됨). 그러나 본문이 어떤 식으로든 단순히 읽힐 수 있다면, 억압적인 정부가 책을 금지할 필요는 없을 것이다(Davies, *Matthew*, 15).

를 정치적으로 통제할 필요가 있을까? 우리가 집요하게 정경적인 본문을 추구할 때 경청해야 할 목소리는 가장 강력한 해석자들의 목소리일까, 아니면 신적 저자(divine Author)의 목소리일까?

우리는 해석에 영향을 미치는 사회적 권력 역학의 실재를 (기술적으로) 인지하는데, 이 실재는 대중적 차원과 학문적 차원 모두에서 우리와 충돌한다. 그러나 우리는 이런 역학에 순응하지 않음으로써(그래서 남용적 권력 역학을 영속화하지 않음으로써) 저항하는 것이 아니라, 성서 본문을 그것의 첫 번째 상황에 충실한 방식, 즉 우리 자신의 상황에서 우리에게 신선한 도전을 주는 방식으로 듣기를 추구함으로써, 그리고 다른 이들도 그들의 상황에 충실한 방식으로 읽도록 도와줌으로써 저항한다.[56] 다양한 관점을 지닌 독자들이 공유하는 토론의 공통 근거는 (우리가 최선을 다해 재구성한 것으로서의) 본문과 그 본문이 최초의 청중에게 들렸을 방식이다. 저자는 이 최초의 청중을 위해 고대 어휘, 관용구, 문화적 가정을 통해 그 본문을 구성했다(이 내용과 관련하여 제3부를 보라).

결론

각 문화는 일부 사각지대뿐만 아니라 기여할 점도 가지고 있다. 지배 문화들은 눈가리개가 되는 경향이 있는데, 이는 그 문화들만이 다른 목소리들에 주목하지 않고 작용할 자유를 누려왔기 때문이다. 우리의 궁극적 목적

56 참조. 마 23:8(우리가 제자를 삼을 때, 이는 예수를 위한 것이 되어야지, 우리를 위한 것이 되어서는 안 된다); 고후 4:5.

은 단일한 집단의 패권을 위한 것이 되어서는 안 된다. 그것은 그리스도의 사랑을 담은 겸손한 정신에 입각한 대화여야 한다. 오늘날 성령 운동의 세계적 확산과 특히 오순절 사건의 성서적 모델을 고려해볼 때, 오늘날 진정한 성령 해석학은 다양한 구체적 상황화를 고려하는 것이어야 한다. 상황화는 최적의 방식으로 실행될 때 성서 본문이 그것의 첫 번째 청중과 어떻게 대면했는지를 더 잘 식별하도록 우리를 도와준다.

우리는 모든 문화의 신자들, 즉 동일한 정경으로 묶여 있는 사람들과 함께 비판적으로 경청해야 한다. 그러나 우리는 몇몇 배경에서 체험된 신자들의 특별한 경험이 다른 경험에 비해 성서에서 가정된 경험과 더 유사하다는 것을 인지해야 한다. 몇 가지 요점과 관련하여 제3세계 교회들은 서구 기독교가 한때 알았으나 오랫동안 잊어버렸던 교훈들을 서구 그리스도인들에게 가르쳐줄 준비가 되어 있다.[57]

57 서구 교회 역사에서 발생한 초자연적 현상에 관해서는 Keener, *Miracles*, 1:359-425; 2:785-86, 875을 보라.

6장 제3세계의 가치 있는 통찰

원칙적으로 우리는 다양한 문화의 신자들로부터 기꺼이 배우려고 한다. 그러나 그들로부터 배우는 것이 수 세기 동안 이어져온 우리 문화의 가정들에 도전할 때 무슨 일이 발생할까? 우리는 우리의 가정들을 무비판적으로 폐기해서는 안 된다. 그러나 다른 문화의 신자들은 우리의 가정들이 문화적 사각지대를 반영하는 영역에서 우리를 도와줄 수 있다. 몇몇 문화는 환대, 용기, 희생, 믿음에 대한 성서적 원칙들을 현재 대부분의 서구 문화보다 훨씬 잘 이해한다.

여기서 나는 세계 여러 지역의 신자들이 서구 교회 및 서구 신학교로 하여금 근대 서구의 전통적인 물질주의적 일원론에 도전하도록 도울 수 있는 두 영역을 견본으로 요약하고자 한다. 이 두 영역은 바로 영(spirits)과 기적이다. 모든 신자가 이런 상황에서 말하는 것 전부가 성서적 계시와 일치하지는 않는다. 그러나 그것의 상당 부분은 이 두 개념(영과 기적)을 무시해버리는 전형적인 서구 학계에 강력한 도전장을 내민다.

사례 연구 I: 영[1]

선교사이자 인류학자인 폴 히버트(Paul Hiebert)는 인도 그리스도인들이 그가 가지고 있던 문화적 사각지대를 해결해주었다고 강조한다. 그의 문화적 사각지대는 다음과 같은 이유에 근거했다. 즉 그의 과학적 훈련이 자연주의적·선험적 접근을 강조한 반면, 그의 신학적 훈련은 유신론적 설명을 강조했던 것이다. 그러나 그는 절대적 하나님에 대한 기능적 범주가 아니라 초인적 활동에 대한 기능적 범주가 부족했다. 초인적 활동이 여러 문화의 신앙뿐만 아니라 성서에 자주 등장하고 있음에도 말이다. 최근 수 세기 동안 서구 사상은 하나님과 자연세계 사이의 아무런 중간 범주도 허용하지 않았다. 그러나 히버트는 인도 그리스도인들과의 대화 가운데 이런 중간 영역이 존재함을 믿게 되었다.[2]

영을 성서가 보장하는 것보다 더 만연한 것으로 이해할 위험성이 있다. 영에 사로잡힌다는 것을 믿는 문화들에서는 그렇게 해석되는 현상 사례들이 더 많이 생성됨을 주지해야 한다.[3] 그러나 우리는 대부분의 서구 그리스도인들이 영적 실재를 성서가 제시하는 것보다 훨씬 덜 인지하고 있는 것은 아닌지 의심한다.

1 여기서 나는 Baker Academic 출판사의 허락을 받아 Keener, *Miracles*, 788-856에 언급된 다양한 자료를 선별적으로 채택하고 있다.

2 Hiebert, "Excluded Middle," 43. 그가 주목하는 불가사의한 현상들의 이런 생략은 Daston, "Marvelous Facts," 100-113에 보다 자세히 기록되어 있다.

3 Kemp, "Ravished," 75.

영에 관한 보편적 경험

존 필치(John Pilch)는 오늘날 세계 인구의 90퍼센트가 "평범한 현실과 비범한 현실"을 모두 받아들인다고 제안한다. 여기서 말하는 비범한 현실에는 하나님과 영도 포함된다.[4] 더욱이 인류학자 에리카 부르기뇽(Erika Bourguignon)은 영에 사로잡히는 것에 대한 믿음이, "민족지학(ethnographies)의 독자라면 누구나 알고 있듯이" 세상 여러 문화에 널리 퍼져 있다고 지적한다.[5] 이미 40년 전에 그녀는 연구 대상인 대표적 사회들의 거의 4분의 3이 영에 사로잡히는 것에 대한 믿음이 있다고 입증할 수 있었다.[6] 이어진 연구들은 그 사회의 약 90퍼센트에서 발생한 의식의 변화된 상태에 대해 이야기한다.[7] 다양한 문화는 이런 경험에 대한 일련의 서로 다른 해석적 모형들을 제공한다.[8] 비록 다양한 문화의 경험이 매우 상이한 사회 내에서도 유사한 신념들을 종종 만들어내지만 말이다.[9]

20세기 초 한국에 파송된 많은 장로교 선교사들은 신학교에서 영이 실재가 아니라고 배웠다. 그러나 그들 대부분은 한국인 신자들과 선교 사역을 하는 동안 이와 다른 생각을 갖게 되었다.[10] 한 세대 전에 저명한 서구 선교학자 스티븐 닐(Stephen Neill)은 제3세계의 그리스도인들 대부분에

---

4 Pilch, *Visions*, 17.

5 Bourguignon, "Spirit Possession Belief," 18; 참조. idem, "Introduction," 17-19; Firth, "Foreword," ix; Lewis, *Ecstatic Religion*, 100-26; Chandra Shekar, "Possession Syndrome," 80; Morsy, "Possession," 189; Boddy, "Spirit Possession," 409.

6 Bourguignon, "Spirit Possession Belief," 19-21; idem, "Appendix."

7 Ward, "Possession," 126; Pilch, *Dictionary*, 81-82.

8 예. Lewis, *Ecstatic Religion*, 44을 보라; 참조. Maquet, "Shaman," 3; Peters, *Healing in Nepal*, 11-16, 46-47, 50.

9 McClenon and Nooney, "Anomalous Experiences," 47.

10 Kim, "Reenchanted," 270-73.

게 "악한 영이 존재하지 않는다"는 것을 확신시키는 일이 불가능하다고 경고했다.[11] 더 최근에 페루의 선교학자 사무엘 에스코바르(Samuel Escobar)는 페루 정글의 원주민 교사와 나눈 대화를 보도한다. 정글 주민들이 서구 언어학자가 번역한 마가복음 본문에서 귀신이라는 표현에 주목했을 때, 이 서구 언어학자는 이런 영이 1세기에만 해당하는 개념이라고 설명했다. 그 지역 교사는 이 언어학자를 존중했지만, 그들의 지역 환경이 그들이 마가복음에서 발견한 것에 더 잘 부합한다면서 이렇게 주장했다. "우리는 실제로 귀신과 영이 존재한다는 것을 알고 있어요. 그들은 지금 주변에 있어요."[12]

아프리카 학자인 존 S. 음비티(John S. Mbiti)는 아프리카 지역의 실재인 영과 마술을 부정하는 서구인들의 무지를 배격한다.[13] 아프리카 사람들은 영과의 만남을 실제 경험으로서 종종 이야기한다. 예를 들어 서구에서 의학을 공부한 가나의 의사는 "영매"(fetish priests)였던 환자의 몸을 만진 후 자신의 팔이 몇 시간 동안 전기에 마비되는 것을 경험했다.[14] 힘의 맞닥뜨림(power encounters)은 종종 교회 성장에 불을 지폈다. 따라서 20세기 초 아프리카에서 개릭 소카리 브라이데(Garrick Sokari Braide)나 윌리엄 와데 해리스(William Wadé Harris)가 오래된 영적 힘에 저항한 후 전통 종교를 따랐던 수만 명이 그리스도인이 되었다.[15] 이런 힘의 맞닥뜨림은 아이티(Haiti), 인도, 필리핀 같은 다른 지역의 기독교 전파에서도 널리 보도된

11 Neill, "Demons," 161.

12 Escobar, *Tides*, 86.

13 Mbiti, *Religions*, 253-56.

14 Mensah, "Basis," 176.

15 Koschorke, Ludwig, and Delgado, *History*, 223-24; Hanciles, "Conversion," 170. Harris의 사역은 비록 감리교의 영향을 받았지만, 궁극적으로 아프리카 오순절주의에 영향을 미쳤다 (Ouédraogo, "Pentecostalism," 163).

다.[16] 많은 경우에 그와 같은 힘의 맞닥뜨림은 전통 종교의 사제들이 그리스도인이 되는 것으로까지 이어졌다.[17]

당연하게도 이런 경험은 신자들이 성서 본문에서 유사한 내용으로 간주하는 것에 접근하는 방식에 영향을 미친다.[18] 한 아프리카 신학 저널에서 탄자니아의 루터교 저자는 다음과 같이 말한다. "귀신 들림 현상은 수많은 동아프리카 그리스도인들이 매일 투쟁하는 힘든 현실이다." 따라서 서구인들과 대조적으로 동아프리카 사람들은 "성서의 이야기(accounts)를 신화로서가 아니라 실제 경험에 대한 객관적 이야기로서" 듣는다.[19]

서구 학계 대 토착 해석

송하이 무슬림들(Songhay Muslims) 가운데서 연구 중인 인류학자 폴 스톨러(Paul Stoller)는 마법의 공격을 받게 될 거라는 경고를 받았다. 그날 밤 그는 숨이 막히는 무게에 짓눌리는 느낌을 받았고 지붕 위에서 위협하는 생명체의 소리를 들었다. 이 공격은 그가 그 지역에서 사용하는 치유 처방전(쿠란의 특정 구절을 암송하는 것)을 기억해냈을 때 비로소 멈췄다. 이 경험은 그

16 예. Johnson, "Growing Church," 55-56; Pothen, "Missions," 305-8; Ma, "Encounter," 136; 보다 자세한 내용은 idem, *Spirit*을 보라.

17 예. De Wet, "Signs," 84-85; Koch, *Zulus*, 136-37, 143-44, 144-45, 147-48, 150, 153; Pothen, "Missions," 189; Park, "Spirituality," 52-53; Khai, "Pentecostalism," 269; Knapstad, "Power," 83-85; Tandi Randa, 개인 서신(2012년 5월 26일; 2014년 5월 13일). 그러나 몇몇 개종자는 자신의 이전 종교가 지닌 중요한 가치들을 여전히 보유했다(Merz, "Witch," 203, 213).

18 아프리카 학자들의 성서 주해에서 영적 능력의 중요성에 관해서는 LeMarquand, "Readings," 496-97을 보라.

19 Mchami, "Possession," 17; 그러나 Mchami는 동아프리카 학자들의 해석이 더 많은 주해를 사용할 수 있었다고 인정한다.

의 관점을 변화시켰다. 그의 인류학적 지식이 아니라 토착적 이해가 그 지역의 실재에 대응할 수 있게 해주었다.[20] 그의 경험에 관한 출판물은 처음에 논쟁과 몇몇 동료로부터의 무시를 초래했지만, 결국 칭찬으로 이어졌다.[21]

마찬가지로 저명한 인류학자인 솔론 킴벌(Solon Kimball)은[22] 아일랜드에서 현장 실습 도중 유령과 조우한 뜻밖의 경험을 자세히 기록한다.[23] 이 사건 후에야 그는 그 지역의 많은 사람들 역시 동일한 모습의 유령과 마주쳤음을 알게 되었다.[24] 인류학자 에디스 터너(Edith Turner)는 "인류학이 솔론 킴벌의 유령 이야기에 잠시 놀랐지만", 비슷한 유의 이야기들이 발표되기까지 이 사건에 내재된 의미들을 무시했다고 고백한다.[25] 터너는 1985년 잠비아의 영과 관련된 의식에서 "영 물질"(spirit substance)이라고 부르는 것이 한 환자로부터 나오는 것을 목격했을 때 영의 존재를 믿게 되었다.[26] 무속신앙에 찬성하는 관점에서 그녀는 이제 자신이 전에 영의 존재를 무시했던 것을 문화적 제국주의로서 거부한다.[27] 그녀는 몇몇 학자가 "훈련된 인류학자들이…한 문화의 측면들을 이해함에 있어서" 그 문화 출신의 사람들보다 더 낫다고 생각한다는 사실에 불만을 토로한다.[28]

오늘날 인류학자들은 사회의 토착적 관점에서 추정된 영혼에 대한 경

---

20 Stoller, "Eye," 110, Turner, "Advances," 41에 인용됨.

21 Turner, "Advances," 42.

22 Kimball은 플로리다 대학교 인류학과의 대학원 연구교수이자 시카고 대학교와 버클리에 있는 캘리포니아 대학교의 방문교수다. 미국인류학회와 응용인류학회의 회장을 지냈다.

23 Kimball, "Learning," 188-92.

24 Kimball, "Learning," 189-90.

25 Turner, "Advances," 37. 유령에 대한 다른 주장들은 McClenon, Events, xiii, 70, 72을 보라.

26 Turner, *Hands*, xxii; idem, *Experiencing Ritual*, 149, 159; idem, *Healers*, 1-23.

27 Idem, "Reality of Spirits"은 무속신앙에 찬성하는 관점을 견지한다.

28 Turner, *Experiencing Ritual*, 4.

험들을 연구하려고 애쓰고 있으며, 그런 경험에 서구적인 해석적 틀을 강요하지 않는다.[29] 신학자 및 초심리학자들과 대조적으로, 대부분의 인류학자들은 영적 현상들이 아니라 영들에 대한 토착 신앙을 연구하고자 한다.[30] 따라서 한 연구는 영에 사로잡힌다는 개념을 "외부의 영이 미치는 영향 측면에서 고유하게 해석된, 변경된 상태의 모든 의식"으로 정의한다.[31] 보다 최근의 연구들은 토착적인 기준의 틀을 고려하기 위해 이전의 연구들보다 더 애쓰고 있다.[32] 종종 의학적 관점에서 볼 때 서구의 전통 범주들은 교차문화적 비교를 좀 더 용이하게 만들지만, 좀 더 상황화되고 현상학적인 접근들이 인식론적으로 보다 개방적인 것임이 증명된다.[33]

그러나 인류학자들, 정신과 의사들, 심리학자들, 원주민 해석자들의 접근법들은 종종 서로 상당한 차이를 보인다.[34] 심지어 서구에서조차 과정 경험의 의미에 관해 일치된 의견이 존재하지 않는다. 예를 들어 인류학자들은 심리학자들과 정신과 의사들이 의식의 변경된 상태를 민족 중심적으

---

29 Tippett, "Possession," 143-44. 귀신 들림의 인류학적 접근법들에 관한 간단한 역사적 개관은 다음을 보라. Prince, "Foreword," xi; Crapanzaro, "Introduction," 5-7. 보다 자세한 최근 연구들에 관해서는 Boddy, "Spirit Possession," 410-14을 보라.

30 Bourguignon, *Possession*, 14. 몇몇 학자는 서구의 진단 범주들을 교차문화적으로 적용하는 것이 부당하다고 경고하다. 왜냐하면 한 사회의 치료사들이 혼란한 것으로 간주하는 몇몇 행동이 다른 사회에서는 규범이 될 수 있기 때문이다(Hoffman and Kurzenberger, "Miraculous," 84-85).

31 Crapanzaro, "Introduction," 7, 이 부분은 Davies(*Healer*, 23) 같은 다른 학자들도 인용한다. 토착민들의 관점에서 귀신 들린 상태에 빠져 있는 자들에 관해서는 다음을 참고하라. Bourguignon, *Possession*, 7; Lewis, "Spirits and Sex War," 627.

32 Keller는 *Hammer*, 39-40에서 다음과 같이 지적한다. 즉 초기 인류학자들은 귀신 들림의 주체에 대해 언급하지 않고, 심리사회학적 용어로 귀신 들림을 설명하는 경향이 있었다. 그러나 보다 최근의 연구는 "귀신 들림의 주체가 되는 조상, 신, 영들을 진지하게 다룬다."

33 Boddy, "Spirit Possession," 408, 410-14, 427을 보라.

34 예. Wendl은 "Slavery," 120에서 심리분석적(Crapanzaro), 사회학적(Lewis), 페미니스트적 접근법들을 비난하는데, 그 이유는 이 접근법들이 귀신 들림 경험의 토착적 기능을 분석하는 대신에 일종의 기준을 부과하기 때문이다.

로 이해한다며 비난해왔다. 반면에 다른 이들은 인류학자들이 심리학적·정신의학적 문제들에서 제한된 능력을 지니고 있다며 비난했다.[35] 여러 자료로부터의 보도들은 귀중한 정보를 제공하지만, 이렇게 제공된 자료를 해석하는 일은 종종 세계관의 문제로 귀결된다. 많은 경우에 토착적 접근법들은 서구의 물질주의적 해석들보다 복음서의 구원 내러티브에 좀 더 가까운 것임이 입증된다.[36]

마술(Witchcraft)

빈번한 남용과 과장에도 불구하고,[37] 많은 아프리카 사회에서 몇몇 사람은 악의적인 마술을 부리려고 하는데, 이는 마술을 믿는 여러 문화에서 불가피한 현상이다.[38] 실제 효험의 정도가 어떻든지 간에, 마술사들과 그 문화에 속한 대부분의 사람들은 마술의 효험을 믿는다.[39] 많은 경우에 사회적

---

35 Ward, "Introduction," 9. Ward는 "Cross-Cultural Study," 17에서 다음과 같이 지적한다. 즉 "객관적이고 수량화할 수 있는 자료"에 맞춰져 있는 심리학자들의 초점은 인류학자들의 "주관적이고 경험적 자료의 통합"으로 보완되어야 한다고 말이다. 광범위한 현대 과학 분류에 관해서는 Chandra shekar, "Possession Syndrome," 82-83을 보라.

36 다음 연구들에서 복음서 이야기에 관한 논의를 참조하라. Twelftree, *Exorcist*; idem, *Name*.

37 몇몇 비극적 예에 관해서는 Keener, *Miracles*, 804-6을 보라.

38 Shorter, *Witch Doctor*, 99; Wyk, "Witchcraft," 1202; Mensah, "Basis," 171; 더 많은 증거는 Keener, *Miracles*, 806-8을 보라. 마술은 아프리카에서 성행하고 있다(Harries, "Worldview," 492; Hill, "Witchcraft," 323-25; Bähre, "Witchcraft," 300, 329; Wyk, "Witchcraft," 1203-4). 부정적 샤머니즘이 다른 사람을 해하거나 죽이는 데 사용된다고 믿는 믿음에 관해서는 다음의 연구들에 나오는 보도들을 보라. McNaughton, *Blacksmiths*, 69; Scherberger, "Shaman," 57-59; Azenabor, "Witchcraft," 30-31. 성공을 위해 친척을 마술로 희생시킨 사건은 Binsbergen, "Witchcraft," 243을 보라.

39 Obeyesekere("Sorcery," 3)는 살인 의도에 주목하지만, 21에서는 마술을 통한 살인의 높은 효용성에 회의적 반응을 보인다. 마술적 수단과 더불어 살인을 위한 독극물 사용은(이런 예는 때로 스스로 마술사라고 부르는 자들이 보도한다) Reynolds, *Magic*, 41-44; Kapolyo,

으로 낙인 찍히는 일임에도 불구하고, 마술에 의한 살인을 고백하는 것은 여러 사회에서 나타난다.[40] 마녀의 존재를 부정하던 한 서구 강연자는 아프리카 학생을 통해 변했는데, 그 학생은 자신이 마녀이고 마술을 통해 사람들을 죽인 실질적인 기록이 있다고 말했다.[41] 다른 많은 이들은 마술이 그것의 특수한 정황에서 사람을 죽인다고 믿는다.[42] 영들과 연관된 부두교(Voodoo) 주술에 의한 사망은 실제 현상이다.[43] 비록 서구의 관찰자들이 일반적으로 영적인 설명보다는 심리학적 설명을 찾으면서 부두교 주술에 의한 죽음을 테러와 연관 짓고 있지만 말이다.[44]

마술이 이전에 보인 과도함 때문에 마술에 대한 믿음을 이단으로 선언하고 초자연적 현상을 부정했던 유럽 출신의 서구 선교사들은 아프리카 상황에서 실행 불가능한 사상들을 종종 가르쳤다.[45] 토착민들은 전통적인 선교사들을 종종 신뢰하지 않았는데, 이는 후자가 마술을 무시했기 때

Condition, 77을 보라.

40 예. 다음을 보라. Shoko, *Religion*, 46; Mayrargue, "Expansion," 286; Hoare, "Approach," 127-28; Knapstad, "Power," 84, 89.

41 Hair, "Witches," 140.

42 예. 다음을 보라. Numbere, *Vision*, 136; Grindal, "Heart," 66; Turner, "Actuality," 5; West, *Sorcery*, 3-5, 9-10, 88.

43 저주로 인한 고난과 죽음은 다음을 보라. Prince, "Yoruba Psychiatry," 91; Dawson, "Urbanization," 328-29; Mbiti, *Religions*, 258; 참조. Remus, *Healer*, 110; Welbourn, "Healing," 364; Benson, *Healing*, 40-41의 부두교 의식과 금기 의식에 의한 죽음; 특히 Knapstad, "Power," 84, 89. 저주의 효능에 대해 널리 알려져 있는 믿음은 아프리카의 시골 지역(예. Lienhardt, "Death"; Azevedo, Prater, and Lantum, "Biomedicine")에 나타났고, 16-17세기 네덜란드에서 발생했으며(Waardt, "Witchcraft"를 보라), 보다 최근에는 서구 몇몇 지역에서 발생했다(예. Sebald, "Witchcraft"). 마술과 연관된 물리적 수단에 의한 살인을 반박하는 사람은 아무도 없다(예. 2015년 1월 13일, 2월 17-18일, 3월 6일 탄자니아에서 흰색 피부를 지닌 원주민들[albinos]을 대상으로 자행된 마술 살인).

44 예. 다음을 보라. Cannon, "Voodoo Death"; Frank, *Persuasion*, 39-42.

45 Lagerwerf, *Witchcraft*, 14-15. 전통 서양 의학은 마술로 인한 고통을 치유할 수 없는데, 그 이유는 서양 의학이 이런 고통을 그것의 전통적인 사회 틀로부터 분리시키기 때문이다(16-17).

문이다.[46] 실제로 마술에 대한 믿음은 사회 내에서 주어진 역할을 다하는데, 보다 새로운 종교 문화의 간섭을 받지 않을 경우 이 마술에 대한 믿음은 지속되고 성장할 수 있다.[47]

영적 능력의 유해한 사용이 다른 상황에서 다른 형태를 취할 수 있고, 모든 영적 능력이 같은 정도의 힘을 실제로 발휘하는 것은 아니지만, 선교지에 대한 부적절한 비난과 그 비난에 대한 반응은 서구인들이 마술에 대한 토착 신앙 전부를 너무 쉽게 무시하도록 이끌 수 있다. 부정적인 영적 능력과, 때때로 능력과 그 능력을 행사하는 사람들과의 조우는 여러 번 성서 본문에 나타난다(출 7:10-12; 마 24:24; 막 13:22; 행 8:9-13; 13:8-12; 19:11-20; 살후 2:9; 계 13:13). 기독교 초기의 몇 세기는 힘의 조우에 관한 보다 정교한 이야기들을 종종 포함한다.

이 주제에 대한 나의 견해는 2008년 12월에 전통적인 아프리카 저주와 관련하여 세계관을 박살내는 힘을 예기치 않게 경험한 후 바뀔 수밖에 없었다.[48] 나의 경험과 개인적 악의 힘에 대한 나의 신학적 이해 사이의 인지적 불협화음은 내가 『기적』(*Miracles*)을 출간한 지 2년 내지 3년이 지났을 무렵 히브리어로 욥기를 읽으면서 나의 이전 세계관이 성서에 이미 분명히 존재하는 것을 보지 못하게 만들었다는 사실을 깨달을 때까지 지속되었다.[49]

---

46 Lagerwerf, *Witchcraft*, 18.

47 일부 아프리카 오순절주의 교회들은 마술을 다룸으로써 문화적으로 적절한 모습을 보여왔다(Maxwell, "Witches," 334). Hayes("Responses," 346-47, 352)는 주교 Nyasha와 같은 시온주의자들의 접근법을 긍정적으로 평가하는데, Nyasha는 마술을 행했다고 고백한 자들에게 세례를 주고 축귀를 하여 그들을 회복시킨다. 아프리카 가톨릭, 성공회, 장로교 목사들은 대부분 마술을 비난한다. 비록 그들의 교구민들이 그들의 말을 언제나 이런 식으로 듣는 것은 아니지만 말이다(Ross, "Preaching," 12-13).

48 이 이야기는 *Miracles*, 854-56에 자세히 나온다.

49 이 경험은 이 책 7장의 "해석학적 순환" 단락에서 다시 좀 더 자세히 다루어진다.

사례 연구 II: 기적[50]

많은 서구인들이 기적의 가능성에 대해 의구심을 품지만, 성서 연구에서 기적은 매우 중요한 이슈다. 예를 들어 복음서 중 가장 먼저 기록된 마가복음에서 기적과 축귀는 전체 내용의 약 30퍼센트를 차지한다.[51] 마찬가지로 보통 알레고리화를 경멸하는 서구 학자들도 때때로 치유 내러티브의 영적 적용만은 허용한다. 비록 복음서 저자들이 영적 적용을 제공해준다고 할지라도, 그들이 이런 영적 적용을 배타적으로 의도했는지는 의심스럽다.[52] 아스클레피오스(Asclepius)의 신전들에서 행해진 증언들을 고려할 필요가 있는데, 이는 증언들을 이야기하는 중요한 요점이 탄원자들이 육체적인 것을 포함한 그들 자신의 필요를 위해 믿음을 갖도록 그들을 격려하기 위한 것이었음을 기억하기 위함이다.

서구의 몇몇 그리스도인은 영국의 초기 계몽주의 기간에 특별히 실험적인 학문을 통해 세상의 발전을 위한 값진 기여를 했다.[53] 그럼에도 급진적 계몽주의 분파들은 오늘날까지 서구 세계에 남아 있는 잘못된 이분법을 만들어놓았다. 이 이분법은 주로 서구의 이슈로 남아 있다. 2015년에 나는 나의 저서 『기적』과 관련하여 수백 명의 인도네시아 신학생들을 위

---

50 여기서 나는 Baker Academic 출판사의 허락을 받아 Keener, *Miracles*, 209-41과, "Scripture and Context"에 언급된 다양한 자료를 선별적으로 채택한다.

51 예. 다음을 보라. Robinson, "Challenge," 321; Placher, *Mark*, 76.

52 참조. Everts, "Exorcist," 360; Judge, *First Christians*, 416-23(특히 416). 성서의 기적 내러티브의 비물리적인 적용만을 허용하는 전통은 18세기 은사중지론을 지지하는 개신교에 이미 확립되어 있었다(Kidd, "Healing," 166을 보라).

53 예. 다음을 보라. Frankenberry, *Faith*, ix, 34-38, 47-66, 385-86, 105, 256; Brooke, "Science," 9; idem, *Science*, 118; Wykstra, "Problem," 156; Force, "Dominion," 89, 91; idem, "Breakdown," 146; Osler, "Revolution," 95; Koestler, "Kepler"; Burtt, *Foundations.*

한 강연에 초청받았다. 나는 이 강연에서 초자연적 실재에 대한 변호가 매우 제한된 가치만 갖는 것은 아닌가 하는 의구심을 곧바로 확증할 수 있었다. 좀 더 많은 관심은 하나님의 행위를 다른 영들에 의한 행위와 어떻게 구별하는지에 쏠렸다. 강연자인 나 자신에게 불행하게도 나는 그런 차원의 경험과 전문성에서 그 자리에 참석한 많은 사람들보다 부족했다.

공감 대 반감

서구 학자들은 성서의 기적 본문을 종종 아무런 공감 없이 혹은 심지어 황당해하며 읽는다. 이는 불행한 현상인데, 왜냐하면 게자 버미스(Geza Vermes)가 다른 맥락에서 지적하듯이 "종교 저술은 공감의 정신으로 읽는 사람들에게만 그 의미를 공개하기" 때문이다.[54] 물론 교차문화적 비교를 목적으로 감정이 배제된 읽기를 수행하고자 하는 학문적 시도들이 필요한 때도 있다. 그러나 이런 비교를 위해 고안된 에틱적(Etic, 문화 현상을 물리적 관점에서 바라보는—역자주) 범주들조차 특수한 문화적 가정들을 불가피하게 반영할 수밖에 없다. 토착적 이해에 기초한 에믹적(emic, 문화 현상을 기능적 관점에서 바라보는—역자주) 읽기는 문화에 대한 사고에 보다 분명한 통찰력을 종종 제공해준다. 물론 이런 읽기가 문화 간 비교 평가를 위한 범주로는 덜 편리하지만 말이다.

기적에 할당된 개연성의 정도는 개인의 이전 가정들에 달려 있다.[55]

---

54 Vermes, *Jesus and Judaism*, 63.

55 Ward, "Miracles and Testimony," 137-38. 이 문단과 다음 문단에서 나는 내가 저술한 *Miracles*, 139-40의 내용을 따른다. 특히 다음 문단에서는 *Miracles*, 139-40의 표현을 그대로 재사용한다.

여기서 말하는 증거의 유신론적 읽기는 이신론적 또는 무신론적 읽기와 다를 것이다. 무신론적 전제하에서 기적은 믿기 어려운 것이다. 그러나 유신론적 전제하에서 우리는 적어도 가끔 기적을 기대한다. 선험적으로 흄(Hume)은 자연에서 행동할 수 있는 신을 고려 대상에서 배제하는데, 이를 통해 자신의 기적 연구가 가져올 결과를 미리 판단해버린다.[56] 중립적 출발점은 신의 활동이나 비활동을 미리 가정하지 않을 테지만,[57] 흄은 신의 비활동을 단순하게 미리 가정한다.[58]

누군가 다른 근거로 유신론을 긍정할 이유가 있다면,[59] 우리가 기적이라고 부르는 것은 심지어 예상될 수도 있다.[60] 기적은 일상적으로 관찰

---

56 Houston, *Miracles*, 133-34; Smart, *Philosophers*, 32; Twelftree, *Miracle Worker*, 41. Hume에게 미친 이신론의 영향에 관해서는 특히 Burns, *Debate*, 70-95을 보라.

57 Houston, *Miracles*, 148, 160; Swinburne, "Introduction," 14.

58 Houston, *Miracles*, 162; 참조. 비슷한 주장을 하는 Sider, "Methodology," 27; Ward, "Believing," 742; Evans, *Narrative*, 156; McInerny, *Miracles*, 135-38; Breggen, "Seeds." Houston은 다음과 같이 지적한다. 즉 무신론적 결론을 얻기 위해 방법론적으로 무신론을 가정할 경우 이런 입장이 요구하는 것을 만족시킬 수 있는 논의는 어디에도 없다고 말이다(Houston, *Miracles*, 168). Backhaus("Falsehood," 307)는 Hume이 "무신론자의 믿음"을 "유신론자의 믿음"에 수반되는 그 정도의 믿음으로서 인지했다고 주장한다.

59 어떤 이들은 다른 이유들이 보장될 경우 유신론의 전제에서 출발할 수 있다고 주장할 것이다(참조. Evans, "Naturalism," 특히 205). 또 다른 이들은 하나님을 원인자(causal factor)로 거론하기 전에 유신론을 확립하려고 애쓰거나(Young, "Epistemology"; 참조. Tennant, *Miracle*, 63-64에 인용되는 저자들), 기적이 유신론적 전제에서만 이해할 수 있는 것이라고 지적한다(Taylor, *Hume*, 46-51). 그러나 우리가 이 설명을 하나의 설명 가설로서 간주한다면, 그 질문들에 나란히 접근할 수 있을 것이다(참조. Weintraub, "Credibility," 373은 충분한 일관성이 결여된 유신론적 이론을 한탄한다). McGrew가 "Argument," 639-40에서 주목하듯이 "신이 존재한다는 것을 모르는 것은 신이 없다는 것을 아는 것"과 다르다.

60 다음을 보라. Swinburne, "Evidence," 204-6(예수의 부활에 대한 가설을 다룬다); idem, "Introduction," 14-15; idem, "Historical Evidence," 151; Polkinghorne, *Science and Providence*, 58; Taylor, *Hume*, 51; Hambourger, "Belief," 601; Evans, *Narrative*, 155; Ward, "Miracles and Testimony," 144; Purtill, "Proofs," 43; Otte, "Treatment," 155-57; Langtry, "Probability," 70; Kelly, "Miracle," 50; 참조. John Henry Newman (in Brown, *Miracles*, 137-38); Mozley, *Lectures*, 74-92; Akhtar, "Miracles"(전통 기독교 신앙에서 기적이 필요한 이유를 언급한다); Keene, "Possibility of Miracles," 214(인류에 대한 하나님의 관심으로 인

되는 자연의 흐름을 거스르지만, 이것이 바로 기적의 요지다.[61] 우리는 이런 이례적인 행위가 때때로 발생하길 기대할 수 있는데, 특히 하나님이 소통하기 원하시는 메시지와 연관된 특정 상황에서는 더욱 그렇다.[62] 따라서 많은 학자들이 기적에 관한 주장을 평가할 때 종교적·신학적 맥락을 고려하는데,[63] 이는 오랜 역사를 지닌 방법 중 하나다.[64] 실제로 우리가 의도적

한 기적). Smart는 *Philosophy of Religion*, 113에서 다음과 같이 주장한다. 즉 기적은 그 배후의 권위로 인해 받아들여지는 것이지, 기적으로 인해 그 배후의 권위가 받아들여지는 것이 아니다. 비록 이런 이분법이 서구의 현대 가정들을 반영하고 있지만 말이다. 여기서 우리는 종교적 맥락에서 설명된 기적 이야기들의 신뢰성을 거부했던 Hume을 대조해볼 수 있다. 왜냐하면 그는 종교적 맥락을 비합리적인 것으로 간주했기 때문이다(예. Hume, *Miracles*, 36, 50).

61 참조. Swinburne, "Evidence," 201-2(예수의 부활에 관한 내용); 참조. Ellin, "Again," 209에 나오는 Hume에 반대하는 역사적 답변; 참조. Polkinghorne, *Science and Providence*, 51에 언급된 하나님 나라의 "표시"(의미)가 되는 기적의 가치. 성서의 기적 이야기들은 종종 자연적으로 불가능한 현상에 초점을 맞춘다(참조. Wire, "Story," 36-37).

62 예. Evans(*Narrative*, 159)는 다음과 같이 언급한다. 즉 "적절한 인식론적 경고를 극복하기 위해 필요한 증거의 양은 기적에 내재되어 있는 개연성과 분명한 종교적 의미에 따라 다를 것이다." 진정한 신적 기적의 의미(즉 일관성 있고 자비로운 신의 목적에 대한 표현)에 관해서는 다음도 보라. Polkinghorne, *Science and Providence*, 45, 51; Smart, *Philosophers*, 43, 46.

63 많은 사람들은 만일 기적이 더 큰 신학적 체계에 적합하다면 기적에 대한 주장이 보다 신뢰를 얻게 된다고 주장한다(Tonquédec, *Miracles*, 52; Ward, "Miracles and Testimony," 142; Jantzen, "Miracles," 356; Licona and Van der Watt, "Historians and Miracles," 4-5; 복음서 전체 이야기의 관점에서 본 복음서 기적들의 신학적 정황은 Helm, "Miraculous," 86-88을 보라. 기적을 보다 큰 신성한 실재의 일부로 보는 견해에 관해서는 McKenzie, "Signs," 17을 보라. 기적은 종교적 의미를 지니고 있어야 한다(Nicolls, "Laws"; Jensen, "Logic," 148; Beckwith, *Argument*, 11-12; Licona and Van der Watt, "Historians and Miracles," 1-2; 참조. Fitzgerald, "Miracles," 60-61; Phillips, "Miracles," 38-39). Fern은 "Critique," 351-54에서 기적이 의미를 지니려면 설명할 수 없어야 할 뿐만 아니라 목적성을 보여주어야 한다고 주장한다. 기적의 목적에 관해서는 Burhenn, "Miracles," 488을 보라.

64 기적의 종교적 목적은 계몽주의에 대한 반발이 있을 때까지 많은 논쟁을 지배했다(그래서 McNamara는 "Nature"에서 이제 이 논의에 균형이 잡히고 있다고 제안한다). 다음과 같은 17세기 인물들을 주목하라. Joseph Glanvill(Burns, *Debate*, 49-50), Robert Boyle(Burns, *Debate*, 55-56), 그리고 대다수의 정통 변증가들(예. Burns, *Debate*, 114-15). Hume은 이런 주장에 저항함으로써 자신의 주장을 지나치게 단순화한다(Burns, *Debate*, 169-70, 178을 보라. 그러나 *Miracles*, 32에 나오는 "신의 특별 의지"에 대한 Hume의 언급을 참조하라).

으로 활동하는 신을 인정한다면, 옥스퍼드 대학교의 은퇴 교수인 키스 워드(Keith Ward)의 말처럼 기적에 대한 "신뢰할 수 있는 증언을 수용하지 않는 것은 불합리한 처사일 것이다."[65]

기적에 대한 서구의 회의주의는 데이비드 흄(David Hume)의 영향력 있는 논문에 상당한 영향을 받았는데, 오늘날 대부분의 철학자들은 흄의 이 논문을 순환 논쟁적인 것으로서 간주한다.[66] 현 논의와 가장 관련이 깊은 요점은 흄의 핵심 주장 중 하나가 명백히 자민족 중심적이라는 것이다. 즉 흄은 자신이 "무지하고 야만적인" 것으로서 무시하는, 백인이 아닌 사람들 혹은 비서구권 문화의 증언을 모두 거부한다.[67] 명백하게 문헌화되어 있는 흄의 인종차별주의는 기적에 반대하는 그의 주장에서 중요한 역할을 한다.[68] (그의 자민족 중심주의는 반유대주의, 즉 고대 유대인 문화에 대한 부정적 선입견을 포함한다.)[69]

그러나 의료 인류학은 현재 "서구 의료 중심주의"를 거부하는데, 서구 의료 중심주의는 자민족 중심적 견해로, 질병과 치료에 대한 현행 서구의 관점만이 참이라고 주장하며 서구의 관점에서 벗어난 많은 치료법을 반대한다.[70] 의료 인류학은 급성장하는 분야이며, 방대한 학문을 탄생시켰다.[71] 또한 의료 인류학은 성서학자들에게 희망을 제공해주었다. 존 필치

---

65 Ward, "Miracles and Testimony," 144-45(여기 인용의 출처는 145). 유신론이 사실이라면 기적은 실제 가능성이 된다. 이는 논리적으로 가능한 명제다(Sider, "Historian," 312).

66 예. 다음의 비평들을 보라. Swinburne, *Miracle*; Houston, *Miracles*; Johnson, *Hume*; Earman, *Failure*.

67 Hume, *Miracles*, 37(참조. 37-40).

68 다음을 보라. Ten, "Racism"; Taliaferro and Hendrickson, "Racism"; Keener, "Case."

69 참조. Hume, *Miracles*, 55; idem, *History of Religion*, 50-51; Johnson, *Hume*, 80의 논평; Kugel, *Bible*, 34.

70 다음을 보라. Pilch, "Sickness," 183; idem, "Disease," 135; 참조. Barnes, "Introduction," 6-7; Crawford, "Healing," 31-32.

71 Barnes, "Introduction," 3을 보라. 다음의 연구에 나오는 참고문헌에도 주목하라. Barnes and

의 주장에 의하면 의료 인류학은 "주해가가 [신약성서의 치유 이야기들을 다룰 때] 초문화적 입장을 택하는 데 도움을 줄 수 있다."[72]

광범위한 경험

사회과학자들에 의하면, 다양한 해석에도 불구하고 "모든 문화의 사람들은 [자신의 경험을 바탕으로] 즉흥적이고 기적적인 치유에 대해 이야기한다."[73] 초자연적 현상에 관한 서로 다른 패러다임에 더하여, 많은 다른 문화들은 일반적으로 전통 서구 문화보다 더 통합적이며, 영적 믿음이 서구 문화가 종종 불편하게 생각해온 방식으로 물리적 필요에 영향을 미치길 기대한다.[74]

최근 여론조사 기관인 퓨리서치가 오순절주의자들과 은사주의자들에 대해 조사한 결과는 조사 대상국인 10개 국가에서만 약 2억 명의 오순절주의자들과 은사주의자들이 신적 치유를 목격했다고 주장한다.[75] 제3세계의 주류 그리스도인들의 상당 부분이 은사주의자에 대한 서구의 광범위

Talamantez, *Teaching Religion and Healing*, 353-78, 종교 전통과 치유에 관한 내용을 다룬다. 다음도 주목하라. Barnes, "World Religions," 346-52.

72 Pilch, *Healing*, 35(14도 참조).

73 McClenon, *Events*, 131과 여기에 인용된 자료들을 보라.

74 예. 다음을 보라. Welbourn("Exorcism," 595)은 의술 치료와 영적 치료 모두를 인정하는 아프리카의 특성에 대해 언급한다. Oduyoye, "Value," 116; Jules-Rosette, "Healers," 128; González, *Tribe*, 94; Droogers, "Normalization"; Shishima, "Wholistic Nature"; Pobee, "Health," 59-60; Allen, "Whole Person Healing," 130-31은 아프리카의 전통 관심사를 억압하는 서구 문화의 수용에 저항한다. Bührmann, "Religion and Healing"; Dube, "Search," 135; Omenyo, "Healing," 235-38; Oblau, "Healing"; Ma, "Encounter," 130(한국에 관한 내용을 다룸); Maggay, "Issues," 34.

75 "Spirit and Power"(2006 Pew Forum Survey 2006).

한 정의에 부합하지만,[76] 이런 믿음과 행위는 오순절주의자들과 은사주의자들에게만 국한된 것이 아니다. 같은 여론조사에서 자신을 오순절주의자 혹은 은사주의자로서 규명하지 않는 전 세계 그리스도인들의 3분의 1 이상이 치유를 믿을 뿐만 아니라 "신적 치유를 목격했다"고 주장한다.[77] 우리가 이런 많은 경험을 논리적으로 분석해낸다고 하더라도, 논리적 분석이 불가능한 경험의 개수가 기적에 대한 증언을 신뢰할 수 없다는 흄의 기본 주장을 논의의 출발점으로서 수용할 수 없을 만큼 확실히 많다. 흄의 이런 주장은 이를 지지하는 많은 사람이 있음에도 불구하고 오늘날 있는 그대로 받아들이기 어렵다.

보편적 기독교를 옹호하는 서구 학자인 필립 젠킨스(Philip Jenkins)는 다음과 같이 말한다. 즉 일반적으로 제3세계의 기독교는 "예언, 환상, 무아지경의 말, 치유를 통한 초자연적 존재의 즉각적 역사"에 상당한 관심이 있다고 말이다.[78] 역사가 마크 놀(Mark Noll)의 관찰에 의하면, 제3세계에서 사역하는 서구 그리스도인들은 "대부분의 기독교 경험이 서구의 은사주의 및 오순절주의 집단들의 특징보다 훨씬 강력한 초자연적 인식을 반영한다고 일관성 있게 보도한다."[79]

76 Noll, *Shape*, 34("약간의 과장"을 인정하지만 "거의 모두"라고 주장한다).

77 "Spirit and Power."

78 Jenkins(*Next Christendom*, 107)는 서구인들이 이런 관점들의 합법성에 대해 너무 자주 논쟁한다고 불평한다(그리고 121에서 아프리카 성공회 주교의 "미신적"이고 "극단적인 오순절주의"를 불평하는 John Spong의 민족 중심적인 구체적 예를 제시한다).

79 Noll, *Shape*, 34.

위의 관찰들은 우리가 성서의 치유와 관련한 성서 내러티브에 접근하는 방식과 관련이 있다. 케네스 아처(Kenneth Archer)는 오순절 해석학의 가치를 설명하면서 다음과 같이 말한다. "오순절주의의 핵심은 공동체 내에서 초자연적 현상에 대한 지속적인 강조에 있다."[80] 이런 접근은 대다수의 세계 문화와 자연스럽게 공명한다.

제3세계에서의 성서 읽기는 현대 서구 비평가들의 읽기와 종종 극명한 대조를 이룬다.[81] 따라서 아프리카에서의 삶을 경험한 한 서구 저자는 아프리카 문화가 이런 이슈들을 다루는 성서 본문을 이해하는 데 있어 더 나은 토대를 제공해준다고 제안한다.[82] 가나의 신학자 크와베나 아사모아-기아두(Kwabena Asamoah-Gyadu)는 다음과 같이 말한다. 즉 아프리카 그리스도인들은 서구 신학자들이 너무 자주 과학의 영역으로 돌려버리는 방법들로 역사하시는 하나님의 능력을 강조한다고 말이다.[83]

서구의 급진적 계몽주의 전통에 영향을 덜 받은 제3세계의 대다수 그리스도인은 기적 현상에 관한 이야기들에 대해 서구 그리스도인들보다 덜 불쾌해한다.[84] 이런 제3세계의 문화들은 서구의 전통 가정들을 점검해

---

80 Archer, "Retrospect and Prospect," 131. 오순절주의의 초자연적 세계관을 중요한 해석학적 전이해로서 간주하는 주장에 관해서는 Cheung, "Study"를 보라.

81 다음을 보라. Van der Watt, "Hermeneutics of Relevance," 여기서는 특히 237-42. 그러나 Van de Watt는 원맥락을 무시할 경우 발생할 수 있는 위험에 대해 경고한다(243).

82 Roschke, "Healing."

83 Asamoah-Gyadu, "Mission," 4, Anderson, *Ends of Earth*, 139에 인용됨. 아프리카 오순절주의의 치유 세계관과 아프리카 전통 관념들 사이의 일치에 관해서는 Asamoah-Gyadu, "Influence," 154-57을 보라.

84 Jenkins, *Next Christendom*, 122-31; 참조. Mullin, *History*, 279(참조. 281); Mchami, "Possession," 17(귀신들에 관한 내용); Richards, "Factors," 95-96; Evans, "Judgment," 201-2; Eddy and Boyd, *Legend*, 67-73, 82-83(71-73의 다음과 같은 변화에 주목하라. 즉 타문

준다. 예일 대학교 신학부에서 선교와 역사를 가르치는 라민 사네(Lamin Sanneh) 교수는 다음과 같이 지적한다. 즉 바로 여기서 서구 문화는 "계몽주의의 영향을 받지 않은 사회에서 복음이 수용되듯이 복음을…만날 수 있고", 그 결과 최초 기독교의 환경과 더 가까워진다고 말이다.[85]

아프리카의 한 지역으로 파송된 서구 선교사들은 그곳에 복음서만을 남겨두고 돌아온 후 다시 그곳을 찾았는데, 신약성서에서 일어난 일과 같은 기적이 매일 일어나는 가운데 부흥하는 교회를 발견했다고 한다. "왜냐하면 그곳에는 그런 기적 이야기들을 문자적으로 받아들이지 말라고 가르치는 선교사들이 없었기 때문이다."[86] 토착적 성서 읽기는 성서에서 종종 유형들을 발견했는데, "선교사들은 [토착 신자들이] 그런 유형들을 보지 않기를 바랐다."[87]

예를 들어 한 인류학자는 동료 인류학자인 제이콥 로웬(Jacob Loewen)의 경험을 상세히 설명하는데, 로웬은 파나마의 초코 부족민들과 함께 살면서 성서를 번역하는 중이었다.[88] 추장의 아내인 아우렐리아노(Aureliano)가 죽어가고 있었고, 약을 구할 수도 없었다. 로웬은 야고보서 5:14-15의 치유 약속을 번역했지만, 자신에게 이 말씀에 의지해서 기도할 만한 믿음이 없다고 느꼈다. 그럼에도 야고보서 본문을 읽으면서 원주민 신자들은 그녀의 치유를 위해 그와 함께 기도했고, 그녀는 약간의 차도를 보였다. 그러나 그다음날 아침에 그녀가 다시 죽어가자 원주민 신자들은 로웬을 부

화의 초자연적 존재에 대한 접근법들을 점점 더 존중하는 "서구의 많은 민족지학자들"과 인류학자들이 있다).

85 Sanneh, *Whose Religion*, 26.

86 Gardner, "Miracles," 1929, Finlay, *Columba*를 인용함.

87 Noll, *Shape*, 24.

88 Wilson, "Seeing," 202-4(1974년에 있었던 Loewen의 설명을 인용함); 참조. Neufeldt, "Legacy," 146.

르지 않은 상태에서 기름을 그녀에게 발랐다. 그런데 이번에는 그녀가 완전히 회복되어 침상에서 일어났다. 하나님의 영이 열병을 주는 영을 쫓아냈다고 아우렐리아노가 행복해하며 선언했을 때, 로웬은 그들이 이번에는 자신과 그의 서구 동료들을 기도에 초대하지 않았다고 말했다. 아우렐리아노는 사과했지만 다음과 같이 말했다. "당신과 데이비드가 함께 기도할 때는 기도의 역사가 없어요. 당신들이 실제로 믿지 않기 때문이지요." 로웬은 독실한 그리스도인이었지만, "자신이 태어난 특정 사회의 세속적 가정과 이해를 스스로가 초월하지 못하고 있음을" 깨달았다.[89]

기적에 관한 서구의 회의주의에 도전하기

해석 공동체로서의 학계는 명예-수치 관습에 의거하여 한때 자신들이 대체하고자 했던 교회 교리들만큼이나 회원 학자들에게 일치를 강요할 수 있다.[90] 이 학계는 한편으로는 개인주의적 접근을 권장하지만, 다른 한편으로는 회원 학자들이 학계의 의견에 반대하는 것을 두려워한다. 낮은 목소리로 몇몇 학자가 자신이 실제로 기적이나 영의 존재를 믿는다고 내게 털어놓았을 때처럼 말이다. 서구 학계의 세계관에서는 모든 것이, 그것의 출발 가정을 제외하고, 비평의 대상이 될 수 있다.[91] 따라서 학생들은 패러다임의 변화가 새로운 접근법을 제공해줄 때까지 전통적인 접근법에 세뇌

89 Wilson, "Seeing," 204.

90 See Gregory, "Secular Bias," 138; 참조. Hanciles, *Beyond Christendom*, 40(Minogue, "Religion"의 주장을 따른다); Wolfe, "Potential," 34.

91 참조. Miller and Yamamori, *Pentecostalism*, 158의 불평. 이 불평은 경험이 결여된 학자들에 관한 것이다. 그들은 "교수 정치를 제외한 모든 것이 합리성 및 경험적 검증 가능성의 가정으로만 운영되는 학계의 은신처 내에서 그들의 존재를 드러내며 살아간다."

된다. 새로운 접근법은 근본적인 인식론적 원칙에 대한 비판적 평가 없이 새로운 세대의 학생들에게 일반적으로 채택된다. 하나님에 대한 믿음은 다른 논쟁적 주제들과 달리 많은 학문 분야의 인식론적·방법론적 제약에 의해 배제되므로, 이런 학문 분야에서 하나님에 대한 믿음을 공개적으로 논하는 것은 불가능하다.

교차문화적 연구는 과학에의 노출보다는 사회화가 몇몇 집단에 존재하는 대부분의 회의주의를 설명해준다고 제안한다.[92] 아프리카 심리학자 레지나 에야(Regina Eya)의 경고에 의하면, 비정상적 치유에 대한 모든 주장이 비논리적인 학자들과 신뢰할 만한 학자들을 포함하여 많은 서구 학자들에게 거절되는 이유는 서구의 전통 과학 패러다임을 이것과 관계없는 문제들에 부적절하게 사용하기 때문이다.[93]

다비트 프리드리히 슈트라우스는 신약성서의 복음서들이 기적 이야기들을 포함하고 있으므로 그 복음서들을 신화와 전설에 기초한 것으로 간주하는 배후의 원동력이었다. 그러나 자신의 해석학적 전제에 철저히 통제받은 슈트라우스는 그가 아는 누군가가 독일 루터교 목사 요한 크리스토프 블룸하르트(John Christoph Blumhardt)의 사역을 통해 분명히 치유되었을 때 그 사람의 이전 증세가 정신신체의학적(psychosomatic) 병리 현상이라고 설명했다. 이런 설명이 당시의 의학적 소견과 반대되는 것이었음에도 불구하고 말이다.[94] 그러나 슈트라우스는 치유가 여러 세대를 거

92 학부생들에 관한 연구들은 과학적 교육이 "비정상적 보고서의 빈도를 줄여주지 않음"을 보여주는데, 이는 엘리트 과학자들의 신념과 정면으로 배치된다(McClenon, *Events*, 35). 마찬가지로 가나와 같은 문화에서는 과학적 지식과 초자연적 믿음 사이에 반비례가 성립하지 않는다(22). 학계는 일종의 하위 엘리트 문화이고, 학계의 문화적 요소들은 (최소한 학계 정치와 연관된) 학계 문화의 신조들을 형성하는 데 일조한다.

93 Eya, "Healing," 51-52.

94 Ising, *Blumhardt*, 222-23.

쳐 발전한 일종의 전설이라고 확언할 수는 없었다. 반면에 루돌프 불트만(Rudolf Bultmann, 1884-1976년)은 블룸하르트(1805-1880년)보다 한 세대 후에 살았으므로 후자에 대한 일화를 단순한 "전설"로서 보다 자유롭게 거절했다.[95] (거꾸로 칼 바르트는 블룸하르트를 변호하며 그를 멘토로서 여겼다.[96]) 블룸하르트에 관한 현존하는 일차 자료들은 이런 보도들이 전설이 아님을 압도적으로 보여준다.[97] 불트만은 왜 그렇게 단호했던 걸까?

후스토 곤잘레스(Justo González)가 그의 사도행전 주석에서 언급하고 있듯이, 사도행전 본문의 기적 보도들로 인해 관련 내러티브들의 역사성을 빈번히 부정하는 일은 의심스러운 인식론적 기준에 바탕을 둔다. 불트만은 무선통신과 같은 과학적 발명을 사용하는 현대인들이 기적을 믿을 수 없다고 단언했다.[98] 그러나 "불트만이 불가능하다고 선언하는 내용은 가능할 뿐만 아니라 심지어 빈번히 발생한다." 곤잘레스의 지적처럼 기적은 대부분의 남미 교회들에서 확증된다. 서구의 많은 사상으로부터 나온 기계론적 세계관의 영향에도 불구하고 말이다.[99] 쿠바의 루터교 주교 이스마엘 라보데 피구에라스(Ismael Laborde Figueras)는 기적을 믿지 않는 남미

---

95 Kydd, *Healing*, 42n40(Bultmann, *Kerygma and Myth*, 120을 인용함).

96 Barth, *Letters*, 251(참조. 270); Kelsey, *Healing*, 236-37; Kydd, *Healing*, 34; Ising, *Blumhardt*, 420; Barth, *Dogmatics*, 4.3:165ff(Kauffman, "Introduction," 7-8에 언급됨). 다음도 참조하라. Moltmann, "Blessing," 149.

97 Ising, *Blumhardt*를 보라. Blumhardt에 관해서는 Macchia, *Spirituality*를 보라.

98 참조. Bultmann, "Mythology," 4. 일반적인 과학적 방법은 초자연적 현상을 부정하는 것이 아니라, 그런 현상을 설명하려는 논의로부터 그것을 분리해내는 것이다(Ellington, "Authority," 165을 보라). 따라서 기적에 대한 자연주의적 설명이 불가능하므로 기적을 거절하는 자들은 그들의 자연주의적 가정들만을 주장하고 있을 뿐이다(이와 관련된 내용은 Metaxas, *Miracles*, 4에 잘 설명되어 있다).

99 González, *Acts*, 84-85. 참조. 미국에 거주하는 모든 남미 그리스도인들의 약 28퍼센트가 오순절주의자들 또는 (특히 가톨릭 신자이면서) 은사주의자들이다(Espinosa, "Contributions," 124). 그들의 세계관은 "지나치게 합리화되지" 않았다(Alvarez, "South," 141-42, 144).

그리스도인을 찾기가 매우 어렵다고 말한다.[100]

이와 마찬가지로 몇몇 아시아 신학자는 불트만 학파의 접근이 아시아의 실제와 무관하다고 불평한다. 말레이시아의 은퇴한 감리교 주교인 화융(Hwa Yung)은 아시아 세계관이 기적, 천사, 악령의 존재를 확증한다고 말한다.[101] 문화적·역사적으로 특이한 것은 바로 서구의 기계론적·자연주의적 계몽주의 세계관이다.[102]

결론

서구 해석자들은 성서 읽기에 유용한 역사적 통찰을 종종 축적해왔는데, 이런 통찰은 적절히 평가되고 적용될 때 모든 보편적 교회의 자산이 될 수 있다. 마찬가지로 대부분의 서구 해석자들이 제3세계의 많은 신자들로부터 배울 수 있는 몇몇 사례는 후자가 보다 흔히 경험하는 영적 존재, 기적, 가난, 불의 등을 포함한다. (이런 이슈 중 몇몇은 서구 교회의 소수-문화 그리스도인들 사이에서도 두드러진다.) 이렇게 많은 사례 가운데 보편적 기독교는 성서를 통해 서구의 많은 주해가들보다 더 신실하게 성령의 음성을 듣는다.[103]

---

100 Ismael Laborde Figueras(2010년 8월 7, 8일에 시행된 인터뷰); 다음도 참조. Martell-Otero, "Satos," 16-17, 32-33; idem, "Liberating News," 384-87.

101 Yung, *Quest*, 6. 이 관점은 대부분의 비서구 문화들에 적합하다(Yung, "Integrity," 173). 이제 "진짜 이상한 것"은 서구의 반초자연적 기독교다(Yung, "Reformation").

102 Yung, "Integrity," 173.

103 가난한 자들에 대한 관심을 나타내는 다음의 성서 구절들을 보라. 출 22:25; 23:6, 11; 레 19:10; 23:22; 신 15:11; 24:14; 시 12:5; 35:10; 37:14; 72:12-13; 82:4; 112:9; 113:7; 140:12; 잠 14:21, 31; 17:5; 21:13; 22:9, 16, 22; 28:8, 27; 29:7; 31:9, 20; 사 10:2; 11:4; 41:17; 렘 5:28; 22:16; 겔 16:49; 18:12, 17; 22:29; 단 4:27; 암 2:6; 4:1; 5:11-12; 8:4, 6; 슥

보편적 교회의 여러 다른 부분이 지닌 상대적 강점과 약점은 시간이 지나 우리가 함께 성장할 때 변할 것이다. 우리가 서로에게서 배운 만큼 충분히 겸손해진다면 말이다.

우리의 문화적 사각지대로 인해 우리 모두는 성서를 온전히 이해하기 위해 서로의 도움을 필요로 한다. 이는 그리스도의 보편적인 몸 전체를 위한 일이다. 각각의 문화는 서로에게 배우는 가운데 우리가 현재 가장 잘 제공할 수 있는 기여들을 이 그리스도의 몸에 가져온다. 장기간에 걸친 서구 해석자들의 패권은 종종 겸손을 사라지게 하고 사각지대를 확대해나간다. 그러나 우리 모두는 서로에게 배울 수 있다. 이는 미래에 다른 종류의 잠재적 패권을 막을 수 있는 가장 좋은 방법이기도 하다.

우리는 영감을 받은 성서 저자들이 소통했던 사회적·언어학적 상황을 떠나서는 그들의 메시지를 절대로 이해할 수 없다. 그 메시지는 이미 구체적으로 문화화되어 우리에게 온 것이다. 그러나 그들의 메시지가 오늘날 다양한 문화에서 어떻게 우리와 작용하는지를 파악하지 못한 채 우리가 그 메시지를 온전히 활용하거나 소통하는 일은 불가능하다. 성서의 원칙들은 그것의 메시지를 새롭게 듣고 문화화하는 서로 다른 문화 속에서 다양한 방식으로 설명되고 재적용된다.

이 두 측면은 사도행전 2장에 나오는 성령의 인도를 받는 성서 해석과 일치하는데, 사도행전 2장에서 베드로는 성서를 그의 청중에게 적용한다. 오늘날 많은 문화에서 믿는 자들이 기적과 해방과 같은 성령의 음성을 듣는 영역들은 사도행전에서의 영역들과도 일치한다. 이런 통찰과 관심사들은 성령 충만한 해석학에 대해 우리가 기대하는 것과 조화를 이룬다. 그

7:10; 막 10:21; 눅 4:18; 7:22; 14:13; 19:8; 행 4:34; 롬 15:26; 고후 9:9; 갈 2:10; 약 2:5-6. 이와 관련된 성서 본문 모음집은 Sider, *Cry Justice*; idem, *Fed*를 보라.

이유는 하나님의 마음을 통해 성서를 읽는 것이 성서에서 사람들과 그들의 필요에 대한 하나님의 관심을 보라고, 또 우리가 이런 필요를 채우도록 하나님이 어떻게 우리에게 권능을 부여하시는가를 이해하라고 우리에게 요청하기 때문이다.

제3부 의도된 의미와의 연결

제2부의 보편적 읽기는 문화가 해석에서 수행하는 중요한 역할을 우리에게 보여준다. 누군가를 온전히 이해하려면, 우리는 그들이 처한 문화적 상황에서 그들을 이해해야 한다. 그러나 하나님은 특수한 문화적 상황에서 성서 자체에 영감을 불어넣으셨다. 현대 독자들은 점차 성서의 세계와 멀어지는데, 특히 족장 시대의 반유목적 세계, 이스라엘 예언서들의 시가(poetry) 문화 등과 괴리감을 느낀다. 오늘날 성서 읽기에 필요한 기본적인 독해 기술이 없는 사람들이 사실상 성서를 문화적으로 이해하는 데 가장 잘 준비가 되어 있다. 이와 대조적으로 우리 자신의 언어에 대해서는 고도의 학식을 지닌 많은 이들은 성서에 나오는 여러 사건, 관습, 사고들을 이해함에 있어서 문맹이다.

우리가 이와 다르게 생각하지 않는다면, 성육신 사건은 역사와 역사적 특수성이 중요함을 우리에게 보여줄 것이다. 이 책에서 원래 의미[1]에

1 "원래 의미" 자체는 다양한 의미를 포괄한다. "원래"라는 표현을 통해 우리는 저자가 본문을 작성할 때 의도한 것에 대해 말하고 있을까? 그렇다면 본문 작성의 어느 단계를 말하는 것일까? (이는 특별히 여러 편집 단계를 거친 본문과 관련된 이슈다. 대개 오늘날 문학 비평

관한 이슈들을 다루는 일은 내게 중요한데, 그 이유는 몇몇 해석자가 "오순절 해석학"이라는 이름으로 원래 의미가 지닌 가치를 폄하해왔기 때문이다. 다른 해석자들은 이를 당연한 것으로 여기고 현대 독자와 본문을 연결 짓는 성령의 역할을 강조해왔다(앞에서 나는 이 내용을 어느 정도 다루었다). 그러나 이에 대한 불행한 결과로서 그들의 독자들은 때때로 원래의 상황이 무시될 수 있다고 가정해왔다.

의도된 의미 또는 소위 이상적 저자가 투사한 의미 또는 적어도 고대 문화의 의미라고 불릴 수 있는 것을 탐구하는 일은 해석의 핵심적이고 근본적인 목적이다. 이와 비슷하게 공학적 한계, 지역 건물 규정, 그 외 관련 자료들을 포함하여 현대 건축의 안건 측면에서 건물 디자인을 이해하는 것은 디자인에 내포된 건축가의 많은 관심사를 재구성하도록 우리를 도와줄 수 있다.[2]

어떤 것의 설계 역시 그것의 가장 큰 유용성의 영역을 제시하면서 원래 계획된 기능과 이상적으로 일치한다. 흔히 인용되는 예는 망치의 기능이다. 우리는 망치를 무기, 문 손잡이 혹은 받침대로 사용할 수 있지만, 망치의 손잡이, 면, 자루의 특별한 디자인은 망치의 본래 기능인 못질과 못 제거에 부합한다. 본문이 고안된 목적은 보통 그 본문과 가장 관련성이 높은 용법을 향하도록 우리를 이끈다. 우리는 한 저자의 사고 과정을 오류

가들은 최종 형태의 본문 연구를 선호한다. 특히 그 본문 작성에 사용된 이전 문헌들이 가설로 존재하거나, 그 문헌들의 재구성이 추측일 경우에는 더욱 그렇다.) 우리는 최초의 실제 청중이 들은 내용을 의미하는 걸까? 그렇다면 어느 청중이 최초의 실제 청중이란 말인가? 본 책의 목적에 충실하기 위해 나는 여기서 의미들의 범주만을 간단히 말해야 한다. 더 자세하고 흥미로운 논쟁은 다른 이들에게 맡기면서 말이다.

2 Vanhoozer(*Meaning*, 249)는 다음과 같이 적절히 언급한다. 즉 "저자의 의도는 본문이 왜 그런 방식으로 존재하는지를 유일하게 설명하는 실질적인 인과관계다." 저자의 인과관계적 역할은 여전히 사실로서 남아 있다. 우리가 저자의 인과관계적 역할을 얼마만큼 발견하는가와 상관없이 말이다.

없이 복구할 수 없다. 그러나 우리는 본문에 담긴 "내포 저자"의 설계를 인식하려고 노력할 수 있다.[3]

3 우주의 설계 의도를 추론하는 일은 보다 큰 문화 내에서 논란을 일으킬 수 있다. 그러나 범죄 현장(사고 현장과 반대되는)에서의 범죄 의도 추론은 그렇지 않다. 의도의 추론은 많은 상황에서 중요하다. 그리고 우리는 저자들의 작품에 일반적으로 그들의 의도가 반영되어 있음을 인지한다.

7장 측정 막대기(The Measuring Stick)

내가 목사였을 때 한 방문객은 자신이 사십 일을 금식한 후 특별한 종말론적 환상을 보았다고 설명했다. 그가 본 환상의 내용은 전환란설(pretribulational)을 믿는 그리스도인들은 대환란을 피하지만, 후환란설(posttribulational)을 믿는 그리스도인들은 남아서 대환란 동안 복음을 전파하게 된다는 것이다. 나는 확실히 그에게 많은 다른 영적 유익을 제공해준 사십 일 금식에 깊은 인상을 받았지만, 그의 종말론적 접근이 문제가 되는 성서 구절들의 상황에 비춰볼 때 신빙성이 없음을 발견했다. 너무 젊어서 대인관계적 수완이 없었던 나는 다음과 같이 쏘아붙였다. 제아무리 사십 일 금식이더라도 성령으로 하여금 이미 성령의 영감을 받은 성서 본문의 내용에 어긋나는 것을 행하도록 강제할 수는 없다고 말이다.

이 책의 제1, 2부에서 나는 독자의 성서 본문 사용을 강조했지만, 제3부는 본문의 고대 의미에 대한 위험스러운 과잉 반응을 경고한다. 몇몇 교회는 기독교 신앙의 합리적 요소들만을 배타적으로 강조해왔다. 그러나 오순절 혹은 은사주의 교회에서 오랜 세월을 보낸 우리 대부분은 이와 반대되는 측면에서 약간의 과잉을 목격해왔다.

정경 문헌의 형성

하나님이 성서를 통해 우리에게 말씀하신다고 믿는 한, 우리는 하나님께서 우리에게 주시기를 원하는 종류의 성서가 아니라, 하나님이 이미 우리에게 주신 성서를 주의 깊게 살펴야 한다. 주요 신학자이자 성서 해석자인 크레이그 바르톨로뮤(Craig Bartholomew)가 다음과 같이 경고한 것은 옳다. "의사소통 사건의 예시로서 성서 본문은 어떤 역사적 지점에서 생겨난다. 그 본문의 모든 동시성 속에서 본문은 역사에 내재되어 있으며, 본문의 이런 역사적 측면이 해석에서 진지하게 받아들여지는 것은 중요하다."[4]

하나님은 무작위로 우리에게 성서를 주신 것이 아니라 최초 청중의 특정 언어, 문화, 장르를 통해 성서를 주셨다. 성서의 메시지는 이미 상황화되어 우리에게 주어졌다. 따라서 만일 이 메시지를 온전히 듣고자 한다면, 우리는 반드시 하나님께서 주신 처음 모습 그대로 들어야 한다. 예를 들어 하나님이 앵무새의 지저귐 같은 다문화적 언어를 통해 우리에게 직접 말씀하셨다면, 우리는 그 지저귐을 해독하기 위해 상당한 시간을 투자해야 할 것이다. 하나님이 라디오 주파수를 통해 말씀하셨다면, 우리는 라디초 주파수를 찾는 데 상당한 시간을 들여야 할 것이다. 그러므로 하나님이 고대 근동의 내러티브 장르를 통해 말씀하셨다면, 우리는 이 장르를 배워야 한다. 만일 하나님이 편지와 같은 장르를 통해 특정 회중에게 말씀하셨다면, 우리는 하나님이 그의 종들에게 영감을 주셔서 그 회중에게 전하도록 하신 말씀이 무엇인지를 듣기 위해 노력해야 한다.

몇몇 설교가는 성서 본문에서 하나님의 메시지를 듣기보다 특정 청중

4 Bartholomew, *Hermeneutics*, 410.

의 반응을 불러일으키는 데 헌신한다. 이런 접근은 실질적으로 성서를 기껏해야 유용한 장식품 같은 암송 구절로 축소시키거나, 최악의 경우 성서를 그 안에 담긴 메시지를 무시하면서도 권위를 호소하기 위해 기만적으로 사용할 수 있는 훌륭한 텍스트 정도로 전락시킨다. 하나님은 텍스트를 통해 메시지를 전하셨다. 그러므로 텍스트 연구에 유용한 몇몇 원칙은 성서 연구에도 유용할 것이다. 하나님은 구체적이고 문화화된 형태 및 문학적 상황에서 이 메시지를 주셨다. 따라서 하나님이 실제로 우리에게 주신 성서를 존중하는 것은(우리 인간의 지혜로 하나님의 성서 제공 방식을 가정하는 것이 아니라) 이런 형태와 상황에서 주어진 성서의 메시지를 탐구하도록 우리에게 요청한다. 설교가들은 하나님께서 우리가 (성령의 도움을 받아) 연구하기를 원하시는 영역에서 예언자적 전지함을 가장하지 말아야 한다. 우리가 보조 수단이 되는 번역과 배경의 도움에 의존해야 하는데도 말이다.

해석의 목적은 방법을 결정한다

다양한 해석 접근법은 때로 다양한 목적을 다룬다. 그리고 몇몇 접근법은 상호 보완적일 수 있다. 학자들은 해석의 적절한 목적에 대해 계속 논의해왔다. 어느 정도 의미를 결정하는 데 있어 기본적인 의미론적 질문은 우리가 말하는 "의미"가 무엇을 뜻하는가다. 문화의 일부인 언어는 사회적으로 형성되었으므로 한 용어의 정의나 표현의 의미는 보통 그것의 일반적 통용에 달려 있다. 그렇지 않다면 우리의 소통은 불가능하다.

다양한 학자는 "의미"를 추구하는 데 있어 저마다 다른 목적을 지닌다.[5] 우리는 읽기 공동체가 본문을 어떻게 이해하는지 기술적으로 (descriptively) 말할 수 있다. 이는 이미 앞에서 언급한 유용한 역사적·사회적 접근을 말한다. 그러나 우리는 과거의 특정 상황에서 저자들이 자신의 저술에 대해 독자들이 어떻게 이해하기를 기대했는지에 대해 가능한 한 재구성해볼 수 있다.

우리가 본문이 왜 그렇게 특별하고 구체적인 방식으로 지금의 모습을 갖게 되었는지, 즉 우리가 왜 문화와 언어를 자동으로 초월하는 하나의 보편적 소통이 아니라 다양한 상황을 다루는 여러 장르의 다른 본문을 갖게 되었는지에 관심이 있다면, 이 목적은 매우 관련이 높다. 다시 말해 우리는 왜 성령의 본성에 관한 혹은 성령에 대한 (비문자적 방식의) 단일 증언이 아니라 문학이자 텍스트로서의 성서를 갖게 되었을까? 우리에게 다른 증언들이 있지만, 하나님은 다른 방식을 통해 우리에게 성서를 주셨다. 이는 부분적으로 역사 속에서 하나님의 특정 행위들에 대한 증언이 우리를 위해 텍스트로 기록되어 보존될 필요가 있었기 때문이다. 역사 속에서 하나님의 특정 행위들은 예수의 죽음과 부활에서 절정에 이른다. 이것이 바로 복음의 서술(narration)이다(복음에 대한 바울의 요약은 고전 15:1-4을 보라). 나는 이 단락의 후반부에 이 주제로 돌아와서 관련 이론과, 우리가 의사 소통으로서 여러 종류의 본문을 읽는 방법에 대해 간단히 설명할 것이다.

몇몇 학자는 최초의 청중이 문학 작품을 이해했을 방법에 관한 질문들의 적합성을 인정하지만, 최초 청중의 이해를 무한한 일련의 가치 있는

---

5 예를 들어 Dilthey에게 "의미"란 특히 유의미함을 뜻하고(참조. Dilthey, *Pattern*, 67, 100), 따라서 변화 가능하다(Rickman, "Introduction," 48-49). "'삶의 의미'는 하나로 정의되지 않으며, 개인이 자신의 삶에서 인지해왔거나 자신의 삶에 귀속된 의미일 뿐이다.…"(Dilthey, *Pattern*, 85). "의미"라는 용어를 혼동하여 사용할 경우 발생할 수 있는 위험에 관해서는 다음도 보라. Hirsch, *Validity*, 255; Poirier, "Critique," 5-6.

읽기 중 가능성 있는 하나의 상황으로서 받아들인다.[6] 즉 몇몇 사람은 최초 청중의 이해에 관한 질문을 합당한 것으로 여기지만, 결국 비교적 중요하지 않은 것으로 여긴다.[7]

그러나 연대의 우선순위가 신학적 우선순위를 좌우할 필요는 없지만, 그리스어나 히브리어로 기록되고 특정한 문화적 가정들을 전제하는 고대 지중해 혹은 중동 본문의 사용은 그 본문과 그 본문에 사용된 표지들을 만들어낸 상황에서 우리의 관심을 그 본문으로 향하게 한다(이런 상황이 그 본문과 고대에 대한 우리의 지식 간의 상호작용으로부터 재구성될 수 있는 한 말이다). 본문을 그것이 속한 최초의 일반적인 문화적 상황에서 이해하는 것은 어떤 의미에서 이후의 읽기를 위한 토대가 된다. 그리고 이 이후의 읽기가 지향하는 주요 목적은 그 본문을 (다시 말해 특정 환경에서 생성되고 가장 직접적으로 이해 가능한 표지들의 모음으로서) 계속 이해하는 것이다.

이런 접근은 (고대 언어로 기록되고 특정한 고대 상황을 전제하는) 우리가 받은 모습 그대로의 성서 본문에 (극도로) 관심이 없는 몇몇 해석자와는 대조적이다. 이들은 "정경적" 본문들을 부당하게 사용하여 그들의 읽기 또는 그들이 속한 해석 공동체의 읽기에 정경적 지위를 부여하려고 한다.[8] 이런

---

6 참조. Wittig, "Theory," 92-94: 다른 상황은 다른 의미를 생성한다. Wittig는 여기서 예수가 원래 언급한 한 비유가 여러 의미를 갖는다는 원칙과 관련하여 유용하고 긍정적인 예를 제공해준다. 즉 동일한 비유를 보도하는 각 복음서의 상황과 이후의 주해 전통에 따라 해당 비유의 의미가 달라진다는 것이다. 그러나 신학자들에게는 이런 상황 중 어느 상황이 얼마만큼 권위적인 것인지를 결정해야 하는 과제가 남는다. 예수가 처했던 상황의 복구는 더 어렵지만, 대부분의 그리스도인들은 적어도 신약성서의 복음서에 나오는 의미들을 권위적인 것으로서 수용한다. Raschke는 "Textuality"에서 더 극단적인 주장을 펼친다. 그는 "성서"가 정경이 아니라 본문을 통해 드러나는 언어의 무한한 가능성이라고 주장한다. "종교는…억압된 자들의 귀환을 의미한다. 종교는 본문에 대한 아폴론적 일관성을 침해하는 디오니시오스적 힘이다"(50).

7 이 부분 중 일부의 출처는 Keener, *Acts*, 1:16-18이다.

8 나치의 대의를 위한 성서 사용을 전복시키기 위해 아리아 민족주의 방식으로 성서 본문 다시 읽기(예. 다음을 보라. Head, "Nazi Quest"의 논의; Poewe, *Religions*; Bernal, *Athena*, 1:349;

독자들은 그들이 부여받은 지위와 별개로 자신이 강조하고 싶은 다른 생각들을 전달하기 위해 실제로 이런 특정 본문들이 필요하지 않다.[9]

해석에서 우리의 목적은 우리가 취하는 접근법을 형성한다. 그러나 최초의 본문을 중요하게 (혹은 정경으로) 여기는 자들에게는, 본문의 이상적 청중에게[10] 혹은 적어도 일반적인 1세기 문화에서[11] 가장 개연성 높은 읽기와 어떻게든 (비록 재상황화된 것일지라도) 유사한 읽기를 만들어내는 것이 매우 중요할 것이다. 그러므로 최초의 상황에 대한 세심한 주의가 요구된다. 고대 본문에 관한 논의는 저자의 의도와 관련한 논의들과 종종 연결되므로, 나는 고대의 상황 및 의도된 의미와 관련한 주제로 돌아가기 전에 이 질문을 다룰 것이다.

Theissen and Merz, *Guide*, 163)는 오늘날 거의 모든 해석자가 (적어도 성서 본문이 악용된 대의 때문에) 비난할 만한 극단적 예를 제시한다.

9 단순히 암시적이고 알려진 수사 기법이 아니라 정교한 수사학적 손놀림에 의해 "정경적" 지위가 본문에서 해석자로 이동하는 것은 "이동" 설득 기법을 의미한다(이 기법은 모든 형태에서 윤리적이지만, 기만적으로 사용될 수 있다. 참조. Bremback and Howell, *Persuasion*, 235; McLaughlin, *Ethics*, 76, 146-47). 지면의 제한으로 인해 급진적인 철학적 해체 혹은 그것의 결과를 자세히 언급할 수 없다(왜냐하면 급진적인 철학적 해체를 옹호하는 많은 이들이 윤리적 주장들을 해체와 관련되고 해체에 종속된 것으로 주장하기 때문이다). 해체는 몇몇 유용한 통찰(예. 완벽한 일관성을 지닌 본문은 존재하지 않는다. 이런 통찰들은 Dio Chrys. *Or.* 52.7에도 언급되었다. 고대 내러티브들의 이런 비일관성에 관해서는 Keener, *John*, 38-39, 901의 보다 자세한 논의를 보라)과 모든 읽기의 우발성을 제시해준다.

10 확실히 모든 비평가가 "이상적 청중"과 같은 용어에 동의하지는 않을 것이다(Aune가 *Dictionary of Rhetoric*, 229에서 어떤 이들의 경우 "저자의 청중"이라는 표현을 역사적으로 더 구체적인 것으로 선호한다고 지적하고 있듯이 말이다).

11 우리가 합리적으로 추론할 수 있는 전제들이 무엇이든지 저자와 이상적 청중 또는 저자의 청중이 공유했을 것이다. 이 책의 본문에서 관련 이론에 대한 논의를 보라.

오순절 전통과 정경

그리스도인들에게 성서는 인식론적 우위를 점한다. 이는 예수가 당시에 (전통보다 높은 권위로서 그리고 영적 행위의 기준으로서) 성서에 호소했다는 점과 이후 오랫동안 지속되어온 기독교 전통에서 분명히 드러난다. 거의 모든 기독교 운동과 교단들은 그들의 교리문에 성서의 권위에 대한 존중을 명시했다. 성서의 권위에 대한 존중이 성서에 호소하는 그들의 지도자들의 글에 이미 가정되었거나 예시되지 않았음에도 말이다. 아마도 그들은 자신들의 다른 교리들이 성서로부터 나왔다고 믿었을 것이다.

이처럼 성서는 다른 교리문보다 인식론적 우위를 점하며, 다른 교리문의 주장을 입증하거나 왜곡하는 데 최적의 자료가 된다. 사실 오순절 전통을 성서의 의미를 좌지우지하는 것으로서 가치 있게 여기는 오순절주의자들의 주장은 초기 오순절 전통의 기본 충동에 부합하지 않는다. 이는 교회 전통에 대한 거절이다.[12] 미국의 비역사적 회복주의는 이런 극단적 거절을 종종 형성했지만, 이는 오순절 전통을 신성시하는 것에 대한 일종의 경고로서 작용했음이 분명하다.[13]

---

12 예. Oliverio, *Hermeneutics*, 56, 76, 78, 99을 보라.

13 보통 "고전 문헌들이 그것의 일반적인 용법의 측면에서 원래 의도된 것 '이상을 의미'할 수 있지만", 이런 공명은 보통 원래의 의사소통을 듣고자 하는 우리의 목적이 아니다. 보편적 읽기와 마찬가지로 수용 역사는 우리의 편견에 바른 이의를 제기하고 다양한 선택지를 제안한다. 그럼에도 불구하고 회복주의는 논외로 치더라도 오순절주의의 수용 역사를 관찰하는 대부분의 사람이 다음의 사실을 인지한다. 즉 여타의 대중 독자들과 마찬가지로 대부분의 오순절주의자들도 (종종 실패하지만) 이후의 여러 해석을 고려하지 않고 성서를 있는 그대로 읽으려고 애써왔다고 말이다. 원래의 상황에 대한 호소는 예컨대 사역과 논쟁이 되는 성서 구절에서 여성을 옹호할 때 종종 선택적 성향을 보인다. 그러나 이런 상황이 본문의 의미를 밝혀주는 곳에서 상황에 대한 호소는 종종 환영받는다.

기본 진리

오순절 교회의 맥락에 있는 한 예는 바로 하나님의 성회(Assemblies of God) 교단의 16개 기본 진리문(Statement of Sixteen Fundamental Truths)이다(오늘날 하나님의 성회 소속 교회들이 이 진리문의 모든 내용을 실질적으로 동등하게 강조하는 것은 아니다).[14] (내가 하나님의 성회를 예로 선택한 이유는 내가 이 교단에 느끼는 고마운 친밀감과 1978년부터 1982년까지 하나님의 성회 성서대학 학생들 사이에서 늦은 밤까지 이어졌던 생생한 대화 때문이다. 그러나 우리는 하나님의 교회[Church of God]나 다른 교단들의 교리문들도 이처럼 살펴볼 수 있다.) 오순절주의 역사가들은 수시로 다음과 같이 지적한다. 즉 강조되는 교리들은 그것이 기록되었던 역사적 상황을 반영한다고 말이다. 예를 들어 삼위일체에 관한 장황한 교리문은 초기 미국 오순절주의자들을 분리시켰던 단일성(Oneness) 논쟁을 반영한다. 현행 16개 기본 진리문의 머리말은 다음과 같다. 성서는 "우리의 믿음과 행위를 위한 충분한 규칙이다." 그런데 이 표현은 영감을 받은 것이 아니다. 또한 이 머리말은 교회의 기본 필요를 채우기 위함이지, 가능한 한 모든 교리를 자세히 설명하고자 함이 아니다. 설명되는 첫 번째 진리는 성서의 영감에 관한 진리다.

신중한 성서 연구가 이런 "기본 진리"의 한 가지 혹은 그 이상을 재고하도록 이끈다면 무슨 일이 발생할까? 우리는 어디에 인식론적 우위를 부여하는가? 교회의 전통인가, 아니면 성서 주해의 내용인가? 교회 전통이라면, 우리는 정말로 기본 진리 중 첫 번째 진리를 믿는 걸까? (여기서 나의

---

14 시간은 자기 정의(self-definition)를 위해 신학적 확언과 경계를 요구했지만, 어떤 이들은 다음과 같이 제안한다. 즉 이런 주장이 사회학적 제도화를 향해 나아가는 오순절주의의 한 부분을 시작했다고 말이다(Blumhofer, *Chapter*, 2:14-15, Oliverio, *Hermeneutics*, 87에 인용됨).

관심은 16개 진리에 관한 특정 교리들, 즉 내가 대부분 동의하는 교리에 도전하는 것이 아니다. 나는 단지 오순절 교회들에서 발견될 수 있는 뚜렷한 예를 제시하고 있을 뿐이다.)[15] 물론 교회의 모든 전통을 필사적으로 수호하는 사람은 성서가 바르게 해석된다면 전통을 지지한다고 주장할 것이다. 그러나 신중한 성서 연구가 없는 그런 주장은 성급한 주장이 되고, 성서를 달리 해석하는 다른 전통들과의 대화를 위한 표준 기반을 제거해버린다.

정말로 우리가 성서의 인식론적 우위를 허용한다면 귀납적 성서 연구가 이끄는 목적지가 어디인지 보는 것을 두려워하면 안 된다. 특히 우리가 이런 과정에 공동체적으로 정직하게 개입하고 있다면 말이다. 로마 가톨릭과 동방 정교회는 이런 주장들에 미묘한 차이를 주기 위해 더 많은 권리를 가질 수 있다. 그러나 누군가가 성서적으로 개신교 전통을 조사하는 것에 대해 개신교인들이 방어적 자세를 취하는 것은 그들의 개신교 전통에 부합하지 않는다.[16] 이런 불쾌감은 그들에게 성서로 돌아가라는 예언적 도

15 위에서 하나님의 성회의 삼위일체 강조에 관한 역사적 상황을 언급했음에도 불구하고, 나는 삼위일체와 그것의 중요성을 강하게 확언한다. 내가 하나님의 성회의 초기 교리가 지닌 오류를 증명하길 원한다면, 나는 이 목적에 훨씬 적절한 예를 사용했을 것이다. 그 예는 바로 "교회의 휴거"에 관한 (구속력이 없는) 입장 성명서를 의미한다. 하나님의 성회의 초기 교리의 세대주의적 종말론, 즉 충격적이게도 더 큰 은사중지론적 체계에 속하는 이 종말론은 하나님의 성회가 설립될 당시인 1914년에 매우 유명했다. 비록 하나님의 성회의 몇몇 핵심 지도자가 역사적으로 세대주의적 종말론에 반대하는 의견을 견지해왔지만 말이다(하나님의 성회의 설립부터 존재해온 다양한 견해에 관해서는 Menzies and Anderson, "Eschatological Diversity"를 보라). 하나님의 성회에 미친 세대주의의 영향은 1930년대부터 1980년대에 이르기까지 번성했는데, 이 영향이 극에 달했던 시기는 1950년대다(Oliverio, *Hermeneutics*, 113). 그러나 세대주의는 하나님의 성회 운동의 원래 교리문에는 나타나지 않는다(114). 게다가 세대주의는 오순절 운동의 다른 부분들에서 이와 유사한 방식들로 번성하지도 않았다(116). 만일 독자가 귀납적 성서 연구로 인해 전환란설이 피해를 입을 수 있는지 의문이 든다면, 관련 문맥의 모든 본문을 조사하여, 어느 본문이 전환란설을 명백히 지지하는지 살펴보고, 실제로 어느 본문이 전환란설을 부정하는지를 조사해볼 필요가 있다.

16 루터는 자신보다 앞선 그리스도인 해석자들의 의견을 존중했지만, 교황과 의회도 성서의 권위에 종속된다고 주장했다. 각 교단의 총회와 최고 감독관들도 여전히 성서에 응답해야

전을 선포할 더 많은 루터들(Luthers)을 요구할지도 모른다.

성서에 대한 루터의 관심은 당시 교회 내에 이미 존재하고 있었던 믿음의 초기 자료들과 회복에 대한 더 광범위한 요청을 폭넓게 재발견하는 데 있었다. 많은 그리스도인들은 큰 대가를 지불하며 성서를 재강조했는데, 성서를 교회 전통보다 더 신성한 영감을 받은 것으로서, 그리고 믿음의 토대로서 간주했다.[17] 하나님은 우리가 새로운 회복이라는 이름으로 그분이 이미 주신 이전의 회복을 훼손하는 것을 금하시는데, 이전의 회복 대부분은 교회의 관심을 성서로 혹은 무시되어온 성서의 강조점들로 다시 돌리라고 요청했다.[18]

한다(하나님의 성회 지도자들도 이에 동의할 것이다). 따라서 새로운 계시를 주장하는 사람들도 성서에 응답해야 한다. 왜냐하면 성서에서 검증된 하나님의 계시는 새롭게 제기되는 계시 관련 주장들을 평가하는 척도로 작용하기 때문이다. 초기 교부들은 "교회가 성서에 대한 책임을 져야 한다고 주장했다." 비록 그들이 교회라는 그들의 상황과 분리되어 성서를 읽었던 것은 아니지만 말이다(Hall, *Reading*, 13). 전통의 가치 및 위험 모두를 인지하는 유익한 균형에 관해서는 다음도 보라. Hall, *Reading*, 190-91(Brown, "Proclamation," 85의 주장을 따른다).

17 전통과 성서에 대한 나의 이해는(비록 여기서 말하는 전통은 공통의 기독교 전통이라기보다는 특정 교회들의 전통을 의미하지만 말이다) Keener, "Biblical Fidelity," 34-37을 보라.

18 예. 성프란체스코나 위클리프의 제자들이 보여준 사도적 가난에 대한 강조. 초기 오순절주의 전통을 권위 있는 것으로서 포용하는 자들은 다음의 내용을 기억해야 하다. 즉 초기 오순절주의자들은 일반적으로 진리가 회복되는 단계들을 포함하는 역사에 대한 견해를 견지했는데, 이 진리 회복의 단계 중 하나가 종교개혁이 성서의 수위권(primacy)을 회복시킨 것이었다.

은사주의 그래놀라(Charismatic Granola)

모든 해석이 역사적 부산물이지만, 어떤 해석은 다른 해석들보다 더 유용하다.[19] 한 은사지속주의 학자는 주님이 특정 성서 구절의 의미를 자신에게 알리셨다고 강력히 주장하는 은사주의 설교자와의 경험을 이야기한다. 이 학자는 그리스어로 이 성서 구절을 연구해왔는데, 그 설교자가 부정확한 번역에 의존하고 있다고 경고했다. 그 설교자와 그의 아내는 주님이 이 진리를 그들에게 계시하셨다고 말하면서 이를 볼 수 없는 사람은 성령에 의한 분별력이 부족하다고 주장했다. 이에 그 학자는 주님이 자신에게 정반대의 해석이 옳다고 말씀하셨다고 대답했다. 얼마간의 정적이 흐른 후 그 설교자는 "아마도 성서는 다른 사람들에게 다양한 의미를 지니는 것 같군요"라고 인정했다.[20] 이 설교자에게 권위의 중심으로서 작용한 것은 성서 본문에 보존된 원래의 의사소통이 아니라 주관적이고 개인적인 계시였던 것이다.

한번은 성서적 토대를 지닌 오순절 설교자가 신학적으로 비주류인 오순절주의자들이 오순절 그래놀라라고 불평한 적이 있었다. 즉 그들이 성령의 땅콩, 과일, 플레이크(flake) 같은 존재라는 것이다.[21] 몇몇 은사주의 목사는, 자신들의 계시가 심지어 성서와 모순될 때조차도 참이라고 강력히 주장하는 교회 성도들을 다뤄야 했다. 몇몇 그리스도인은 주님으로부터 받은 말씀에 호소한다고 하면서 간음과 그 밖의 죄를 합리화하기까지

---

19 Oliverio, *Hermeneutics*, 320. Oliverio는 해석의 상황적 측면을 확언한 후 이 확언이 "내가 다른 해석만큼 좋은 해석을 발견한다"는 것을 함축하는 것은 아니라고 언급한다.

20 Carson, *Showing Spirit*, 173.

21 이는 1980년부터 1982년까지 미주리주 스프링필드에 있는 Evangel Temple Assembly of God에서 시무했던 Cal Lemon 목사의 설교다.

한다. 사실상 그들의 욕정으로 인해 하나님의 말씀을 정확히 듣기가 어려울 텐데 말이다. 이는 새로운 문제가 아니다. 죄에 대한 탐닉을 지지했던 예언자들은 오랫동안 하나님의 백성을 고생시켰는데, 이는 확고한 분별력을 갖춘 신실한 목자들에 의한 교정을 필요로 했다(렘 6:14; 8:11; 23:14-18; 딤후 4:3; 계 2:14, 20).

우리는 때때로 역사적 혹은 문학적 맥락에 대한 이해 없이 본문의 의미와 완전히 동떨어진 해석을 만들어내는 해석자들과 대면해야 한다. 그런 해석자들은 자신이 문맥적 의미보다 더 높은 것으로 간주하는 권위에 호소함으로써 자신의 해석을 종종 이렇게 정당화한다. "당신은 문자적 의미만을 보는군요. 하지만 나는 그보다 더 훌륭한 영적 이해를 갖고 있지요."

하지만 하나님이 성서 저자들에게 영감을 주셨을 때 그들 대부분은 사도들과 예언자들이었는데, 그들은 특정한 상황의 흐름과 함께 기록하도록 영감을 받았다. 그들은 특정 언어와 특정 문화 및 상황에 대한 암시를 사용했다. 하나님이 성서 저자들에게 영감을 주어 의도하신 것을 대체할 만큼의 "영적인" 통찰이 우리에게 있다고 확신하는가? 바울은 예언의 은사를 받은 몇몇 고린도 교회 성도에게 다음과 같이 경고했다. "만일 누구든지 자기를 선지자나 혹은 신령한 자로 생각하거든 내가 너희에게 편지하는 이 글이 주의 명령인 줄 알라"(고전 14:37).

예레미야 23장의 거짓 예언자들처럼 어떤 이들은 주님이 말씀하시지 않은 것을 예언하는 것으로 보인다. 예컨대 물질적 부와 평안을 보장하는 약속과 같은 몇몇 새로운 해석 전통은 하나님의 영이 수 세기 동안 일련의 검증된 예언자들 및 하나님의 종들을 통해 말씀하신 것을 거부한다. 이 지점에서 오순절 해석학에 대한 나의 관심은 성서 본문의 메시지를 받아들이는 데 있어 성령의 역할을 강조하는 동료 학자들 혹은 다른 사람들의 가르침에 있지 않다. 내 갈등은 성서 본문의 메시지에 근거하지 않은 해석으로 본문의 메시지를 대체하려는 자들과 관련된다.

정경의 목적

우리가 단순히 성서의 책들에 대해서가 아니라 성서 자체를 언급할 때, 이는 오랫동안 하나님의 백성 사이에서 증명된 특정 책들의 모음집인 정경(canon)을 의미한다. "정경"은 문자적으로 "측정 막대기"(measuring stick)인데, 우리는 이 측정 막대기를 사용하여 계시에 대한 주장들을 평가할 수 있다.[22] 나는 여기서 정경이 어떻게 나왔는지를 탐구하지 않으며, 정경(혹은 루터의 경우에는 정경의 대부분)이 신학적 신념을 측정하는 방식을 제공한다는 믿음을 공유하는 자들을 다룬다.[23]

다른 계시들 평가하기

성령의 온전한 경험은 성서적 근거와 무관한 영적 경험에만 호소할 수 없다. 한편으로 성서 내러티브는 신적 만남을 통해 기꺼이 변화되고자 하는 신자들에 대한 반복적인 본보기들을 제공해준다. 다른 한편으로 그런 본보기

---

22 초기 교회는 성서를 "기독교 신앙과 행위의 궁극적 권위"로서 인식했다(Graves, *Inspiration*, 38–41).

23 정경에 관해서는 다음을 보라. McDonald and Sanders, *Debate*; McDonald, *Canon*; Evans and Tov, *Exploring*; Kruger, *Question*; Porter, Evans, and McDonald, *New Testament*.

들을 찾기 위해 성서를 읽는 우리는 성서가 특별히 권위적인 방식으로 작용하고 있음을 인지해야 한다.[24] 오늘날 모든 예언은 검증되어야 하지만(고전 14:29; 살전 5:20-21), 정경은 정의상 대체로 검증을 통과한 것이다.

성서가 정경적으로 기능한다고 말하는 것은 다른 계시의 존재를 부정하는 것이 아니다.[25] 계시가 성서에만 국한된 것이 아니라는 점은 사실상 성서 내러티브를 통해 분명히 드러난다. 예를 들어 오바댜는 백 명의 예언자를 숨겨주었는데(왕상 18:13), 이 예언자들은 하나님의 말씀을 예언하는 자들이었을 것이다. 그러나 그들의 예언은 성서 어디에도 기록되어 있지 않다. 하나님은 분명히 천사들에게도 말씀하신다(시 103:20). 그러나 이런 명령들 대부분이 성서에 기록되어 있지 않다. 창조세계에서 규칙적으로 역사하는 것이 하나님의 말씀이지만(시 147:15-18; 148:8),[26] 자연에서 이런 하나님의 명령은 우리를 위해 보존된 것이 거의 없다. 예수는 요한복음 16:13-15에서 성령이 예수의 일을 이어서 계속 말하고 드러낼 것이라고 약속한다. 확실히 성령은 예수가 신약성서에서 행한 모든 것을 아직 다 드러내지 않았고, 우리가 지속적으로 예수를 알 수 있게 해준다.[27] 1세기 가정교회에서는 매주 평균 두세 명의 예언자가 예언했는데(고전 14:29; 이 평

---

24 여기서 Cartledge, "Text-Community-Spirit," 141-42의 타당한 우려를 보라. 이 우려는 몇몇 은사주의자가 공동체 혹은 공동체의 지도자를 "성서를 대신하는 규범"으로서 삼는 위험에 관한 것이다.

25 비록 몇몇 신학자가 이와 같은 성서 외적 경험을 "계시"라고 부르는 것에 반대해왔지만, 성서의 번역들은 계시라는 용어를 이런 경험들에 빈번히 적용한다(고전 14:26, 30; 고후 12:1, 7; 엡 1:17; 참조. 마 11:25, 27//눅 10:21-22; 고전 2:10; 빌 3:15).

26 시 33:4, 6에서처럼 시 147편의 자연에 대한 이런 명령들은 이스라엘을 향한 하나님의 명령들과 연결되는데, 이는 이 두 명령이 모두 하나님의 말씀이기 때문이다(시 147:19; 마찬가지로 시 119:90-91을 보라; 시 19:1-6을 시 19:7-11과 비교하라). 자연에서의 신성한 법이나 명령들은 이집트와 고대 중동 모두에서 나타난다(Walton, *Thought*, 192-93을 보라).

27 이 주장에 대한 보다 자세한 내용은 다음을 보라. Keener, *John*, 2:1035-43; 참조. 1:234-51, 807-8, 817-18; 참조. 요일 2:27; 3:6, 24; 4:13.

균 수치는 더 높았을 수 있음; 참조. 14:5, 24, 31), 우리가 논의를 위해 1세기 가정 교회의 수를 말도 안 되게 낮은 수치인 100개로 가정한다 해도[28] 우리는 신약 정경에 기록되지 않은 적어도 백만 개의 예언을 생각할 수 있다.

그렇다면 정경을 말하는 목적은 무엇일까? 정경은 우리 모두가 동의할 수 있는 최소한의 계시로, 계시에 대한 다른 주장들을 검증하기 위한 "측정 막대기"다. 젊은 그리스도인으로서 나는 비전을 품은, 나보다 어린 한 그리스도인을 질투했다. 나는 하나님의 음성을 듣는 법을 그녀에게 가르친 최초의 사람들 중 하나였지만, 정작 나 자신은 그때까지 실제 비전을 받지 못한 상태였다. 미성숙한 동료 신자로서 나는 그녀와 동역하여 서로의 성장을 도모했던 것이 아니라 그녀와 경쟁 중이었던 것이다. 그러나 나의 친구는 자신이 성서를 읽을 필요가 없다고 고집스럽게 주장했다. 하나님이 그 시대에 사람들에게 직접 말씀하셨듯이 자신에게도 직접 말씀하신다는 것이었다. 그러니 그녀가 성서를 통한 간접적인 가르침을 받을 이유가 있었겠는가? 필연적으로 그녀가 들은 것이 틀렸을 때, 그녀는 다시 정상적인 자리로 돌아올 수 있는 신학적 수단이 전무했다. 어쨌든 하나님은 나와 다른 이들 그리고 그녀의 상식을 사용하셔서 그녀의 특정 오류를 수정하셨다. 그러나 이후에 한 목사가 그녀의 예언 은사를 거절했을 때, 그녀는 신앙에서 완전히 떨어져 나갔다.[29] 나는 아직도 그녀가 믿음을 잃어버린 것을 애통해한다. 한때 하나님과 친밀했던 그녀는 실족한 작은 자 중 하나가 되어버렸다(마 18:6, 10, 14).

예레미야 시대에 많은 예언자가 있었지만, 그중 예레미야만이 실제

28 맨 처음 예루살렘의 성도 수는 5천 명 이상이었다(행 4:4). 가정당 10명의 가족을 잡으면, 최소 5백 가정이 예수를 믿었을 것이다. 그러나 그들은 결국 널리 흩어지게 되었는데, 상당수가 오론테스(Orontes)에 위치한 안디옥과 다른 지역에 모여 살았다.

29 나는 이 이야기를 Keener, *Gift*, 187-89에서 매우 자세히 언급한다.

로 임박한 심판에 대해 선포했다. 다른 예언자들이 그 시대에 더 유명했지만, 예루살렘이 무너진 후 그들이 내뱉은 말은 역사의 흙먼지 속으로 사라져버렸다. 이와 대조적으로 예레미야의 메시지는 실현되었고, 이스라엘의 정경에 포함되었다. 성서는 단지 계시를 주장하는 것이 아니다. 이는 시간의 검증을 통과한 것이다. 우리가 개인적으로 하나님의 음성을 듣는 것은 중요하다. 그러나 하나님은 자신이 수 세기에 걸쳐 검증된 사도들과 예언자들을 통해 이미 말씀하신 것을 부정하는 새로운 무언가를 말씀하시지 않을 것이다. 하나님은 우리에게 성서를 주셨고, 그것을 가르치는 영적 은사도 주셨다. 그 결과 우리는 우리의 경험을 평가할 수 있고, 그 경험으로 무엇을 할지 성서의 지도를 받을 수 있게 되었다.

성령은 시, 노래를 통해, 심지어 하나님이 원하시면 나귀를 통해서도 말씀하실 수 있다. 그러나 우리는 개인의 말에 정경적 지위를 부여하지 않는다. 그리고 우리는 맥락에 벗어난 어느 구절의 메시지를 그 구절의 일반적·표준적 의미로서 다루지 말아야 한다.[30] 만일 성서가 해석자의 모든 생각 혹은 느낌을 의미할 수 있다면, 만일 원래의 의사소통과 연관된 몇몇 추정이 중요하지 않다면, 하나님이 우리에게 말씀하실 때 사용하시는 다른 방식들과 특별히 구별되는 "성서"의 방식은 무엇인가? 이런 상대주의

---

30 하나님은 말씀 또는 연관 개념을 통해서도 우리에게 말씀하실 수 있다. 다음에 나오는 히브리어 언어유희를 참조하라. 렘 1:11-12; 암 8:1-2; 미 1:10-15. 그러나 이 언어유희들은 주해적 기능보다는 수사적이거나 설교적인 기능을 한다. Grey는 *Crowd*, 104에서 다음과 같이 제안한다. 즉 "본문을 관련 구절의 역사적·문화적 맥락과 관계없는 상징으로서 사용함으로써 오순절주의의 읽기는 본문의 다중적 읽기가 될 가능성이 높다." 그렇다면 우리는 읽기를 어떻게 평가할 수 있을까? 본문이 원래의 의도가 아닌 다른 것을 상징화할 수 있다면, 이 본문은 계시에 대한 다른 주장들을 측정하는 기준으로서 정경의 역할을 계속할 수 있는가? 그럼에도 Grey가 제공하는 유명한 해석의 예들은 성서 본문에 분명히 언급된 원칙들로부터 나온 진정으로 개연성 있는 추론들이다. 다시 말해 실제로 이 예들은 본문의 메시지를 왜곡하기보다는 본문을 적용하고 있다.

적 접근은 우리의 상대주의적 문화에 점점 더 호소하며, 그 결과 종종 진보적인 것으로 추앙받는다. 이런 접근이 반드시 성서적 가르침의 쇠퇴와 성령의 사람들 대부분이 전통적으로 거짓이라고 여겨온 생각들로 이끄는 것일까?[31] 만일 성서 본문이 아무것이나 의미할 수 있다면, 신약성서의 많은 논쟁(예. 이방인이 할례를 받아야 하는지의 여부)을 무효화하는 그릇된 가르침과 같은 것은 존재할 수 없다. 왜냐하면 성서에 보도된 이런 논쟁에서 비난의 대상이었던 많은 사람들도 그들의 주장이 우선적으로 성서에 기초한다고 말했기 때문이다.

더욱이 성령이 이끄는 특별한 성서에의 접근과 전혀 무관하게 성서를 읽을 때 떠오르는 마구잡이식 생각에 의존하는 것은 하나님이 오직 자신들에게만 말씀하신다고 믿는 집단에서 번성할 수 있다. 성서에 특별한 권위를 부여하지 않는 자들은 자신이 하나님의 음성을 어디서든 똑같이 들을 수 있다고 생각하므로 성서를 읽을 이유가 없다. 그러나 성서에 대한 성령의 특별한 영감을 인지하는 자들은 하나님이 본문을 주신 형태 그대로 신중하게 연구함으로써 성령의 음성을 들어야 한다.

검증되지 않은 우리의 경험을 성서에 보존된 성령의 검증된 경험보다 우위에 두는 것은 성령을 존중하는 올바른 태도가 아니다. 오순절 전통이 오랫동안 관찰해왔듯이, 성령은 수 세기에 걸쳐 사도들과 예언자들을 통

31 몇몇 해석자는 전적 주관성을 피하기 위해 원래의 의사소통을 언급하면서 객관성에 대한 포스트모던적 비평을 선별적으로 사용한다(Grey, *Crowd*, 46-47에 인용된 다음의 인물들을 보라. Hannah K. Harrington, Rebecca Patten, and Clark Pinnock). 공동체 안으로부터의 읽기는 상대주의에 이의를 제기할 수도 있다(Archer, *Hermeneutic*, 132). 비록 자신이 속한 공동체의 견해가 경쟁자들의 견해보다 더 낫다는 것을 증명해야 하지만 말이다. 완벽한 객관성이라는 현대주의자의 그릇된 가정을 거부한다고 해서 상대주의자가 되는 것도 아니고 본문이 아무것이나 의미하도록 만드는 것도 아니다(Archer, *Hermeneutic*, 206-7, 213-14). 비록 이런 차이를 인지하는 것이 의미의 경계나 본문 관련성의 수준을 정의하는 것보다 더 간단하지만 말이다.

해 이미 이야기한 것을 부정하지 않을 것이다. 이 사도들과 예언자들 대부분은 예수의 지상 사역 동안 그분에 의해 직접 임명되거나 위임받은 자들이었다.

분별

성령은 우리의 훈련되지 않은 연구로 인해 비난받는데, 이런 연구는 때로 우리의 상상력을 하나님께 복종시키는 대신에 우리의 상상력으로 하나님의 음성을 듣는 일을 대체해버린다(렘 23:16; 겔 13:2, 17). 적어도 미국에서 오랫동안 은사주의자였던 사람들은 인간의 실수와 영적 위조가 성령의 참된 경험에 빌붙음으로써 신뢰를 획득하려고 한다는 것을 안다. 이는 과거 부흥운동에 일반적으로 적용되는데, 그 시대의 분별력 있는 저술가들(예컨대 조나단 에드워즈[Jonathan Edwards]와 존 웨슬리[John Wesley])이 이를 증명한다.[32] 실제로 예레미야 시대에 대부분의 예언자들이 거짓으로 예언했을 뿐 아니라(렘 23:9-31), 그중 다수는 예레미야가 진리를 말한다는 이유로 그를 죽이려고 했다(렘 26:8, 11). 영감에 대한 주장은 반드시 검증되어야 한다. 하나님의 음성을 들었다는 모든 주장이 옳은 것은 아니기 때문이다. 성서에 대해 기도하며 생각하는 것은 하나님의 음성을 듣는 해석 공동체에 자양분이 된다. 성서의 메시지는 우리에게 여전히 규범적이지만, 반드시 해석을 통해 현재에 새롭게 적용되어야 한다.

우리는 성령의 메시지를 거짓 주장과 어떻게 구별할 수 있을까? 우선 예수의 기적과 거짓 기적의 차이를 고려해보라. 하나님의 기적은 언제나

---

32 예. 다음을 보라. Edwards, *Marks*; Webster, *Methodism and Miraculous*, 29-31.

더 위대했지만(출 7:12; 8:18-19), 예수는 종말론적 시대(막 13:22; 참조. 살후 2:9; 계 13:13), 곧 현재(막 13:5-8; 살후 2:7; 요일 2:18)에 창궐하는 거짓 표적에 대해 경고했다. 예수의 기적은 관대했는데, 주로 치유와 귀신의 억압으로부터의 해방에 관한 기적이었다. 그리고 그의 기적은 파괴적인 것이 아니었고, 보통 특별한 이유를 지향했다. 예수는 무화과나무를 예언적 경고로서 저주한다(막 11:12-21). 그리고 한 인간을 구하기 위해 돼지 떼를 몰살시킨다(막 5:11-13).[33] 실제로 예수의 기적은 때때로 심판 기적의 반대로 보인다. 요한복음은 예수의 관대한 표적들을 모세의 심판 표적과 대조적인 것으로 묘사한다. 즉 예수의 첫 번째 표적에서 물은 피 대신에 포도주로 변하고(요 2:7-10; 참조. 출 7:20-21), 부활 이전의 마지막 표적에서는 장자의 죽음이 아닌 생명의 회복이 발생한다(요 11:43-44; 참조. 출 12:29).[34]

분별을 위한 또 다른 도구는 누구를 위해 기적이 발생하는지를 고려하는 것이다. 예수의 표적에 반응하여 많은 사람들은 참하나님께 영광을 돌렸다(예. 막 2:12; 참조. 신 13:2). 그리고 예수는 그의 아버지인 하나님께 영광을 돌렸다(요 8:49-50; 17:4). 하나님의 기적을 값없이 베푸는 대신 그것을 통해 대가를 바라는 자들은 영적으로 미숙하거나 거짓된 예언자들이다(참조. 요 5:44; 행 3:12; 8:9-10; 14:15). 고대의 다른 축귀자들과 달리 예수는 아무런 주문이나 의식을 필요로 하지 않았다(마 8:16; 막 1:27). 이는 예수의 기적을 특징짓는다. 비록 예수와 그의 제자들이 모세의 시대에 하나님께서 행하신 것처럼(출 4:2, 17; 7:19-20; 8:5, 16-17; 9:23; 10:13; 14:16), 때로 물리적 수

---

33 이런 파괴적 행위는 전적으로 마귀들이 유도한 것일 수 있다.

34 예수의 기적에 담긴 관대함의 속성에 주목한다고 해서 출애굽의 재앙과 같은 성서의 심판 기적이 지닌 가치를 부정하는 것은 아니다. 오히려 예수의 관대한 기적에 주목하는 것은 심판이 예수가 우리에게 보여준 기적의 주요 형태가 아님을 확증하는 것이다. (예언자를 통한 경고를 제외하면, 하나님은 직접적인 인간 대리인 없이 더 자주 심판을 내리신다.)

단을 통해 기적을 행했지만 말이다(눅 8:44; 행 5:13; 19:12).

그러나 사탄은 심지어 자비로운 행위까지도 흉내 낼 수 있다. 마태복음 12:27//누가복음 11:19이 바로 그런 경우다. "너희의 아들들은 누구를 힘입어 쫓아내느냐?" 아마도 스게와의 일곱 아들은(행 19:13) 이전의 몇몇 경우에서 자신들이 성공했다고 생각했을 것이다. 마귀들은 사람들을 노예로 삼기 위해 때때로 주술적 체계와 협력했다. 따라서 영적 분별이 필요하다.

우리는 스스로 그리스도인이라고 고백하는 사람들의 주장도 반드시 점검해야 한다. 하나님의 영은 때로 사람들을 사용하는데, 이는 단순히 성령이 한 장소에 있는 사람들 사이에서 강하게 역사하기 때문이다(삼상 19:20-24). 마찬가지로 하나님께 불순종하는 사람일지라도 한동안 하나님의 능력을 지닐 수 있다(삿 16:1-3; 그러나 결국 하나님의 능력을 잃음, 16:20). 거짓 예언자들이 양의 옷을 입고 온다는 말은(마 7:15) 그들이 양처럼 보인다는 것을 의미한다. 몇몇 사람은 예언하고 귀신을 몰아내며 예수의 이름으로 기적을 행할지 모르지만, 예수를 따르지 않기 때문에 결국 버림당할 것이다(마 7:21-23). 은사는 중요하지만, 예수는 "너희가 그들의 은사로 그들을 알리라"라고 말하지 않았다. 오히려 그는 "너희가 그들의 열매로 그들을 알리라"라고 경고했다(마 7:16, 20). 즉 문맥상 여기서 열매는 하나님께 대한 그들의 순종을 의미한다(마 7:17-19).

그러나 우리는 누군가를 거짓 예언자로 판단할 때 매우 신중을 기해야 한다(단지 일부 문제에 대해 의견이 다른 사람들을 판단할 때와 대조적으로). 진정한 그리스도인 예언자들에 의한 예언조차도 반드시 평가되어야 한다(고전 14:29).[35] 이 시대의 그리스도인들은 "부분적으로 알고, 부분적으로 예언

35 이 조언은 가정교회들의 예언에 대한 일반적 평가에 적용되므로, 이 조언의 주된 목적이 완

한다"(고전 13:9). 심지어 세례 요한도 자신의 선입관과 제한된 계시로 인해 예수의 정체성을 잘못 의심했다(마 11:2-3//눅 7:18-19). 누군가가 불완전하거나, 우리가 그들이 틀렸다고 생각한다고 해서 우리에게 그들을 거짓 예언자로 비난할 수 있는 권리가 주어지는 것은 아니다. 세례 요한은 확실히 참예언자였다(마 11:9-11//눅 7:26-28).

진정한 "거짓 예언자들"은 하나님의 음성을 잘못 듣는 사람보다 더 심각한 위협이 된다. 몇몇 비평가가 신명기 18:22의 일반 진술에 부과하는 과도한 심각성에도 불구하고 말이다.[36] 심지어 예언이 정확할지라도, 아래와 같은 예언자는 거짓 예언자가 된다.

- 예언자가 다른 신들을 따르라고 우리를 종용할 때(신 13:1-5)
- 영이 예수가 메시아임을 부인할 때(요일 2:22)
- 영이 예수가 육체로 왔음을 부인할 때(요일 4:2-3)
- 영이 "예수는 저주받았다"라고 말할 때(고전 12:3)
- 혹은 예언자가 부도덕을 조장할 때

전한 거짓 예언자들을 발본색원하는 것이라고 보기는 어렵다. 왜냐하면 당시 규모가 큰 가정집이라도 수용 인원이 50명 안팎이었기 때문이다. 회중에 속한 모든 사람이 거짓 예언자이고, 일주일에 한 명씩 출교를 당한다면(다른 거짓 예언자들이 이를 알아차릴 수 있는 상황에서), 연말이 오기 전에 이 회중에 남아 있는 사람은 단 한 명도 없을 것이다. 여기서의 요점은 양가죽을 뒤집어쓴 늑대들을 규명하는 것이 아니라, 예언하는 자들이 하나님의 메시지를 정확하게 전달하도록 만드는 데 있다.

36 비록 몇몇 학자가 신약성서에서 구약성서의 예언보다 덜 권위적인 형태의 예언을 발견하지만, 그렇다고 구약의 예언이 모두 성취된 것은 아니다. 왜냐하면 대부분의 예언이 암묵적으로 조건부였기 때문이다. 예. 다음을 보라. 렘 18:6-10; 겔 18:21-32; 욘 3:10. 실제로 예레미야의 몇몇 예언은 문자 그대로 정확히 이루어지지 않았다(예. 렘 43:10-13; 46:19, 25-26; 참조. Walton, Matthews, and Chavalas, *Background Commentary*, 675, 677-78; Voth, "Jeremiah," 330-31). 비록 그 예언 내용들의 기조와(성서 예언의 특징으로 인해 그 이후에 느부갓네살의 후계자를 통해 문자 그대로의 예언 성취가 이루어졌을 수도 있다-Brown, "Jeremiah," 479을 보라) 예레미야의 예언 메시지의 핵심은 온전히 성취되었지만 말이다.

사랑을 잘못 강조하는 누군가가 성령이 성적 부도덕을 용서한다고 주장한다면, 그는 거짓 예언자다(렘 23:14; 벧후 2:1-2; 계 2:14, 20; 참조. 유 8절). 은혜에 대한 가르침을 자유롭게 죄를 짓는 것에 대한 변명으로 변질시킨다면, 그는 거짓 예언자다(유 4절). 자신의 유익을 위해 하나님의 백성을 착취한다면, 그는 거짓 예언자다(벧후 2:1-3; 참조. 딤전 6:5).

그러나 우리는 비난에 반드시 주의해야 한다. 비방과 험담은 심각한 죄이기 때문이다(롬 1:29-30). 성서는 우리에게 사랑과 일치를 거듭 촉구한다(예. 롬 12:9-10; 13:8-10; 14:15; 고전 13:1-14:1; 16:14; 갈 5:6, 13-14, 22; 엡 4:2-3, 13-16; 5:2; 빌 2:2; 골 3:14). 목자들은 맡겨진 양 떼를 잘 돌봐야 하지만(행 20:28-31), 우리는 모든 비난이 참이라고 가정할 수 없다. 하나님의 참된 종들에 관한 소문들이 회자되는데(예. 행 21:21; 롬 3:8; 고후 6:8), 우리는 복수의 독립된 증언들을 입수할 때까지 장로들에 대한 비난을 받아들이지 말아야 한다(비록 이런 절차를 거쳐 그 비난이 참으로 드러날 경우 장로들을 공개적으로 질책해야 하지만 말이다; 딤후 5:19-20). 누군가가 죄를 범했을 때조차도 우리의 목적은 그의 회개와 회복에 있는 것이지, 그의 멸망에 있는 것이 아니다(마 18:12-17; 고전 5:5; 갈 6:1; 살후 3:14-15; 딤전 1:13-16, 20; 딤후 2:25-26).

성서적 성령, 성령의 영감에 의한 성서

성서는 하나의 계시이며, 모든 그리스도인은 성서가 계시에 대한 다른 모든 주장의 진위를 분별해주는 "정경"(canon) 또는 측정 막대기라는 데 동의한다. 따라서 우리는 하나님이 특별한 상황에서 우리에게 성서를 주신 방식으로 그것을 정확히 이해하고 선포하며 가르치기 위해 최선을 다해야 한다. 성서가 우리의 측정 막대기라면, 하나님의 영감에 의한 성서가 무엇을 의미하는지를 아는 것은 중요하다. 우리가 확신할 수 있는 것은 적어도 하나님의 영감을 받은 성서 저자들이 그들의 메시지를 전할 때 하나님이 의도하셨던 내용이 성서의 의미라는 점이다(이는 8장과 9장의 주제다).

성서를 존중하는 것은 첫 번째 영감 받은 의미를 존중하는 것을 요구한다

영적 계시를 가치 있게 여기려면 무엇보다 우리 주 예수—육체로 거하시는 하나님—의 신성한 위임과 영감을 받은 모든 메시지와, 섭리적 계획을 통해 그분에 대한 경험이 중재되지 않고 실제적이었던(우리가 이 경험을 확신할 수 있는) 사람들의 집단을 소중히 여겨야 한다. 이미 언급했듯이, 바울은 다음과 같이 우리에게 경고한다. "만일 누구든지 자기를 선지자나 혹은 신령한 자로 생각하거든 내가 너희에게 편지하는 이 글이 주의 명령인 줄 알라. 만일 누구든지 알지 못하면 그는 알지 못한 자니라"(고전 14:37-38). 하나님의 음성을 듣는다는 모든 주장은 반드시 평가되어야 한다(고전 14:29; 살전 5:20-21). 그리고 다른 누군가의 계시적 주장을 경청할 때 이를 신중히 검증하지 않는다면 우리는 곤란에 처할 수 있다(왕상 13:18-22).[37] 개인적인 영적 경험은 반드시 주관적일 수밖에 없지만, 객관적인 무언가를 통해 균형이 잡힐 수 있다. 여기서 객관적인 무엇이란 바로 검증된 과거의 계시로, 성서가 수용된 이래 모든 시대와 장소에서 하나님의 백성에게 집단적으로 검증된 것이다.

정경의 목적은 우리가 그 책에서 찾고자 하는 모든 것의 단초(혹자는

---

37 나는 이 문단을 나의 온라인 성서 해석 설명서에서 가져왔다.

이를 "정경 단초"라고 부를 수 있다)를 제공하는 것이 아니다. 정경의 목적은 계시에 대한 다른 주장들을 평가할 수 있는 측정 막대기, 즉 우리의 주관적 경험과 비교할 수 있는 객관적 기준을 제공하는 것이다. 우리가 이미 지적했듯이, 이는 결코 경험을 무시하라는 말이 아니라 우리의 경험을 성서에 비추어 읽으라는 요청이다. 그 역도 성립하지만, 같은 방식으로는 아니다. 즉 우리는 우리의 질문을 본문에 가져와서 우리의 경험에 비추어 직관적으로 성서를 읽을 것이다. 그러나 우리는 우리의 대답을 본문에 강요하기보다 본문의 안내를 따라야 한다.

이는 본문이 말하는 것을 그것의 맥락에서 파악하는 것이 중요함을 뜻한다. 우리의 뜻, 즉 단순히 우리의 의견을 전달하려는 목적으로 성서를 악용하는 것은 성서적 권위라는 외투로 우리의 생각을 포장하는 것에 불과하다. 우리의 의제를 위해 성서 본문의 권위를 납치하는 것은 위험한 모험이다. 성서는 자신의 생각을 위해 하나님의 권위를 주장했던 예언자들에 대해 가혹하게 말한다.

편지를 그것의 언어, 문화 등의 상황과 상관없이 본다면, 그 편지는 구체적으로 아무것도 전달하는 것이 없는 단순한 끄적임에 불과하다.[38] 그러나 우리의 독서가 상황을 고려한다면, 우리는 하나님이 성서를 주신 방식대로 읽어야 한다. 이는 일반적으로 한 번에 한 권의 책을 읽는 것을 의미한다. 마가복음의 한 구절은 마가복음 전체 이야기라는 보다 큰 맥락에서 특별한 역할을 한다. 마찬가지로 에스더서의 한 구절 역시 에스더서 전체라는 보다 큰 맥락에서 특별한 역할을 수행한다. 이런 성서의 책들이 규칙적으로 암시하는 관습과 문화를 아는 것 역시 원래의 요지를 이해하는 데

---

38 참조. Vanhoozer, *Meaning*의 논평들; Brown, *Scripture as Communication*, 69-72; Osborne, "Hermeneutics," 391-95; 이 책에서 내가 제시할 수 있는 논의보다 더 자세한 논의는 Keener, *Acts*, 1:18-23을 보라.

도움을 준다.

내가 처음 그리스도인이 되었을 때 2학년 라틴어를 수강하고 있었는데, 숙제로 카이사르(Caesar)를 번역해야 했다.[39] 숙제를 하는 대신 성서만을 읽고 싶었던 나는 성서를 펼친 다음 손가락으로 훑으면서 다음과 같은 본문을 찾으려고 했다. "모든 것을 포기하고 나를 따르라." 그 대신에 나는 다음 구절을 발견했다. "그런즉 가이사의 것은 가이사에게, 하나님의 것은 하나님께 바치라"(눅 20:25). 하나님은 내 수준에 맞추어 내 임의적 성서 접근에 답하기로 선택하셨지만, 이는 하나님께서 이 구절에 대한 새롭고 보편적인 의미를 내게 계시하셨음을 의미하는 것은 아니었다. 내가 모든 그리스도인에게 이 구절에 주의를 기울이라고 호소하는 순회 강연을 카이사르의 「갈리아 전기」(*Gallic War*)를 번역함으로써 시작했다면 이는 정말 불행한 일일 것이다!

그러나 상황을 벗어난 성서의 모든 유용(appropriation)이 이처럼 우연히 발생하는 것은 아니다. 한 여성에 대한 다음과 같은 실화가 전해진다. 그녀는 그녀의 치료사에게 하나님이 그녀의 남편과 이혼하고 다른 남자(당시 그녀의 외도 상대)와의 결혼을 명하셨다고 말했다. 그녀는 에베소서 4:24에 나오는 바울의 명령인 "새 사람을 입으라"(Put on the new man, KJV)를 "신적" 인도의 핵심 근거로서 인용했다.[40]

---

39 나는 여기서 나의 온라인 성서 해석 설명서에 나오는 내 이야기를 재현한다.

40 Klein, Blomberg, and Hubbard, *Introduction*, 7.

즉흥성은 영감과 동일한 개념이 아니다

불행하게도 신선한 경험을 열렬히 사모하는 몇몇 그리스도인은 신중한 연구에서 충분한 흥미를 느끼지 못한다. 이런 판단은 전문적인 해석자들에게 적용되지 않을 수 있지만, 일반 수준의 독자들 사이에서는 흔히 발견되는 일종의 질병처럼 보인다.

성서는 지혜를 얻기 위해 애쓰라고 우리에게 촉구한다(잠 2:2-3; 4:5; 15:14; 22:17; 23:23). 패스트푸드에 대한 신봉은 우리의 적극적인 생활방식에 적합하다. 그러나 즉각적인 것이 언제나 하나님의 방식은 아니며, 아마도 그분의 일반적인 방식도 아닐 것이다. 성서에서 하나님은 때때로 예수의 많은 기적처럼 즉시 일을 행하셨지만, 대개는 과정을 통해 역사하셨다. 아브라함과 사라가 아들 이삭을 얻기까지, 다윗이 왕으로 높아지기까지 견뎌야 했던 시련을 생각해보라. 하나님은 수십억 년이 아닌 일순간에 세상을 창조하시거나 그분의 목적을 성취하실 수 있었을 것이다. 그러나 심지어 젊은 지구론자들조차도(나는 젊은 지구론자가 아니다) 하나님이 적어도 여러 날을 통해 세상을 창조하셨다고 인정한다. 하나님은 종종 긴 과정을 통해 역사하신다.[41]

현대 문화는 트위터와 간결한 한마디(sound bites)를 칭송한다. 그러나 맥락에서 벗어난 간결한 한마디는 사람들의 중심을 바르게 표현하지 못한다. 맥락에서 벗어난 그런 인용들은 명성을 무너뜨리고, 사역에 피해를 입히며, 정치 경력 등을 끝장낸다. 그러나 일반적인 수준에서 대부분의 그리스도인은 성서 구절을 간결한 한마디처럼 사용한다. 우리는 성서를 깊이 읽고 맥락을 완전히 파악하기보다 우리가 늘상 들어온 방식, 즉 다른 사람

---

41 나는 이 문단을 Keener, "Biblical Fidelity," 39에서 가져왔다.

들이 성서 구절을 이용하는 것과 동일한 방식으로 성서 구절을 사용한다. 우리는 때때로 지금 당장 감동을 주는 방식으로 성서 구절을 사용하고, 때로는 성서 구절을 영감에 의존하여 비난한다. 비록 우리의 적용이 본문의 요지와 정확히 상반된다고 하더라도 말이다.[42]

신중한 연구 과정은 성령이 오직 즉흥성의 맥락에서만 경험되거나 추구된다고 믿는 사람들에게는 고무적으로 들리지 않을 수 있다. 그러나 잠언은 우리가 지혜와 지식을 추구함에 있어 부지런해야 한다고 주장한다. 오순절주의자들은 누가가 성령에 의해 누가복음을 기록했다고 확언하지만, 누가는 자신이 누가복음을 기록하기 전에 조사를 했다고 우리에게 말한다(눅 1:1-4). 성령이 오직 누가의 저술에만 관여하고, 예수와 그의 초기 제자들에 대한 정확한 정보를 제공해주기 위해 누가가 실행한 조사에는 관여하지 않았을까? 만일 그렇다면, (나를 비롯하여 많은 사도행전 학자가 찬성하는 것으로서) 누가가 역사적으로 사실인 자료를 기록하고 있었는지, 아니면 (몇몇 다른 학자가 찬성하는 것으로서) 그가 소설처럼 자기 이야기를 꾸며내고 있었는지가 왜 그렇게 큰 차이가 있어야 하는가?

최초의 몇몇 오순절주의자는 선교 현장에서 새로운 언어 습득이라는 어려움을 겪을 필요 없이 방언으로 의사소통하길 원했다.[43] 오순절 선교사들은 언어 습득의 필요성을 신속히 깨달았고, 언어 훈련은 오랫동안 선교 준비에서 중요한 단계로 여겨져왔다. 텍스트 이해를 위한 적절한 도구를

42 참조. Thiselton, "New Hermeneutic," 79(Fuchs, "Proclamation," 354과 Ebeling, *Theology*, 42, 100-102을 인용함): "Fuchs와 Ebeling은 하나님의 말씀을 전하는 데 있어 성령의 역할에 대해 잘 알고 있다. 그러나 그들은 이해 및 이해 가능성의 문제들이 이런 종류의 섣부른 호소로 해결될 수 없음도 바르게 이해하고 있다."

43 Anderson, *Pentecostalism*, 33-34; Goff, "Theology of Parham," 64-65; Jacobsen, *Thinking in Spirit*, 25, 49-50, 74, 76, 97; Robeck, *Mission*, 41-42, 236-37, 243, 252; McGee, *Miracles*, 61-76; idem, "Hermeneutics," 102; idem, "Strategy," 52-53; 특히 다음을 보라. McGee, "Shortcut"; idem, "Logic"; Anderson, "Signs," 195-99.

사용하지 않고 성서 본문을 "이해하기" 원하는 자들은 이 본문들이 고안된 목적들을 놓칠 수 있고, 초기의 몇몇 오순절주의자가 소통을 제공해주지 못한 것처럼 완전히 소통을 받지 못할 수 있다.

하나님은 즉흥성을 통해서뿐만 아니라 과정을 통해서도 일하신다. 하나님은 때때로 즉각적 대치가 있기 전까지는 예언자에게 메시지를 주시지 않았고(예. 렘 28:10-17), 예언자가 항상 하나님께 묻는 즉시 대답을 들었던 것도 아니다(렘 42:7). 확실히 우리는 즉흥적 축복을 종종 경험하지만, 우리 또는 다른 누군가는 이런 즉흥적 경험을 하기 전에 종종 기도나 하나님께 성별된 일상생활을 통해 상당한 시간을 헌신한다. 우리가 성서에서 하나님의 종들에 관해 읽을 때, 많은 분량을 차지하는 하나님의 종들은 대부분 그분이 약속을 성취하실 때까지 긴 시련을 경험했다. 특별히 오랜 기다림을 참아냈던 아브라함과 사라를 생각해보라. 요셉이 수년간 노예생활을 하고 감옥에서 지내야 했던 것을 생각해보라. 수년간 사울을 피해 도망다녔던 다윗을 생각해보라. 성령이 예수에게 처음 권능을 부여했을 때, 성령은 예수가 공적 사역을 시작하기 전에 그를 시험하기 위해 광야로 이끌었다. 그리고 심지어 예수의 이 공적 사역은 하나님 아버지께서 부활을 통해 신원해주시기 전에 그를 십자가로 이끌었다.

성령은 가르침의 은사를 주신다

성서 저자들이 원래의 역사적 배경에서 전달하는 것이 무엇인지를 결정하는 일은 몇몇 부흥 현상처럼 화려하지 않을 수 있다. 그러나 이는 올바른 오순절 해석학의 토대다. 과거에 성령은 성령의 감동을 받은 예언자들에게 어떤 영감을 불어넣어 당시 하나님의 백성에게 말하게 했을까? 이런 접근은 분명히 오순절식 접근이 아니고, 예수를 주님으로 부르지도 않는다. 그러나 확실히 성령은 예수가 주라고 고백하도록 영감을 준다(고전 12:3). 오순절에 부어진 성령의 역사는 비오순절주의자들이 전통적으로 거절했던 것에 국한되지 않는다. 가르침은 본질적으로 영적인 은사이며, 바울은 이 은사를 사도와 예언자 다음으로 높은 위치에 놓는다(고전 12:28; 참조. 롬 12:6-7; 엡 4:11). 그러나 "가르침"은 최소한 성서에 대한 설명을 종종 포함한다(딤전 4:13; 딤후 3:16).

몇몇 그리스도인 집단은 성서 해석 은사에 대해 너무 오만한 나머지 보다 대중적인 집단들에서의 좀 더 즉흥적인 은사들을 존중하지 않는다. 그러나 때때로 보다 대중적인 집단들 역시 자신들의 은사에 오만한 나머지 "단순한" 가르침을 경멸해왔다. 만일 우리가 겸손해진다면, 우리는 서로의 은사들을 통해 배우고 성장할 수 있을 것이다. 기쁘게도 오늘날 오순절주의에는 성서적 기본이 탄탄한 교사들이 많이 있다. 그러나 어떤 곳에서는 "단순한" 교사와 보다 화려한 은사들 사이의 전통적 긴장이 남아 있는 것 같다. 우리는 이런 긴장을 학문적 복음주의와 19세기 부흥론적 복음주의 사이의 긴장에서 물려받았는데, 지금은 그리스도의 교회를 위해 이런 긴장을 극복해야 할 때다. (이 책의 뒤에 나오는 논의, 특히 17장을 보라.)

성령의 인도를 받은 성서 저자들의 선포 내용이 우리를 위한 규범적 지침이 된다면, 성령은 본문의 의미를 우리가 원하는 대로 규정하도록 허락하지 않을 것이다. 이는 우리가 성서 본문이 가르치려고 의도했던 본래의 바른 생각과 다른 건전한 가르침을 얻을 수 없다는 말이 아니다. 왜냐하면 이런 현상은 늘 일어나기 때문이다. 그러나 우리가 본문으로부터 건전하지 않은 생각을 얻지 못하도록 막아주는 것은 성령 외에는 거의 없다. 그래서 우리는 검증되지 않은 경험으로 돌아간다.

때때로 나는 주님이 꿈으로 내게 말씀하시는 것을 경험했고 성서의 구절이나 주제와 관련하여 그분의 성품 혹은 행동에 대한 심오한 통찰을 깨달았다. 때때로 통찰이 연구뿐만 아니라 기도나 설교를 통해 나에게 올 때와 마찬가지로 나는 깨우침을 주는 "계시적" 경험을 했다.[44] 아마 이런 계시적 경험은 은사주의 해석으로서의 자격을 얻어야 할 것이다. 그러나 나는 각각의 경우에 그렇게 주어진 명백한 통찰을 받아들일지 말지를 결정하기 전에 그 통찰을 성서에 비추어 평가한다. 왜냐하면 성서의 수많은 예언자 세대가 검증해놓은 통찰이 어느 개인(혹은 동시대의 공동체)의 명백한 계시적 통찰보다 우선되어야 하기 때문이다. 즉 보다 위대한 통찰이 덜 위대한 통찰보다 우선시되는 것이 좀 더 참된 성서적 방식이다.

성서는 측정 막대기로서 기능해야 하는 책이지, 우리가 계시를 받았을 때 그 경험을 지지하기 위한 구절을 찾아보는 책이 아니다. 만일 우리가 이해하기 위해서가 아니라 단지 우리의 경험을 지지하기 위해 성서를 읽는다면, 우리는 우리의 경험을 성서를 통해 측정하기보다 정당화하는 것이다. 이런 접근은 때때로 거의 완전한 주관성으로 이어지므로, 누군가의 경험이 신적인 지침을 받고 있지 않다면, 그는 자신의 경험을 노출시키고 교정해줄 수 있는 우월한 권위가 없는 것이다. 우리는 우리의 경험을 성서로 둘러싸기보다 성서에 비추어 그 경험을 읽기 위해 우리 자신을 성

44 이 계시들은 내 저술에서 곧 발생할 이슈들을 종종 해결해주기도 했다. 사도행전 주석 제4권을 출판하려는 시기에 나는 인도네시아에서 가르치고 있었는데, 그때 나는 사도행전 연구에서 내가 얻은 가장 중요한 통찰을 요약해야 한다는 꿈을 꿨다. 그 통찰은 기도와 성령의 오심 사이의 빈번한 연결이었으며, 기도로 눅 11:13에 호소할 수 있는 용기를 새롭게 해주는 일이었다. 따라서 눅 11:13이 사도행전 주석 제4권의 마지막 부분에 등장하게 되었다.

서적 메시지—단지 성서의 표현만이 아니라 그것의 메시지와 신학—로 가득 채워야 한다.

그러나 이 과정 역시 해석학적 순환과 관련이 있다. 신학적 질문이나 그 외의 질문을 성서 본문에 가져올 때마다 우리는 그 본문을 우리의 현재에 비추어 읽는다. 목사들이 그들의 회중이 씨름하고 있는 이슈들에 대한 답을 성서에서 찾고자 할 때, 그들은 현재의 필요라는 측면에서 성서 본문을 읽는다(감지되는 필요에 지나치게 몰두하는 것을 막기 위해 성서를 읽을 때조차도 말이다). 제기되는 질문이 경험에 의해 발생한 것이든, 교회의 가르침에 의한 것이든, 현재의 윤리적 혹은 사회적 이슈들에 의한 것이든, 그 외 다른 것에 의한 것이든 간에 모든 사람이 현재에 비추어 성서 본문을 읽는다.

2008년에 나는 이틀에 걸쳐 갑작스럽고 극단적이며 가차 없는 영적 공격을 겪었다. 이것은 내가 처한 상황에서 말도 안 되는 일이었다. 사흘째 되는 날에 회복 중이던 나는 내 아내와 아들 데이비드를 데리고 산책을 나갔다. 우리는 한 나무 아래서 잠시 휴식을 취했는데, 그 나무는 3층 높이의 큰 나무였다. 우리가 휴식을 마치고 나무 그늘에서 벗어난 지 얼마 지나지 않아 갑자기 그 나무가 밑둥에서부터 쪼개졌고—뿌리는 뽑히지 않았지만—우리가 방금 서 있었던 자리를 덮쳤다. 나무의 거대한 크기로 인해 우리 셋은 모두 나무에 깔려 죽었을 것이다. 이 사건 직후 콩고(Congo)로부터 우리에게 도달한 정보는 이 사건이 직접적이고 의도적인 영적 공격이었으며 하나님께서 그 공격으로부터 우리를 보호하셨음을 분명히 해주었다.

이 경험은 너무 생생해서 부정할 수 없었지만, 그 사건은 나의 신학을 벗어난 것이었다.[45] 성서가 실재에 관한 모든 것을 다루고 있다고 가정하지는 않지만, 영이 개인을 속이고 개인 안에서 역사하는 것 이상의 능력을

---

45 내가 *Miracles*, 2:854-55에서 이 경험에 대해 기록할 때도 이것은 여전히 사실이었다.

어떻게 지닐 수 있는지 나는 성서적으로 이해할 수 없었다. 어떻게 악의 힘이 실제로 나무를 쓰러뜨릴 수 있을까? 수년간 나의 경험과 나의 신학은 서로 긴장 관계에 있었는데, 나는 이 질문을 어떻게 해결해야 할지 몰랐다. 그러던 어느 날 나는 개인 경건을 위해 히브리어로 욥기 1장을 읽고 있었는데, 갑자기 이전에 내가 수차례 읽은 내용이 눈에 들어왔다. 즉 사탄이 강한 바람을 보내 욥의 자녀들 위로 집이 무너지게 했다는 내용 말이다(욥 1:12, 19). 나는 요한계시록에 관한 주석을 이미 집필해놓은 상태였는데, 요한계시록에는 하늘로부터 불을 가져오는 악한 존재가 등장한다(계 13:13). 그러나 이 내용은 악의 진정한 힘에 관한 나의 신학과 단절되어 있었다. 경험은 비록 늦게나마 이미 본문에 있었던 것을 인식하게 해주는 계기가 되었다.

기본 원칙들

앞에서 논의한 것처럼 성령 해석학은 단순한 전통적 주해 그 이상일 것이다. 그러나 성령 해석학은 전통적 주해 그 이하여서도 안 된다. 확실히 믿는 자들에게 문학적 상황에 대한 이해가 없을 때, 성령과의 참된 관계는 심각한 오류로부터 그들을 종종 보호해준다. 배경으로의 접근은 종종 더 제한적이므로, 우리는 성령의 도움에 의지하여 우리의 지식에서 빈 부분을 메꿔야 한다. 그러나 성령이 성서를 깊이 읽기 위한 지름길은 아니다. 왜냐하면 성령은 우리가 성서를 조금이라도 접할 수 있다면 성서에 깊이 관여하도록 우리를 확실히 인도해주기 때문이다. 깊은 읽기가 무엇을 의미하든지 간에 이는 맥락을 벗어난 고립된 구절들이 아니라 하나님이 주신 원래 모습 그대로 성서를 읽는 것을 반드시 포함해야 한다. 내 생각에 맥락을 무시하거나 배경의 가치를 최소화하는 자들은 일반적으로 하나님이 주신 그대로의 본문을 사용하는 데 거의 시간을 보내지 않는 사람들이다.

만일 우리가 성령이 영감을 주었다고 주장하는 바로 그 작품을 깊이 있게 읽기를 포기하기 위한 구실로서 성령을 사용한다면, 우리의 영성화된 지름길은 영감에 대한 우리의 주관적 주장을 객관적으로 외부에서 통제해주는 정경의 기능을 축소시킬 것이다. 나는 여기서 몇몇 전통적 원칙을 간단히 요약하고자 하는데, 이는 이 원칙들이 잘 알려져 있고 다른 곳에서도 가르쳐지고 있기 때문이다. 이 원칙들은 지적인 읽기 과정에 근본이 되므로, 이것을 잘 모르는 독자는 아마도 지금 이 책의 이 부분까지 도달하지 못했을 것이다.[46]

- 한 구절을 그것의 바로 앞뒤 문맥에 비추어 읽으라.
- 한 구절이 전체 책의 일부분으로서 어떻게 기능하는지를 염두에 두고 읽으라.
- 언어, 가정, 그리고 종종 암시가 당연하게 여기는 문화적 맥락에 비추어 구절을 읽으라.

마지막 요점은 고대 청중이 본문의 장르를 이해했을 방식을 고려하는 것이다. 몇몇 집단에서는 이런 원칙들이 근대의 역사비평 방법론에서 유래했으며 고대 독자들은 그런 원칙들을 따르지 않았다는 주장이 유명하다. 불행하게도 그렇게 주장하는 사람들에게 이 원칙들은 틀린 것이 된다. 나

46 불행하게도 성서를 독립된 개개의 책들로 읽는 사람들은 성서를 무작위로 구절을 뽑아낼 수 있는 마술책으로 취급하여 역경(I-Ching) 점술과 좀 더 관련이 있는 것을 성서에 적용한다. 그러나 하나님은 절대 주권자이시고 우리는 그분이 성서 전체를 통해 말씀하신다고 믿기 때문에, 문제는 성서 구절의 무작위 선택이 아니라 맥락의 무시다.

중에 좀 더 자세히 설명하겠지만, 한 작품을 그것의 상황에서 읽는 것은 근대의 발명이 아니라 텍스트를 쓰고 읽는 일반적 방식이다.[47] 이것은 상식이며, 영감에 의해 기록된 잠언은 상식의 가치를 높이 평가한다.[48]

새로운 역학

새로운 성령 역학은 이전의 본문 역학을 철회하는 것이 아니다. 새로운 성령 역학은 성령의 인도에 순종하고 유비에 의한 적용을 확증하는데, 우리는 성령의 안내를 통해 이를 추구한다. 구약성서는 때로 하나님의 명령 안에서 혹은 하나님의 명령을 따르는 방식 안에서 "걷기"(walking) 또는 "가기"(going)를 언급하는데, 이때 행동에 대한 히브리어 관용어구를 사용한다(출 18:20; 레 26:3; 신 8:6; 19:9; 26:17; 28:9; 30:16). 바울에게 있어, 믿는 자들은 전통적 의미의 율법 아래 있을 필요가 없다. 왜냐하면 우리는 성령에 의해 "걷고" 성령의 인도를 받기 때문이다(갈 5:14-23, 특히 16, 18, 23). 이 성령의 인도와 관련되는 것은 무엇이든지 우리의 윤리학과 행동에 확실히 영향을 미친다. 그리고 바울이 그런 안내를 따르는 자의 본보기라면, 이 안내는 유비를 통해 구약성서에서 본보기를 찾는 것과 양립할 수 있다(관련 유형이 바울 서신에서 종종 발견된다; 예. 롬 8:36; 13:8-10; 고전 1:31; 9:9; 10:7).[49]

그럼에도 성령의 새로운 역학을 수용할 때 우리는 우리의 안내가 주

---

47 이에 관한 고대의 여러 예에 대해서는 Keener, *Acts*, 1:20-21과 이 책의 8장에 나오는 "현대적 읽기 방식과 전근대적 읽기 방식"에서 "고대-그리스 로마" 단락을 보라. 저자의 의도를 이해하려는 노력이 순전히 현대적 의제라고 주장하는 자들은 단순히 오해하는 것이다.

48 학계의 비방에도 불구하고 상식은 해석학적 접근법들의 구성에 중요한 역할을 한다. 이와 관련하여 유용한 Schnabel, "Fads"를 보라.

49 하나님에 의해 새롭게 된 관점은 하나님과 분리된 우리의 원래 관점과 다르다(시 73:17을

관적일수록 우리의 개인적 계시는 더욱 검증되어야 하며, 우리의 개인적 계시를 검증해줄 객관적 기준으로부터 우리가 더 멀어지게 된다는 점을 유념해야 한다. 말씀과 성령 사이에서 균형을 잡는 일은 매우 중요하다. 우리의 개별 은사들로 인해 교사는 한 측면을 강조할 수 있고, 예언 은사를 받은 사람은 다른 측면을 강조할 수 있다. 그러나 그리스도의 몸은 이 두 측면을 모두 필요로 한다.

요시야 시대에는 율법책의 말씀이 하나님의 기준을 선포했고, 여예언자 훌다는 하나님의 기준을 범하는 것이 당시에 무엇을 의미하는지를 선포했다(왕하 22:8-20). 모든 예언은 반드시 검증받아야 한다. 마찬가지로 가르침에도 오류가 있을 수 있다. 왜냐하면 우리는 "부분적으로 알고 부분적으로 예언하기" 때문이다(고전 13:9). 바르게 주해하는 것과 우리의 삶에 성령이 인도하시는 적절한 적용을 하는 것 사이의 올바른 균형을 유지하는 것이 중요하다. 우리는 우리의 몇몇 신앙 공동체에서 후자가 더 눈에 띈다고 해서 그것만을 강조할 수 없다.

결론

저명한 초기 오순절 지도자는 자신이 경험한 오순절 부흥보다 더 큰 부흥을 예언했다. 이 새로운 부흥은 말씀과 성령을 하나로 결합했을 것이다.[50] 최고의 은사주의 경험과 성서 주해에 대한 최고의 복음주의적 관심(그리고

보라).

50 Stormont, *Wigglesworth*, 114.

많은 교회들이 가난한 자들에 대한 돌봄, 인종 화해 등에 대해 강조하는 것 중 최고의 것)을 하나로 묶을 때 무슨 일이 발생할지 상상해보라.

성령은 오늘도 여전히 말씀하신다. 그것이 바로 성서가 우리로 하여금 기대하도록 이끄는 것이다. 그러나 우리는 성령이 이미 말씀하신 것에 주목할 때 성령의 음성을 가장 잘 확신할 수 있다. 정경은 우리가 들은 음성을 검증된 예언적 전통이 들은 성령의 음성에 복종시킴으로써 그 음성을 바르게 듣는 데 성장할 수 있는 기회와 책임을 우리에게 제공해준다.

8장 고대의 의미가 중요한가?

오늘날 독자의 경험을 열심히 강조하는 몇몇 비평가는 고대의 의미의 근본적인 중요성을 폄하한다. 현대의 의미와 고대의 의미, 둘 중 하나를 강조하는 문제로 갈라진 사람들에는 오늘날의 오순절 해석자들이 포함되는데, 이 두 진영은 모두 성령의 유산을 주장한다.

그러나 고대의 의미는 정말 중요하다. 그리고 이전 장에서 이미 언급된 주제와 연결하여 고대의 정경적 의미는 오늘날 본문 해석에 대한 주장들의 기준이 되어야 한다. 더욱이 제2부의 주제와 연결하여 우리는 다양한 문화적 상황에 민감하게 반응하면서 다른 문화들의 목소리를 경청해야 한다. 그런데 우리는 어떻게 그런 존중을 현대 독자들에게는 허용하면서 성서 저자들에게는 허용하지 않을 수 있는 것일까? 고대의 의미에 대한 관심은 현대의 발명이 아니다. 고대의 의미는 최초로 성서 본문에 영감을 불어넣은 성령이 공유하는 관심사다.

(포스트)모던 혹은 고대의 의미?

많은 이들이 복수의 의미를 주장한다. 비록 이 주장이 적어도 어느 정도는 의미론적 주장이긴 하지만 말이다. 즉 대부분의 해석자가 고대의 의미와 독자의 수용, 이 둘의 중요성을 인지한다. 비록 그들이 기술하는 명칭은 다양하지만 말이다. 그러나 어떤 이들은 이상적 수용과 고대의 의미 사이의 연결을 평가절하하는 것으로 보인다.

포스트모던 오순절 해석학?

현재 서구 오순절 학계의 긴장은 한편으로 역사비평적 해석학에 호의적이면서 역사적 정황을 강조하는 자들과, 다른 한편으로 포스트모던적 해석학에 호의적이면서 원래의 역사적 지평의 중요성을 폄하하는 자들 사이에 존재한다.[1]

실제로 우리는 고대와 현대라는 두 지평의 역사적 우발성을 인지해야 한다. 윌리엄 올리베리오(William Oliverio)가 바르게 한탄하듯이, 오순절 해석자들은 오늘날 두 가지 해석학 진영으로 종종 나뉘는데, 반대편 진영을 도움이 안 되는 방식으로 때때로 풍자해왔다. 정황적 해석학에 호의적인

1 예. 다음을 보라. Brubaker, "Postmodernism"에 나오는 논의; Clark, "Pentecostal Hermeneutics"; idem, "Hermeneutics." 대부분의 역사가들은 비판적 현실주의자이므로 보다 큰 내러티브들의 경향성에도 불구하고 극단적인 포스트모던의 사실에 대한 부인을 거부한다(예. 나치의 홀로코스트와 관련하여). 다음을 보라 Licona, *Resurrection*, 77-89(여기서는 특히 79, 84, 86-89).

자들은 "복음주의-오순절 해석학을 주장하는 이들이 순수 객관성이라는 허망한 목적을 위해 애쓴다고 비난해왔다. 그리고 이에 대한 반응으로 복음주의-오순절 해석학의 대표자들은 자신들을 비판하는 자들이 통제되지 않은 상대주의의 심연에 거의 이르렀다고(혹은 빠져들어가고 있다고) 비난해왔다.[2]

다수의 오순절 학자는 포스트모던적 접근에서 귀중한 특징들을 발견해왔다.[3] 그러나 다른 학자들은 그들에게 반대해왔다.[4] 포스트모더니티(postmodernity)의 몇몇 측면은 비평을 요구하지만, 경험에 바탕을 둔 정보를 지닌 목소리들에 말할 기회를 제공하고, 결과적으로 포스트모던적 언어를 말할 수 있는 자들에게 값진 기회를 제공한다. 다양한 문화를 환영하면서 포스트모더니티는 서구 성서학자들이 많이 배워야 할 깊은 신앙과 영적 경험에 관한 기독교의 많은 목소리를 반긴다.

어떤 이들은 오순절 해석학의 발달 과정을 비판적 능력이 발전되기 이전의 접근에서 근대적 접근으로 그리고 포스트모던적 접근으로 추적한다. 이런 발달 과정은 놀랍지 않다. 비록 우리가 이를 규범적인 것으로서 간주해서는 안 되지만 말이다. 예를 들어 알베르트 슈바이처(Albert Schweitzer)는 자신의 견해를 오랫동안 발전해온 예수 연구의 정점으로서 자연스럽게 제시했다. 그러나 오늘날 슈바이처의 많은 주장은 기이한 것으로 보인다.[5] 오늘날 많은 오순절 학자는 특히 자신이 훈련받아온 접근법

2 Oliverio, *Hermeneutics*, 247. Oliverio는 "해석학적 현실주의"를 주장하는데, 이는 인간 지식의 한계를 인정하지만, 그럼에도 우리가 비진리로부터 진리를 분리해낼 수 있다고 확언한다(323-24). 인식론적으로, 전적 현실주의도 전적 비현실주의도 실행 가능한 선택 사항이 아니다(342). 대신에 우리는 "다듬어진 형태의 현실주의"가 필요하다(352).

3 예. Cargal, "Postmodern Age"; Archer, "Retrospect and Prospect," 147; 또한 참조. Waddell, *Spirit in Revelation*; Herms, "Review"에 나온 논의.

4 예. Menzies, "Bandwagon"; Poirier and Lewis, "Hermeneutics."

5 예. 마 10:23에 관한 Schweitzer, *Quest*, 358-62; 다음을 보라. Perrin, *Kingdom*, 32-33에 언

들을 통해 의견을 표명하는데, 그렇다고 그런 접근법들이 오순절 경험 자체를 특징짓는 것은 아니다.[6]

그러나 포스트모던적 접근법이 전통적인 오순절 접근법과 몇몇 지점에서 겹치기도 하지만, 이 두 접근법이 동일한 것은 아니다. 포스트모더니즘의 측면들을 파악하고 있는 대부분의 오순절주의자들은 극단적 포스트모더니즘의 도덕적·신학적 상대주의와 선뜻 거리를 둔다.[7] 새로운 접근법들이 주기적으로 등장한다. 그러나 우리가 이 새로운 접근법들에 너무 고착될 때, 현재의 최신식 접근법들과 우리의 연결은 결국 구식이 될 것이다. 불트만은 자신의 복음을 하이데거와 결합시켰다. 이는 그의 세대를 위한 상황화로서 의도되었을 것이다. 그러나 그것은 이제 구식이 되어버렸다.

우리는 오순절 해석학을 일종의 포스트모던적 포틀럭(potluck, 여러 사람이 각자 음식을 조금씩 가져와서 나눠 먹는 식사)으로서 여기고 접근할 수 있다. 즉 모든 의미가 오로지 보는 이의 관점에 달려 있으므로, 우리는 다양한 오순절주의자가 제공한 모든 해석을 단순히 설명하고 그 해석들 모두가 동등한 규범적 기능을 갖고 있는 것으로서 다룬다. 특별 관심 대상인 다른 해석학적 접근법들처럼, 우리는 한 집단의 해석—혹은 심지어 우리가 선호하는 그 집단의 요소—을 설명하면서 그것을 규범적인 것으로 만

급된 비평들; Ladd, *Theology*, 200.

6 Karlfried Froehlich가 "Hermeneutics," 179에서 언급하듯이, "역사적 발전의 재구성"은 종종 이런 역사적 발전을 재구성한 사람의 입장을 규범으로서 제시하는 경향이 있다. 포스트모던 해석은 특정한(그리고 확실히 일시적인) 역사적 정황을 반영한다(참조. 예. Oliverio, *Hermeneutics*, 223. 여기서 Oliverio는 포스트모더니즘이 계몽주의에 역사적으로 조건화된 비난을 가하고 있음을 언급한다).

7 Grey는 *Crowd*, 48-49, 53, 104, 130-31에서 포스트모던의 상대주의적 세계관을 우려한다. 그리고 다음과 같이 제안한다. 즉 오순절주의자들은 포스트모던적 도구들을 사용할 수 있지만, 자신들의 독특한 세계관을 통해, 그 세계관 안에서 그런 도구들을 사용해야 한다고 말이다. 참조. (급진적인) 포스트모더니즘이 역사를 거절한다는 우려가 담긴 Green, *Seized*, 161.

들거나 적어도 그 접근법의 시행이 자동으로 그것의 유용성을 인정해주는 것처럼 행동할 수 있다.[8]

실제로 이처럼 극단적으로 나아가는 사람은 우리 중에 거의 없다. 예를 들어 대부분의 오순절주의자들은, 뱀을 다루거나 신이 된다는 신자들의 주장과 같은 극단적 오순절주의자들의 지나친 행위들을 거부한다. 몇몇 서구 해석자는 성서의 의미가 오직 독자의 상황에 의해서만 결정된다고 주장해왔다.[9] 그러나 독자 주도의 접근법들과 관련하여 우리가 보편적 오순절주의를 하나의 독자 공동체로서 간주한다면, 다음의 내용에 주목하는 것이 유익하다. 즉 대부분의 보편적인 오순절주의자들과 은사주의자들은 오직 독자의 상황에 의해서만 결정되는 의미에 이렇게 상대주의적으로 그리고 성서를 상대화시키는 방식으로 접근하는 것을 거부한다.[10]

---

8 이데올로기적으로 주도된 접근법은 모든 본문의 해석을 동일한 기준을 통해 걸러낼 수도 있다. 그러면서도 이런 접근법은 실질적으로 대화나 교정의 영향을 받지 않을 것이다. 오순절 연구 모임에서 Richard Israel이 토로했던 다음과 같은 불평을 참조하라. "오순절 이데올로기는 전혀 해석학적이지 않다. 오히려 그것은 해석자에 의해 본문의 지평이 소멸됨을 의미한다"(Israel, Albrecht, and McNally, "Hermeneutics," A8-9, Anderson, "Pentecostal Hermeneutics"에 인용됨). Anderson은 "Pentecostal Hermeneutics"에서 다음과 같이 지적한다. 즉 여타의 모든 해석자와 마찬가지로 오순절주의자들도 편견을 갖고 있지만, 진정으로 비평적인 학자들은 자신의 편견을 인지하고, 본문에 대한 우리의 선입관이 바로 그 본문을 통해 바뀔 수 있도록 노력한다.

9 이 견해에 대한 비평은 Osborne, *Spiral*, 165, 379-80을 보라.

10 Ellington, "Authority," 155을 보라. Vanhoozer를 따라 Archer 역시 *Hermeneutic*, 236에서 이런 급진적 독자 반응 접근법을 비현실주의적인 것으로서 거절한다.

모든 해석이 다 좋은 것일까?

우리는 다양한 문화적 목소리, 심지어 신학적 목소리로부터도 배울 수 있다. 그러나 진정한 성령 해석학은 하나님께서 영감을 불어넣으신 형태와 정황 그대로의 성서로 돌아가야 한다고 나는 믿는다. 우리가 본문의 원래 의미가 무엇이었는지를 언제나 정확히 이해하는 것은 아니라는 말은 사실이다. 하지만 특정한 현대적이고 "상황화된" 읽기가 모든 문화의 규범이 될 수 없다는 말도 사실이다.[11]

주관적 경험은 자기해석을 의미하지 않는다. 그리고 상당히 많은 역사적 오용(영지주의자들, 보고밀파[Bogomils, 마니교를 추종했던 중세의 한 이단 분파—역자주], 뮌스터의 재세례파 신자들, 초기의 몇몇 퀘이커 교도, 찰스 캡스[Charles Capps]의 현대적 번영주의의 가르침)은 객관적 기준을 요청한다. 경험과 성서의 상호작용은 일종의 해석학적 순환과 관련이 있다.[12] 그러나 웨슬리가 이성, 전통, 경험을 통합할 때처럼, 성서는 가장 우위에 있어야 한다. 따라서 오순절 신학자 셰릴 브리지스 존스(Cheryl Bridges Johns)가 촉구한 것처럼, "기록된 본문은 이성의 범주 밖에서는 제대로 이해될 수 없는 객관적·역사적 실재를 지닌다. 그러나 그것은 성령에 의해 전달되는 개인적이고 주관적인 말이다."[13] 오순절 성서학자인 리 로이 마틴(Lee Roy Martin)은 다음과 같이 경고한다. 즉 "하나님을 추구하기보다" 주관적 감정에 집중하는 것은 초기의 오순절주의자들이 "들불"이라고 불렀던 일종의 "알량한

---

11 상황으로서의 신학에 관해서는 다음을 보라. Bonk, "Missions"; Tennent, *Theology*; Yong with Anderson, *Renewing*. 참조. Scharen, *Fieldwork*.

12 다음의 유용한 연구를 보라. Waddell, "Hearing," 188(R. D. Moore의 주장을 따른다). 참조. Schleiermacher가 주장한 전체와 부분 사이의 해석학적 순환을 다루는 Westphal, *Community*, 28-29.

13 Johns, "Meeting God," 24, Waddell, "Hearing," 190에서 인용됨.

감정주의"에 지나지 않는다고 말이다.[14]

만일 어떤 이들이 모든 해석의 가치를 동일하게 만드는 극단적인 포스트모던식 접근을 가장 "오순절"다운 읽기라고 칭한다면, 그들은 초기 오순절주의의 지배적 접근을 반영하는 것이 아니라 현대의 학문적이거나 문화적인 접근에 세례를 줌으로써 그렇게 하는 것이다. 초기 오순절 해석은 복음주의적 신학 테두리에 의해 제한된 어느 정도의 다의성(polyvalence)을 지녔을 것이다.[15] 그럼에도 부차적 이슈들에 대한[16] 그들의 빈번하고 칭찬할 만한 인내는 모든 해석을 옳은 것으로 승인하지는 않았다.

오순절주의자들은 성화와 같은 이슈들로 인해 오늘날 우리 중 많은 이들을(나를 포함하여) 당혹하게 하는 방식들로 다투고 갈라졌다. 그들 중 많은 이들은 단지 그들의 집단뿐만 아니라 모든 사람이 방언으로 말하는 것과 성령의 새로운 체험을 수용해야 한다고 확언했다. 적어도 어떤 점에서 대부분의 초기 오순절주의자들이 몇몇 읽기를 규범적인 것으로서 믿었고 성서가 결정적인 것이라고 주장했다는 것을 의심하기는 어렵다. 실제로 최초의 증거에 관한 1918년의 하나님의 성회 논쟁에서 성서적 증거는 경험보다 더 중요하고 타협 불가한 것으로 간주되었다.[17]

결실 없는 전통적 접근법에 대해 비판적인 조엘 그린(Joel Green)은 보다 새로운 몇몇 접근법의 극단적 상대주의에 올바르게 저항한다.

---

14 Martin, "Psalm 63," 284.

15 Archer, "Retrospect and Prospect," 135-36.

16 다음을 보라. Lederle, *Treasures*, 29-31, 특히 29; Hollenweger, *Pentecostals*, 32, 331-36. 전통적인 오순절 경계가 된 것을 넘어 몇몇 신학적 관용의 예들은 Maria Woodworth Etter, Carrie Judd Montgomery, F. F. Bosworth, Aimee Semple McPherson을 포함하며, 몇몇 문제에 관해서는 William Seymour를 포함한다.

17 Menzies, *Anointed*, 130.

> 보다 최근에 어떤 이들은 "사실"이 부재하고 "견해"만 존재하는 연구 형태들로 옮겨갔다. 본문은 그것이 생성된 사회역사적 정황으로부터 분리되고,…본문 자체가 제시했을 수 있는 해석적 제약들이 무엇이든지 간에 그것들로부터도 분리된다. 이런 충동들이 현재와 과거를 분리시키는 현대의 안건을 지속시키기 때문에, 이런 연구 형태들이 현대 후기적인 것일 뿐, 결국 아직은 포스트모던적인 것이 아니라는 주장은 논쟁의 여지가 있다.[18]

다의성?

우리가 강조하는 것은 종종 우리가 바로잡고자 하는 것에 의해 형성된다. 고든 피(Gordon Fee)처럼,[19] 나는 특히 일반적인 증거 본문이 성령의 이름으로 비난받을 때 반발해왔는데, 나의 해석학적 가르침의 상당 부분은 이 증거 본문을 다루는 데 할애되었다. 결과 없는 학문적 전통과의 싸움을 통해 영향을 받은 자들은 강조점이 다를 것이다. 물론 그들의 몇몇 강조점이 피와 나의 저술에도 등장하지만 말이다. 다의성 관련 주장을 잠재적으로 사용함에 있어 우리의 우려를 초래하는 것은 잘못 읽히는 본문의 부당한 이용과, 본문에 대한 이런 식의 적용에 저항하지 않는 것이다.

통제되지 않은 은사주의적 주관성이 어디까지 이를 수 있는지 분명히 인지하지 못하는 자들을 위해, 나는 개인적으로 체험한 예들을 여기에 제시한다. 이 예들은 새로운 교리들을 정당화하는데, 이 새로운 교리들에는 성서와 불일치하는 종말론적 계시에서부터 Word of Faith의 가르침, 그리

18 Green, *Seized*, 16.

19 Oliverio, *Hermeneutics*, 171n163.

고 승리하는 그리스도인만이 믿음으로 불멸을 얻거나 그리스도 혹은 삼위일체의 일부가 된다는 주장까지 포함된다. (마지막에 언급된 내용을 듣고도 "삼위일체"라는 명칭[nomenclature]을 고수하는 것은 수학적으로 심각한 문제가 있는 자들에게만 가능할 것이다.) 지지자들은 보통 그와 같은 견해를 성서 본문을 근거로 주장하지만, 그들의 "영감 받은" 해석에 이의를 제기하는 문학적·역사적 정황에는 상당히 일관성 있게 저항한다.

고대의 일부 해석자들은 다의성을 확증했는데, 특히 자신들의 신성한 문헌에 접근했던 랍비들이 그랬다.[20] 고대의 광범위한 알레고리적 접근법이 이런 주장에 적용될 수 있지만, 몇몇 접근법은 특정 학파에서 두드러지는 경향이 있었다.

오늘날 학식 있는 기독교 해석자들은 어느 정도까지 다의성을 추구해야 하는가? 저자의 의도 수준에서조차 본문은 때로 의도된 다른 독자들에게 다른 함의를 지닐 수 있다.[21] 아무도 본문이 다양한 방식으로 읽힐 수 있다는 데 이의를 제기할 수 없다. 그리고 실제로 이 다양한 방식 중 많은 방식이 본문으로부터의 증거를 성실하게 정렬해놓을 수 있다. 그러나 이 모든 해석이 반드시 유용하거나, 더 큰 성서신학 혹은 기독교 신앙과 일치

20 Edwards("Crowns")는 여기서 *b. Men. 29b*를 사용한다; 참조. Driver, *Scrolls*, 550. 랍비들만이 복수의 견해를 제시했던 것은 아니다(Starr, "Flexibility"). 그리고 연설가들은 회의론자들과 마찬가지로(Lucian *Double Indictment* 15; Hippolytus *Refutation of All Heresies* 1.20) 원인의 한쪽을 옹호하는 관습을 규칙적으로 시행했다(예. Suetonius *Rhetoricians* 1; Hermog. *Inv*. 3.5.141-43, 145; 3.7.149; Fronto *Ad M. Caes*. 5.27 [42]). 비록 대부분의 철학자가 이런 관습의 도덕성을 비난했지만 말이다(예. Fronto *Ad M. Caes*. 4.13; Maximus of Tyre *Or.* 25.6). 그러나 복수의 견해를 제시했던 몇몇 사람은 그들이 틀렸다고 생각하는 다른 사람들을 비판했다(예. Porphyry *Ar. Cat*. 59.4-14; 59.15-19에서 포르피리우스는 "옳은" 해석자들에 대해 확언한다).

21 참조. Westphal, *Community*, 66-67에 인용된 N. Wolterstorff의 설명. 저자 자신이 가장 잘 알고 있는 "핵심" 혹은 "표적" 청중 너머에 존재할 것으로 예상되는 청중의 범위에 주목하라. 이와 관련된 논의는 다음을 보라. Koester, *Symbolism*, 19-22; idem, "Spectrum"; Burridge, "People," 143.

하는 것은 아니다.[22]

막연한 요소들을 가진 본문들은 당연히 여러 의미를 지닌다. 한 저술가의 경고처럼, "유일한 위험은 우리가 본문에 대한 우리의 이해를 우리 자신의 시각에서 나온 것으로 여기기보다 본문에 실제로 존재하고 그 본문에서 도출된 것으로서 너무 쉽게 받아들인다는 것이다."[23] 그러나 이런 관찰은 우리의 목소리보다 본문을 더 권위적인 것으로서 듣고자 할 때 표현되지 않은 또 다른 위험을 암시한다. 우리가 구성한 본문의 의미가 문맥의 의미를 크게 벗어날 때, 우리는 우리 자신의 의견에 성서적 권위를 간단히 덧씌울 수 있다.

우리가 본문에 가져오는 가정들은 우리가 본문의 막연함에 공급하는 의미를 결정하는 데 도움이 된다.[24] 우리가 최초의 이상적 청중이 가지고 있던 가정들을 공유하는 만큼 우리의 읽기 역시 이상적 저자가 의도한 읽기에 가까워질 것이다. 이상적으로 말해서 우리의 가정들은 정경 본문에 대한 우리의 지식에 의해, 그리고 정경 본문이 소통을 위해 특정 상황에서 만들어진 방식에 의해 형성된다.

따라서 피는 우리 자신의 견해를 본문에 단순히 투영하는 것의 위험

22 Green, *Practicing Theological Interpretation*, 74도 보라. 고대 그리스도인들은 특정 구절의 의미가 불분명할 때 정경에 대한 보다 큰 신학에 호소할 준비가 되어 있었다. 참조. 예. Young, "Mind of Scripture."

23 Wittig, "Theory," 97-98. Taylor는 "Shades," 32에서 다음과 같이 주장한다. 즉 "사물을 있는 그대로 나타낼 수 있는 기호가 존재하지 않으므로, 의미 부여 행위는 필연적으로 허구일 수밖에 없다"고 말이다. 그러나 이런 접근은 해석학적 허무주의로 이어질 수 있다. 단순히 우리의 부분적 관점이 유한함을 인지하는 것이 더 유익하다(Westphal, *Community*, 26; 참조. 고전 13:9).

24 예. 프로이트주의, 마르크스주의, 혹은 다른 접근법들(Wittig, "Theory," 90에 언급됨). Hirsch는 *Validity*, 126에서 본문 내용의 설명에 관한 범주의 사용을 허용한다. 그러나 그 범주들 안에 의미를 부여하는 것은 허용하지 않는다(예. 셰익스피어의 작품에서 이와 전혀 관계없는 프로이트의 오이디푸스적 함의를 발견하는 것과 같은 의미 부여).

에 대해 경고한다. 우리는 성서를 반드시 하나님의 말씀으로서 들어야 하므로, 좋은 주해는 "본문을 우리 자신의 조건이 아닌 본문 자체의 조건으로 제일 먼저 듣는 것"을 의미한다.[25] 이는 매우 중요한 요점이다. 즉 성서가 하나님의 말씀이라면, 우리는 그분의 목소리를 우리 자신에게서가 아니라 성서에서 들어야 한다. 하나님의 말씀은 상황에 따라 다른 것을 말할 수 있다. 그러나 만일 우리가 단지 우리의 상황을 반영한 것만을 듣는다면 (그리고 그런 반영에 절대로 이의를 제기하지 않는다면) 우리는 상황화된 하나님의 목소리를 듣는 것이 아니라 우리의 상황이 만들어낸 혼합적 신격화의 목소리를 듣는 것이다.

잠재적으로 모호한 명칭

현대의 지평이 지닌 중요성을 인정하는 많은 이들이 이런 이유로 고대의 지평이 지닌 중요성을 거부한다. 어떤 이들에게 오순절 해석학은 복수의 해석에서 성령의 역할을 강조한다.[26] 우리가 "의미" 혹은 "해석"을 원래의 정황에서 성서 본문의 틀이 이끄는 적용과 재상황화로서 이해하는 한, 다양한 관점을 지닌 학자들은 용어상의 차이에도 불구하고 원칙적으로 이에 동의할 것이다.

그럼에도 어떤 이들은 용어가 적합하지 않을 경우 그 용어에 오해의 소지가 있음을 알 수 있다. 다른 명칭들의 확산이 이런 주장들의 실제적

25 Fee, *Listening*, 14.
26 Hey, "Roles."

읽기를 통해 설명될 수 있음을 고려할 때 이런 오해는 불가피하다.

예를 들어 케네스 아처의 몇몇 제안은 논란을 불러왔다. 친숙한 학문적 용어를 사용하여 그는 다음과 같은 결론을 내린다. "의미는 우리가 적절한 것으로 발견하는 무엇이 아니다. 의미는 우리가 구성하는 무엇이다."[27] 그러나 특별히 성서 해석에서 일반적으로 표명되는 우리의 목적은 정경적인 본문의 메시지를 듣는 것이므로, 먼저 본문에서 의미를 발견하지 않는다면 우리는 "의미"(다른 이들은 이를 적용이라고 부른다)를 구성할 수 없다.

성서 본문에서 의미를 구성하는 독자들에 대해 말할 때, 이런 접근이 권위의 중심을 성서 본문으로부터 성서의 실제 독자에게로 이동시킨다는 우려가 몇몇 비평가에게서 촉발되었다.[28] 비록 내가 아처의 견해가 나의 견해 혹은 그를 비평하는 자들의 견해와 동일하다고 제안하려는 것은 아니지만, 그는 자신의 의도를 암시하는 몇 가지 힌트를 우리에게 제공해주었다. 그의 저술에서 다른 진술들은 그가 읽기 과정을 묘사하는 것이지, 정경적 의미의 거부를 지시하는 것이 아님을 제시해준다. 그가 "본문과 독자 사이에 지속되는 상호의존적이고 변증적인 상호작용을 통해 생산되는 의미"로서 설명하는 것을[29] 나는 "이해"라고 부를 것이다. 그러나 다시 말하지만 이 두 용어는 주로 의미론적인 차이가 있다. 사회적 상황은 용어가 지니는 의미를 결정한다. 그리고 아처는 문학 연구에 익숙한 몇 가지 용어를 사용하고 있다.

개인적으로 주고받은 서신에서 아처는 그의 비평가들이 자신의 주장

27 Archer, *Hermeneutic*, 208.

28 Archer의 연구에 대한 강한 비평들에는 다음의 학자들도 포함된다. Spawn and Wright, "Emergence," 14-15; Poirier, "Critique."

29 Archer, *Hermeneutic*, 232.

을 오해했다고 설명했다.[30] (나는 그의 이런 설명이 그의 저술에 접근하는 데 있어 그의 저자로서의 의도에 대한 가치를 단언한다고 농담조로 말할 수 있다.[31]) 아처는 "본문이 어떤 사람(들)에 의해 특정 시간과 장소에서 기록된 사회-문화적 산물임을 인정하면서, 본문의 의사소통이 지닌 의도성(intentionality)"을 단언한다.[32] 그는 역사비평적 방법론을 본문의 의미를 발견하는 방식으로서 받아들이지 않으며, 원래 의도의 발견이 본문의 의미를 분명히 이해하도록 돕는 것은 아니라고 생각한다. 그러나 그는 사회문화적 상황을 인정하고 두 지평을 소중히 여긴다.[33] "본문 뒤의 세계"는 정보를 제공하지만, 의미에 대한 대화를 통제하지는 않는다.[34]

그렇다면 우리의 논쟁 중 일부는 특히 우리가 다루는 서로 다른 정황들에 의해 형성된 강조에 관한 문제일 수 있다. 다른 차이점들의 존재를 부인하지 않으면서, 이런 차이점들의 논의를 위한 표준화된 명칭이 없다는 것은 소통을 복잡하게 만들 뿐이다.

---

30 Archer가 2015년 4월 11일 내게 보낸 개인적인 편지.

31 혹자는 이런 거부가 Archer가 저자의 의도—복구가 가능할 때—를 중요하게 여긴다는 것을 보여준다고 주장할 수도 있다. 물론 "이상적 저자"는 본문에 의해 투사된 저자다. 따라서 실제 저자로부터 이상적 저자가 분리될 때, 이는 어느 정도 실패한 의사소통을 의미한다. 이 의사소통의 실패가 모호한 명칭을 바로잡지 못한 저자의 무능에 의한 것이든, 혹은 본문의 이상적 청중의 관점에서 이해하지 못한 비평가들의 무능에 의한 것이든, 혹은 저자와 비평가들의 무능이 합쳐진 결과든지 말이다. 그러나 표준화된 해석학적 명칭의 부재로 인해 다른 비평가들을 이해하는 일은 실제로 불가능한 일이 되어버린다.

32 Kenneth Archer가 2015년 4월 11일 내게 보낸 편지. 이는 특정 비평의 핵심이다. 따라서 Oliverio는 *Hermeneutics*, 231에서 "그가 본문의 기원과 이에 수반되는 외부적 정황을 무시했다"고 불평한다.

33 Archer가 2015년 4월 11일 내게 보낸 편지.

34 Archer, *Hermeneutic*, 222.

고대 상황에 대한 비뚤어진 거부

나는 역사비평과 성서 본문 자체를 듣는 것 사이에서 긴장을 느끼는 학자들의 심정에 공감할 수 있다. 실제로 이 긴장은 부분적으로 불트만의 실존적 접근(부록 A를 보라)과 현대의 문학적·신학적 접근들이 극복해야 할 대상이다. 나는 후자의 접근법들에 더 희망을 걸고 있다. 요한복음에 대한 박사논문을 마친 후 나는 요한복음에 관한 중요 연구로부터 몇 년간 휴식을 취했는데, 그 이유는 요한복음을 읽을 때마다 다양한 본문과 관련된 모든 이차문헌이 떠오르는 바람에 곤욕을 치렀기 때문이다. 수년이 지난 지금 나는 현대의 비평적 질문들에 방해를 받지 않으면서 다시금 요한복음을 그 본문에 집중하며 새롭게 읽을 수 있게 되었다. 이런 질문들은 저마다의 자리가 있고, 어떤 질문들은 본문을 읽는 가운데 자연스럽게 제기되기도 한다. 그러나 이차문헌은 종종 사변적인 해석적 주해들의 층을 켜켜이 쌓아가는데, 이런 사변적인 해석적 주해들은 초기 현대 학자들이 불평했던 교회의 제약 및 전통만큼이나 해석자들을 강제한다.

이와 대조적으로, 우리가 이런 문헌들을 그것의 고대 상황에서 이해할 수 있도록 도와주는 신중한 연구는 본문과 그것에 담긴 장면들을 우리에게 보다 온전하게 되살려줄 수 있다. 영적 경험에 대한 증언이 소중히 여겨지는 한, 나는 이렇게 보람 있는 경험에 관해 확실히 증언할 수 있다. 첫 번째 지평을 더 잘 이해한다고 해서 모든 이슈가 해결되는 것은 아니지만, 좀 더 나은 이해는 본문이 답하지 않는 많은 공간을 채워준다. 왜냐하면 그 본문이 저술될 당시에 그 대답들은 자명했기 때문이다.[35]

---

35 현대 저자들과 마찬가지로 고대 저자들도 자신의 청중이 문화적 지식을 소유했을 것으

어느 한 견해가 "틀렸다"라고 말하는 것은 포스트모던적 감성을 해칠 수 있지만, 우리의 목적이 또 다른 사람의 의사를 전달받는 것이라고 주장하는 한—이는 성서가 구체적인 인간 대리자를 통한 하나님의 메시지라고 말할 때 확증된다—이런 목적에 확연히 방해가 되는 방식들이 존재한다. 몇몇 학자는 첫 번째 지평이 중요하지 않은 것처럼 잘못 말한다.

몇몇 경우에 학자들은 두 지평을 모두 소중히 여기면서 그들의 글에서는 한쪽을 다른 쪽보다 더 강조한다. 세상 곳곳에서 대중적 해석은 종종 배경에 관한 이슈를 등한시하는데, 이는 해석자들이 이런 배경을 좀처럼 사용할 수 없기 때문이다. 그럼에도 내가 고대의 배경에 관한 지식을 제시하여 그것의 사용을 보다 수월하게 만들었을 때, 대중 독자들은 한결같이 이 고대의 배경에 열중하는 모습을 보인다.[36]

그러나 대중적인 오순절 관행에 대한 기술을 규범적으로 명백히 사용하는 한 오순절 학자는 다음과 같이 제안한다.[37] 즉 보다 온전한 성서 이해가 특별히 바람직한 것이 아니라,[38] "조우"(encounter)가 "주해"에 보다 더

로 가정했다. 예. 다음을 보라. Xenophon *Cyrop*. 7.2.15(전통에 대한 청중의 지식을 가정하는 것은 Herodotus *Hist*. 1.46-48에서도 발견된다); Phaedrus 5.10.10; Philost. *Hrk*. 1.3; Maclean and Aitken, "Introduction," lxxxvii. 세네카의 편지들은 종종 루킬리우스의 질문 혹은 논평에 반응하거나 그것을 추정한다(예. Seneca *Ep. Lucil*. 68.1; 74.1; 75.1). 바울이 때로 다른 문제들에 반응했던 것처럼 말이다(예. 고전 7:1).

36 여기서 나는 "거의"라는 말을 덧붙이고 싶다. 왜냐하면 한 가지 예외가 배경을 사용하는 것의 여부와 관계없이 내가 소중한 전통적 해석에 이의를 제기할 때 발생하기 때문이다. 심지어 이런 예외 상황일 때에도 나는 오순절주의자들이 그들의 전통을 재고함에 있어 다른 이들보다 더 저항적인 모습을 발견하지 못했다. 내가 저술한 배경 주석은 50만 부 이상이 판매되었는데, 이는 적어도 배경에 관심이 있는 자들이 존재함을 보여준다.

37 다른 이들 역시 대중적인 오순절 읽기들이 종종 역사적 상황에 주의를 기울이지 않는다고 지적한다(예. Grey, *Crowd*, 108-9).

38 Davies, "Read as Pentecostal," 252. 실제로 Davies는 이렇게 편파적인 주장들이 들리는 것만큼 멀리 가지는 않을 것이다. 따라서 예를 들어 그는 "조직적인 강해 설교"를 옹호함으로써 영감을 주는 본문만을 선택하는 것의 위험을 반대한다(258).

바람직하며, "영성화하는 독자들은 본문의 표면적 의미에 대한 관심 혹은 저자의 원래 의도에 대한 관심을 거의 필요로 하지 않는다"고 말이다.[39]

이런 관점에서 오순절 해석학은, 대립적인 방식으로, 본문을 그 자체로 감상하는 것에 반대하며, "오순절주의자들이 본문이 오늘날 우리에게 도전하는 방법보다 본문이 원래의 청중에게 어떤 의미인지에 훨씬 덜 관심을 가진다고" 제안한다.[40] 비록 대놓고 그렇게 하는 것은 아니지만, 이 저자는 "진보적 학자들"이 "문법적·역사적 비평"이라는 골리앗을 쓰러뜨렸으므로, 오순절주의의 다윗들이 골리앗의 머리를 베어버림으로써 일을 마무리해야 한다고까지 제안한다.[41]

이 유비는 주장보다 수사적 장치로서 더 잘 작용한다. 왜냐하면 모든 예언자의 목소리는 반드시 검증되어야 하고, 이 문제에 관해 누가 하나님의 목소리를 진정으로 대언하는지는 기다려봐야 하기 때문이다. 다행히도 이 저자는 다른 이들에게 오순절 해석학의 진면모를 정의해줄 만한 입장이 아니다.

---

39 Davies, "Read as Pentecostal," 254. Davies는 우리가 지닌 주관성의 실재를 인용하는데 (254), 이는 사실 논쟁의 여지가 없다. 그리고 그는 그의 동료 오순절주의자들의 반대를 포함하여 자신의 영성화된 접근법을 비방하는 자들의 반대를 "매우 납득이 안 되는" 것으로 거절한다. 하지만 Poirier는 "Critique"에서 Davies의 주장이 확고하지 않다고 비난한다.

40 Davies, "Read as Pentecostal," 256.

41 Davies, "Read as Pentecostal," 255. "이 괴물 같은 존재"를 죽이는 것에 대해 계속 말하면서 Davies는 자신이 농담조로 말하고 있음을 인정한다.

본문의 고대 의미

영감은 본문을 본문 이하의 것으로 만들지 않는다. 우리가 저자의 의도에 대해 말하고 싶든 아니든, 우리는 본문이 생성된 상황에서 의도한 내용에 대해 쉽게 침묵할 수 없다. 어쨌든 성서는 고대 그리스어와 히브리어로 기록되었다. 1세기 지중해 세계는 신약성서 저자들의 그리스어 어휘, 구문론 등이 가장 이치에 맞는 환경이었다(그리스어 어휘 및 구문론 등이 지중해 세계를 위해 고안되었기 때문이다). 우리가 "의미"를 정의하는 방식은 주로 우리의 해석 목적에 달려 있다. 그러나 의미의 실제적·역사적 차원은 현재 우리가 보고 있는 본문의 모습을 명확히 형성했는데, 이 실제적·역사적 차원에서 저자는 사회적으로 공유된 표시 체계에 속한 의미를 전달하고자 한다.

더욱이 우리가 성서 본문의 역사적 상황을 고려할 수 없다면, 우리에게 남는 것은 노예 제도에 관한 해결 불가능한 문제들과(예. 출 21:21), 내 생각에 여성의 복종에 대해 말하는 몇몇 구절(특히 딤전 2:11-12), 그리고 구약성서의 많은 다른 이슈들과 신약성서의 몇몇 이슈다.[42]

브루스 말리나(Bruce Malina)의 말처럼, 우리의 성서는 중동과 지중해라는 환경에서 이 두 지역의 언어들로 기록되었다. 만일 이런 환경과 언어가 "그것의 문화적 형태 그대로 미국의 사회적 상황에서 직접적으로 이해된다면, 당신은 신약성서의 책들을 20세기의 위조품으로 의심할 수 있다." 그러나 이는 분명 사실이 아니다.[43] 우리는 성서 저자들이 그들과 동시대

---

42 나는 여기서 자세한 설명 대신에 다음을 보라고 추천한다. Keener, *Paul*, 17-235; Usry and Keener, *Religion*, 98-109(특히 103-4); Keener and Usry, *Faith*, 20-41(특히 36-38). 다음과 같은 다른 연구들도 (때로는 훨씬) 유익하다. Copan, *Monster*; Dodd, *Problem*; Webb, *Slaves*.

43 Malina, *Anthropology*, 153.

의 사람들에게 종종 힘있게 전달했던 의미를 분명하게 들을 수 있을 때라야 비로소 성서 본문이 매우 다른 상황에 있는 우리에게 말하는 것을 가장 분명히 들을 수 있다.[44] 예를 들어 고린도 교회 성도들의 견해가 그들의 문화 내에서 얼마나 논리적인지를 이해하기 전까지 우리는 그들의 어리석음을 쉽게 무시할 수 있다. 이는 우리의 몇몇 행위가 바울의 주장을 통해 진정으로 이의가 제기되기 전까지 논리적으로 보이는 것과 마찬가지다.

현대의 상황적 읽기, 즉 그것의 토대로서 원래 의미에 가장 충실한 읽기는 다른 상황적 읽기와의 대화를 위한 가장 큰 공통점과 능력을 갖게 될 것이다. 아무런 공통점이 없다면—본문의 단어들에서뿐만 아니라 문화적·상황적으로 그리고 저자에 의해 형성된 정황들에서 의도된 언어학적·문화적으로 특별한 단어들에서도—우리는 어떤 본문이라도 사실상 무엇이든 말하게 할 수 있다. 내가 학문 경력 초반에 참석했던 세계성서학회(SBL)의 한 분과에서 담당 발제자는 다음과 같이 제안했다. 즉 본문이 전하는 말이 마음에 들지 않는다면, 우리는 행간을 읽어내어 그에 대한 반론을 제기해야 한다고 말이다. (내가 이 이론을 다른 학교에서 온 어느 박사과정 학생과 나누었을 때, 그는 씁쓸하게 다음과 같이 말했다. "아, 이 이론은 소위 자의적 해석[eisegesis]처럼 들리는군요.")

문화는 해석의 양극단, 곧 고대의 상황을 이해하는 것과 해석자의 상황을 고려하는 것의 차이를 만든다. 예를 들어 사라의 매장지를 놓고 헷 족속과 협상하는 아브라함의 모습은(창 23장) 헷 족속의 거래 문서에서 우

---

44 Keck, "Ethos," 450-51. 참조. Stendahl, *Paul*, 35: "사실 진지한 성서 연구에서 '관련성'에 대한 강압적 요구보다 더 큰 위협은 존재하지 않는다. 우리는 원래의 의미에 귀 기울이고, 이 원래의 의미를 추구할 수 있을 만큼의 충분한 인내와 믿음을 가져야 한다." 원래의 정황을 현대 선교에 완전히 적용시키고 있는 두 가지 예는 다음과 같다. Schnabel, *Mission*; and idem, *Missionary*.

리가 발견하는 내용과 부합한다.[45] 아브라함이 헷 족속의 문화를 몰랐다면, 아브라함은 헷 족속의 에브론에게 값을 지불하는 대신에(창 23:13-16) 무료로 매장지를 받는 것에 대해 감사했을 것이다(창 23:11). 만일 그랬다면 아브라함은 헷 족속으로부터 받을 수 있는 모든 호의를 소진하고, 그들과의 반목을 초래했을 것이다. 그 제안은 일종의 예의였지, 수혜자에게 실제로 이익을 주기 위한 것이 아니었다. 이와 대조적으로 바울의 세계에서 선물을 거절하거나 그에 대해 값을 지불하는 행위는 선물 제공자를 모욕하고 그와의 반목을 초래할 위험이 있었다.[46] 고대에서나 오늘날 교차문화적 상호작용에서나 우리는 단순히 번역이라는 사전적 등가어를 제시함으로써 적절한 반응을 결정할 수 없다. 우리는 고대 사회와 교차문화적 상호작용에 정보를 제공하는 문화적 상황을 반드시 이해해야 한다. 그렇지 않으면 우리는 때로 화자의 요점과 정반대로 이해할 위험에 처한다!

독자들이 종종 느끼는 고대 의미와의 단절은 오늘날 많은 독자들이 성서로 인해 당황하고, 성서를 지속적으로 읽는 데 어려움을 느끼게 되는 한 가지 이유다. 신자들은 성서 본문을 집단적으로 그리고 개인적으로 듣고 적절하게 이용할 필요가 있다. 그러나 이런 현상이 일어나도록 만드는 가장 좋은 방법 중 하나는 몇몇 성서학자가 고대 문화의 관련 특징들을 탐

45 예. Wright, *Biblical Archaeology*, 51을 보라. 어떤 이들은 몇몇 유사 문헌을 인정하면서도 신바빌로니아 문헌들을 선호한다(Tucker, "Background"). 다른 이들은 후르리어(Hurrian language, Rabin, "L-with Imperative") 또는 이후에 이스라엘 사람들이 후르리어를 갱신하는 것에 반대한다(Reviv, "Elements"; 관련 견해들은 Katzoff, "Purchase"를 참고하라). 많은 학자들은 다음과 같이 주장한다. 즉 아브라함이 원한 것은 오직 굴뿐이었지만(창 23:9), 에브론은 당장 땅이 필요했던 아브라함을 재촉하여 밭 전체를 구매하도록 했다(창 23:11). 이는 그 땅에 대한 모든 책임이 에브론에게서 아브라함으로 넘어감을 의미했을 것이다(Gordon, *Near East*, 124; idem, *Common Background*, 94; Kitchen, *Orient*, 155). 물론 이 내러티브의 기능은 가나안 땅에 대한 이스라엘의 소유권을 강화하는 것이다.

46 Marshall, *Enmity*, 13-21을 보라. 이런 거절들은 매우 부드럽게 경멸을 드러냈다(Pliny *Ep.* 8.6.9).

구하여 메시지를 그들의 설명으로 해석하는 것이다. 우리 대부분은 우리의 독자들을 위한 메시지의 상황화가 지닌 가치를 인지한다. 성서는 그것의 첫 번째 청중을 위해 메시지를 정기적으로 상황화했다. 이런 성서의 상황화가 어떻게 우리를 위한 모범이 되는지를 재구성하기 위해 같은 기술을 사용하는 학자들에 관해 무엇이 그렇게 논란이 되는 걸까?

고대 상황에 대한 나의 오순절적 간증

간증은 기독교 인식론과 오순절 유산의 전통 요소 모두에 있어 소중한 특징이므로,[47] 나의 간증을 나누고자 한다. 주관적 계시가 특별한 권위의 자리를 차지한 사람들에게 가치 있기 때문에, 계시적 경험은 이해로 향하는 나의 진로를 설정해주었다. 젊은 그리스도인이었던 나는 회심 전 지성주의에 저항하면서 성서를 이해할 필요가 없다고 결정했다. 내게 필요한 것은 오로지 "나의 영에서 계시를 얻는 것"뿐이었다.

어느 날 기도하는 중에 성령이 내 이런 생각에 문제를 제기했다. 내가 저항하고자 했을 때, 하나님은 10여 개의 성서 본문을 내 마음에 동시다발적으로 보여주시면서 나의 생각이 이론의 여지 없이 틀렸음을 증명해보이셨다. 성서는 이해를 소중히 여기는데(예. 잠 1:6; 2:2-3; 8:1; 그 외 다수의 구절; 롬 12:2), 여기에는 하나님의 말씀을 이해하는 것이 포함된다(신 4:6; 시 119:34, 73, 104, 130, 169; 마 13:23).

나는 학문적 세뇌로 인해 역사적 상황도 소중히 여기지 않았다. 사실

47 예. 다음을 보라. Chaván de Matviuk, "Growth"; Pedraja, "*Testimonios*."

우리의 교육이 우리 각자에게 영향을 미치지만, 나의 견해는 내가 존경하는 박식한 교수인 댄 비아(Dan Via, 불트만 계열의 실존주의자이며 한때는 구조주의자였음)와 확연한 차이를 보인다. 이와 정반대로 나의 접근법은 하루에 성서 40장을 읽음으로써, 종종 매주 신약성서 전체를 읽음으로써 나온 것이었다. 그 결과 나는 성서 본문을 읽는 이전의 내 방식을 포기할 수밖에 없었고, 하나님이 실제로 성서에 영감을 주신 모습을 따라, 예컨대 구체적인 회중을 위한 서신서처럼, 성서를 새롭게 읽게 되었다.

실제로 고대 언어로 기록된 성서 본문이 그것의 고대 상황에 주의하라고 요청한다는 점을 무시하는 것은 우리가 그 본문을 읽는 데—적어도 하나님이 그 본문에 영감을 주신 방식으로 보통 한 번에 한 권씩—충분한 시간을 보내지 않았음을 보여준다. 이는 하나님이 다른 방식으로 성서에 대한 통찰을 제공해주시지 않는다는 말은 아니다. 다만 하나님이 분명히 그렇게 행하신 방식이 우리가 상황 속에서 본문을 이해하는 데 도움이 된다고 말하는 것뿐이다. 그래서 나는 관련되는 상황을 좀 더 많이 이용하기 위해 이런 접근에 초점을 맞추게 되었다.

나는 나를 가르친 교수들이 그렇게 하라고 해서 배경에 집중했던 것이 아니다. 나는 배경 이해에 도움이 되는 것을 알려준 교수들에게 끌렸고, 성서에는 더 많이 끌렸다. 내게 본문의 원래 의미를 말해주는 그런 교수는 필요치 않았다. 왜냐하면 나 스스로 본문을 충분히 읽고 있었기 때문이다. 내가 학문의 세계로 발을 들여놓은 이유는 그것이 나를 비롯하여 교회가 성서를 더 잘 이해하도록 도와주는 배경에 좀 더 가까이 접근하게 해주었기 때문이다. 나는 거룩한 입맞춤을 행해야 하는지, 여성이 머리 가리개를 써야 하는지 등의 문제를 이해해야 했다. 만일 내가 이런 성서 본문들을 정경인 성서를 형성하기보다 현대 독자의 직관을 형성하는 주관적인 이유로 거절해야 한다면, 나는 바울이 자신의 상황에서 왜 그런 지침을 기록했는지 그 이유를 찾아야 했다.

원래 내 유일한 바람은 하나님의 말씀을 가능한 한 정확히 설교함으로써 내 소명을 성취하는 것이었다. 이 부르심이 대중 차원에서의 패러다임 전환을 교회에 요구하는 걸까? 성서는 하나님이 자신의 종들을 사용하여 패러다임의 전환을 가져오는 예들로 가득 차 있다. 그리고 예레미야와 달리 나는 적어도 이런 패러다임의 전환을 요청하는 유일한 사람이 아니다. 하나님은 나에게 배경에 대한 특별한 열정을 주셨다. 나는 종종 하루에 열 시간씩 고대 문헌을 탐구하면서 성서 구절의 의미를 밝혀줄 정보를 찾았다. 약 7만 개의 정보 색인 카드를 모으고 박사과정을 마친 후 나는 이전의 나와 같은 평범한 설교자들이 쉽게 사용할 수 있는 정보를 제공하기로 결심했다. 그해 여름 나에게 아무런 교수 자리도 허락되지 않았지만, 그해에 내가 먹고살게 해달라고 기도한 지 24시간이 채 안 되어서 나는 내가 먼저 제안했던 배경 주석을 쓰라는 뜻밖의 진전된 제의를 받았다. 20년 후의 개정판이 더 낫기는 하지만, 하나님은 처음부터 이 과정에 역사하셨다.[48]

나는 성령이 나의 주해 작업에도 종종 도움을 준다고 믿는데, 성령은 종종 나의 인지 기술을 촉진시켜준다(이는 주해 과정에서 흔히 발생하는 듯하다). 예를 들어 내가 배경 자료들을 읽을 때와 본문과 씨름할 때 성령은 가능한 한 모든 종류의 연관 내용들로 나의 관심을 끈다. 그러나 이런 현상은 전통적으로 보다 "은사주의적"인 것으로 여겨지는 방법들을 통해 나를 안내함으로써 발생하기도 한다. 예를 들어 수십 년 전 내가 출애굽기에 나오는 장막 재료의 요지를 놓고 절실히 기도하며 씨름하고 있을 때, 상징주의를 이해하기 위해 하나님께서 고대 근동의 신전들을 연구하도록 나를

48 Keener, *Background Commentary*.

이끄시는 것을 느꼈다.[49] 다른 차원에서 때로 다른 생각들이 함께 떠오르고, 무엇인가가 특별한 방식으로 "딱 맞아떨어진다." 나는 이런 통찰들을 마치 완벽하거나 교정이 필요 없는 것처럼 격상시키고 싶지는 않다. 다시 말하지만, "우리는 부분적으로 알고 부분적으로 예언한다"(고전 13:9). 내가 이런 방법들을 언급하는 이유는 단지 내가 심지어 주해 단계에서조차 성령의 인도하심을 기대하며 경험하고 있음을 보여주기 위함이다.

현대적 읽기 방식과 전근대적 읽기 방식

이 장의 후반부에서 나는 저자의 의도를 탐구하기 위한 고대의 선례를 다룰 것이다.[50] 여기서는 고대의 상황으로 관심을 돌리고자 한다. 본문의 "원래 의미와 의도"를 발견하는 일은 역사적·문법적 방법론의 목적이다.[51] 9장에서 더 자세히 언급되듯이, 어떤 이들은 저자의 의도를 "계몽주의의 합리주의적 해석학"[52] 또는 "역사비평적 방법론"[53]과 연결 짓는다. 그러나 현대의 역사비평이 지배하기 전에 해석자들은 이미 "역사적·문법적 주해"를 분명히 사용하고 있었다.[54] 츠빙글리(Zwingli)와 같은 종교개혁가들

49 이를 통한 몇몇 결실이 다음의 연구에 나타난다. Keener, "Tabernacle"; idem, "Worship."

50 이 책 9장의 "전근대적 주해에서의 저자의 의도" 단락을 보라.

51 Ramm, *Interpretation*, 114-15; 이런 목적을 옹호하는 다음 연구를 보라. Stein, "Benefits"(Hernando, *Dictionary*, 14n4에 호의적으로 인용된다); Stein, *Guide*, 11-23.

52 Grey, *Crowd*, 42에 언급됨.

53 Grey, *Crowd*, 56.

54 Archer, *Hermeneutic*, 58. 그러나 다른 곳에서 Archer는 이를 역사비평에 대한 반응으로서 간주한다(263). 고대 해석자들에게 생소한 저자의 상황도 고려하지 않는데, 이는 때로 잘못 주장되고 있다.

은 "성서 본문을 설명하는 데 있어 문법, 수사학, 역사적 연구"와 같은 문제들에 대한 관심을 강조했다.[55] 고대 문학비평의 정교한 특성을 의심하는 사람은 아리스토텔레스의 「시학」(*Poetics*) 혹은 다른 고대 비평서들을 살펴볼 필요가 있다.[56]

고대 그리스-로마

몇몇 비평가는 역사적 상황에서의 읽기가 고대 그리스-로마 문헌과 상관없는 현대적 개념이라고 불평해왔다.[57] 그러나 고대 그리스-로마 자료들을 간단히 살펴보기만 해도 이런 불평이 틀렸음을 알 수 있다. 비록 많은 해석자가 원칙을 적용하는 데 있어 비일관적이었지만 말이다.[58] 따라서 로마의 한 작가는 다음과 같이 불평한다. 즉 오래된 몇몇 로마법이 더 이상 이해가 불가능한 이유는 그 법에서 규정된 "용어와 관습"이 "구식"이 되었기 때문이며, "법의 의미는 이런 용어와 관습의 측면에서 이해되어야 한다"고 말이다.[59] 또한 모든 사람이 문화적 차이의 실재를 이해했다.[60]

---

55 George, "Introduction," xxvii. 앞선 문예부흥과 종교개혁이 역사적 상황에 보인 관심(이에 관한 내용은 Bartholomew, *Hermeneutics*, 195-96을 보라)에 반대하는 "순수한" 역사비평의 계몽주의적 기원에 관해서는 Bartholomew, *Hermeneutics*, 208-24을 보라.

56 다양한 관련 문헌에 관해서는 Russell and Winterbottom, *Criticism*을 보라. 이 문헌들 대부분은 외적 장르비평과 다른 요소들을 포함한다.

57 여기에 등장하는 상당 부분은 Keener, *Acts*, 1:20-21에서 가져왔다.

58 예. Quintilian *Inst.* 10.1.22를 보라; 참조. Aune, *Dictionary of Rhetoric*, 397. 문학적 맥락에 관해서는 다음을 보라 Dionysius of Halicarnassus *Dem.* 46; Apuleius *Apol.* 82-83; Hermogenes *Method in Forceful Speaking* 13.428. 장르에 대한 민감성은 다음을 보라. Quintilian *Inst.* 10.1.36; Maximus of Tyre *Or.* 38.4; Menander Rhetor 1.1.333.31-334.5; Philostratus *Vit. soph.* 2.33.628.

59 Aul. Gel. 20.1.6(저자는 자신이 신뢰할 수 있는 자료를 인용한다).

60 예. Corn. Nep. Pref. 5-7; Plut. *Greek Questions*; *Roman Questions*; *Themistocles* 27.2-3.

고대인들은 오늘날의 우리보다 그들의 상황과 관련되는 단편적 정보를 정황이 아닌 말로써 더 잘 인용했다.[61] 원래의 온전한 정보를 사용하는 일은 그들에게 훨씬 더 어려운 일이었다.[62] 그러나 예를 들어 신약성서 복음서의 최초 청중은 그런 정보들을 단편적으로 듣기보다 전체적으로 들었을 것이다.[63]

역사에 관심이 있는 이들에게 이 질문은 시대착오적인 것이 아니다. 현대의 몇몇 가정과는 반대로 고대 작가들은 의도에 관한 논쟁을 부끄럽게 여기지 않았다. 그 의도가 재판 중에 있는 누군가의 행동에 관한 것이든,[64] 아니면 입법자들의 의도에 관한 것이든 말이다.[65] 확실히 고대의 저자들은 실제 맥락과 무관하게 그들의 말에 정황을 부여함으로써 그들의

---

61 그들은 고대의 인용들을 (눈에 띄게) 새로운 방식으로 재적용하는 법을 알고 있었다(예. Appian *Bell. civ.* 4.17.130에 등장하는 Eurip. *Med.* 332의 Brutus의 인용; Sen. *Suas.* 3.5-7; 4.4-5에 등장하는 베르길리우스). 그래서 저자들은 때로 고대 인용들의 원래 의미가 지닌 권위를 위해서가 아니라 수사적 표현을 위해 그 인용들을 사용했다. 그럼에도 잘못된 행위를 정당화하기 위해 인용을 그 맥락과 관계없이 사용할 경우, 검열이 요청될 수 있었다(예. Alciph. *Paras.* 20 [Thambophagus to Cypellistes], 3.56, ¶2).

62 Stanley, *Language of Scripture*, 345.

63 Dewey, "Gospel of Mark," 145.

64 행위자의 의도에 관해서는 다음을 보라. Hermog. *Issues* 49.9-14; 61.16-18; 67.6-8; 72.14-73.3; Quint. *Decl.* 274.8(이 부분은 신성한 행위자를 다루고 있음); 281.1-3; 289.2; 311.8; 373.12; Libanius *Topics* 2.1; Robinson, *Law*, 16; 참조. Cicero *Fin.* 3.9.32; Seneca *Controv.* 10.1.9; *y. Ber.* 2:1.

65 입법자들의 의도에 관해서는 다음을 보라. Aeschines *Ctes.* 33; Lysias *Or.* 31.27, §189; *Rhet. Alex.* 1, 1422b.20-25; Hermog. *Issues* 40.6-19; 60.13-14; 66.12-13; 80.4-13; 82.4-5, 13-18; 83.20; 86.4-5; 91.9-13; Quint. *Decl.* 248.9; 249.3-5, 8; 251.2-3; 252.8; 274.9; 277.2; 297.8; 308; 317.9; 329; 331.3; 350.2, 6; 특히 317.2. 서로를 상대로 법을 어기는 일이 다반사였다; 예. Quint. *Decl.* passim(예. 251 intro; 274 intro; 277.5; 299 intro; 303 intro; 304 intro; 304.1; 315 intro; 366 intro; 특히 304.1; 315.8). 그러나 재판에 유용할 경우, 당사자는 행위자의 중요성(예. Quint. *Decl.* 302.3; 314.6) 또는 입법자의(313.5-6) 의도를 무시할 것이다. 법은 자질을 명시해야 한다(Arist. *Rhet.* 1.1.7, 1354a; Philost. *Vit. soph.* 2.33.628). 아니면 누군가 잠재적 예외를 언급하면서(Seneca *Controv.* 9.4) 이 자질을 정의해야 한다(Hermogenes *Issues* 65.1-8). 재판의 목적은 재판을 받는 자가 의도에 호소하고 있는지 아니면 말에 호소하고 있는지 결정하기 위함이다(Hermog. *Issues* 40.6-19).

말을 인용하는 사람들에게 도전할 준비가 되어 있었다.[66] 실제로 현재의 많은 문학적 접근법들은 고대의 선례들과 닮았다.[67] 비록 전자의 모든 접근법이 때때로 예상되는 것만큼 고대의 선례들에 정확히 상응하는 것은 아니지만 말이다.[68] 현대의 몇몇 저자가 생각하는 것과 달리, 역사적 관심은 계몽주의 정신에만 국한되는 순전히 현대적인 관심사가 아니다. 문예부흥이 고전 학문을 강조했던 것처럼 계몽주의가 역사적 상황을 강조한 것은 고전 모델들로의 회귀를 의미한다.

고대 작가들은 현대 작가들과 마찬가지로 그들의 독자나 청자들이 어느 정도 공유하는 지식을 가정할 수 있었다.[69] 저자들은 명백하게 언급할 필요가 없는 상황들을 규칙적으로 암시했는데,[70] 그 이유는 그들의 이상적 청중이 이런 지식을 공유하고 있었기 때문이다. 이런 이상적 청중에 속하지 않는 우리는 때로 암시되는 정확한 대상을 알지 못하는 상황에 처한다(예. 눅 13:1-4; 고전 1:11; 살후 2:5).[71] (고대의 몇몇 해석자는 자신보다 훨씬 앞선 저자들과 동일한 문제에 직면했음을 인정했다.[72]) 때로 저자들은 우리가 관련 질

---

66 Apul. *Apol.* 82-83을 보라.

67 Pogoloff, "Isocrates," 338-62을 보라. 전도서 저자는 해 아래 새것이 없음을 올바로 관찰했다(전 1:9).

68 예. 참조. 아리스토텔레스의 μῦθος와 현대의 플롯(Belfiore, "Plots"); 또한 참조. 아리스토텔레스의 모방 개념(Rollinson, "Mythos and Mimesis").

69 때로 이런 가정은 분명해진다. 예. 할리카르낫소스의 디오니시오스(*Isaeus* 14)는 그의 독자들/제자들이 그가 언급하는 이사에우스(Isaeus)의 연설을 읽었을 것으로 가정한다. Maxwell은 "Audience"에서 가정된 청중의 지식에 관해 다루면서 다음과 같이 제안한다. 즉 저자들은 청중의 참여를 증진시키기 위해 일부 정보를 생략할 수 있다고 말이다.

70 예. Xen. *Cyr.* 7.2.15(여기서는 잘 알려진 델포이 신탁에 대한 암시가 등장한다; 참조. Hdt 1.46-48); Phaedrus 5.10.10. 참조. 익명의 *Commentary, Prologus*, 바울에 관한 Frede 15.1-16.46(Burns, *Romans*, 11).

71 고대 자료에 대한 다른 예들은 다음을 보라. Phaedrus 3.1.7; Dio Chrys. *Or.* 34.3, 10. 때로 저자들은 자신들의 의도를 외부인들이 이해하지 못하도록 의도적으로 모호하게 만들었다(예. Nicholson, "Confidentiality"; 덜 설득적인 Callaway, "Reflections").

72 Proclus *Poet.* Essay 6, Bk. 2, K200.9-14.

문을 이해할 수 있을 만큼 분명히 대화자들에게 반응한다(예. Sen. *Ep. Lucil.* 68.1; 74.1; 75.1; 아마도 고전 7:1). 그러나 그 외 다른 때에 우리는 그 질문을 재구성할 수 없다(예. Sen. *Ep. Lucil.* 72.1).

그들은 관련 저자의 다른 용법을 토대로 본문에 담긴 저자의 의미를 살필 수 있었다.[73] (히에로니무스는 바울 서신에 있는 언어학적 문제점들을 알아차렸다.[74]) 그들은 더 이른 저자의 역사적 정황도 고려할 수 있었을 것이다. 예를 들어 할리카르낫소스의 디오니시오스는 투키디데스를 향해 수사비평을 가할 때 투키디데스가 당시에 사용되지도 않는 문체를 구사한다고 불평한다(Dion. Hal. *Thuc.* 29).[75]

마찬가지로 고대 저자들은 오래된 문헌들이 용어와 관습의 변화로 인해 점점 더 이해할 수 없게 된다는 것을 알았을 것이다. 그래서 그들은 오래된 문헌을 그것이 기록된 원래의 용어와 관습에 비추어 읽도록 촉구했다(로마의 초기 법에 관한 Aul. Gel. 20.1.6을 보라). 비평가들은 때로 특정 용어들이 저자의 시대인 과거에 사용되었는지의 여부를 놓고 논쟁을 벌였다.[76] 이런 관심사들 중 아무것도 메시지의 재상황화를 배제하지 않는다. 사실상 고대의 저자들 역시 현대의 저자들과 마찬가지로 자신들의 시대적 관

---

73 예. Sen. *Ep. Lucil.* 108.24-25, 여기서 세네카는 베르길리우스가 다른 곳에서 도주(*fugit*)를 사용하는 것에 비추어 Virg. *Georg.* 3.284에 나오는 도주를 해석한다. (데모스테네스의 연설에 관한) Dion. Hal. *Demosth.* 46도 마찬가지다. 고대 호메로스 비평가들은 호메로스 작품에 단 한 번 언급되는 표현을 알고 있었는데, 이에 대한 내용은 Aune, *Dictionary of Rhetoric*, 210-11을 보라.

74 Milazzo, "Sermone."

75 참조. (데모스테네스에 관한) Libanius *Maxim* 3.9에 나오는 다른 예들; Proclus *Poet.* Essay 6, Bk. 1, K145.27-K146.1; K150.12-13. 헤라클레이토스는 종종 알레고리화하지만, 때로 (Heracl. *Hom. Prob.* 79.8에서처럼) 내러티브 세계의 환경들에 호소함으로써 등장인물의 연설을 설명하려고 한다.

76 예. Galen *Grief* 24b-26. 저술가들 역시 다른 언어로 번역하는 데 있어 그 번역에 딱 들어맞는 표현을 찾는 것이 어려운 일임을 인정했다(Sen. *Ep. Lucil.* 111.1-12).

심사에 비추어 역사적 정보에 접근했다.[77]

종교개혁의 관심

이런 방식의 읽기가 고대에만 배타적으로 적용되는 것은 아니다. 예를 들어 루터는 4중의 학문적 접근(fourfold scholarstic approach)에 반대하여 "역사적·문법적 원칙"을 강조했다.[78] 이 역사적·문법적 접근은 칼뱅과[79] 일반 종교개혁자들의 특징을 이루었다.[80] 역사비평적 방법론에 있어서도 에라스무스, 루터, 칼뱅, 츠빙글리 모두가 오늘날 비평 연구의 고려사항으로서 간주되는 문제들을 끄집어냈다.[81] 기초 자료와 에라스무스의 그리스어 신약성서에 대한 문예부흥의 갱신된 관심이 없었다면, 종교개혁이 발생했을지 의심스럽다.

실제로 19세기까지 학자들은 종종 신약성서와 고전을 함께 다루었다.[82] 교부들과 중세 저자들은 종종 "고전 저자들"을 인용하여 성서 본문을 설명했다. 많은 종교개혁자의 인본주의 교육은 이런 접근을 한층 더 부각시켰다. 칼뱅의 첫 번째 출판 저작은 세네카에 관한 내용을 담고 있었

---

77 예. Verbaal, "Cicero"를 보라. 여기서 Verbaal은 시라쿠사의 폭군 디오니시오스에 대한 키케로의 관심을 다루고 있는데(*Tusc*. Bk. 5), 이는 카이사르에 대한 Verbaal의 관심사 때문이다.

78 Grant and Tracy, *History*, 94; Ramm, *Interpretation*, 55; Wyckoff, *Pneuma*, 22-24.

79 Ramm, *Interpretation*, 58-59.

80 Grant and Tracy, *History*, 92-93; Wengert, "Luther," 93. 고전 학자인 Ernesti가 1761년에 출판한 연구에 관해서는 Ramm, *Interpretation*, 59을 보라.

81 Wyckoff(*Pneuma*, 35)는 Krentz, *Method*, 7-18의 내용을 따른다. 참조. 예. Bray, *Galatians, Ephesians*, 159-60에 나오는 갈 4:21-31의 바울의 주장에 대한 루터와 칼뱅의 평가. 실제로 기독교 이전의 역사학자들은 현대 역사학에서 대두된 많은 중요 이슈들을 이미 거론했었다(Keener, *Acts*, 1:122-31을 보라).

82 Kennedy, "Criticism," 126.

다.[83] 17세기에 존 라이트풋(John Lightfoot)은 랍비 문헌으로부터의 통찰에 기초하여 신약성서 주석을 집필하기 시작했다.[84] 계몽주의 주석가들이 이런 도구들을 환원주의 방식으로 사용할 수 있었지만, 고대의 정황에 대한 관심이 그들로부터 시작된 것은 분명히 아니었다.

초기 오순절주의자들은 때로는 역사적 배경을, 때로는 성서 언어들을 사용했다. 이는 보통 본문과 관련된 어려운 문제를 해결하기 위함이었다.[85] 그들은 "관련 구절의 '역사-문화적' 상황과 '문법적' 맥락에 신경을 썼다." 그럼에도 그들 대부분이 배경을 사용하는 것에 분명히 반대하지는 않았지만, 배경의 사용은 대중 수준에서 좀처럼 가능하지 않았다. 초기 오순절주의자들은 학자들이기보다는 대중 설교가들이었으므로, 보통 "학문적으로 지도받은 역사적·문법적 주해 방법론을 사용하지" 않았고 사용할 수도 없었다.[86]

그들이 제한된 배경 정보를 사용했다고 해서 배경 정보에 대한 보다 학문적이고 일관된 접근이 그들에게 해를 입혔을 것이라고 생각할 수 있을까? 아니면 그들이 배경 정보와 고대 언어에 대한 지식에 보다 충분히 접근할 수 있었다면, 그들은 그것들을 더 많이 사용했을까? 스미스 위글스워스는 오직 성서만을 읽었지만, 이는 오순절 성서 대학에서 가르쳤던 대부분의 교수들에게는 해당되지 않았다. 내가 존경하는 스탠리 M. 호튼(Stanley M. Horton) 교수는 믿음의 뿌리를 아주사 길거리 부흥운동에 두고 있는데,[87] 그는 자신의 학문적 훈련을 사용하여 하나님의 성회를 섬겼고

83 Klauck, *Context*, 1.

84 Lightfoot, *Commentary*(재판본)를 보라.

85 Archer, *Hermeneutic*, 125; 참조. Oliverio, *Hermeneutics*, 91.

86 Archer, *Hermeneutic*, 101-2n44. 대중 수준에서 "상식의 귀납적 추론"이 증거 본문에 사용되었다(Archer, *Hermeneutic*, 62-63; 참조. Oliverio, *Hermeneutics*, 118-19, 130).

87 그는 Azusa Street Mission의 자매 교회인 Upper Room Mission의 목사였던 Elmer Kirk

(이 섬김에는 언어와 문화적 배경에 관한 것도 포함된다), 이 부흥운동은 그와, 그 부흥운동의 조직 내에서 일할 수 있었던 다른 학자들에게 크게 의존했다.

결론

본문의 의미 범위에 관한 논쟁들은 종종 "의미"가 정의되는 방식에 달려 있다. 확실히 독자들은 그들의 상황에 대한 본문의 함의들을 매우 다양한 방식으로 경험할 수 있다. 그럼에도 함의들은 현재 우리가 가지고 있는 본문에 처음 담겨 있던 메시지와 연결된다. 이런 메시지들에는 본문의 소통과 관련된 빈 공간이 존재하는데, 그 이유는 이 메시지들의 원래 언어학적·문화적 상황에서 특정한 배경적 특징들은 설명되기보다 가정될 수 있기 때문이다. 우리의 관심사는 보다 큰 원칙들에 있을 수 있지만, 우리는 이런 원칙들을 영감을 받은 본문에서 만난다. 그리고 영감을 받은 이 본문의 특수성은 그것의 문화적·상황적 특징과 저자의 특징을 반영한다.

고대의 의미에 대한 관심은 순전히 현대주의적인 사고 방식도 아니고 역사비평적인 사고 방식도 아니다. 이 관심은 본문의 형성 자체가 요구하는 것이며, 심지어 고대의 해석자들도 인지하고 있었던 것이다.

Fisher의 손자였다(Olena, *Horton*, 25-40).

9장 저자를 위해 남겨진 공간?

우리는 저자의 의도와 관련하여 더 많이 논란이 되는 질문을 다루지 않으면서도 본문의 이상적 저자와 청중이 공유하는 원래의 문화적 지평에 대해 말할 수 있다. 하지만 이 주제에 대한 현재의 논쟁은 관련 논의의 일부로서 이 주제에 대한 관심을 불러일으킨다. 여기서 내 주장은 다음과 같다. 즉 이상적 저자가 본문을 설계한 의도를 이해하려는 노력이 그 본문을 형성한 메시지를 식별하는 방법과 그 메시지를 정확히 재적용하는 방법을 더 잘 이해하도록 우리를 도와준다는 것이다.

성서를 읽는 사람들은 영감이 보통 다양한 성서 저자의 독특한 어휘 및 문체를 없애기보다 사용했다는 것을 충분히 인지한다. 심지어 예언서들에서도 이런 현상이 발견된다. 이런 관찰은 해석학에 있어 중대한 함의를 지닌다. 학자들은 성서가 그것을 기록한 저자의 본래 의도 이상을 의미할 수 있는지 논쟁을 벌일 수 있다(이 논쟁의 중심에는 종종 성서의 본래 독자가 누구였는가와 더불어 때로 "의미"에 대한 정의가 자리한다). 그러나 우리는 성서가 그 이하를 의미한다고 기대해서는 안 된다.[1] 우리 중에 하나님께서 미래를

1 심지어 저자들도 자신들이 기록한 내용에서 통찰을 얻을 수 있다. 특히 그들이 원래 보다 큰 의미를 지닌 자료를 자세히 설명하고 있다면 말이다. 주로 내 아내와 나의 로맨스를 다루는 *Impossible Love*를 다 쓰고 난 후에야 나는 우리를 향한 하나님의 사랑이라는 명백한 주제가 어떻게 더 깊어지는지뿐만 아니라 더 온전한 (그러나 인간적으로) "불가능한 사랑"을 제공

아신다고 믿는 사람들은 하나님이 성서 저자들의 생각을 넘어서는 함의들을 분명히 의도하셨다고, 아마도 특히 예언서들에서 그렇게 하셨다고 확언할 것이다. 그러나 하나님은 보통 성서 저자가 자신의 어휘, 문체, 문화적 용어를 사용하도록 영감을 주셨으므로, 저자의 의도는 시작하기에 가장 확실한 지점이다.

오늘날 저자의 의도?

아래에 언급되었듯이 저자의 의도에 대한 강조를 지지하는 자들도 있고 비평하는 자들도 있다. 현재 문학적 해석의 몇몇 이론은 저자의 역사적 의도의 우선성을 "의도된 오류"로서 간주하여 거절하지만, 대부분의 이론은 이런 역사적 질문의 타당성을 배제하지 않으면서[2] 저자의 의도를 적어도 의미의 한 차원으로서 인지한다. 특히 역사적 관심을 지닌 사람들의 이론이 그렇다.[3]

포스트모던 시대 훨씬 이전에 시를 연구하는 형식주의자들은 예술적 가치를 본문의 원래 역사적 상황에서의 본문의 의미로 국한시키는 것

해주는지를 생각하게 되었다.

2 Brown은 *Scripture as Communication*, 69-72에서 다음과 같이 강조한다. 즉 현대적 접근은 더 이른 저자의 접근들보다 미묘한 차이가 있다고 말이다.

3 Burridge는 "저자의 목적은 저자와 독자 또는 청중 사이에 존재하는 일련의 기대 또는 계약으로서 장르의 개념에 핵심이 된다"라고 주장한다(Burridge, *Gospels*, 125; 참조. Shuler, *Genre*, 32; Allison, *Moses*, 3; Ashton, *Understanding*, 113). 저자의 의도에 대한 고전적인 옹호는 Hirsch의 *Validity*를 들 수 있다. 비록 그 이후로 논의에 변화가 있었지만 말이다. 이 해석학에 대한 간단한 논의는 다음을 보라. Osborne, "Hermeneutics," 특히 390-91; Meyer, *Realism*, 35-41.

에 대해 경고했다. 그들은 의미가 저자에게 있는 것이 아니라 본문에 놓여 있다고 주장했다.[4] 그러나 이런 주장들은 주로 미학적인 고려 사항들이다. 저자의 의도에 대한 독창적 도전들은 이런 목적을 위해 널리 인용되었음에도 불구하고 저자 혹은 역사비평에 대한 관심을 거부하지 않았다. 그들은 단지 그들이 어떻게 생각했는지보다는 저자가 어떻게 생각했을지를 물어보는 것이 더 타당하다고 주장하면서[5], 그들의 접근법을 시학의 다른 접근법과 구별했을 뿐이었다.[6] 특히 윔새트(Wimsatt)와 비어즐리(Beardsley)는 저자의 의도에 반대하는 그들의 널리 알려진 독창적 저술에서 자신들의 비평을 오로지 미적·시적 본문들에만 적용했다. 그들은 오직 독자들이 저자의 의도를 정확히 추론하는 한에 있어서만 소통을 성공적인 것으로서 간주했다.[7]

소통 경청하기

구절의 원래 의미에 주목해야 한다고 주장하는 이들은 일반적으로 그 구절을 기록한 저자의 의도에 호소한다. 본문을 의사소통으로서 읽을 때마다 우리는 그 저자가 소통하고자 하는 것을 재구성하려고 애쓴다.[8] 만일

---

4 Eliot, "Tradition," 454-55, 459-60.

5 Wimsatt and Beardsley, *Icon*, 18.

6 Wimsatt and Beardsley, *Icon*, 10, 13-14.

7 Hays, *Echoes*, 201n90(Wimsatt and Beardsley, "Intentional Fallacy," 3, 5을 인용한다). Talbert는 *Mediterranean Milieu*, 17에서 Hays를 긍정적으로 인용한다. Vanhoozer(*Meaning*, 96n167)는 Wimsatt가 다른 측면에서 처음에 합리적으로 반대한 것을 이후의 몇몇 적용과 구별한다. Hirsch, *Validity*, 12도 보라. 저자의 의도를 강조하는 Hirsch의 관점에서 "미적 범주가 내재된 동시에 충족되는 유일한 본문은 미적 목적을 지닌 본문뿐이다"(*Validity*, 155).

8 이 책에서 관련 내용이 나오는 다음 단락들을 보라. 4장의 "성서 내의 교차문화적 소통: 사

본문이 특정 언어와 문화로 암호화되어 있다면, 우리는 이 본문을 다른 언어와 문화로 재암호화하기에 앞서 먼저 그것을 해독하려고 노력할 수 있다.[9] 만일 우리가 의사소통을 위해 완전한 독자 또는 청자 중심의 접근법을 취한다면, 이렇게 배타적으로 혹은 과도하게 독자의 이해를 강조하는 것은 독자들이 어떤 발언에 대해 불쾌함이나 모욕을 느끼고 종종 실제로 의미하는 것에 대한 저자의 설명을 수용할 수 없는 상황으로 이끌 수 있다.[10]

저자로서 나는 당신이 나의 말을 이해하길 바란다. 그리고 나는 그 이해를 촉진시키기 위해 노력한다. 나는 선한 의도를 지닌 독자들이 내 책을 이해하고자 노력하리라고 예상한다. 나는 내 학생들이 나의 강의계획서를 이해하고자 노력하리라고 거의 확신한다. 왜냐하면 나의 의도를 오판할 경우 심각한 결과가 따르기 때문이다. 나는 하나님께서 성서 저자들에게 영감을 주셔서 그분의 메시지를 전달하게 하셨다고 믿기 때문에, 성서 본문이 그것이 형성된 상황에서 전달하는 내용을 이해하는 데 관심이 있다. 성서 본문은 영어, 스페인어, 중국어가 아니라 히브리어, 아람어, 그리스어로 기록되었다. 마찬가지로 나는 하나님께서 성서 저자들에게 영감을 주셔서 그의 메시지를 전달하게 하셨다고 믿기 때문에, 유비라는 수단을 사용하여 오늘날 그 메시지의 핵심에 반응하는 방법과 이런 모델들을 알려주는 원래의 원칙들을 따르는 데 더 깊은 관심이 있다.

례 연구", 10장의 "보다 큰 상황에 의존하는 접근법들", 13장의 "세부사항의 조화가 종종 요점을 놓칠 때", 16장의 "적용"; Brown, *Scripture as Communication*, 35-38도 보라.

9 암호 및 재암호의 유비는 여전히 의미 있는 문화적 중복이 존재하는 단계들을 너무 정확히 분리해버릴 수 있다.

10 우리는 이런 일들을 뉴스에서 종종 마주친다. 비록 여러 불평이 좌, 우 진영으로부터의 정치적 장치이지만 말이다. 좌측 진영으로부터의 예들에 관해서는 Powers, *Silencing*, 78, 81을 보라.

대화는 우리에게 직접적인 소통을 제공한다. 의미를 찾기 위해 고대 문헌을 읽을 때 우리는 관련 이론이 의사소통의 부차적 수준으로서 규명하는 것, 즉 저자가 원래의 다양한 청중에게 말하는 것을 듣는 차원으로 이동한다. 비록 저자가 가능한 한 가장 광범위한 규모의 청중을 의도했을지라도 말이다.[11] 저자는 자신의 본문에 등장하는 암시를 이해할 수 없는 다른 문화 및 시대의 청중은 거의 염두에 두지 않았을 것이다.

그러나 이런 본문으로부터 지혜를 듣고자 한다면, 우리는 이런 암시들과 기꺼이 씨름해야 하는데, 이는 고대 상황에 대한 가정을 가능한 범위까지 요구한다. 일반적으로 본문의 특수성은 고대 본문에서 유추될 수 있는 저자가 고대 청중에게 소통하고자 한 내용을 고려하라고 우리에게 요청한다. 한 본문이 다른 상황에서 무엇을 의미하든지 간에, 그 본문의 잠재적 수용 범위는 보통 우리가 관찰할 수 있는 것, 즉 본문이 그것의 일반적인 사회적·언어적 상황에서 소통하고자 했던 것을 의미할 것이다. 예를 들어 스토아 학파 철학자인 세네카가 크리시포스(Chrysippus) 같은 더 이른 스토아 학파 사상가에 대해 논평했다면, 이는 종종 전자가 후자의 지혜를 배우고자(또는 후자의 지혜가 지닌 권위를 인용하고자) 했기 때문이다. 그러나 세네카는 보통 크리시포스가 역사적으로 의미한 것에 관심이 있었기 때문에, 자신이 크리시포스에게 동의하지 않을 경우 그를 비판할 준비가 되어 있었다.[12]

만일 저자들이 의사소통을 위해 본문을 고안한다면, 그 본문의 대상

11 다음을 보라. Bauckham, *Gospels for Christians*, 특히 idem, "Gospels." 그러나 표적 청중에 관해서는 Burridge, "People," 143을 보라.

12 본문은 선전용으로 사용될 수 있고, 때로 세네카는 루킬리우스에게 보내는 편지에서 에피쿠로스를 언급하여 이런 효과를 보았을 것이다. 그럼에도 세네카의 적용은 대개 역사적 의미에 토대를 두고 있었다.

인 이상적 청중의 한 가지 목적은 본문의 저자가 분명하게 전달하고자 하는 내용을 가능한 한 이해하는 것이다.[13] (독자들이 실제로 의사소통을 평가하는 방식은 그들이 본문 및 그것의 저자와 맺는 관계에 달려 있을 수 있다.) 따라서 만일 우리가 본문에 내포된 독자의 자리에 우리 자신을 놓는다면, 우리가 듣고자 노력해야 하는 것은 바로 저자의 의도다.

학문 세계에서 우리는 복잡한 이슈들을 단순화하고 단순한 이슈들은 복잡하게 만드는 것을 좋아한다. 그러나 학문 세계 밖에서 우리는 보통 저자에 귀 기울이는 것을 상식으로 생각한다. 만일 우리가 바울이 기록한 서신의 내용을 가장 잘 설명할 수 있는 사람이 바울이라고 생각한다면, 우리는 바울의 의도에 관심을 갖는다. 그래서 학자들은 그렇게 하기 위해 셰익스피어나 디킨스를 탐구하기보다는 바울이 의사소통하고 있는 것을 이해하도록 돕기 위해 바울의 다른 편지들을 샅샅이 조사하는 것이다.[14] 마찬가지로 내러티브비평가들은 보통 메리 셸리(Mary Shelley)나 아이작 아시모프(Isaac Asimov)의 작품보다는 누가복음에 비추어 사도행전을 읽는다.

우리가 다른 읽기를 위한 규범적 기반에 가장 근접할 수 있는 것은 성서 저자들이 처음에 분명히 다른 상황에 대해 말하도록 성령이 영감을 준 내용이다. 저자들은 그 상황에서 청중의 언어로 기록했고, 그들의 상황을 걱정했으며, 때로는 그 상황에 대해 언급했다. 의미는, 무엇을 포함하든지 간에, 적어도 영감을 받은 성서 저자들이 그들의 청중과 소통하고자 했던 내용을 반드시 포함해야 한다. 우리가 본문을 의사소통으로서 듣는 한, 우리는 저자가 전달하고자 했던 내용을 중요하게 여겨야 한다.

---

13 해석자들은 종종 의사소통 이론을 인용하는데, 이에 관해서는 다음을 보라. Searle, *Expression*; idem, *Speech Acts*; Littlejohn and Foss, *Encyclopedia*; idem, *Theory*; 참조. Searle and Vanderveken, *Foundations*.

14 Stein, *Guide*, 11.

앞서 언급했듯이 성령은 일반적으로 우주적 목소리나 시내산에서 울려 퍼진 천상의 목소리가 아니라 성서 저자들의 개인적인 문체를 통해 예언적으로 소통했다. 모든 사람 중에서 바울과 같이 예언 은사를 귀히 여기는 자들은 다음의 내용을 이해해야 한다. 즉 일반적으로 성령은 우리가 했던 말을 기억하지 못하는 그런 예언적 황홀경을 만들지 않는다. 오히려 성령은 우리의 능력을 고취시키고 우리의 능력을 통해 일한다(고전 14:2-3, 32; 계 1:19).[15] 우리가 상대방에게 말하는 내용의 모든 함의를 우리 자신이 언제나 인지하는 것은 아니다. 그러나 우리는 예언이 보통 저자 특유의 말투나 문체를 통해 나온다는 점을 인식한다. 이사야서, 예레미야서, 에스겔서가 각각 저자의 문체를 반영하고 있는 것처럼 말이다. (하나님은 에스겔에게만 '인자'[son of man, 영어성경 NRSV는 이를 인간으로 번역한다]라는 특별한 호칭을 사용하셨고, 다른 이들에게는 적용하지 않으셨다.[16]) 확실히 바울 서신은 바울의 문체와 그가 청중과 벌였던 논의 등을 반영한다. 성령은 성서 저자의 존재에도 불구하고 역사하기보다는 성서 저자를 통해[17] 가장 빈번히 역사한다.

---

15 또한 참조. Chrysostom *Hom. Cor.* 29.2; 특히 Severian of Gabala *Pauline Commentary from the Greek Church* (Bray, *Corinthians*, 118): 부정한 영들은 이교도들의 예언을 강요하고 이 예언을 말하는 자들이 다음의 내용을 이해하지 못하도록 만든다. "[참된] 예언자의 영은 깨우침을 받아 이 예언자가 배워서 이해한 것을 드러낸다." 황홀경의 예언이 정신을 나가게 했다는 보다 흔한 고대의 견해와 대조해보라. 이런 견해는 다음을 보라. *Sib. Or.* 12.295-96; Aune, *Prophecy*, 47; Piñero, "Mediterranean View."

16 예. 겔 2:1, 3, 6, 8; 3:1, 3-4, 10, 17, 25 등등.

17 성령은 예언자들을 통해서도 역사한다. 참조. διὰ τῶν προφητῶν(마 2:23; 눅 1:70; 18:31; 행 3:18, 21; 롬 1:2).

전근대적 주해에서의 저자의 의도

앞서 8장에서 나는 원래 의미에 대한 전근대적 관심에 주목했다. 그리고 여기서는 특별히 저자의 의미에 대한 전근대적 관심에 주목한다. 몇몇 비평가는 저자의 의도를 발견하는 것을 "계몽주의적 합리주의 해석학"[18] 또는 "역사비평적 방법론"과 연결 짓는다.[19] 그러나 영감을 받은 저자들의 의도에 주목하는 것은 복음주의가 역사비평을 인정하기 훨씬 이전부터 복음주의 해석학에서 두드러진 현상이었다.[20] 실제로 저자의 의도에 대한 관심은 심지어 계몽주의보다도 시기적으로 앞선다.

사실 몇몇 학자는 저자의 의도가 가장 오래된 해석학적 접근이고, "성서 저자들이 사용할 수 있었던 거의 유일한 관점"이라고 주장한다.[21] 이런 판단은 어느 정도 장르에 의존한다. 즉 고대 청자들은 신화에서 수집된 이야기들에 열광했고 찬양을 위해 시편이나 찬송가를 사용했다. 많은 이들이 영감을 받은 시가 시인의 마음이 아닌 신들로부터 온다고 간주했다.[22] 비록 이후의 비평가들은 때로 시인들이 신들을 잘못 표현했다고 비난했지

---

18 관련 견해들은 Grey, *Crowd*, 42에서 언급된다.

19 Grey, *Crowd*, 56.

20 Henry, *God Who Speaks*, 281, Wyckoff, *Pneuma*, 67에 인용됨. 현대 청중에 대한 이런 의도의 중요성은, 비록 그 이상을 넘어 확장되지만, 원래의 의도와 계속 일치한다(Henry, *God Who Speaks*, 281, Wyckoff, *Pneuma*, 136-37에 인용됨).

21 Poirier, "Critique," 2; 참조. Poirier and Lewis, "Hermeneutics," 12. 실제로 현대의 역사비평이 대세를 이루기 전에는 베이컨의 귀납적 비평이 지배적이었다(Archer, *Hermeneutic*, 50-51, 62; Oliverio, *Hermeneutics*, 108). 이 비평은 정황의 가치를 지지하는 접근법이다(예. J. B. Lightfoot의 소중한 19세기 연구 업적을 보라).

22 이는 Hirsch, *Validity*, 19에서 인정된다. 예. 다음을 보라. Pindar *Nem.* 3.1-5; Callim. *Aetia* 1.1.1-38; Ovid *Fasti* 6.5-8; Dio Chrys. *Or.* 36.34-35(이후의 시인들은 이전의 시인들에 비해 영감을 적게 받았다). 성서의 예언자들에 관해서는 다음을 보라. 벧후 1:21; Philo *Spec. Laws* 1.65; 4.49; *Num. Rab.* 18:12; Justin *Apol.* 1.36. 영감 및 귀신 들림에 관한 논의는 Keener, *Acts*, 1:896-909을 보라.

만 말이다.[23]

그럼에도 이전 저술들을 연구하고 논평하는 고대 사상가들은 오늘날 우리가 묻는 질문들과 동일한 질문들을 빈번히 제기했는데, 이 질문들은 이전 장에서 언급되었던 저자의 문체, 역사적 상황 등과 연관이 있다. 이런 질문들은 종종 저자의 의도를 포함했다.[24] 이런 현상은 분명히 산문 내러티브, 서신 등에 적용되었고, 심지어 베르길리우스의 서사시에서도 발견된다. 푸아리에(Poirier)는 아우구스티누스의 해석학을 저자의 생각과 하나님의 뜻을 분별하는 노력으로서 유익하게 인용한다.[25] 확실히 2세기 교부들은 자신들의 성서 외적인 사상에 기초하여 성서를 재해석했던 영지주의자들을 곱지 않은 시선으로 보았다.[26]

허쉬 논쟁

역사적으로 사람들은 보통 저자를 분별하는 데 관심을 갖고 문헌을 읽어 왔지만, 학자들은 20세기 비평에서 저자의 의도에 대한 이상을 에릭 도널드 허쉬(Eric Donald Hirsch)와 종종 연결 짓는다. 비평가들은 허쉬가 현재의

---

23 신적 영감에도 불구하고 발생하는 실수에 관해서는 다음을 참조하라. Philost. *Hrk.* 25.4, 8 with *Hrk.* 24.1-2; 25.10-17; Lucian *True Story* 2.32; Hierocles *How Should One Behave toward the Gods?* (Stobaeus *Anth.* 1.3.53, Homer *Il.* 9.497을 비난한다); Libanius *Refutation* 1.1; 2.1.

24 Poirier, "Authorial Intention"도 보라. 아리스토텔레스에 관해 Poirier 역시 다음을 인용한다. De Cuypere and Willems, "Meaning."

25 Poirier는 "Critique," 4에서 다음을 인용한다. Augustine *Doctr. Chr.* 2.5.6; 2.13.19; 3.27.38. 아우구스티누스의 접근법들이 언제나 저자들의 생각을 이끌어냈는지는 확실히 의심의 여지가 있지만, 그럼에도 그 목적은 여전히 흥미롭다.

26 Iren. *Her.* 1.8.1. 역사적 맥락을 떠나서 신약성서 언어에 대한 발렌티누스의 재해석에 관해서는 Grant, *Gnosticism*, 140을 보라.

경향에 역행하고 있다는 이유로 그를 비난하고 혹평하며 때로는 무시한다.[27] 그럼에도 경향이 변할 때마다 이전의 경향은 구식이 되어버리고, 현재의 경향도 언젠가는 구식이 될 것이다. 실제로 "해 아래 새것이 없으므로"(전 1:9), "오래된" 생각은 규칙적으로 다시 유행을 타고 종종 새로운 생각으로 재포장된다.

부분적으로 이런 이유로 인해, 그러나 특별히 기독교적 읽기에 대한 나의 관심이 영감을 받은 성서 본문을 듣는 데 있기 때문에, 나는 현재 우리가 가지고 있는 성서 본문의 탄생에 대해 통찰을 제공하는 가장 도움이 되는 접근법들을 발견한다. 어떤 이들은 저자의 의도를 지지하는 복음주의 및 오순절 학자들이 허쉬의 추종자들이라고, 따라서 시대에 뒤떨어진 자들이라고 비판했다. 그러나 저자에 초점을 맞추는 학자들은 일반적으로 허쉬의 주장이 지닌 요소들을 채택해왔는데, 이는 그들의 읽기가 고대 문헌으로서 처음 우리에게 주어진 모습 그대로의 성서에 기초해야 한다는 것이 그들의 관심사였기 때문이다.[28]

허쉬는 저자의 역사적 추방을 추적하는데,[29] 이 추방은 좀 더 필수적인 추방, 즉 (원인과 결과 패턴에 초점을 맞추는) 초기 실증주의적 편견 및 감정

27 비평에 관해서는 다음을 보라. Lentricchia, *After New Criticism*, 256-80; Hoy, *Critical Circle*, 11-40. 나의 동료인 듀크 대학교의 Dwight N. Peterson 덕분에 이런 참고문헌들을 언급할 수 있게 되었다. Archer는 *Hermeneutic*, 201에서 Seung, *Semiotics*, 10-45의 내용을 반대하며 인용한다. 그리고 Archer는 Lundin이 *Disciplining Hermeneutics*, 21에서 Hirsch의 접근을 순진한 접근으로서 거절하는 것에 동의하는 것처럼 보인다. Westphal은 *Community*, 46-56에서 Hirsch의 접근법을 문제적 접근법으로서 비평한다.

28 Fee의 해석학에 미친 Hirsch의 영향에 관해서는 Oliverio, *Hermeneutics*, 171을 보라.

29 Hirsch, *Validity*, 1-5. 놀랍게도 Westphal은 *Community*, 57-68에서 "저자의 특권을 취소하는 것"에 대해 덜 말한다. Bartholomew는 *Hermeneutics*, 313에서 "저자의 죽음을 선언한" 학자들과(Barthes, "Death"; Foucault, "Author"), "저자의 귀환을 선언한" 다른 학자들(Burke, *Death*)의 예를 인용한다.

에 대한 후기 낭만주의적 매력의 추방에 뒤이어 발생했다.[30] 그러나 궁극적으로 그는 이 추방 과정이 저자의 자리를 의미의 중재인으로서 전락시켜버린 비평가들에게서 절정에 달했다고 여긴다.[31] 그는 저자의 견해가 시간이 지나면서 바뀐다는 것을 인정하지만, 저자가 본문에 심어놓은 의미는 변하지 않는다고 주장한다(따라서 저자는 때로 이전에 표현했던 자신의 견해를 점검해볼 필요가 있다).[32] 또한 허쉬는 의사소통을 위한 모든 시도가 성공하는 것은 아니라는 점을 인정한다.[33]

그러나 그는 저자의 의미가 해석의 적법한 목적으로서 남아 있다고 주장한다. 이를 믿지 않았던 저자들은 보통 의사소통을 시도하지 않았을 것이다.[34] 실제로 저자가 본문의 의미를 통제하지 않는다고 주장하는 사람들조차도 저자가 본문의 의미와 무관함을 시사하지는 않는다.[35] 그들은 본문이 저자와 역사적 상황 없이 존재하지 않는다는 것을 인식한다. 비록 그들이 뒤이은 읽기의 역사를(성서학자들은 이를 수용 역사라고 부른다) 본문의

30 Hirsch, *Validity*, 3. 목적은 저자의 생각이 아니라 저자가 전달하고자 했던 내용이다(Hirsch, *Validity*, 18). Hirsch는 문학비평 자체에 대한 강조를 19세기 인과 유형에 대한 실증주의적 집착에 대한 반동으로서 간주한다(145). 그는 저자의 사고 과정에 접근할 수 없다는 주장을 거부하는 Gadamer에게 동의한다. 비록 Gadamer가 이 부분에서 너무 많이 나갔다고 비난하지만 말이다(248).

31 Hirsch, *Validity*, 4-5.

32 Hirsch, *Validity*, 6-9.

33 Hirsch, *Validity*, 12; "부분적으로만 접근 가능한" 저자의 의도에 관해서는 17을 보라; 가능성 판단의 의존에 관해서는 173-79, 특히 173-74을 보라; 의도와 성취의 대조에 관해서는 153을 보라. 문화적 상황을 온전히 복구하는 일은 불가능하지만(40-44), 이런 한계로 인해 돌이킬 수 없는 회의주의에 빠질 필요는 없다(40). 우리 문화를 포함하여 모든 문화의 상징은 학습되며(43), 우리는 어떤 본문이든 잘못 해석할 가능성이 있다(44).

34 Hirsch, *Validity*, 18.

35 Westphal, *Community*, 57(R. Barthes, M. Foucault, and J. Derrida를 인용함), 63 and 67(P. Ricoeur에 관한 내용을 다룸). 심지어 Derrida조차도 흔한 오해에 반대하여 본문이 저자로부터 완전히 독립된다고 주장하지 않았다. Smith, "Incarnation," 112-19을 보라(Oliverio, *Hermeneutics*, 218-19에 인용됨).

"의미"에 관한 확장된 표제어 아래에 포함시키고 있지만 말이다.[36] 한편 허쉬는 저자의 의도 이상의 의미를 확인하는데, 나는 아래에서 이에 대해 언급할 것이다.

논쟁의 일부는 의미론적일 수 있으며, "의미"라는 표지에 포함되어 있는 요소들의 선택에 있어 차이를 보인다. 따라서 이와 같은 광의의 의미에서 본문의 "의미"를 기술적으로 말할 때 우리는 그 본문이 읽히는 상황을 규명하길 원한다. 성서를 교회를 위해 규범적으로 읽을 때 우리에게 제기되는 질문은 이것이다. 즉 어떤 차원의 의미가 우리의 이상적 목표인가?

오순절주의자들과 저자의 의도

오순절주의자들 가운데 저자의 의도를 추구하는 것의 가치를 논박하는 소수의 학자가 있다. 그럼에도 저자의 의도를 추구하는 것은 오순절주의 학자들 사이에서 다수의 의견을 차지한다. 저자의 의도 파악에 반대하는 자들이 인정하듯이 말이다.[37] 예를 들어 박사학위 논문으로 성령 해석학을 다룬 오순절 학자 존 윅코프(John Wyckoff)는 성서 저자들이 "원래 의도한 의미"가 독자의 견해와 대조되는 것으로서 그 외의 가능한 모든 유효한 "의미"에 결정적일 때만 성서가 최종 권위를 지닌다고 주장한다. 윅코프는 여기서 말하는 "의미"에 많은 이들이 "적용"이라고 부르길 선호하는 것

36 Westphal, *Community*, 63(Ricoeur, *Hermeneutics*, 91, 201을 인용함). Ricoeur에게 있어 초점은 본문 배후의 저자가 아닌 본문 자체와 본문이 열어주는 가능성에 맞추어져 있다(Westphal, *Community*, 64). 물론 형식주의의 부적절성이 입증했듯이 우리는 본문을 상황과 분리된 자율적 개체로서 이해할 수 없다. 이런 이유로 어떤 상황이 우선시되느냐에 관한 갈등이 이토록 가열되어온 것이다.

37 예. 다음을 보라. Archer, *Hermeneutic*, 178-79, 182, 190, 200-201.

도 포함시킨다.[38]

많은 이들이 오순절 해석학에 관한 광범위한 학문적 논의에서 고든 피의 중대한 역할을 인지한다.[39] 피에 의하면 "주해는 그 정의상 기록된 것에서 저자의 의도를 발견하는 것을 의미한다." 이는 결국 저자가 전달하고자 의도한 것 안에 의미가 존재한다는 말이다.[40] 피는 해체주의가 우리의 재구성 능력과 객관성에 존재하는 한계들에 주목하는 것이 옳음을 인정하지만, 이런 주의사항이 저자의 의도를 이해하려는 목적을 저해하지는 않는다고 주장한다. "결국 이 지점에서 나에게 반론을 펴는 자들은 모두 그들의 글에서 다분히 의도적이며, 만일 내가 그들이 성서 저자의 말을 대하는 방식과 똑같이 그들의 말을 오해한다면, 그들은 당연히 나를 아주 예외적인 경우로 취급할 것이다."[41]

어떤 이들은 피와 다른 이들이 저자의 의도가 지닌 중요성을 강조한다고 비난한다.[42] 그러나 피는 저자의 의도에 대한 자신의 관심을 바울에 기초시키는데, 바울은 고린도 교회 성도들이 자신의 편지를 오해하는 것을 원치 않았다(고전 5:9-10).[43] 마찬가지로 피는 바울이 빌립보서 3:12에서 자신이 말하고자 하는 의미를 규정하고 있음에 주목한다. 즉 여기서 바울은 자신의 진정한 의도를 소통하길 원하며, 그의 청중이 그의 진정한 의도

---

38 John Wyckoff가 2015년 4월 26일과 5월 10일에 내게 보낸 편지.

39 예. 다음을 보라. Spawn and Wright, "Emergence," 4(Fee의 "30년 이상 된" 연구 업적에 주목한다).

40 Fee, *Listening*, 9. Fee는 성서 본문의 형성 방식에 대해서도 강조한다(*Listening*, 11).

41 Fee, *Listening*, 9.

42 Archer, *Hermeneutic*, 178-79, 203(Archer는 Gordon Anderson도 비평한다). 그러나 Archer가 저자의 의도를 완전히 배제한다고 말하는 것은 아마도 부당한 처사일 것이다. 확실히 그는 독자들이 저자로서 그의 의도를 이해해주길 원한다. 그리고 때로는 이런 자신의 바람을 본문을 통해 명확히 드러내고자 한다(예. 자신을 3인칭으로 언급하는 것에 주목하라. Archer, *Hermeneutic*, 249: "이 저자는 했던 말을 반복하고 있다").

43 Fee, *Listening*, 9.

에 신경을 쓰길 원하고 있음을 보여준다.[44]

바울 서신에 대한 동일한 접근이 피가 제시한 예들을 넘어 확장될 수 있다. 예를 들어 데살로니가 교회의 몇몇 그리스도인은 예수의 임박한 재림에 대한 바울의 주장을 오해했을 것이다(살전 5:1-3). 세계적인 심판의 날은 그리스식 사고에는 생소한 것이었고, 몇몇 사람은 분명히 바울의 메시지를 잘못 "상황화"했다. 장차 올 주님의 날이 이미 도래했다고 믿으면서 말이다(살후 2:2). 바울은 그들에게 자신의 가르침을 상기시킴으로써, 즉 저자의 상황에 호소함으로써 그와 같은 오해를 바로잡는다(살후 2:3-5; 참조. 살전 5:4-5).[45]

위에서 언급했듯이 우리는 보통 이런 방식으로 편지를 포함하는 의사소통을 상식의 문제로서 읽는다. 그러나 피가 특히 바울 학자라는 점과, 저자의 의도가 특별히 편지에서 분명하게 작용한다는 점은 결코 우연이 아니다. 편지는 일반적으로 저자를 밝히며, 편지의 독자 혹은 청자들에게 직접 의사를 전달하는 기능을 한다. 때로 다른 문학 장르, 특히 다양한 종류의 내러티브에서 저자의 의도를 발견하는 일은 더 어렵다.[46]

---

44 Fee, *Listening*, 10. 그러나 Fee는 장르에 따라 의도성이 다름을 인지하고 있다.

45 참조. Keener, *Background Commentary*, 596. 데살로니가후서가 진정한 바울 저작인지에 관해서는 이 책의 12장에서 각주 12번을 보라. Keener, *Acts*, 2533에 언급된 자료들과 Porter, *Paul*, 228-36도 보라.

46 이것은 내러티브로부터 신학을 추출하는 것에 대해 Fee가 경고하는 한 가지 이유일 수 있다. 이에 관한 논의는 이 책 11장의 "내러티브 읽기"와 16장의 "본보기를 위한 성서 내러티브 읽기" 단락을 보라. 의도는 장르에 영향을 미친다(Walton, *Thought*, 228을 보라. 여기서 Walton은 Halpern, *Historians*, 8의 내용을 따른다). 비록 함축된 장르가 일반적으로 널리 공유되는 문화적 가정들을 당연하게 여기지만 말이다.

내포 저자와 저자의 의도 파악의 한계

저자가 의도한 의미를 추론하는 일은 저자의 감정이나 생각을 재구성하는 오래된 낭만적·심리학적 접근과는 다르다. 본문에서 추론된 저자의 의도는 접근 불가능한 저자의 "사고 과정"과 다르다.[47] 저자의 마음에 오류 없이 접근하는 일은 불가능하다. 엄밀히 말하면 우리는 본문이 전달하고자 하는 내용이 무엇인지를 저자와 저자의 이상적 청중이 처한 상황에 대한 우리의 제한된 지식을 바탕으로 보다 개연성 있게 말할 수 있다.

움베르토 에코(Umberto Eco)를 따르는 몇몇 사람은 해석에 제한을 가하는 본문의 의도를 중시하지만, 이런 본문의 의도와 저자의 의도를 구별한다.[48] 그러나 데일 앨리슨(Dale Allison)의 제안처럼 "일단 우리가 '해석의 한계'(움베르토 에코)를 인정하고 나면, 이런 한계들을 본문의 원래 역사적 상황을 고려하지 않고 정의하기란 거의 불가능하다." 앨리슨은 여기에 저자의 의도에 관해 우리가 재구성할 수 있는 것과의 일관성을 포함시킨다.[49]

우리가 해석을 위해 사용하는 방법은 해석에 관한 우리의 목적에 달려 있다. 허쉬의 주장에 의하면, 본문에는 보편적 기준을 요구하는 자명한 것이 아무것도 없다. 그 기준이 저자가 본문을 작성할 때 의도한 것이 아니라면 말이다.[50] 여기서 포스트모던주의자들은 시작을 위해 보편적이고

---

47 Hernando, *Dictionary*, 26n24.

48 Archer, *Hermeneutic*, 218. Eco의 "모델 독자"(model reader)가 지닌 가치에 관해서는 다음도 보라. Green, *Practicing Theological Interpretation*, 18-19 and idem, *Seized*, 57(여기서 Green은 특히 Eco, *Reader*의 주장을 따르고 있다).

49 Allison, *Moses*, 3.

50 Hirsch, *Validity*, 24-26. Hirsch는 다음과 같이 단언한다. "타당성은 기준을 요구한다. 이 기

타당한 기준이 필요하다는 주장을 의심하면서 이의를 제기할 것이다.

이후의 연구에서 허쉬는 자신이 의미와 규범성을 저자와 너무 단단히 묶어놓았다고 인정한다. 그러나 그는 독자인 우리와 구별되는 사람으로서의 저자에게 귀 기울이는 것을 지지하기 위해 널리 공유되는 윤리적 고려사항들에 호소한다.[51] 윤리적 고려는 최후의 방어선으로서 포기(dismissal) 이상의 가치가 있다. 예를 들어 고든 피는 한 해석자의 억지 해석을 혹평하는데, 이 해석자는 찰스 디킨스(Charles Dickens)의 『크리스마스 캐롤』(*A Christmas Carol*)을 곡해하여 스크루지(Scrooge)를 긍정적인 인물로, 밥 크래치트(Bob Cratchit)를 부정적인 인물로 뒤바꿔버린다. 이는 디킨스가 그의 이야기를 통해 전달하고자 하는 의도와 정반대가 된다.[52]

기준이 사실 모든 해석 작업에(특히 기술적[descriptive] 해석 작업에) 필요한 것은 아니다. 그러나 성서의 목소리를 듣는 것이 목적인 이들에게는 여러 역사적 수용 단계에서의 토대뿐만 아니라 생산 단계에서의 토대도 반드시 필요하다. 성서 본문은 우리가 (성서 저자와 청중이 공유하는) 본문 형성의 상황을 고려할 때 좀 더 온전히 이해된다. 이 본문 형성의 상황은 성서 본문에 대한 정보를 제공해주고 성서 본문이 선택한 잠재적으로 가치 있는 내용과 표현을 형성한다. 따라서 성서 본문은 이 형성의 상황을 필연적으로 가정한다.

저자의 의도를 복구할 수 없다는 현대적 반론은 정교한 수준의 정확

준이란 일종의 의미로, 그것의 함의와 적용의 범위가 아무리 넓더라도 안정적이고 명확하다"(126). Hirsch는 다음과 같이 불평한다. 즉 Gadamer는 허무주의를 막기 위해 본문의 안정된 의미를 기준으로서 사용하지만, 동시에 의미의 변화를 주장한다고 말이다(251).

51 Hirsch, *Aims*, 79, 90(나는 Dwight Peterson의 도움으로 이 부분에 주목하게 되었다).

52 Fee, *Gospel*, 40. 디킨스는 복음주의자가 아니었지만, 그의 사회적 기여는 기독교적 신념으로 강하게 형성되어 있었다(Colledge, *God and Dickens*, 111-36; *A Christmas Carol*에 관해서는 52-53, 121을 보라).

성을 획득하는 것과 관련하여 엄격하게 사실을 말하고 있지만, 역사적 탐구에 대한 문턱을 너무 높이 올려버린다. 모든 역사적 노력은 필연적으로 개연성에 의해 조건 지어진다. 그리고 학자들은 본문의 문학적 전략이 생성된 상황에서 그런 전략으로부터 내포 저자에 대한 개연성 있는 추론을 종종 만들어낸다.[53]

그러나 저자의 의도를 온전히 복구할 수는 없지만, 지침으로서 기능하는 본문에서 우리가 한 구절의 의도를 예를 들어 아이러니로서 해석하는가 아니면 명확한 지침으로서 해석하는가는 차이가 있다.[54] 왜냐하면 이런 해석은 본문의 말이 처음 배경이 아닌 다른 상황에서 수용될 수 있는 정반대의 해석을 의미할 수도 있기 때문이다. 저자 및 저자의 상황(저자에 대한 "무의식적 제한")에 초점을 맞추지 않는 다른 접근법들은 종종 그것을 적어도 의미의 한 요소로서 포함시킨다.[55]

우리가 사용할 수 있는 증거의 한계를 감안할 때, 우리는 저자의 의도를 가늠하고자 하는 이런 관심을 보다 미묘하게 표현할 수 있다. 엄밀히 말해서 우리가 저자의 의도를 완벽히 재구성할 수는 없다. 그럼에도 이 한계는 우리가 본문의 의도를 살피는 것을 막지 못하고, 그런 전략으로부터 본문의 내포 저자가 지닌 관심과 연관된 측면을 추론하는 것을 막지 못한

53 이 용어 역시 비평을 불러왔다. 비록 대부분의 사람이 내러티브 전략을 인지하고 있지만 말이다(Aune, *Dictionary of Rhetoric*, 228을 보라). 실제 역사적 저자와 구별되는 내포 저자(implied author)에 관해서는 Bauer, "Function," 131을 보라.

54 예. 다음을 보라. 욥 12:2; 고전 4:8; 고후 11:8; *Sib. Or.* 3.57-59; Jos. *Apion* 1.295; *Rhet. Alex.* 21, 1434a.17-32; 35, 1441b.24-28; Cicero *Fam.* 5.2.8; *Orator* 40.137; *Phil.* 13.2.4; *Sest.* 37.80; *Sulla* 24.67; *Verr.* 2.1.6.17; 2.2.31.76; 2.5.10.25; Sil. It. 11.254-55; Dio Chrys. *Or.* 31.9-10; 47.25; Lucian *Zeus Rants*; Quint. *Decl.* 306.28; 338.26; Apul. *Apol.* 75, 100; 다음에 나오는 고대의 많은 예들을 보라. Duke, *Irony*, 8-12; O'Day, *Revelation*, 12-18; 참조. Walde, "Irony"; Braund, "Satire." 어떤 이들은 반어법의 발명을 소크라테스에게 돌렸다(Cicero *Brutus* 292; Fronto *Ad M. Caes.* 3.15.2).

55 Patte, *Structural Exegesis*, 21, 25.

다.[56] 가늠하는 것은 불완전하지만, 보통 의사소통이 작용하는 데 있어서는 충분하다.[57]

"저자"라는 용어에 반대하는 몇몇 사람은 "내포 독자"를 강조한다.[58] 내포 저자는 대개 단순히 본문의 관심을 다른 방향으로 투영한다. "내포 독자"는 우리가 본문을 첫 번째 지평에서 말한 것으로서 들을 수 있도록 도와줄 수 있으며, 따라서 본문의 의도된 메시지를 듣는 데 있어 특별히 유용할 수 있다.[59]

결론

오늘날 논쟁은 저자가 의미의 요소를 제공하는지에 관한 것이 아니라, 저자가 그 의미의 요소를 통제하는지에 관한 것이다. 우리가 제시하는 대답은 주로 우리가 "의미"를 어떻게 정의하느냐에 달려 있다. "의미"의 뜻은 다른 용어들과 마찬가지로 그것의 용도에 의해 결정되고, 학자들은 "의미"를 종종 다른 방식으로 사용한다. 저자의 영향력은 "의미"가 모든 가능한 읽기를 포함하는 한 미미하며, "의미"의 허용된 사용 범위가 제한될 때 저자가 미치는 영향력의 비율은 증가한다.

---

56 참조. Osborne, *Spiral*, 154-55, 161-62, 394; Bartholomew, *Hermeneutics*, 418-20; 또한 참조. Brown, *Scripture as Communication*, 85. 여기서 Brown은 의사소통적 의도의 경계 내에 머무르고자 애쓴다.

57 Benson, "Ignorant," 189-91.

58 Archer, *Hermeneutic*, 230(보다 정확히 표현하자면 245의 "implied community").

59 Osborne, *Spiral*, 162-63을 보라. 비평가들은 종종 내포 독자를 실제 독자 및 청자와 구별한다(Fowler, "Reader" 특히 10-11).

그러나 만일 우리의 관심이 원래 의미에 있다면, 저자의 안건은 그가 "원래" 상황을 위해 최적으로 소통하는 정도까지 최대화된다. 현재 형태의 본문을 우리의 안건 혹은 해석 전통을 위한 상징의 유용한 보고(mine)로서 여기기보다는 권위적인 것으로서 소중히 여기는 사람들에게 "원래" 의미는 확실히 소중한 목적으로 남아 있다.

물론 우리가 원래의 의미를 완벽히 재구성할 수는 없다. 우리는 저자가 생각했던 모든 것에 접근할 수도 없고, 저자와 그의 이상적 청중이 공유하는 것으로 가정했던 원래의 온전한 상황, 곧 이차적 의사소통에 존재하는 빈틈을 채우는 데 필요한 정보에 접근할 수도 없다. 그러나 성서 본문이 무엇을 의미하든지 간에, 그 본문은 대개 적어도 그것을 기록한 영감을 받은 저자에게 의미했던 것을 뜻한다. 이 성서 저자는 자신의 문체, 관용어, 문화적 암시를 우리가 이해하는 것보다 더 잘 이해했다. 역사적 재구성을 (증거와 우리 자신의 지평의 한계를 감안하여) 가능한 한 책임 있게 제시하는 것은 합리적인 목적이며, 단순히 완전하게 성취될 수 없다는 이유로 무시되어서는 안 된다.

그렇다면 우리의 목적은 성서 본문의 의도를(문학적 접근) 그것의 고대 상황에서(문화적·역사적으로 민감한 접근) 듣는 것이다. 후자의 요소는 고대 상황에 대해 우리가 알 수 있는 모든 것을 고려하라고 우리에게 요청한다. 여기에는 저자의 생각에 대해 우리가 아는 모든 것이 포함된다. 따라서 예를 들어 우리는 바울의 어휘를 그가 다른 곳에서 그 용어를 사용한 것에 비추어 읽을 수 있다. 그뿐 아니라 그 용어가 초기 기독교와 성서의 맥락에서, 그리고 좀 더 광범위하게 그리스 문헌의 맥락에서 어떻게 사용되었는지도 고려하여 읽을 수 있다. 이런 관찰은 우리에게 문학적 접근과 역사적 접근을 둘 다 사용하라고 요청한다(10장).

10장 둘 다

7장부터 9장까지 문학적 접근과 역사적 접근, 이 두 접근이 성서 연구를 위한 값진 정보를 제공한다는 것을 살펴보았다. 오늘날 학자들 대다수가 이 균형을 인지한다. 비록 오늘날 다양한 저자 및 학자가 한 가지 접근 혹은 다른 접근을 통해 더 많은 기여를 할 수 있겠지만 말이다. 마찬가지로 대부분의 학자들은 고대의 의미와 현대의 의미를 (의미에 대한 광범위한 정의의 차원에서) 모두 소중히 여기거나, 고대의 여러 의미와 그다음에 발생하는 상황별 적용을 (의미에 대한 보다 전통적 정의의 차원에서) 모두 소중히 여긴다.

성령 해석학에 관해 자주 고려되는 특징은 상황화의 차원에서 발견되는데, 그 이유는 성령이 이미 성서 본문의 고대 형태에 영감을 주었기 때문이다. 그러나 이미 언급했듯이 성령은 수용의 전 과정에서 우리를 도울 수 있기 때문에 온전한 성령 해석학은 궁극적으로 둘 다를 포함한다. 실제로 우리는 성령을 강조하여 주석 방법론에 관한 전통적인 가르침을 보충할 수 있지만, (문학적 상황과 가능한 한 고대의 문화적 상황 및 언어 기술을 포함하는) 주석에 관한 기본 기술을 가르쳐주기 위한 대용품으로서 적용 혹은 현대적 의미에 관한 성령의 역할만을 강조해서는 안 된다.

문학적 접근과 역사적 접근 둘 다[1]

많은 사람들은 20세기 중반까지 비평학계를 주로 역사 중심적이라고 생각했는데, 이런 생각은 이후에 본문의 수사적(설득적) 기법에 대한 관심으로 전환되었다.[2] 그러나 이보다 훨씬 이전에 사도행전 학계의 접근법들은 종종 누가의 독특한 관점과 접근에 주목했고,[3] 오늘날 역사적 관심은 이 연구 분야에서 여전히 건재한다.[4]

현대의 문학비평과 역사비평이 한때 서로 관계가 좋지 않았지만(그 이유는 주로 전자가 후자에 대한 지나친 강조에 반응했기 때문이다), 대부분의 학자들은 이제 두 접근법의 가치를 인정한다.[5] 심지어 명백히 순수하게 본질적인 문학적 접근법들조차도 특정한 역사적·사회적 상황에서 발생하고 그런 상황을 반영한다.[6]

---

1 이어지는 내용의 대부분은 Keener, *Acts*, 1:18-23에도 등장한다.

2 Tyson, "History to Rhetoric," 23을 보라.

3 Tyson, "History to Rhetoric," 25-30.

4 Tyson, "History to Rhetoric," 30-31. "배경"의 관점에서 사도행전에 접근하는 방법들을 최근에 조사한 Baslez, "Monde"를 보라. 관련된 몇몇 배경을 모아놓은 다음 연구들을 보라. Evans, *Texts*, 373-78; Boring, Berger, and Colpe, *Commentary*; Green and McDonald, *World*.

5 McKnight and Malbon, "Introduction," 18; Donahue, "Redaction Criticism," 45-48; Byrskog, "History," 258-59, 283; Peterson, *Acts*, 41; Padilla, *Speeches*, 10-11.

6 예. 다음을 보라. Malina and Pilch, *Acts*, 3-5, 특히 Prickett, *Origins of Narrative*에 주목한다. 원래의 사회적 상황을 고려해달라는 그들의 탄원에 관해서는 Malina and Pilch, *Letters*, 5-9도 보라.

두 접근법의 필요

성서 본문은 고대 청중의 언어와 문화를 전제하는데, 우리가 고대 청중이 다양한 구절을 어떻게 들었을지에 대해 관심이 있다면, 더 광범위한 역사적 상황으로부터 제기되는 질문들은 불가피하다. 누가와 같은 성서 저자들은 "의도된 독자들과 소통하고자" 애썼고, 이런 목적은 현재 우리가 갖고 있는 성서 본문을 형성하는 데 기여했다. 우리가 성서 저자들에게는 생소한 목적을 위해 성서 본문을 어떻게 사용하는지와 상관없이 말이다.[7] 본문에 내포된 청중은 본문이 다루는 세계에 의해 역사적으로 조건 지어진다.[8]

본문을 전체적으로 읽기 위해 우리는 본문 전반에 걸친 내적 자료뿐만 아니라 본래 의사소통이 전제하는 외적 자료에도 비추어 읽어야 한다.[9] 최소한 외적 자료에는 본문이 기록된 언어와(이미 언급했듯이 언어가 없다면 현존하는 알파벳 문자들은 단순한 무작위 표시에 불과하다)[10] 직접적으로 표현되지 않더라도 저자와 청중이 공유하는 문화적·신학적·문학적 가정들이 포함된다. 종종 실제 저자와 청중은 더 특별한 상황에 대한 지식을 공유하기도 했다. 비록 이런 특별한 지식이 이차 독자인 우리를 종종 피해가지만

7 다음을 보라. Kurz, *Reading Luke-Acts*, 173. 여기서 Kurz는 저자와 청중의 외연적 실재에 주목한다. 그들을 재구성할 수 있는 우리의 능력에 상관없이 말이다. 현대 수사비평에서 웅변가의 목적이 지니는 중요성에 관해서는 Brock and Scott, *Criticism*, 412을 보라.

8 다음을 보라. Bauer and Powell, "Introduction," 8n18; Powell, "Readings."

9 예. Dunn, "Reconstructions," 296(하지만 309-10에 나오는 조건들을 참조하라). 심지어 번역에서도 문화적 상황을 고려해야 할 필요성에 관해서는 Wendland, *Cultural Factor*를 보라.

10 예. 다음을 보라. Vanhoozer, *Meaning*, 242(저자의 용어에 대한 언급은 필연적으로 저자의 의도를 어느 정도 함축하고 있음에 주목하라). 따라서 관용어뿐만 아니라 어휘 및 보다 작은 상징적 단위조차도 그 의미를 위해 공유된 문화적 역사에 의존한다. 언어도 문화의 한 단면이므로(참조. Malina, *Windows*, xi), 의사소통을 재구성하는 데 있어 언어의 관련성을 부정하는 것은 순진한 처사다.

말이다.[11]

역사적 상황은 독자들이 장르에 접근하는 방식과 같은 문제들에 영향을 미친다.[12] 예수를 신화 속 인물로서 주장하는 어떤 이들은 복음서를 신화적 기록으로서 접근하지만, 나는 고대의 유능한 독자라면 예수를 최근의 역사적 인물로 인지하면서 복음서를 고대의 전기로서 인지했을 것이라고 주장하고 싶다.[13] 이렇게 상이한 결론들은 다른 전이해를 포함하지만 (이 경우에 어떤 이들은 초자연적인 주장을 신화적인 것으로서 다루길 원한다), 사실상 비교 역사적 분석의 문제로 남아 있다.

어떤 이들의 제안과 대조적으로 고대 청중은 장르에 신경을 썼다. 고대 독자들은 장르의 다양한 범주를 알고 있었다.[14] 사실 기술적인 수사학적 작품들은 경험적 사례들이 허용하는 것보다 더 엄격하게 편지와 연설의 특정 장르들을 종종 정의했다.[15] 고대 편집자들은 핀다로스(Pindar)의 시들을 찬송과 노래의 종류에 따라 나누고, 이를 책으로 정리했다.[16] 고대 장르비평의 다양한 모델 중에서 아리스토텔레스의 모델이 가장 오랫동안

---

11 이런 현상은 우리를 이차 독자로서 기대하지 않았던 저자들이 예상했던 것보다 많이 발생하고, 더 이른 세대의 편집비평적 과도함을 이끌었던 확신에 찬 가정들이 기대했던 것보다는 훨씬 더 많이 발생한다.

12 참조. Hirsch, *Validity*, 102-11. 우리의 상황이 보다 구체적인 상황이 될수록 문제가 되는 증거는 더 높은 관련성을 갖게 된다(180-93). 의도의 관점에서 Shuler, *Genre*, 32을 참조하라.

13 다음을 보라. Burridge, *Gospels*; idem, "Biography"; idem, "Gospels and Acts"; idem, "Biography: Ancient"; Keener, *Historical Jesus*, 73-94.

14 예. Quint. *Inst.* 10.1.36; Max. Tyre 26.4; 38.4. 이는 확실히 종종 현대 비평가들이 지적하는 실제적 수준에서의 장르를 의미하지 않는다. Conte and Most, "Genre"를 보라. 수사학자들은 문학 형태에 대한 여러 범주를 구분했다(예. Theon *Progymn*. 2.5-33). 알렉산드리아의 도서관은 서지 분류를 위해 장르를 강조하는 역할을 담당했을 것이다(Fuller는 "Classics," 189에서 George Kennedy의 구술 기고[oral contribution]를 요약한다).

15 예. Malherbe, "Theorists"에 나오는 예들을 보라. 연설의 다른 장르들은 다른 문체의 사용을 요청했다(Dion. Hal. *Demosth*. 45-46).

16 Race, "Introduction," 1.

우세했다.[17]

방법론상의 이유 때문에 본문 외적인 접근을 피하는 자들과 대조적으로 어떤 이들은 자신들이 이런 분야에서 제한된 전문 지식을 갖고 있음을 알기 때문에 본문 외적인 접근을 피한다. 그리고 이런 기피는 적어도 거짓으로 전문 지식을 아는체하는 것보다는 낫다. 마르틴 헹엘(Martin Hengel)과 안나 마리아 슈베머(Anna Maria Schwemer)의 고대 자료에 관한 전문 지식은 정평이 나 있는데, 이 두 학자는 많은 신약성서 학자들이 고대 자료에 대해 거의 알지 못한다고 경고한다. 이런 지식의 결핍은 때때로 "전혀 억제되지 않는 비역사적 추측"으로 끝나버리는 연구에서 특별히 두드러진다.[18] 이런 이론들은 인공적 진공 상태에서 발생하는 경향이 있다. 즉 학자들은 매우 빈번히 우리가 가지고 있는 모든 역사적 증거를 설명하고 나서 남아 있는 침묵으로부터 주장들을 만들어낸다. 이는 환상적 구성의 공간을 확보하기 위해 우리가 가진 유일하게 현존하는 자료를 무비판적으로 무시하는 "비평의 극단적 형태"다.[19]

보다 큰 상황에 의존하는 접근법들

현대 문학 이론이 의사소통(본문의 주된 목적)에 초점을 맞추는 한, 그 이론은 다음을 가리킨다. 즉 "본문은 (본문 내 구조와 관련된) 내적 참조사항뿐만

---

17 Burridge, *Gospels*, 27-29.

18 Hengel and Schwemer, *Between Damascus and Antioch*, ix. 어떤 이들은 이런 비역사주의로 인해 (비록 주관적 관점이 반영되어 있지만) 보다 나은 정보를 토대로 한 누가의 초기 기독교 재구성보다 자신들의 학문적 전통이 견지하는 가설상의 재구성을 더 높게 평가해버린다.

19 Hengel and Schwemer, *Between Damascus and Antioch*, ix.

아니라 (본문 밖 환경과 관련된) 외적 참조사항도 드러낸다. 그리고 본문은 해당 시기의 모든 문화적 지식을 암묵적으로 전제한다."[20] 독자가 내러티브 안으로 들어갈 때, 그는 그 본문이 전제하는 내러티브 세계 안으로 끌려들어 가는 것이다. 이 내러티브 세계가 언제나 저자의 실제 세계인 것은 아니지만, 저자의 실제 세계로부터 어떻게든 영향을 받을 수밖에 없다.[21]

윌리엄 커즈(William Kurz)는 화행이론(speech-act theories)을 인용하면서 내러티브가 보통 의사소통의 상황에서 발생한다고 말한다.

> 누가복음과 사도행전의 저자는 단지 파피루스나 양피지에 낙서를 하며 놀고 있었던 것이 아니라 그가 기록한 본문을 통해 의도된 독자들과 의사소통을 시도하고 있었다. 이런 의사소통 행위의 핵심 참가자 및 요소는 특정 형태의 문학비평으로부터 추론될 수 있는 것과 같은 객관적 (외적) 실재들이지, 독자의 상상력이 꾸며낸 것이 아니다. 따라서 누가복음 저자는 오늘날 우리가 그의 정체를 규명할 수 있는지 없는지와 상관없이 역사적 개인으로서 존재했다. 만일 저자가 없었다면 본문도 존재하지 않았을 것이다.[22]

사회문체적(sociostylistic) 해석을 설명하면서 토드 클러츠(Todd Klutz)는 다

---

20 Klauck, Context, 2; 참조. Osborne, "Hermeneutics," 391-95. 본문의 고대 상황을 인지하는 것의 중요성에 관해서는 다음도 보라. Malina, *Anthropology*, 153-54의 논의; Malina, *Windows*, xi-xiii; 참조. Spencer, "Approaches," 399.

21 나는 (어린 시절에) 신화적 소설, 공상과학 소설, 도시에서 벌어지는 코믹한 로맨스 소설을 쓰곤 했다. 이런 작품들은 모두 부분적으로 지식, 언어, (내가 때때로 도중에 바꾸어버렸던) 장르에 대한 내 한계에 의해 형성되었고, 그리고 심지어 문화적·문학적으로 형성된 내 상상력의 영향을 받았다.

22 Kurz, *Reading Luke-Acts*, 173; 화행이론에 관해서는 Brown, *Scripture as Communication*, 32-35도 보라. 의사소통 행위로서의 본문과(218-29) 의사소통 행위자로서의 저자에 대한 광범위한 이론적 고찰은 다음을 보라. Vanhoozer, *Meaning*(특히 Searle의 화행이론이 등장하는 243을 보라). 함축적 의미들에 관해서는 240-65을 보라.

음과 같이 말한다. "수사비평과 마찬가지로…이런 유형의 문체학(stylistics)은 본문의 문체가 지닌 의사소통적 힘이 대개 본문 기록자의 목적과 관련이 있다고 가정하는데, 관련성의 기대에 대한 본문 기록자의 순응은 일반적으로 가정된 청중과 상황이 본문 자체에 내포되어 있음을 포함한다."[23] 미적인 "본문의 속성"에 초점을 맞추는 형식주의와 대조적으로 "사회문체학과 관련된 언어학적 방법들은 본문의 미적 특징에 주의를 기울이는 만큼 본문 외적인 조건, 원인, 동기, 그리고 본문의 효과에도 주의를 기울인다."[24]

역사적 접근과 문학적 접근의 효과적인 혼합은 "본문 작성 당시에 유행하던 여러 읽기 및 듣기 방식을 사용하여" 본문을 읽는다.[25] 이런 혼합적 접근은 많은 함의를 지닌다. 예를 들어 이런 혼합적 접근은 일차 독자에만 거의 모든 초점을 맞추는 몇몇 내러티브비평가에게 이의를 제기할 수 있다. 고대 독자들은 주요 주제와 미묘한 내용을 파악하기 위해 필요한 만큼 자주 문서를 읽는 것의 가치를 알고 있었다.[26]

문학비평의 한 노선은 "저자의 청중"(authorial audience)에 초점을 맞추는데,[27] 이 저자의 청중은 본문을 통해서뿐만 아니라 "그 본문이 생산

---

23 Klutz, *Exorcism Stories*, 16.

24 Klutz, *Exorcism Stories*, 17. 여기서 Klutz는 "영국 언어학자 Roger Fowler가 개발한 문체론의 사회문화적 측면"을 "언어비평"의 한 형태로서 강조한다.

25 Smith, "Understand," 48.

26 연설에 관해서는 다음을 보라(그러나 연설은 청자들이 사고의 흐름을 따르도록 하기 위해 고안되었다; Theon *Progymn*. 2.149-53), Quint. *Inst.* 10.1.20-21을 보라. 호메로스에 관해서는 Hermog. *Method in Forceful Speaking* 13.428을 보라. Johnson은 *Romans*, 19-20에서 이상적 독자는 필요하다면 여러 차례의 독서를 통해 보다 많은 의미를 파악한다고 바르게 지적한다.

27 Talbert, *Mediterranean Milieu*, 14-15(Peter J. Rabinowitz and Hans Robert Jauss를 인용한다). 위에 언급되어 있는 Aune, *Dictionary of Rhetoric*, 229도 보라.

된" 문화적 세계를 통해서도 재구성된다.[28] 언어학자의 필요를 다루는 데 관심이 있는 다른 학자들은 구체적인 상호텍스트성에 대한 본문 분석적 접근을 개발했는데, 이 접근은 본문과 전본문(pre-texts) 사이의 의도적 연관성에서 저자의 의도를 고려한다.[29] 역사가 안드레아스 벤들린(Andreas Bendlin)의 지적처럼, "저자의 의도와 전달된 본문의 통일성은 여전히 고전 언어학자들의 관심 대상이다. 여기서 주로 제한된 본문 분석적 형태를 지닌 상호텍스트성은 라틴어 문학에 사용된 그리스 관련 선례 및 모델 분석을 위해 사용된다."[30]

관련 이론은(앞서 4장에서도 다루었다) 인지 신경과학과 인간 의사소통의 작용 방식에 관한 경험적 연구에 기초하는 유용한 현행 접근법 중 하나다.[31] 이 이론은 의사소통을 하는 사람이 은밀히 정보를 남길 수 있다고 주장하는데,[32] 왜냐하면 예상되는 청중이 의사소통을 하는 자와 공유하는 사회적 상황으로부터 정보가 추론될 수 있기 때문이다. 이런 정보의 추론이 불가능한 곳에서 의사소통은 실패한다.

---

28 Talbert, *Mediterranean Milieu*, 15(여기서 저자는 이 접근법을 W. Iser의 "내포 독자"와 구별하는데, 내포 독자는 오로지 본문을 통해서만 추론될 수 있다; 참조. Iser, *Implied Reader*); 참조. Lang, *Kunst*, 56-89.

29 Bendlin, "Intertextuality," 873-74을 보라. 이전의 문헌을 의도적으로 연상시키는 고대 문헌에 관해서는 다음을 보라. Menander *Aspis* 426-29, 432; Libby, "Theseus." 구약성서의 상호텍스트성에 관해서는 Hays, *Echoes*, 14을 보라.

30 Bendlin, "Intertextuality," 874.

31 관련된 몇몇 영향력 있는 연구들은 다음을 보라. Sperber and Wilson, "Précis"; idem, *Relevance*; Wilson and Sperber, "Outline"; idem, "Representation"; 이 인용은 Gutt, *Relevance Theory*, 77-79의 도움을 받았다. 성서 연구와 관련해서는 다음을 보라. Green, "Pragmatics"; idem, "Interpretation"; idem, "Relevance Theory"; Jobes, "Relevance Theory"; Brown, *Scripture as Communication*, 35-38; Sim, "Relevance Theoretic approach," 2장. 관련 이론과 화행이론의 양립성에 관해서는(이 둘의 서로 다른 강조점에도 불구하고) Brown, *Scripture as Communication*, 35n16, 46-47을 보라.

32 같은 틀 안에서의 의사소통에는 언제나 몇몇 정보가 암시된다. 이로 인해 의사소통의 내용은 더 간결해진다(Gutt, *Relevance Theory*, 33).

이런 의사소통의 실패는 우리가 우리를 대상으로 말하지 않는 본문을 해석해야 하는 이차적 의사소통에서 위험 요소가 되는데, 본문이 우리의 사회적 혹은 언어적 상황과 직접 관련이 없을 때 특히 그렇다.[33] 너무나 많은 의사소통이 추론에 의존하므로, 거트(Gutt)는 다음과 같이 말한다. 즉 의도된 의미는 "단지 모든 상황에서가 아니라 최적의 처리에 필요한 요건들이 충족되는 상황, 즉 처리를 위한 불필요한 노력 없이 적절한 상황적 효과가 있는 곳에서만 복구가 가능하다."[34]

고대와 현대의 의미 둘 다[35]

"원래" 의미의 가치와 현대 의미의 가치, 이 둘 사이의 양극화는 몇몇 집단에서는 흔할 수 있지만, 기독교 해석에서 이 양극화는 도움이 되지 않는다. 마치 역사적 연구가 신학적 관심과 양립할 수 없는 것처럼 이 둘은 서로 경쟁할 필요가 없다.[36]

---

33 다음을 보라. Gutt, *Relevance Theory*, 27; Sim, "Relevance Theoretic Approach," 2장.

34 Gutt, *Relevance Theory*, 28; 여기서 "상황"은 청자의 "인지 환경"과 관련이 있다(Gutt, *Relevance Theory*, 21-22). 따라서 어떤 메시지는 화자의 원래 상황에 대한 배경 정보 없이 의사소통이 불가능하다(Gutt, *Relevance Theory*, 35, 63-68, 71-74).

35 참조. Cartledge, "Theology." Cartledge는 예수의 메시지를 보존하고 발전시켜온 보혜사 성령을 통해(요 14:26) 주어진 것으로서 복음주의 성향의 해석학적 접근법들과(이런 접근법들을 제시한 자들은 Anthony Thiselton과 N. T. Wright다) 은사주의적 관심사들을 중요하게 여긴다. 또한 참조. Tuppurainen, "Contribution."

36 이는 다음의 연구들과 일치한다. Autry, "Dimensions"; Waddell, "Hearing," 175; Green, *Practicing Theological Interpretation*, 41, 124; idem, *Seized*, 59, 126-36.

일반적 합의

오늘날 대부분의 학자들은 두 접근법의 강조 내용이 어디에 있든지 간에 둘의 가치를 모두 인지한다. 특히 문학적·신학적 해석으로 알려진 조엘 그린은 사변적 역사비평과, 본문 이해에 중요한 역사적 상황을 제공하는 보다 귀중한 종류의 비평을 구별한다.[37] 그가 지적하듯이 역사와 신학 또는 이데올로기의 이분법은 근대주의적인 것으로, 역사 저술을 형성하는 데 있어 이데올로기의 역할을 무시한다(특히 선택과 각색 측면에서).[38] 실제로 그린은 다음과 같이 말한다. 즉 본문을 그 자체의 역사적 상황에서 듣는 것은 우리가 그 본문을 좀 더 명확히 듣도록 도와줄 수 있는데, 이는 본문을 길들이거나 그 본문과 거리를 두거나 단순히 그 본문에 대해 우리가 발굴한 것을 부당하게 이용하는 것과는 반대된다.[39]

케빈 L. 스펀(Kevin L. Spawn)과 아치 T. 라이트(Archie T. Wright)는 부흥 전통에 속한 대부분의 학자들이 성령을 의지하는 것과 "엄격한 학문 연구", 이 두 가지를 모두 지지한다고 강조한다.[40] 북미 오순절 학자인 리 로이 마틴(Lee Roy Martin) 역시 다음과 같이 강조한다. 즉 성서 읽기의 "정서적 측면에 대한 평가"는 전체 해석학 중 단 하나의 측면에 불과하다고 말이다. 정서적 요소들은 이것이 바른 주해에서 도출될 때 보다 분명해지고

---

37 Green, *Practicing Theological Interpretation*, 45. 성서 내러티브의 역사적 특수성에 관해서는 53-54도 보라. 참조. Green, *Seized*, 9-10.

38 Green, *Practicing Theological Interpretation*, 50-56. 동일한 인지를 종종 제공하는 학자 중에는 Marshall, *Historian and Theologian*이 있다.

39 Green, *Practicing Theological Interpretation*, 126-27. 참조. Mulholland, *Shaped*, 74: "성서를 그것의 역사적 상황 내에서" 듣는 것은 우리가 성서의 반문화적 요소들을 보다 확실히 이해하도록 도와준다.

40 Spawn and Wright, "Emergence," 7도 이를 지지한다.

정확해진다.[41] 호주의 오순절 학자인 재클린 그레이(Jacqueline Grey)는 다음과 같이 강조한다. 즉 두 지평에 민감한 읽기는 "본문의 역사적·문화적 상황에 대한 적법성을 부인하는 것이 아니라 (차일즈의 표현을 빌리자면) 확대한다."[42]

이런 인식은 새로운 것이 아니다. 초기 은사주의 학자인 하워드 M. 어빈(Howard M. Ervin)은 "언어학적·문학적·역사적 분석"을 본문 이해의 핵심 요소로서 중요하게 여겼다.[43] 오순절주의에 관한 일류 학자로서 오랫동안 주목받고 있는 발터 홀렌베거(Walter Hollenweger)는 역사적 상황 측면에서의 성서 읽기가 오순절 해석학에 제공할 수 있는 기여를 강조한다.[44]

은사주의 신학자 클라크 피녹(Clark Pinnock)은 복음주의자들이 전통적으로 수용해온 것보다 넓은 의미에서 "의미"라는 용어를 사용했지만, 사망 전에 독자들에게 다음과 같이 주지시켰다. 즉 성령의 참된 인도를 받는 읽기는 그가 "중요한 점검 요소"로서 간주한 "사도적 증언"과 일치할 것이라고 말이다. 비록 의미(meaning)가 그것의 역사적 의미(sense)에 국한되는 것은 아니지만, 본문이 "우리가 원하는 모든 것을 의미할 수는 없다." 본문에 대한 존중은 "가능한 의미의 범위를 본문이 스스로 정하게 하라고" 우리에게 요구한다. 그는 다음과 같은 점에 주목하는데, 이는 여기서 가장 관련이 있는 내용이다. 즉 "성서 본문은 역사적 상황에서 분명한 의

41 Martin, "Psalm 63," 269; 원래의 메시지와 이 원래의 메시지가 현재 독자들에게 말하는 방법, 이 둘을 모두 중요하게 여기는 Martin, "Hearing," 215을 보라. Brueggemann의 주장을 따르면서(Brueggemann, *Message*, 3-66) Martin은 "Psalm 63," 265에서 최상의 경건주의적 헌신 및 최상의 학문적 통찰, 이 둘을 모두 활용하는 "후기비평적"(postcritical) 접근법을 선호한다. 참조. Spawn and Wright, "Emergence," 9에서 언급되는 Pinnock.

42 Grey(*Crowd*, 156)는 Childs, *Theology*, 380을 인용하고, 우리가 하나님의 백성의 역사에 참여하는 것을 강조한다(Grey, *Crowd*, 156-58).

43 Ervin, "Hermeneutics" (Pneuma version), 18, Wyckoff, *Pneuma*, 131에 인용됨.

44 Hollenweger, "Contribution."

미를 지니며, 그 의미는 우리가 행하는 해석의 기준이 된다."[45]

현대적 의미뿐만 아니라 고대적 의미의 필요성

모든 사람 중에서 성령의 깊은 체험이 있는 독자들은 인간의 통찰 및 상황화된 행위와 신적 계시를 구별할 준비가 되어 있어야 한다. 하나님 역시 인간의 통찰을 통해 말씀하시고 그 통찰을 목적에 맞게 사용하시지만(예를 들어 잠언과 이집트 지혜문학의 유사점을 보라), 성서의 의미에 관한 이후의 의견보다는 성서의 사도적·예언적 메시지에 전반적인 우선순위를 두는 데는 이유가 있다.

하나님께서 성서를 우리에게 주실 때 사용하신 언어와 문화를 통해 우선적으로 성서를 연구하는 일은 우리가 성서의 메시지를 이해하는 데 중대한 토대를 제공한다. 계시적 통찰이 가능하지만, 7장에서 강조했듯이, 성서는 우리의 주관적 경험을 검증하고 안내해주는 객관적 기준을 제공한다. 이 객관적 기준이 없다면, 우리는 "온갖 교훈의 풍조"(엡 4:14) 속으로 쉽게 빠져들 수 있다. 오늘날 어떤 이들은 이 온갖 교훈의 풍조가 자신들의 아드레날린 분비를 촉진시켰다고 주장한다.

이전의 형식주의적 방식으로 어떤 이들은 본문에만 호소함으로써 본

45 Pinnock, "Work of Spirit," 241. 덜 제한적이지만, Grey는 *Crowd*, 126-27에서 본문의 용어 혹은 이미지와 연결될 수 있는 것들로 의미를 제한한다. Archer는 *Hermeneutic*, 255-59에서 성령에 의한 해석, 교회에 대한 역사적 견해, 교차문화적 평가, 그리고 학계에 의한 평가를 시험한다. Osborne은 *Spiral*, 413에서 "다원적 태도"를 촉구하는데, 이 다원적 태도는 "순수 다원성"의 상대주의와 반대되는 것으로서 본문과의 대화를 통해 독자의 이해를 향상시킨다. Westphal은 *Community*, 43에서 완전한 해석학적 상대주의를 실제로 옹호하는 사람은 아무도 없다고 주장한다.

문의 메시지를 파괴할 소지가 있는 오역을 막으려고 할 수 있다. 그러나 불행하게도 의미에 대한 본문적 제한만으로는 부족할 때가 있다. 왜냐하면 사전 정보가 없는 현대 독자는 감지된 빈틈을 채워줄 의미를 고대 상황이 아닌 자신의 해석적 체계에 의지하여 제공할 것이기 때문이다.[46] 보다 현명한 설득가는 자신의 안건을 위해 본문을 수집할 목적으로 이런 체계를 구성할 수도 있다.

실제로 좀 더 온전한 사회적 상황을 알지 못한 채 단순히 용어의 구문론적 관계를 위해 본문을 읽는 것은 저자가 언제 그런 문학적 장치를 아이러니로서 의도했을지를 명확히 인식할 수 있는 모든 가능성을 배제할 것이다. 더욱이 언어는 시간이 지나면서 발전하므로, 원칙상 같은 언어라고 할지라도 핵심 표현의 의미가 변할 수 있다. 그 결과 원래의 의미와 불일치하는 새로운 해석이 도출된다(참조. 예. "즐거운 20대"[the gay 20s]라는 표현을 오늘날의 우리가 읽는 방식). 의미의 범위를 본문의 역사적 상황에서 그 본문의 의도와 일치하는 내용 안에 고정시키는 것은 보다 분명한 한계를 제공해준다.[47]

따라서 갱신주의(Renewalist) 학자들인 스펀과 라이트는 성서의 역사적·문화적·문학적 측면들을 최소화시키는 "오순절" 방법들에 대해 경

---

46 기호(sign)가 "언어 외적 현실에서 직접 감지될 수 없는" 구조를 지시할 때, 이 기호는 "기호를 인식하는 자에 의해 제공되어야 한다"(Wittig, "Theory," 85). 기의(the signified)는 기호와 일치해야 하지만(87), 그렇다고 기의가 원래 맥락에서 의도된 지시 대상을 지시할 필요는 없다. Freud와 Jung의 심리학 또는 마르크스주의 같은 체계들은 "본문에서 의미를 발견하기보다 본문에 의미를 부여한다." 우리에게 사용 중인 모델을 분명히 이해하라고 요구하면서 말이다(90-91).

47 참조. Hirsch, *Validity*, 123: 본문은 다양한 해석을 허용할 수 있지만, 그 본문의 참된 함의는 그것의 저자가 의도했을 "의미의 종류"를 반드시 반영해야 한다. 그러나 이 저자가 많은 상황을 상상할 수는 없었으므로, 우리는 대신 저자들이 새로운 상황에서 자신을 표현했을 방식의 측면에서 재상황화를 말할 수 있다.

고해왔는데, "그 이유는 성서 본문의 출처와 관련된 이런 이슈들이 신적 계획(initiatives)의 결과이고", 따라서 성령에 주목하는 참된 읽기에 핵심이 되기 때문이다.[48] 마찬가지로 오순절 학자인 고든 L. 앤더슨(Gordon L. Anderson)은 올바른 오순절 해석학이 "새로운 주석 방법"이 되어서는 안 된다고 주장한다. 성령의 역할과 다른 차원에서의 주관성에도 불구하고 "주해는 원래 의도된 본문의 의미를 이해하는 방법이다. 이를 위해 우리는 언어, 문화, 역사, 어휘사(word history) 등을 연구해야 한다. 이것이 바로 본문 연구의 기본 방법이다."[49]

몇몇 읽기는 다른 읽기보다 더 유익하다

폴 리쾨르(Paul Ricoeur)는 단어에는 여러 의미가 있고 문장은 여러 주장을 담고 있으므로, 해석에는 논쟁의 여지가 많다고 지적했다. 그러나 의사소통의 이런 요소들은 상황 속에서 나타나므로, 이런 요소들 역시 "개연성에 대한 검증을 받아야 한다." 그렇게 해서 비평가는 의미에 대한 독단주의뿐만 아니라 철저한 회의주의도 피할 수 있다.[50]

어떤 이들은 독자의 지평에 대한 인식을 단순히 개인의 교리적 혹은

48 Spawn and Wright, "Emergence," 15; Francis Martin, George Montague, James O'Brien의 작품을 우호적으로 인용하는 20-21도 보라. Spawn and Wright, "Cultivating," 193, 196-97도 보라.

49 Anderson, "Pentecostal Hermeneutics"; "Pentecostal Hermeneutics Part 2"의 시작도 보라.

50 Dornisch, "Symbolic Systems," 11. 또한 참조. Gross, *Preach*, 95-96(Ricoeur, *Interpretation Theory*, 76-79에 대해 논평한다). 의미에 접근할 때의 확률 이론에 관해서는 Osborne, *Spiral*, 406-8을 보라.

신학적 전제의 관점에서 본문을 읽어야 한다는 요청으로만 간주해왔다. 이것을 오순절 해석학이라고 부르는 것은 성서가 아니라 오순절 전통을 규범을 정하는 새로운 기준으로서 만들어버리는 셈이다. 이런 수사적 호소는 진리에 대한 모든 주장을 동등하게 만드는 포스트모던적 성향에 부합할 수 있지만, 혼합된 지평들로 이루어진 전통적인 해석학을 잘못 제시하는 것이다. 앤서니 티슬턴은 다음과 같이 경고한다. "그러나 전이해의 문제는 현대 해석자가 성서를 단지 자신의 전제에 기초하여 이해한다는 냉소적 반응에 대한 근거를 제시하지 못한다는 것이다. 이는 본문과의 지속적인 대화 과정이 존재하기 때문인데, 이런 대화 과정에서 본문은 점진적으로 해석자 자신의 질문과 가정을 수정하고 재형성한다."[51] 티슬턴의 영향력 있는 연구는 다음과 같이 중요한 관찰과 함께 마무리된다. "해석학의 목적은 지평의 혼합을 향한 꾸준한 진전이다. 그러나 이 목적은 개별 지평의 특수성이 온전히 고려되고 존중되는 그런 방식으로 성취되어야 한다. 이는 본문의 권리를 존중하는 것과 본문이 스스로 말하도록 허락하는 것, 이 두 가지를 모두 의미한다."[52]

단순히 우리의 안건을 본문 안으로 가지고 들어가 읽는 것은 우리를 본문을 따르는 자가 아니라 지배하는 자로 만든다.[53] (본문에 대한 독자의 우위는 초기 오순절주의자들이 오순절 해석으로서 인식했던 것과 다르지만,[54] 대부분의 독자들과 마찬가지로 그들 역시 때로는 독자의 우위를 인정했다.) 독자들은 성서에서 우리가 원하거나 타인에 대한 우리의 편견을 확인하고자 하는 것에 대

51 Thiselton, *Horizons*, 439.

52 Thiselton, *Horizons*, 445; 또한 참조. xx.

53 동일한 주장이 Mulholland, *Shaped*, 19에도 나온다. 참조. 133-34.

54 Oliverio, *Hermeneutics*, 91-92에 언급된 D. W. Kerr를 보라. Kerr는 자신의 견해를 성서에 투사시켜 읽는 것과 겸손히 순종하는 것을 대조한다.

해[55] "신적 허락"(divine license)을 너무 쉽게 듣는다. 아니면 우리가 신의 은총에 대해 긍정하는 모든 것에 대해, 심지어 다른 사람들에 대한 우리의 신학적 혹은 윤리적 우월성에 대해서까지 너무 쉽게 듣는다. 어떤 의미에서 본문의 첫 번째 지평을 존중하는 것은 일종의 윤리적 책임이다. 본문을 의사소통으로서 받아들이는 한, 우리는 본문을 단지 우리 자신의 반영물로서 다루기보다는 본문에 귀 기울임으로써 본문을 통해 우리에게 다가오는 "타자"(the other)를 존중하게 된다.[56]

고대의 의미를 넘어서

우리는 아벨의 피가 땅에서 울부짖었던 것처럼 고대 본문이 "지금도 이야기한다"고 말할 수 있다(히 11:4). 신약성서 저자들은 (동시대 이교도들이 존경받는 시인의 작품에 대해 말하는 방식으로) 성서를 "이야기하는 것"[57]으로서 제시하는 일에 부끄러워하지 않았다. 지금까지 학문적 연구는 대부분 고대의 의미 및 배경에 초점을 맞추어왔다. 그러나 이런 수고의 목적은 사람들이 성서 본문을 좀 더 정확히 듣도록 돕기 위함이었지, 신자들이 역사적 분석을 위한 하나의 견본으로서 성서에 접근해야 한다고 제안하기 위함이 아니었다.

독자들이 종종 느끼는 고대 의미와의 단절은 많은 독자들이 성서를

55 같은 주장이 Green, *Seized*, 77에도 나온다.

56 Vanhoozer, *Meaning*, 461; 참조. 400(Hirsh가 Kant를 적용한 것에 주목하라). 참조. Hirsch, *Validity*, 244: "해석은 다른 이의 의미를 구성하는 행위다."

57 요 19:37; 롬 9:17; 10:11; 11:2; 갈 3:16; 딤전 5:18; 약 2:23; 4:5-6.

읽으면서 당혹감을 느끼고 성서의 지속적 읽기를 꺼리는 한 가지 이유다. 신자들은 성서 본문을 집단적으로 그리고 개인적으로 듣고 사용할 필요가 있다. 나는 나의 그리스도인 독자들이 마치 배경 자체가 그들에게 영적인 생명을 허락한다는 듯이 단순히 배경만을 가르치지는 않을 것이라고 확신한다.[58] 예를 들어 배경은 몇몇 이해하기 힘든 말씀을 통해 예수가 실제로 의미한 내용 혹은 그에게 온유나 친절이 무엇을 의미하는지를 이해하는 데 도움이 된다.

그러나 만일 우리가 이런 말씀의 실제 의미를 전달하지 않거나, 사람들이 예수의 친절에 대해 말하는 데 도움을 주지 않는다면, 우리는 메시지의 핵심을 소통하는 것이 아니다. 예수를 바라봄으로써 우리는 그의 형상으로 변화한다(고후 3:18).[59] 바울에게 예수의 형상으로의 변화는 사람들이 그가 살았던 것처럼 예수의 죽음과 부활을 증언할 수 있도록 변화되는 것을 포함했다(고후 2:15-16; 4:10; 13:3-4; 갈 2:20-3:1).

보다 새로운 의미를 위한 고대적 토대

이 고대의 의미는 우리가 본문에서 발견하는 다른 모든 의미의 토대가 되어야 한다. 만일 우리가 본문을 의사소통으로서 듣는다면 말이다. 한 오순절 학자는 "성서의 원래 '의미'와 현대의 모든 의미 사이에 연속성이 존재

58 다음 연구를 보라. Foskett, *Interpreting*, 32: "성서를 상황에 비추어 읽는 것은 성서가 인간의 특정 상황에서 구성되고 읽히며 해석된다는 것과, 성서의 말씀이 인간의 특정 상황에서 살아난다는 것을 진지하게 받아들이는 것이다."

59 Keener, *Mind*, 206-15의 논의를 보라. 요한1서의 논의는 Keener, "Transformation"을 보라.

한다"라고 말한다.[60] 또 다른 오순절 학자는 원래의 의미가 오늘날 바람직한 수용 범위를 위한 변수 설정에 도움이 될 수 있다고 말한다.[61]

우리의 적용이 저자가 그의 일차 독자들과 공유했던 사회적·언어적 배경에서 제공한 특정 의사소통과 아무런 연관성도 반영하지 않는다면, 우리는 더 이상 이 본문이나 그 구성의 세부사항들에 주의를 기울이지 않는다.[62] 대신 우리는 본문을 우리의 관심사에 대한 일반적 반영으로 만드는데, 이는 우리가 동일한 방식으로 읽을 수 있는 다른 모든 텍스트와 원칙상 거의 다르지 않다. 이런 접근은 흔하며 때로 해석학적 언어를 통해 정당화된다. 그러나 본문을 의사소통으로서 존중하고 그 본문이 최초로 전달한 내용과 유사한 모든 것에 관심이 있는 사람들에게, 본문의 원래 상황에 보다 많은 비중을 두는 접근법은 더 유익한 것으로 드러날 것이다.[63] 최초의 지평이 우리의 독서 경험을 온전히 정의할 수는 없지만,[64] 이 최초의 지평은 우리가 시도하는 유비를 위한 토대가 되어야 한다.[65]

---

60 Wyckoff(*Pneuma*, 137)는 현대의 의미(meaning) 형태를 "의의"(significance)로 명명한다. 또한 그는 여기서 Arden C. Autry의 주장을 따른다. 다른 이들도 본문의 현대적 함의를 칭하는 말로 "의의"라는 표현을 선호한다. 예. 다음을 보라. Osborne, *Hermeneutical Spiral*, 397-415; Stein, *Guide*, 38-39; Klein, Blomberg, and Hubbard, *Introduction*, 401.

61 Grey, *Crowd*, 132, 152. Grey는 David Parker와 Wonsuk Ma와 같은 다른 이들로부터의 통찰을 인용한다.

62 의사소통이라는 원래의 목적을 발견한 후 주해는 "본문이 처음 기록되었을 때 지녔던 동일한 효과를 우리의 현 사회로 가져와야 한다"(Mickelsen, *Interpreting the Bible*, 56). 새로운 배경을 위한 상황화를 이루면서 말이다(172). 일반적으로 이것은 그들이 이미 생각하는 것을 단순히 제공해주는 보다 일반적인 접근법보다 훨씬 더 현대 청자들에게 도전이 될 것이다.

63 다음을 보라. Vanhoozer, *Meaning*, 201-452; Brown, *Scripture as Communication*.

64 Archer, *Hermeneutic*, 207. Archer는 이전 학자들의 연구를 인용하면서 성서 본문이 "미래 의미의 가능성"을 허용함에 있어 불확실한 면을 보인다고 강조한다.

65 참조. 토대가 되는 문자적 의미에 관한 아퀴나스의 주장(Wyckoff, *Pneuma*, 19; Crites, "Intellect," 18). 아퀴나스에게 성서는 최고의 권위였다(Levy, Krey, and Ryan, *Romans*, 42, *Summa Theologica* 1.1.8 ad 2를 인용함).

공통점

성령 해석학은 단지 본문의 규범적·고대적 의미만으로 멈출 수 없으며, 그 의미가 오늘날 새로운 배경에서 어떻게 말하는가에 대해서도 관심을 가져야 한다. 다양한 상황에서의 이런 읽기들에 관한 예를 탐구하고 독서 공동체를 살펴보는 일은 가치 있는 추구다. 다른 독자들의 현대적 통찰로부터 (그리고 때로는 그들의 실패 경험으로부터) 배우는 것은 교회사에서 우리의 전임자들의 통찰과 실패 경험을 듣는 것만큼이나 유익하다. 주님은 우리에게 다음과 같이 상기시키신다. "귀 있는 자는 성령이" 각자의 교회뿐만 아니라 "교회들에게 하시는 말씀을 들을지어다"(계 2:7, 11, 17, 29; 3:6, 13, 22). 일곱 교회에 전하는 메시지들은 각 교회의 청중을 위해 상황화되었지만, 이 메시지로부터 모든 교회가 배울 수 있을 것이다. 왜냐하면 성령은 그 메시지를 우리의 상황에 적용할 수 있기 때문이다.

저자의 의도를 가장 열렬히 옹호하는 사람들조차도 대개 이 지점에서는 동의한다. 새로운 통찰이 본문의 역사적 상황에 암시된 저자의 의도와 연결되어 있다는 전제하에 말이다. 원래의 의미와 양립할 수 없는 몇몇 해석에도 불구하고,[66] 허쉬는 몇몇 상이한 해석이 동일한 유형의 의미를 반영하는 한 양립할 수 있다고 주장한다.[67] 궁극적으로 허쉬는 본문의 "함의"(implications) 또는 "의의"(significance)를 새로운 배경에서 고려한다.[68]

---

66 Hirsch, *Validity*, 128.

67 Hirsch, *Validity*, 131-32.

68 Hirsch, *Validity*, 61-71. 함의의 가능성에는 제한이 없다. 우리가 무엇을 강조할지를 선택하는 한 말이다(139-40). 처음에 Hirsch는 함의들을 본문의 원래 목적에 단단히 고정시켜놓았다(예. *Validity*, 113). 그러나 그는 몇몇 저자가 자신이 분명히 의도했던 것 이상으로 본문이 사용되기를 기대했음을 인식했다(123; 참조. Vanhoozer, *Meaning*, 264의 논평들). "의의"(significance)는 본질적으로 "적용"이다. Gadamer와 Hirsch의 갈등은 이런 목적이 해석학적 상대주의를 막기 위해 해석 과정으로부터 배제되어야 하는지에 관한 것이다

그리고 이런 고려는 사실상 다른 이들이 본문의 적용 혹은 "의미"라고 부르는 것, 즉 저자의 의도를 넘어서지만 저자의 의도와 단절되지 않는 것을 감안한다.[69] 그렇다면 저자의 역할에 관한 차이점에도 불구하고 허쉬와 그를 비난하는 포스트모던주의자들은 모두 우리가 재상황화라고 부르는 것을 고려하는 것이다.[70]

저자들은 그들이 의식하는 의도 이상(그리고 이하)을 전달한다.[71] 그러나 원래 청중과 공유했던 문화적·언어적 가정들은 본문의 여러 "불확정적인 부분들" 혹은 빈틈을 결정한다. 우리가 저자의 생각을 완전히 복구할 수는 없지만, 단어 혹은 문구들도 그것의 문학적·사회언어학적 상황과 분리된 규범적 의미를 가질 수 없다. 용어의 의미론적 범위는 그 용어에 대한 잠재적 의미들을 제공하지만, 그 용어의 특별한 의미는 그것이 나타나는 본문의 사회적·문학적 배경에 의해 좁아진다. 저자의 의도를 추구하는 일이 우리가 가진 증거로부터 너무 많은 것을 요구한다는 점에 반대하는 사람들은 적어도 본문의 내포 저자와 내포 청중이 공유하는 상황을 고려해야 한다.[72]

이상적 저자의 의도 혹은 본래의 상황을 반영하는 저술의 목적은 단

(Westphal, *Community*, 111).

69 참조. Stibbe, "Thoughts," 192. Stibbe는 "의미보다 의의"를 더 높이거나 이 둘을 분리하는 것을 거부한다.

70 Brown은 *Scripture as Communication*, 105-6n21에서 다음과 같이 지적한다. 즉 Ricoeur와 Hirsch의 차이점에도 불구하고 Ricoeur의 "잠재적 의미"(potential meanings)는 Hirsch의 "함의"(implications)와 다소 유사하다고 말이다. 또한 참조. Gerhart, "Notion," Osborne, *Spiral*, 391-92에 인용됨.

71 여기서 나는 Hirsch, *Validity*, 51-57(특히 51-53)과 달리 저자의 잠재의식적 마음과 의식적 의지에 대해 질문하지 않지만, 저자가 단순히 당연한 것으로 받아들이는 상황에 대해 생각하고 있다.

72 이 주장은 형성 상황과 분리된 본문의 함의라는 Iser의 관점이 아닌, 형성 상황과 연결된 본문의 함의라는 보다 넓은 의미와 관련이 있다.

지 그들의 청중에 대한 정보 제공 이상의 의미가 있다. 대부분의 성서 저자들은 그들의 청중이 삶의 방식을 통해 그들의 메시지에 반응하길 원했다.[73] 역사를 포함하여 고대 내러티브에 관한 우리의 지식을 감안할 때, 이는 다른 장르의 저자들과 마찬가지로 내러티브 장르의 저자들에게도 동일하게 적용되었다. 실제로 이런 현상은 일반적인 편지나 소설보다, 고대 근동의 왕실 내러티브와 그리스-로마 시대의 역사서 및 전기에 더 잘 적용되었다.[74]

결론

우리의 정경에 포함된 작품들은 특정한 언어적·문화적 환경에서 형성되었다. 따라서 우리는 이런 본문들이 무엇을 소통하기 위해 고안되었는지와 그것을 오늘날 어떻게 유사하게 적용할 수 있는지를, 우리가 그것을 형성한 상황을 이해하는 정도만큼 더 잘 이해할 수 있다. 그럼에도 만일 우리가 단지 본문에 대한 역사적 관찰에만 머문다면, 우리는 영감을 받은 본문의 메시지를 적절히 활용하지 못할 것이다. 일단 성서 본문이 그것의 일차 상황에서 소통했던 내용이 무엇인지를 이해하고 나면, 우리는 성서 본문이 우리 자신의 배경에서 도전하는 것 혹은 위로를 주는 것도 들어야 한

73 참조. Fee, *Listening*, 11: 성서 본문은 사람들이 하나님을 섬기고 예배하도록 돕기 위해 고안된다.

74 예. 다음을 보라. Dion. Hal. *Ant. rom.* 1.2.1; Val. Max. 2.pref.; Lucian *Hist.* 59; Max. *Tyre* 22.5; Fornara, *Nature of History*, 115-16; Lang, *Kunst*, 7-13, 97-167; Marguerat, *Histoire*, 28-29; Keener, *Acts*, 1:148-65; Laistner, *Historians*, 113-14; Williams, "Germanicus."

다. 그럴 때라야 우리는 비로소 본문을 단지 살피기만 하는 것이 아니라 실제로 본문 속으로 들어가게 된다.

제4부 인식론과 성령

기존의 여러 인식론적 접근은 각각의 영역에서 값진 통찰을 제공한다. 신학 영역은 신학에 적합한 인식론적 접근을 요구한다. 무한하신 하나님은 그가 자신을 계시하시는 곳에서만 알려지므로,[1] 신학적 인식론은 이런 계시의 영역에서 출발해야 한다. 이런 계시의 영역은 몇몇 내용에서 다른 인식 영역들, 일반적으로 과학, 특히 역사 영역과 중복되는데, 이 중복 영역들은 적절한 과학적 방법, 특히 역사적 방법에 의한 조사를 요청한다.

그러나 성령에 의한 깨달음 혹은 계시라는 직접적 영감에 대한 경험적 차원은 평가와 개선이 불가피하지만, (때로 성령의 직접계시를 배제하기 위해 전통적으로 정의되는) 다른 접근들에 잠식당하지 않는 보완적인 인식론적 접근을 가리킨다. 참으로 신성한 대상에 대해 성령의 영감을 받은 믿음은 맹목적 믿음으로서의 신앙주의가 아니다. 성령의 영감을 받은 믿음은 이런 믿음을 경험하지 못한 자들이 관여할 수 없는 시각의 한 형태와 관련된다.

1 내가 하나님을 남성 대명사로 표시하는 이유는 대부분의 언어 관습을 따르는 것일 뿐, 초월적 존재인 하나님께 생물학적 성을 부여하려는 것이 아니다.

이처럼 공격적으로 배타적인 주장은 변증학이나 학문적 대화에서 사용하기에 이상적이지도 않고 적합하지도 않다. 왜냐하면 이런 주장은 모든 당사자가 평등하게 접근할 수 있는 진리에 의존하지 않기 때문이다. 그럼에도 이 주장은 기독교의 가르침에 대한 신학적 이해에 중요한 성서적 주장으로 남아 있다. 동시에 그리스도인들은 그들의 인식론적 범주를 너무 단단히 좁히는 것에 대해 경계해야 한다. 우리는 우리의 선입견적 해석 기준에 따르기보다 하나님의 말씀이 신뢰를 요청하는 방식으로 사람들이 하나님의 말씀을 신뢰하도록 보장해야 한다.

11장 말씀과 성령의 인식론

해석학은 특별한 종류의 인식론으로서 기능한다.[2] 성서 해석학은 계시와 관련하여 성서에 중요한 역할을 부여하는 계시에 대한 인식론을 수용하는 자들에게 특히 중요하다. 그리스도인들에게 성령은 계시된 신학과 우리가 실재를 해석하는 신학적 세계관에서 중요한 역할을 담당한다.

오순절 내부의 해석학 논의들은 오순절주의의 특징에만 종종 초점을 맞추지만, 오순절 운동 밖에 있는 은사주의자들은 비은사주의자들이 제기하는 보다 폭넓은 질문들까지 묻는 경향이 있다. 이 폭넓은 질문들이 바로 성서와 경험을 바르게 관련짓는 인식론이다.[3]

성서 인식론은 서구에 살고 있는 우리 중 많은 이들이 직관적으로 사용하는 인식론적 접근들과 다르다. 우리의 철학적 유산은 특별한 방식들을 통해 진리를 추구하도록 우리를 길들여왔는데, 이 특별한 방식들 중 몇몇은 (경험주의 같은) 실재의 측면들과 관련된다. 그러나 성서는 실재의 보다 전반적인 차원을 인식하도록 우리에게 요청한다. 여기서 실재는 창조

2 관계에 관해서는 다음의 예를 보라. Thiselton, "New Hermeneutic," 82; 이와 관련된 오순절 연구는 다음을 보라. Hernando, *Dictionary*, 20.

3 Stronstad는 "Trends"에서 Gordon Fee의 오순절주의 내 토론과 Ervin의 인식론적 접근인 "해석학"(Pneuma 버전) 사이의 대조를 제공한다. Bernard Ramm, Ian T. Ramsey 등과 같은 학자들이 설명하는 성령의 인식론적 기능에 관해서는 Wyckoff, *Pneuma*, 60-62의 요약을 보라.

주이자 구원자이신 하나님에 관한 실재를 말하며, 하나님은 좀 더 구체적인 신학적 방식으로 이해될 수 있다.

이 논의를 시작하기에 앞서 나는 다음의 내용에 주목해야 한다. 즉 탐구를 위해 아래에서 예시로 등장하는 성서의 많은 구문들은 때로 극적으로 가혹한 용어를 사용하는데, 이는 성서 저자들이 대화의 공통점을 추구하는 맥락보다는 신자들의 믿음을 강화시키는 맥락에서 나온다는 사실에 좀 더 관심을 기울일 필요가 있다는 것이다. 그렇다면 이런 성서 구문들은 우리가 학문 포럼에서 보통 사용하는 그런 종류의 언어가 아니다. 그럼에도 이 성서 구문들은 우리의 개인적·집단적 충성심을 요구하면서 그리스도께서 궁극적으로 다른 모든 것과 더불어 우리의 인식론의 주님이 되심을 상기시킨다. 나는 이 점을 앞서 집필했던 학문적 저술에서 항상 기억하지는 못했음을 인정한다.

전통적인 인식론적 접근법들과 한계

모든 믿음 체계는 몇몇 철학적 전제를 당연하게 받아들이는데, 이 철학적 전제들은 다른 이들에게 증명될 수 없고, 종종 해당 믿음 체계에 의해서도 증명될 수 없다. 예를 들어 경험주의는 창조에 관한 세부 내용을 배우는 데 있어 최고로 발전된 방법을 제공한다. 그럼에도 심지어 개론 수준의 철학조차도 진리가 오로지 경험적으로만 터득된다는 가정을 경험적으로 증명할 수 없다고 종종 말한다.[4] 우리가 자연이라고 부르는 것의 규칙성은

4 이런 주장의 자멸적 특성은 논리실증주의 철학이 쇠퇴하게 된 한 가지 중요한 이유였다

적어도 주어진 조건하에서 복제 및 실험에 의한 관찰을 승인하도록 허락한다.

그러나 우리는 역사적 사건들을 동일한 방식으로 재현할 수 없다. 역사기술, 저널리즘, 그리고 대인 의사소통에 가장 유용하다고 생각되는 최고의 증거 자료들은 실험적 과학의 보다 엄격한 제한들을 종종 충족시키지 못한다.[5] 그 정확한 이유는 인간의 행위가 덜 복잡한 수준의 자연 개체들의 행위보다 예측 가능성이 떨어지기 때문이다.[6] 이 두 경우 모두에서 우리는 다양한 예측을 제공할 수 있지만, 인간의 선택 및 행위와 관련된 요소들의 복잡성은 적은 정보 내용을 가진 구조 내에 존재하는 다양한 무작위적 변화와 다르다. 역사기술은 우주 화학 및 우주 물리학보다 우주론적으로 훨씬 좁은 영역의 관심을 반영한다. 그래서 역사기술은 인식론적 정확성이 떨어지고, 다양한 증거를 평가하는 데 더 큰 유연성을 요구한다.

과학적 방법이 인류에 엄청난 유익을 주지만, 만일 모든 진리가 실험을 통해 복제될 수 있는 것에만 국한된다면 우리는 위에서 언급했듯이 신학뿐만 아니라 역사기술과 저널리즘 같은 학문 분야 혹은 독특한 인물 및 사건을 다루는 그 밖의 다른 것들을 버려야 할 것이다. 우리는 보통 순전히 경험적 근거만을 바탕으로 우리의 관계를(우리가 사랑하는 방식을 포함하

(McGrath, *Universe*, 195; Geivett and Habermas, "Introduction," 14).

5 다음의 논의를 보라. Copleston, *Philosophy*, 43-44; Gorsuch, "Limits," 284-85; Gerhart and Russell, "Mathematics," 122-24; Smart, *Philosophers*, 30, 40; Barbour, *Religion and Science*, 109-10; Polkinghorne and Beale, *Questions*, 26-27, 52; Jaki, *Patterns*, 200-201; Margenau, "Laws," 62; Mott, "Science"; Salam, "Science," 97-98; Townes, "Question," 123; Granit, "Attitude," 178; Snell, "Science," 211; Szentágothai, "Existence," 215; Hart, *Delusions*, 10-11; Licona, *Resurrection*, 102; Ecklund, *Science*, 107-8에 인용된 Ian Hutchinson도 보라.

6 엄밀히 말해서 우리는 다음 내용을 추가해야 한다. 즉 그들의 과거는 수십억 년 후에 우리에게 도달한 빛을 통해 우리가 볼 수 있는 과거의 은하수나 별의 형성보다 직접적인 관찰이 더 어렵다.

여) 형성하지는 않는다. 비록 우리가 이런 인간의 연결을 설명하는 데 도움이 되는 (신경학적 반응의 조절 같은) 경험적 자료를 이해할 수 있지만 말이다.

따라서 경험주의는 그것의 영역 내에서 유용하고 진실하지만, 그 영역은 모든 실재를 포용하지 못한다. 그리고 경험주의는 훨씬 적은 대답을 하면서도 몇몇 종류의 질문은 던지려고 하지도 않는다. 다시 말하지만, 이는 배타적인 경험적 인식론이 왜 그 자체를 경험적으로 정당화할 수 없는지를 설명하는 데 도움이 된다.

경험주의는 세상에서 활동하시는 하나님을 제시해줄 수 있는 증거를 조사할 수 있다. 그러나 그 증거의 해석은 (그 증거의 잠재적 왜곡에 대한 해석을 제외하고) 가장 엄밀한 의미에서 경험주의의 역량 밖의 것이다. 사실 해석 과정 자체는 단순 관찰과 실험 이상을 포함한다. 과학 이론들은 (현재 사용 가능한) 최고의 설명으로부터 나오는 모델과 추론들을 사용한다. 비록 과학 이론들이 축적된 경험적 데이터에서 도출되어야 하고, 경험적으로 (특히 위조되어) 실험될 수도 있지만 말이다.[7]

더욱이 경험적 지식은 더 완전한 증거에 기초하여 언제나 수정될 수 있다(즉 다른 규칙성이 다른 조건하에서 발생할 때 앞서 존재했던 규칙성은 이전에 관찰된 조건에 제한된다).[8] 그러므로 오로지 방대한 경험적 증거의 축적에만 기초한 틀은 그것의 논리적 체계 내에 존재하는 기본 공리의 논리적 필연성을 감안할 때, 수학에 나타나는 것보다 적은 확신을 제공한다. 이와 같은 논평은 경험적 탐구를 비하하기 위한 것이 아니다. 왜냐하면 경험적 탐구

---

7 참조. Polanyi, *Science*, 41의 논의들; Kuhn, *Structure*; Barbour, *Myths*; Gutting, *Paradigms*; Popper, *Myth of Framework*. 참조. Koestler, "Kepler," 56에 나오는 Kepler의 예.

8 참조. Ecklund, *Science*, 108에 인용된 Sylvester James Gates Jr.(물리학자이자 매릴랜드 대학교 산하 String and Particle Theory의 디렉터)의 주장: "과학은 사물의 측정과 관련이 있다. 과학은 진리에 관한 것이 아니라 우리의 신념에 있는 거짓을 줄이는 것과 관련된다."

는 내가 계속 강조하듯이 중요하고, 경험의 영역에서 필요하기 때문이다. (극단적 예를 들면 우리는 아무 물질이나 섭취하지 말라고 권고받는다. 특히 이런 섭취의 결과가 치명적일 수 있을 때는 더욱 그렇다.) 경험주의가 너무 중요한 정보를 제공해주기 때문에 나는 여기서 그것을 인식론적 한계의 한 예로서 언급한다.

대신에 나의 요점은 이렇게 중요한 인식론적 접근이 모든 것, 특히 우리가 형이상학적 질문이라고 부르는 것을 설명하는 데 있어 포괄적이지 않다는 것이다.[9] 단순히 접근법이 주제를 직접 다루지 않는다고 해서 그 주제가 어떤 수단으로도 해결될 수 없음을 의미하지는 않는다.

하나님 중심적이고 그리스도 중심적인 인식론

성서의 하나님을 출발점으로 삼는 인식론은 어떤 모습일까? 이런 질문을 통해 나는 결론으로서 하나님과 같은 무언가에 도달하고자 애쓰는 자연신학의 인식론을 의미하는 것이 아니다.[10] 오히려 우리가 성서에 계시된 하

---

9 실제로 모든 주장의 재현을 요구하면서 순전히 경험적 인식론으로만 관계에 접근하는 사람은 자신의 동료들의 숫자가 빠르게 줄어드는 것을 발견하게 될 것이다. 그러나 실제로 아무도 경험적 질문을 다음과 같이 지나칠 정도로 제기하지는 않는다. 예를 들어 많은 사람이 실시한 실험의 축적된 기록을 불신하여 모든 실험을 자신이 직접 반복하는 것 말이다. David Hume은 재현을 통해 높은 가능성을 발견하면서, 때로 이보다 더 강한 회의주의를 강요했다(예. 그는 매일 일출을 관찰해야 한다고 주장했다). 그러나 이 지점에서 Hume의 관심은 확실성을 다루는 것으로, 이 확실성은 실제적 목적 달성의 충분한 가능성과 다르다. 그는 자신의 연구를 제외하고는 회의주의적 인식론을 사용하지 않았다(Taylor, *Hume*, 24-25을 보라).

10 나는 여기서 일반계시의 가치를 거부하는 것이 아니라 일반계시가 내 주제가 아님을 밝히고 있을 뿐이다.

나님으로부터 출발한다면 어떤 종류의 인식론을 기대할 수 있을까? 예를 들어 어떤 종류의 인식론이 사도행전에서 예수를 통한 하나님의 역사가 구원의 근본 메시지로서 등장하는 사도적 선언을 지지하는가?[11]

요한복음에서 성령에 의해 다시 제시되는 그리스도

요한복음 16장은 그리스도 중심적인 인식론에 관해 특별히 유용한 설명을 제공해준다. 요한복음 16:7에서 예수는 믿는 자들에게 성령을 보낸다. 그래서 뒤에 이어지는 절들에서는(요 16:8-11) 믿는 자들의 지속적 사명을 통해(참조. 요 20:21-22) 성령이 계속해서 세상을 정죄한다. 이 구절들에서 성령은 예수가 요한복음에서 이미 행하고 있었던 일을 계속한다. 예수처럼 성령은 죄에 대해 세상을 정죄한다.[12] 예수처럼 성령은 세상을 심판과 대면시킨다(참조. 요 3:19; 5:22, 27, 30; 12:31). 따라서 요한복음 16:7-11에서 성령은 예수를 선포하는 믿는 자들을 통해 예수를 세상에 계시하는데, 그 이유는 예수가 믿는 자들에게 성령을 보내기 때문이다(요 16:7).[13] 더욱더 명백하게 요한복음 16:12-15에서 성령은 예수를 그를 따르는 자들에게 계속 보여준다. 예수가 아버지 하나님으로부터 듣는 모든 것을 제자들에게 말했듯이(요 15:15), 성령 역시 장래 일을 포함하여 예수로부터 듣는 모

---

11 사도행전의 사도적 선언에 관해서는 다음을 보라. Dodd, *Preaching*, 21-23; Keener, *Acts*, 1:499-500의 논의.

12 참조. 요 3:20; 8:46의 "정죄"를 의미하는 용어; 예수는 요 8:21, 24, 34; 9:41; 특히 15:22, 24에서 세상의 죄를 폭로한다.

13 참조. Luther *Sermon on Jn 16*; Efferin, "Paraclete"; Tribble, "Work," 278; Hunt, "Paraclete," 94; Sanders, *John*, 350; Holwerda, *Spirit*, 52; Keener, *John*, 2:1029-30; Michaels, *Gospel of John*, 833.

든 것을 드러낸다(요 16:13).

이 과정 혹은 경험을 요한에게 생소하다고 인정되는 인식론적 용어로 규명하길 원한다면, 우리는 보완적인 객관적·주관적 측면에 대해, 아니면 이 경우에서는 역사적·실존적 측면에 대해 말할 수 있다. 복음은 목격자들이 입증해주는 참된 역사 속에서 일어난 하나님의 행위에 관한 것이다(은사지속론자들도 처음의 경험과 일치하는 경험에 관해 목격자들의 지지를 계속 받으면서 덧붙일 것이다).

그러나 복음을 들을 때 사람들은 여러 세계관 중 하나의 세계관에 직면하는 것이 아니다. 요한 신학에서 부활한 예수는 메시지 속에 존재하면서 성령을 통해 자신의 요구를 제시하는데, 이는 그가 죽기 전 직접 그의 말을 듣는 자들에게 요구할 때만큼이나 분명히 제시된다. 따라서 이와 유사한 방식으로 바울은 그의 설교에 대한 믿는 자들의 반응을 다음과 같이 설명한다. 즉 그들은 바울의 설교를 사람의 말이 아닌 믿는 자들 사이에서 역사하는 하나님의 말씀으로서 받아들인다고 말이다(살전 2:13).

어떤 의미에서 우리는 기독교적 인식론을 케리그마적 인식론으로서 말할 수 있다. 케리그마적 인식론은 역사적 증거에 기초하지만, 성령의 생생한 증언에 의해 확증된다. 사람들은 자신이 반응하는 방식에 책임을 지게 되는데, 그 이유는 하나님이 복음을 통해 그들의 마음에 직접 도전하시기 때문이다.

역사적 특수성

이런 접근법의 역사적 특수성은 당연히 일부 사람들을 실망시키겠지만(이는 바울이 십자가에서 전형적으로 발견한 범죄다), 이런 역사적 특수성은 기대되어야 한다. 만일 역사적 특수성이 없다면, 우리는 기껏해야 자연법칙에 계시되었으나 역사적으로 특별한 상황에 있는 우리의 실재로부터 배제된 이신론적 신을 생각하게 될 것이다. 유신론자와 이신론자 모두에게, 만일 우주적 하나님이 자신을 물리적 세계에 드러낸다면, 우리는 자연의 규칙적 패턴에서 특히 우연의 합리적 가능성으로 설명할 수 없는 복잡성 속에서 그분의 흔적을 발견하리라고 기대할 것이다.

그러나 우리는 단순히 규칙적 우주를 만드는 것으로 기뻐하는 신적 지성을 만나는 것이 아니라, 인간에게 특별한 관심을 두는 것으로 보이는 하나님을 만난다. 만일 우주적 하나님이 자신을 인간을 통해 드러낸다면, 우리는 인간이 복잡성의 전형이 될 것을 기대할 수 있다. 인간은 사실 우주의 지리적 중심에 거주하지 않는다. 그러나 우리가 이제껏 발견한 사실을 감안할 때 우리는 정보 내용의 측면에서 물질적 복잡성의 정점이 되는데, 이는 아마도 창조에서 의미나 목적의 중심에 가까울 것이다.

만일 우주적 하나님이 자신을 인간 존재의 특수성 안에 드러낸다면, 우리는 특수한 역사적 사건들에서 그분에 대한 계시를 찾기를 기대할 것이다. 거기서 우리는 유일신론의 유산을 보존했던(때로는 억지로 보존했지만) 한 민족과 특별히 연관된 하나님에 대한 계시를 찾을 수 있을 것이다.

유일신 신앙의 유산이라고 주장되는 오늘날의 신앙과 관련하여, 적극적으로 자신의 백성을 찾고 그들에게 도전을 주는 하나님에 대한 성서의 예언 전통은 특별히 예수의 사역에서 극에 달한다. 예수가 안내하는 약속의 성취 시대는 하나님의 모든 백성에게 권능을 부여하여 그들을 예언 공동체로 만든다. 이스라엘의 역사가 예언 전통을 존중하는 데 종종 실패했듯이 교회의 역사가 이런 실재를 입증하는 데 종종 실패했다는 것이 우리로 하여금 부흥의 시기에 그런 이상의 보다 온전한 실현을 보지 못하게 해서는 안 된다.

케리그마적 인식론에서 경험적·증언적 증거

경험과 증언, 즉 개인적 구성요소와 공동체적 구성요소는 인식론에서 맡은 역할이 있다. 부활은 공개적 증거로서(행 17:31) 목격자들에게 호소했다(행 2:32; 3:15; 5:32; 10:41; 13:31; 고전 15:5-8). 그러나 이것이 누가가 확신하는 유일한 증거는 아니다. 그는 우리가 오늘날 종종 발견하는 것보다 더 완전한 인식론을 포용한다. 예수는 예루살렘에 있는 모든 사람에게 나타난 것이 아니라 하나님이 선택하신 목격자들에게 나타났다(행 10:41). 고넬료는 예수를 직접 본 것이 아니라 예수에 관한 베드로의 증언을 들었지만, 성령을 체험했다(행 10:44, 46; 참조. 앞서 발생한 환상 체험이 나오는 행 10:3-6). 즉 고넬료와 그의 가족은 증언을 신뢰함으로써 메시지를 받아들인 후 경험을 통해 확신을 얻었다.

요한복음의 증언과 경험

위에 언급했듯이 요한복음에서 예수의 대담자들은 그의 증언의 타당성에 이의를 제기했다. 왜냐하면 예수가 증언하는 것을 직접 본 유일한 존재가 바로 예수 자신이었기 때문이다(요 8:13). 그러나 예수는 다음과 같이 반응했다. 즉 그의 독특한 경험이 그런 주장을 증언할 수 있는 독특한 자격을 주었고, 그의 아버지인 하나님께서 그와 함께 증언하신다고 말이다(요 8:14, 17-18). 그를 비판하는 자들은 육체적·세속적 관점을 가졌지만, 예수는 하늘의 관점을 가지고 있었다(요 8:15-16, 23; 참조. 3:11-13).

간접적으로 증언을 수용하는 자들은 예수의 첫 제자들의 구속적 경험을 공유할 수 있다(요 20:29-32; 요일 1:3; 참조. 벧전 1:8, 12). 요한은 부활한 예수가 자신을 세상에 직접 계시하는 것이 아니라 전에 그와 동행했던 자들에게만 직접 계시한다고 지적한다(요 14:21-23). 이 약속은 처음에 요한복음 20-21장에서 예수가 그의 제자들에게 여러 번 나타남으로써 성취된다. 예수는 부활 후 제자들과의 첫 번째 만남에서 그의 현존을 모든 믿는 자에게 알리는(요 14:16-23) 성령을 주신다(요 20:22).

그다음 단락은 이미 제시된 증거, 곧 목격자들의 증언을 다룬다. 도마는 그의 동료 제자들의 말을 믿지 않는데, 그 이유는 그가 예수를 직접 보지 못했기 때문이다(요 20:25). 이후 도마는 예수를 직접 경험할 때 요한복음에서 가장 극적인 신앙고백을 한다. "나의 주님이시요, 나의 하나님이시니이다!"(요 20:28) 예수는 모범적 내용을 담고 있는 이 고백을 믿음으로서 인정하지만, 보지 않고 믿는 자들에게 더 큰 축복이 있다고 확언한다(요 20:29).

곧바로 저자 요한은 다음과 같이 핵심적인 설명을 제공한다. "예수께서 제자들 앞에서 이 책에 기록되지 아니한 다른 표적도 많이 행하셨으나 오직 이것을 기록함은 너희로 예수께서 하나님의 아들 그리스도이심을 믿게 하려 함이요. 또 너희로 믿고 그 이름을 힘입어 생명을 얻게 하려 함이니라"(요 20:30-31). 이와 같은 케리그마적 인식론은 위에서 이미 다룬 요한복음 16장에서 가장 분명히 나타난다. 여기서 예수의 존재는 그 메시지를 듣는 이들과 대면한다. 예수의 존재가 앞서 세상과 직접 대면했던 것처럼 말이다.

하나님을 만난 자들은 보통 증언을 통해서만 소통할 수 있는 경험에 접근한다.[14] 외인들은 이를 완전히 (경험적으로) 이해할 수 없다. 왜냐하면

14 영적 형성에 영향을 미치는 증언의 기능에 관해서는(참조. 마 10:32//눅 12:8) Drury,

이런 경험을 평가하는 틀이 없기 때문이다(고전 2:14-15; 고후 4:4-6; 요 3:3, 8-12). 그러나 증언을 통해 어떤 이들은 지속적으로 예수를 직접 경험한다. 이것이 바로 안드레가 베드로에게, 빌립이 나다나엘에게, 사마리아 여인이 그녀의 동네 사람들에게 제공한 것이다. 즉 단순히 논쟁을 한 것이 아니라 다른 사람들을 예수께 소개한 것이다(요 1:41-42, 46; 4:29). 요한복음에는 논쟁이 등장하는데, 예수도 몇몇 논쟁을 일으킨다. 그러나 예수는 수수께끼로도 이야기하는데(예. 요 7:28; 8:25), 그 이유는 열린 마음을 가진 사람들을 인도하는 일이 하나님 아버지께 달려 있기 때문이다(요 6:44).

계시와 수용

마찬가지로 바울은 그의 복음이 데살로니가 교회 성도들에게 말로만 이른 것이 아니라 능력과 성령과 큰 확신으로 이르렀다고 선언한다(살전 1:5; 참조. 골 2:2). 복음은 그들이 우상으로부터 살아 계신 하나님께로 돌아서게 하는 데 효과가 있었다(살전 1:8-10). 바울은 그의 복음이 불성실함으로 이르지 않았다고 설명하고(살전 2:1-12), 그의 청자들이 이 메시지를 하나님의 말씀으로서 인지한 것에 대해 하나님께 감사하는데(살전 2:13), 이 감사의 내용은 나의 주제와 가장 관련이 있다. 바울은 인간의 지혜가 아니라 성령의 능력이 그의 청자들을 변화시킬 것으로 기대했다(고전 2:4-5).[15] 바

*Saying*을 참조하라. 남미 영성과 관련된 증언의 중요성에 관해서는 다음을 보라. Chaván de Matviuk, "Growth"(예. 218-22); Pedraja, "Testimonios."

15 이것은 불신자뿐만 아니라 신자에게도 적용된다(참조. 요일 2:27). 에베소서의 내용을 기술하기에 앞서 바울은 그의 청중이 이 내용을 이해할 수 있도록 기도해왔다(엡 1:17-18; 참조. 빌 1:9-10; 골 1:9-10에 기록된 기도).

울은 그리스도가 자신 안에서 자신을 통해 말한다고 인지했고(고후 13:3; 참조. 2:17; 12:19), 자신의 고난과 십자가에 관한 메시지 안에서 그리스도의 십자가를 볼 수 있다고 인식했다(고후 2:14-16; 4:10-11; 갈 2:20; 3:1).

공관복음에서도 예수는 인간 지성에 대한 배타적 의존을 초월하는 계시적 인식론을 제안한다. 계시가 없다면 이 땅의 지혜는 예수의 정체성을 관통할 수 없다. 하나님 나라는 지혜롭고 신중한 자들에게 마치 그들이 필연적으로 가장 공로가 있는 것처럼 주어지는 것이 아니라 하나님 나라의 메시지를 믿음으로 받아들이는 어린아이와 같은 자들에게 주어진다(마 11:25-27//눅 10:21-22; 마 16:17). 어린아이처럼 하나님 나라를 받아들이는 자들은 하늘에 계신 하나님 아버지를 의지할 준비가 된 자들이다(마 18:3).[16] 바울과 같은 몇몇 초기 그리스도인은 매우 영리한 사람들이었다. 그러나 우리 중 어떤 사람들처럼 바울 역시 믿음을 얻기 위해 자신의 교만을 실제로 버려야 했다.

예수의 운동은 성령을 신적 지혜 및 계시의 주요 대리자로서 널리 인정했는데(예. 출 28:3; 31:3; 35:31; 신 34:9; 사 11:2; 행 6:3, 10; 고전 2:13; 12:8; 엡 1:17), 이는 케리그마적 인식론이 성령 인식론임을 제시해준다. 복음은 하나님의 행위에 관한 서술과 영감에 의한 해석 모두를 포함한다. 복음서에서 성령은 예수를 새롭게 계시하면서 인식적 명확성과 도덕적 책임을 제시한다. 따라서 바울은 성령의 메시지 전체가 성령에 복종하는 자들에 의해서만 온전히 포용될 수 있다고 기대한다(고전 2:13-3:1).[17] 비록 내러티브

16 참조. 요일 2:14에 나오는 하나님을 아는 자녀들; 하나님을 알고 이해하는 것은 바른 자랑거리다(렘 9:23-24; 고전 1:26, 31).

17 참조. Mulholland, *Shaped*, 67. 복음은 문법적으로 이해될 수 있지만, 성령이 없는 자에게는 여전히 미련한 것이다(고전 1:18-25; 2:14-3:4; Arden C. Autry의 출판되지 않은 논문을 인용하는 Wyckoff, *Pneuma*, 88을 보라).

의 객관적 역사성을 향한 불트만의 회의적 접근이 복음의 중심 요소를 강타했지만(고전 15:1-7),[18] 그는 복음의 수용에 있어 실존적 차원에 대한 신약신학의 역할을 바르게 인지했다.[19]

타락한 세계관

믿음은 흄의 회의적 인식론의 유산에 영향을 받은 서구 지식인들에게 어려운 개념이다. 임마누엘 칸트(Immanuel Kant)는 신앙과 가치관을 허용했지만, 이는 객관적 이유와 구별되는 주관적 영역에서의 허용을 의미한다. 인식론에서 주관적인 것에 대한 모든 역할을 무시함으로써 비엔나 서클(Vienna Circle)은 형이상학의 적법성을 거부했다. 많은 철학자들은 이후에 형이상학을 재도입했다. 그러나 여기서 내 요점은 현대 서구의 지적 전통

18 그는 믿음을 결단의 행위로서 정의하지만, 객관적 증거의 원리(Bultmann, *Mythology*, 38-39; 참조. Thiselton, *Horizons*, 263) 혹은 역사 속 구체적 계시(참조. Tenney in Ladd, *Bultmann*, v)와는 결별했다.

19 Bultmann, *Word*, 31, 47에 언급된 결정, 곧 *Entweder-Oder*에 대한 그의 논평과 Bultmann, *Theology*, 9을 보라. 그러나 복음의 종말론적 가치에 대한 Bultmann의 비신화화(*Word*, 35; Bultmann, *Theology*, 22-23)는 예수의 권위에 저항하는 것처럼 보이는데, 그 이유는 예수가 복음을 종말론적으로 이해했고(*Word*, 38), 종말론이 재해석될 수 없기 때문이다(*Word*, 122). 이는 하이데거의 실존주의가 신약성서에 부합함을 암시하려는 것이 아니라, 다른 형태의 신약성서 학계가 때로 무시하는 요소를 강조하고 해석하는 데 있어 중요한 중첩 영역을 지시하기 위함이다. Bultmann은 하이데거와 루터의 유사성을 보았지만(Thiselton, *Horizons*, 178-79), 하이데거가 아닌 신약성서가 그의 하이데거식의 이해를 강요했다고 주장했다(*Horizons*, 226, 232, 262). 신학은 철학으로부터 배울 수 있고(Bultmann, "Historicity," 96), 하이데거의 분석은 키르케고르의 기독교적 접근법을 통해 생산적으로 적용될 수 있다(Bultmann, "Historicity," 101). Bultmann의 주장에 의하면, 실존적 이해는 편견이 아니라 필수 관점이다(Bultmann, "Exegesis," 149). Bultmann과 달리, 하이데거는 나치당을 공개적으로 지지했다. 비록 그가 유대인 학생들과 가졌던 혼외정사가 나치의 정책과 모순되고 나치의 이상에 대한 그의 헌신을 의심하게 만들 수도 있지만 말이다.

에서 교육받은 자들은 확실성 혹은 지식의 측면에서 주관적 경험의 역할을 등한시하는 경향이 있다는 것이다. 이 전통은 좋든 나쁘든 간에 분명히 나의 사고에 영향을 미쳤다.

그러나 이처럼 종종 과도한 회의적 접근은 그것이 거부하는 접근들만큼이나 역사적으로 우발적이며, 성서적 기독교의 경험과 배치된다. 바울은 "성령이 친히 우리의 영과 더불어 우리가 하나님의 자녀인 것을 증언하시나니"라고 언급한다(롬 8:16; 참조. 아마도 요일 5:6-7). 관련 문맥에서 성령은 우리가 "아빠 아버지"(롬 8:15)라고 외칠 수 있도록 해주는데, "아빠 아버지"라는 표현은 완전히 객관적이고 합리적인 인지가 아니라 주관적이고 관계적인 경험을 의미한다. 요한은 다음과 같이 선포한다. "우리에게 주신 성령으로 말미암아 그가 우리 안에 거하시는 줄을 우리가 아느니라"(요일 3:24). 이는 요한의 유일한 신앙 검증이 아니라 여러 신앙 검증 중 하나다.

로마서 1장은 두 가지 선택, 즉 하나님의 의를 드러내는 믿음의 방식과 하나님의 분노를 드러내는 믿음의 방식을 대조한다. 첫 번째 선택에서 하나님의 의는 복음에서 드러나는데, 이 복음은 처음부터 끝까지 믿음으로 수용된다(롬 1:16-17). 두 번째 선택에서 하나님의 의로운 분노는 우상숭배를 통해 진리를 억압하는 인류의 불의에 반대하여 드러나는데, 이 우상숭배는 하나님에 대한 진리를 왜곡시킨다(롬 1:18, 23). 이에 대해서는 인류가 더 잘 알았어야 했는데 말이다(롬 1:19-23).

이런 선택 역시 궁극적으로 실재에 대한 관점으로서의 믿음과, 신적 진리에 대한 저항으로 인해 부패해버린 마음을 대조한다. 하나님을 영화롭게 아니하는 것은 악한 마음의 시작이다(롬 1:20-22). 진리를 무시한 인류는 어리석음에 굴복했다. 결국 하나님은 그들을 그 상실한 마음대로 내버려두셨는데, 그 이유는 그들이 하나님을 염두에 두거나 인정하지 않았기 때문이다(롬 1:28).[20] 믿음은 육체의 마음과 반대된다. 대신에 믿음은 성령의 마음을 드러낸다.

로마서 1:21-22, 25, 28에 나오는 인간 지성의 타락은 특히 하나님에 대한 인간의 이해와 이런 이해에서 흘러나오는 원칙들을 포함한다. 우리가 직접적으로 신학적·윤리적 문제에서 더 나아가면 갈수록 부패의 직접적인 영향력은 더 떨어진다. 그럼에도 바울은 이런 타락이 그 시작점을 넘어 확장되고 있음을 분명히 한다. 왜냐하면 우리 삶의 어떤 영역도 하나님으로부터 완전히 독립된 곳은 없기 때문이다(참조. 마 5:34-35). 만일 우리가 하나님을 그분의 창조물 수준으로 격하시킨다면, 결과적으로 우리 안에 있는 그분의 형상과 우리 자신을 위한 그분의 목적을 왜곡시키게 되고(롬 1:23-27), 궁극적으로 적절한 도덕적 분별력을 잃게 된다(롬 1:28-32).[21] 신학적 왜곡이 커질수록 사회적 결과와 다른 진리들의 왜곡 역시 넓어진다. 신학적 견실성은 그리스도 안에서 마음이 새롭게 될 때 회복된다(롬 12:2-3, 1:28의 몇몇 언어를 역으로 표현한다).[22]

인식적 헌신으로서의 믿음

성령의 마음과 일치하는 믿음은 일종의 인식적 헌신이다. 증거는 믿음을 불러오기에 충분할 수 있지만, 오늘날 사상가들은 증거가 믿음을 강제한다고 좀처럼 생각하지 않을 것이다. 왜냐하면 믿음은 결정을 포함하기 때

20 Keener, *Mind*, 1-29.

21 Keener, *Mind*, 23-29을 보라.

22 Keener, *Mind*, 143-72, 특히 155을 보라.

문이다.[23] 믿음이 진리에 대한 무의식적 인지를 빈번히 생산해낼 때조차도 이런 무의식적 인지는 마치 인지된 실재가 참인 듯이 행동하는 집착을 강제하지 않는다. 기독교 학자들은 때로 그들의 도덕적 삶은 고수하는 한편 그들의 지적인 삶은 세상의 회의주의에 넘겨버린다. 그러나 그리스도께서 우리 삶의 주님이시라면, 그의 통치 영역은 우리의 지성을 포함해야 한다.

인식론적으로 그리스도인들은 그들의 처음 확신에 관해 다른 사람들보다 더 과묵할 필요가 없다.[24] 모든 사람은 자기 나름대로 정당화하기 어려운 시작 전제들을 가지고 있다. 예를 들어 경험주의, 합리주의, 실존주의 인식론과 같은 것이다. 우리는 이 선택들을 탐구할 수 있지만, 궁극적으로 우리가 그리스도를 따르기로 결심하거나 그를 따르기 위해 헌신할 때 그에게 우리를 맡기고 우리의 삶의 방향을 그에게 맞추는 것은 인식적 헌신을 포함한다. 나는 이 이슈를 잘 알고 있는데, 그 이유는 내가 개인적으로 이 이슈와 수년간 씨름해왔기 때문이다. 공개된 질문의 지적 가치와 그리스도를 향한 내 마음의 개인적 헌신의 균형을 맞추면서 말이다.

내 질문에 대한 결론들이 나의 믿음을 약화시키지는 않았다. 이 결론들은 빈번히 그리스도에 대한 나의 지적 믿음을 확인해주었다. 비록 몇몇 예비적 가정에 있어서는 조정을 종종 요구했지만 말이다. 보다 안전한 결

23 나는 이 주장을 통해 Bultmann처럼("Mythology," 38) 믿음이 객관적 증거와는 별개의 결단 행위, 곧 키르케고르가 말한 어둠 속에서의 도약이라고 말하는 것이 아니다. 대부분의 신자들은 그리스도가 역사적 분석이 아니라 "선포의 말씀 가운데서 우리와 만난다"는 데 동의할 것이다(Bultmann, "Mythology," 39). 그렇다고 이것이 역사적 분석 때문에 거짓이 되어버린 정보까지 우리가 수용해야 함을 의미하는 것은 아니다.

24 나는 다른 이들에 비해 이런 주장을 말하는 것이 수월하다. 왜냐하면 나는 예전에 무신론적 전제에서 출발하여 무신론이 아닌 그리스도가 진리임을 확신하게 되었기 때문이다. 그러나 나는 특히 나의 대학교 철학 교수였던 Claude Black 박사에게 감사드린다. 그분 덕분에 나는 모순적 전제들에 관한 문제에 주의를 기울이게 되었다. 모든 사람이 저마다의 전이해를 가지고 시작하며, 믿음은 적절한 전이해 중 하나다(예. 다음을 보라. A. Mickelsen, *Interpreting the Bible*, 69-71).

론들을 추구하면서 지적 선택에 무게를 두는 일은 잘못된 것이 아니었다. 발견적 목적(heuristic purposes)을 위해 증거를 추구할 때 몇몇 질문을 그 증거의 영역 안에 제한하는 일도 잘못된 것이 아니었다. 문제는 내가 때때로 불가지론적 가정들을 허용했고, 작은 규모의 발견적 목적들을 채택했으며, 보다 큰 영역에 더 많은 정력을 쏟았다는 점이었다. 이것들은 내가 다른 근거들에 기초하여 이미 결론지은 기독교 신앙과 양립할 수 없으며, 따라서 그리스도를 주님으로 고백하는 나의 헌신과 양립할 수 없는데도 말이다.

내 학문적 작업의 대부분은 공개 질문을 바탕으로 하는데, 어느 정도는 나의 신앙적 헌신을 탐구로부터 분류한다. 왜냐하면 질문 영역에서 인정되는 접근법들이 제한되기 때문이다. 일반적으로 이렇게 제한적인 방법론은 관련 이슈들의 영역 내에서 아무런 문제를 일으키지 않았지만, 내가 학문 모드에 있을 때(매일의 대부분) 추론 과정으로부터 믿음을 분류하는 정신적 습관을 촉진시켰다.

그러나 이 분류적 접근(bracketing approach)은 나의 개인적 믿음에 파급될 위험이 있었다. 많은 지적 질문을 해결해줄 자료가 충분히 있었지만, 어떤 자료도 100퍼센트 미만의 증거를 지닌 믿음을 허용하지 않는 회의적 인식론의 빈 공간을 채울 만큼 충분하지는 않았다. 왜냐하면 융통성 없는 회의주의는 언제나 새로운 반대를 제기할 수 있기 때문이다. 여기서 융통성 없는 회의주의란 내가 대답이 필요한 질문들을 형성했던 방식을 의미한다. 이렇듯 급진적으로 불신하는 인식론이 발견적 기능을 넘어 일종의 효과적인 정신적 전제가 될 때, 이 인식론은 믿음의 고백을 배제할 수 있다. 그러나 아무도 이런 급진적 회의주의를 일상에 적용하지 않는다. 이는 우리가 완벽한 증거와 충분한 증거 사이의 차이를 알고 있기 때문이다.[25] 나는 1장에서 이런 회의적 접근이 내 아내의 간증에 적용될 때 불필요하게 생성되는 긴장에 대해 언급했다.

이미 언급했듯이 모든 사람은 처음 가정을 토대로 행동한다. 그것이 방법론적이든, 우주론적이든, 아니면 그 외의 다른 것이든 말이다. 우리의 지성이 그리스도를 섬기는 데 집중한다는 말은(롬 12:2) 우리가 그리스도의 주 되심(Lordship)에 부속된 가정들로부터 도출된 기준에 의해 행동한다는 것을 의미한다. 그렇다고 우리가 질문들을 솔직하게 살필 수 없다는 말은 아니다. 그러나 증거의 수준을 너무 높이 잡아 아무것도 이를 넘을 수 없도록 만드는 우리의 학문 습관은 정직하지 않다. 이것이 바로 실질적인 불신앙이다. 완전한 믿음은 그리스도가 주라는 진리에 담겨 있는 세계관을 개인적으로 의존할 수 있을 만큼 우리가 충분히 확신할 때 주어진다. 완전한 믿음은 그리스도의 주 되심과, 이 그리스도의 주 되심이 포괄하는 모든 것에 의해 작동한다. 왜냐하면 이 기준은 나의 충성심을 얻기 위해 서로 경쟁하는 다른 전제들보다 나의 헌신을 더 값지게 만들기 때문이다.

불신자들을 비롯하여 신자들에게 적대적인 자들조차도 문법, 역사, 심지어 성서의 문학적 특징과 관련한 값진 통찰에 기여할 수 있다. 그러나 정의상 그들은 성서가 요청하는 완전한 개인적 의미를 이해하지 못하는데, 왜냐하면 이런 이해는 단순한 문법 설명이 아니라 진리의 포용을 포함하기 때문이다(이런 포용에 의해 우리는 더 이상 불신자가 아니다). 이해의 차원이 다른데, 이는 책에 있는 잉크의 화학 성분을 설명하는 것과 그 책을 읽

---

25 예를 들어 수학에서의 인식론적 확실성을 일상적인 문제에서 기대하는 것은 불가능하다. Moreland, *Triangle*, 121-26, 131-33에서 확실성과 지식의 유용한 구별을 보라. 참조. Boyd, *Benefit of Doubt*, 71-72과 같은 다른 주장들. 우리가 활동하는 지적 환경은 종종 이 이슈를 기독교 학자들에게 강요한다.

는 것 사이에 차이가 있거나, 좀 더 비슷하게 말하면 지도를 설명하는 것과 그 지도를 따라가는 것 사이에 차이가 있는 것과 같다.

신실한 읽기에 관한 예들

나는 이전 장들에서 문화적 상황(8장), 내러티브 읽기(1장), 기적 이야기 해석(6장)과 같은 이슈들을 다루었다. 여기서 나는 인식론의 현재 질문들에 비추어 이런 이슈들을 간략하게 재검토할 것이다.

그때와 지금: 문화

특정 교회 혹은 교회 집단을 다루는 저술들이 반드시 이런 교회들과만 연관이 있는 것은 아니다. 따라서 요한계시록은 각 교회에 성령이 그들 모두에게 말하는 것을 들으라고 요청한다. 비록 각 교회에 대한 메시지는 특별히 해당되는 교회에 맞추어져 있지만 말이다(계 2:7, 11, 17, 29; 3:6, 13, 22).

언어와 문화가 우리에게 막연한 것이기 때문에 성령이 교회에 말하는 것을 우리가 이해할 수 없다면 어떻게 해야 할까? 대부분의 문화에서 그리스도인 독자들은 대부분 "주 안에서 강건하라"(엡 6:10) 또는 하나님의 전신갑주(엡 6:11-17)와 같은 구절들을 자신에게 직접 적용할 것이다. 특히 하나님의 전신갑주와 관련하여 대부분의 그리스도인 독자들은 이 구절이 고대 청중에게 제시하는 이사야의 이미지나 로마 병사들의 군복에 관한 이미지를 충분히 고려하지 않을 것이다.

독자들은 보통 주인에게 복종할 것을 종에게 권고하는 맥락에서(엡 6:5)는 보다 신중해지고 주의를 기울인다. 갑자기 그들은 자신들이 다른 문화를 다루고 있음을 깨닫는다. 이와 유사하게 현대 서구 독자들도 주의 만찬에 대한 바울의 조언을 읽을 때(고전 11:17-34) 1세기 배경에 대한 필요를 종종 느끼지 못한다. 그러나 그들은 머리를 가리는 것에 관한 앞선 구절을 (고전 11:2-16) 자신들의 문화와 관련없는 것으로 종종 치부해버린다.

이런 읽기는 다른 문화의 읽기와의 비교를 통해 알 수 있듯이 매우 일관성이 없다. 예를 들어 북나이지리아에 있는 대학교에서 내가 가르쳤던 학생들은 모든 문화의 그리스도인 여성이 교회에서 머리를 가려야 한다고 믿었다. 그러나 그들은 거룩한 입맞춤을 1세기의 관습으로서 간주했다. 내 아내의 중앙 아프리카 문화에서는 사람들이 인사할 때 입맞춤을 하는데, 이런 문화에서 거룩한 입맞춤은 강제로 머리를 덮는 것보다 더 타당한 것으로 여겨졌다. 우리가 문화적인 것으로 가정하는 무언가는 독자의 문화와 다른 무언가에 달려 있다. 그러므로 문화적 측면에서 성서를 읽는 데 일관성 있는 방법은 존재하지 않는다.[26]

보다 일관성 있는 성서 읽기의 방법은 (그리스도인들이 주장하는 것처럼) 성서의 메시지가 모든 세대를 위한 것일지라도 그것의 특정 내용이 모든 상황에 균등하게 적용되지 않음을 인식하는 것이다. 눈에 띄는 예로, 바울은 고린도전서를 쓸 때 고린도 교회의 성도들을 수신자로서 분명히 명시했다(고전 1:2). 우리가 이런 확인을 진지하게 받아들인다면, 이는 우리가 고린도전서를 읽는 방식을 형성해야 한다. 그 내용이 글로에가 전한 소식이든(고전 1:11), 우상에 바쳐진 음식이든(고전 8:1-10:33), 머리를 가리는 것

26 머리 가리개에 관해서는 앞서 언급했듯이 다음을 참고하라. Keener, *Paul*, 19-69; idem, "Head Coverings"; 입맞춤에 관해서는 idem, "Kiss"를 참고하라.

이든(고전 11:2-16), 아니면 고린도 교회 성도들이 주의 만찬을 먹는 방식이든(고전 11:17-34) 상관없이 말이다. 바울은 특별한 상황에 대한 보편적 원칙들을 규칙적으로 제시한다. 그러나 그는 지역 교회를 대상으로 편지를 쓰고 있으므로 어떤 내용이 보편적인 것이고 어떤 내용이 그런 보편적 원칙의 구체적 적용인지를 구태여 설명할 필요가 없다.

바울의 구체적 적용에 대한 이유를 파악하기 위해 우리는 그가 다루고 있는 원래의 문화 및 배경에 관한 내용을 알아야 한다.[27] 모든 사람이 몇 년간 다른 일에서 손을 떼기를 기대하는 대신에, 나는 적어도 몇몇 성서학자의 주요 책임이 이런 정보를 대중 독자들이 사용할 수 있도록 만드는 것이라고 믿는다. 일단 이런 정보의 사용이 가능해지면, 공유된 원칙을 독자의 상황으로 전환하는 일은 종종 직관적인 것이 된다. 그러나 나는 "원칙"이란 용어를 통해 본문으로부터 "근본이 되는 명제적 진리", 즉 몇몇 학자가 주장하는 "원칙화"(principalizing)와 관련되는 것을 추출하자고 말하는 것이 아니다.[28] 내가 의미하는 것은 다음에 가깝다. 즉 바울이 하나님의 메시지를 그의 상황에 맞게 어떻게 상황화했는지를 인식하고, 동일한 메시지를 우리의 새로운 상황에 맞추어 재상황화하는 방식에 바울의

---

27 원래의 메시지와 그 메시지가 현재 독자들에게 말하는 방식, 이 두 가지를 모두 중요하게 여기는 주장에 관해서는 다음을 보라. Martin, "Hearing," 215; Pinnock, "Work of Spirit," 241.

28 Archer, *Hermeneutic*, 203-5(특히 204; 다음도 보라. Vanhoozer, "Beyond," 92-94. Vanhoozer는 성서의 유형들을 유익하게 옹호한다). Archer는 *Hermeneutic*, 205에서 내러티브 읽기에 반대되는 원칙화를 생각하고 있지만, 작가(이야기꾼)들은 이야기를 통해 "도덕"이나 "교훈"을 오랫동안 전달해왔다. 그리고 고대 역사가들과 전기 작가들은 그들의 청자들과 독자들이 자신의 작품으로부터 교훈을 얻어내길 분명히 기대했다(Keener, *Acts*, 1:148-65에 나오는 자료들을 보라). Grey, *Crowd*, 122, 126(Licoeur를 인용함)에서 보편 원칙들에 대한 호소를 보라. 그러나 나는 역사적 상황이 그것의 내러티브 틀을 제공하면서 우리가 보편 원칙들을 보다 구체적으로 들을 수 있도록 도와준다고 믿는다(또한 참조. Grey, *Crowd*, 132, 145). 다음도 보라. Klein, Blomberg, and Hubbard, *Introduction*, 407, 421-25; Marshall, *Beyond Bible*, 55-79.

상황화가 어떻게 본보기가 되는지를 인식하자는 것이다.[29]

일단 우리가 원래의 상황을 이해하고 나면 동일한 원칙을 어떻게 구체적으로 적용할 수 있는가에 대한 사례 연구 및 본보기로서 원래의 상황에서 시행된 구체적 적용들을 이용할 수 있게 된다. 바울은 구약성서의 내용들을 자신의 청중과 관련되는 본보기로서 읽었다. 예를 들어 광야에서 일어난 이스라엘 백성의 범죄에 대한 이야기들은 바울의 상황과 다른 상황들을 기술하고 있지만, 동일한 죄의 유혹을 받고 있는 고린도 교회 성도들에게 경고를 제시해주었다. 바울은 "이러한 일은 우리의 본보기가 되어"라고 경고했다(고전 10:6). "그들에게 일어난 이런 일은 본보기가 되고 또한 말세를 만난 우리를 깨우치기 위하여 기록되었느니라"(고전 10:11).

내러티브 읽기

몇몇 사람은 바울의 편지들을 그것의 원래 상황을 그다지 고려하지 않고 바로 적용할 준비가 되어 있지만, 내러티브를 적용하는 것은 꺼린다. 몇몇 사람은 내러티브를 오로지 과거의 구속사를 재구성하기 위해서만 사용한다. 그들의 역사적 통찰은 일반적으로 중요한데, 그 이유는 이런 이야기들이 해당 세대를 향한 메시지의 견본들을 제시하면서 (예언서와 서신서 같은) 다른 자료와 함께 성서의 내러티브 구조를 제공해주기 때문이다. 그러나 이 내러티브들은 하나님이 몇몇 상황에서 역사하셨던 방식들의 유형을 포함하기도 한다. 그리고 우리는 이런 유형들을 통해 배울 수 있다. 성서는

29 참조. Brown, *Scripture as Communication*, 264-67. Brown은 원칙화가 유용하지만, 본문의 목적을 따르는 상황화는 더 유용하다고 주장한다.

바로 이런 접근을 요청한다. "모든 성경은 하나님의 감동으로 된 것으로 교훈과 책망과 바르게 함과 의로 교육하기에 유익하니"(딤후 3:16).[30]

다른 많은 사람들처럼[31] 전통적으로 오순절주의자들 역시 사도행전을 하나의 본보기로서 접근했다.[32] 사도행전이 실제로 방언을 성령 세례에 항상 수반되는 것으로 가르쳤는지는 적절한 질문인데, 이에 대해서는 오늘날 오순절 학자들 사이에서도 의견이 분분하다. 왜냐하면 사도행전에서 사람들이 성령을 받을 때마다 방언이 언급되는 것은 아니기 때문이다. 그럼에도 방언은 누가가 방언과 성령의 연관성을 의도하고 있음을 보여주기에 충분할 정도로 빈번히 반복된다. 내 생각에, 3장에서 논했듯이 이 둘 사이의 연관성은 누가의 강조를 통해 방언이 성령 세례의 특징을 증언했다는 점에서 분명히 드러난다. 즉 하나님께서 문화를 교차하며 말씀하시는 능력 말이다(행 1:8). 그렇다고 해석자들이 방언을 통해 누가 성령을 받았는지를 판단할 필요는 없다. 그러나 누가가 방언과 선교를 연결시킨 것은 사도행전에서 이 연결이 임의적인 것이 아님을 시사한다. 즉 누가는 그의 내러티브를 통해 무엇인가를 가르치고 있다.

---

30 Klein, Blomberg, and Hubbard, *Introduction*, 350에도 같은 내용이 언급되는데, 여기서 저자들은 사도행전을 포함하여 내러티브에 대한 Fee와 Stuart의 접근법으로부터 이의를 제기한다.

31 예. 다음을 보라. Jennings, *Good News*, 111-16; Williams, *Radical Reformation*, 426-29; 그리고 1장 각주 16번에 언급된 다른 자료들. 누가의 오순절 내러티브가 다양한 문화에서 어떻게 적용되고 있는지는 다음을 보라. Chempakassery, "Jerusalem Pentecost"; Bediako, "African Culture," 120; Forrester, "Pentecost"(카스트 제도를 다룸); 행 2:17-21에 관한 Prema, "Paradigm"; Lloyd-Jones, *Christianity*; Alexander, "Action"에 나오는 비폭력적이면서 직접적인 행동.

32 초기 오순절주의가 특히 사도행전 같은 내러티브를 선호한 것에 관해서는 다음도 보라. Archer, *Hermeneutic*, 182, 187-89; Mittelstadt, *Reading*, 1-2, 14, 19-45(특히 19-31). Mittelstadt는 *Reading*, 81에서 다음과 같은 Jerry Camery-Hoggatt의 말을 인용한다(개인적인 서신): "오순절주의자들은 내러티브 신학을 수년간 진행해왔지만 비판적 자기반성의 측면에서는 나아진 점이 하나도 없다."

비록 입장의 변화가 다소 있었지만,[33] 고든 피는 원래 다른 여러 오순절 학자들보다 내러티브의 사용에 더 큰 주의를 기울여야 한다고 주장함으로써 반향을 일으켰다.[34] 피는 신실한 오순절 학자의 전형으로, 나는 그를 나의 멘토로서 존중한다. 사실 그를 만나기 오래전에 나는 그의 신약성서 강의 테이프를 반복적으로 들으면서 강의 내용을 일일이 받아 적고 관련 자료들을 거의 통달했다. 그는 젊은 오순절주의자들인 우리에게 도움을 주는 몇 안 되는 롤 모델 중 한 명이었다. 그는 내러티브 선례에 관한 망설임 때문에 몇몇 동료 오순절주의자에게 비난을 받았지만, 나를 비롯한 많은 이들에게 성령 충만한 학문이 무엇인지를 알려주는 모범이었다.

그러나 오늘날 학자들은 내러티브에 관한 그의 이전의 망설임에 동의하지 않을 것이다. 지난 수십 년간 성서 내러티브비평은 내러티브로부터 신학을 얻는 것의 중요성을 강조해왔다. 이는 이전 세대가 편집비평에 대해 보여준 관심보다 훨씬 더 큰 것이었다.[35] (내러티브로부터 신학을 도출하는 피의 현재 주장은 몇몇 오순절 동료 학자와의 대화 이후 미묘한 변화를 보였지만, 주류를 이루고 있으며 반론의 여지가 없다.[36])

내러티브비평의 발전에 덧붙여, 오늘날 우리는 고대 전기와 역사기술

33 다음을 보라. Fee, *Gospel*, 100-104. 여기서 Fee는 누가의 내러티브 신학이 지닌 가치를 인지하고, 이를 분별하는 방법에 보다 신중을 기한다. 여기서 Fee의 주요 대화 상대인 R. Menzies와 R. Stronstad는 Fee가 주장하는 저자 의도 해석학에 동의한다.

34 Fee, "Historical Precedent"; Fee, *Gospel*, 94-99, 108-11. 다른 오순절 학자들은 이 점을 강조해왔다. 예. Noel, "Fee"에 나오는 조사를 보라. Anthony Thiselton에 (주로 긍정적으로) 반응하는 Archer, "Horizons"를 보라.

35 편집비평은 오순절 방식의 누가-행전 읽기를 지지하는 데 사용되는 핵심 도구를 제공했다(Oliverio, *Hermeneutics*, 168, 179).

36 Fee, *Gospel*, 100-104. Fee는 누가-행전이 전체적으로 볼 때 신학을 전달하고 있으며(101) 사도행전의 유형들이 반복 가능성(repeatability)을 암시하고 있다고 인정한다. 누가는 "그가 제시하는 역사를 어떤 방식으로든 교회의 선례가 되도록 의도하고 있는가"에 관한 Fee의 질문은(103) 우리가 여기서 제시하는 것에 아마도 미치지 못할 것이다. 그러나 Fee는 "사도행전에 존재하는 유형의 다양성"에 바르게 주목하고 있다(103). 그리고 그는 사도행

이 규칙적으로 도덕적 교훈과 정치적 의제 등을 가르치고자 했음을 알고 있다. 이런 관찰은 일부 그리스 철학자들이 불쾌하게 생각되는 오래된 신화들을 알레고리화했던 방식으로 우리 역시 내러티브를 알레고리화해야 함을 의미하지 않는다.[37] 신화학(mythography)에 대해 무슨 말을 하든 간에 역사기술 및 전기의 고대 저자들은 보통 그들의 독자들이 자신의 내러티브를 알레고리화할 것을 기대하지 않았다. 다만 그들은 독자들이 그들의 내러티브로부터 교훈을 이끌어내길 기대했다. 이런 기대는 종종 그들의 저술에서 분명히 나타난다.[38] 결국 "모든 성경은 하나님의 감동으로 된 것으로 교훈과 책망과 바르게 함과 의로 교육하기에 유익"하기 때문에(딤후 3:16-17), 하나님의 종들은 하나님을 섬기기 위해 온전히 준비될 수 있다. 성서에서 가장 큰 주요 장르인 내러티브의 교육적 가치를 무시할 때 교회는 단지 부분적으로만 준비되는 것이다.

우리의 삶을 성서의 내러티브에 접붙임으로써 우리는 그 내러티브의 연장의 일부가 된다. 초기 오순절주의자들은 종종 사도행전 28장을 열린 결말로서 간주했고,[39] 오늘날 내러티브비평가들은 보통 이 열린 결말을 재확인해준다.[40] 완수해야 할 선교가 남아 있는 한, 우리는 성령의 힘이 지속적으로 필요하다(행 1:8). 그리고 동일한 성령의 힘이 우리에게 약속되었다

전의 모든 사건마다 방언이 언급되지는 않는다는 사실을 토대로 자신의 불확실성을 합리적으로 인정한다(방언이라는 말은 세 번 등장하지만, "방언과 연관된 사건의 수는 아마도 네 개 내지 다섯 개일 것이다).

37 예. Plato *Laws* 1.636CD; 2.672BC; Cic. *Nat. d.* 2.28.70 (the Stoic); Dio Chrys. *Or.* 1.62-63; 8.33; 60.8; Max. Tyre 4.5-8; 26.5-9; Heracl. *Hom. Prob.* 6.6; 8.4-5; 22.1; 26.1, 7-8; 30.1, 4; 31.1, 11; 39.2-17; 52.4-6; 53.1; 60.1; 68.8-9; 69.8-16; Proclus *Poet.* K82.10-17; K90.8-14; K141.16-21; K153.25-29. 참조. Josephus, *Ag. Ap.* 2.255의 비평; Sen. *Ep. Lucil.* 88.5의 이방인 비평; Lucian *Zeus Rants* 40.

38 Keener, *Acts*, 1:148-58과 여기에 인용된 자료들을 보라.

39 예. Mittelstadt, *Reading*, 40-43을 보라.

40 예. 다음을 보라. Marguerat, *Histoire*, 333; Marguerat, *Historian*, 152-54, 230; Rosner,

(행 2:39, 1:4에서의 하나님의 약속을 일깨워주면서). 마찬가지로 이 선교 사명을 이어나가는 우리는 구속사 내러티브의 일부가 되는데, 사도행전은 (우리의 정경 이후 관점에서 볼 때) 바로 이 구속사 내러티브를 지시한다. 요한계시록은 비슷하게 열방으로부터 모인 하나님의 사람들에 대해, 그리고 이 시대에 계속되는 바빌로니아와 새 예루살렘 민족 사이의 충돌에 대해 이야기한다. 어린양께 충성하는 우리는 요한계시록이 그리는 내러티브의 일부분으로 남아 있다.

기적 해석하기

기적은 정상에서 벗어난 인식론적 접근들이 성서 내러티브와 현대 내러티브에서 완전히 다른 해석으로 이어지는 중요한 예를 제공해준다. 예를 들어 군중은 하늘에서 떨어지는 불에 충분히 감동받았지만(왕상 18:39), 이세벨은 엘리야를 죽이기로 작정하여 그를 절망에 빠뜨렸다(왕상 19:1-3). 하나님은 이고니온에서 표적과 함께 자신의 메시지를 증명하셨지만, 이고니온 시민들은 이 메시지를 놓고 분열되었다(행 14:3-4).

기적에 대한 반응과 세계관은 오늘날도 천차만별이다. 알려진 바에 의하면 모잠비크의 어느 목사는 일곱 사람을 죽음으로부터 살려냈는데, 자신을 인터뷰하는 외국인이 이 일에 왜 그렇게 흥미를 보이는지를 이해할 수 없었다고 한다. 그 목사는 단순히 하나님께서 성서에서 행하신 기적을 행하시길 기대했을 뿐이었는데 말이다.[41]

"Progress," 232-33; Keener, *Acts*, 4:3758-63.

41 더 자세한 내용을 담고 있는 Chevreau, *Turnings*, 54-56을 보라.

기적은 구체적인 물질적 실재뿐만 아니라 믿음의 인식론에도 속한다. 수용자가 기적으로서 경험하는 수많은 사건은 믿지 않는 자들에 의해 매우 상이하게 설명된다. 우리가 경험을 기적으로서 수용하는지의 여부는 일반적으로 기존의 가정들과 입증 책임에 달려 있다. 따라서 예를 들어 기도 후에 누군가가 치명적인 병으로부터 회복되었다면(어쩌면 기도 없이 회복될 수도 있다), 기도했던 이들은 도우시는 하나님의 손을 보겠지만, 기적을 자연의 역행으로서 정의하는 이들은 (성서가 아닌 흄의 주장을 좇아) 이 회복을 의심할 것이다. 신자로서 우리가 도우시는 하나님의 손을 자주 보는 것은 적절하다. 그러나 "증거" 측면에서 생각하는(이는 학계에서 우리가 논하는 방식이다) 자들은 "하나님께 호소하지 않고" 설명 가능한 어떤 행동도 기적으로서 받아들이지 않을 수 있다. 다른 이들은 아무리 설명이 그럴듯해 보일지라도 회의적인 반응을 보인다.

몇몇 회의론자는 이런 회의주의를 놀라울 정도로 오래 유지한다. 따라서 예를 들어 의학적 관점에서 백내장은 수술 없이 곧바로 없어지지 않는다. 그러나 많은 사례들이 기도 후에 백내장이 즉시 사라졌다고 보도한다.[42] 하지만 불신을 작정한 사람들은 자신의 해석 기준을 통해 자신이 만든 "현실"에 부합하지 않는 주장들을 거부하면서 이런 증거를 인정하지 않는다. 그들은 목격자, 영상, 심지어 의료 기록의 신뢰성에도 이의를 제기할 수 있다. 아니면 그들은 그 사건을 이해할 수 없는 자연 원칙(예. 염력)에

42 Salmon, *Heals*, 68; Baker, *Enough*, 76, 171-72, 173; Brown, "Awakenings," 363(여기서 Brown은 한쪽 눈에 대해 이야기하면서 은퇴한 방사선 전문의의 증언을 인용한다); 2007년 11월 11일 캘리포니아 코로나에서 있었던 Bill Twyman의 인터뷰; 2009년 1월 30일 필리핀 바기오에서 있었던 Chester Allan Tesoro의 인터뷰; 2010년 5월 20일 펜실베이니아 윈우드에서 있었던 Gebru Woldu의 인터뷰; 참조. 2009년 2월 7일에 보낸 개인 편지에서 Robin Shields가 말하는 "평평하고 흐릿했던" 두 눈의 회복; 참조. Ogilbee and Riess, *Pilgrimage*, 43에 나오는 주장.

따른 일종의 자연 현상으로서 설명해버릴 수도 있다.[43] 나는 이런 몇몇 사례의 목격자들을 알고 있다. 그러나 만일 염력이 그런 현상을 설명해준다면, 혹자는 그것이 보다 일관성 있는 결과를 보여줄 것으로 기대할 것이다(철학자들이 지적이고 개인적인 행위자라고 부르는 것으로서 덜 알려진 하나님의 의지와 대조해서 말이다). 더욱이 (내가 거의 다 알고 있는) 많은 사례가 보여주는 공통 요소는 예수의 이름으로 드리는 기도였다.

마찬가지로 죽음(혹은 적어도 죽음과 다름없는 심각한 혼수 상태)으로부터의 소생은 정신신체적 측면에서(psychosomatically) 쉽게 설명되지 않는다. 그러나 그와 비슷한 열 가지의 목격자 진술이 내 친구들과 가족들에게서 나타난다. 최근에 내가 소논문에서 지적했듯이, 이런 사건들의 축적은 우연으로 보기에는 많은 무리가 있다.[44] "조기 매장이 위험할 정도로 만연하지 않는 한, 유신론적 배경과 연결된 소생 비율은 일반 인구의 자연스러운 소생 비율보다 훨씬 높다. 적어도 내 가족과 잘 알고 지내는 열 명의 사람이 유신론적 소생을 직접 경험했다고 주장한다. 이 수치는 우리가 아는 그들의 지인들까지 포함할 경우 쉽게 올라갈 것이다."[45]

만약 혹자가 그런 소생을 우연으로 설명되는 이례적 현상에 불과하다고 생각한다면, 우연의 축적이라는 비개연성은 이처럼 전형적인 비유신론적 설명이 얼마나 유별나게 그럴듯하지 않은지를 알려준다. 만약 혹자가 속한 집단에서 이런 이례적 현상들 중 하나가 우연일 것이라는 시작 추정

---

43 참조. Montefiore, *Miracles*, 23-65; Hirschberg and Barasch, *Recovery*, 144에 언급된 "외래 에너지"(extrabiological energy)도 참조하라. 그러나 이는 구체적으로 회의적인 관점에서 다루어지지는 않는다.

44 Keener, "Raised," 79.

45 여기에 포함되는 친구들은 다음과 같다. Deborah Watson; Ayodeji Adewuya; Leo Bawa; Timothy Olonade; Thérèse Magnouha; Albert Bissoussoue; Julienne Bissoussoue; Jeanne Mabiala(세 가지 이야기); André Mamadzi; Patrice Nsouami; Elaine Panelo; 이들 외에도 많은 증인들이 내 형제나 친구들을 통해 연락을 해왔다.

치가 십 분의 일이라면(매우 관대한 양보; 흄과 그를 따르는 자들은 아마도 그들의 집단에서 단 1퍼센트도 허용하지 않을 것이다)—즉 사망으로 오진되었다가 기도 중에 즉각적으로 회복된 경우—그런 열 가지의 우연에 대해서는 백억 분의 일이라고 가정할 수 있을 것이다. 혹자는 자기 집단에서 평균 소생 확률이 훨씬 높다고 가정할 수 없다. 극적으로 지나치게 많은 수의 사람이 일찍 매장되고 있다고 가정하지 않는 한 말이다. 다음과 같은 가능성은 얼마나 될까? 즉 내가 그런 우연을 경험한 백억 명 중의 한 명으로, 우연히 기적에 관한 방대한 책을 저술한 소수 중 한 명일 가능성 말이다. 가능성에 대한 일반적 이해에 비추어볼 때, 기도가 때때로 회복과 연관이 있다고 추정하는 것이 더 합리적이지 않은가?

다시 말하지만, 기적을 믿지 않기로 작정한 누군가는 내가 속한 집단에 부당하게 많은 숫자의 거짓말쟁이들이 존재한다고 주장할 수 있다.[46] 우리는 이 목격자들을 너무 잘 알고 있어서 이런 반대에 설득될 수 없다. 그러나 혹자는 회의론자들조차도 잠시 쉬기를 희망할 것이다. 왜 회의론자들은 근본적으로 추정일 뿐인 세계관에(기적은 그들의 집단에서 알려진 대로 받아들여지지 않는다) 다른 사람들의 증언을 거짓으로 치부해버릴 정도로 그렇게 끈질기게 집착하는 걸까? 심지어 비평학자들이 기적을 목격한 자들의 증언이 자신들의 철학적 전제에 이의를 제기하는 경우에도 그 증언의 신뢰성을 확인해주고 있는데 말이다.

이미 제안했듯이 단순히 기존 지식을 인정하지 않는 목격자들을 거짓

46 Hume은 기적을 목격한 자들이 스스로 속았거나 다른 이들을 속이는 자들이라고 간주하고 (*Miracles*, 32, 34, 36-37, 52-55; 참조 38: "어느 세대나 속이는 자들이" 존재한다는 사실은 "전혀 이상한 것이 아니다"), 또 그들이 "바보들"(39)이면서 "속임수와 기만"에 잘 넘어가는 자들이라고 간주한다(43; 52: "속임수와 아둔함"). 다음에 주목하라. Cramer, "Miracles," 136-37의 비평들; Breggen, "Miracle Reports," 6; idem, "Seeds."

말쟁이로 치부해버리는 융통성 없는 인식론은 역사, 저널리즘, 그리고 다양한 학문을 불가능하게 만들 것이다. 그들은 "과학이 재현할 수 있는 사건들을 요구한다!"라며 항의할지도 모른다. 그러나 기적은 정의상 복제 가능한 것이 아니다. 만일 그렇다면, 회의론자들은 기적을 자연 현상의 일부로서 치부할 수 있다.[47] 역사도 마찬가지로 복제 불가능하다. 그러므로 우리는 질문의 각 영역에 맞는 인식론적 방법론을 사용해야 한다. 어떤 이들은 다음과 같이 항의한다. "그러나 우리는 사건의 가능성을 유비를 통해 평가할 수 있는데, 기적에 대한 유비는 어디에도 없다." 기적에 대한 유비가 존재하지 않는다는 이런 주장은 순환적이다. 즉 이 주장은 기적에 대한 다른 모든 주장을 이미 거부했을 때만 작용한다. 만일 선험적 접근법이 폐쇄적이지 않고 순환적 추론이 아니라면, 나는 이런 접근법을 무엇이 충족시킬 수 있을지 상상조차 할 수 없다.

오늘날 기적 보도에 대한 이런 반응은 놀라운 것이 전혀 아니다. 우리는 종종 사람들이 논란의 여지 없이 명백한 기적, 예컨대 누군가가 며칠간 죽었다가 다시 살아난 것과 같은 일을 본다면 기적을 믿을 거라고 생각한다. 그러나 성서는 인간의 특성에 관해 보다 현실적이다. 요한복음은 다음과 같이 증언한다. 즉 나사로의 부활을 목격했던 많은 이들이 기적을 믿었지만, 어떤 이들은 예수를 반대하는 종교 지도자들에게 예수가 행한 일을 신고함으로써 반응했다고 말이다(요 11:45-46).

예수의 표적은 종종 믿음으로 이어졌지만(예. 요 2:11; 11:42, 45, 47-48; 12:11; 13:19; 14:29; 17:21; 20:8, 30-31),[48] 다른 경우에는 목격자들의 불신을 더 확고하게 만들었다(요 12:37; 참조. 6:26, 30). 어떤 이들은 믿고 싶어도 믿

47 참조. Llewellyn, "Events," 253; Keener, *Miracles*, 667.

48 이는 때로 예비적인 방식으로 이루어졌지만(요 2:23; 3:2; 4:48-53; 7:31; 10:37-38; 14:11; 16:30-32; 20:25, 29), 인내할 경우 더 큰 성숙으로 이어질 수 있었다(요 8:30-31, 59과 대

을 수 없었는데, 이는 하나님께서 그들의 눈을 멀게 하여 그들이 불신앙을 선택하도록 내어주셨기(나는 이렇게 이해한다) 때문이다(요 12:38-40). 또 다른 이들은 은밀하게 믿었지만, 하나님의 요구보다 다른 사람들이 자신을 어떻게 생각할지에 더 신경을 썼다(요 12:42-43). 심지어 직접 목격하지 않았던 자들조차도 자신이 원할 경우 목격자의 신뢰할 만한 증언을 통해 믿을 수 있었다(요 19:35; 20:30-31; 참조. 벧전 1:8).

이와 유사하게, 우리는 반복된 재앙에도 불구하고 완고히 저항했던 출애굽기의 바로를 생각해볼 수 있다. 실제로 이집트를 친 대부분의 재앙은 자연 현상으로 설명될 수 있었을 것이다. 왜냐하면 재앙의 확장은 이미 이집트 생태계의 일부였기 때문이다.[49] 바로의 주술사들도 종국에는 하나님의 능력이 자연적(또는 주술적) 수단을 통해 흉내 내는 자신들의 능력보다 더 위대함을 인정했지만(출 8:18-19), 바로는 다른 세계관에 완전히 사로잡혀 있었다. 바로에게 있어 이스라엘의 하나님이 이집트의 신들보다 더 강한 존재라는 사실은(출 12:12; 민 33:4) 그의 신학과 정체성을 뿌리째 뒤흔드는 것이었다. 왜냐하면 바로 자신이 신적 존재로 여겨졌기 때문이다. 심지어 이집트 생태계의 자연적 설명을 초월했던 장자의 죽음조차도 그를 단지 일시적으로만 설득할 수 있었다. 그 후 바로는 홍해까지 이스라엘을 추격했다.

우리가 기적을 어떻게 여기는가는 우리의 해석 기준인 믿음에 달려 있다. 어떤 이들은 순진하여 듣는 모든 것을 믿어버리는가 하면, 다른 이들은 너무 회의적이다. 실제로 기적이 자연 현상의 위반이라는 데이비드 흄

조). 믿음은 표적 이전에 발생할 수도 있었다(요 11:40; 14:12).

49 예. Fretheim, "Plagues"를 보라. 다양한 관점에서 다음을 보라. Hort, "Plagues"(이 주장은 Sarna, *Exodus*, 70-73에서 제대로 비판받는다); Stieglitz, "Plagues"; Duncan Hoyt, "Plagues"; Zevit, "Plagues."

의 정의를 일부만 인정해도 우리는 하나님의 활동의 대부분을 인지할 수 없게 된다. 이집트의 생태계를 강타했던 재앙이나, 강한 동풍으로 홍해를 가르신 하나님은(출 14:21) 자연 현상의 위반과 관계가 없다. 그러나 이 현상들을 단지 우연으로 보기에는 큰 무리가 있다. 특히 이런 사건들의 연이은 발생을 볼 때 더욱 그렇다. 자연 현상도 마찬가지다. DNA의 복합체인 인간이 고안해낸 것 중 가장 복잡한 언어만큼 우연한 사건으로 보기 힘든 것은 없다. 그리고 그 모든 것 중에서 우리 인간이 가장 복잡한 존재다.

연달아 발생하여 불가능한 것처럼 보이는 기적들을 자연주의적으로 설명하려는 몇몇 시도는 믿는 자들에게는 지푸라기를 붙잡는 것처럼 허망하게 들린다. 하나님이라는 가설이 훨씬 단순하고 가능성 있는 설명이 된다. 그러나 순수 자연주의를 신봉하는 자들에게 하나님을 배제하는 모든 설명은 하나님을 포함하는 어떤 설명보다 더 낫다. 왜냐하면 하나님은 그들의 설명 계획에서 선험적으로 배제되기 때문이다. 즉 불신은 일종의 세계관으로, 어떤 이들은 이것을 집요하게 물고 늘어지면서 증거의 기준을 한없이 높여버린다(아니면 적어도 제안된 모든 증거를 거절하는 데 필요한 만큼 높여버린다). 그래서 그들은 결국 아무 증거도 수용할 수 없게 되는 것이다. 성서는 때로 심지어 하나님의 백성 사이에서도 발견되는 도덕적 실명과 진리를 볼 수 없는 무능함에 대해 이야기한다(사 6:10; 29:9; 42:18-19; 43:8; 56:10; 렘 5:21; 겔 12:2).

이것은 세계관이 우리가 기적 기사를 읽는 방식을 형성한다는 것을 의미한다. 마치 세계관이 보다 일반적으로 우리가 현실을 해석하는 방식을 형성하듯이 말이다. 우리는 리처드 헤이스의 유용한 표현인 "신뢰의 해석학"[50]이나 의심의 해석학[51]으로부터 시작할 수 있다. 은사주의 가톨릭 학자인 윌리엄 쿠르츠(William Kurz)의 말처럼, 의심의 해석학은 분별력 있게 사용되지 않는 한 교회의 해석 공동체에서 성서를 하나님의 말씀으로서 읽는 것과 양립할 수 없다.[52] 또는 유대인 학자 게자 버미스(Geza Vermes)가 초기 유대 문헌을 읽는 신약성서 학자들에게 경고했듯이, "종교 문헌은 공감의 정신으로 읽는 사람들에게만 그 의미를 드러낸다."[53]

이스라엘의 지혜가 인지하듯이, 의심해야 할 때가 있다(잠 9:16; 22:3; 27:12). 실제로 잠언 14:15은 어리석은 자는 다른 이의 말을 무조건 믿는 반면에 지혜로운 사람은 자신이 무엇을 하고 있는지를 숙고할 것이라고 경고한다. 어떤 사람들은 신뢰할 만하지 않으며, 인간의 관점은 언제나 불

---

50 Hays, *Conversion*, 190-201을 보라. 참조. Provan, Long and Longman, *History*, 48, Spawn, "Principle," 60에 인용됨; Stuhlmacher, *Criticism*, Archer, *Hermeneutic*, 176n18에 인용됨. 이 학자들 대부분은 역사비평을 사용하지만, 이는 역사적 목적에 유용한 것으로, 초기의 반초자연적 가정들을 수용하는 것에 반대한다(예. Stuhlmacher, *Criticism*, 90, Wyckoff, *Pneuma*, 39에 인용됨).

51 의심의 해석학이 때로 충분치 못한 내용으로 전달되고 있음을 비평하는 다음의 연구들을 보라. Thurén, "Sincere"; Hengel and Schwemer, *Between Damascus and Antioch*, 119; 다른 관련 연구로는 다음을 보라. Horrell and Adams, "Introduction," 37; Brown, *Death*, 7-8; Carson, "Mirror-Reading," 99. 물론 저자의 동기를 비난하지 않으면서 저자의 인식을 비난할 수도 있다(Whitehead, *Science*, 25, Cohen, *Law*, 31에 인용됨). 성서 본문에 대한 의심의 해석학과 오순절주의의 차이에 관해서는 Waddell, "Hearing," 191을 보라.

52 Kurz, *Reading Luke-Acts*, 173-74.

53 Vermes, *Jesus and Judaism*, 63.

완전하다. 그럼에도 하나님은 우리가 신뢰할 가치가 있는 대상이기에, 어떤 점에서 참된 표적에 대한 우리의 저항은 비난받아야 할 불신이 된다(민 14:11, 22; 느 9:17).[54]

우리가 본문의 요구를 설명하거나 그 요구를 부적절한 것으로서 다루는 여러 가지 이유가 있다. 우리가 이를 철학적으로 흄의 패러다임이라고 부르든지, 문화적으로 서구의 회의론이라고 부르든지, 아니면 주해적으로 의심의 해석학이라고 부르든지 간에, 그것은 신학적 측면에서 성서가 불신으로 묘사하는 것, 즉 성서의 참하나님에 대한 불신과 일치한다. 성서적 관점에서 불신은 고대의 다신론적 패러다임이나 다른 패러다임에 적용되었듯이 현대 무신론적 패러다임의 특징이 된다.

성서의 하나님은 이신론자들의 하나님 또는 무신론의 명백한 비신성적 존재가 아니다. 그러나 서구에서는 종종 그리스도인들조차 이신론과 결합된 혼합주의를 저질러왔다. 우리는 기도 응답이 자연적 기대의 규범에서 벗어나지 않는 한 그것을 허용한다. 그렇지 않을 경우 기도 응답은 그것이 신뢰할 만한 증인에게서 나왔든, 신뢰할 수 없는 증인에게서 나왔든 모두 의심의 대상이다.[55] 우리는 하나님이 우리에게 주신 좋은 선물들, 예컨대 자원, 기술, 교육과 같은 것에 의존하지만, 이런 축복을 빼앗길 때 하나님이 우리를 도와주실 수 없는 것처럼 자주 행동한다. 우리는 경건의 모양에는 집착하나 경건의 능력은 부정한다(참조. 딤후 3:5). 어떤 이들은

54 하나님은 아직 표적을 보지 못한 자들에게 보다 많은 인내심을 보이시는 듯하다(삿 6:13-14; 마 11:20-24//눅 10:13-15). 과거의 명백한 "표적 중단"에 대해 이야기하는 성서 구절들은(예컨대 삿 6:13; 시 44:1-3; 74:9) 보통 하나님의 새롭게 하시는 일에 대해 이야기하거나 하나님이 다시 역사하시기를 간구한다.

55 이것은 기적과 관계없는 보통의 역사기술적 접근을 위반한다. 다음을 보라. Dilthey, *Pattern*, 141: "기적에 대한 현대의 설명에 있어서도 우리는 기적을 보도하는 자의 관점과 신뢰성, 그리고 그 기적 사건과 그의 관계를 먼저 살펴봐야 한다."

(완전히 가설적으로 말해서) 만일 하나님의 영이 우리의 교회를 떠난다면, 우리가 지금 행하는 방식과 다른 어떤 일도 할 수 있는지를 질문해왔다.

이런 관찰은 단지 기적과만 관련이 있는 것이 아니라 보다 일반적으로 성서를 경험하고 성서에 순종하는 것과도 관련이 있다. 예수는 부유한 지배자를 불러 그의 소유를 가난한 자들을 돌보는 데 넘겨주라고 명령했을 뿐만 아니라(눅 18:22), 그의 모든 제자들에게도 그와 같이 하라고 명했다(눅 12:33; 14:33; 참조. 3:11; 19:8). 주님이 성령을 쏟아부으셨을 때, 한 가지 즉각적인 효과는 하나님의 사람들이 그들의 소유를 가난한 자들과 나누었다는 것이다(행 2:44-45; 4:32-35). 이런 행위는 후에 성령의 지시에 따라(행 11:27-30) 각 지역의 교회들이 서로 나눔을 실천하는 가운데 지속되었다(롬 15:26; 고후 8-9장). 선교 여행을 다니는 사도들은 보다 극적으로 희생을 감행했다(고전 4:11-12; 고후 11:27). 그렇다면 참으로 영적인 신학적 초점은 부요함 속에서 자랑하기보다 희생을 감수해야 한다.

몇몇 교회는 성서의 이런 주장들을 과장으로 치부해버린다(그러나 과장의 목적은 우리의 특별한 관심을 요구한다). 그들은 성 프란체스코(St. Francis)나 존 웨슬리, 또는 찰스 피니(Charles Finney)의 유사한 주장들을 율법주의로, 나아가 론 사이더(Ron Sider)와 같은 현대 동시대인들의 훨씬 온건한 주장들조차도 마르크스주의로 치부해버린다.[56] 그동안 우리는 가지고 있는 자원 대부분을 우리 자신을 위해 사용했다. 성서는 모든 사람이 살아가기에 충분한 자원을 보유할 수 있도록 하나님이 보편적 교회의 일부를 자원의 청지기로서 삼으셨다고 말하고 있는데 말이다. 세계의 어떤 지역에서는 그리스도인의 자녀들이 영양실조와, 많은 비용을 들이지 않고도 예방

---

56 Sider, *Christians*을 보라. Ron은 나의 가까운 친구이자 이전 동료다(Keener, "Biblical Fidelity," 29을 보라). 그는 마르크스주의자가 아니고 자신의 복음주의적 재세례파 유산과 일치하는 성서적 확신에 따라 행동한다.

할 수 있는 말라리아와 같은 질병들로 인해 죽어간다. 반면에 우리는 비만이라는 전염병과 사투를 벌이고 있다(대개의 경우 비만을 설명해주는 확실한 유전적 이유는 없다). 우리는 물질주의와 때로는 (생존에 덜 적합한 사람은 죽도록 내버려두라는) 가상 사회 진화론의 문화적 세계관을 채택해왔다. 이런 접근에 대한 성서적 해결은 단순한 지적 재고가 아니라 회개이며, 대화가 아니라 회심이다.

믿음을 동반한 읽기는 다음과 같은 기대를 동반한 성서 내러티브 읽기를 의미한다. 이는 하나님이 어떤 방식으로든 우리에게 말씀하실 것이라고 기대하면서 읽는 것인데, 왜냐하면 성서 본문의 내러티브 세계에서 역사하시는 하나님은 우리의 세계에서도 역사하시는 참하나님이시기 때문이다.[57] 이런 실재는 그와 같은 견해가 강화되는 집단에서 믿기가 더 쉽다. 그러나 그런 견해가 강화되지 않는 문화에서도 우리는 "성서 본문 안에 거하는 법"을 배워야 한다.

57 참조. Mulholland, *Shaped*, 135: "우리는 기대감을 가지고 수용적이고 공개적으로, 그리고 성서에서 하나님을 만날 것을 열렬히 기다리면서 성서에 다가가야 한다."

12장 성서 인식론과 해석학

아무도 세속 학계가 성서 본문을 그리스도인들처럼 읽어야 한다고 제안할 필요는 없다. 그러나 그리스도인들은 그리스도인으로서 특유의 기독교 방식으로 성서를 읽는 것을 받아들여야 한다. 공통된 역사적 기본 규칙을 가지고 있는 읽기의 세속적 접근은 그런 배경에 유용한 읽기 방식이다. 이런 세속적 접근은 서로 다른 관점을 가진 사람들이 본문에 대해 대화하는 것을 허용한다.[1] 공통된 기본 규칙들이 의미하는 것은 우리 중 아무도 이 공통점을 넘어서 믿는 모든 것을 모든 사람이 만족할 수 있도록 증명할 수는 없다는 것이다. 그러나 체계는 유용한 기능을 제공하기 위해 완벽할 필요가 없다.

그러나 우리는 신자들의 공동체 내에서 말할 때 이런 한계에 안주하지 말아야 한다. 그리스도인들은 성서 본문을 특별히 기독교 방식으로 읽을 수 있다. 적어도 기술적으로(descriptively) 말해서 해석 공동체들은 본문을 공동체 내의 규칙에 의거하여 읽는다. 세속 학계는 그 나름대로의 읽기 방식이 있다. 교회도 교회 나름의 읽기 방식이 있다. 여기서 나는 단순히 교회의 흔한 읽기 방식에 관해 기술적으로 말하는 것이 아니라, 성서에서

1 참조. 많은 접근법의 상보성(complementarity)에 관한 Seneca *Ep. Lucil.* 108.30(번역 Richard M. Gummere, LCL 3:249): "문헌학자, 학자, 혹은 철학자가 키케로의 저서인 *On the State*를 읽을 때, 그들은 각자의 방식으로 그의 책을 탐구한다."

예언적·사도적 목소리들이 읽기 접근법들에 대해 제안하는 것을 고려하자고 촉구하는 것이다(참조. 자세한 내용이 나오는 13-16장). 실제로 성서는 하나님께서 궁극적으로 사람들에게 진리를 믿지 않은 책임을 물으실 것이라고 말하는데(예. 살후 2:10), 여기에는 성서에서 발견되는 진리가 포함된다(눅 16:29-31; 요 5:45-47).

성서는 오직 믿음으로 읽을 때만 이해할 수 있는 모범과 세계관을 제공한다. 우리는 다른 형태의 연구가 제시하는 값진 역사적 통찰을 배제하지 않으면서 성서에 담긴 하나님의 신성한 계획을 신뢰하고 찾는 보다 온전한 차원 혹은 상태에서의 성서 읽기를 배울 수 있다. 우리는 하나님의 메시지를 포용하면서 철저하게 믿는 읽기 방식을 택할 때 신자로서 성서를 읽게 된다.

진리에 대한 담대한 주장들

우리의 포스트모던 문화에서 메타내러티브 주장들은 공격적으로 보인다. 이런 반감은 우리가 "부분적으로 알고" 있으며 도덕적 혹은 신학적 장점이 그리스도 안에 있는 하나님의 선물을 우리에게 전혀 보장해줄 수 없음을 인식하게끔 해주는 긍정적 역할을 한다. 그럼에도 사도적 메시지는 그리스도를 구원의 유일한 방식으로서 제시하고(요 14:6; 행 4:12), 양립할 수 있는 공격적인 배타주의적 인식론을 제공해준다.[2]

2 참조. Keener and Usry, *Faith*, 108-35의 주장은 특히 그리스도 중심의 전환을 다루는데, 이 전환은 구원론과 연결된 신약성서의 다양한 이미지와 관련된다. 나는 아직도 이 주장의 함의들로 인해 극심한 고통을 받고 있다. 정직하게 주해하려는 내 노력이 언제나 내가 희망하

성서에서 영적 경험은 이를 체험하지 못한 자들에게는 미친 것처럼 보일 수 있다(삼상 19:24; 왕하 9:11; 행 2:13; 12:15; 26:24; 고전 14:23; 고후 5:13).[3] 인간 경험의 일반적 기대를 초월하는 부활 증언도(행 26:8) 처음에는 부정되었었다(눅 24:11). 실제로 특정 종류의 신적 행위를 배제하는 세계관을 가진 사람들은 종종 심지어 자신들의 영적 경험조차도 의심할 것이다(마 28:17; 눅 24:37; 행 12:9). 불행하게도 나는 이런 사례들을 증언할 수 있다.

바울은 고린도전서에서 그리고 고린도후서의 첫 부분에서 이런 생각에 대해 능숙하게 자세히 다루는데, 고린도후서에서는 자신의 사도직에 의심을 품는 자들에게 반응한다. 사도적 고난은 십자가를 닮았다. 이 십자가는 실제로 하나님의 능력과 지혜에 대한 최고의 표적임에도 불구하고 멸망하는 자들에게는 연약함과 어리석음의 전형이다(고전 1:18-25). 따라서 참지혜가 세상 사람들에게는 어리석게 보인다.[4] 그러나 그리스도의 사도들은 그의 고난에 동참하여 세상의 눈에 어리석고 연약한 존재로 비친다(고전 4:9-13, 특히 4:10).

고린도후서에서 바울은 그리스도가 그의 개선 행진에서 자신의 사도들을 죄수들처럼 이끌고 있다고 선언한다(고후 2:14). 로마 식민지인 고린도에서 이 서신을 접한 자들은 아마도 그런 죄수들이 행진 종료 후 처형되었음을 이해했을 것이다. 따라서 바울은 자신의 사역을 죽음, 예수의 본을

는 결과를 가져오는 것은 아니다.

3 신자들만 이런 영적 체험을 하는 것은 아니다. Keener, *Acts*, 4:3537-38에 나오는 고대 철학자들과 그들을 비난하는 자들의 토론을 보라.

4 Keener, *Mind*, 6장을 보라. 예수를 죽음에서 살리신 하나님에 대한 믿음이 없는 이에게 십자가는 단순히 불의의 희화화(travesty of injustice)이고 약자를 침묵시키는 강력한 힘에 불과할 수 있다(참조. Green, *Seized*, 153-54).

따르는 것, 그리고 예수의 고난에 동참하는 것에 비추어 말하고 있다(고후 1:9-10; 4:7-12, 특히 11-12; 6:9). 믿는 자들에게 사도적 사역의 치명적 고난은 삶의 아름다운 향기다. 그러나 멸망하는 자들에게 이런 고난은 그저 사망의 악취일 뿐이다(고후 2:14-16). 우리는 오직 새 창조의 관점으로만 그리스도의 고난을 이해한다(고후 5:16-17). 즉 오직 믿는 자들만이 십자가를 바라보면서 부활을 본다.

믿음과 진리

여기서 믿음은 그것이 신적 진리를 향할 때 우리를 그 진리로 이끄는 하나의 관점, 즉 세계관이다.[5] 모든 사람은 과거의 경험 또는 가르침을 토대로 자신의 전제, 곧 해석 기준을 현실에 적용한다. 어떤 이들은 자신의 해석 기준을 조정함에 있어 다른 이들보다 더 개방적이다. 회의주의는 믿음 못지않게 전제, 곧 해석의 기준과 관련된다.

우리는 성서의 메시지를 거부하는 다양한 철학적·종교적 접근법들에 대한 여러 이름을 가지고 있다. 그러나 이 모든 접근법은 성서에 대한 기독교의 믿음에 정면으로 배치된다. 즉 로마 제국주의가 십자가를 어리석은 것으로 보이도록 만들었기 때문이든, 혹은 로마 제국 내에 이미 많은 신이 존재했기 때문이든(참조. 사 46:6-7; 렘 10:14), 아니면 바울의 복음이 그

5 참조. 아우구스티누스의 "이해하기 위해 믿어라"(여러 자료가 *Sermon* 43.7, 9; *Tract. Jn.* 29.6을 인용한다)와 안셀무스의 이해를 추구하는 믿음(*Proslogion* 1). 그러나 아우구스티누스와 안셀무스는 자신들의 주장을 지지하기 위해 라틴어로 잘못 번역된 사 7:9을 인용했다(*Tract. Jn.* 29.6.2. 아우구스티누스는 보다 유용한 방식으로 요 7:17을 인용한다). 다른 해석자들은 바른 통찰을 위한 영적 중생의 필요성을 인용한다(예. Ervin, "Hermeneutics," Spawn and Wright, "Emergence," 6에 인용됨).

들의 회당에서 제시하는 세계관에 부합하지 않았기 때문이든(고전 1:22-23; 8:5-6), 바울은 그 시대의 신이 그들의 눈을 멀게 했다고 말했다(고후 4:3-4; 참조 3:13-14).[6]

기독교 관점에서 볼 때 주어진 제안과 관련하여 믿음 혹은 회의주의, 이 둘 중 무엇을 선호해야 하는지는 내용의 진실성 여부에 달려 있다. 주관적 믿음을 객관적 이성과 분리한 칸트에 반응하여, 키르케고르는 믿음을 어둠 속에서의 도약으로서 간주했다. 이런 사고는 그의 철학적 맥락에서 일리가 있지만, 바울이 믿음을 통해 의미했던 것은 아니다. 성서적 믿음은 키르케고르가 주장한 어둠 속에서의 도약이 아니라 진리의 빛 안으로 들어가는 신중한 발걸음이다.

이와 동시에 진리는 여러 각도에서의 탐구를 받아들일 수 있지만, 인간의 인식론은 한계가 있다. 사람들이 접근하는 정보에 한계가 있듯이 말이다. 하나님의 무한한 영인 성령의 역할을 고려하는 것과 별개로, 우리는 언제나 불완전하고 한정된 지식으로 우리의 신뢰를 바쳐야 한다. 왜냐하면 이런 지식이 우리가 사용할 수 있는 전부이기 때문이다. 우리와 비교할 수 없을 만큼 지혜로운 누군가를 우리가 신뢰할 때, 이를 정당화시켜줄 충분한 정보가 우리에게 있다는 것은 참으로 감사해야 할 일이다. 이것은 우리의 능력이 닿는 데까지 지식을 추구해야 할 중요성을 부인하는 것이 아니다(참조. 잠 18:15; 22:17; 23:12; 참조. 잠 2:4; 8:17에 언급된 지혜). 이는 하나님을 경외하는 것이 지식의 시작임을 재확인해주는 것이다(잠 1:7). 그리고 올바른 해석 기준과 토대는 특히 하나님과 하나님의 행위에 대한 지식을 위한 것이다.

6 그렇다고 실제로 모든 사람이 똑같이 소외되었다는 말은 아니다. 바울과 다른 성서 저자들은 때로 이렇게 극명한 대조들을 보여준다(나는 아래 내용에서 이 주제로 다시 돌아올 것이다). 그럼에도 극명한 인식론적 대조는 본문의 요구를 강화시킨다.

성서는 때로 믿음을 일종의 의미로서 묘사한다. 히브리서 11:1은 믿음을 증명, 증거,[7] 실상 또는 확신으로 묘사하는 듯하다. 적외선 조명과 야간 투시 고글은 사람들이 그것 없이는 정상적으로 볼 수 없는 전자파 스펙트럼의 범위에서 이미지를 볼 수 있게 해준다. 성서적 믿음은 또 다른 의미인 영적 의미와 같은데, 우리는 이 영적 의미를 통해 믿지 않는 자들에게는 숨겨져 있지만 실제로 존재하는 것을 볼 수 있다(고후 4:3-4). 그 진리는 믿지 않는 자들에게 감추어져 있는데, 그 부분적인 이유는 그들의 해석적 틀로는 그것을 볼 수 없기 때문이다. 다시 말해 그들의 세계관은 하나님의 신성한 행위를 고려 대상에서 배제하기 때문이다(이런 이유로 바울은 잘못된 관념들을 바로잡는 데 관심이 있다; 참조. 고후 10:5). 그러므로 성서적 진리는 그것을 계시하시는 하나님을 신뢰하고 의지함으로써 감지되고 받아들여진다.

믿음은 그 대상이 거짓일 경우 확실히 어리석은 것이 될 수 있고 오용될 수 있다. 종교적 자살 폭파범 혹은 마녀로 추정되는 아이를 죽이는 사람들은 자신들의 행위를 믿을지도 모르지만, 우리는 그들의 믿음이 그릇된 것임을 확신한다. 성서는 모든 것에 대한 믿음이 아니라 하나님과 그리스도에 대한 믿음을 강조한다. 그리고 하나님과 그리스도에 대한 믿음은 최초의 목격자들의 증언과 성령의 계속되는 증언을 통해 보증된다. (사실 살후 2:11과 같은 소수의 예외를 제외하면, 바울은 믿음이라는 용어를 오로지 진리에 대한 믿음을 위해 사용한다.) 사람들이 성서 구절들을 맥락과 상관없이 마치 마술 주문처럼 사용하여 그들이 원하는 것을 얻고자 한다면, 성서 본문에 대한 그들의 믿음은 오용되고 있는 것이다(비록 몇몇 경우에 하나님은 그리

7 ἔλεγχος(증거)에 대한 BDAG의 첫 번째 정의에 주목하라. 그러나 이 단어에 대한 BDAG의 번역은 좀 느슨하다. 그리고 ὑπόστασις(명의 증서 또는 보증)에 대한 BDAG의 네 번째 정의에도 주목하라.

스도에 대한 그들의 참된 믿음을 인정하실지도 모르지만 말이다). 이와 대조적으로 하나님은 우리가 신뢰할 수 있는 대상으로서 믿을 만한 분이다.

진리와 믿음의 영

기독교 세계관 혹은 관점으로 시작하는 신자들 위에 성령은 확신을 주는 인식론적 역동성을 더해준다. 복음서에서, 특히 마태복음과 요한복음에서 예수는 그의 백성과 함께하고, 그의 영을 통해 우리와 함께한다(마 18:20; 요 14:23). 실제로 우리는 이런 확언의 출처가 되는 진리를 수용하므로, 이 수용은 우리로 하여금 예수의 임재를 확인하도록 이끌어야 한다. 이는 결과적으로 하나님의 임재를 의식하는 경험을 가져온다(이는 느낌이 아닌 믿음으로 인식되지만, 이런 인식이 감정을 만들어내거나 감정과 결합될 수도 있다). 그렇다고 예수의 임재에 대한 의식이 그의 현존을 가져온다는 말은 아니다. 그러나 그의 임재라는 실재에 대한 살아 있는 믿음을 통해 우리는 그의 임재의 빛 가운데서 살아갈 수 있다.[8]

성령은 우리의 영과 더불어 증언하고(롬 8:16) 담대히 선포할 수 있는 힘을 준다(행 4:31). 혹자는 이런 확신이 너무 주관적이고 개인적이어서 다른 이들을 설득할 수 없다고 반대할지도 모른다. 그러나 우리를 확신시키는 성령의 역동성은 그리스도의 임재를 통해 다른 이들에게도 확신을 줄 수 있다(살전 1:5; 참조. 2:13; 요 16:7-11). 성령 인식론은 단지 바른 세계관을

---

8 그러나 하나님의 임재에 대한 우리의 의식 여부와 상관없이 나는 하나님의 임재하심에 감사한다. 왜냐하면 나는 독서나 집필을 하는 동안 일련의 사고에 과도하게 집중할 때를 제외하면, 뇌의 주의력 결핍 및 과잉 행동 장애(ADHD-brain)로 인해 오랫동안 지속되는 무언가를 의식하는 데 어려움을 느끼기 때문이다.

물려받는 것만으로는 이상적이지 않다고 주장한다. 우리는 성령이 제공하는 마음의 틀이 필요하다(롬 8:5-7; 고전 2:9-16).

초기 오순절주의자들은 이런 접근법을 몇몇 영적 은사에 적용했는데, 그 적용 방식은 그들의 급진적인 복음주의 선구자들이 선교 현장에서의 섭리를 위해 그런 접근법을 치유와 믿음에 적용했던 것과 같은 방식이었다. 때로 그들의 고집스러운 주장이 도를 지나쳤지만(구별성에 열광하는 신생 운동들의 공통된 특징이다), 그들은 자신들이 성서에서 발견한 세계관을 자신의 경험에서 확인하려고 했다. 이 세계관은 성서에 대한 일종의 믿음이며, 이 믿음은 대개 성서 구절의 정확한 의미에 대한 논쟁이 아니라 성서적 세계관의 실재에 기초한다. 성령은 이런 믿음 또는 절박한 기도에 권능을 부여하고 반응하여(눅 11:13) 성서적으로 평범한 것이 우리의 평범한 경험이 되도록 만든다.

세계관으로서의 불신

오늘날 대다수 학자는 모든 해석자가 자신의 가정을 인식하는지의 여부와 상관없이 전제를 사안에 가져온다는 것을 인식한다. 부흥운동 전통 출신의 해석자들은 대부분 다음과 같이 주장한다. 즉 초자연적 현상에 대한 성서적 접근을 현실적인 것으로서 인정하는 그들의 세계관이, 현대 비평학계에 만연한 경향이 있는 종종 무비판적인 반초자연주의적인 편견보다 현실에 더 잘 어울린다고 말이다.[9]

---

9 Spawn and Wright, "Emergence," 5-6, 21에서 저자들은 특히 루터교의 은사주의적 예들

성서적으로 하나님께 대한 충실함은 잠재적으로 설득력 있는 경쟁적 세계관들에도 불구하고 하나님께 대한 사랑을 보여준다(신 13:3). 사랑은 신뢰와 충성을 요구한다. 성서적 믿음은 마치 믿음의 내용을 지지해줄 증거가 우리에게 없는 것처럼 그렇게 맹목적이지 않다. 우리가 주목했듯이 믿음은 그것의 대상이 신뢰할 만할 때만 건전하다. 그러나 성서적 믿음에는 헌신도 포함된다. 성서에서 "믿음"으로 번역된 히브리어의 의미 범위는 단지 제안에 대한 동의뿐만 아니라 충실함 혹은 신실함을 포함한다.[10]

성서는 종종 신적 진리를 이해하지 못하는 우리의 무능력을 다룬다. 다양한 전통 출신의 신학자들이 전적 타락의 본질과 정도에 대해 논쟁을 벌이지만, 성서는 인간의 타락이 신적 진리를 인식하는 우리의 능력에 영향을 미친다고 분명히 밝힌다. 어떤 이들은 이런 타락을 이성의 타락으로서 설명한다. 다른 이들은 신적 진리에 저항하는 의지의 타락을 구체화한다. 그러나 나를 포함한 또 다른 사람들은 의지와 이성이 그렇게 쉽게 분리되는지를 의심할 것이다.

마음을 어둡게 만드는 죄의 몇 가지 예

앞에서 언급했던 바로의 완악한 마음이 한 가지 예를 제시해준다. 아마도 그의 그릇된 신학, 곧 그가 선조로부터 물려받은 신들이 자신의 노예들이

을 제공한다. 세계관에 대한 은사주의 인류학자의 논의에 관해서는 다음을 보라. Kraft, "Worldviews"; idem, *Worldview*. 반초자연적 세계관의 역사적 발전 및 그 세계관에 대한 반대에 대해서는 다음을 보라. Long and McMurry, *Collapse*(Long과 McMurry는 장로교 갱신주의자들이다).

10 BDB를 보라. 우리는 하나님의 신실하심으로 인해 그분을 믿거나 의존한다. 그리고 이 의존은 충성을 불러온다.

섬기는 신보다 더 위대하다는 생각이 그의 마음이 완악해지는 한 가지 요소였을 것이다. 그래서 하나님의 재앙이 이집트의 신들을 덮쳤다(출 12:12; 민 33:4). 하나님은 바로의 마음을 완악하게 하셨지만(출 4:21; 7:3, 13), 바로 역시 완악한 마음을 선택한 책임이 있었다(출 7:14). 바로는 하나님께서 억압에서 그를 풀어줄 때마다 종종 마음을 완악하게 했다(출 8:15, 31-32; 9:34; 10:20).

그러나 맨 처음에 그를 완악하게 만든 또 다른 요소는 특수한 대안적 설명이, 제한된 규모에도 불구하고, 똑같이 혹은 그 이상으로 가능하다는 신학적 믿음이었다. 바로의 마술사들은 처음에 표적들을 똑같이 따라할 수 있었다(출 7:11-13, 22; 참조. 8:7). 결국 하나님은 다신론적·자연주의적 설명이 부적절한 것임을 분명히 하셨다. 모세가 열 가지 재앙과 평안을 미리 선언하기 이전부터 말이다. 바로의 마술사들은 하나님의 표적을 더 이상 흉내 낼 수 없었다(출 8:18-19; 9:11). 바로는 재앙이 이스라엘의 가축에는 영향을 미치지 않았음을 알게 되었다(출 9:6-7). 그리고 하나님은 각 가정의 장자를 치시기로 결정하셨다(출 12:29). 그러나 바로는 그의 융통성 없는 세계관 밖에 존재하는 일관된 논리와 모순을 이루면서 여전히 하나님을 대적했다(출 14:4-9).

만일 누군가가 이런 완악함이 일어날 수 없다고 생각한다면, 공공장소에서 하나님의 진리에 대한 눈에 띄는 강력한 증거를 나열한 후 이에 대한 반응들을 관찰해보라. 바로는 자신의 신성을 포함하는 그의 신학이 주창하는 진리에 모든 것을 걸었다. 마찬가지로 오늘날 많은 이들은 하나님이 틀렸고, 틀리지 않았다 하더라도 설득할 수 없는 존재라는 생각에 모든 것을 건다. 관련된 대가를 과소평가하는 자들은 파스칼의 내기(wager)를 고려해볼 수 있다. 즉 누군가의 믿음이 거짓으로 드러나면, 하나님을 거부하는 위험은 그를 따르는 위험보다 높다.

마음의 눈을 멀게 하는 죄에 대한 또 다른 예는 예언자 이사야에게서 나타난다. 여기서 하나님은 아이러니하게도 그분의 백성을 눈멀게 하심으로써 그들의 저항에 반응하신다(사 29:9). 이 시점까지 하나님은 심지어 그들이 예언자들과 선견자들을 통해 진리를 받아들이지 못하도록 막으셨다(사 29:10). (비은사중지론자로서 나는 이렇게 제안하고자 한다. 즉 우리는 오늘날 참 예언자적 음성이 침묵하는 곳에서 그 침묵에 유의해야 한다. 때로 이것은 우리가 우리의 경고를 소진해왔고 경고 체계를 둔화시키거나 억압해왔음을 의미한다.)

그러나 이사야는 하나님이 그의 백성에게 손을 내밀지 않으셨음을 암시하는 것이 아니다. 대신에 하나님은 그들을 그들의 변명에 맡겨버리셨다. 어떤 이들은 읽을 수 없었기 때문에 하나님의 메시지를 거절했을 수 있다. 다른 이들은 하나님의 메시지가 봉인되었기 때문에 그것을 거절했을 수 있다(사 29:11-12). 다시 말해 그들은 예언자적 목소리를 받아들이지 않기로 이미 작정했기 때문에 그것을 들을 수 없었다. 그들의 인간적 지혜는 하나님의 진리가 아니었다(사 29:14). 하나님은 완벽한 지식을 지니신 분이다(사 29:15-16). 참으로 지혜로운 자들은 하나님께 주의를 기울인다. 하나님을 대적하는 참된 지혜는 어디에도 없다(잠 21:30; 사 29:14; 렘 8:9).

집단 차원의 맹목성

요한은 "우리는 하나님께 속하고 온 세상은 악한 자 안에 처한 것이며"(요일 5:19)라고 기록한다. 요한은 계속해서, 이와 대조적으로, 예수는 우리에게 지각을 주어 우리로 하여금 참된 자를 알게 하셨다고 확언한다(요일 5:20).

앞서 언급했듯이 로마서 1:18-32은 인류의 세계관이 신적인 문제들과 관련하여 심하게 왜곡되어 그들이 하나님에 대한 진리를 알아볼 수 없을 때까지 어떻게 의도적으로 하나님에 관한 진리를 억압하기 시작했는지를 기술한다. 결과적으로 가장 특출나게 맹목적인 사람들은 스스로 지혜롭다고 주장하는 어리석은 자들이 된다(롬 1:22).

바울의 시대에는, 바로의 시대와 마찬가지로, 신들이 증가하고 신적인 형상을 사람들이 만든 형상들로 축소시킴으로써 왜곡이 발생했다. 오늘날 왜곡은 때로 신의 완전한 제거와 모든 것을 운으로 돌리는 행위를 통해 발생한다(이런 행위의 범위에는 지적 창조자에 대한 믿음을 회피하기 위해 실제로 무한한 수의 우주에 의존하는 것까지도 포함된다). 로마서 1장에서 하나님의 형상을 왜곡하는 것이 인간의 성을 왜곡하는 것으로 이어졌듯이, 이런 왜곡은 오늘날에도 동일한 결과를 가져오는데, 오늘날 초월적 신성이 제거된 많은 인간은 순전히 동물적 욕망을 추구할 뿐이다. 인간성 또는 인간의 정체성을 순전히 우연한 기회의 산물로 환원시키는 것은 인류에 아무런 초월적 목적도 제공해주지 않는다.[11]

바울은 로마서 1:18-32에서 하나님이 세상을 그것이 이미 결정해버린 선택에 버려두신다고 세 번이나 강조한다. 이 구문은 집단적 죄를 묘사하는데, 이 집단적 죄는 그런 세계관들에 둘러싸여 있는 자들에게 영향을 미치고, 그들이 그 틀 내에서 만들어내는 상응적 선택들에도 영향을 미친다. 죄의 공포 중 하나는 그것의 집단적 효과다. 즉 오늘날 수백만 명의 사람들이 굶주리거나, 치료 가능한 질병으로 죽거나, 다른 이들의 이기심과

---

11 어떤 이들은 하나님이 신적 목적을 이루기 위해 우연을 사용하신다고 주장한다. 이 경우에 우연은 일종의 메커니즘으로, 하나님은 이 메커니즘 안에 의도하신 결과를 가져오기 위해 처음부터 규칙을 정해놓으셨다. 그러나 우연을 신적 메커니즘으로 간주한다면, 우리는 여전히 규칙의 궁극적 의도 측면에서 생각하는 것이다. "의도"는 세부사항(micromanagement)에만 국한될 필요가 없다.

탐욕으로 인해 난민으로 전락하고 있다. 세상에는 모든 인류를 먹여 살리기에 충분한 식량이 있다. 그러나 불공평한 분배로 인해 사람들은 굶주리고 영양실조로 죽어간다.

정보에의 접근도 마찬가지로 불공평하게 분배된다. 현실의 패러다임이 그런 것처럼 말이다. 누군가가 자신의 믿음을 거짓에 의해 정당화하려고 할 때, 그는 자신뿐만 아니라 자신을 신뢰하는 자들에 대해서도 하나님의 음성을 침묵시키고 있는 것이다. 천국을 얻고자 희망하면서 다른 이들을 살육하는 자들은 일반적으로 다른 이들의 허구를 따른다. 경건치 못하다고 여겨지는 세상에서 희망 없이 살고 죽는 자들 역시 다른 이들의 허구를 좇는다.

바울은 다른 곳에서 불법의 영에 대해 언급한다(살후 2:7). 그 결과 하나님은 악에서 쾌락을 취하는 자들을 기만의 영향을 받도록 내어주시는데, 이를 통해 그들은 진리 대신에 거짓을 믿게 되고 구원을 받지 못하게 된다(살후 2:10-12).[12] 다시 말해 사람들이 진리보다 죄를 더 많이 사랑할 때, 하나님은 그들의 눈을 멀게 하사 그들로 진리를 볼 수 없게 하신다.[13]

12 많은 비평학자들이 데살로니가후서의 바울 저작을 거부하지만, 적어도 영어권에 속한 대다수의 주해가들—본문을 가장 자세히 연구하는 자들이다—은 데살로니가후서의 바울 저작을 인정한다. 나는 미지의 인물이 바울의 이름을 빌려 예루살렘 성전이 무너진 기원후 70년 이후에 누군가 스스로 왕위에 올라 성전을 모독했다는 내용을 기록했다는 주장을 믿을 수 없다(살후 2:3-4). 성전에서의 황제 숭배 의식에 황제 자신이 모습을 드러낸 적은 결코 없었으며, 예루살렘 성전은 이런 황제 숭배가 발생한 기원후 70년 이전에 무너졌다.

13 이런 인과관계를 이해하는 방식은 각자의 신학에 달려 있으며, 나 역시 이에서 크게 벗어나지 않는다.

맹목성의 정도

이미 언급했듯이 바울은 일반적으로 말하지만, 반드시 모든 사람이 똑같이 눈이 멀었다는 것을 의미하지는 않는다. 로마서 1장과 마찬가지로 에베소서 4장도 무지와 성적 부도덕으로 이어지는 완악한 마음에 의해 마음이 어두워진 이방인들에 대해 언급한다(엡 4:17-19).[14] 그러나 여기서 바울은 자신의 청중이 이 어두움에서 회심했다고 인정한다(엡 4:20). 이는 바울이 사실상 이런 집단적 맹목성을 꿰뚫을 수 없는 것으로 여기지 않음을 암시한다.[15]

예수는 열린 마음을 가지고 있는 서기관을 "천국에서 멀지 않은 자"로서 묘사한다(막 12:34). 그리고 마가는 예수의 제자들을 반쯤 눈이 먼 자들로서 분명하게 묘사한다(막 8:17-18, 23-25; 4:11-13과 대조하라). 이해하지 못하는 자들에 대한 우리의 책임은 친절하고 상냥하며 인내하는 것이다. 심지어 메시지를 이해하지 못할 뿐만 아니라 반대하는 자들에게도 우리가 책임이 있다는 사실은 말할 것도 없다(딤후 2:24-25). 우리의 역할은 부드럽게 추론하는 것이다. 하나님은 그들에게 회개를 허락하시는 분이시며, 그들은 이 회개를 통해 바른 방식으로 사고함으로써 진리를 알게 된다(딤후 2:25-26). 자신을 그리스도인이라고 부르는 사람이 불신자들을 윽박지를 필요를 느낄 때(심지어 자신을 윽박지르는 불신자들에 대한 반응으로서), 우리는 이런 그리스도인이 오직 은혜로써 자신이 받은 것을 기억하고 있는지

14 나는 에베소서의 바울 저작을 받아들이지만, 이에 대한 논란을 잘 알고 있다. 바울 저작을 지지하는 여러 주해가의 주장들을 보라(특히 Hoehner, *Ephesians*, 2-61). 모든 사람이 동의하지는 않겠지만, 나는 Hoehner의 주장이 설득력 있다고 생각하며, 그의 주장과 관련하여 아무 내용도 추가할 것이 없다.

15 이와 비슷하게 바울은 그들의 마음의 눈이 더 밝아지기를 기도한다(엡 1:18). 그들의 눈이 이미 밝아졌는데도 말이다(5:8; 참조. 3:9).

의아해한다(참조. 눅 15:25-32; 18:9-14; 행 11:3, 18; 딤전 1:13-16). 그리고 다시 말하지만, 저항하는 자들에 초점을 맞추는 일은 비생산적일 수 있다(막 6:11; 딛 3:9-10).

수년 전에 나는 한 불가지론자 친구와 종종 대화를 나누었는데, 그는 기독교에 대한 여러 지적인 반대들을 제기하면서 내가 그런 질문들에 대답할 수 있는지를 알아보려고 했다. 각각의 경우에 나의 대답은 그의 항의를 그럭저럭 만족시켰다. 그러나 나는 제기될 수 있는 모든 질문에 대한 답을 내가 갖고 있지 않다는 것을 알고 있었다. 그와의 대화는 언제나 다음과 같은 방식으로 절정에 달했다. 즉 내 친구는 "자네가 옳다네. 하지만 나는 단지 나의 죄를 포기하고 싶지 않을 뿐이라네"라고 인정했다. 그러나 그의 마음은 진리를 완전히 받아들일 수 없는 상태는 아니었는데, 왜냐하면 그는 적어도 자신의 질문에 대한 대답의 합리성을 감지할 수 있었기 때문이다.

보통 정중한 대화를 거부하는 다른 이들은 자신이 이미 전제를 가지고 있다는 것을 이해하지 못하고, 기독교적 관점이 중립적·불가지론적 관점에서 그 자신의 관점보다 더 편향적인 것이 아니라는 점도 이해하지 못하는 것으로 보인다. 그러나 다른 이들은 물려받은 전제들로 인해 회의론을 유지할 수도 있지만, 그들의 세계관을 붕괴시키는 실재와 충돌할 때 그런 전제들을 버릴 수도 있다. (이것이 바로 내가 무신론에서 회심할 때 발생한 일이다. 비록 나의 불신적 세계관의 많은 측면이 해체되는 데는 좀 더 시간이 필요했지만 말이다.)

적대적 편견의 예들

실제로 불신앙의 범위에는 덜 비난받을 만한 것, 즉 하나님의 진리에 대한 무지로부터 악의적이지 않은 무시와 의도적인 거절까지, 그리고 그것에 대한 관용으로부터 다양한 수준의 적대감까지 포함된다. 신자들에 대한 지나친 박해는 눈에 띄는 적대감의 한 형태다.[16] 그러나 서구 학계에서의 박해는 제대로 된 합리적인 주장들이 일말의 고려도 없이 무시되고 폄하됨으로써 보다 빈번히 표현된다.

나의 독자들은 대부분 이런 적대적 편견을 쉽게 설명할 수 있을 것이므로, 나는 이 부분에서 관련 예들을 제한할 것이다. 처음에 나는 객관적 평가를 기대하며 학문을 추구했지만, 학계의 정치로 인해 금방 환멸을 느꼈다. (이 책에서 포스트모던주의 해석자들이 말하는 모든 것을 마치 그들이 모두 반드시 서로 동의하는 것처럼 수용하거나 거부하는 것이 내 의도는 아니다. 그러나 이 경우에 포스트모던주의자들은 다음과 같이 올바르게 반응할 수 있다. "우리가 그렇다고 했잖소.")

종종 몇몇 비평가는 성서의 많은 주장에 좀 더 긍정적인 결론을 제시하는 모든 학자를 "무비판적"이라며 비난한다. 특히 좀 더 긍정적인 학자의 연구가 보다 많은 자료, 보다 많은 학제 간 연결, 그리고 다양한 주장과의 철저한 상호작용을 보일 때, 이 비평가들은 그런 학자를 무비판적 학자라고 비난한다. 한편 이 비평가들은 일반적으로 오직 "비평"의 출처만을 읽을지도 모르는데, 그들이 의미하는 비평의 출처란 자신들의 결론(또는 자신들이 존중하는 멘토들로부터 배운 것)에 동의하는 사람들을 일컫는다. 물론

16 예. 다음을 보라. Marshall, *Blood*; Hefley and Hefley, *Blood*; Shortt, *Christianophobia*; Doyle, *Killing*; N, *I Am N*; 특히 Marshall and Shea, *Silenced*; Marshall, Gilbert and Shea, *Persecuted*.

이런 종류의 편견은 개인의 입장에 관한 문제가 아니라 개인의 성향에 관한 문제다. 이런 편견은 신학적 스펙트럼의 좌, 우 어느 쪽에서 발생하든지 간에(나는 양극단 모두에서 이런 편견을 목격한다) 무비판적인 근본주의다.

평론(reviews)은 학자들이 이런 성향을 빈번히 목격할 수 있는 곳이다. 비록 객관성에 대한 일반적인 학문적 존중이 이런 성향을 제지하는 데 도움이 되지만 말이다. 신학적 스펙트럼 전반을 가로지르는 많은 학자가 공정함이라는 존경할 만한 자유로운 미덕을 존중하지만, 우리 대부분이 접했던 몇몇 평론은 너무 불공평하여 그 비평들이 우리가 이미 읽은 동일한 책을 다루고 있는지 도저히 믿기 어려울 때도 있었다. 몇몇 평론가는 분명히 자신의 이력서를 보강하려는 목적으로 평론을 쓴다. 자신이 평론하는 책의 주요 요지조차 제대로 파악하지도 않은 채로 말이다. (때로 그들은 자신의 학문적 초점에 사로잡힌 나머지 평론하는 책의 기껏해야 한 페이지 분량밖에 안 되는 내용에 대한 반대 이유를 광범위하게 상세히 다룰 것이다.)

저명한 원로이자 주류 학자가 내게 다음과 같이 한탄했다. 물론 과장이 섞여 있었을 것이다. 즉 그는 자신의 책을 평했던 평론가들 중에 그 평론을 쓰기 이전에 그의 책을 읽어본 사람이 단 한 명도 없었다고 말했다.[17] 자신이 받은 비평을 한탄하던 또 다른 친구는 한 설문에 대해 "아니요. 나는 그 책을 아직 읽어보지도 않았고 평론도 하지 않았습니다"라고 응답했던 어느 학자에 관한 불쾌한 농담을 나누기도 했다.[18] 공평함을 시도하는

17 나는 나중에 그의 저술 중 한 권을 논평했는데, 나는 평론하기 전에 먼저 그 책을 읽었다. 그러나 모든 비평가가 그랬던 것은 아니라고 충분히 상상할 수 있다.

18 여기서는 내 개인적 경험을 통해서도 자세히 설명할 수 있다. 내 초기 저술에 대한 서평 중 내가 가장 좋아하는 서평은 다음과 같은 내용을 담고 있다. 즉 고대 노예제에 대한 나의 부정확한 견해는 내가 흑인이기 때문에 이해할 수 있는 실수라는 것이다. (이 서평자는 내가 아프리카계 미국 교단에서 안수를 받았기 때문에 나를 흑인으로 착각한 것이다.) 나는 나의 저술을 극찬하는 서평들을 읽어보았는데, 이 서평들은 부정적인 서평들만큼이나 요점을 놓치고 있는 듯 보였다. 그럼에도 다른 능숙한 서평자들은 나의 요점을 너무도 정확히 이해하

학자들조차 전제들로부터 벗어날 수 없다. 그러나 전통적으로 학문적 비평 작업의 중요한 한 부분은 비평가의 공통 기준에 기초하여 공평하게 평가하는 것이다.[19]

그러나 심지어 다소 적대적인 학자들조차도 악의적 편견을 보다 선명하게 예증하는 인터넷상의 기사나 블로그에 달린 최악의 논평들보다는 거의 언제나 더 공정하다. 학자들은 일반적으로 공평을 기하도록 훈련받거나 적어도 자신들의 평판을 보호하는 차원에서 과도한 편견을 보이지 말라고 훈련받지만, 인터넷상의 익명의 논평들은 통제되지 않은 인간의 성향들을 보다 분명하게 제시한다. 익명의 한 비평가는 노래하는 동영상을 인터넷에 올린 십 대 여성에게 다음과 같이 입에 담지 못할 "논평"을 했다. "못생겼네. 나가 죽어라."

학계와 더 연관이 있는 예를 들면, 학자들이 대중 수준의 글을 인터넷에 올릴 때, 스스로 자신만만한 대중 비평가들은 논평 단락에서 종종 터무니없는 주장들로 반박한다. 때로 그들은 잘못된 내용의 인기 있는 자료를 권위 있는 것으로 인용하거나, 어떤 학자가 다른 곳에서 자세히 다룬 내용에 대해 그것을 한 번도 읽어보지 않은 무명의 논평자가 언급한 내용을 인용하여 그 학자에 대한 자신의 비판이 옳음을 "증명"할 수도 있다.[20]

나는 몇몇 비평가가 인터넷상에서 기적에 대한 직접적인 증언을 믿으려고 하지 않는 것이 놀랍지 않았다. 인터넷상의 이런 기적 증언이 정확하

고 표현해내고 있어서, 나는 내가 나의 요지를 잘 표현해놓았기를 바라게 되기까지 했다.

19 공정한 평가에 대한 기대는 현대적 개념에만 해당되는 것이 아니다(참조. 창 31:37).

20 나는 종종 이것에 주목하지만, Candy Gunther Brown이 *Huffington Post*에 처음 기고한 내용에서 몇몇 논평을 생각한다(http://www.huffingtonpost.com/candy-gunther-brown-phd/testing-prayer-science-of-healing_b_1299915.html, posted March 2, 2012). 비록 내가 여기서 몇몇 근본주의 무신론자들의 인터넷 기고문들을 염두에 두고 있지만, 일부 근본주의 그리스도인들의 통렬한 인터넷 기고문 역시 당혹스러울 수 있다.

고 참된 기적을 의미한다고 믿는 것은 그들의 세계관을 침해할 것이기 때문이다. 나를 놀라게 한 것은 심지어 내가 나의 신앙 때문에 구타를 당한 적이 있다는 사실조차 믿지 않는 논평이었다. 노방 전도에서 기적이 수반되지 않을 때 구타를 당하는 일쯤은 충분히 예측 가능한 결과임에도 불구하고 말이다. 나는 인간의 자유가 부분적으로 다음과 같음을 예증하는 것으로 이를 받아들인다. 즉 사람들은 진리를 추구하기 위해 주장을 비판적으로 평가하는 대신에 자신의 비판적인 능력을 남용하여 그들의 세계관과 일치하지 않는 주장을 거부할 수 있다는 것이다. 심지어 진실한 신적 관점에서 볼 때 그들의 세계관이 틀릴 수 있을 때조차도 말이다.

전제들은 불가피하며, 이 전제들이 항상 적대적 편견으로 표현되는 것도 아니다. 그러나 성서는 반복적으로 다음의 내용을 명확히 한다. 즉 하나님께 적대적인 편견을 가진 세계관들은 해를 끼친다고 말이다. 구약성서에서 한 가지 해결책은 심판을 위해 그리고 하나님의 백성의 타락을 막기 위해 하나님께 적대적인 편견을 가진 사회를 제거하는 것이었다.[21] 그러나 예수와 사도적 교회(그리고 유배 중인 이스라엘)의 가르침은 매우 다르다. 하나님은 자신의 백성이 빛이 되길 원하시고, 강요에 의해서가 아니라 자비와 설득을 통해 그들의 사회적 가치에 변화를 이루길 원하신다.[22]

---

21 나는 여기서 주제로부터의 이탈을 피하기 위해 지나친 단순화를 시도했다. 훨씬 더 많은 뉘앙스를 지니고 있는 보다 자세한 논의를 위해서는 다음을 보라. Copan, *Monster*; Copan and Flannagan, *Genocide*.

22 우리 중 많은 이들이 대량 학살을 막기 위한 강제적 중재를 허용할 것이다. 그러나 확실히 예수는 강제적 믿음을 용인하지 않았을 것이다. 강제로 받아들이는 믿음은 참된 믿음이 아니다. 적어도 지적으로 가능한 대안들이 존재하는 한 말이다.

요한의 인식론적 이원론

처음부터 요한복음은 세상을 진리를 포용하는 자와 거절하는 자로 나눈다. 하나님의 빛이 어둠을 비출 때, 어둠은 그 빛을 "이해할 수" 없었다(요 1:5). 여기서 사용된 그리스어는 이해와 압도라는 두 가지 의미가 가능하다(여기서는 전자의 의미가 더 관련이 있을 것이다). 세상은 그것을 만드신 이가 그들 가운데 있을 때도 그를 알아보지 못했다(요 1:11). 그러나 그를 영접한 자들은 하나님의 자녀, 즉 하나님으로부터 태어난 자들이 되었다(요 1:12-13). 하나님이 인간이 되어 그의 마음을 드러내셨을 때, 하나님에 대한 온전한 이해가 가능해졌다(요 1:18).

오해

니고데모는 위로부터 태어나기 전까지는 하나님 나라를 볼 수 없었다(요 3:3). 천상의 진리들은 그의 온전한 이해 범위를 벗어나 있었다. 그가 지상의 비유를 사용하여 이해를 시도했을 때조차도 말이다(요 3:10-12). 이런 니고데모의 조건은 예수가 높임을 받으신 후에도 우리가 세상에 대해 기대해야 하는 것의 특징으로 나타난다. 세상은 진리의 영을 받아들일 수 없는데, 그 이유는 세상이 예수를 보지도 알지도 못하기 때문이다(요 14:17).

요한의 인식론은 인류를 예수를 따르는 자들과 "세상"으로 나눈다. 요한의 인식론에서 심판은 "이것이니 곧 빛이 세상에 왔으되 사람들이 자기 행위가 악하므로 빛보다 어둠을 더 사랑한 것이니라. 악을 행하는 자마다 빛을 미워하여 빛으로 오지 아니하나니 이는 그 행위가 드러날까 함이

요, 진리를 따르는 자는 빛으로 오나니 이는 그 행위가 하나님 안에서 행한 것임을 나타내려 함이라"(요 3:19-21).

따라서 예수는 그의 대화 상대자들에게 다음과 같이 경고한다. "어찌하여 내 말을 깨닫지 못하느냐?"(요 8:43) 이런 경고의 이유는 그들이 여전히 적대적인 영적 영역에 속해 있기 때문이다. (바울은 고전 2:14에서 이와 비슷한 사고를 제시한다.) 예수의 설명에 의하면, 그들이 예수를 이해하지 못하는 까닭은 그들이 그의 메시지를 듣지 못하기 때문이다(요 8:43). 그들은 육신적·세상적 관점을 가지고 있지만, 예수는 하늘의 관점을 가지고 있었다(요 8:15-16, 23; 참조. 3:11-13). 예수는 그들에게 순환적 수수께끼로 말하면서, 직접적인 하나님 경험에 의해서만 대체될 수 있는 어둠 가운데 그들을 내버려둔다(요 8:19, 24-25). 그들은 도덕적으로 예수의 진리를 볼 수 있는 자격이 없다(요 8:45-46). 그들은 예수의 말씀을 진실로 들을 수 없다. 왜냐하면 그들은 하나님으로부터 온 자들이 아니기 때문이다(요 8:47). 그들은 예수의 말씀이 단순히 육신적 차원에서만 이해될 수 없음을 알지 못한다. 다시 말해 오직 영적 차원과 신적 생명의 차원에서만 이해될 수 있음을 모르는 것이다(요 6:63).[23] 이런 인식적 교착 상태를 벗어나는 유일한 길은 그들이 예수의 메시지 안에 계속 거하고 예수와 그의 아버지이신 하나님(요 8:19, 31-32), 영생을 이루는 지식을 아는 것이다(요 17:3).

---

23 요 6:63은 성만찬을 놓고 츠빙글리와 루터가 벌인 논쟁에 있어 악명 높은 난제를 제공했다(둘 사이의 논쟁은 소통 오류로 어려움을 겪었는데, 이는 츠빙글리가 사용한 스위스어 관용 표현을 루터가 제대로 이해할 수 없었기 때문이다). 그러나 이 구절은 이 땅의 평가가 아닌 영적 평가를 전반적으로 강조하는 요한복음의 내용에 부합한다(요 3:12, 31; 7:24; 8:15).

만남을 통한 깨달음

요한복음의 많은 내러티브는 증언뿐만 아니라 예수와의 개인적 만남도 강조한다. 그래서 예수를 이미 만난 안드레는 자기 형제 시몬을 초대하여 예수를 만나게 한다(요 1:40-42). 자기 양들의 이름을 부르며 양들을 알고 양들도 그를 아는(참조. 요 10:3-5, 14-15, 27) 바로 그 목자가 시몬의 이름을 부르며(요 1:42) 그를 제자로 삼는다.

요한은 안드레가 예수를 "따른" 후(요 1:38), 자기 형제 시몬을 "발견"한 것에(요 1:41) 주목함으로써 이 구문을 다음 구문과 연결한다.[24] 거기서 예수는 빌립을 "발견"하고 그를 제자로 부른다(요 1:43). 그다음 빌립은 나다나엘을 "발견"했다(요 1:45). 예수가 안드레와 그의 친구를 "와서 보라"라는 말로 초대했듯이(요 1:39), 빌립도 나다나엘을 "와서 보라"라는 말로 초대한다(요 1:46).[25] 예수의 정체성에 대한 빌립의 증언이 나다나엘이 예수와 만나도록 준비시켰지만, 나다나엘을 확신시켜준 것은 예수와의 만남이다. 예수는 시몬의 중심을 알았듯이 나다나엘의 중심을 알았다(요 1:46-51). 마찬가지로 예수는 자신을 사마리아 여인에게 드러내면서 그녀의 정체성에 관한 것을 드러낸다(요 4:17-18, 25-26). 그리고 그녀는 자신의 사람들에게 "와서 [예수를] 보라"고 말하며 그들을 초대한다. 그 결과 그들은 (이전의 나다나엘처럼) 자신들이 예수를 믿는 이유가 증언 때문이 아니라 예수와의 직접적인 만남 때문이라고 선언한다(요 4:42).

24 안드레가 예수를 "따름"으로써(요 1:37-38, 40) 예수와 빌립이 만나게 되고, 예수는 빌립에게 자신을 "따르라"고 말한다(요 1:43). 마치 빌립이 자신의 양인 것처럼 말이다(요 10:4-5, 27).

25 이 표현은 어느 정도 요한의 관용어구일 수 있다(참조. 요 11:34). 그러나 이 병행 구문에서 이 용어의 잦은 출현은 중요한 의미가 있는 것으로 보인다.

인식론은 요한복음의 핵심 장면과 그 뒤에 이어지는 예수의 경고에서 중심이다. (요한이 즐겨 사용하는 "알다"라는 단어는 요한복음에서 약 140회 등장하며, 이 주제를 중심 모티프로서 구성한다.) 요한복음 9장에서 치유를 경험한 사람은 비평하는 자들의 모든 질문에 답할 수 없었다. 왜냐하면 그가 알지 못하는 내용들이 있기 때문이다(요 9:12; 참조. 9:20-21). 그럼에도 그는 그들의 회의론에 의문을 가질 만큼 충분히 알고 있다. 그는 자신의 경험, 즉 자신이 소경 상태에서 볼 수 있게 되었다는 것을 알고 있다(요 9:25). 지적·사회적 권력을 가진 자리에 있는 독단적 비평가들은 자신들이 알고 있는 것에 대해 더 오만하다. 즉 그들은 예수가 죄인이고(요 9:24) 하나님이 모세에게 말씀하셨다는 것을 "안다"(요 9:29a). 그러나 그들은 예수의 중요성을 거절하는데, 그 정확한 이유는 그들이 그가 원래 어디서 왔는지를 모르기 때문이다(요 9:29b).[26]

치유를 받은 남자가 스스로 생각하는 지적 독립성을 행사하면서 이 사람(예수)이 죄인이라면 이런 기적을 일으키지 못했을 것을 "우리가 안다"라는 점을 확인해줄 때(요 9:30-31), 그들은 그의 배우지 못함을 조소하고 그를 하나님의 백성의 공동체로부터 배제한다(요 9:34). 요한의 첫 번째 청중은 아마도 그들의 회당에서 출교나 소외를 경험했을 것이다.[27] 우리 중에 믿음으로 인해 조롱받은 자들은 이 남자와의 동병상련을 느낄 수 있

26 요한의 청중은 이미 예수의 기원이 하늘, 다시 말해 하나님이심을 알고 있다(요 3:13, 31; 6:32-33, 38, 41, 46, 51; 8:23, 42). 그러나 이 사실은 예수의 비판자들의 주장에 정면으로 대치된다(9:16). 그리고 치유받은 사람은 9:33에서 이 사실에 응답하고 있다.

27 이는 오래전에 다음과 같은 연구들을 통해 주장되었다. Aberle, "Zweck"(1861, 이 부분은 Ashton, *Understanding*, 108에 인용됨); Wrede, *Origin*, 83-84; 보다 최근의 연구로는 다음을 보라. Martyn, *Theology*; idem, "Glimpses." 이후로 이런 주장은 다음과 같은 연구들에서 널리 수용되었다. Koester, "Brown and Martyn"; Dunn, "John," 302-4; Perkins, *Reading*, 249-50; Hasitschka, "Anmerkungen"; Rensberger, *Faith*, 26; Kysar, "Gospel," 918; Quast, "Community." Keener, *John*, 1:194-214에서 더 자세한 관련 논의를 보라.

다. 그러나 궁극적으로 하나님의 백성에 누가 포함될지를 결정할 수 있는 자들은 그런 엘리트 집단의 구성원들이 아니다.

이 남성을 변호하면서 예수는 자신이 온 이유를 눈이 멀었다고 여겨지는 자들을 보게 만들고, 본다고 생각하는 자들 곧 다른 이들보다 더 잘 안다고 주장하는 자들의 눈을 멀게 하기 위해서라고 주장한다(요 9:39-41). 여기서 논쟁이 되는 이슈는 예수 자신의 정체성이다. 하나님의 참된 양들은 그들의 목자를 알아보고, 스스로 임명한 자, 즉 하나님의 백성의 거짓 지도자들에게는 저항한다(요 9:35-38). 예수의 양 떼인 하나님의 참백성은 그의 음성을 알고 그를 안다(요 10:4-5, 14-15; 참조. 10:27). 예수는 더 이상 육신으로는 우리 안에 거하지 않지만, 성령은 계속 예수의 임재를 가져온다(요 16:7-15). 예수가 자신의 아버지로부터 들은 것을 그의 제자들에게 계시했듯이(요 15:15), 성령은 자신이 예수로부터 들은 것을 계속 계시해준다(요 16:13-15). 따라서 요한복음 9-10장의 시나리오는 이 세대의 시기마다 예수에게 다양한 반응을 보이면서 계속 진행 중이다.

요한복음만큼은 아니지만, 요한 서신들은 지식에 대해 요한이 사용하는 두 가지 동사를 많이 사용한다(다 합쳐 7장밖에 안 되는 요한 서신에서 지식 관련 동사는 총 34회 등장하는데, 그중에서도 요한1서에 가장 많이 등장한다).[28] 요한1서 4:6의 인식론적 주장은 순환적인 것으로 보인다. 이 주장이 성령을 실제로 경험한 것에 달려 있는 사도적 증언에 대한 신뢰에 의해 알려진 것이 아니라면 말이다. "우리는 하나님으로부터 왔다. 하나님을 아는 자라면 누구나 우리에게 주목한다. 하나님으로부터 오지 않는 자는 우리에게 주목하지 않는다. 이것이 바로 우리가 진리의 영을 오류의 영으로부터 구별할

28 요한1서에 나타나는 이 두 동사 간의 앞뒤 교환은 요한복음에 나타나는 이 동사의 무작위적 등장과 유사하다(이에 관해서는 Keener, *John*, 1:243-46, 특히 245을 보라).

수 있는 방법이다."[29]

이런 집단 밖에서 그와 같은 추론은 필연적으로 의문을 가져오는 듯하다. 그러나 이 추론은 경험적 지식인 하나님께 대한 사전 지식을 전제한다. 요한의 목격자 집단은 어떤 영이 육체로 온 예수와 일치하는지를 구별할 수 있었는데, 왜냐하면 그들은 육으로 오신 예수를 이미 알고 있었기 때문이다(요일 4:1-3).[30] 성령을 경험한 자들은 진리를 알아보았다(요일 3:24). 그리고 그들은 자신들이 경험한 영이 참된 영임을 알았는데, 왜냐하면 이 영의 증언과 진실한 인간 목격자들의 예수에 관한 보도가 일치했기 때문이다(요일 4:2-3; 참조. 요 15:26-27). 하나님을 경험한 자들은 사랑하는 자들이기도 했다(요일 4:7-8). 이런 사람들은 신자들의 공동체를 버린, 요한 서신의 어딘가에서 비난받는 자들과 대조된다.

요한의 이원론은 이상적 유형을 사용한다

이 시점에서 주의 사항을 하나 추가하는 것이 중요하다. 요한의 인식론적 이원론이 이번 장의 주요 관심사와 가장 관련이 있지만, 이것이 세상에 대한 성서의 유일한 관점은 아니다. 성서의 다른 곳에서 이집트 사람들은 모

---

29 진리의 영을 거짓 영과 대조시키는 특정 용어는 이미 유대인 집단에서 사용되고 있었다. 예. 다음을 보라. 1QS 4.3, 9, 21; 4Q544 i.10-14; ii.13-15; *T. Jud.* 20:1-2; Brown, *Essays*, 147-50; Duhaime, "Voies"; Tigchelaar, "Names of Spirits."

30 대다수의 요한복음 학자는 요한복음의 목격자 전승 주장을 진지하게 받아들인다(요 13:23; 19:35; 21:24-25; 예. Kysar, *John*, 12; O'Day, "John," 500; Witherington, *Wisdom*, 15-17; Smith, *John*, 400; Ridderbos, *John*, 3; Beck, *Paradigm*, 6; Bruce, *John*, 4-5; Bauckham, *Testimony*, 33-72). 나는 요한복음의 저자가 요한 서신의 저자와 동일하고, 예수의 사역을 직접 목격한 자라고 주장한다(Keener, *John*, 1:81-139; idem, "Beheld," 15-17). 나의 이 주장은 요한 서신 저자의 주장과 일치한다(요일 1:1-3).

세의 시대에 하나님의 백성을 억압했지만, 요셉의 시대에는 하나님의 백성을 포용했다. 요셉과 모세는 이방인 제사장들의 가족과 결혼했다. 다니엘은 비록 갈대아인들의 지혜와 학문을 배웠지만, 신적 계시를 체험했다(단 1:4-5; 2:19). 바울은 아시아 관리들과 긍정적인 관계에 있었는데, 이 아시아 관리들 중에는 그 지역의 다신론적 시민 종교에서 저명한 인물들도 있었다(행 19:31).[31]

마찬가지로 요한의 이원론은 잠언(혹은 스토아주의)에 나오는 지혜자와 어리석은 자의 이분법적 대조처럼, 또는 로마서 8:3-11에 나오는 성령에 속한 사람과 육신에 속한 사람의 대조처럼 이상적인 구성 요소다.[32] 요한에게 이원론은 실제로 모든 사람이 완전히 이해하거나 완전히 오해하거나 둘 중 하나라는 것을 의미하지 않는다. 사실 요한의 내러티브들은 다양한 차원의 이해와 오해를 제시한다. 예를 들어 예수는 온전히 이해하고, 제자들은 어느 정도 이해하며, 니고데모와 같은 은밀한 신자들은 이해를 찾고, 관계 당국자들은 완전히 무지하다.[33] 그러나 우리는 요한의 이원론을 통해 세계관과 배경은 몇몇 사람이 기꺼이 인식하고자 하는 것보다 더 많은 담론과 토론을 형성한다는 사실을 분명히 기억하게 된다.

인지적 타락에 관한 성서신학을 조사하면서 불신앙을 세계관으로서 탐구하는 것이 성령 해석학이라는 주제와 무슨 관련이 있는가? 가장 중요한 주석 방법론들은 신자들이나 불신자들, 이 둘 중 한쪽에 적용될 수 있다.[34] 그러나 우리가 믿음을 가지고 성서 본문을 읽는지 아닌지는 우리가

---

31 그들은 에베소에서 바울의 가르침을 후원했을 것이다. Keener, "Asiarchs"를 보라.

32 Keener, "Spirit Perspectives"; idem, *Mind*, 4장.

33 요한복음에서 등장인물들의 믿음이 보여주는 모호성과 복잡성에 관해서는 다음을 보라. Sevrin, "Nicodemus Enigma," 369; Grant, "Ambiguity"; 특히 Hylen, *Imperfect Believers*.

34 Osborne은 *Spiral*, 341에서 Larkin, *Culture*, 289을 긍정적으로 인용한다: "바울은 인지 영역이 아닌 평가 영역에서 장애물을 발견한다." 불신자들은 본문의 의미를 믿지 않고서 그 의

수용하는 세계관과 밀접한 관련이 있다. 성령은 신적 지혜의 관점과 접근에 권능을 부여하는(행 6:3, 10; 고전 2:13; 12:8; 엡 1:17; 참조. 출 31:3; 35:31; 사 11:2) 기본 수준에서뿐만 아니라, 예수를 주로 고백하는(고전 12:3; 요일 4:2) 기본 수준에서도 올바른 틀을 고취시킨다. 이런 전제들 위에 담대히 서서 번성하게 하는 성령의 충만한 권능 역시 반대 세력에도 불구하고 성령으로부터 나온다(행 4:8, 13, 31).

결론

성령 해석학의 토대가 되는 성령 인식론은 하나님의 진리를 포용한다. 증거가 중요하지만, 전제 역시 중요하다. 갱생과 권능의 부여 그리고 새롭게 하는 성령의 역사와 별도로, 타락한 세계관은 불가피하게 현실을 왜곡하는 렌즈가 된다. 모든 사회 혹은 개인의 세계관이 똑같이 손상된 것은 아니지만, 오직 전지하신 하나님만이 온전한 세계관을 갖고 계시므로 그분의 계시에 복종하는 것이 가장 현명한 길이다. 하나님의 성령은 하나님의 지혜에 반하는 상속된 악의적 편견을 갖지 않도록 우리를 도와줄 수 있다. 최선의 상태에서 이런 인식론은 간접적인 믿음 그 이상을 의미한다. 다시 말해 이 인식론은 그리스도와의 참된 만남에 달려 있다.

미를 이해할 수도 있다.

13장 진리로서의 성서 읽기

시편 119:160(율법[Torah]에 관하여): "주의 말씀의 강령은 진리이오니 주의 의로운 모든 규례들은 영원하리이다."

요한복음 17:17(예수의 메시지에 관하여): "그들을 진리로 거룩하게 하옵소서. 아버지의 말씀은 진리니이다."

고린도후서 4:2(사도의 메시지에 관하여): "…하나님의 말씀을 혼잡하게 하지 아니하고 오직 진리를 나타냄으로 하나님 앞에서 각 사람의 양심에 대하여 스스로 추천하노라."

데살로니가후서 2:10(사도의 메시지에 관하여): "불의의 모든 속임으로 멸망하는 자들에게 있으리니, 이는 그들이 진리의 사랑을 받지 아니하여 구원함을 받지 못함이라."

이런 구절들은 우리가 성서에서 가장 온전히 구체화된 내용으로 발견하는 (본문적 측면에서 볼 때) 신성한 메시지에 유념하라고 요청한다. 혹자는 이와 유사한 구절들을 발견할 수 있는데, 이 유사 구절들은 대개 복음에 관한 메시지를 언급하면서 "진리의 말씀"에 대해 이야기한다(고후 6:7; 골 1:5; 딤후 2:15; 약 1:18; 참조. 시 119:43).

하나님의 말씀은 인정과 일시적인 관심 그 이상을 요청한다. 사실 성서는 그것의 메시지를 토대로 우리의 생각을 정리하고 그것의 메시지에 비추어 우리의 전 생애를 헌신할 것을 요청한다.

> 신명기 6:6-7: "오늘 내가 네게 명하는 이 말씀을 너는 마음에 새기고 네 자녀에게 부지런히 가르치며 집에 앉았을 때에든지 길을 갈 때에든지 누워 있을 때에든지 일어날 때에든지 이 말씀을 강론할 것이며."

> 여호수아 1:8: "이 율법책을 네 입에서 떠나지 말게 하며 주야로 그것을 묵상하여 그 안에 기록된 대로 다 지켜 행하라. 그리하면 네 길이 평탄하게 될 것이며 네가 형통하리라."

> 시편 1:1-2: "복 있는 사람은 악인들의 꾀를 따르지 아니하며 죄인들의 길에 서지 아니하며 오만한 자들의 자리에 앉지 아니하고 오직 여호와의 율법을 즐거워하여 그의 율법을 주야로 묵상하는도다."

성서 신뢰하기

믿음으로 성서 내러티브를 읽는 것은 성서를 진리로서 읽는 것을 의미한다.[1] 이는 내러티브 세계와 우리의 세계 사이의 경계들이 투과될 수 있음

---

1 Mulholland는 *Shaped*, 144에서 다음과 같이 주장한다. "성서를 영적으로 읽는 것은 우리가

을 의미한다. 성서의 하나님은 우리의 하나님이다. 복음서의 예수는 우리의 부활하신 주님이시다. 신약성서에 등장하는 일군의 천사들과 마귀들은 우리의 세계에도 존재한다. 인간의 도덕적 실패에 대한 성서의 판결은 우리 주변에서 끊임없이 반영되고 있다. 본문의 신학적 메시지는 우리의 세계에 여전히 적용 가능하며, 우리는 성서의 하나님이 성서에서 행했던 놀라운 방식으로 오늘날에도 다양한 시간과 장소에서 역사하시기를 기대할 수 있다. 우리는 성서에서 우리 자신과 우리의 세계를 본다.

역사적으로 그리스도인들은 성서를 이런 방식으로 읽어왔다(일반적으로 성서에 있는 것으로 잘못 알고 있는 성서 외적인 몇몇 전통을 당연한 것으로 여기면서 말이다). 진리로서의 성서 읽기에 대한 이런 관점은 초기 오순절주의자들의 특징이 되었는데, 그들은 자신들이 "성서 시대"의 연속선상에서 살고 있다고 여겼다.[2] 그들의 동시대 사람들 중 많은 이들은 방언, 예언, 그리고 다른 은사들이 왜 최소한 서구에 있는 그들의 집단에서 존재하지 않는 것으로 보이는지 그 이유에 대해 변명했다. (이런 현상 중 일부는 다른 지역에서 일어난 대부흥운동에서 나타났다.[3] 치유는 서구의 많은 복음주의자들 사이에서도 이미 발생하기 시작했다.[4] 그러나 오늘날에도 은사주의자로서 나는 때로 서구에서 이

성서 안에 단순히 인간의 문학적 산물 이상의 것을 가지고 있다는 인식을 수반한다." Klein, Blomberg, and Hubbard, *Introduction,* 93에서 저자들은 해석자들 사이의 가장 결정적인 경계선은 "성서의 신뢰성을 향한 그들의 태도의 수준이다"라고 제안한다.

2 예. Archer, *Hermeneutic*, 166-67. 이 운동에 참여했던 Charles Parham을 비롯한 다른 이들은 오늘날 기독교적 경험이 사도행전에서 보도되는 경험과 어울려야 한다고 가정했다(Stronstad, "Trends"). 이런 강조는 Parham이 성결 운동(Holiness movement)에서 전수받은 것임에 틀림없다. 참조. Green, *Practicing Theological Interpretation*, 16: 성서는 교회를 그 대상으로 삼고 있으므로(참조. 42), 우리는 성서가 우리 자신에게 말하고 있음을 보아야 한다.

3 예. McGee, "Radical Strategy," 72(1850년대 인도), 73(1860년대 인도네시아). 참조. Yung, "Integrity," 174에 나오는 1840년대에 아프리카에서 활동한 감리교 선교사; McGee, "Regions Beyond," 70; idem, "Miracles," 253; idem, *Miracles*, 51, 242.

4 이는 1860년대에 미국의 몇몇 집단에서 강조되었다(Curtis, *Faith*, 64-65).

런 치유 현상이 왜 더 빈번히 발생하지 않는지 그 이유에 대해 변명하고 싶은 유혹을 받는다.[5]) 이와 대조적으로 오순절주의자들은 신약성서에서 교회 일상의 일부분으로서 묘사되는 이런 은사들이 오늘날 교회의 평범한 일상이 될 수 있다고 믿었다. 그들은 성서가 자신에게 진리라는 믿음으로 성서를 읽었고, 그런 현실에 비추어 살아가게 해달라고 먼저 하나님께 간구했다.

이미 믿고 있는 것을 단순히 증명하려는 목적으로 성서에 접근할 때 우리는 하나님께 대한 경외로 시작하는 것이 아니다. 성서에 대한 충성은 성서의 가르침을 실제로 성서에 기반하지 않을 수도 있는 다른 교리적 헌신보다 더 가치 있게 여기는 것을 의미한다.[6] 오직 성서(*Sola Scriptura*)의 가장 좋은 의미는 우리가 다른 교리적 헌신을 성서에 의해 평가한다는 것이다. 성서는 단순히 다른 교리적 헌신과 조화를 이루어야 하는 한 가지 교리적 헌신이 아니다.

주님은 겸손한 자들이 모든 내용을 세세히 알지 못할 때에도 그들에게 신실하시다. 우리 중에 세세한 내용을 모두 이해하는 사람은 아무도 없고, 우리가 이해한다고 생각하는 것도 틀릴 수 있으므로, 겸손은 우리 모두에게 꼭 필요하다. 어떻게 살고 어떻게 주님을 영화롭게 할 수 있는지 끊임없이 우리에게 도전을 줄 수 있을 만큼의 지식이 우리에게 있다. 이와 대조적으로 단순히 교리적 논쟁에서 승리하거나 전승되어온 믿음을 지지하기 위해 실제로 진리가 아닌 생각들을 옹호할 때 우리는 진리를 추구하고 있는 것이 아니다.

하나님의 말씀을 진리로서 확인하는 것은 우리의 삶을 그 진리에 복종시키는 것을 의미한다. 이는 기독교 학자들 사이에서 때로 의견이 갈리

---

5 이는 그런 일이 일어나지 않는다고 말하는 것이 아니다. 서구의 보도들에 대해서는 다음을 보라. Keener, *Miracles*, 1:426-507; 대부분의 설명은 Metaxas, *Miracles*를 보라.

6 Spittler, "Enterprise," 65.

는 이슈들을 의미하는 것 이상이다. 하나님의 진리는 교리적 특이사항이나 성서의 기록 시기 혹은 저자에 달려 있지 않다. 동시에 하나님의 진리는 문화의 회의적 유행 또는 미신적 매력을 따른다고 해서 주어지지 않는다. 그리스도를 따르는 자들로서 우리는 하나님의 말씀을 따라야 하고, 이방 나라의 방식에 동요되어서는 안 된다(수 23:6-7; 참조. 마 5:47; 6:7; 롬 12:2; 엡 4:14, 17; 살전 4:5). 교회에서 인정받기 위해 그 교회가 인정해온 믿음을 단순히 따르거나, 학계에서 인정받기 위해 유명한 학문적 의견들을 따르거나, 청자의 감정적 반응을 북돋는다고 알려진 유명한 상투적 표현을 따르는 것은 하나님의 말씀에 대한 충성이 아니다. 주님을 경외하는 것으로부터 시작하는 우리는 하나님의 진리를 추구해야 한다. 바울은 하나님이 그분의 복음의 진리를 사랑으로 포용한 적이 없는 자들을 심판하실 것이라고 경고한다(살후 2:10, 12). 보다 일반적으로 이 원칙은 하나님이 진리에 대한 사랑을 얼마나 귀하게 여기시며 우리가 그 사랑을 귀하게 여기기를 기대하시는지를 보여준다.

어떤 이들은 오순절주의자들에게 중요한 것은 본문의 역사적 신뢰성이 아니라 그것의 메시지라고 주장한다.[7] 본문의 내러티브가 독자에게 요구하는 사항이 역사적 주장을 포함하는지의 여부는 본문의 장르에 달려 있다.[8] 그러나 주목해야 할 점은 오순절주의자들이 역사적으로 거의 언제나 본문의 역사적 신뢰성을 당연하게 여겨왔다는 것이다. 심지어 그 본문

7 이에 대한 학자들의 주장은 Grey, *Crowd*, 44을 보라.

8 고대 역사기술과 전기는 세부사항을 기술함에 있어 현대의 학문 연구보다 더 큰 융통성을 허락했다. 그러나 역사적 고려로 인해, 외적 입증이 불가능한 모든 세부사항을 거부하는 현대의 회의주의적 접근법들은 장르에 관한 우리의 구체적 증거에 정면으로 배치된다(Keener, "Otho"를 보라). 그리스-로마의 역사기술 장르는 저자들의 역사적 의도를 암묵적으로 주장하는 것이지, 작품이 형식에 있어 내러티브라는 것을 단순히 인식하는 것이 아니다.

이 사용 가능한 역사적 증거 범위를 벗어날지라도 말이다.[9] 보편적 오순절주의에 대한 혐오자들의 몇몇 고정관념과 대조적으로, 대부분의 기독교 은사주의 운동들은 성서를 거룩한 영감을 받은 권위 있는 것으로서 높이 평가한다.[10] 비록 이를 정당화하기 위해 그들 중 많은 사람이 전수된 교리보다는 경험에 더 많이 호소하지만 말이다.[11] 이런 측면에서 대부분의 오순절주의자들은 성령의 증언이 정경적 성서를 입증해준다는 칼뱅의 주장에 동의할 것이다.[12] 성령의 경험은 오순절주의자들에게 성서의 권위를 고양시켜주는 경향이 있다. 왜냐하면 그들은 종종 자신이 믿는 것을(옳거나 그르거나) 성서 읽기와 연계하여 성령의 음성으로 경험하기 때문이다.[13]

성서에 대한 진리 주장들의 복잡하고 현대적인 역사로 인해 나는 상당한 지면을 아래에 할애하여 나의 제안이 아닌 내용들을 설명할 필요가 있다. 내 제안에 대해서는 별로 할 말이 없는데, 그 이유는 누군가가 오해할 만한 함의들이 제거된 나의 제안이 상당히 분명하기 때문이다. 내 제안은 이번 장의 서두에 언급된 성서 본문들의 내용 그 이상도 그 이하도 아니다. 즉 내 제안은 우리가 하나님의 말씀에 의존한다는 것이다.

---

9 역사적 신뢰성은 그들이 치열하게 싸운 주제는 아니었지만, 일반적으로 가정되었고(예. 다음을 보라 Mittelstadt, *Reading*, 44; Grey, *Crowd*, 149), 때로는 심지어 근본주의적 방식으로 가정되었다(예. Grey, *Crowd*, 146-48의 요약을 보라).

10 예. Waddell, "Hearing," 174-75, 181, 197.

11 예. 다음을 보라. Ellington, "Authority," 149-50, 162-63.

12 이에 관한 칼뱅의 주장에 대해서는 다음을 보라. Grant and Tracy, *History*, 96; Adhinarta, *Doctrine*, 37-38; Oliverio, *Hermeneutics*, 85; Bartholomew, *Hermeneutics*, 492(여기서는 아퀴나스도 언급한다); Calvin, *Institutes*, 1:90(이 부분은 Wyckoff, *Pneuma*, 26에 인용됨); 웨스트민스터 신앙고백, Wyckoff, *Pneuma*, 31에 인용됨; 그리고 특히 Adhinarta, *Doctrine*, 36. 참조. Cartledge, "Text-Community-Spirit," 133.

13 예. 다음을 보라. Oliverio, *Hermeneutics*, 92; Ellington, "Authority," 162; 149-50에서 비공식 조사에 대해 응답자들이 경험에 호소하는 것도 보라. 그러나 Ellington에 의하면, 보다 엄격한 무오적 용어로 이끈 것은 보다 광범위한 복음주의 공동체와의 화해와, 이 복음주의 공동체의 문화적 투쟁이었다(151-52, 156; Spittler, "Enterprise," 58-60도 보라).

진리는 장르가 아니다

지난 세기 서구 신학의 논의들을 감안할 때 성서를 진리로서 들어야 한다는 단언은 또 다른 경고를 불러온다.[14] 성서의 권위에 대한 주장들은 사실 성서의 권위를 거부하는 자들을 향해 무비판적으로 너무 자주 사용된다. 성서를 진리로서 읽는 것은 반드시 모든 해석자가 동일한 방식으로 성서를 이해해야 함을 의미하지 않는다.[15] 물론 이런 일치가—진리에 기반할 경우—이상적일 수 있겠지만 말이다. 성서학을 연구하지 않는 몇몇 사람은 성서학자들이 자주 다루는 적법한 이슈들을 알지 못한 채 성서학자들을 비난한다.

---

14 특히 1920년대의 논쟁 이후로 성서의 하나님의 말씀을 변호하고자 하는 이들은 때로 신학적 경계로서의 "무오성"에 집중해왔다. 다른 이들은 이런 방식의 경계 설정이 부수적 세부사항들에 너무 많은 강조를 부여한다고 반대한다. 융통성 없이 정의된 무오주의는 본문에 대한 귀납적 연구를 무시하면서 이 본문에 강제된 선입견을 부과한다. 무오주의는 때로 문자를 성령에 반대되는 것으로서 간주하면서 세부사항을 주장한다(참조. 마 23:23; 고후 3:6). 최근 몇몇 복음주의 저자는 보다 관대하게 무오성을 정의하면서, 장르를 고려하고 성서를 주어진 모습 그대로 존중하는 데 더 초점을 맞추는 보다 큰 틀을 제공한다. 다음을 보라. Blomberg, *Believe*; Walton and Sandy, *World*(여기에는 초기의 학문적 정의들도 실려 있는데, 이런 정의들은 이 용어에 대한 일반적인 이해와 대조를 이룬다). 무오성 안팎의 전통적인 현대 복음주의 입장들에 관해서는 다음을 보라. Merrick, Garrett, and Gundry, *Views*; Thorsen and Reeves, *Bible*, 특히 115-81. 일부 복음주의자들은 다음과 같이 주장한다. 즉 성서의 권위에 대한 토론을 이렇듯 좁은 틀에 가두어두는 것은 전형적인 미국식 분할의 유산을 반영할 뿐, 다른 곳에서는 이런 분할의 가치가 떨어진다고 말이다(Bird, "Inerrancy," 160-65). 오순절주의자들은 1940년대 복음주의에 가입하면서 그들의 믿음을 단순한 영감(본래 이 말은 오순절주의에 친근한 개념이다)이 아니라 "무오성"으로서 보다 좁게 정의한다(Archer, *Hermeneutic*, 87).

15 예를 들어 루터는 갈라디아서에 기록된 바울의 메시지를 수용하는 동시에 바울의 논리에 실수가 있다고 비난했다(Wengert, "Luther," 97-99). 히에로니무스는 히브리어 본문을 토대로 바울의 실수를 "바로잡았고"(112) 바울에 관해 불평했다(*Ep. Gal.* 3.5.12; Edwards, *Galatians*, xvii, 76).

이런 이슈들이 나의 학문적 초점은 아니지만, 나는 본문을 자세히 읽는 여느 독자들과 마찬가지로 그 이슈들에 늘 주목해왔다. 교회에 다니지 않는 무신론에서 회심한 후 몇 주 동안 나는 복음서를 통독했다. 나는 마태복음에서 아무런 어려움을 느끼지 않았지만, 예수는 마가복음에서 다시 십자가에 못박혔다. 그리고 누가복음의 십자가 처형 장면에 도달했을 때 나는 얼마나 자주 예수의 십자가 처형이 발생해야 하는지 궁금해졌다! 성서가 하나님의 말씀이라고 들어왔기 때문에, 나는 하나님이 일인칭 시점으로 성서를 받아쓰게 하셨다고 생각했었다. 나는 동일한 사건이 다른 인간 저자들에 의해 여러 관점으로 기록되었으리라고는 예상하지 못했다. 더욱이 복음서를 처음 읽었을 때 발견한 내용들 간의 차이점으로 인해 힘들었다. 몇몇 내용은 실제로 동일한 이야기가 아니었다(예. 마태복음의 동방박사들과 누가복음의 목자들). 그러나 몇몇 명백한 차이점은 보다 본질적인 차이를 의미했다. 그러나 복음서를 충분히 읽은 후 나는 복음서를 어떻게 읽어야 하는지를 더 잘 이해하게 되었다.

대학원 졸업 논문을 작성하기에 앞서 복음서 개요를 연구한 후 나는 복음서 간의 차이점들을 내 논문의 보다 핵심적인 주제로서 잠깐 고려했었다. 그러나 내 소명에 비추어봤을 때 이런 초점의 전반적인 유용성이 제한될 것이라는 결론을 내렸다. (물론 도움이 되는 유형들이 등장하지만, 복음서 사이의 차이점들에 관해 제안된 신학적 설명들이 때로 너무 추론적이어서 유익이 되지 않는다.) 이런 많은 이슈들은 본문의 의미에 집중하지 않기 때문에 신자로서 그리스도인들이 어떻게 본문을 포용하고 살아내야 하는지에 집중하지 않는다. 그러나 그런 이슈들은 실제적이고 타당한 관심 주제이며, 성서학자로서 나는 그 이슈들을 인지하고 연구한다. 따라서 나는 이런 자세한 수준의 본문 연구를 신중히 해본 적이 전혀 없는 사람들이 그런 연구를 해온 사람들을 성급하게 비난해서는 안 된다고 경고해왔다.

성서에는 다양한 고대 장르가 포함되어 있기 때문에, 진리로서의 성서 읽기 역시 우리가 성서를 현대 역사나 과학으로서 읽어야 한다고 요구하지 않는다. 급진적 계몽주의 시대에 여러 도전이 제기된 이래로 예수와 그의 첫 번째 추종자들에 관해 우리가 지닌 중심 정보의 역사적 신뢰성에 대한 주장들이 중요하게 여겨져왔다. 확실히 성서에는 고대 역사기술 형태의 문학적 정경들을 사용하는 역사적 장르들이 존재한다. 나는 수년간 후자의 요점을 조사해왔고, 이런 자료들이 상당히 정확한 역사적 정보를 우리에게 공급한다는 주장에 많은 지면을 할애했다.[16]

그러나 고대 역사가들 역시 자신의 이야기를 여러 방식으로 말하는 법을 알고 있었다. 예를 들어 이런 방식들은 복음서 및 그들의 기본 전통에 존재하는 몇몇 차이점을 설명하는 데 도움이 될 수 있다. 더욱이 그들은 도덕적·정치적 혹은 신학적 해석자들로서 자신의 역할을 소중히 여겼으므로, 우리는 이런 본문들에서도 그 본문의 역사적 정보와 더불어 그것의 메시지에 반드시 귀를 기울여야 한다. 이는 (비유 혹은 시편 같은) 다른 종류의 본문들에 좀 더 적용되는데, 이런 종류의 본문들에서는 역사적 신뢰성이 신뢰성의 기준일 수 없다(우리가 신뢰성을 "그것의 문화적 배경에 적용되는 것"으로서 정의하지 않는 한 말이다).

우리는 성서의 각 권 혹은 모음집을 그것의 조건에 맞추어 읽어야 한다. 성서 저자들은 자신의 메시지를 이해할 수 있도록 만들기 위해 동시대인들의 언어뿐만 아니라 동시대에 사용된 기본 장르의 신호들도 필연적으로 채택하여 활용했다. 구약성서에 대한 예수의 관점을 따르는 신자로서, 그리고 예수가 그의 핵심 제자들을 자신의 메시지를 통해 승인했음을 인

16 특히 Keener, *Historical Jesus*; idem, *Acts* vol. 1; idem, *Miracles*, 1:22-33; idem, "Otho"; idem, "Assumptions"; idem, "Biographies."

정하는 신자로서 우리는 하나님이 이해 가능한 문학적 형태들을 통해 말씀하셨다고 인식한다. 어떤 이들은 우리와 다른 방식으로 장르를 구분할지 모르지만, 만일 그들이 본문의 메시지를 포용한다면 단순히 본문을 외우고 옹호하기만 하면서 그 본문의 가르침을 포용하지도 따르지도 않는 사람들보다는 본문에 좀 더 많은 주의를 기울일 것이다. 만일 우리가 우리의 삶에 대한 성서의 권위에 복종하지 않는다면 역사에 대한 성서의 권위를 단언하는 일에 무슨 가치가 있을까?

역사비평적 인식론에 근거할 때 증거는 때때로 주어진 역사비평적 질문들을 해결하기에 너무 역부족이다. 이런 문제가 발생하는 이유는 한때 우리의 상식으로 여겨졌던 것이 오랜 시간으로 인해 모호해졌기 때문이다. 우리의 현대 역사적 관심사에도 불구하고 우리는 대답을 요구하지 않는 질문에 성서 본문이 답하도록 강요할 수 없다. 이런 역사적 질문을 해결하는 것이 성서 본문의 메시지를 신뢰하기 위한 필수적인 전제 조건은 아니다. 하나님이 역사 속에서 활동하고 계심을 인식하는 것이 중요한데, 그 이유는 이것이 성서가 우리에게 소통하고자 하는 신학의 일부이기 때문이다. 그러나 우리는 이런 신학에 대한 우리의 신뢰를 북돋아줄 만큼 충분한 사례들 속에서 그런 실재에 관한 충분한 증거를 발견한다. 우리는 그런 신학을 신뢰함으로써 우리가 품을 수 있는 모든 질문을 해결할 필요 없이 대부분의 다른 본문들에서 가장 중요한 문제들을 처리하게 된다.

학자들이 지엽적인 내용을 놓고 옥신각신하는 것은 자연스러운 일이다. 왜냐하면 우리의 업무 설명서에는 이런 질문을 해결하려는 노력도 포함되어 있기 때문이다. 그러나 고대 독자들이 조화를 전혀 생각하지 않았던 본문의 세부사항을 일치시키는(또는 모순으로서 선언해버리는) 학자들은 성령의 지속적인 활동에 관한 성서의 가르침에 저항하는 것이지, 실제로 하나님이 성서를 우리에게 주신 형태 그대로 존중하는 것이 아니다. 만일 영감이 의미에 관한 것이라기보다 특정 단어들에 관한 것이라면, 신약성서가 히브리 성서의 그리스어 버전을 인용하는 것은 잘못된 일일 것이다(히브리 성서는 때로 그리스어 버전과 차이를 보인다).[17] 그리고 성서 저자들이 자주 그렇게 하듯이 그리스어 버전의 단어를 채택하는 것도 잘못된 일일 것이다.[18]

그리스도인들은 몇몇 무슬림이 쿠란(Qur'an)에 접근하는 방식, 즉 설령 그것의 의미를 이해하지 못하더라도 원래 쿠란이 기록된 언어로 그 내용을 암기하고 암송하는 것을 강조하는 그런 방식으로 성서에 접근해서는 안 된다. 자신의 믿음을 담고 있는 거룩한 문헌에 대한 이런 존중은 칭찬받을 만하지만, 성서를 존중하는 기독교적 접근은 순종이 뒤따르는 신중한 해석을 반드시 강조해야 한다(참조. 스 7:10). 우리의 초점은 순종과 믿음을 위한 이해에 맞추어져야 한다. 그리고 언어적 표현보다는 메시지에 방점이 찍혀야 한다. (결국 이것이 그리스도인들이 그토록 많은 노력을 기울여 성서를 해당 지역의 언어로 번역하는 이유다.)

성서를 현시대와 관련된 것으로서 읽는 것은 때로 순진한 처사로 여겨지는데, 그 이유는 이런 성서 읽기가 성서 저자들의 설명에 대한 우리의 이해에 영향을 미치는 문화적 틀의 차이를 무시하기 때문이다. 그러나 미묘한 이해를 무시하기 위해 문화적 차이를 사용하는 것은 본문의 메시지

17 구약성서를 히브리어에서 직접 번역했다는 이유로 비난받았던 히에로니무스는 다음과 같이 반격했다. 즉 그 역시 당시 대부분의 그리스도인들과 마찬가지로 70인역의 영감을 수용한다고 말이다(Pollmann and Elliott, "Galatians," 50-51).

18 히브리서는 히브리 성서와 내용이 다를 경우 70인역을 인용하고 70인역에 기초한다. 그리스도인들은 다수의 무슬림이 쿠란(Qur'an)을 인용하는 것과 달리, 원어로 성서 본문을 인용하지 않는다. 왜냐하면 우리는 그들과 다른 개념의 영감을 상속받았기 때문이다. 확실히 신약성서는 구약성서의 직접적인 의미를 제시하기보다는 분명한 암시를 통해 구약성서의 말씀을 연상시킨다. 그러나 이런 경우에도 신약성서는 빈번히 유비를 제안한다(예. 심판 용어는 심판을 불러오는 새로운 상황에 적용될 수 있다).

를 믿지 않도록 우리를 몰아간다. 나는 예수에 관한 복음서의 자료를 역사적 목적을 위해 연구하는데, 이 역사적 목적은 초기 기독교 역사에 대한 나의 학문적 연구와 관련이 있다. 그러나 그리스도인으로서 우리가 이 자료를 오로지 역사적 관심만을 위해 읽는다면, 다시 말해 부활하시고 살아 계신 만유의 주, 곧 우리와 관계를 맺고 계신 분과 관계없이 읽는다면, 우리는 중대한 원동력을 놓치는 것이다. 역사학은 본문으로부터의 객관적 거리를 요구하고, 우리 가운데 있는 역사학자들은 역사적 연구를 잘 해내야 한다. 그러나 그리스도인으로서 읽을 때 우리는 믿음을 가지고 읽으면서 이런 내용들이 우리의 기도를 받으시는 동일한 주님과 연관되어 있음을 기뻐해야 한다.

한 사례 연구

몇 가지 경우에 해석자들은 본문의 핵심 메시지보다는 본문의 장르에 대해 논쟁한다. 예를 들어 창세기의 처음 세 장은 다양한 종류의 내러티브를 포함하는 보다 큰 내러티브에 속하지만, 창조 내러티브라는 장르와 기원전 제2천년기 초에 관한 특별한 관심을 그 주제로 반영한다.[19] 동시대의 이교도들은 이런 내러티브들을 원인론적으로(aetiologically) 들었을 것이다. 아마도 오늘날 우리가 여러 민간설화를 바라보는 방식으로 말이다.

19 Kitchen, *Reliability*, 423. 책 한 권에는 오직 하나의 장르만 존재할 수 있다고 불평하는 사람들은 이런 불평을 없애기 위해 출애굽기를 펼쳐보기 바란다. 왜냐하면 출애굽기에는 내러티브뿐만 아니라 율법도 들어 있기 때문이다. 창세기 끝부분과 출애굽기의 처음 내러티브, 이 둘이 현재 분리되어 있는 것은 내러티브의 일관성이라는 측면보다 지면이라는 실제적 질문과 더 많은 연관이 있을 수 있다.

출처에 대한 질문은 차치하고, 창세기는 원시 세계의 다른 측면들에 초점을 맞추는 두 각도에서 창조를 다룬다(세계의 창조와 인류의 타락). 창세기는 우리가 이 근접한 내러티브들을 나란히 읽고 둘 다로부터 배우기를 기대하지만, 이 두 이야기에 대한 내러티브의 풍미는 이어지는 창세기의 족장 내러티브들의 풍미와 다르다. 심지어 몇몇 복음주의 학자조차도 이 두 내러티브 사이의 세부사항에서 중요한 긴장을 발견하는데, 이것이 우리에게 경고하는 것은 현재 형태의 창세기에서 세부사항을 너무 문자적으로 받아들여서는 안 된다는 것이다.[20]

오늘날 몇몇 해석자는 창세기의 처음 세 장을 "문자적"으로 이해해야 한다는 자신들의 견해를 열정적으로 옹호한다. 이것이 그 본문을 읽는 자연스러운 방식이라고 주장하면서 말이다. 그러나 다른 이들의 제안에 의하면, 이런 해석자들은 성서 본문보다는 그들 자신이 물려받은 해석학을 옹호하는 것이다. 이 본문은 우리가 그것을 성서의 다른 부분들과 다른 방식으로 읽도록 요청하는데, 이런 방식을 통해 우리는 그것의 원래 메시지를 보다 잘 들을 수 있다. 자신들의 전통 대부분을 차지하는 여러 종류의 내러티브에 익숙했던 고대 이스라엘 사람들은 말하는 뱀, 히브리어로 인간과 (아마도) 생명을 뜻하는 주인공들, 먹을 수 있는 일반적 열매가 아닌 "선악에 대한 지식"과 "생명"을 맺는 나무들이 등장하는 도입 내러티브들을 온전히 문자적으로 받아들였을까? 이 내러티브는 복음서, 열왕기상, 심지어 족장들에 대한 창세기 이야기에서 우리가 만나는 동일한 종류의 글이 아니다.

그러나 당신이 이런 결론에 동의하든 말든, 장르에 관한 질문은 내러

20 LaSor, Hubbard, and Bush, *Survey*, 18-19(참조. 44-45에 나오는 족장 내러티브의 긴장들). 참조. 최근의 확고한 복음주의적 논의가 나오는 다음의 연구들. Walton, *Thought*, 179-215; idem, *Genesis One*.

티브의 주된 요점과 메시지를 모호하게 만들 필요가 없다. 그리고 나는 이에 관한 몇 가지 예를 여기서 제시할 수 있다. 많은 고대 이스라엘 사람들, 특히 상인, 서기관, 시민 엘리트들은 다신론 신앙을 지닌 이웃 민족들의 창조 이야기에 노출되었을 것이다. 예를 들어 이런 이웃 민족들의 창조 이야기에서 세상은 다른 신들과 싸우는 신들에 의해 창조되었거나, (이집트의 한 창조 이야기에서) 성적으로 자신을 충동시키는 한 신에 의해 창조되었다. 뚜렷한 대조를 통해 창세기는 한 하나님을 우주의 창조주요 성적 관여와 무관한 다산의 창시자로서 선포한다. 그리고 창세기는 (다른 곳에서 숭배받는 대상인) 해와 달이 오직 참된 하나님 한 분에 의해 만들어졌음을 선언한다.

마찬가지로 창조의 개시 내러티브는 인류를 하나님의 창조의 정점, 그분이 특별히 사랑하시는 대상으로서 선언한다. 그리고 이런 관찰은 신약신학과도 온전히 일치한다.[21] 실제로 타락 이전에 이상적 상태에 있었던 인간은 다른 생명체들을 다스리고 맡아서 관리하도록 되어 있었다. 인간은 일부 다신론적 내러티브에 등장하는 다산의 신들의 지위와 맞먹는 높은 지위를 차지하고 있었다. 우리는 심지어 하나님이 즉각적인 방식이 아닌 순차적 방식으로, 덜 복잡한 유기체에서 복잡함의 절정인 인간에 이르기까지, 생명으로 가득찬 우리의 세상을 예술적으로 그리고 실용적으로 창조하셨음을 본다. 흥미롭게도 유신론자들은 과학적 기록을 이와 유사한 방식으로 읽을 수 있다. 특히 그들이 "날들"을 비유적으로 혹은 기간이나 일주일의 내러티브 틀로서 이해할 때 그렇다("날"로 번역된 히브리어는 창세기 내러티브에서 세 개의 서로 다른 시기를 포괄할 수 있을 만큼 무정형이다: 창 1:5; 2:4).

오늘날 많은 독자들이 내러티브를 문자적으로 해석하지 않으면서 상상력을 통해 내러티브의 세계로 들어오지만, 그들 대부분은 열왕기하 또

21 흥미롭게도 정보 내용 측면에서 인간은 우주에서 가장 복잡한 물리적 존재다.

는 누가복음처럼 매우 다르게 형성된 내러티브들을 완전히 다르게 해석할 것이다. 그러나 각각의 경우에 우리는 본문의 메시지를 듣고 포용해야 한다. 심지어 그 메시지가 지혜로운 우주의 창조주를 단언하거나 역사에서의 신적 목적을 인정하거나 우리의 확립된 경제적 이익에 도전함으로써 우리의 문화적 감성을 침해하더라도 말이다.

세부사항의 조화가 종종 요점을 놓칠 때

모든 세부사항에 관한 조화와 정확성을 요구하는 것은 때로 요점을 놓칠 수 있다.[22] 그렇다고 저자가 정보에 솔직하지 못하다는 말은 아니다. 단지 우리가 이미 관련 이론에서 주목한 다음의 내용을 인지하자는 것이다. 즉 의사소통은 문화적 관습을 사용하며, 주어진 문화에서 몇몇 표현은 별도의 설명 없이도 그냥 이해되거나 장르의 관습들이 그냥 당연하게 여겨진다.

마태복음 8장과 누가복음 7장은 분명히 같은 백부장에 대해 말하고 있다. 그러나 마태복음에서 백부장은 예수께 직접 나아와 말하는 반면, 누가복음에서 백부장은 대리인을 통해 예수께 접근하고 말한다. 이것은 저자들이 전달하고자 하는 내용의 측면에서 일종의 모순인가? 아니면 단순한 차이점에 불과한가? 아니면 이는 어느 학자가 "스포트라이팅"(spotlighting)이라고 부르는 고대 전기에 사용된 일종의 기술로, 이 기술을 통해 마태는 상관없는 대리인들을 생략함으로써 사건을 압축하는 것일까?(마태는 막 5:35의 내용도 이와 동일한 방식으로 압축한다)[23]

22 예. 루터는 갈라디아서와 그것의 자료가 되는 신명기 내용을 조화시키는 것에 반대했다. 각각의 본문을 각각의 조건에 맞추어 수용하면서 말이다(Wengert, "Luther," 112).

23 이 기술과 다른 종류의 전기 기술들에 관해서는 다음을 보라. Licona, "Biographies"; idem,

이런 질문들은 고대 문헌에만 국한된 것이 아니다. 예를 들어 나빌 쿠레쉬(Nabeel Qureshi)가 믿음을 갖게 된 이야기에서 어떻게 자신의 문학적 방법론을 분명히 설명하고 있는지를 살펴보라. "내러티브 전기는 본질상 그것이 공유하는 이야기로부터 어느 정도 자유로워야 한다." 때로 쿠레쉬 박사는 대화들을 재구성하여 몇몇 이야기를 시간 순서에 상관없이 위치시켜 주제적 연속성을 유지해야 했다. 그리고 (마 8장의 예에서처럼) 사건 관련 인물들을 "의미의 명확성"을 위해 생략해야 했다. "이 모든 기법은 내러티브 전기들에서는 일반적인 것이다. 사실 이 기법들은 인간 기억술(mnemonics)에 있어서도 일반적인 것이다."[24] 쿠레쉬 박사는 구전과 고대 장르에 관한 질문들도 다루고 있으므로, 자신의 몇몇 대화 상대자가 어떻게 그의 말을 이해하고 있는지에 충분히 민감하게 반응하여 자신의 주장에 신빙성을 더한다. 그러나 그는 장르 관습들을 감안해볼 때 이처럼 사소한 이슈들이 보통 당연한 것으로 여겨진다고 지적한다.

마찬가지로 나와 아내는 대중 저서인 『불가능한 사랑』(*Impossible Love*)에서 우리의 경험에 대해 이야기했다.[25] 이 책을 위해 우리는 종종 꽤 자세한 장면들을 우리의 일기 항목에 기초하여 정확하게 재구성할 수 있었다. 그러나 때로 우리의 일기 내용들은 단순히 집단 내의 누군가가 조언을 해주었다는 식의 간략한 정보만을 알려주었다. 그래서 순전히 책의 내용을 위해(그리고 그때 생존했던 주요 인물들의 일반적 승인을 얻어) 우리는 당시 현존했던 사람을 화자로서 지명했다. 원래 원고의 약 45퍼센트의 내용을 제거했으므로 나는 수많은 설명을 삭제하면서 이야기 흐름과 가장 관련이 있는 내용들만 책에 남겨놓을 수 있었다. 우리는 신원 보호를 위해 몇몇

Differences.

24 Qureshi, *Seeking* (『알라를 찾다가 예수를 만나다』[새물결플러스 역간]), 19.

25 Keener and Keener, *Impossible Love*.

중요 인물의 이름을 바꿨다. 그리고 두 명의 주변인물의 이름도 바꿨는데, 그 이유는 나의 자료 어디에도 그들의 이름이 기록되어 있지 않았기 때문이다.

Chosen Books 출판사의 편집자인 제인 캠벨(Jane Campbell)은 일말의 실수도 용납치 않는 사람인데, 사람들이 비문자적 방식으로 말할 때 생기는 이런 긴장에 대해 다음과 같이 말했다. "나는 누군가 이러저러한 방식으로 '내가 집을 지었다'라고 말하는 것을 듣고서 생각할 것이다. 그가 실제로는 그 집을 짓지 않았다고 말이다." 이것이 성서 용어라면, 나는 대중 차원의 회의론자가 여기서 확실한 증거, 곧 증언의 신빙성을 떨어뜨리는 모순을 발견하는 모습과, 대중 차원의 보수주의자가 사실상 화자가 집을 스스로 지었다는 말을 의심할 이유가 전혀 없다고 말하면서 목수와 전기공들이 그에게 벽돌과 전선을 건넸다고 주장하는 모습을 상상할 수 있다.

마찬가지로 제인은 다음과 같이 지적했다. "Chosen 출판사는 수년 전 한 내러티브 작가의 책들을 출판했는데, 연속되는 책들에서 그 작가는 한 번은 코카콜라와의 이야기를, 다른 때는 펩시콜라와의 이야기를 전할 수 있었다. 이런 상황은 '그게 코카콜라였나? 아니면 펩시콜라였나?'와 같은 글로 나를 흥분하게 만들 뿐만 아니라 저자가 사실을 말하지 않고 있다는 비평으로 몰아갈 것이다. 사실 그 저자는 그냥 원래 섬세한 사람이 아닌데 말이다."[26] 나 개인에 대해 말하면, 내가 그 당시에 기록해두지 않았다면 나는 그때 무엇을 마셨는지 모를 것이다. 전에 아프리카에서 나를 아프게 만들었던 쿠누(kunu, 가공하지 않은 생우유가 포함됨), 혹은 비쌉(bissap, 아프리카의 꽃즙으로 만듦)처럼 내가 맛있다고 느꼈던 특별한 음료가 아닌 한 말이다. 그리고 나와 대부분의 독자들은 신경 쓰지 않을 것이다. 왜냐하면 우

26 2015년 8월 14일 Jane Campbell이 보낸 개인 편지.

리 중 많은 이들은 단순히 "코카콜라"를 비롯한 유사 상표들을 일반 청량음료를 칭하는 데 사용하기 때문이다. 우리가 상상하는 극단적 보수주의자처럼 내러티브 저자가 코카콜라와 펩시콜라를 그때 같은 잔에 섞었다고 조화시킬 필요는 없다.(결국 이것은 불가능한 일이 아니다!) 혹은 그 저자가 코카콜라가 떨어져서 펩시콜라를 첨가했다고 제안할 필요도 없다. 물론 모든 추측을 제쳐두고 말이다.

20세기 미국의 몇몇 독자는 고대 장르와 현대 장르의 차이를 늘 고려하지 않으면서 모든 세부내용을 조화시키려고 애썼다. 오늘날 몇몇 집단은 나를 복음서 및 사도행전의 역사적 신뢰성에 찬성하는 주장과 연관 짓는다. 그리고 나는 완벽한 확신을 갖고 복음서 및 사도행전이 고대 전기 및 역사 기준에 의해 역사적으로 신뢰할 수 있다고 주장한다. 세부내용상 여러 차이가 있다(그리고 몇몇 경우에는 유별나게 내용이 다르다).[27] 그러나 이런 현상은 고대 전기의 가장 좋은 예에서 우리가 발견하는 현상과 유사하다.[28] 복음서가 기록된 당시에 존재하지 않았고 그 시대의 사람들이 거의 기대하지도 않았던 현대 장르의 기준을 우리가 복음서에 인공적으로 부과하지 않는다면 이런 차이들은 문제가 되지 않는다.

---

27 아마도 가장 유명한 것은 다음 내용일 것이다. 마 1:2-16과 눅 3:23-38에 나오는 예수의 족보; 그리고 마 27:3-5과 행 1:18-19에 나오는 유다의 죽음에 대한 기록(이에 관한 간단한 내용은 Keener, *Matthew*, 656-62; idem, *Acts*, 1:760-65에서 볼 수 있다). 접촉 지점들이 존재하지만 충격적인 차이도 존재한다. 이렇게 내용이 겹치는 자료에서 이토록 광범위한 차이는 공관복음에서는 드문 일이다(나는 지금 관련성이 적은 자료들의 생략을 세고 있는 것이 아니다). 그러나 이런 차이는 대부분의 학자가 다음과 같이 생각하는 한 가지 이유다. 즉 누가가 마태를 사용했거나 마태가 누가를 사용했다기보다는 누가와 마태가 마가복음 이외의 공통 자료 혹은 자료들을 사용했다.

28 예. 다음을 보라. Keener, "Otho"; Henderson, "Life"; Hillard, Nobbs, and Winter, "Corpus."

그러나 복음서와 사도행전은 목격자의 생생한 기억을 통해 기록된 최근 인물들에 관한 문헌들이다. 나는 동료 구약학자들이 내가 복음서를 다루는 것과 정확히 똑같은 방식으로 구약성서 내러티브들을 다룰 것으로 기대할 수 없다. 구약성서의 몇몇 부분은 과거 사건을 회상하면서 더 이른 내러티브 모델들을 따른다. 그리고 때로는 훨씬 더 오랜 기간 말로 전해져 내려온 전승들을 사용하기도 한다.

복음주의 성서학자들이 일반적으로 이런 종류의 질문들을 알고 있는 반면, 전통적인 일반 해석자들은 종종 이런 질문들을 모른다. 그리고 몇몇 구문은 일반 해석자들에게 문제가 될 수 있다. 몇몇 주장은 증거의 침묵을 해석하는 방식에 관한 것인데, 이는 입증 책임과 기대되는 증거의 수준을 종종 포함하기 때문에 여기서 나는 보다 눈에 띄는 예들을 제공하고자 한다. 이런 예들은 몇몇 보수주의적 비평가가 성서적으로 신실한 구약성서학자들을 보다 관대하게 대해줄 것을 요구한다. 예를 들어 골리앗을 죽인 후 다윗은 그의 머리를 예루살렘으로 가져왔다(삼상 17:54). 그러나 예루살렘은 이 사건이 발생한 지 수년 후에야 이스라엘의 영토가 되었다(삼하 5:6-9). 다윗이 골리앗의 머리를 건조시켰다가 수년 후(다윗이 사울을 피해 도망 다니는 동안 광야에서 이 머리를 계속 가지고 다닌 후) 예루살렘으로 가져왔다는 말은 아닌 것 같다. 골리앗의 사망 직후 다윗이 예루살렘 밖에다가 골리앗의 머리를 나중에 여부스 족속을 추격하고 있다는 경고로서 매달아 놓았을 것 같지도 않다. 혹자는 사울이 당시에 일시적으로 예루살렘을 통치 중이었는데 후에 여부스 족속에게 예루살렘을 빼앗겨서 다윗이 예루살렘을 정복할 필요가 있었다고 제안할지도 모른다. 그러나 우리에게는 이런 주장을 확실히 뒷받침해줄 정보가 없다. 보다 가능성 있는 추측은 다윗이 골리앗의 머리를 나중에 예루살렘에 자리하게 되는 예배 처소로 가져왔다는 것이다(참조. 삼상 21:9). 그러나 이 해결책 역시 융통성이 전무한 해석자를 혼란에 빠뜨릴 수 있다.

길르앗 정복과 함께 므낫세의 후손 야일이 그곳에 있는 성읍들을 취한 후 그 이름을 하봇야일이라고 칭한 것이 모세 시대에 발생했을까?(신 3:14; 민 32:40-41) 아니면 사사 시대에 발생했을까?(삿 10:3-4) 아마도 모세 시대를 서술하는 내레이터는 모세 시대 이후에 발생한 일을 요약하려 했을 테지만, 이 경우에도 정복과 명칭의 부여는 모세 시대 훨씬 이후에 발생하게 된다. 만일 사사기가 어설프게라도 연대기적으로 사사들에 대해 이야기하고 있다면 말이다(참조. 삿 10:3의 "그 후에"). 이와 비슷하게 다른 문헌들도 예후의 반란이 아하시야의 죽음으로 이어졌다고 동의하지만, 극적인 세부 묘사는 상이하다.

> 유다의 왕 아하시야가 이를 보고 정원의 정자 길로 도망하니 예후가 그 뒤를 쫓아가며 이르되 "그도 병거 가운데서 죽이라" 하매 이블르암 가까운 구르 비탈에서 치니 그가 므깃도까지 도망하여 거기서 죽은지라(왕하 9:27).

> 아하시야는 사마리아에 숨었더니 예후가 찾으매 무리가 그를 예후에게로 잡아가서 죽이고 이르기를 "그는 전심으로 여호와를 구하던 여호사밧의 아들이라" 하고 장사하였더라. 이에 아하시야의 집이 약하여 왕위를 힘으로 지키지 못하게 되니라(대하 22:9).

우리의 관심이 이야기 전반에 관한 것이라면 일치점을 찾는 일은 어렵지 않다. 그러나 우리가 세부내용의 정확성을 희망한다면, 일치점은 소원해 보인다. 누군가가 모든 세부내용의 일치에 관심이 있다면, 그는 창세기에 나오는 에서의 세 아내 목록을 어떻게 해야 가장 잘 해결할 수 있을까?

창세기 26:34; 28:9	창세기 36:2-3
유딧(헷 족속 브에리의 딸)	아다(헷 족속 엘론의 딸)
바스맛(헷 족속 엘론의 딸)	오홀리바마(아나의 딸이요 히위 족속 시브온의 손녀)
마할랏(이스마엘의 딸이요 느바욧의 누이)	바스맛(이스마엘의 딸이요 느바욧의 누이)

바스맛은 엘론의 딸이면서 아다의 자매인 걸까? 아니면 바스맛은 이스마엘의 딸이면서 마할랏의 자매인 걸까? 그것도 아니면 누군가 이스마엘이 바스맛을 입양했다고 주장하는 걸까? 누군가는 다음과 같이 보다 단순하게 주장할 수 있다. 즉 영감을 받은 창세기 저자가 다양한 전승 간의 상이한 내용을 일치시키거나 그 전승들 중 하나를 선택하지 않고 있는 그대로 그 전승들을 기록한 것이라고 말이다. 우리에게 이런 전승들을 조화시켜야 할 의무가 있을까? 아니면 창세기 저술 당시에 사람들이 여러 구전을 기록하면서 취했던 동일한 자유를 창세기 저자에게도 허용해야 할까?

일반 수준에서 전통적 접근법을 융통성 없이 옹호하는 사람은 이 문제를 수사적으로 무시해버릴 수 있다. 이런 문제들이 빈번히 무시당하는 방식, 즉 이런 차이점들의 존재를 인정했다고 해서 나를 자유주의자로 매도한 후 주제를 바꿔버리는 방식으로 말이다. 다시 말해 히브리어로 본문을 정성스럽게 읽으면서 그 본문에 지나치게 세심한 주의를 기울였다고 나를 자유주의자라고 비난한 것이다.[29]

내가 이런 이슈들을 제기하는 이유는 특정 해결책을 제시하기 위함도

29 Blomberg(*Believe*, 120)가 지적했듯이, 나를 포함하여 D. A. Carson, Darrell Bock, Craig Blomberg는 우리보다 더 보수적인 몇몇 학자로부터 자유주의자라는 비난을 받아왔다.

아니고, 해석자들이 때로 "문제 본문"이라고 부르는 것들의 포괄적 목록을 제공하기 위함도 아니다. 나의 진짜 이유는 이 이슈들을 본보기로 삼아, 이 정도로 세부내용의 해결에 집착하는 일이 내러티브의 원래 목적에 반할 수 있음을 제안하기 위함이다. 고대 이스라엘 청자들은 이런 이야기들을 반복해서 들었지만, 그 이야기들에서 딱히 문제점을 찾지 못했다.[30] 나중에 랍비들이 이런 이슈들을 해결하고자 애쓸 때, 그들의 전승들에는 여러 가능한 해결책이 포함되어 있었다(물론 이 전승들에는 상당수의 불가능한 해결책도 포함되어 있었다). 요한계시록이나 야고보서를 사랑하는 우리 대부분이 이 책들의 정경성을 의심하는 에우세비오스나 루터에게 긍휼을 베풀듯이, 우리는 우리의 현대 동료들이 이런 문제들과 씨름할 때 그들에게 긍휼을 베풀고 싶을지도 모른다.

하나님의 말씀을 믿는다는 것의 실제 의미

하나님의 말씀을 믿는다는 의미는 특정 교회 전통을 고수하거나 하나님이 이런 방식으로 성서에 영감을 주셨다는 이론적 전제들을 고수하는 것이 아니다. 하나님의 말씀을 믿는다는 것은 하나님이 그렇게 하시기로 작정

30 확실히 이 자료들에는 매우 오래된 전통들도 포함되어 있다. 예. 이스라엘은 가나안 땅에 들어갈 수 없었던 출애굽 세대를 거짓으로 만들어내지 않았을 것이다. 또한 끊임없이 모세에 반역하는 출애굽 세대를 거짓으로 만들어내지 않았을 것이다. 마찬가지로 민수기는 시혼(Sihon)에 관한 노래를 기록하는데, 이 노래는 이스라엘이 시혼을 정복하기 전에 시혼의 착취를 노래한다(민 21:27-30). 이런 이슈들에 관한 보다 자세한 내용은 Keener and Usry, *Faith*, 147-65을 보라.

하신 것을 신중히 검토하는 것을 의미한다.[31] 즉 하나님의 모든 말씀을 믿을 수 있는 말씀으로 신뢰하는 것을 뜻한다. 우리는 성서가 하나님의 영감을 받았다는 견해를 공유하므로(딤후 3:16; 벧후 1:20-21을 보라),[32] 경외감으로 그 말씀 앞에 서고(스 10:3; 시 119:120, 161; 참조. 사 66:2, 5), 결과적으로 우리의 가장 근면한 해석적 노력을 통해 성서의 메시지를 정직하게 분별하고 포용하는 데 헌신하게 된다(스 7:10).[33]

위에 제시된 예들과 같은 경우에 하나님의 말씀을 믿는다는 의미는 무엇일까? 문제 본문들을 내용상 일치시키려는 사람들만이 하나님의 말씀을 믿는 것일까? 아니면 여러 고대 저자가 현대 역사가들과는 다른 관심사를 갖고 있었다고 인정하는 사람들도 이 본문들을 하나님의 말씀으로 믿는 것일까? 내가 역사적 내러티브 뒤에 역사적 사건이 존재함을 부정하는 것이 아님을 부디 알아주길 바란다. 다만 나는 다양한 시기에 역사를 기록하는 다양한 방식이 존재했음을 인정할 뿐이다. 그런 방식들 중 몇몇은 이야기 서술 방식에서 추론, 상이한 전승, 또는 내러티브에 내용을 덧붙이는 것을 허용한다. 어떤 이들은 영감을 받은 본문의 현상들을 현재 있는 그대로 설명하는 것이, 하나님이 성서 본문에 이렇게 영감을 주셨어야 한

31 내 생각에 하나님이 성서에 영감을 주셨다는 말은 성서에 대한 그리스도의 여러 증언을 그리스도인들이 존중하고 있음을 반영하는 것이다(예. 다음을 보라. 막 12:24; 마 5:18//눅 16:17; 마 26:54, 56; 눅 24:27; 요 5:45-47; 17:12). 이런 주장은 다음 연구에서도 볼 수 있다. Wenham, *Bible*; Piper, *Glory*, 98-113. 그러나 예수의 독특한 해석학적 성서 접근에 관해서는 이 책의 14장을 보라.

32 예. *1 Clem.* 45.2. 여기서 정경에 관한 질문이 자연스럽게 제기된다(특히 신약성서에 관해). 비록 예언자적 영감이 정경성보다 더 넓은 범주이지만 말이다. 나는 여기서 몇 가지 보다 자세한 논의와 논쟁들만을 독자들에게 제시할 수 있다. 예. 앞서 언급했던 McDonald and Sanders, *Debate*; McDonald, *Canon*; Evans and Tov, *Exploring*; Kruger, *Question*; Porter, Evans, and McDonald, *New Testament*.

33 따라서 Green(*Seized*, 160-73)이 "성서의 권위 갱신"을 말할 때, 그는 우리의 삶을 성서의 메시지에 복종시키는 것을 의미한다.

다는 식의 현대적 개념에 맞추어 그 본문들을 일치시키려는 노력보다 하나님의 말씀에 더 신실한 행위라고 간주할지도 모른다.

내 요점은 이런 질문들에 대해 다른 사람들이 나보다 더 "보수적"이든지 보다 "자유주의적"이든지 간에 성서에서 믿음에 대한 요구를 고려하라고 우리 모두에게 요청하는 것이다. 하나님의 말씀을 믿는 것은 특별한 역사적 방법론을 지시하지 않는다. 본문의 역사적 상황에서 그 본문의 특징을 통해 우리에게서 도출된 것을 받아들이는 것을 제외하고는 말이다(본문의 역사적 상황은 관련 구문들이 작성된 역사적 장르 혹은 다른 종류의 장르에 대한 본문 당시의 사람들의 기대를 이상적으로 포함해야 한다). 하나님의 말씀을 믿음으로 받아들인다는 것은 하나님의 말씀이 소통하는 메시지를 받아들인다는 말이다. 만일 우리가 창조 내러티브들에 대한 특정한 해석적 접근을 소리 높여 주장하면서 하늘과 땅의 참된 창조주께 경외심을 갖고 반응하지 않는다면, 우리는 진정한 개인적 믿음을 갖고 그 메시지를 받아들이고 있는 것이 아니다. 우리가 만일 아하시야의 죽음에 대한 특정한 역사적 접근을 주장하면서 하나님이 절대 주권자이시며 실제 역사 속에서 그리고 현재에도 악을 심판하고 계심을 인정하지 않는다면, 우리는 그 본문의 메시지를 거절하고 있는 것이다.

이런 측면에서 (이전의 자유주의 비평가들의 접근과 동일하게) 본문에 대한 지적 접근을 제시하는 강경한 은사중지론은 고의적이지는 않더라도 믿을 수 없는 접근법이 될 수 있다. 가장 엄격한 형태의 은사중지론은 성서 메시지의 주요 측면이 지닌 계속된 관련성, 즉 역사와 우리의 삶 가운데 지속적으로 활동하시는 하나님을 우리가 기대해야 한다는 당위성을 포용하지 못한다. 이런 은사중지론은 믿음의 요구를 싸구려로 만든다. 왜냐하면 은사중지론이 본문을 믿는 방식은 아무런 기대도 불러일으키지 않기 때문이다.

우리 중 누군가는—은사중지론자든 아니든—몇몇 신적 행위가 중단되었다고 믿도록 유혹받을지도 모른다. 왜냐하면 우리의 제한된 경험을 믿는 것이 우리가 경험해보지 못한 하나님의 말씀의 전제나 모범들을 믿는 것보다 더 쉽기 때문이다. 즉 우리는 믿음을 행사하기보다 때로 하나님께 대한 성서적 경험을 이질적인 것으로서 내버려두길 더 선호한다. 특히 특정 집단 내에서 조장하고 기대하도록 우리가 훈련받은 유일한 재능이 성서 문법과 씨름하는 것이라면, 우리는 이런 행위를 특별한 신적 도움 없이도 순전히 자연적인 기술로 다룰 수 있다고 생각할지도 모른다. (많은 경우에 심지어 신학교조차 이런 방식으로 생각하도록 우리를 훈련시킨다. 우리의 학위는, 비록 우리의 학업 과정에 영적 성숙이 포함되어 있지 않더라도, 우리에게 능력을 수여한다.) 하나님이 항상 모든 장소에서 동일한 일을 행하시는 것은 아니지만, 불신의 상황보다는 믿음의 상황에서 확실히 더 많이 역사하신다! 이는 은사중지론적 교리에 대한 자부심으로 인해 누군가가 믿을 필요가 없다는 이유에 대해 거만해질 때 특별히 사실로 드러날 수 있다.

이와 대조적으로 전통적인 오순절 해석학의 천재성은 하나님의 역사를 기대하면서 성서적 세계관 안에서 사는 것이었다. 물론 오순절주의자들은 때로 무비판적 방식으로 성서 본문들을 받아들여왔다. 성서 내러티브들은 종종 극적인 기적을 강조하는데, 이때 성서 저자들은 이런 극적인 기적이 언제나 모든 장소에서 동일한 방식으로 발생할 것이라고 암시하지 않는다. 그러나 우리는 이런 극적인 기적에 관한 구문들에서 극적인 방식으로 역사해오셨고 역사하실 수 있는 하나님의 실재를 들어야 한다. 순전히 인간적인 자원에만 빈번히 의존하는 우리의 모습에 도전하면서 말이다.

만일 우리가 바른 이해를 갖고 성서에 접근한다면, 믿음 안에서 성서를 받아들이는 것은 우리가 하나님의 임재 가운데 살아가면서 하나님이 놀라운 방법으로 역사하실 수 있음을 인식하는 것을 의미한다. 사실상 하나님께서 그분의 임재를 그런 방식으로 알 수 있는 빛을 우리에게 허락하셨다면, 우리는 하나님의 역사가 기대될 수 있는 환경 가운데 이미 살아가고 있는 것이다. 우리의 믿음에 대한 시험을 인식하고 견딤으로써 또는 보다 명백하게 그분의 강력한 역사를 목격함으로써 말이다.

믿음의 상상력

그리스도에 대한 구두 메시지를 "믿음으로 듣는" 바울의 원칙은(롬 10:17; 갈 3:2) 하나님의 모든 말씀을 포용하는 우리의 방식에도 확장 적용되어야 한다. 성서 세계에 관해 가능한 한 많은 지식을 갖고서 우리는 성서의 내러티브 세계 안으로 들어가고, 불신과 문화적 소외 및 다른 형태의 거리두기를 보류하며, 거기서 살아 계신 하나님과의 만남을 기대할 필요가 있다.

내러티브 세계로 들어가기

성서가 텍스트로 되어 있고 성서의 가장 큰 장르가 내러티브이므로, 우리가 성서를 읽는 방식을 우리가 다른 내러티브들을 읽는 방식과 비교하는 것은 유익하다. 본문의 모든 세부내용과 관련하여 논란이 되는 역사적 질문들을 이해하거나 해결하지 않고서도 우리는 그 본문의 내러티브 세계 안으로 들어갈 수 있다. 마찬가지로 우리는 세상에 거하시는 동일한 하나님의 음성을 듣기 위해 성서의 내러티브 세계 안으로 들어가야 한다. 결국 그 세계가 신학적으로 우리의 세계이자 하나님이 활동하시는 세계임을 믿으면서 말이다. 문화와 장르는 다르지만, 하나님, 그리스도, 인간의 본성은 그때와 동일한 것으로 남아 있다.

우리의 문화에서 상속받은 세계에 관한 내러티브를 포함하는 인간의 모든 세계관은 문화적으로 형성되었고, 그 결과 궁극적으로 개정 또는 재해석의 대상이 된다. 어떤 이들은 이런 틀을 상상력의 구조, 즉 현실에 대한 불완전한 해석으로서 묘사하는데, 이런 해석은 모든 것을 고려하지 않은 채 자료들을 구조화한다. 어떤 이들은 성서가 "대안적 상상력"을 제공한다고 논하는데, 이 대안적 상상력은 새로운 현실 구조를 요청한다.[34] 그러나 이 새로운 현실 구조는 완전히 주관적인 것이 아니라, 본문을 통해 말해왔고 지금도 말하고 있는 신적 저자를 경험하는 "상황적 현실주의에 기초하는 상상력의 발휘"다.[35] 비록 성서가 신적 계시를 모두 드러내기보다 본보기를 제시하지만, 성서의 구속 이야기는 참된 구속사의 골격이 되는 메타내러티브를 제공한다.[36] 이 메타내러티브는 J. R. R. 톨킨(J. R. R. Tolkien)과 C. S. 루이스(C. S. Lewis)가 "참신화"(true myth)라고 불렀던 것과 관련지을 수 있다.

34 Ellington, "Authority," 167, Brueggemann, *Texts under Negotiation*, 12-13을 인용한다.

35 Waddell, "Hearing," 184.

36 (몇몇 반대자의 불평처럼 순전히 현대적 개념이 아닌 성서적 개념으로서) 역사의 중요성을 보강하면서 성서 구속사의 내러티브 구조는 사례 연구를 통해 우리에게 교훈을 가르치는 다른 성서 장르들(시적 예언, 시적 기도, 서신 등등)의 부분적인 역사적 상황을 제공한다. 우리는 사람들이 처한 다양한 상황에서 하나님이 그들을 어떻게 다루셨는지를 관찰함으로써 하나님의 마음을 부분적으로나마 조금 더 알게 된다. 많은 학자들은 역사와 현재의 관계를 놓고 씨름해왔다. 예를 들어 Dilthey는 역사적 상상력을 통해 과거에 들어가는 일을 중요하게 여기지만, 과거를 먼저 과거의 방식대로 들을 것을 요구한다(Rickman, "Introduction," 44-47). 비록 우리는 시대별로 과거의 다른 측면들을 듣게 될 테지만 말이다(48). 따라서 역사는 현재의 실재를 조명해주고(60), 현재에 비추어 읽힌다(Dilthey, *Pattern*, 161).

문학비평가들은 환상적 내러티브를 즐기는 사람들이 공감적으로 소설의 내러티브 세계 속으로 들어가기 위해 자신의 불신을 보류한다고 강조한다. 마찬가지로 우리는 우리에게 낯선 문화 영역이 만들어낸 불화를 제쳐두고 역사적 전기의 보다 그럴듯한 내러티브 세계로 들어갈 때 종종 우리의 문화적 판단을 보류한다. 우리가 우리의 불신과 판단을 보류하고 본문의 메시지가 지닌 권위를 인정하면서 내러티브 세계에 대한 성서 저자들의 가정들을 갖고 그 세계 안으로 들어갈 때 그들의 목소리를 가장 분명하게 들을 수 있다.

불신 보류하기

우리는 성서의 내러티브 세계에 들어갈 때 다른 내러티브 세계에 들어갈 때만큼이나 상상적 믿음을 통제해야 한다. 물론 장르상의 차이와 그리스도인들에게 영적 기대상의 차이가 있지만 말이다. 공상과학 소설이나 마야 신화, 혹은 스칸디나비아 전설을 읽을 때, 나는 그것에서 하나님의 음성을 듣기를 기대하지 않는다(적어도 규칙적으로 그리고 같은 방식으로 기대하지는 않는다). 나는 이런 이야기들이 현실 세계에 대해 신적으로 계시된 진리를 이야기해줄 것이라고 기대하지도 않는다. 어쩌면 현실의 요소들을 불러냄으로써 확장된 의미에서 이야기해줄 수 있는 것을 제외하면 말이다. 비성서적 역사를 읽을 때 나는 그 역사에서 하나님의 역사를 숙고하고 이해를 도모할지 모른다. 그러나 나는 일반적으로 역사가의 사건 해석을 권위 있는 신적 영감을 받은 것으로 기대하지 않는다. 그리스도인으로서 나는 이와 다른 의도적인 기대를 갖고 성서에 접근한다. 나는 성서에서 (나 개인과 하나님의 사람들의) 삶에 대한 안내를 찾을 것으로 기대한다. 비록 내가 성서의 다른 증거를 어떻게 고

려해야 할지 신중하게 따져봐야 하지만 말이다.[37]

성서를 읽을 때 불신을 유보하는 것은 다른 문헌을 읽을 때 불신을 유보하는 것과 다르다. 왜냐하면 신뢰의 대상이 다르기 때문이다. 그리스도를 믿는 대부분의 신자들은 자신의 믿음과 다른 종류의 믿음의 차이를 직관적으로 이해한다. 아이들은 산타클로스에 대한 믿음을 포기할 수 있지만, 하나님께 대한 믿음(또는 다양한 문화적 틀)을 다른 방식으로 이해할 수 있다. 상상력을 동원하는 것은 우리가 성서의 세계 안으로 들어갈 때 중요하지만, 성서적 믿음은 단순히 상상력을 동원하는 것 이상과 관련된다. 성서적 믿음은 세계관의 환영 및 포용과 관련된다.

우리는 우리의 세계를 다른 측면에서 보기 위해 궁극적으로 성서가 전달하는 세계관을 포용해야 한다(이는 우리 자신이 영화, 비디오게임, 좌우의 정치적 대본과 같은 우리 주변의 대중 내러티브들에 몰두하는 것과 반대된다). 이는 성서 본문의 원래 청중이 공유하던 가정들을 근거로 성서 본문이 무대 소품처럼 당연하게 여겼던 세계관들을 무비판적으로 포용하는 것을 의미하지 않는다. 성서의 세계관은 삼층으로 이루어진 우주 또는 하늘 궁창에서 떨어지는 비와 같은 이미지들을 포함한다(참조. 창 7:11; 말 3:10; 출 20:4).[38] 다시 말해 나는 우주론 혹은 성서 저자들이 전달하곤 했던 다른 문화적 관습들이 아니라 하나님과 그분의 사명에 관한 그들의 메시지를 말하고 있다. (다시 말해 때로 이런 요소들의 구별은 실제로 매우 복잡할 수 있다. 이것이 바로 내가 하는 일인데, 이는 성서 구문들의 고대 상황을 재구성하는 데 초점을 맞춘다.)

---

37 다른 저자들과 마찬가지로 성서 저자들도 때로는 이런 방식의 저술을 통해 독자의 식별을 용이하게 했을지 모른다(예. 다음을 보라. Beck, "Anonymity"; idem, *Paradigm*). 몇몇 학자는 성서 인물들의 내면을 탐구하기 시작했는데(Leung Lai, *'I'-Window*를 보라), 이는 독자의 공감과 식별을 더욱 용이하게 한다.

38 다음을 보라. Walton, *Thought*, 165-78, 189; Walton and Sandy, *World*.

대신에 내가 의미하는 것은 우리가 하나님의 활동 및 임재와 더불어 살아 있는 세계를 꿈꾸는 법을 배운다는 점이다. (어떤 이들은 이런 세계를 "다시 마법에 걸린" 세계라고 부른다. 그러나 그런 세계를 하나님이 활동하시는 세상으로서 단순하게 말하는 것이 신학적으로 더 정확한 것으로 보인다.) 성서적 세계관을 믿음으로 포용하는 사람은 하나님이 활동하시고 임재하신다는 것을 인식하므로, 내러티브는 신적 행위의 차원에서, 그리고 하나님께서 내러티브 세계 내에서 인간 행위자들을 사용하신다는 차원에서 믿을 만한 것이 된다. 무신론자는 생물학과 물리학의 패턴들로부터 다음 내용을 추론할 수 있다. 즉 자연이 이 체계 내에서 유령의 필요 없이 스스로를 설명한다고 말이다. 그러나 그리스도인은 동일한 과학적 증거에 경이로움을 느끼며 접근한다. 하나님의 설계의 웅장함을 찬양하면서 말이다.[39]

이것이 정확히 초기 오순절주의자들을 비롯하여 그들과 같은 다른 사람들이 현대의 환멸스러운 세계관에 매료되어 있던 교회에 가져다준 미덕이다.[40] 우리는 운이 좋다는 희망으로 기도하는 대신 성서의 살아 계신 하

39 자연에 대한 이런 접근법은 기원에 대한 그들의 견해와 관계없이 그리스도인들의 특징이 되어야 한다. 예를 들어 유신론적 진화론자는 하나님이 진화를 일종의 메커니즘으로 사용하여 지금 존재하는 것과 같은 결과를 가져오셨다고 확언하면서, 이런 진화를 고안하시고 필요에 따라 이런 결과를 가져오신 하나님을 찬양할지도 모른다. 회의론자들은 하나님이 이런 비효율적 과정을 사용하지 말아야 한다고 불평한다. 그러나 성서의 내러티브들은 다양한 방식으로 일하시는 하나님의 이야기로 가득 차 있는데, 이런 다양한 방식에는 인간의 선택도 포함되지만 그럼에도 하나님은 필요한 결과들을 성취하신다. (외부의 위협과 어쩌면 더 놀랍게도 교회 구성원들의 인간적 실패에도 불구하고) 수 세기 동안 교회가 생존한 것은 경이로움의 한 원인처럼 보인다. 하나님은 메마른 로봇과 같은 순수 효율성 대신에 영광스러운 아름다움과 제한된 혼란이 있는 세상을 고안하셨다. 그리고 하나님은 우리가 회상할 때만 발견할 수 있고, 그분의 지혜를 인지하는 사람들 사이에서만 발견할 수 있는 방식으로 자신의 지혜로운 목적들을 성취하신다(참조. 롬 11:33-36). 이는 하나님이 구원을 가져오시는 방식에도 적용된다(고전 1:18-25).

40 Anderson, *Ends of the Earth*, 138: "오순절주의의 의식들은 다음과 같은 내용을 전제하는 세계관을 보여준다. 곧 예배가 하나님과의 만남에 관한 것이라는 세계관으로, 이는 인간의 필요를 채워주시기 위해 그곳에 계신 전능하신 하나님에 대한 믿음을 포함한다." 더욱

나님께 기도할 수 있다. 그분은 "저절로" 발생할 수 있는 일에 구속받지 않으신다. 성서에서조차 하나님은 대부분의 개인들에게 규칙적으로 기적을 행하지 않으셨다. 그러나 성서의 하나님은 능히 기적을 행하실 수 있으며, 우리가 상상하는 것보다 훨씬 더 규칙적으로—성서에서 그리고 오늘날에도—그분의 섭리적 역사를 오랜 시간에 걸쳐 우리의 삶에서 보여주실 수 있다.

그러나 사람의 마음이 세상의 내러티브들에 정복당한 상태에서 불신을 보류하며 성서의 세계관 안으로 들어가는 일이 어렵다는 지적이 나올 수 있다. 성서의 세계관을 통해 다른 내러티브들의 평가가 가능하지만, 대중 오락과 이념에 물든 마음은 성서가 무서운 외래 서적이라는 점을 지속적으로 발견할 것이다(참조. 고전 2:11-15). 우리는 우리의 마음이 성서의 세계 안으로 스며들도록 만들어야 한다. 그렇게 해야 성서의 세계가 하나님의 관점에 대한 우리의 생각을 형성하고 갱신시킬 수 있다. 이것이 모든 것을 포기하고 그리스도를 따른다는 의미의 일부가 아닐까?

기대

기대는 우리가 본문에 접근하는 방식을 형성한다. 장르의 측면에서 우리는 각기 다른 기대를 갖고 공상과학 소설, 시, 신문 기사를 읽는다.[41] 저자의 측면에서 우리가 신뢰하는 사람으로부터 온 편지를 읽는 방식과 늘상

이 "성령의 임재를 경험하는 일은 일상의 평범한 부분으로 간주되고 모든 상황과 연결된다"(139).

41 우리의 읽기 경험은 본문의 장르에 대한 우리의 이해를 재조정할 수도 있다(Westphal, *Community*, 29).

변명하며 신뢰를 무너뜨리는 사람으로부터 온 편지를 읽는 방식은 다르다. 때로 우리는 우리의 신뢰 혹은 의심이 번지수를 잘못 찾았다는 것을 발견한 후 읽기 전략을 즉시 바꾼다. 정보의 측면에서 이어지는 내용의 요약을 이해하는 일은 요약자가 알아듣길 원하는 요점들을 파악하는 데 도움이 된다. 책이 다루는 상황에 대한 지식 역시 우리가 그 책을 읽는 방식을 형성한다.

기대는 우리의 성서 읽기에 건설적인 도움을 준다. 만일 우리가 단지 의무감을 채우기 위해 시간을 들여 성서를 읽는다면, 미래에 참고용으로 사용할 수 있는 정보를 축적할 수 있을지도 모른다(이것 자체가 나쁜 것은 아니다). 그러나 우리가 성서에서 발견한 통찰력을 가지고 규칙적으로 하나님과의 만남을 진정으로 기대하며 성서를 읽는다면, 하나님의 음성을 훨씬 더 많이 듣게 될 것이다.

잘못된 기대는 우리가 성서를 듣는 방식을 왜곡시킬 수도 있다. 자녀를 학대하는 부모의 음성을 기대한다면 하나님의 성품을 읽는 우리의 방식에 잘못된 영향을 미칠 것이다. 몇몇 잘못 읽은 본문에서 추론된 불건전한 신학적 가정에서 출발하는 것 역시 마찬가지일 것이다.[42] 기독교 경험의 초기에 나는 마귀의 유혹을 두려워했다. 그리고 나는 마귀의 유혹을 기대함으로써 나도 모르게 그런 유혹들이 나 자신을 시험하도록 자극했다.[43] 내 창조적 상상력에 침투한 온갖 나쁜 생각은 내가 싸워야 할 유혹이 되었

42 성서로부터 숨는 것이 아니라 성서를 친구처럼 대화에 끌어들이는 접근법에 관해서는 Fraser and Kilgore, *Friends*를 보라.

43 성서에서 마귀는 중요한 경우에 직접 미혹한다(예. 막 1:13; 눅 4:2; 22:3, 31; 요 13:27; 행 5:3). 마귀는 다른 이들의 삶에도 개입한다. 비록 독자들이 때로 (마귀가 무소부재의 존재가 아니기 때문에) 마귀의 그런 행위가 어떻게 직접적인 의도를 갖는지 논쟁을 벌일 수 있지만 말이다(예. 막 4:15; 엡 2:2; 약 4:7; 벧전 5:8). 그러나 성서는 사람들이 자신의 욕심에 이끌려 헤매는 또 다른 차원에 대해 분명히 밝힌다(약 1:14).

고, 나의 비관적 상상력이 언제나 좋은 결과를 가져온 것도 아니었다. 한때 이런 접근이 습관이 되자, 진정한 외적 힘이 직접적으로 역사할 수 있는 여지가 훨씬 적어졌다. 이것이 내가 성서를 읽는 방식에 어떤 영향을 미쳤을까? 나는 부도덕한 인물들에 관해 읽을 때 죄책감을 느꼈다. 왜냐하면 일단 어떤 죄가 내 마음에 떠오른 것 자체만으로 나는 나 자신이 유별나게 유혹받았다고 간주했기 때문이다. 나는 지적으로 더 잘 알고 있었지만, 결국 이런 습관적이고 부적절한 죄책감에 직면해야 했다.

마찬가지로 젊은 그리스도인이었을 때 나는 성령에 속한 사람들과 육에 속한 사람들 사이에 존재하는 바울의 이중적 대조를 읽었는데, 부적절한 생각은 내가 "육" 안으로 모험을 감행하여 구원을 잃었다고 생각하게끔 만들었다.[44] 그리스도인이 되기 전에 나는 플라톤에 심취해 있었는데, 이로 인해 바울 서신을 제대로 배울 때까지 몇몇 바울 서신을 원시 영지주의적 방식으로 읽게 되었다. 이런 것들은 모두 부적절한 믿음의 예들이며, 잘못된 기대를 가지고 읽으면 잘못된 대상을 믿게 됨을 보여준다.

이와 대조적으로 예수의 죽음과 부활에 관한 기독교의 핵심 메시지는 성서 내러티브의 절정을 이룬다. 그래서 예수의 십자가 및 승리에 비추어 읽는 것은 다른 문제들을 바라보는 데 도움이 된다(참조. 롬 5:6-10; 8:32; 고전 15:3-4). 하나님은 신뢰할 만한 분이시다. 그러므로 성서에서 신실한 하나님의 음성을 듣기를 기대하는 것은 우리의 읽기에 충실하게 영향을 미칠 것이다. 이런 기대에 율법적으로 접근해서는 안 되는데, 그렇게 하면 독서할 때마다 아니면 독서하는 내내 특별한 경험을 하지 못할 경우 좌절하게 되기 때문이다. 우리는 매 순간 영적 직관을 흉내 내도록 요청받지 않

44 이것은 내가 잘못 읽은 것이었다. 내가 섬기는 교회는 아르미니우스적이었지만, 그 정도로까지는 아니었다. 이제 나는 이것이 잘못 읽은 것이었음을 이해한다. 다음을 보라. Keener, "Spirit Perspectives"; idem, *Mind*, 122-27.

는다. 하나님은 우리가 그분의 음성을 필요로 할 때 우리에게 분명히 음성을 들려주실 수 있다.[45] 그러나 우리는 성서를 연구할 때 하나님이 그분의 영을 통해 우리를 만나주실 것을 기대해야 한다.[46]

더 이른 시기에 성서를 해석했던 성서 저자들과 마찬가지로 우리는 우리의 삶과 경험을 성서에 비추어 해석해야 한다. 따라서 우리는 성서의 주석과 더불어 성서의 적용을 시행해야 한다. 그러나 우리의 유비가 성서 저자들의 상황이 반영된 본문에 기초할 때, 우리는 성서를 하나님이 우리에게 주신 본문 자체와 가장 일치하는 방식으로 가장 충실히 적용할 수 있다. 하나님이 과거에 어떻게 역사하셨는가를 인식할 때, 우리는 동일한 종류의 기대를 갖고 오늘을 살아갈 수 있다. 즉 우리의 경험은 성서 이야기의 틀 안에 새겨지게 된다.[47] 하나님이 성서에서 행하셨듯이 오늘도 역사하신다고 기대하는 것은 성서가 "믿음"이라고 부르는 것과 밀접히 연관된다.

물론 하나님이 성서의 모든 사건에서 언제나 동일한 방식으로 행하

45 Torrey는 "Supernatural Guidance," 20-21(Torrey, *Person and Work*에서 발췌)에서 불확실한 인도에 의한 "속박"을 경고한다. 그러면서 다음과 같이 지적한다. "분명치 않은 인도는 하나님께 속한 것이 아니다. 만일 그것이 하늘 아버지이신 하나님의 뜻이라면, 그분은 자신의 인도를 정오처럼 분명하게 밝히실 것이다." 다른 곳에서 나는 다음과 같이 제안한다. 즉 우리는 보다 직관적 형태의 인도뿐만 아니라 (이런 직관적 형태의 인도와 관련하여) 하나님의 섭리와 그분이 정해놓으신 우리의 발걸음(잠 16:9; 20:24)과 일반적인 지혜를 신뢰할 수 있다고 말이다(참조. Keener, *Mind*; Torrey, "Guidance," 18-19의 예). 물론 근본주의를 알고 있는 상식적 현실주의도 전합리적 직관을 허용했다(참조. Oliverio, *Hermeneutics*, 109). 비록 이 전합리적 직관이 타고난 지식으로서 이해되어왔을 수도 있지만 말이다.

46 앞서 언급했듯이 요한복음의 등장인물들은 종종 처음에는 믿음을 갖고 표적에 반응한다. 그러나 이 믿음은 인내를 통해서만 성숙한 믿음이 된다. 성서 읽기가 신나는 모험처럼 느껴지지 않을 때도 우리는 인내하며 성서를 읽어야 한다. 왜냐하면 우리는 하나님이 성서를 통해 우리를 변화시키시고, 앞으로도 변화시키실 것을 알고 있기 때문이다.

47 참조. Grey(*Crowd*, 155-59)는 하나님의 백성에 참여하고 하나님의 구속사적 이야기에 참여하는 내용을 다룬다(또한 참조. 171-72). 성서의 이야기는 메타내러티브를 제공하는데, "그 안에 오순절 독자는 자신을 위치시킬 수 있다"(160).

신 것은 아니다. 많은 패턴이 있지만, 한 가지 패턴은 하나님이 우리가 예측 가능한 공식을 바라보기보다는 하나님을 바라보도록 종종 다른 방식으로 그분의 목적을 성취하신다는 것이다. 비록 우리가 하나님과 그분의 신적 성품이 완전히 일치한다고 기대할 수 있다고 할지라도, 우리는 인간 수준에서 그분을 완전히 놀라운 하나님으로서 경험한다. 하지만 놀랍든 놀랍지 않든, 성서에 깊이 몰두된 삶과 마음은 주변 문화의 가치에 좀 더 영향을 받은 마음과는 다른 방식으로 성서의 세계를 읽을 것이다. 우리가 하나님이 앞으로 역사하실 방식을 예측할 수는 없다. 하지만 우리는 하나님의 역사를 기대하고, 역사하시는 하나님을 의지하며, 하나님이 일하고 계신다는 확신 가운데 언제나 살아간다.

결론

성서를 진리로서 읽는다는 것은 성서를 참된 존재, 신뢰할 수 있는 존재로부터 오는 메시지로서 읽는 것을 의미한다. 그리스도인들은 장르 및 문화적 수용의 측면에서 이 진리가 표현되는 방식상의 특정 부분을 놓고 불일치할 수 있다. 그러나 우리는 거기서 말씀하시는 하나님을 신뢰하는 법을 배워야 한다. 믿음으로 성서를 포용한다는 것은 오늘날 우리를 향한 성서의 메시지를 포용한다는 것과 그런 포용에 비추어 살아가는 것을 의미한다. 현대의 "믿음 교사들"이 그들의 청자들로 하여금 맥락에서 벗어난 성서 구절들을 주장하도록 만들 때, 그들은 성서를 진정으로 존중하고 있는 것이 아니다. 진정한 성서 존중은 그들이 성서 본문을 보다 신중하게 그리고 보다 충실하게 연구하도록 요구한다. 그러나 이런 믿음 교사들이 사람들로 하여금 하나님의 말씀을 진리로서 고수하라고 요청할 때, 그들은 우리 중 다수가 무시하는 통찰력을 발휘한다.

교회의 너무 많은 부분에서 우리는 성서의 주장에 기초한 삶을 살아가지 않으면서 성서의 상당 부분을 단지 역사적 기록으로서만 듣는다. 그리스도인들은 너무 자주 성서의 명령을 편집하지만(대개 매우 선택적으로 그리고 그 명령의 문화적 배경을 고려하지 않은 채), 성서 내러티브 속의 교훈을 규명하는 일에 두려움을 느낀다. 우리는 이제 겨우 성서의 깊이를 탐구하는 일을 시작했다. 그러나 성서는 우리가 어떻게 진행할 수 있는지에 대한 몇 가지 지침을 제공해준다.

제5부 성서 읽기를 위한 성서 내적 모델

> 현재의 의미가 기독교 신학의 해석에서 배제될 수 없는 문제라는 것은 부분적으로 구약성서에 대한 신약성서 저자들의 태도에 의해 제시된다(앤서니 티슬턴).[1]

누군가에게 구약성서는 모형론적이며 알레고리적인 기독론적 차원의 읽기를 제외하면 현재와 아무런 관련이 없다.[2] 그러나 이는 신약성서 저자들이 일반적으로 구약성서를 다룬 방식이 아니다.[3] 확실히 그들은 구약성서에서

---

1 Thiselton, *Horizons*, 439. Ricoeur에게 있어 신약성서는 구약성서를 이해하는 새로운 렌즈다. 다음을 보라. Ricoeur, *Essays*, 49-72(이 부분은 Gross, *Preach*, 59-60에 요약되어 있다).

2 Bultmann, *Christianity*, 187: "구약성서는 여전히 [신약성서를 염두에 두더라도] 하나님의 말씀이다. 비록 그 이유가 구약성서에 하나님이 과거에 이스라엘 백성에게 하셨던 말씀이 있어서가 아니라, 구약성서에 직접적인 모형론적 기능과 우화적 기능이 있기 때문이지만 말이다. 구약성서 말씀의 원래 의미와 상황은 전혀 관계없는 것이다. 하나님은 역사가 아닌 그리스도를 통해 사람들에게 말씀하시기 때문이다."

3 갈 4:24에서 바울이 "알레고리"라는 용어를 사용한 것은 그 용어의 좀 더 일반적인 고대 의미를 반영할 수 있다(알레고리의 다양한 의미에 관해서는 다음을 보라. Anderson, *Glossary*, 14-16; Witherington, *Grace*, 322-23). 비록 그것이 우리가 알레고리라고 부르는 것의 요소들을 포함하지만(특히 다음을 보라. Cover, "Above"; de Boer, *Galatians*, 295-96), 약속, 유산, 아들 됨의 주제 안에서 보다 직접적인 유비(와 모형론)의 요소들도 포함한다(다음을 보라. Hays, *Echoes*, 116, 166; Tronier, "Spørgsmålet"; Martyn, *Galatians*, 436; Schreiner, *Galatians*, 300; Harmon, "Allegory," 특히 157; Barclay, *Gift*, 415-16; Keener, *Galatians*). 비록 바울이 여기서 적대자들의 주장을 논리적으로 반박하고 있다고 할지라도, 그가 알레고리를 비꼬듯이 사용하고 있다는 제안(Anderson, *Rhetorical Theory*, 178-79에 언급됨)을 지

그리스도에 대한 그들의 견해를 확인해주는 많은 유비를 발견했다. 그렇다고 그들이 성서에 등장하는 다른 모든 내용을 무시했던 것은 아니다.

지금까지 이 책은 부분적으로 이론적인 내용을 다루었다. 먼저 나는 성서의 오순절 사건이라는 관점에서 읽는 것이 어떤 모습이어야 하는지를 제안했다. 이 제안은 예를 들어 하나님이 성령의 영감을 불어넣은 원래 메시지와의 일관성뿐만 아니라 경험적·종말론적·보편적 관점을 포함했다. 그다음 나는 인식론의 기본 질문들로 넘어갔다. 각각의 인식론적 접근은 그것의 기초를 전제로 한다. 믿음으로 읽거나 듣는 것은 출발의 전제가 성서인 사람들에게 필수적인 해석학이다.

그러나 여기서 나는 구체적으로 성령의 인도를 받는 성서 자체의 모델들로 넘어간다.[4] 예수는 성서를 어떻게 다루었을까? 바울은 어떻게 율법을 해석했으며, 귀납적 율법 읽기는 우리의 율법 수용에 어떤 영향을 미칠까? 우리는 어떻게 유비를 통해 성서 내러티브로부터 배울 수 있을까?[5] 사도행전 2장과 대부분의 나머지 신약성서에서처럼 오순절 관점의 읽기는 성서의 메시지를 오늘날 우리의 삶에 적용하는 읽기다.[6]

지해줄 단서는 희박하다.

4 이 성서 모델들은 분명히 모세 오경의 예언적 혹은 신명기적 읽기들을 포함할 수 있다(같은 주장이 Martin, "Hearing," 216에서도 제기된다). 그러나 나는 나의 전문분야와 더 가까운 신약성서 읽기에 주된 초점을 맞출 것이다. 다른 이들은 예수와 바울, 그리고 다른 성서 인물들의 율법 해석 방식에 호소하여 오늘날 기독교적 읽기를 위한 표본들을 발견하려고 한다(예. Brondos, "Freedom"). 이런 표본들에는 은사주의적 읽기를 위한 표본도 포함된다(Stibbe, "Thoughts," 193).

5 다른 이들도 성서 본문을 읽는 방법을 알려주는 데 있어 현대적 카리스마를 가지고 있는 유비의 가치를 고려해왔다. Spawn, "Principle"에 나오는 신중하고 미묘한 주장을 보라.

6 신약성서의 구약성서 읽기는 주요 연구 분야가 되었다. 다양한 접근법에 의한 몇몇 영향력 있는 연구는 다음과 같다. Longenecker, *Exegesis*; Hays, *Echoes*; idem, *Conversion*; idem, *Reading Backwards*; Ellis, *Old Testament*; Evans and Sanders, *Luke and Scripture*; 특히 광범위한 내용을 다루고 있는 Beale and Carson, *Commentary*. 신약성서가 구약성서를 사용하는 것에 관한 간결하지만 유용한 관찰 내용들은 다음을 보라. Brown, *Scripture as Communication*, 227-28; Klein, Blomberg, and Hubbard, *Introduction*, 129-31. 상호텍스트성은 몇몇 현대 오순절주의의 읽기가 지닌 주된 특징이다(예. Waddell, "Hearing," 203).

14장 예수는 우리에게 성서를 어떻게 들으라고 요청하는가?

어느 날 예수는 씨를 넓게 뿌리는 농부에 관한 비유를 청중에게 이야기했다. 적은 수의 씨가 뿌리를 내려 열매를 맺었지만, 그 열매는 처음에 뿌려진 씨보다 훨씬 중요했다. 유대인 율법 교사들은 요점을 설명하기 위해 비유를 사용했다. 그러나 그들은 자신들의 맥락이 그 비유를 자명한 것으로 만들지 못할 때 그것을 설명했다. 이와 대조적으로 예수는 청중에게 듣기를 권유한 다음에 그들이 그의 수수께끼를 숙고하도록 했다.

누가의 보도에 따르면, 후에 제자들은 예수에게 그 비유의 의미를 물었다(눅 8:9). 공관복음에서 예수는 지속적으로 그의 가르침을 제자들에게 설명한다. 예수는 자신이 비유로 말하는 이유를 다음과 같이 설명한다. 즉 하나님 나라의 신비는 그것을 헌신적으로 추구하는 자들에게만 주어지기 때문이라고 말이다.[7] 이사야 시대와 마찬가지로 하나님 나라의 메시지는 불순종하는 하나님의 백성에게 아무런 도움이 되지 않는다. 하나님 나라의 메시지는 그저 무시되는데, 그 이유는 하나님 나라의 메시지가 사람들의 마음을 완악하게 만들거나, 그들에게 아무런 변화도 일으키지 않은 채 책임감만 늘리기 때문이다(마 13:11-15).

7 예수는 요한복음에서 지상의 유비(analogy)가 필요한 이유는 인간이 하나님의 하늘 진리들을 이야기하기 위함이라고 설명한다(요 3:12). 여기에는 아마도 물의 유비(요 3:5)와 바람의 유비(요 3:8)도 포함될 것이다.

이것이 사실상 예수의 비유가 의미하는 것이었다. 어떤 이들은 이 메시지를 이해하지 못했고, 다른 이들은 어려운 상황에 직면하자 그것을 포기해버렸다. 그리고 또 다른 이들은 이 세대의 일들로 정신이 팔린 나머지 그 메시지에 제대로 반응하지 못했다(마 13:18-22). 그러나 다른 씨들보다 더 많은 결실을 가져온 씨는 "말씀을 듣고 이해한 자들"을 의미했다(마 13:23).[8] 누가 예수의 메시지를 이해했는가? 바로 무리가 떠난 후 남아서 예수에게 그 비유의 의미를 물었던 자들이었다. 제자들, 곧 가까이에서 예수를 따르고 그의 말을 경청하면서 이해할 때까지 물었던 자들에게 참된 의미가 허락되었다.[9]

몇몇 전통적인 학문적 주해가 추정하는 것과 대조적으로, 수용(reception)은 중요하다. 더욱이 몇몇 대중적인 포스트모던 해석이 추정하는 것과 대조적으로, 특정한 수용은 중요하다.[10] 사람들은 예수의 메시지를 다양한 방식으로 수용했고, 예수는 이런 모든 방식이 똑같이 유효하다고 인정하지 않았다. 사람들은 하나님 나라의 진정한 왕을 따르기 위해 제자도로 이어지는 그의 메시지에 대한 참된 이해가 필요했다. 이 수용의

8 이 의미는 막 4:20의 "받아들이다"(동의를 의미)라는 표현에 함축되어 있지만, 마 13:23의 "깨닫다"라는 표현에 명백히 나타난다(이 표현은 다음 구절들에 부합한다: 마 13:13-15, 19, 51; 15:10; "깨닫다"라는 동사는 막 4:12에 나오는 예수의 말씀과 막 7:14; 8:17, 21에 나오는 예수의 초청과 책망에 등장한다).

9 Hays는 *Reading Backwards*, 28-29에서 다음과 같이 바르게 제안한다. 즉 막 4:11-34은 "말씀을 듣고 이해하는 것에 대한 해석학"을 다루고 있으며(29), 예수의 비유들은 오직 일부 사람들만이 이해하게 되는 "의미가 가려진 역설적 의사소통"으로서 기능하고 있다고 말이다(28). 이 책의 막바지 저술 단계에서 나는 Clark Pinnock 역시 성령 해석학에 접근할 때 예수의 표본에 호소하고 있음을 알게 되어 기뻤다(Pinnock, "Work of Spirit," 234-36).

10 몇몇 학자는 포스트모더니즘에서처럼 경험을 중시하면서도 주관성의 한계를 인지하는 그런 해석학을 옹호한다. 예. Fogarty, "Hermeneutic"을 보라. 그러나 이런 한계를 규정하는 것은 문제가 될 수 있다. 왜냐하면 이런 한계 규정 자체가 주관적 과정이 될 수 있기 때문이다. 우리가 본문에서 상황적이거나 표준적인 의미와 같은 통제 요소들을 인지하지 못한다면 말이다.

이슈는 누가에게 너무 중요했으므로 바울이 로마에서 하나님 나라에 관해 이야기하는 대목에서 확장된 형태로 다시 등장한다. 몇몇 사람은 듣고서도 귀를 닫아버리는 반면, 다른 사람들은 기꺼이 듣고자 할 것이다(행 28:26-28).

예수는 상황을 전제한다

예수는 오늘날 유명한 성서 구절이 흔히 남용되는 것과 대조되는 체계적이고 정교한 방식으로 성서를 읽었다. 예수는 대개 관련 상황을 인용하지 않지만(적어도 복음서에 나오는 그의 축약된 가르침에는 상황에 대한 설명이 없다), 상황을 종종 전제한다. 그러나 아래에서 좀 더 다루겠지만, 이런 상황에 대한 집중은 예수가 성서를 자신의 세대에 적용하는 것을 막지 못했다. 다른 신약성서 내러티브 저자들은 예수의 이런 본보기를 따른다(그리고 이런 현상은 신약성서 저자들과 동시대의 많은 사람들이 보여준 관행과 일치한다).

회당의 독자들은 구약성서 전체 구절을 읽었다. 기도하는 자들은 시편 전체를 암송했을지도 모른다. 현재 학자들 가운데서 당시 갈릴리에 글을 읽고 이해하는 사람들이 얼마나 퍼져 있었는지, 그리고 주해가 얼마나 빈번히 다양한 본문을 하나로 묶어놓았는지 논란이 되고 있지만, 구두 전승의 기억에 집중하는 일은 회당 문화와 유대인의 공공생활의 중요한 부분이었다. 현자들은 그들이 인용하는 구절들의 상황을 빈번히 가정했다.[11]

---

11 예. 다음을 보라. *b. Sanh.* 38b; Instone-Brewer, *Techniques*, 특히 167; Keener, *Acts*, 2:1587-88. 몇몇 저자는 일종의 선전문구들을 사용하여 관련이 없는 자료까지도 연결시켰다. 다음을 보라. Perrin, *Thomas and Tatian*, 50; Longenecker, *Rhetoric*. 논쟁 상황에서 교사들은 때로

혹자는 몇몇 본문을 그것들이 구현하는 보다 큰 원칙들의 대표로서 인용할 수 있겠지만, 복음서의 예수는 자신이 인용하는 구절들의 상황을 흔히 전제한다. 하늘에서 들리는 음성이 예수가 하나님의 아들이라고 선언한 후(마 3:17//눅 3:22), 사탄은 예수의 아들 됨의 속성을 시험하거나 다시 정의하려고 한다. 사탄은 두 번이나 "네가 하나님의 아들이어든"이라는 말로 예수를 추궁한다(마 4:3, 6; 눅 4:3, 9). 첫 번째 시험에서 사탄은 예수에게 돌을 떡으로 변화시키라고 도전한다. 이에 대해 예수는 한 본문을 인용하는데, 이 본문은 떡을 다룰 뿐만 아니라(마 4:4과 눅 4:4, 이 두 구절은 신 8:3을 인용함), 이스라엘과 하나님의 관계를 아들을 돌보는 아버지와 비교하는 문맥의 일부이기도 하다(신 8:5). 다시 말해 예수는 그의 아들 됨을 구약성서의 표본을 통해 정의한다.

예수는 성서를 인용함으로써 세 번의 시험에 대응한다. 하나님 아버지의 뜻에 불순종하는 것을 꺼리면서 단순히 하나님의 명령에 주목하는 것이 그의 대응책에 포함된다. 각각의 경우에 예수는 전과 동일한 일반적 상황에서 대응책을 이끌어낸다(신 6:13, 16). 이와 대조적으로 사탄 역시 성서를 인용하지만, 그는 성서 구절을 그것의 맥락과 상관없이 선택적으로 인용한다. 사탄은 예수에게 몸을 던지라고 도전하는데, 그 이유는 천사들이 의인들을 보호해주기 때문이라고 한다(시 91:11-12). 그러나 시편의 맥락은 의인들에게 다가오는 해로부터 하나님의 보호를 의미하는 것이지, 해로운 방식으로 자신의 몸을 던지는 것을 의미하는 것이 아니다.

이와 유사하게 예수는 이웃을 자신과 같이 사랑하는 것을 핵심으로서 확언할 때 상황에 대한 지식을 전제한다(눅 10:26-28, 레 19:18을 인용함). 모

비평가들 또는 반대자들의 접근법들을 채택하기도 했다(Daube, "Johanan ben Zaccai," 54을 보라; 참조. 롬 10:5).

든 사람을 사랑하는 것은 엄청난 과업이다. 그래서 예수의 대담자는 누가 이웃으로서 간주되어야 하는지를 알기 원한다(눅 10:29). 이에 대한 응답으로 예수는 선한 사마리아인의 이야기를 해주는데(눅 10:30-35), 이 이야기는 사마리아인들도 이웃에 포함됨을 가리킨다. 이를 통해 예수는 의심의 여지 없이 레위기 19:18의 상황을 떠올리고 있다. 레위기 19:34은 계속해서 이스라엘 사람들이 그 땅에 거주하는 외국인들 역시 자신처럼 사랑해야 한다고 명령한다. 확실히 이 명령은 사마리아인들도 포함할 것이다. 더구나 그들은 유대인들이 지켰던 똑같은 몇몇 성서적 관습을 지켰다.[12]

율법의 보다 중대한 문제들

예수는 율법을 존중한다(마 5:17-19). 사실 예수의 말은 그가 바리새인들보다 더 깊이 율법을 존중하고 있음을 암시한다(마 5:20). 그럼에도 예수는 율법의 몇몇 문제를 다른 문제들보다 더 핵심적인 것으로 간주한다(막 12:28-31; 마 23:23-24). 이는 놀랍지 않다. 왜냐하면 예수의 동시대 사람들도 그와 동일한 이해를 갖고 있었기 때문이다.[13] 나는 예수가 하나님의 말씀을 없어도 되는 것으로 여겼다고 제안하는 것이 아니다(마 5:17-19; 눅 16:17). 다른 유대인 현자들도 하나님의 말씀을 없어도 되는 것으로 여기지 않았

12 누가는 이런 연결을 보여주지 않으므로, 이 구절에서 가정된 주해가 역사적 예수 자신으로부터 유래한다고 추론하는 것이 논리적으로 보인다.

13 예. 다음을 보라. *m. Abot* 2:1; 4:2; *Sipra V.D. Deho*. Par. 1.34.1.3; par. 12.65.1.3; *Ab. R. Nat.* 1, §8B; 보다 자세한 논의는 Keener, *Matthew*, 551을 보라. 참조. Pinnock, "Work of Spirit," 235.

다.[14] 그러나 모든 사람은 자신의 읽기를 우선시하는 해석학적 기준을 가지고 있다. 예수가 언급한 기준은 중요하다. (다양한 집단이 성서에 대한 다양한 기준이나 핵심을 제공한다.[15] 나는 하나님 자신, 그리고 찾으시고 구속하시는 그분의 사랑이 핵심이라고 믿는다. 이 사랑은 바로 역사 속에서 그리고 궁극적으로 그리스도 안에서 그분의 행위를 통해 드러난, 특히 예수의 죽음과 부활에서 가장 구체적으로 드러난 그분의 마음이다.[16])

율법(Torah) 자체는 하나님이 가장 원하시는 것의 핵심을 요약한 서술을 포함했다(신 10:12-13). 이는 예언서들도 마찬가지였다(미 6:8). 나중에 전통은 초기 유대교 현자인 힐렐(Hillel)이 소위 황금률이라고 불리는 예수의 가르침과 유사한 방식으로 율법의 핵심을 요약했다고 주장했다(눅 6:31; 특히 마 7:12).[17] 1세기 현자들 역시 어떤 계명이 가장 큰 계명인지를 놓고 논쟁을 벌였다. 비록 아무런 합의에도 도달하지 못했지만(그중 가장 흔한 것은 부모 공경이었다), 예수 이후의 한 랍비가 이웃 사랑을 인용하면서 예수의 견해에 근접했다.[18] 그러나 예수가 하나님 사랑과 이웃 사랑을 하나로

---

14 예. 다음을 보라. *m. Abot* 2:1; *Hor.* 1:3; *Sipra Qed.* Pq. 8.205.2.6; *Behuq.* par. 5.255.1.10; *Sipre Deut.* 48.1.3; 54.3.2; 보다 자세한 논의는 다음을 보라. Johnston, "Commandments"; Keener, *Matthew*, 178-79.

15 Powell은 "Answers"에서 율법 및 복음에 대한 루터의 해석학적 틀과 언약에 대한 공동의 종교개혁적 틀 등에 주목한다.

16 성서 해석을 위해 바른 방식으로 성서를 사용하는 해석자들은 종종 어떤 성서를 사용해야 하는가에 있어 의견의 차이를 보인다. 대중적 해석자들은 때로 다양한 상황에서 서로 무관한 대상들을 동일시함으로써 성서를 엉터리로 해석한다. 그러나 예수의 성서 해석은 이와 대조적으로 하나님의 마음을 반영하는 표본을 우리에게 제공해준다. 경험적 성서 해석은 내가 반복해서 경험해온 일종의 메시지다(마치 루터의 칭의 경험이 그에게 핵심 메시지가 되었던 것처럼 말이다). 그러나 나는 다른 경험들도 겪어왔으며, 구속사와 관련된 대부분의 본문에서 경험적 성서 해석의 중심이 성서의 귀납적 연구로부터 나온다고 믿는다.

17 예. 다음을 보라. *b. Shab.* 31a; 보다 자세한 논의는 Keener, *Matthew*, 248-49을 보라.

18 *Sipra Qed.* pq. 4.200.3.7; 보다 자세한 논의는 Keener, *Matthew*, 531을 보라.

묶어 동시에 강조한 것은(막 12:28-34)[19] 예수 운동의 뚜렷한 특징으로 자리 잡았다. 다른 이들도 사랑을 중요하게 여겼지만, 예수를 따르는 자들의 여러 집단이 하나님 사랑과 이웃 사랑을 최고 계명으로서 일관되게 강조했다(롬 13:9-10; 갈 5:14; 약 2:8; 참조. 고전 13:13). 오늘날 예수를 따르는 몇몇 집단이 정확한 교리 혹은 다른 계명들에 대한 신중한 준수를 우선시함으로써 이 최고 계명을 소홀히 여기는 것에 대해 변명하면서 그 계명을 망각했을 수 있지만, 이 최고 계명은 여전히 진리로서 남아 있다.[20]

예수가 당시의 학자들을 비난했을 때, 그 이유는 때로 그들이 나무만 보고 숲을 보지 못했기 때문이다. 바리새인들은 십일조와 관련하여 매우 세심했던 것으로 알려졌다.[21] 예수는 십일조가 좋고 선한 것이지만, 바리새인들이 정의와 하나님의 사랑을 무시해왔다고 선언한다(마 23:23//눅 11:42). 마태의 기록에 의하면, 예수의 비난은 그들이 율법의 "보다 중한" 문제들을 무시해왔다는 경고를 포함한다(마 23:23).

비록 마태와 누가가 모두 정의와 하나님의 사랑을 명시하고 있지만, 마태는 이에 더하여 "자비" 혹은 "긍휼"도 언급한다. "자비" 혹은 "긍휼"이라는 이 용어는 마태복음에 두 번 등장하는데, 이 두 부분 모두 호세아 6:6을 인용한다(마 9:13; 12:7). 이 두 부분에서 예수는 호세아서 본문을 차용하여 성서에 정통한 바리새인들을 공격한다.[22] 첫 번째 부분에서 바리새

19 다른 유대인 교사들은 공동의 핵심 용어 혹은 문구에 기반하는 본문들을 종종 연결시켰다. 이 경우에 모세 오경에 속한 두 본문은 "너는 사랑하라"(You shall love)라는 말로 시작한다(신 6:5; 레 19:18).

20 다른 극단적 양상은 계명이 요약하는 특정 명령들을 무시함으로써 계명에 신성하게 의도된 의미로부터 사랑을 제거해버리는 것이다.

21 Sanders, *Jesus to Mishnah*, 43-48을 보라.

22 Borg는 예수의 자비 패러다임이 바리새인들의 거룩 패러다임을 대체했다고 주장한다(*Conflict*, 123-43). 그러나 바리새인들은 이론상으로는 자비의 원칙에 동의했을 것이다. 특히 힐렐 학파는 법 해석에서 자비를 강조했다.

인들은 예수가 죄인들과 식탁 교제를 나눈다고 비난한다. 예수의 주장에 의하면, 하나님의 변화시키는 능력을 갖고 죄인들에게 다가가는 것이 부정해지는 것에 대한 두려움보다 더 우선시된다(마 9:11-13). 두 번째 부분에서 바리새인들은 예수가 그의 제자들에게 안식일에 이삭을 잘라 먹도록 허락했다고 비난한다. 예수는 다음과 같이 반응한다. 즉 자신에게는 안식일 규정에 대한 권위가 있고, 제자들의 배고픔이 바리새인들이 율법 주변에 둘러놓은 경계들보다 더 중요하다고 말이다(마 12:1-8).

마태복음에서 강조되는 호세아서의 본문은 하찮은 내용이 아니라 호세아 시대부터(이사야 및 아모스와 같은) 그 이후를 아우르는 예언서들의 정신을 반영한다.

> 나는 인애를 원하고 제사를 원하지 아니하며 번제보다 하나님을 아는 것을 원하노라(호 6:6).

> 헛된 제물을 다시 가져오지 말라! 분향은 내가 가증히 여기는 바요,…선행을 배우며 정의를 구하며 학대받는 자를 도와 주며…(사 1:13, 17).

> 이것이 어찌 내가 기뻐하는 금식이 되겠으며 이것이 어찌 사람이 자기의 마음을 괴롭게 하는 날이 되겠느냐? 그의 머리를 갈대 같이 숙이고 굵은 베와 재를 펴는 것을 어찌 금식이라 하겠으며 여호와께 열납될 날이라 하겠느냐? 내가 기뻐하는 금식은 흉악의 결박을 풀어 주며 멍에의 줄을 끌러 주며 압제 당하는 자를 자유하게 하며 모든 멍에를 꺾는 것이 아니겠느냐?(사 58:5-6)

> 내가 너희 절기들을 미워하여 멸시하며 너희 성회들을 기뻐하지 아니하나니 너희가 내게 번제나 소제를 드릴지라도 내가 받지 아니할 것이요, 너희의 살

진 희생의 화목제도 내가 돌아보지 아니하리라. 네 노랫소리를 내 앞에서 그칠지어다. 네 비파 소리도 내가 듣지 아니하리라. 오직 정의를 물 같이, 공의를 마르지 않는 강 같이 흐르게 할지어다(암 5:21-24).

사실은 내가 너희 조상들을 애굽 땅에서 인도하여 낸 날에 번제나 희생에 대하여 말하지 아니하며 명령하지 아니하고 오직 내가 이것을 그들에게 명령하여 이르기를 너희는 내 목소리를 들으라. 그리하면 나는 너희 하나님이 되겠고 너희는 내 백성이 되리라. 너희는 내가 명령한 모든 길로 걸어가라. 그리하면 복을 받으리라 하였으나(렘 7:22-23).

예수는 제사를 반대하지는 않지만(마 5:23; 막 1:44), 율법의 핵심이라는 렌즈를 통해 율법의 세부사항을 들여다본다. 즉 예수는 율법을 주신 하나님의 마음으로 율법을 바라본다. 사실 하나님이 율법을 주신 내러티브 상황은 실제로 구속과 은혜였다. 따라서 하나님이 십계명을 주시면서 이스라엘 백성에게 상기시키신 첫마디는 자신이 그들을 노예 상태에서 은혜로 구속해준 존재라는 것이었다(출 20:2; 신 5:6).[23]

이와 마찬가지로 모세의 간청을 받아들여 금송아지를 만들었던 이스라엘 백성의 죄를 용서하신 후 하나님은 감사하게도 그들에게 분에 넘치는 계명을 다시 주셨다(출 33-34장; 신 9:25-10:5). 이 내러티브 중간에 하나님은 그분의 "선한 것"을 모세 앞에 지나가게 하심으로써 자신의 속성을 모세에게 드러내신다(출 33:19). 하나님은 "자비롭고 은혜롭고 노하기를

23 "십계명"(또는 "열 가지 말씀"[Ten Words])이라는 표현에 관해서는 다음을 보라. 출 34:28; 신 4:13; 10:4; 십계명은 분명히 모세 오경의 핵심 부분으로 하나님이 직접 기록하신(출 31:18; 34:1; 신 4:13; 5:22; 10:4) "언약의 말씀"이다(출 34:28; 참조. 신 5:2; 9:9-11, 15).

더디하고 인자와 진실이 많은 하나님이라. 인자를 천대까지 베풀며[24] 악과 과실과 죄를 용서하리라." 하나님은 "벌을 면제하지는 아니하고 아버지의 악행을 자손 삼사 대까지 보응하리라"(출 34:6-7). 그러나 그분의 언약의 사랑은 천대까지 이른다(신 7:9). 하나님의 자비는 그분의 분노보다 훨씬 더 크다.

예수는 성서를 자신의 시대에 적용한다

예수는 성서의 요점을 당시의 언어로 번역할 수 있었다. 따라서 신명기 6:5의 "마음과 영혼과 힘"(heart and soul and strength)이라는 흔한 구절을 인용할 때 예수는 여기에 "뜻"(mind)을 추가한다(막 12:30). 이는 완전히 자연스러운 현상이다. 왜냐하면 사고 혹은 이해를 히브리어의 마음과 연관 짓는 성서적 특징을 감안할 때, 예수는 "뜻"으로 번역된 그리스어가 히브리어 표현에 포함되어 있음을 알고 있었을 것이기 때문이다.[25] (나는 예수가 예루살렘에서 지도자들과 공개적으로 논쟁할 때 그리스어를 말했을 것으로 추정한다. 비록 그가 갈릴리 지방에서는 보통 아람어를 말했다고 믿지만 말이다.)[26]

예수는 자신이 말하기 훨씬 이전에 모세와 이사야가 살았다는 것을

24 신 7:9의 병행 본문은 여기(그리고 출 20:6; 신 5:10)에 나오는 천이라는 숫자가 천대를 의미한다고 제시한다(또한 참조. 대상 16:15; 시 105:8, 여기서 천대는 "영원"을 의미할 수 있다). 하나님의 이런 자비는 그분의 분노를 삼사 대까지 내리는 모습과 대조를 이룬다.

25 참조. 왕상 3:9; 시 49:3; 잠 2:2; 14:33; 16:21; 20:5; 사 6:10; 10:7; 44:18; 단 10:12. 이는 다음의 성서 본문에 나오는 그리스어 단어와도 연관된다. 마 9:4; 눅 1:51; 9:47; 행 8:22; 70인역 대상 29:18; 70인역 렘 38:33; Bar 1:22.

26 Keener, *Matthew*, 502-3을 보라. 예수가 두 가지 언어를 사용했을 가능성에 관해서는 Keener, *Acts*, 3:3190-95에 나오는 나의 논의를 보라.

분명히 알고 있었다. 마찬가지로 예수는 모세와 이사야의 동시대 사람들이 이미 죽었음을 알고 있었다. 그럼에도 그는 모세와 이사야가 그들의 동시대 사람들에게 접근했던 방식을 적절한 곳에서 자신의 시대에 적용할 준비가 되어 있었다. 왜냐하면 하나님의 말씀이 인간의 상황을 지속적으로 다루고 있기 때문이다. 예수는 바리새인들과 서기관들에게 다음과 같이 말한다. "이사야가 너희 외식하는 자에 대하여 잘 예언하였도다"(막 7:5-6). 그리고 몇몇 바리새인에게는 다음과 같이 설명한다. "[모세는] 너희 마음이 완악함으로 말미암아 이 명령을 기록하였거니와"(막 10:5).

예수 당시의 지도자들은 하나님의 신성한 성전이 하나님의 심판으로부터 자신을 보호해줄 것으로 기대했던 예레미야 시대의 지도자들처럼 행동하고 있었기 때문에, 예수는 예레미야 7:11의 말씀을 그들에게 적용하여 "너희는 강도의 소굴을 만들었도다"라고 말한다(막 11:17). 물론 복음서에서 예수는 때로 자신과 직접 연관된 본문들을 인용한다. 그러나 다른 경우들에서 예수는 이전 시대에 하나님의 백성에게 적용된 원칙들을 자기 시대의 유비에 적용한다.

예수의 비난자들은 그가 율법을 범한다고 자주 고발한다. 이에 대한 예수의 응답은 그가 율법을 위반하는 것이 아니라 그의 비난자들의 율법에 대한 해석 전통을 위반한다고 여기고 있음을 분명히 밝힌다. 이와 같은 몇몇 경우에, 예컨대 안식일에 병자를 치유하는 일과 같은 경우에, 예수는 실제로 당시 바리새인들 사이에서 열띤 논쟁의 대상이었던 바리새적 전통의 단 한 줄만을 범하고 있을 뿐이다.[27]

그들의 비난에 대한 예수의 반응은 그의 해석학과 관련된 무언가를

27 *t. Shab.*16:22을 보라. 다양한 관습에 관해서는 다음을 보라. *m. Eduy*. 2:5; *Shab.* 14:4; 22:6; *Yoma* 8:6; *t. Shab.* 12:12; Keener, *Matthew*, 356-58.

드러낸다. 만일 제사장이 거룩한 떡, 즉 제사장만이 먹을 수 있는 떡을 굶주린 다윗에게 주었다면, 이 내러티브는 이 제사장이 하나님의 굶주린 종을 먹이는 일을 성소에 관한 일반 규칙보다 더 귀히 여겼음을 보여준다(마 12:3-4).[28] 예수는 성전 제사장들이 안식일에 일하는 것을 가리키는데, 이는 아무런 위반도 아니다(마 12:5). 사실 다른 유대인 교사들도 다른 예외 사항들에 신빙성을 더하기 위해 이런 논증을 사용하곤 했다.[29] 예수가 받은 신적 승인에 비추어볼 때, 그는 필적할 만한 예외 사항들을 만들 수 있는 권위가 있다(마 12:6-8). 마태복음의 상황 역시 다음의 대조를 제시해준다. 즉 예수는 안식일에 대한 바리새파의 해석보다 더 나은 "쉼"(마 11:28)을 제공한다.

어떤 이들은 하나님이 그들의 노부모들을 봉양하는 데 썼으면 하고 기대하시는 제물들을 성전에 바쳤다(막 7:9-13).[30] 예수는 내가 하나님이 우리 가족에 대해 나에게 부과하신 의무들을 무시하는 가면으로서 종교를 사용하는 것에 반대했다. (우리는 청지기 역할을 해야 한다. 그것도 가능한 한 많은 것을 줄 수 있을 만큼 충분히 잘해야 한다. 그러나 교회 건축 프로그램에 헌금한다는 이유로 우리의 자녀를 먹이는 일을 소홀히 하거나, 유기 혹은 다른 비극으로 인해 궁핍해진 이웃을 돌보는 일을 무시해서는 안 된다. 요 2:1-11에 나오는 예수의 예에 비추어볼 때, 친구들의 필요 역시 종교적 제의들보다 앞선다.)[31]

마찬가지로 예수는 안식일에 병을 고치는 일이 적법하다고 생각한다. 안식일에 전쟁으로부터 자신을 보호하길 꺼렸던 이전의 몇몇 유대인은 그

---

28 Keener, *Matthew*, 355-56. 참조. 물 항아리들의 정결 목적보다 친구의 명예를 더 중히 여기는 예수(요 2:6-9). 보다 자세한 내용은 Keener, *John*, 1:509-13을 보라.

29 Keener, *Matthew*, 356. 보다 광범위한 내용은 Keener, *John*, 1:716을 보라.

30 이런 관습에 관해서는 다음을 보라. Sanders, *Jesus to Mishnah*, 53-57; Baumgarten, "Korban"; Carmon, *Inscriptions*, 75, §167; 참조. *m. Ned.* passim(예. 3:2).

31 Keener, *John*, 1:509-13의 논의를 보라.

들의 적들에게 살육당했다. 그래서 유대 당국은 합리적으로 다음과 같이 결의했다. 즉 공격을 당할 때에는 안식일이더라도 싸우고 죽이는 일이 적법하다고 말이다.[32] 안식일에 생명을 구하는 일도 확실히 적법한 일이었다. 해를 끼치는 것보다 회복시키는 것이 더 큰 일이므로, 예수는 안식일에 병자를 치유하는 일 역시 이와 일맥상통한다고 생각한다(막 3:4). 광야의 엄격한 에세네파 사람들은 동의하지 않았지만, 대부분의 사람은 안식일에 구덩이나 우물에 빠진 사람 혹은 동물을 구하는 일이 적합하다고 생각했다(마 12:11-12; 눅 14:5).[33] 사실 안식일에 황소나 나귀에게 물을 주는 일은 허용되었다. 그렇다면 안식일에 아브라함의 자손을 사탄의 억압으로부터 해방시키는 것은 얼마나 더 허용할 만한 일이겠는가?(눅 13:15-16) 예수는 해석상의 일관성을 요구하고, 율법이 사람들의 더 큰 유익을 위해 은혜롭게 고안되었다고 간주한다. 따라서 그는 율법의 조문을 우연히 위반하는 일을 피하고자 율법에 울타리를 치는 것보다 율법의 정신에 더 관심이 많다.

비극적이게도 예수의 동시대 사람들은 성서의 말씀이 언제 자신들에게 도래할지를 알지 못했다(눅 4:18-20, 23-24, 28-29; 12:54-56; 19:44). 그들은 성서의 말씀을 안다고 주장했지만, 요한복음은 예수가 그들 가운데 나타났을 때 그들이 완전히 육화된 말씀을 알아보지 못했다며 한탄한다(요 1:11; 5:37-40). 우리는 오직 조문만을 보호하려고 애쓰는 가운데 하나님의 계명의 핵심과 목적을 놓치면서 예수의 동시대 사람들처럼 행동한 적은 없는가?

이후에 16장에서 다시 살펴보겠지만, 우리의 환경과 삶으로의 적용은 성서를 다루는 성서적 방식이다. 우리가 바른 유비를 도출해낸다는 가

32 1 Macc 2:41; Keener, *John*, 1:642n74을 보라.

33 예. 다음을 보라. CD 11.13-14; *b. Shab.* 128b, bar.; Keener, *Matthew*, 358.

정하에 말이다. 나의 학문적 연구는 본문이 그것의 일차적 상황에서 무엇을 의미했는지를 이해하는 데 도움을 주는 주석적 작업에 초점을 맞추고 있다. 그러나 하나님의 영 역시 우리가 그 일차적 의미를 오늘날 적절한 환경에 어떻게 적용할 수 있을지에 관해 교회가 이해하도록 돕는다.

율법 이상의 것

율법은 "살인하지 말라"고 말했지만, 예수는 "살인하려는 마음이 없어야 한다"고 말한다(마 5:21-22). 율법은 "간음함으로 배우자를 배신하지 말라"고 말했지만, 예수는 "간음하려는 마음을 품음으로써"(마 5:27-28) 혹은 "결혼 언약을 버림으로써"(마 5:31-32) 배우자를 배신하지 말라고 말한다. 예수는 우리의 행위뿐만 아니라 우리 자신이 누구인가에도 관심이 있다. 즉 우리의 행위뿐만 아니라 우리의 동기에도 관심이 있다.

같은 방식으로 율법은 자신의 약속이 진실함을 증명한 다음에 그 약속을 파기하는 증인으로서 하나님을 세우는 것에 대해 경고한다. 그러나 예수는 이 경고 이면에 있는 궁극적 이상을 가리키며 다음과 같이 말한다. "하나님이나 그분의 피조물을 증인으로 삼을 필요가 없을 만큼 정직하라"(마 5:33-37). 율법은 복수를 동일한 법적 보응으로 제한했다(예. 눈에는 눈). 이와 대조적으로 예수는 이런 법적 보응을 넘어 복수를 아예 제거해버린다. 우리는 우리의 명예나 기본 소유보다 다른 사람을 더 사랑해야 한다(마 5:38-42). 율법은 이웃 사랑을 이야기하지만, 예수는 원수 사랑을 이야기한다(마 5:43-47).

예수는 아무도 자신을 율법적으로 이해하지 못하도록 자신의 말에만 집중하게 함으로써 하나님의 도덕적 완벽하심을 본보기이자 목적으로서 제시한다(마 5:48; 참조. 5:45). 의도는 율법이 다룰 수 있는 것보다 더 깊은 차원에서 중요하다. 실제로 의도는 대부분의 사람이 때로 자신의 의도에 솔직한 것보다 더 깊은 차원에서 중요하다. 예를 들어 우리는 다른 이들을 향한 우리의 선한 행위들을 하나님을 영화롭게 하기 위해 드러내야 하지만, 우리 자신의 영광을 위해서는 그런 행위들을 절대로 드러내서는 안 된다(마 5:16; 6:1-2, 5, 16). 오직 하나님과 어쩌면 우리의 마음만이 그 차이를 알 것이다.

예수는 율법을 그것의 조문보다 더 심화시켜 율법 이면에 있는, 사람들을 향한 궁극적인 신적 갈망으로 인도한다. 예수가 이런 말씀을 전한 이후로 우리 그리스도인들은 그의 가르침을 종종 율법적으로 이해해왔으며, 결과적으로 예수의 말씀 배후에 있는 기본 정신, 즉 우리를 향한 하나님의 마음을 놓쳐왔다. 율법은 사람을 의롭게 만들 수 없다. 그것은 사람의 죄를 단지 제한할 수 있을 뿐이다. 이런 제한을 지적하는 이유는 이스라엘의 율법을 폄하하기 위함이 아니라 단순히 장르에 대한 관찰일 뿐이다. 왜냐하면 율법은 인간의 마음을 직접 다룰 수 없고, 적어도 율법의 뜻을 인간의 마음에 강제할 수 없기 때문이다.

동시대 최고의 바리새파 윤리는 많은 지점에서 예수와 일치했을 것이다. 바리새인들 역시 카바나(*kavanah*), 곧 마음의 의도를 강조했기 때문이다.[34] 그러나 예수는 자신의 청자들의 의로움이 마음에 다가감으로써 바리새인들의 의로움을 능가해야 한다고 경고한다(마 5:20). 만일 무엇인가가 우리를 긴장하게 만들어야 한다면, 바로 이 경고가 그렇게 해야 한다. 바리

---

34 카바나에 관해서는 다음을 보라. Bonsirven, *Judaism*, 95; Montefiore and Loewe, *Anthology*, 272-94; Pawlikowski, "Pharisees."

새인들은 원칙적으로 예수의 여러 윤리를 공유했다. 그들은 마음이 청결해야 한다는 데 동의했다. 그러나 하나님 나라만이 그들의 마음을 변화시킬 수 있을 것이다.[35] 우리가 예수의 윤리에 원칙적으로 동의하는 것만으로는 충분하지 않다. 우리는 그의 통치가 우리를 변화시키도록 허용해야 한다.

그러나 율법이 우리를 변화시킬 수 없더라도, 율법을 통해 하나님은 이미 그런 이상을 빈번히 가리키셨다. 율법이 바른 행위를 규정해줄 수 있지만, 율법을 즐거워하는 자들, 즉 하나님이 원하시는 것을 하기 위해 그들의 마음에 율법이 거하도록 하는 자들은 그들의 마음에서 동일한 성품을 개발할 것이다. 십계명의 마지막 계명은 다음과 같다. "네 이웃의 집을 탐내지 말라. 네 이웃의 아내나…무릇 네 이웃의 소유를 탐내지 말라"(출 20:17). 그러므로 이웃의 물건을 도둑질하지 않고(출 20:15), 이웃의 아내와 간음하지 않으며(출 20:14), 살인하지 않고(출 20:13), 이웃의 소유를 얻기 위해 거짓으로 증언하지 않는(출 20:16) 것만으로는 충분치 않았다. 이런 것들을 생각조차 하지 말아야 했다. 왜냐하면 이웃을 내 몸과 같이 사랑해야 하기 때문이다. 예수도 바로 이 점을 말하고 있다. 즉 그는 하나님이 늘 원하시는 것을 설명하고 있다. 다시 말해 이스라엘의 율법은 하나님이 항상 원하시는 것에 대한 개요 또는 그림자로서 하나님의 보다 완전한 계획을 가리키고 있을 뿐이다.

35 바리새인들에 관해 Sanders보다 앞서 매우 유용한 정보를 제공하는 Odeberg의 *Pharisaism*을 참조하라. 특히 바리새파의 윤리에 대한 Odeberg의 견해를 원숙하게 걸러내고 있는 Sanders의 "Nomism"을 보라.

하나님 나라는 하나님의 이상을 회복시킨다

몇몇 바리새인이 예수에게 남편이 그의 아내를 버릴 수 있는지를 물었다(막 10:2). 이는 아마도 그들이 이혼에 있어 율법보다 더 엄격한 예수의 견해를 들었기 때문일 것이다(마 5:32//눅 16:18). 마태의 표현은 다음과 같이 예수 당시에 바리새 학파들 사이에서 논쟁이 되었던 내용을 반영한다. "사람이 어떤 이유가 있으면 그 아내를 버리는 것이 옳으니이까?"(마 19:3) 일반적으로 보다 관대한 성향의 힐렐 학파(당신의 견해에 따라 보다 진보적이거나 자유주의적일 수 있다)는 실제로 "옳다"라고 답했을 것이다. 예수는 다른 여러 이슈에 관해 이 학파에 동의했다. 그들은 내가 "무엇"(즉 어떤 것)으로 번역한 단어를 강조했다. 이와 대조적으로 보다 엄격한 바리새 학파인 샴마이(Shammai) 학파는 신명기 24:1을 남편이 그의 아내에게서 수치스러운 무엇을 발견했을 경우 이혼을 허락하는 것으로서 이해했다. 내가 "수치스러운"으로 번역한 신명기 24:1의 용어는 성적 노출과 관련이 있으므로 샴마이 학파 사람들은 배우자의 외도에 한해서만 이혼을 허락했다.

예수는 모세 율법의 내용을 알고 있지만(막 10:3-4), 모세 율법이 하나님의 이상에 도달하지 못한다고 경고한다. "[모세는] 너희 마음이 완악함으로 말미암아 이 명령을 기록하였거니와"(막 10:5). 유대인 교사들은 율법이 하나님의 이상을 실현할 수 없음을 이미 알고 있었다. 그리고 그들은 이 율법의 작용 방식을 고려하면서 아무도 율법을 범하지 못하도록 규칙들을 추가했다. 그들은 예수에게 동의했든 아니든 간에, 예수가 이혼을 허용하는 것을(율법은 기술적으로 오직 남편에게만 이혼 권한을 부여했다) 인간의 약함에 대한 양보로서 간주했을 때 그의 의도를 이해할 수 있었을 것이다.

예수는 모세 율법이 하나님의 이상 그 이하를 요구한다고 간주할 뿐만 아니라, 하나님의 이상이 어떤 모습일지를 가리킨다. 유대인 사상가들은 때로 미래의 하나님 나라를 원시 낙원에 비추어 상상했다.[36] 그리고 여기서 예수는 인류를 향한 하나님의 목적을 보는데, 이 목적은 하나님 나라의 가치에서 완성되며 창조세계를 모델로 삼는다. 예수는 처음부터 결혼에 대한 하나님의 계획에 호소하는데, 이는 하나님이 제정하신 결혼제도를 모델로 삼는다(막 10:6-9).

예수는 결혼의 모델로서 창세기 2장에 호소했던 유일한 유대인 사상가가 아니었다. 우리는 사해 사본에서도 이런 호소를 발견한다.[37] 그럼에도 예수의 해석학은 가치를 지니기 위해 독특할 필요가 없다. 율법은 인류를 있는 그대로 다루지만, 하나님은 인류가 그래야 하는 모습이 되길 궁극적으로 원하신다. 예수의 해석학은 율법을 이스라엘을 위한 하나님의 말씀으로서 이해하지만, 이 말씀은 제한된 말씀이었다. 성서가 증언하는 참된 이상은 더 높다.

내가 다른 곳에서 책 한 권에 걸쳐 논했듯이,[38] 여기서 예수는 일반 용어를 사용하여 말하고 있다. 영감을 받은 해석자들은 이 가르침을 구체적 상황에 자유롭게 사용했다. 따라서 마태는 배우자의 외도, 즉 아마도 원래 암시적인 예외였을 상황을 분명히 밝히며(마 5:32; 19:9), 바울 역시 예수의 말씀을 결혼 생활을 저버린 배우자의 상황에 한정한다(고전 7:15). 예수가

---

36 예. 다음을 보라. *4 Ezra* 8:52-54; *T. Dan* 5:12; *T. Levi* 18:10-12; *m. Abot* 5:20; *Sipra Behuq.* pq. 1.261.1.6; *b. Ber.* 28b; 34b; 창 3:24에 관한 *Tg. Neof.* 1; 참조. 사 51:3; 겔 36:35; 계 22:1-3; *Ep. Barn.* 6.13.

37 그러나 관련 사해 사본은 왕족의 일부다처제에 대한 다른 적용을 담고 있다. 다음을 보라. CD 4.20-5:2; 11QT 56.18-19; Keener, *Marries Another*, 40-41; 참조. Vermes, "Halakah"; Nineham, *Mark*, 265; Schubert, "Ehescheidung," 27; Mueller, "Temple Scroll."

38 Keener, *Marries Another*; 이 논의의 보다 대중적인 최신 형태는 Keener, "Remarriage"에서 볼 수 있다. Instone-Brewer, *Divorce*도 주목하라. David Wenham과 함께 *Divorce*의 공동 저자인 William Heth는 자신의 입장을 바꿨다(Heth, "Remarriage"를 보라).

마태복음 5장에서 율법을 인용하면서 "너희가 들었으나, 나는 너희에게 이르노니"(마 5:21, 27, 33, 38, 43)와 같이 율법을 명시적으로 한정한 것처럼, 바울은 예수의 말씀을 인용한 후 그의 가르침을 고린도전서 7:10-16의 예외적인 상황에 한정한다. 고린도전서 7:15의 믿는 자가 "구애될 것이 없느니라"라는 표현은 재혼의 자유에 관한 고대 이혼 계약의 표현을 정확히 되울린다.

그러나 바울의 예외와 마태의 예외는 둘 다 상대방에 의해 결혼이 깨진 사람을 다루고 있다. 바울과 마태 중 아무도 믿는 자가 결혼을 깨는 것을 허락하지 않는다. 즉 결혼을 유지하는 것에 대한 요점은 이런 제한 사항들로 인해 축소되지 않는다. 이런 제한 사항들은 예수가 애초에 반대했던 이혼에 관한 요지, 즉 결혼 언약의 파기로부터 배우자를 보호한다는 요지를 진척시키고 있을 뿐이다(막 10:11을 보라).

만일 우리가 바울이 이해했던 방식으로 예수를 이해한다면(우리는 바울처럼 예수를 이해해야 한다. 왜냐하면 바울이 우리를 위해 그런 해석적 모델을 예로 제시했기 때문이다), 우리는 다른 몇몇 상황을 유사한 형태의 배신으로서 간주할 수 있다. 예컨대 남편에게 구타당하는 아내 혹은 자기 아내에 의해 독에 중독되는 남편처럼 말이다. 그러나 각각의 경우에 결혼은 배우자에 의해 궁극적으로 복구 불가능하게[39] 파기된다. 이 모든 것의 요지는 결혼을 끝내려는 이유를 찾으라는 것이 아니라, 결혼에 충실하라는 예수의 원칙을 따르라는 것이다. 믿는 자가 예외 조항을 들먹이며 자신의 결혼을 파

39 나는 단 한 번의 간음이나 성적 학대로 인해 결혼 관계가 회복될 수 없다고 믿지 않는다. 하지만 이런 범죄를 유발한 근본 성품이 해결되지 않는다면, 동일한 범죄는 반복될 것이다. 아내의 외도 후 로마인들과 유대인들의 이혼에 대한 희망은 강했는데, 이는 그들의 법에도 나타나 있다. 비록 오늘날과 그때는 상황이 조금 다르지만, 우리는 배우자 한쪽의 외도로 인한 결혼 서약의 중대한 위반을 결코 경미한 것으로 다루어서는 안 된다.

기해서는 절대 안 된다. 예외 조항은 단지 상대 배우자에 의해 결혼의 유대가 단절되었을 때를 위한 조항일 뿐이다.

다르게 생각해보기

복음서 전반에 걸쳐 예수는 종교 지배층의 비난을 받는다. 그는 죄인들과 함께 먹고, 그의 제자들은 금식하지 않는다. 그의 제자들은 안식일에 이삭을 자른다. 예수는 종교 지배층에 속하지 않았으며, 종교 지도자들의 호의를 사서 그들의 일부가 되려고 하지 않는다. 처음부터 예수는 주로 가난한 자들과 병약한 자들, 사회적으로 소외된 자들, 그리고 자신에게 아무런 정치적 지원도 해줄 수 없는 사람들 가운데서 사역한다. 그는 자신이 죽음을 맞이한 방식으로 살고 사역했다. 즉 연약함을 포용하고 그의 아버지이신 하나님이 자신을 신원해주실 것을 신뢰하면서 말이다(참조. 고후 13:4).

물론 오늘날의 상황은 그때와 다르다. 역사의 몇몇 시기에 종교 지배층은 서구의 권력 구조에 속했지만, 지금은 보통 그렇지 않다. 그러나 다른 측면에서 나는 다음과 같이 추측한다. 즉 예수가 오늘날 동일한 종류의 사역을 한다면, 그는 교계 지도자들 혹은 학자들의 호의를 조장함으로써 사역을 시작하지는 않을 것이라고 말이다. 또한 그는 정치 또는 학문 기관의 호의를 사려고 하지도 않을 것이다. 나는 예수가 보호 프로젝트 대상의 아이들, 가장 빈곤한 인디언 보호구역 또는 세계 도처의 판자촌에 있는 십대들을 대상으로 사역을 시작할 것이라고 믿는다.[40] 그는 정치 활동가보다

40 계시에 관심이 있는 나의 은사주의 독자들은 내가 꿈에서 예수의 이런 사역 모습을 목격했

는 틴 챌린지(Teen Challenge)의 길거리 봉사자처럼 보일 것이다. 그는 바닥에서부터 시작할 것이다. 그렇다고 이런 추측이 나머지 우리—지금의 나처럼 대부분의 시간을 학자로서 보내고 있는—를 비난하는 것은 아니다. 그러나 이런 추측은 하나님 나라에서 요구되는 우리 각자의 역할을 보다 큰 관점에서 자리매김한다.

예수의 기독론적 해석[41]

하나님 나라에 대한 예수의 설교는 그 자신의 정체성에 대한 함의를 지닌다.[42] 예수는 하나님 나라가 자신 안에 있다고 주장하는 듯하다(마 12:28//눅 11:20).[43] 그는 자신이 솔로몬 왕이나 성전보다 크다고 주장한다(마 12:42//눅 11:31). 예수 전승의 가장 초기 분파들이 지시하는 것에 따르면, 예수는 그의 제자들이 메시아 왕국에서 역할을 할 것이라고 가르쳤다(예. 마 19:28//눅 22:30). 이런 예수의 가르침은 일종의 약속으로, 예수가 자신에게 메시아적 역할을 부여했음을 자연스럽게 암시할 것이다.[44] 예수는 유대적 종말론과 마지막 때 다윗과 같은 통치자에 대한 성서적 기대 사이의 빈번한 연결을 확실히 인식했고, 그를 따르는 무리의 증가와 그를 따르라는

다는 사실에 감사할지도 모르겠다.

41 이 부분은 다음의 연구에서 각색된 것이다. Keener, "Expectation"; 그리고 *Historical Jesus*.

42 Beasley-Murray, "Kingdom," 27-32(여기서는 예수의 메시아 됨[Messiahship]을 가리킨다). 예수 자신이 말한 기독론에 관해서는 Witherington, *Christology of Jesus*를 보라.

43 Hengel, "Messiah," 345.

44 참조. Sanders, *Jesus and Judaism*, 234, 307.

요청들은 추측을 불러일으킬 수밖에 없었을 것이다.[45] 이런 가르침들은 예수가 자신이 이스라엘의 적법한 왕이라고 주장하여 처형당했다는 확실한 정보와 잘 어울린다.[46]

이후의 교회 혹은 예수의 유대인 추종자들은 예수를 위해 보다 호전적인 동물인 말을 선택해줄 수 있었을 것이다. 그러나 예수는 스가랴 9:9의 이미지를 전달하는 짐 나르는 짐승을 택했는데,[47] 후대 교사들과 어쩌면 예수의 동시대 사람들은 예수의 이런 선택을 메시아적 선택으로 간주했을 것이다.[48] 예수의 행위들을 관찰한 많은 학자들은 예수가 자신이 실제로 왕(전사이면서 왕[warrior-king]이 아니라)임을 알리고 있었다고 믿는다.[49] 예수는 메시아라는 칭호에 모호하게 반응한 것일 수 있는데, 그 이유는 그의 사명이 이 메시아 개념을 그것의 대중적 칭호가 제시하는 것과 다르게 정의하는 것이었기 때문이다.[50]

고대하던 메시아의 핵심 특징은 다윗 가문의 왕족 혈통이었다. 그러나 마가복음 12:6에서 예수는 그의 메시아적 정체성을 공개적으로 암시하기 시작한다.[51] 그러면서 즉시 이 메시아적 정체성이 다윗의 정체성보다 더 뛰어남을 암시한다(막 12:35-37). 예수는 환생한 다윗이 아니며, 다윗과 같은 전사이자 왕도 아니다. 예수는 다윗보다 훨씬 뛰어난 존재다. 그가 다윗의 "주님"(lord)이라면, 단순히 예루살렘의 왕위에 앉아 있는 것이 아니라 하나

45 Meyer, "Deed," 171-72.

46 Hengel, "Messiah," 347.

47 참조. 삿 10:4; 왕상 1:44; 참조. Sanders, *Figure*, 254의 논의.

48 예. *b. Sanh.* 98a; 99a; *Gen. Rab.* 75:6; Edgar, "Messianic Interpretation," 48-49; Lachs, *Commentary*, 344.

49 예. Moule, *Mark*, 87; Sanders, *Figure*, 242.

50 Brown, *Death*, 473-80. 동시대의 메시아적 기대와 예수의 역할에 관해서는 다음을 보라. Keener, *Historical Jesus*, 256-67; Keener, "Parallel Figures."

51 예. Kingsbury, *Christology*, 150을 보라.

님의 우편에 앉아 있다면, 그가 어떻게 다윗의 "후손"이 될 수 있는가?

초기 그리스도인들이 예수의 다윗 혈통, 곧 그의 메시아 됨에 이의를 제기하는 데 사용될 수 있는 애매하게 표현된 전승을 만들어냈을 것 같지는 않다.[52] 예수의 메시아 됨은 그들이 동시대 유대인들과 벌였던 논쟁의 정확한 요지였다. 그리고 여기서 예수의 표현은 이 요지에 관한 예수 운동의 주장에 불리하게 작용할 수 있었을 것이다. 예수가 그리스도라고 명확히 확언하고(막 1:1; 8:29; 9:41; 14:61-62), 다윗의 자손이라고 확언하고 있는 듯한 마가가(막 10:47-48; 참조. 11:10) 왜 이런 위험을 감수하려고 하겠는가? 그가 진정한 전승을 따르고 있는 것이 아니라면 말이다. 시편 110편이 다양한 초기 기독교 집단 사이에 널리 퍼져 있었다는 점은[53] 아마도 공통의 권위, 즉 예수가 시편 110편의 사용 배후에 서 있음을 시사한다.

실제로 마가복음의 맥락에서 예수는 "주"(Lord)라는 칭호를 쉐마(Shema)의 참하나님께만 사용했다(막 12:29-30). 유대인 해석자들은 흔히 공통 핵심 단어들을 바탕으로 본문들을 연결시켰다.[54] 원래 시편에서 만일 이 시편 저자가 야웨(Yahweh) 옆의 주(lord)님께 말을 했다면(여기서의 주는 하나님의 부섭정[vice-regent]으로 그의 우편에 앉게 될 주다), 이 왕은 다윗 혈통의 평범한 왕손보다 더 뛰어난 누군가였다. 이 시편 저자와 동시대 사람이라면 신성한 왕들에 관한 고대 근동의 비유에 나타나는 이런 이미지를 이해했을 것이다.[55]

---

52 예. 다음을 보라. Gundry, *Use*, 200; Witherington, *Christology of Jesus*, 190.

53 시 110편의 암시가 등장하는 다음 내용들을 보라. 행 2:34-35; 7:55; 엡 1:20; 골 3:1; 히 1:3, 13; 8:1; 10:12; 12:2; 막 16:19; Justin *1 Apol*. 45.

54 예. 다음을 보라. CD 7.15-20; *Mek. Nez*. 10.15-16, 26, 38; 17.17; *Pisha* 5.103. 히브리어 용어들의 형태는 다르지만, 신성한 이름은 "주"(lord)로 발음되었다.

55 초기 단계에서 높임을 받은 예수의 주 되심에 관해서는 다음을 참조하라. Hurtado, *Lord Jesus Christ*(『주 예수 그리스도』[새물결플러스 역간]), 109-18; Marshall, *Origins*, 97-111. 초기 기독교 전승에서 예수의 신적 정체성에 대한 다양한 설명은 다음을 보라. Hurtado,

결론

예수는 성서의 구절들을 그것의 완전한 문학적 맥락에 비추어 알고 있었다. 비록 그가 그 맥락을 일깨우기 위해 그것을 낭독해야 할 필요가 있는 환경에서 살고 있었던 것은 아니지만 말이다. 그러나 예수는 성서를 단순히 주해하지 않았다. 그는 성서의 메시지대로 살았고 그 메시지를 신선하고 적절한 방식으로 설명했다. 예수는 율법의 몇몇 문제가 다른 문제들보다 "더 중요하다"고 이해했다. 이렇게 더 중요한 율법의 문제들은 율법 배후에 있는 하나님의 마음을 드러냈고, 이 율법의 문제들을 재적용하기 위한 해석학적 열쇠를 제공했다. 이 해석학적 열쇠는 정경적 필터가 아니라 해석적 기준을 말한다.

예수는 성서를 관습적·종교적 이해를 빈번히 위반하는 방식으로 자신의 시대에 적용했다. 어떤 이들은 율법의 정신뿐만 아니라 (원칙상) 율법의 조문도 보호하려는 관심을 갖고 법률가로서 율법에 접근했지만, 예수의 관심은 특히 율법 이면의 요점에 있었다. 이 요점은 모세 시대에 이런 원칙들의 구체적인 적용보다 더 까다롭고 포괄적이다. 물론 가장 특징적인 것은 예수가 성서에 비추어 그 자신의 정체성을 이해했다는 점이다.

Lord Jesus Christ; Bauckham, *Crucified*; Keener, *Historical Jesus*, 276-81; Hays, *Reading Backwards*.

15장 믿음의 법으로서 율법(Torah) 읽기

예수와 그의 첫 추종자들은 우리의 현대 주석 방법론들을 초월하는 성서 읽기 방식의 본을 보여주었다. 본문의 원래 의미는 주해에서와 마찬가지로 우리가 그것을 복구해낼 수 있는 한도 내에서 기초적인 것으로 남는다. 그러나 하나님의 백성 가운데 역사하는 성령은 우리가 이런 원칙들을 새로운 상황에 새로운 방식으로 적용하도록 도와준다. 이런 방식으로 성서의 메시지는 각 세대와 새로운 문화적 배경에서 생생히 살아 숨 쉬게 된다. 왜냐하면 성서의 원칙들은 우리가 직면하는 긴박한 많은 이슈들을 다루고 있기 때문이다.

읽기의 두 가지 방식

성령의 인도를 받는, 전심을 다하는 읽기는 예수와 처음 사도적 교회가 성서, 즉 우리가 구약성서라고 부르는 것을 읽었던 방식이다. 바울은 다음과 같이 율법을 읽는 두 가지 방식을 대조한다. 즉 행위의 법과 믿음의 법이다(롬 3:27).[1] 다시 말해 우리는 자기정당화(self-justification)의 수단으로서 율법에 잘못 접근할 수 있다. 아니면 우리는 하나님의 언약 은혜에 의존하는(하나님의 언약 은혜를 믿는) 방식에 대한 증거로서 율법에 접근할 수 있다. 따라서 율법의 의가 마치 행위를 통해 성취되는 것처럼 그것을 추구했던 하나님의 백성은 결국 율법의 의를 성취하지 못했다. 왜냐하면 그들은 자신을 은혜롭게 변화시켜주실 언약의 하나님에 대한 믿음과 신뢰로써 율법의 의를 추구하지 않았기 때문이다(롬 9:31-32).[2] 단지 외적인 기준으로서 율법은 죽음을 선언할 수 있지만, 그 원칙은 대신 성령에 의해 마음속에 기록될 수 있다(롬 8:2). 후자의 방식은 믿음으로 읽는 것이다.

바울은 그리스도 안에서 하나님의 행위에 대한 신뢰가 우리와 하나님 사이를 화목케 한다고 가르침으로써 율법을 폐기하지 않는다. 오히려 그는 자신이 율법을 지지한다고 주장한다(롬 3:31). 계속해서 바울은 율법에서 직접 도출된 이 원칙을 주장하는데, 그가 속한 집단에서 율법은 모세 오경 전체를 포함한다. 로마서 4장에서 바울은 창세기 15:6에 나오는 아브라함의 예를 통해 주장을 펼친다. 바울은 창세기의 상황을 사용하여 하나님께서 아브라함이 할례를 받기 수년 전에 이미 그를 의롭게 여기셨다고 지적한다(롬 4:10). 그래서 이 경험은 할례의 외적 표지 없이도 가능하다(롬 4:11).

---

1 학자들은 여기서 *nomos*를 "율법"으로 번역할지 아니면 "원칙"으로 번역할지를 놓고 의견이 갈린다. 영어의 선택은 강제될 수도 있지만, 우리가 이 둘 중 하나를 선택해야 한다면, 문맥은 시종일관 이 용어를 모세 율법(Torah)으로 사용한다(롬 2:12-27; 3:19-21, 28, 31). 참조. Marinus Victorinus *Gal.* 1.2.9(Edwards, *Galatians*, 31).

2 대부분의 유대인 해석자들은 자신들이 하나님의 언약 백성에 속하기 때문에, 자신들도 언약에 속한다고 주장했을 것이다. 여기서 말하는 속함은 그들이 언약을 지킴으로써 유지된다. 바울은 의를 요구함에 있어 보다 엄격하고, 성령에 의한 마음의 변화와 하나님의 메시아에 대한 순종으로부터 이 의를 기대한다. 그러나 그는 여기서 틀림없이 과장법을 사용하고 있다. Keener, *Romans*, 4-9, 122-23의 논의를 보라.

바울은 모세 시대와 자신의 시대를 비교하면서 자신의 주장을 개진한다. 즉 구원과 하나님의 말씀은 모세 시대와 자신의 시대에 모두 임했다는 것이다. 하나님께서 자신의 백성을 바다를 통해 인도해내시고 그들에게 율법(Torah)을 주시면서 이스라엘을 구속하신 것처럼(신 30:12-13), 이제 하나님은 스스로 예수를 끌어내리시고 죽은 자 가운데서 올리셨다(롬 10:6-7). 하나님께서 이스라엘 백성에게 율법을 마음과 입에 간직함으로써 율법을 따르라고 명령하신 것처럼(신 30:14), 이제 그분의 메시지 곧 믿음을 요청하는 복음이 우리 마음에 거하고 우리의 입을 통해 표현된다(롬 10:8-10).

신명기 30:12-14[a]	로마서 10:6-10에서 바울의 적용
(하나님의 선물인 율법을 가지고 내려오도록) "누가 하늘로 올라갈까?"[b] 말하지 말라(30:12).	(하나님의 선물인 그리스도를 모셔 내리기 위해) "누가 하늘로 올라갈까?" 말하지 말라(10:6).
(구원을 다시 한번 경험하기 위해 "바다"를 건너) "누가 깊은 데로 내려갈까?"라고 말하지 말라(30:13).	(구원을 다시 경험하기 위해 그리스도를 죽은 자 가운데서 모셔 올리려고) "누가 무저갱에 내려가겠느냐?"[c] 말하지 말라(10:7).
말씀(율법)이 네게 가깝다(30:14).	말씀(우리가 지금 선포하는 믿음의 메시지)이 네게 가깝다(10:8).
(율법이 끊임없이 암송되어야 하듯이[신 6:6-7]) 그것이 네 입과 네 마음에 있다(30:14).	그것이 네 입과 네 마음에 있다: 입으로 예수를 주라 시인하고 하나님이 그를 죽은 자 가운데서 살리신 것을 마음으로 믿으라(10:9-10).

a. 나는 이 표를 Keener, *Romans*, 126에서 차용한다.
b. 이후 유대 전승에서 모세는 하늘로 올라가 율법을 받았다(*Sipre Deut*. 49.2.1).
c. 70인역은 때로 이 용어를 사용하여 바다의 깊음을 표현한다(예. 욥 28:14; 38:16, 30; 시 33:7; Sir 24:29; Pr Man 3). 그리고 때로는 이곳에서처럼 하늘과 대조되는 것으로서 이 표현을 사용한다(시 107:26).

바울은 모세 시대에 속한 하나님의 구원 및 말씀으로부터 바울 자신의 시대, 곧 새 언약의 시대에 속한 하나님의 구원 방법 및 말씀에 이르기까지 유비를 통해 주장을 펼친다. 이런 맥락에서 바울은 "들음에서 나오는 믿음"(또는 듣는 것에서 나오는 믿음; 롬 10:17)에 대해 말하는데, 이는 "믿음으로 듣는 것"과 같은 의미일 것이다(갈 3:2). 대부분의 고대 사람들이 그리스도에 대한 메시지를 오직 구두로만 들을 수 있었기 때문에, 바울은 "믿음으로 듣는 것"에 관해 말한다. 그러나 대부분의 사람이 읽을 수 있는 능력이 있고 사도적 권위를 갖는 성서 입수가 가능한 요즘 시대에 우리는 "믿음으로 읽는 것"에 관해 말할 수 있다(실제로 오늘날 어떤 사람들에게 믿음으로 읽는 것은 그들의 태블릿 컴퓨터나 아이폰에 달려 있다. 그것들의 전원이 꺼지지 않는 한 말이다).[3] 앞서 지적했듯이 믿음은 하나님의 신뢰성에 대한 바르고 적절한 반응이다.

율법의 정신: 지속적 원칙들, 수정된 내용

율법의 원칙들은 지속되지만, 하나님이 구체적인 문화적 배경 가운데서 구속사의 구체적인 상황을 위해 율법을 주셨으므로 순종의 세부사항들은 시대에 따라 다르게 보인다.

3 현재 세계의 많은 오순절주의자들이 말씀을 읽기보다는 듣는 공동체이므로, 구술성(orality)은 오순절 방식의 본문 이해에 중요한 요소로 남아 있다(예. 다음을 보라. Ellington, "Authority," 159; Waddell, "Hearing," 199; Martin, "Hearing," 217-21, 특히 219-21). 읽기 능력은 전 세계적으로 증가하고 있지만, 서구의 젊은이들 사이에서조차 시각적 이미지들이 텍스트를 빈번히 대체하고 있는 상황이다.

다르면서 같은

구약성서의 하나님은 신약성서 및 오늘날의 하나님과 동일한 하나님이다. 하나님이 다루시는 상황의 종류는 각기 다르지만 말이다. 구원은 언제나 믿음을 통한 은혜로 주어지며, 순종을 통해 표현된다(창 15:6; 참조. 6:8). 하나님이 이스라엘을 선택하신 것은 그들의 의로움(신 9:4-6)이나 위대함 때문이 아니라 그분의 사랑 때문이었다(신 7:7-9; 참조. 엡 2:8-10). 신명기의 하나님은 우리의 유익을 위해 우리의 순종을 갈망하신다(신 5:29; 30:19-20). 마찬가지로 바울은 순종을 통해 믿음이 표현되길 기대한다(롬 1:5; 16:25).[4] 하나님은 성령을 통해 그분의 백성의 마음에 자신의 법을 기록하신다(롬 8:2; 참조. 고후 3:3). 새 창조의 참여자들로서 우리는 의로움이라는 하나님의 선물을 통해 새로운 삶을 살아야 한다(롬 6:4, 11).[5]

이는 아무것도 변하지 않았음을 뜻하지 않는다. 성서에서 언약의 신실함은 언제나 순종을 통해 표현된다. 순종은 하나님 자신이 시작하신 하나님과의 관계로부터 성장한다. 그러나 순종의 구체적 내용은 시대에 따라 다를 수 있다. 문화적 변화에 대한 반응뿐만 아니라 하나님의 계시 혹은 역사 속에서 하나님의 구속 계획의 발전에 대한 반응을 포함해서 말이다. 모세의 시대에 아무도 다음과 같이 항의할 수 없었을 것이다. "아브라함이 경배의 수단으로 나무를 심지 말라는 율법을 지키지 않았으므로, 나도 지키지 않을 것이다"(참조. 창 21:33; 신 16:21). 또는 "야곱이 친자매와 결혼할 수 있었기 때문에, 나도 그렇게 할 수 있다"(참조. 창 29:30; 레 18:18). 또는 "야곱이 예배를 위해 기둥을 세울 수 있었기 때문에, 나도 그렇게 할 수

4 Myers, "Obedience"에 수록된 로마서의 순종에 대한 최근의 논문을 주목하라.
5 Keener, *Mind*, 31-54을 자세히 보라.

있다" (참조. 창 28:22; 31:13; 35:14; 레 26:1; 신 16:22).

마찬가지로 약속된 구원자인 예수의 강림은 구체적 내용의 적절성을 변화시켰다. 강조점을 언약의 외형적 표지에서 약속된 종말론적 성령(겔 36:27)을 통한 완전한 내면의 변화(참조. 롬 2:29; 골 2:16-17; 히 8:5; 10:1)로 이동시키면서 말이다. 그런 문제와 관련하여(다른 유대인 해석자들도 알고 있었듯이) 율법의 몇 가지 규정은 예루살렘 성전이 파괴된 후, 또는 이스라엘 밖에서, 또는 비농업 환경에서 문자적으로 준수될 수 없었을 것이다. 에스겔 시대와 마찬가지로 바울 시대에 아무도 솔직히 이와 다른 상황을 기대할 수 없었을 것이다.

고대 이스라엘에서 율법의 정신

예수가 이 땅에 오기 오래전에 성서는 율법적으로 하나님을 따르는 것과 마음으로부터 하나님을 따르는 것의 차이를 이미 설명해놓았다. 유대인 현자들은 이 원칙을 널리 알고 있었다. 비록 그들이 이 원칙을 언제나 예수와 동일한 방식으로 적용했던 것은 아니지만 말이다.[6] 존경받던 대제사장 엘리는 의심의 여지 없이 한나보다 하나님의 계명을 잘 알고 있었지만, 하나님은 그녀의 겸손한 마음에 응답하신다. 반면에 엘리는 하나님의 요구에 저항한다(삼상 1:9-28; 2:27-36; 3:12-18). 하나님이 요나단의 용기와 믿음을 통해 이스라엘에게 큰 승리를 허락하신 후(삼상 14:6-12), 사울은 자신이 선포한 금식을 기리기 위해 아들인 요나단을 죽이려고 한다(삼상 14:24, 43-45). 그런데 이

6 참조. 다음 문헌에 나오는 다른 종류의 바리새인들에 대한 후기 랍비들의 논평; *m. Sot.* 3:4; *Ab. R. Nat.* 37A; 45, §124B; *b. Sot.* 22b, bar.; *y. Sot.* 5:5, §2; Moore, *Judaism*, 2:193; Sandmel, *Judaism*, 160-61.

금식은 결국 나쁜 생각이었음이 드러난다(삼상 14:29-34).

사울은 모든 아말렉 족속과 그들의 동물들을 멸절시키라는 하나님의 명령을 거역한다(삼상 15:3, 14-29). 그는 하나님의 뜻에 반하여 모든 제사장과 그들의 동물들을 멸절시킨다(삼상 22:18-19). 사울이 이렇게 한 이유는 대제사장이 다윗에게 떡을 주었기 때문인데(삼상 21:4-6), 사울은 하나님의 마음을 좇는 다윗(삼상 13:14)을 두려워했다. 예수는 우발적으로 다윗에게 떡을 준 제사장을 예로 들어, 우리가 이미 주목했듯이, 의식에 대한 요구를 항상 지키는 것보다 허기를 채워주는 것이 우선한다는 원칙을 설명한다(막 2:26; 마 12:3-4; 참조. 요 2:3-10). 예수와 그의 청중은 자연스럽게 사울보다 그 대제사장을 더 좋아하게 된다. 이스라엘을 향한 사울의 열심은 기브온 족속의 살육으로 이어진다(삼하 21:2). 선조들의 언약에도 불구하고 말이다(수 9:19-20). 이로 인해 그는 이스라엘과 궁극적으로 자신의 집안에 심판을 불러온다(삼하 21:1, 6).

히스기야와 그의 방백들은 모든 백성을 위해 유월절 제사를 지낼 제사장들이 부족하다는 것을 알게 되자 유월절 기간을 바꾼다(대하 30:2-5). 하나님이 보시기에는 더 많은 백성의 참여가 특정한 날짜보다 더 중요하다. 더욱이 히스기야의 기도에 대한 응답으로, 하나님은 백성 중 많은 이들이 하나님을 따르지만 미리 제의적으로 자신들을 성결케 하지 못한 죄를 눈감아주신다(대하 30:17-20). 이 내러티브를 통해 분명히 알 수 있는 것은 하나님이 히스기야와 이 유월절 기념을 기뻐하신다는 점이다(대하 30:12, 20, 27). 백성은 여기서 여러 세대 동안 해왔던 것보다 율법의 정신을 실현하는 데 더 가까이 다가간다. 그리고 하나님은 의식 절차상의 여러 위반에도 불구하고 기뻐하신다.[7]

---

7 이는 하나님이 보통 이런 위반을 환영하셨다는 말이 아니다. 언약궤에 임하시는 하나님

선한 사마리아인에 대한 예수의 이야기에 나오는 제사장과 레위인도 비교해보라. 제사장과 레위인들은 시체와 접촉함으로써 제의적으로 부정해질 수 있었는데, 길가에 쓰러진 사람은 거의 죽은 것과 다름없어 보인다(눅 10:30).[8] 이 성직자들은 제사를 지내기 위해 예루살렘으로 올라가는 길이 아니라 여리고로 내려가는 길인데, 여리고에는 부유한 제사장들이 살고 있었다. 그럼에도 그들은 죽었을지도 모르는 누군가를 도우려는 위험을 감수하지 않는다. 대신에 멸시받는 사마리아인이 이 낯선 유대인을 구한다(눅 10:33-35).[9]

오늘날의 말로 다시 표현하면 율법의 정신은 종종 그것의 세부사항보다(또는 이런 몇몇 경우에서 열심을 표현하는 다른 시도들보다) 우선시되었다. 로마서 7장에서 바울은 율법에 대한 그릇된 접근을 기술하는데, 이는 그리스도 안에 있는 새롭고 순결한 정체성을 경험하거나 인식하지 않은 채 무엇이 옳은지를 아는 마음에 기초한다. 몇몇 고대 사상가의 기대와 반대로 단순히 무엇이 옳은지를 아는 것만으로는 바른 의지를 생산해낼 수 없었다. 마음이 하나님의 영의 권능을 받기보다 정욕의 지배를 받는 한 말이다.[10]

이와 대조적으로 혹자는 그의 마음에 있는 성령으로 인해 율법의 정

의 임재에 대한 불경은 죽음을 가져왔고(삼하 6:6-8; 대상 13:9-11; 15:2, 15), 하나님은 레위인이 아닌 자를 제사장으로 임명하는 자들에게 분노하셨다(왕상 12:32; 13:33; 대하 11:14).

8 "거의 죽은" 사람을 죽은 자와 같이 취급했던 고대 자료들에 관해서는 다음을 보라. Eurip. *Alc.* 141-43; Apollod. 3.6.8; Callim. *Hymn* 6 (to Demeter), 59번째 줄; Corn. Nep. *Generals* 4 (Pausanias), 5.4; Livy 23.15.8; 40.4.15; Catullus 50.15; Quintus Curtius 4.8.8; Suetonius *Aug.* 6; Keener, "Invitations," 204; 랍비 문헌에 관해서는 Bailey, *Peasant Eyes*, 42을 보라. 비유에 대한 보다 자세한 내용은 Keener, "Invitations," 202-7을 보라.

9 어떤 이들은 사마리아인의 행위가 훨씬 더 충격적이라고 제안하는데, 그 이유는 유대인들의 다른 비유들에서는 세 번째 의로운 인물이 이스라엘 사람이기 때문이다(Jeremias, *Parables*, 203).

10 Keener, *Mind*, 2-4장, 특히 3장을 보라.

신을 지킬 수 있었을 것이다(롬 8:2).[11] 예언자 에스겔은 하나님이 자신의 백성의 마음을 씻기시고 그들에게 새 마음과 영을 주실 것을 이미 약속했다. 자신 안에 있는 하나님의 영에 의해 그들은 하나님의 율법을 성취할 것이다(겔 36:25-27). 바울이 이것을 인식했던 유일한 초기 기독교 저술가는 아니었다. 예수는 물로 거듭나는 것과 사람의 영이 성령으로 거듭나는 것을 언급할 때 에스겔의 이 약속을 분명히 상기시킨다(요 3:5-6). 이어서 그는 요한복음 3:8에서 하나님의 영을 바람에 비유하는데, 이 이미지는 에스겔서에서 차용한 것이다(겔 37:9-14). 성령에 의해 하나님의 언약 규정을 성취하는 것은 율법 준수라는 오래된 방식과는 달라 보인다.

바울의 원칙 적용하기

바울은 믿는 자들이 칭의를 위해 율법을 필요로 한다는 의미에서는 더 이상 율법 아래 있지 않다고 확언하지만, 믿는 자들이 율법의 도덕 원칙들을 성취하기를 기대한다. 불행하게도 그리스도인들은 문화를 초월한 원칙들을 그것들의 구체적 적용과 어떻게 구별하는지를 놓고 큰 불일치를 보인다. 그리고 모세 오경에 간직된 율법과 우리가 그리스도인으로서 따라야

11 교부 해석자들은 율법의 의식적 측면들을 거부하면서도 율법의 에토스를 반겼다. 예. Pollmann and Elliott, "Galatians," 46-47의 암브로시아스테르를 보라. 어떤 이들은 보편적 도덕 취지에 대한 명령과 이스라엘에게만 국한된 명령을 구별했다(예. Edwards, *Galatians*, 29에 언급된 *Theodoret Epistle to the Galatians* 2.15-16). 이런 인지로 인해 바울이 말하는 "율법의 행위"가 의식적 율법에만 국한되어야 한다고 생각할 필요는 없다. 국한되어야 한다고 주장한 사람들은 다음과 같다. 오리게네스, 히에로니무스, 에라스무스. 그리고 이들의 주장에 반대한 사람들은 다음과 같다. 아우구스티누스, 루터, 칼뱅(다음을 보라. Barclay, *Gift*, 103-4, 121; Wengert, "Luther," 101; Hafemann, "Yaein," 119).

하는 규칙 사이에 존재하는 연속성의 정도를 놓고도 큰 이견을 보인다.

세부사항에 관한 논쟁에도 불구하고 우리는 확실히 연속성의 영역들, 예를 들어 영원한 원칙들을 발견할 것을 기대할 수 있다. 예수가 그리하셨던 것처럼 말이다(비록 이 영원한 원칙들이 구체적인 문화적 형태들을 통해 표현되지만 말이다). 우리는 모세 율법에서 하나님의 마음을 발견할 수 있다(예. 출 33:19-34:7). 성령은 고대 이스라엘에서 종종 극적으로 역사했는데(예. 삼상 10:5-6, 10; 19:20-24), 여기에는 예언자적 영감을 받은 예배에서의 성령의 역사도 포함된다(대상 25:1-3). 분명히 새 언약 시대에 살고 있는(행 2:17-18) 우리는 종말론적으로 부어진 성령에 대한 경험을 더 많이 기대해야 한다.

로마서 14장은 바울이 이방인 그리스도인들에게 카슈루트(kashrut) 혹은 음식 정결 규례를 실천할 것을 요구하지 않음을 보여준다. 이 음식 정결 규례는 이스라엘을 이방 나라들과 구별하는 목적을 지니고 있었다(신 14:2-3). (하나님을 위해 구별되어야 한다는 원칙들과 먹고 마시는 것조차 하나님을 영화롭게 해야 한다는 원칙은 여전히 유효하다. 하지만 그런 원칙들은 다르게 표현된다.)

특별히 거룩한 날들에 대한 바울의 언급(롬 14:5-6; 참조. 갈 4:10; 골 2:16)은 더 복잡하다. 바울이 안식일도 포함시키고 있다고 가정한다면,[12] 우리는 여기서 그의 신학과 성서의 다른 부분들을 어떻게 조화시킬 수 있을까? 하나님은 창조에서 이스라엘을 위해 안식일 원칙에 대한 본을 보이신다(창 2:2-3). 따라서 안식일 원칙은 모세에서부터 시작하는 것이 아니다. 안식일 위반은 율법에 사형으로 명시되어 있다(출 31:14-15; 35:2; 민 15:32-36). 그래서 안식일 원칙은 하나님이 매우 심각하게 여기시는 것으

12 이는 (골 2:16과 반대되는) 롬 14:5-6의 경우에는 해당하지 않을 것이다. 만일 바울이 음식 맥락에서 금식하는 날을 말하고 있는 것이라면 말이다.

로 보인다. 하나님은 이방인들도 그분의 언약 안으로 맞아주신다고 약속하신다. 단 그들이 그분의 안식일을 지킨다는 전제하에 말이다(사 56:6-7). 예수는 자신의 권위를 사용하여 몇몇 측면에서 안식일의 이상적 속성을 분명히 밝혔지만(예. 막 2:25-28), 그가 안식일 규례를 폐지한 것은 아니었다.[13]

만일 바울이 율법의 정신을 지지한다면, 아무런 설명 없이 십계명 중의 하나를 변경했겠는가? 어떤 이들은 현재의 구절들과 같은 절들이 충분한 설명을 제공한다고 주장한다. 다른 이들은 이 주장에 반박한다. 어쩌면 바울은 대부분의 노예들과 이방인들이 안식일에도 일할 수밖에 없다는 것을 알았을 것이다. 왜냐하면 그들은 안식일을 지키지 않는 공동체에 속해 있었기 때문이다. 아마도 바울은 안식일 준수 방식에 관해 유연했을 것이다(예를 들어 어느 날에 안식일을 지켜야 하는가와 같은 문제에 있어 유연했을 것이다. 비록 사도행전은 안식일이라는 용어를 규칙적인 날에 일관되게 지속적으로 적용하지만 말이다—행 13:14, 27, 42, 44; 15:21; 16:13; 17:2; 18:4).[14]

아마도 바울이 안식일과 같은 특별한 날들을 존중하는 것이 괜찮다고 말하고 있을 가능성이 높다. 그러나 매일을 특별한 날로 존중하는 것 역시 옳다고 말하는 듯하다. 안식일을 존중하는 것은 우리가 일주일에 특별한 하루를 하나님께 바치는 것이 아니라 우리의 모든 시간을 하나님께 드리고자 애쓰는 것을 의미할 것이다. 몸의 할례가 오랫동안 영적 할례를 상

---

13 안식일 폐지의 근거로 때로 인용되는 본문(요 5:18)은 사실 예수의 적대자들의 해석을 반영하는데, 이 해석은 이어지는 예수의 담론에서 아마도 전복될 것이다(특히 5:19, 30을 보라. 다음에서 보다 자세한 논의를 보라. Keener, "Subordination," 40-41; idem, *John*, 1:645-46).

14 이 부분은 내 친구 Anthony Kent의 도움을 받았다. 현재 진행 중인 Kent의 논문은 이 주제를 다루고 있다. 안식일이 다른 무엇으로 바뀌었다고 생각할 수 없다. 왜냐하면 누가는 안식일이라는 용어를 유대인 공동체가 언제나 준수했던 시간(즉 우리 시간으로 금요일 일몰부터 토요일 일몰까지의 시간)에만 적용하고 있기 때문이다. 하지만 몇몇 이방인 그리스도인 저자는 2세기 초부터 안식일이 일요일로 이동했다고 강하게 옹호했다.

징해왔지만, 바울의 관심이 몸의 할례보다 영적 할례에 있었던 것처럼(롬 2:29), 육체적 관점에서 하루의 휴식은 우리에게 유익하겠지만, 영적 관점에서 우리는 날마다 하나님의 평안 가운데서 살며 그분 안에서 쉴 수 있다. 여기서 다음과 같은 주의사항에 주목해야 한다. 즉 내가 생각하기로 몇몇 바쁜 그리스도인이 그렇게 하는 것처럼, 지속적인 안식일 개념을 전혀 쉬지 않고 일하는 것에 대한 변명으로서 사용하는 것은 하나님이 애초에 제정하셨고 여전히 유효한 안식일의 요점을 파괴한다.

어쨌든 성서의 안식일 원칙은 사람들뿐만 아니라 가축 및 농지에도 적용되었는데(출 20:10; 23:11-12; 레 25:4; 신 5:14), 이는 아마도 살아 있는 것은 휴식과 회복의 시간이 필요하다는 원칙에 기초할 것이다. 우리는 피조물로서 우리의 선한 한계들을 인정해야 한다. 따라서 인간이 하루의 휴식을 준수하는 것은 각자가 지닌 세부적인 신학 내용이 무엇이든 간에 현명한 처사다. 내가 생각하기로 우리가 율법 아래 있지 않다고 해서 우리의 죽을 몸이 더 이상 하루의 휴식을 필요로 하지 않는다고 말해야 하는 것은 아니다. 또 우리가 안식일에 대한 열심이 있다고 해서 일주일 내내 일을 삼갈 정도로 종교적이라고 말해야 하는 것도 아니다.[15]

대부분의 문제들은 안식일 문제만큼 해결하기 어렵지 않다. 율법에 대한 바울의 접근을 좀 더 이해하기 위해 주제에서 벗어나 율법 자체를 살펴보는 일은 가치가 있다. 율법의 원칙들은 해석자들에게 율법의 구체적 형태들이 처음에 고안된 배경을 벗어나게 될 때 율법을 새로운 방식으로 민감하게 적용하라고 요청한다.

15 안식일에 대한 네 가지 견해는 Arand et al., *Perspectives on Sabbath*를 보라.

성서 율법 해석하기

> 내가 주의 법을 어찌 그리 사랑하는지요!
> 내가 그것을 종일 작은 소리로 읊조리나이다!(시 119:97)

예수와 바울의 해석학이 특별히 오늘날에는 가장 논쟁적으로 율법을 다루고 있으므로, 문화적으로 민감한 주해가 어떻게 율법을 해석하도록 우리에게 요청하는지를 알아보는 일은 중요하다. 예수와 바울은 율법을 제대로 이해했다. 그래서 그들의 접근은 성서를 이해하는 방식을 좀 더 일반적으로 고려하라고 요청한다. 요약하면, 우리는 구체적인 문화적 적용보다 율법의 원칙들을 더 중히 여겨야 한다. 비록 오늘날 학자들 사이에 어떤 것이 보편적 원칙이고 어떤 것이 구체적인 문화적 적용인지에 관한 광범위한 차이가 실제로 존재하지만 말이다.[16]

이스라엘의 법과 주변 국가들의 법 비교하기

이스라엘의 법과 이스라엘 주변 국가들의 법을 비교해보면, 우리는 즉시 윤리상의 차이뿐만 아니라 공통의 법률 범주를 발견한다. 공통의 범주들은 고대 근동의 법률 문헌들이 어떤 이슈들을 일반적으로 다루었는지를 우리에게 보여준다. 아래 비교표들을 고려해보라(아니면 적어도 훑어보라).

---

16 고난을 통한 길을 표본으로 삼으려는 두 가지 유익한 시도에 관해서는 다음을 보라. Swartley, *Slavery*; Webb, *Slaves*.

이스라엘의 법	다른 고대 근동의 법 (관련 예의 출처는 함무라비〔Hammurabi〕 법전 및 에쉬눈나〔Eshnunna〕 법전)	해설
노예와 자유인 사이에서만 신분 차이가 존재함	법이 정한 사회적 신분이 존재함, 예. 함무라비 법전 196-204	이스라엘의 법이 매우 독특함
출 21:6: 노예의 귀를 송곳으로 뚫음	노예의 귀를 자름, 참조. 함무바리 법전 282; 낙인을 찍음, 에쉬눈나 법전 51-52; 함무라비 법전 226	소유(함무라비 법전) 또는 충성(출애굽기)을 나타내기 위해 귀 또는 몸의 다른 부위에 하는 표시
출 21:7: 빚 노예	함무라비 법전 117-19: 빚 노예	빚 노예
출 21:8; 참조. 레 25:23-28	에쉬눈나 법전 39	"자산" 속량
출 21:9; 참조. 창 21:10	함무라비 법전 170-74: 소유주가 허락할 경우 노예의 자녀는 소유주의 유산을 상속받는다	노예의 자녀들은 주인의 유산을 상속받을 수 있다
출 21:10; 22:16	신부 지참금 반환, 함무라비 법전 137-38	결혼 관련 금전적 협정
출 21:12-14	문제의 의도성, 함무라비 법전 206-7	의도가 중요함
출 21:15, 17	함무라비 법전 195	이스라엘 법이 더 가혹함
출 21:16; 참조. 신 24:7	함무라비 법전 14	유괴죄는 사형에 해당(즉 전쟁을 통한 노예 획득이 아닌 노예 거래 시)
출 21:18-19	함무라비 법전 206	발생한 부상에 대한 보상
출 21:20-21: 죽음의 이유가 밝혀진 경우 노예 살인에 대한 처벌(자유인 살인에 대한 처벌과 비교—21:18-19)	참조. 다른 이의 노예를 살인할 경우 금전적 보상 지불, 그러나 다른 이의 아내나 자녀를 살인할 경우에는 사형에 처함, 에쉬눈나 법전 22-24	경제적 관점에서 법은 자유인을 노예보다 더 중히 여김

출 21:22	함무라비 법전 209-14(신분에 기초) (참조. 전 6:5)	우연히 태아를 죽였을 경우 처벌을 받음. 함무라비 법전은 신분에 따라 처벌에 차등을 둠
출 21:23	함무라비 법전 210과 대조해보라: 다른 여성이 처벌을 받음(신분에 따른 조치, 212, 214)	아내도 죽을 경우 보다 높은 처벌을 받음. 그러나 출애굽기 법에서는 살인자가 죽는 반면 함무라비 법전에서는 살인자의 딸이 죽음. 후자의 경우 신분에 기초함
출 21:23-25	함무라비 법전 196-97(그러나 신분에 의해 결정됨—198-99, 201-4)	보복법(*Lex Talionis*), 그러나 함무라비 법전에서는 신분에 따라 보복이 결정됨
출 21:26-27	함무라비 법전 199와 대조 (다른 이의 노예에 관한 내용)	노예 부상에 관한 법, 그러나 함무라비 법전이 노예 소유주에 대한 보상을 규정하는 반면, 출애굽기는 노예에 대한 보상을 규정
출 21:28	함무라비 법전 250	책임 한도(자신의 소가 예기치 않게 다른 이를 들이받았을 때)
출 21:29	에쉬눈나 법전 54—은 반 므나(구약성서 형벌보다 가혹); 그러나 에쉬눈나 법전 58: 과실로 소가 벽을 들이받을 경우 사형; 함무라비 법전 251: 은 반 므나; 그러나 함무라비 법전 229: 사형에 해당하는 집에서의 과실	부주의에 대한 가혹한 처벌(개인 소유의 소 관련; 처벌의 내용에 있어 에쉬눈나 법전과 함무라비 법전은 일관성이 없음)
출 21:30-32	에쉬눈나 법전 22-24에서 노예 살인은 금전적 배상, 아내나 자녀 살인은 사형 처벌	자유인의 법적 책임이 더 큼(즉 더 가까운 관계일수록 책임이 더 커짐)
출 21:32: 소와 소의 소유주 처벌	에쉬눈나 법전 55: 15 세겔, 소는 처벌받지 않음; 함무라비 법전 252: 은 1/3므나	노예가 살해되었을 때의 과실에 대한 처벌
출 21:33-34	에쉬눈나 법전 58; 함무라비 법전 229, 251; 참조. 위의 벽에 대한 과실(출 21:29)	과실에 대한 추가 내용

출 21:35-36	에쉬눈나 법전 53	소가 다른 소를 들이받을 경우: 양쪽 법이 동일
출 22장(추정)	에쉬눈나 법전 40; 매매 문서가 없을 경우 사형에 해당하는 위반—함무라비 법전 7, 9-12	재산 소유권
출 22:1-4: 도둑이 밤에 침입했을 경우에 한해 그를 죽일 수 있음(즉 자기 방어 차원에서)	에쉬눈나 법전 12-13(도둑이 밤에 침입했을 경우 죽음); 함무라비 법전 6, 8에서는 국가 자산에 대해 보다 가혹함; 함무라비 법전 21-23, 25에서 모든 도둑은 사형에 처함	때로 도둑에 대한 사형 허용
출 22:5	참조. 에쉬눈나 법전 5(과실)	배상
출 22:7, 갑절 배상	함무라비 법전 126	두 배로 배상
출 22:8	함무라비 법전 120-26	맡긴 것에 대한 법
출 22:10-11: 다른 이가 맡긴 것을 잃어버렸을 경우에 하는 맹세	보관인은 자신의 집이 도둑맞았음을 신 앞에 맹세해야 한다: 에쉬눈나 법전 37; 참조. 함무라비 법전. 20, 120, 249	맹세
출 22:12 (참조. 22:14-15)	에쉬눈나 법전 36-37; 함무라비 법전 249	빌린 동물을 잃어버린 경우
출 22:14-15	참조. 함무라비 법전 249	빌린 동물을 잃어버린 경우
출 22:16-17	많은 문화에서 실시된 신부 몸값	
출 22:18: 사형에 해당하는 주술 행위	고대 이교도 문화권에서 널리 사용된 주술과 대조해보라; 그러나 함무라비 법전 1-2에서 주술과 살인은 사형에 해당하는 범죄	
출 22:19	가나안 족속의 의식 행위 및 특정 가나안 족속의 신화적 예와 대조해보라	
출 22:20	사실상 보편적인 고대 다신론과 대조해보라; 제사 역시 사실상 보편적 관행	

출 22:21-24: 세밀한 법이 아니라 일반적 도덕 원칙		
출 23:8	불의한 재판관을 비난하는 보편적 고대 원칙(함무라비 법전 5)	모든 문화는 공식적으로 불의한 재판관과 뇌물에 반대했음
레 18장: 근친상간에 관한 법	함무라비 법전 154-58	거의 모든 문화는 근친상간을 금함. 그러나 관련 세부 내용은 문화마다 다름
레 25:24	참조. 에쉬눈나 법전 39; 참조. 출 21:8	희년 제도에 의한 가족 토지 및 권리를 보호해주는 법 조항은 이스라엘 외에 다른 고대 근동 지역에서 발견되지 않음. 이 희년 제도는 가족과 토지에 기초한 농경 사회를 존중하고, 자본의 독점적 축적을 막음; 참조. 레 25:35의 문화 초월적 윤리
민 6:3-4: 포도주를 삼가는 나실인	참조. 함무라비 법전. 110: 신성한 여인은 포도주를 삼가야 한다. 이를 어길 시 사형에 처함	유비
신 18장: 점술 금지	고대 근동 전역에서 행해진 점술과 대조해보라(예. 메소포타미아의 바루[*baru*] 점술가들)	대조
신 19:15-21, 거짓 증언하는 자들은 그들이 다른 이들에게 가져오려고 했던 처벌을 받게 됨(중대한 사안인 경우 사형)	함무라비 법전 1-3(중대한 사안에 대해 거짓 증언할 경우 사형); 함무라비 법전 4(원고가 다른 혐의로 고통받았을 벌을 내림)	동일
신 21:1-9(참조. 창 4:10의 피 흘림의 죄; 민 35:33): 가해자를 찾지 못할 시, 피 흘림이 발생한 장소의 거주민이 책임을 진다	참조. 피 흘림으로 인한 장소의 저주, 아크하트 족속(Aqhat), 삼하 1장; 피 흘림이 발생한 장소의 거주민이 책임을 진다: 함무라비 법전 23; 그들은 목숨 하나당 1므나를 지불해야 한다(함무라비 법전 24)	피 흘림에 대한 공동 책임

신 21:18-21: 습관적으로 순종하지 않는 아들은 사형에 처함	함무라비 법전 168-69: 두 번째 경고가 주어지고 극단적 범죄인 경우에만 아들들의 상속권이 박탈됨	순종하지 않는 아들들에 대한 처벌: 이스라엘 법이 더 가혹함
신 22:5: 남자의 옷을 입은 여자들 혹은 그 반대의 경우	고대 근동의 복장 도착(transvestitism): 때로 주술적 복장 도착(아크하트 족속, 히위 족속; 참조. 삼하 3:29)	
신 22:22: 간음한 모든 자들은 사형에 처함	함무라비 법전 129: 간음한 아내의 남편이 그 아내를 살려주길 원치 않는다면 익사형에 처함(만일 아내를 살려준다면 그녀의 내연남도 살려줌)	이스라엘의 법이 더 가혹함
신 22:25	에쉬눈나 법전 26; 함무라비 법전 130	약혼한 처녀를 강간할 경우 사형 선고. 이는 이스라엘과 주변 국가들 모두 동일
신 22:29; 참조. 출 22:16-17	참된 결혼을 위해 부모들과의 계약이 필수(에쉬눈나 법전 27); 동거 또한 결혼에 필수(에쉬눈나 법전 28); 그러나 계약이 없다면 충분치 않음(에쉬눈나 법전 27); 함무라비 법전 128도 계약 강조	결혼 준비의 경제적 특징
신 23:15-16: 노예를 노예 소유자에게 돌려보내지 말라	에쉬눈나 법전 49-50과 대조해 보라: 노예를 돌려보내지 않는 것은 절도에 해당; 함무라비 법전 15-16, 19; 도주한 노예를 숨기는 일은 사형에 해당	이스라엘 법은 도주한 노예를 지지함; 함무라비 법전은 노예 소유자를 지지함
신 23:17; 참조. 레 21:9은 성전 매춘부를 금함	함무라비 법전 181(참조. 창 38:15): 이 법은 신전 매춘부를 관리한다(아버지는 그의 딸을 신전에 창기로 바칠 수 있다. 그러나 그는 그 딸이 결혼할 수 없으므로 그녀를 부양해야 한다)	이스라엘은 성전 매춘을 금함

신 24:1-4: 남편이 그 아내와 이혼할 시, 그는 그녀가 재혼할 수 있도록 해야 한다	에쉬눈나 법전 59는 이혼에 더 반대함; 함무라비 법전 142: 법정 허가를 받은 경우에만 아내가 남편을 떠날 수 있음; 남편은 아내의 잘못이 없을 경우(함무라비 법전 141) 아내의 지참금을 상환해야 함(함무라비 법전 138-40) (따라서 지참금은 아내를 경제적으로 보호하고, 부부 양측에 결혼 생활을 유지하기 위한 동기를 부여한다); 재혼: 참조. 삼하 3:14-16; 에쉬눈나 법전 29; 함무라비 법전 134-37	이혼에 있어 이스라엘이 더 관대함
신 24:16: 자녀와 부모는 서로로 인해 죽임을 당하지 말아야 함(참조. 민 26:11; 왕하 14:6; 겔 18:20)	함무라비 법전 201과 대조해보라: 한 사람이 다른 이의 딸을 죽일 경우, 사람들은 그 죽인 이의 딸을 죽여야 한다. 함무라비 법전 230: 집이 무너져 주인의 아들을 죽일 경우, 집을 건축한 이의 아들이 죽임을 당해야 한다	가족의 책임은 서로 다르다: 함무라비 법전은 범인의 가족들을 처벌하지만, 신명기 법은 이런 행위를 금한다

이스라엘과 동시대 사람들의 접근법의 차이점

> 오늘 내가 너희에게 선포하는 이 율법과 같이 그 규례와 법도가 공의로운 큰 나라가 어디 있느냐?(신 4:8)

공유하는 법적 환경과 그에 따른 여러 유사점에도 불구하고 몇몇 주목할 만한 차이가 있다. 십계명과 똑같은 법은 존재하지 않는다. 십계명과 가장 유사한 법으로 인용되는 법은 일반적으로 그것보다 더 긴 목록을 지닌 이집트의 부정적 고백(Negative Confessions)이다. 이 부정적 고백에는 다음과 같이 칭찬할 만한 부정들도 포함된다. "나는 단 한 번도 인간의 똥을 먹어

본 적이 없다."[17] 또 다른 주요 차이점은 사회 신분의 문제였다. 고대 근동 및 지중해의 다른 모든 법은 피해자 및 가해자와 관련하여 신분에 기초한 형벌을 내렸다. 이스라엘만이 고대 근동에서 신분 고려를 거부하는 법을 가진 것으로 알려진다(아래에 언급된 노예와 자유인의 구분은 예외다).

어떤 법들은 공개적으로 동시대의 관습이나 사상을 반대한다. 예를 들어 출애굽기 22:19은 동물과의 행음을 비난한다. 비록 이교 신화들이 성교하기 전에 때때로 동물로 변신하는 신들을 묘사하지만 말이다. 다른 신들에게 제사지내는 것은 사형에 해당하는 범죄다(출 22:20). 그러나 이는 이스라엘 주변의 거의 모든 문화에서 분명히 성행했다. 주변 문화들은 다양한 형태의 점술을 이용했다. 하지만 이스라엘에서 점술은 사형에 해당하는 범죄였고, 주변 국가들의 행위와 명백한 대조를 이룬다(신 18:9-14).

몇몇 차이점은 중요하고 공식적인 공통점들 사이에서 발생한다. 가나안 사람들은 이스라엘 사람들과 마찬가지로 감사제, 화목제, 속죄제 등을 바쳤지만, 비와 다산을 비는 제사도 지냈다. 반면에 이스라엘의 다산은 하나님의 언약을 지키는 것에서 나왔다.[18] 이스라엘은 정결한 것과 부정한 것에 관한 의식적 정결법이 있었지만, 히위 사람들은 이런 규칙들을 귀신들을 대적하는 주술적 예방책으로서 사용했다.[19] 대부분의 문화들에는 음식 금지법이 있었다. 이스라엘의 음식 금지법은 그들을 다른 국가들과 구별해주는 특징이다(참조. 레 11:44-45; 신 14:2-3). 이런 구별은 새 언약 아래

---

17 몇몇 비슷한 표현과 대조적 표현들은 Wells, "Exodus," 227, 230을 보라. 참조. Sarna, *Exodus*, 139.

18 참조. 다음 연구들에 나오는 가나안인들의 제사와 유사한 용어 및 개념 그리고 차이점. Pfeiffer, *Ras Shamra*, 38-39, 57; Rainey, "Sacrifice,"1 198; Rainey, "Sacrifice," 2 236-37; Carpenter, "Sacrifices," 264-65; Ross, *Holiness*, 29; Averbeck, "Sacrifices," 712, 715-16, 718, 720.

19 Walton, Matthews, and Chavalas, *Background Commentary*, 25-26; Gane, "Leviticus," 287.

있는 신자들에게 더 이상 필요치 않다. 왜냐하면 그들은 사명을 위해 성별되고 권능을 부여받은 자들이기 때문이다.

인간의 죄에 대한 양보

다음과 같은 마가복음 10:5의 말씀을 다시 기억해보라. 모세는 "너희 마음이 완악함으로 말미암아 이 명령을 기록하였거니와." 14장에서 언급했듯이, 예수는 하나님의 이상이 인간의 죄에 종종 순응하는 율법의 요구 사항보다 실제로 더 높다고 가르쳤다. 따라서 율법은 마음과 모든 관습을 변화시키기보다는 죄를 규제하고 제한했다.

민법(civil laws)이 덕의 이상을 대변하는 사회는 없다. 민법은 사회가 함께 일할 수 있게 해주는 최소한의 기준일 뿐이다. 이스라엘의 법은 적어도 죄를 제한했으며, 모든 문제에서 그랬던 것은 아니지만 주변 문화들의 법보다 훨씬 더 많은 기능을 갖고 있었다(예. 이스라엘 사람들은 도망친 노예들에게 도피처를 제공해야 했고 신분 차등에 따른 판결을 피해야 했다). 그러나 이스라엘의 역사와, 샤리아(*sharia*) 법의 지배 영역에 사는 많은 무슬림들이 그 법을 회피하는 방식들은 이스라엘의 법과 샤리아 법이 모두 마음을 변화시킬 수 없음을 보여준다. 비록 특정 기간에 이 법들이 마음에 영향을 미치는 사회적 조건들을 개선할 수 있을지도 모르지만 말이다. 오직 마음속의 그리스도만이 우리를 죄로부터 구원해주지만, 심지어 가장 진실하게 헌신된 그리스도인들도 지속적으로 이런 실재의 빛 가운데서 행하지 않는다.

따라서 우리는 법으로부터 윤리를 추론하는 것에 대해 신중할 필요가 있다. 예수는 하나님의 도덕이 율법보다 더 높음을 분명히 했다. 앞서 언급했듯이, 이런 이유로 이스라엘의 민법은 살인하거나 간음하지 말라고 말했다. 그러나 예수는 살인이나 간음을 마음으로도 생각하지 말라고 말했다. 율법의 장르를 무시한다면, 우리는 하나님의 성품과 의도를 오해하게 될 것이다.

해석학을 가르칠 때 나는 보통 대부분의 다른 장르들을 다루기 전에 율법을 다룬다. 그 이유는 율법 해석이 어떻게 고대 이스라엘의 문화적 상황에서 상황화되었는지를 학생들이 알 수 있도록 하기 위함이다. 이 신성한 상황화는[20] 학생들에게 모든 성서에 접근하는 모델을 제공해주는데, 그 이유는 모든 성서가 원래 특정 문화들을 다루기 때문이다(이는 성서가 기록된 특정 언어들을 주목할 때 충분히 입증된다). 이런 주장이 어느 정도 신빙성이 있는지를 설명하기 위해 나는 학생들 중 얼마나 많은 사람이 노예제에 반대하는지를 묻는다. 거의 모든 학생이 손을 든다. 그다음에 나는 학생들 중 얼마나 많은 사람이 성서가 적어도 어떤 의미에서든지 하나님의 말씀이라고 믿고 있는지를 묻는다. 내가 가르치는 환경으로 인해 대다수의 학생이 손을 든다. (나머지 몇몇 학생은 내가 무슨 질문을 하든 절대 손을 들지 않는다.)

그다음에 나는 다음과 같은 몇몇 구체적인 이슈로 눈을 돌린다. 바로 하나님의 이상과 거리가 먼 법들이다. 도제살이로 고용된 노예들을 예로 들어보자. 만일 노예 소유주가 노예를 구타한다면 그에 해당하는 처벌이 주어지는데, 이는 자유인을 구타할 경우에 받는 처벌과 유사하다(출 21:18-21). 그러나 그 노예는 여전히 그 소유주의 재산 혹은 (문자 그대로) "돈"으로 여겨진다(출 21:21). 왜냐하면 노예 소유주가 그 노예를 돈을 지불하고 샀기 때문이다. 그러므로 이 경우는 자유인의 경우와 여전히 다르다. 마

---

20 필론을 추종하는 알렉산드리아의 클레멘스와 같은 고대의 몇몇 사람은 이 상황화가 이해에 있어 신성한 겸손이자 인간의 연약함에 대한 수용이라고 간주했다. Mitchell, "Accommodation," 205-14을 보라. 고전 9:19-23에 나오는 이런 신성한 상황화에 이의를 제기하는 Glad, "Adaptability," 26-27을 보라.

찬가지로 노예 여성에 대한 성적 학대는 처벌받았지만, 노예 여성이 해방된 노예였을 경우와 비교했을 때 처벌의 강도가 약했다(참조. 레 19:20; 신 22:25-26).[21] 이스라엘의 법은 노예제를 제정하거나 비준하지 않았다. 사실 이스라엘의 법은 동시대 관습에서 학대를 규제하고 감소시켰다. 그렇다고 이스라엘의 율법이 학대를 폐지시킨 것은 아니다. 이것이 하나님의 이상이었을까?

오늘날 우리 대부분은 일부다처제를 잘못된 것으로 여기는데, 이는 일부다처제가 아내들에게 부당하기 때문이다. 그러나 이스라엘 율법은 (야곱이 본의 아니게 불편한 상황을 만난 것과 같이) 자매를 아내로 삼는 일부다처제와 (솔로몬의 상황과 같이) 왕실의 일부다처제를 규제했을 뿐, 일부다처제를 폐지하지는 않았다.[22] 마찬가지로 이스라엘 율법은 이혼을 관용했지만, 우리가 앞서 주목했듯이, 예수는 이런 율법의 관용이 하나님의 이상이 아니었다고 분명히 말한다. 대신에 예수는 하나님의 이상을 나타내기 위해 창조에 호소한다. 즉 한 남편과 한 아내가 한 몸이 되어 하나의 새로운 가족 단위를 형성한다고 말이다.

많은 사람들 역시 거룩한 전쟁을 이 범주에 포함시킨다.[23] 사회 전체

---

21 비록 이런 요점이 노예를 보호할 수 있는 것이었지만(왜냐하면 그녀는 죄가 있는 것이 아니라 성적 학대를 받았기 때문에), 그녀를 학대한 사람은 자유인을 강간할 때 받게 되는 처벌에서는 면제된다.

22 우리는 일부다처제에 대한 성서의 구체적 금지를 찾지 못한다. 한 몸이 되는 "둘"은(막 10:8; 고전 6:16; 엡 5:31) 70인역을 반영하는데, 이는 그리스의 일부일처제 관습을 반영한다. 딤전 3:2의 존중받을 만한 장로의 요건은 외도 및 다수의 첩에 대해 경고한다. 왜냐하면 당시 에베소에는 일부다처제가 존재하지 않았기 때문이다. 내러티브들은 일부다처제가 이상적이지 않았음을 보여준다. 그리고 나는 성서의 궤적이 평등주의적 결혼을 지지한다고 믿고 있으므로, 일부일처제를 지지한다. 그러나 이런 이상이 마치 일부다처제가 하나님의 눈에 타당한 연합이 아닌 것처럼 현존하는 일부다처제 결혼의 해체를 정당화하지는 않는다.

23 참조. LaSor, Hubbard, and Bush, *Survey*, 148; 모압 메사 비문에 나오는 *herem*에 주목하라. 다음의 연구에 나오는 논의를 보라. Copan, *Monster*; Copan and Flannagan, *Genocide*; 그리

가 가망이 없을 정도로 타락할 수 있다면, 하나님은 심판을 통해 집단 사형을 집행하실 수도 있다. (우리가 그것을 좋아하든 좋아하지 않든—우리 대부분은 싫어할 듯 보이지만—우리가 이런 주권자 하나님을 믿는다고 하면서 심판을 부정할 수는 없다. 사실 모든 인간이 이미 사형 선고를 받은 상태다.) 하나님은 다른 수단을 통해서뿐만 아니라 이스라엘을 통해서도 심판을 집행하실 수 있었다. 성서는 가나안이 결국 그런 침략을 받을 만큼 타락했다고 암시한다(창 15:16). 그러나 거룩한 전쟁은 이스라엘에만 한정되어야 했고, 오직 야웨의 명령에 의해 수행되어야 했다(비록 창 14장도 노예 해방을 위한 "의로운 전쟁"을 기술하지만 말이다). 그리고 파괴를 위해 사람과 물건을 신들에게 바치는 행위는 문화적으로 이해되던 관습이었다.

더욱이 가나안 사람들은 이스라엘로 하여금 배교하도록 그들을 유혹했을 것이다(결국 그렇게 했다; 신 7:4). 그리고 이는 무고한 피를 더 많이 흘리게 만들었다(시 106:34-39, 특히 37-38). 카르타고의 화장된 아기들을 담고 있는 수천 개의 유골단지들은 가나안 사람들과 관련된 문화가 어떤 짓을 할 수 있었는지를 암시해준다.[24] 가나안 마을들이 이집트에 대항하여 벌였던 초기의 계절 반란들은 단순한 일시적 진압이 지속될 수 없음을 잘 보여준다. 모세 오경을 전체적으로 읽어보면 하나님이 이런 가나안 사람들의 조상을 살려주시고, 수 세기 전에 발생했던 기근과 관련하여 요셉의 지혜를 통해 그들에게 새로 시작할 삶을 주셨음을 알 수 있다(창 50:20). 가나안 사람들은 이스라엘의 하나님께 충성을 맹세하며 이스라엘과 연합할 수 있었을 것이다(예. 수 6:25; 참조. 이보다 진정성이 덜한 충성의 예로는 수

고 앞서 인용된 연구들도 보라.

24 더 자세한 내용은 다음을 보라. Quintus Curtius 4.3.23; Albright, *Yahweh*, 152, 234-35; idem, *Biblical Period*, 17; Stager and Wolff, "Child Sacrifice"; Stager, "Eroticism"; Rundin, "Pozo Moro."

9:1-10:11). 그러나 그들이 그렇게 하기를 거절한 것은 너무도 명백히 어리석은 일이어서, 완악한 바로의 마음처럼, 하나님의 심판으로 설명된다(수 11:20). 마지막으로 여호수아서의 정복 목록들은 그 목록들의 장르에 따라, 고대의 동일한 종류로 알려져 있는 다른 목록들처럼, 문자적 의미의 전멸이 아니라 요약된 승리의 성명으로서 이해되어야 한다. 사람들은 종종 진군하는 군대들에 앞서 마을을 떠났다가 그 군대들이 떠난 후 다시 마을로 돌아왔다.

그런데 이것이 하나님의 이상이었을까? 성서는 하나님이 심지어 악인들의 죽음도 원치 않으신다고 분명히 선포한다(겔 18:23, 32). 예수는 여호수아서의 이상보다 더 높은 이상을 드러낸다. 그는 우리에게 원수를 사랑하라고 요구한다(마 5:43-44). 그리고 예수는 우리가 그의 원수였을 때 그가 우리를 사랑했던 방식을 통해 원수를 사랑하라는 자신의 말을 입증했다(롬 5:8-10; 참조. 눅 23:34).

오늘날 하나님의 법을 이해하고 적용하기

하나님은 원래 이런 법들을 오늘날 우리와는 다른 법률적 환경에 있었던 고대 근동 사람들에게 주셨다. 비록 그 뒤의 법률 체계들이 보복법(*Lex Talionis*), 과실 및 책임에 관한 이슈들, 증거 요구, 의도 고려와 같은 많은 법적 범주 및 접근을 유지해왔지만 말이다.

문화는 다뤄야 할 법률 이슈들을 결정했지만, 그렇다고 반드시 그 내용까지 결정했던 것은 아니었다. 사형 선고는 법이 매우 심각하게 받아들였던 몇몇 이슈를 밝혀준다. 이스라엘의 법은 다음과 같은 범죄에 대해 사형을 규정했다. 살인, 주술, 우상숭배, 신성모독, 안식일 위반, 술에 취해 지속적으로 부모에게 반항하는 일, 유괴(노예 매매), 혼외정사(간음, 미래의 남편이 아닌 다른 남성과의 혼전 성교, 동성간 성교, 동물과의 성교). 이스라엘의 법이 오늘날 교회에서 발생하는 이런 범죄들에 대해 사형 집행을 우리에게 요청한다고 제안하는 사람은 아무도 없을 것이다. 이스라엘의 법은 일종의 민법으로, 처벌을 통해 사회 내 범죄 발생을 억제하는 기능을 갖고 있었다(신 13:10-11; 17:12-13; 19:18-20; 21:21). 그럼에도 이스라엘의 법은 이스라엘의 하나님이 이 모든 범죄를 심각하게 여기셨다고 분명히 제시한다. 그렇지 않았다면, 하나님은 아마도 사형이라는 처벌이 너무 과하다고 여기셨을 것이다.

그러나 이것이 하나님께서 다른 범죄들을 심각하게 여기시지 않았다는 의미일까? 노예제를 규제하는 것보다 아예 폐지하는 것이 훨씬 낫지 않았을까? (다른 곳에서 나는 다음과 같이 제안했다. 비록 바울이 이후에 폐지가 실제적 선택이 아닌 문화에서 서신을 기록했지만, 그의 윤리는 폐지를 지지했을 것이라고 말이다.[25]) 또한 예수가 율법보다 더 높은 윤리, 예컨대 다른 이의 배우자를 탐하지 않는 것, 결혼 생활을 깨뜨리지 않는 것과 같은 덕목들을 요구하고 있다는 점을 기억하라.

율법의 몇몇 원칙은 지역 문화—예를 들어 십계명(결의론적인 법이라기보다는 필연적인 법)—를 넘어 상당히 쉽게 번역할 수 있는 방식들로 매우 명백하게 명시된다. 또한 율법은 아래와 같이 하나님의 가치관에 기초하는 다른 명백한 원칙들도 포함한다.

- 다른 사람들의 가치를 지지해주는 원칙들: "너희와 함께 있는 거류민을…자기 같이 사랑하라. 너희도 애굽 땅에서 거류민이 되었었

25 Keener, *Paul*, 201-7; Keener and Usry, *Faith*, 37-41.

느니라(레 19:34; 신 10:19). 네 이웃 사랑하기를 네 자신과 같이 사랑하라(레 19:18).

- 단순한 죄의 경계를 넘어서는 윤리적 원칙들
- 하나님의 백성이 다른 생명체들을 습관적으로 대하는 방식을 통해 하나님께서 그들에게 인격을 심어주시고자 하는 원칙들: 곡식 떠는 소에게 망을 씌우지 말고(신 25:4), 어미 새와 새끼 새를 아울러 취하지 말며(신 22:6), 네 동물들이 안식하게 하라(출 23:12; 신 5:14).

다른 경우들에서 우리는 규칙들 배후에 있는 원칙들을 이해하기 위해 또는 우리의 상황에 맞게 메시지를 "재상황화"하기 위해 더 열심히 노력해야 한다. 예를 들어 집주인들은 지붕에 난간을 만들어 피 흘림을 발생시키는 죄를 피해야 했다(신 22:8). 왜? 집주인들은 평평한 지붕에서 이웃들을 대접할 수 있었고, 그때 누군가 지붕에서 떨어져 죽거나 다칠 수 있었기 때문이다. 이는 일종의 안전 규칙으로, 오늘날 이웃의 안전에 주의하라고 우리에게 요청한다. 우리 중 많은 사람들에게 이것은 안전 운전, 차에 동승한 자들의 안전벨트 착용 확인, 방문객의 부상을 막기 위한 개인 및 교회 자산의 안전 관리와 같은 일들을 의미한다(오늘날 법원은 자산 책임의 개요를 지속적으로 규제한다).

사례 연구: 십일조

십일조는 이미 고대 근동의 관습이었으며,[26] 청지기 직분에 관한 율법의 가르침이라는 훨씬 더 큰 네트워크의 한 측면에 불과하다. 이스라엘 사람들은 가축의 처음 난 것, 추수의 첫 열매, 그리고 그 외 다양한 제물을 하나님께 바쳤는데, 어떤 것은 의무적으로 바친 제물이었고 어떤 것은 자발적으로 바친 제물이었다. 농산물과 가축의 처음 난 것(예. 신 14:22-23)은 하나님께 드리는 봉헌 체계의 한 부분이었을 뿐이다. 십일조는 토지가 없는 제사장들과 레위인들을 부양하고, 3년마다 열리는 축제 혹은 거대한 잔치를 지원하는 용도로 쓰였다(신 26:12). 비록 고대 이스라엘이 농경 사회였지만, 성전으로 장거리 여행을 하는 자들은 먼저 십일조를 금전으로 바꿀 수 있었다(신 14:24-25).

때로 유명한 설교자들은 그들의 청중에게 경고하길, 그들이 십일조를 창고에 가져오지 않으면 하나님의 것을 도둑질하는 것이라고 말한다(말 3:8-10).[27] 이 설교자들은 여기서 말하는 창고가 성전을 섬기는 제사장과 레위인들에게 줄 음식을 보관해두는 장소였다고 항상 언급하지는 않는다. 십일조는 사역을 지원하는 기능을 했으며, 제사장과 레위인들 역시 동

---

26 예. 삼상 8:15-17의 통치자들에게 바치는 십일조; De Vaux, *Israel*, 140; Kitchen, *Orient*, 158; Heltzer, "Tithe," 124에 나오는 가나안 족속의 마을들에서 집단으로 바쳐진 농사 수확물의 십일조. 또한 참조. 그리스와 로마에서의 십일조 사용(예. 다음의 자료에 나오는 봉헌물. Val. Max. 1.1. ext. 4; Tertullian *Apol.* 14.1); 로마에 바쳐진 곡물 십일조에 관해서는 다음을 보라. Cic.*Verr.* 2.3.5.12; 2.3.6.13-15. 신들에게 바쳐진 전리품 십일조에 관해서는 다음을 보라. 창 14:20; Xen. *Anab*. 5.3.4, 9, 13; *Hell.* 4.3.21; Val. Max. 5.6.8; Plut. *Camillus* 7.4-5(용감한 전사에게 수여된 전리품 십일조에 관해서는 Plut. *Coriol.* 10.2를 보라. 신들에게 바치는 최고의 전리품에 관해서는 Xen. *Cyr.* 7.3.1; 7.5.35을 보라).

27 확실히 나는 여기서 위험스러운 주제를 끄집어내고 있는지도 모른다. 교회 기금 마련의 주요 원천에 이의를 제기하는 것은 민감한 이슈일 수 있다. 마치 마르틴 루터 박사가 수사 요한 테첼의 비성서적 행위에 이의를 제기했던 것처럼 말이다.

물이 제단에 제물로 바쳐진 후, 즉 요리가 된 후 그 일부를 먹었다. 율법이 요구하기 때문에 사람들은 십일조를 바쳐야 하는 것일까? 그리고 교회나 사역 단체들이 이 십일조를 성서에 명시된 목적으로 사용하지 않는다면(즉 사역자들을 지원하고 3년에 한 번씩 잔치를 베푸는 데 사용하지 않는다면), 교회나 사역 단체들이 하나님의 것을 도둑질하는 것일까?

예수는 율법보다 청지기 직분에 대한 요구를 더 엄격히 이야기한다. 십일조에 대한 호소 없이 말이다. 예수는 성서적 청지기 직분의 핵심을 다음과 같이 강조한다. 즉 우리와 우리에게 속한 모든 것은 하나님께 속한다고 말이다(눅 12:33; 14:33). 예수는 당시 상당히 꼼꼼하게 십일조를 바쳤던 종교적인 사람들과 연결해서만 십일조를 다룬다. 예수는 그들이 십일조를 바치는 것이 옳다고 확언하지만, 그들이 정의와 사랑 같은 더 큰 성서의 요구를 놓쳐왔다고 경고한다(마 23:23//눅 11:42; 참조. 눅 18:12).

몇몇 교회가 (청지기 직분에 관한 성서의 통전적 가르침에 반하여) "십일조"를 강조하는 것은 귀납적 성서 연구의 문제라기보다 전통의 문제인가? (신약성서에서 십일조는 바리새인들과 관련된 행위를 언급할 때를 제외하고는 등장하지 않으며, 히브리 성서에서 십일조는 제사장 체계와 관련된 내용을 언급할 때를 제외하고는 등장하지 않는다.) 만일 우리가 이 주제에 관해 훨씬 더 큰 성서적 증언을 전체적으로 읽는다면, 청지기 직분에 대한 우리의 이해가 더 명확해질 수 있을까?

결론: 구약성서의 사랑의 하나님

신약성서의 사랑의 하나님과 구약성서의 진노의 하나님 간의 가정된 대조는 율법의 원칙보다 마르키온(Marcion)의 영향을 더 많이 받고 있다. 율법에서 민법과 의식법은 제한되지만 문화적으로 연관된 방식으로써 신적 의를 표현했다. 그러나 궁극적으로 율법은 이미 많은 면에서 하나님의 마음을 드러냈다. 신명기 신학은 자신의 백성을 사랑하시고 선택하시는 하나님을 강조한다(신 7:6-9; 4:37; 9:5-6; 10:15; 14:2). 마찬가지로 하나님께 대한 사랑은 하나님께 대한 순종(신 6:4-6; 11:1; 19:9; 30:16)과 하나님께 대한 충성(즉 거짓 신들을 피하는 것, 신 6:4-5; 13:6-10)을 요구한다. 하나님은 자신의 백성에게 마음에 할례를 행하라고 명하시고(신 10:16; 참조. 레 26:41; 렘 4:4; 9:26), 그들의 마음에 할례를 베푸셔서 그들이 하나님을 온전히 사랑하게 하신다(신 30:6).

구약성서 시대의 하나님은 신약성서 시대 바로 이전에 복음주의적 회심을 경험하신 것이 아니다. 하나님은 그분의 백성을 그들의 유익을 위해 빈번히 부르셨다(렘 2:13; 호 13:9). 하나님은 그분의 백성이 다른 신들을 좇을 때 버림받은 사랑의 고통으로 또는 버려진 부모의 아픔으로 슬퍼하셨다(신 32:18; 렘 3:1-2; 호 1:2; 11:1-4), 그러나 하나님은 그들이 자신에게 돌아오기를 갈망하셨다(렘 31:20; 호 2:14-23). 하나님의 마음은 그분의 백성을 벌해야 했을 때 찢어졌다(예. 삿 10:16; 호 11:8-9). 실제로 자신이 전복시키고 불태운 두 도시를 회상하시면서(신 29:23), 하나님은 다음과 같이 탄원하신다. "에브라임이여! 내가 어찌 너를 놓겠느냐? 이스라엘이여! 내가 어찌 너를 버리겠느냐? 내가 어찌 너를 아드마 같이 놓겠느냐? 어찌 너를 스보임 같이 두겠느냐? 내 마음이 내 속에서 돌이키어 나의 긍휼이 온전히

불붙듯 하도다"(호 11:8).[28]

이스라엘의 사랑의 하나님, 곧 배신당하고 상처 입은, 이스라엘의 연인인 하나님은 궁극적으로 예수를 통해 다음과 같은 하나님으로 온전히 드러난다. 즉 우리가 영원히 당신으로부터 유리되는 것을 허용하시지 않고 오히려 우리의 고통을 직접 담당하시는 십자가의 하나님 말이다.

---

28 "불붙다"에 해당하는 용어들은 다르지만, "돌이키다"(overturned; 뒤집히다)에 해당하는 용어는 동일하다. 후자의 용어는 히브리 성서에 대략 94회 등장한다(많은 경우 다른 의미로 쓰임). 그러나 신명기에서 두 번, 호세아서에서 두 번 등장하는데, 이 네 번의 경우 모두 이 도시들의 맥락에서 등장한다.

16장 기독론적 읽기 또는 개인적 적용?

진정한 기독교적 읽기가 그리스도께 초점을 맞춘다는 것은 두말하면 잔소리다. 그리스도는 결국 우리의 구세주이며, 이보다 더 근본이 되는 것은 없다. 우리는 이스라엘의 역사와 인간의 다양한 정치 형태가 드러낸 실패를 그리스도의 궁극적 왕권을 지시하는 것으로서 올바르게 이해할 수 있다. 이 그리스도는 신적 존재이지만 다윗과 같은 통치자이며, 그의 나라는 구약성서의 소망을 완결한다.[1] 예언자들의 메시지는 그리스도를 향하고 있다(행 3:18, 24; 26:22-23, 27).

동시에 거대한 성서적 줄기에서 더 큰 신학적 줄기만을 발견하는 성서신학자들은 학문적으로 훈련이 덜 된 몇몇 독자가 직관적으로 발견하는 중요한 것을 놓칠 수 있다. 우리의 삶에서 율법의 원칙들을 구현하는 성령은(롬 8:2; 갈 5:18, 22-23) 분명히 성서를 우리에게 개별적으로 적용할 것이다. 게다가 하나님께 대한 바른 이해는 하나님께 대한 경배를 요청한다. 신학적 읽기와 개인적 경험 사이의 단절은 부적절하다.

1 몇몇 다른 유대 문헌 역시 구약성서에 대한 메시아적 읽기를 드러낸다. 비록 예수를 메시아라고 부르지는 않지만 말이다(예. Shepherd, "Targums").

강요된 선택

만일 우리의 접근이 순전히 개인적 적용만을 지향한다면, 이는 특별히 은사주의적인 무언가를 말하기보다는 우리의 서구 문화에 대해 좀 더 많이 말하는 것이다. 설령 서구 그리스도인들이 특별히 개인적 교화를 위해 성서를 읽고 있다고 할지라도, 예수는 이보다 더 큰 하나님 나라의 안건들을 우선적으로 추구하라고 우리에게 요청한다(마 6:32-33; 눅 12:30-31). 우리는 당연히 성령이 우리를 인도하여 성서에서 첫 번째로 하나님과 그리스도의 영광을 보게 해주리라고 기대하는데, 그 이유는 이것이 성령의 관심사에 부합하기 때문이다. 성령은 예수 그리스도의 인격을 드러내고 높이기 위해 왔다(요 16:14-15; 요일 4:2-3; 계 19:10). 제자들은 성서를 그리스도께 비추어 새로운 방식으로 소급하여 이해했다(요 2:17, 22).[2] 마찬가지로 성령은 교회가 그리스도에 대한 복음을 가져오는 일에 교차문화적으로, 결국 보편적으로 개입하도록 이끌었다(행 1:8; 8:29; 10:19, 45; 11:12, 15; 13:2, 4; 15:28).

그러나 몇몇 해석자는 기독론적 해석에 너무 몰두한 나머지 우리의 삶을 위한 성서의 다른 긍정적이고 부정적인 표본들을 사실상 인정하지 않는다. 핵심적이고 포괄적인 신학적 주제에 대한 바른 초점이 신중한 성서 주해로부터 흘러나올 수 있는 여타의 적용들을 배제해야 할 이유가 되

---

2 Hays는 *Reading Backwards*, 85에서 이를 "해석학적인 뒤늦은 깨달음"(hermeneutical hindsight)이라고 바르게 부른다. 93-109도 보라(6장, "소급적 읽기"는 93-109에 나오는 복음서 저자들의 표본을 포함한다). 인간은 종종 하나님의 행위 이후에야 미리 정해진 신적 유형과 의미를 탐지할 수 있다. 보혜사 성령에 대한 제자들의 필수적 의존을 다루는 Keener, *John*, 1:528-30을 보라(참조. 요 14:26).

는 것일까?

분명히 우리는 그리스도께 비추어 모든 권면과 권고를 고려할 수 있지만, 만일 그리스도가 우리의 생명이라면, 이것 역시 개인적인 함의를 갖는 것이다(롬 8:10; 갈 2:20; 빌 1:21; 골 1:27; 3:3-4). 성서의 예언적 표본은 하나님과의 개인적 교제(예. 예레미야의 고충, 렘 15:15-18; 18:19-23; 20:7-18)와 하나님의 음성을 개인적으로 듣는 것을 포함한다. 실제로 성령은 우리를 향한 하나님의 사랑을 우리의 마음속에 규칙적으로 부어주고(롬 5:5-8을 보라) 우리가 하나님의 자녀임을 상기시켜준다(롬 8:15-16). 이는 다른 이들을 위해 하나님의 음성을 듣는 것을 포함한다. 우리 중 어떤 이들은 이런저런 은사가 더 많이 있을 수 있지만, 현재 시제의 경험적 성서 읽기는 개인적 차원이나 기독론적 차원에만 국한되지 않는다.

이상적으로 말해서 은사주의적·예언적 혹은 은사지속론적 해석학은 주해와는 별도로 우리가 본문의 메시지에 비추어 어떻게 살아야 하는가를 고려하는 해석학을 의미한다. 다시 말하지만 이런 고려는 오순절주의자들만의 독특한 특징은 아니다. 그러나 이것은 오순절주의자들의 정체성을 이루는 근본이 된다.[3] 나는 오순절 및 은사주의 배경에서 성서 본문에 대한 이런 개인적인 영적 경험을 교화적 방식으로 경험해왔다.

해석자들은 초기 그리스도인들이 성서를 기독론적으로 해석한 것과, 성서 본문의 메시지와 일치하여 하나님을 영화롭게 하는 다른 방식으로 성서를 적용하는 것 사이에서 인위적으로 선택하라고 너무 자주 강요한다. 비록 일부 본문을 메시아적인 것으로서 분명히 간주했지만, 여타의 많은 경우에 기독론적 읽기는 단순히 탁월한 적용이었다. 즉 하나님이 그분

3 오순절주의자들은 구약성서를 보통 새 언약이라는 기독교적 관점에서 읽는다. Grey, *Crowd*, 66-67을 보라.

의 백성과 함께 역사하시는 원칙들을 그들의 구원에 관한 궁극적 구현에 적용한 것이었다.

몇몇 사람은 이후의 기독교 신조들의 관점에서 성서를 읽어야 한다고 강조한다. 이런 신조들은 초기 기독교 해석자들이 직면해야 했던 이슈들을 다루는 일에서 중요했지만, 그들이 예수의 신성과 인성의 관계를 설명하는 데만 관심이 있었던 것은 아니었다(그럼에도 예수의 신성과 인성, 이 둘의 확증은 핵심적 요소다; 예. 롬 10:9, 13; 고전 12:3; 그리고 요일 4:2-3을 보라). 그들 역시 예수의 사랑(참조. 예. 요 13:15, 34; 엡 5:2; 요일 2:6), 희생(고후 8:9; 빌 2:5-8), 겸손(고후 10:1)과 같은 모습을 모방하는 일에 가치를 두었다(고전 11:1). 마찬가지로 비록 루터의 접근이 지나치게 그리스도 중심적이었다고 할지라도, 그 역시 이런 관심사를 목회적 응용에 적용했다. 실제로 바울의 가르침에 대해 루터의 목회적 적용이 없었다면(다시 말해 율법의 잘못된 적용에 관한 바울의 보다 구체적인 관심을 율법주의로 일반화해주지 않았다면), 우리가 알고 있는 종교개혁은 결코 발생하지 않았을 것이다(비록 보다 점진적인 에라스무스 계통의 개혁운동이 몇몇 이득을 보았을지도 모르지만 말이다).[4]

4 James D. G. Dunn이 특별히 강조하듯이, 로마서 집필 당시 바울이 처했던 원래 상황에 초점을 맞추는 새로운 관점(이는 재상황화에 유용하다; 참조. Dunn, "Justice")은 루터가 로마서에서 발견했던 이신칭의 원칙을 부정하지 않는다(Dunn, *New Perspective*, 29-30; Dunn, "Old Perspective"; Watson, *Paul, Judaism, and the Gentiles*, 346; Theissen, "Nouvelle perspective"; Westerholm, "New Perspective," 231, 240-41). 루터는 자신의 상황에 맞추어 이신칭의 원칙을 재상황화했다. 비록 그가 때로는 바울의 원래 상황을 과도하게 재상황화해버렸지만 말이다(하지만 어떤 이들의 주장보다는 덜 과도했다. Chester, "Introspective Conscience"를 보라).

스데반의 그리스도 중심적 해석

사도행전 7장은 구약성서를 자신에게 적용하는 예수에 대해 언급할 때 누가가 염두에 두었을 그런 종류의 해석을 밝히 보여준다(눅 24:27, 44-45). 율법과 성전에 반대했다는 이유로 고소당한 스데반은 율법에 대한 자신의 존중과 지식을 보여준다. 그를 비난하는 자들의 성전 신학에 이의를 제기하면서 말이다.

더욱이 고소의 내용을 원고에게 되돌리는 흔한 고대 법정 전략과 행악자들을 악을 행하는 조상과 연결하는 특수 전략을 따르면서, 스데반은 그의 비난자들이 하나님의 구원자들을 거절했던 선조들의 모습을 답습하고 있다며 고발한다. 성서는 이미 모세와 같은 최고의 예언자를 약속했으므로(신 18:15-18), 스데반은 예수를 모세와 같은 예언자로 지칭할 수 있는 한 가지 방식을 제시하는데, 즉 예수가 거절당한 구원자라는 것이다(행 7:35-40, 특히 37). 스데반은 요셉에 대해서도 동일한 특징을 강조한다.

그러나 스데반이 요셉과 모세를 연결한 것은 관련 상황을 위해 고안된 단순한 수사적 연결이 아니다. 대신에 이 연결은 하나님의 백성에 관한 초기 성서 역사에서 이미 분명히 드러난 문학적 연결에 의존한다.[5] 이는 정경인 히브리 성서를 하나의 통일체로서 읽고 있다는 점에서 이치에 맞는다. 그리고 내러티브 설계의 관점에서도 이치에 맞는다. 왜냐하면 현재 형태에서 서로 유사한 요셉 내러티브와 모세 내러티브가 확실히 내러티브

5 역사적 인물들은 실제일 수 있는데, 이 인물들의 특별한 연결 혹은 상호 의존은 영적 통찰에 의해 인지되거나(Auerbach, *Mimesis*, 73, Hays, *Reading Backwards*, 2에 인용됨), 수사적 구조에 의해 설계된 것이다(Keener, *Acts*, 1:556-57, 570-74).

들의 동일한 순환에 속한 것으로 보이기 때문이다(아래 도표를 보라).[6]

요셉(창세기 37-50장)	모세(출애굽기 2-12장)
형제들이 그를 노예로 팔아버림(37:27)	노예였던 그의 가족들이 그를 노예 신분에서 해방시킴(1:13-14; 2:2-9)
미디안 사람들이 요셉을 이집트로 팔아버림(37:28, 36)	미디안 사람들이 이집트에서 도망쳐 나온 모세를 영접함(2:15-22)
요셉이 바로의 "아버지"가 됨(45:8)	모세가 바로의 딸의 아들이 됨(2:5-10)
어느 날 요셉이 노예 신분에서 격상되어 이집트를 다스림	어느 날 모세가 자신을 노예들과 동일시함으로써 이집트에서 자신의 왕족 신분을 잃게 됨
요셉이 이집트 전역을 바로의 노예로 삼음(47:19)	모세가 노예들을 해방시킴. 그를 통해 하나님이 바로의 힘을 심판하심
야곱의 집으로부터 이집트로 구원자로서 온 요셉	이집트의 바로의 집으로부터 구원자로서 온 모세
요셉의 하나님이 이집트를 기근에서 구원하심	모세의 하나님이 역병으로 이집트를 치심
이집트에 유배된 요셉이 이집트 여인과 결혼함(41:45, 50)	이집트로부터 유배당한 모세가 미디안 여인과 결혼함(2:15, 21; 참조. 민 12:1)
아스낫의 아버지는 온의 제사장이었음(41:50)	십보라의 아버지는 미디안의 제사장이었음(2:16)
아스낫이 두 아들을 출산함. 첫째 아들의 이름은 아버지인 요셉이 외국 땅에 머물렀음을 반영함(41:51)	십보라가 두 아들을 출산함. 첫째 아들의 이름은 아버지인 모세가 외국 땅에 머물렀음을 반영함(2:22)
하나님이 요셉을 일으켜 세우사 이스라엘을 이집트로 부르심	하나님이 모세를 일으켜 세우사 이스라엘을 이집트로부터 내보내심
미래 구원자의 리더십이 처음에는 그의 형제들에게 거부당함(37:4, 8, 11)	미래 구원자의 리더십이 처음에는 그의 백성에게 거부당함(2:14)

6 이 도표는 Keener, *Acts*, 2:1363-64에서 가져왔다. 구약성서의 약속 주제 역시 중요하다(Keener, *Acts*, 1:483-86, 987; 2:2051; 참조. Grey, *Crowd*, 96).

스데반이 사도행전 7장에서 살피는 역사는 예수에 이르러서 정점에 달하는데, 학자들이 누가의 기독교적 접근을 그리스도 중심적인 접근으로서 이야기하는 것은 적절하다. 그러나 그리스도 중심적인 해석과 여타의 적용들을 이것 아니면 저것이라는 극단적 방식으로 대하는 것은 도움이 되지 않는다. 이 내러티브 역시 적대적 반응 가운데서 극에 달하는데, 이는 고소인들의 비난을 되돌려주는 자에게 적절한 양상이다. 이 내러티브는 거절당한 예언자들이라는 친숙한 고대 유대교의 모티프를 불러일으킨다.[7] 스데반은 그의 동시대 사람들의 사고와 대조적으로, 하나님의 주권적인 임재가 이 땅의 어느 장소에 제한되는 것이 아니라는 사실과 더불어 하나님의 백성의 신실치 못함에 대해서도 가르친다.

더욱이 사도행전 7장의 결론에서 스데반은 자신을 거절당한 구원자라는 패러다임에 맞추고 있다. 그의 청중은 계속 "성령을 거스르는데", 이 성령은 이전의 예언자들에게 영감을 주었던 존재다(행 7:51-52; 참조. 7:55). 스데반의 순교 모습은 의도적으로 누가복음에 언급된 예수의 수난을 되울린다. 즉 스데반은 자신을 주님께 의탁하고 자신을 박해하는 자들의 용서를 빈다(행 7:59-60; 눅 23:34, 46). 다시 말해 성서적 리더십의 이상적 모습은 때때로 궁극적인 지도자인 예수를 예시할 뿐만 아니라, 때로는 좀 더 의도적으로 예수를 따르고 모방하는 자들에게 적용된다.[8]

이 광의의 해석적 패러다임은 사도행전에서 지속된다. 실제로 이중으로 확인된[9] 환상은 율법의 중요 부분에 대한 수 세기에 걸친 지배적 접

7 이 모티프에 관해서는 Keener, *Acts*, 2:1426-27을 보라. 보다 최근의 더 자세한 내용은 Turner, *Prophet*을 보라.

8 예언자들은 예수를 미리 예언했고, 그를 따르는 자들은 후에 그를 선포한다(벧전 1:10-12). 즉 종종 전과 후의 중요한 연속성이 존재한다.

9 이중 환상의 의미에 관해서는 Keener, *Acts*, 2:1644-45, 1760을 보라.

근에 변화를 가져온다.[10] 사도행전의 마지막 내러티브 장면은 마지막 성서 구절 인용에서 절정에 달하는데, 우리는 여기서 누가복음 8:10에 나오는, 이사야 6장에 대한 예수의 설명을 다시 접하게 된다. 예수처럼 바울 역시 이사야 6:9-10을 인용하면서 하나님의 백성의 완악함을 인정한다(행 28:26-27). 바울은 이사야가 자신의 세대를 향해 말씀을 선포한 것으로 받아들인다. "성령이 선지자 이사야를 통하여 너희 조상들에게 말씀하신 것이 옳도다…."(행 28:25). 그러나 누가의 상황은 바울이 동일한 원칙을 자신의 세대에 적용하고 있음을 분명히 밝힌다. 사도행전의 열린 결말은 아마도 누가 역시 자신의 청중이 그들의 사명을 그의 내러티브의 궤적의 일부로서 받아들이기를 기대했다는 것을 암시할 것이다.[11] 이런 적용이 교회적 적용이자 선교적 적용이다.

마태의 그리스도 중심적 읽기

마태가 마태복음 2:15에서 호세아 11:1("내 아들을 애굽에서 불러냈거늘")을 사용한 것만큼 문맥에서 벗어난 구약성서의 사용으로 비판받는 신약성서 구절은 거의 없다.[12] 문맥상 호세아는 이스라엘을 이집트로부터 구원해내

---

10 학자들은 종종 경험이 베드로의 성서 읽기(행 10장과 15장)에 어떤 영향을 미쳤는가와(Thomas, "Women," 85; Pinnock, "Work of Spirit," 236), 야고보의 아모스 말씀 해석 및 성령에 의한 공동체의 합의에 주목한다(행 15:28). 예. 다음을 보라 Moore, "God's Word", Johns and Johns, "Yielding," 51-52에 인용됨; Green, *Seized*, 95-96.

11 Keener, *Acts*, 4:3758-63.

12 마 1-4장의 그리스도 중심적 읽기와 관련된 문단들은 내가 작성한 대중 수준의 해석 설명서의 내용을 적절히 변형한 것이다. 다른 자료들에 대한 보다 자세한 내용 및 인용은 내가 집필한 주석서에서 볼 수 있다(*Matthew*). 이사야서에 관해서는 Witherington, *Isaiah*도 참

시는 하나님을 분명히 암시하지만(이 구절의 첫 부분, "이스라엘이 어렸을 때에 내가 사랑하여"), 마태는 이 본문을 예수에게 적용시킨다. 그러나 마태는 우리의 생각 이상으로 이 호세아서 구절을 잘 알고 있는 것으로 보인다. 왜냐하면 그는 여기서 70인역의 호세아서에 의존하는 대신("그의 자녀들"), 히브리 성서의 보다 정확한 번역("내 아들")을 제시하고 있기 때문이다.

하나님의 아들과 이스라엘

마태의 인용이 문제시된다고 우리가 생각하는 이유는 마태가 호세아 11:1을 메시아적 예언의 표현으로서 배타적으로 읽고 있다고 우리가 가정하기 때문이다. 그러나 사실 마태복음 자체의 맥락은 마태가 여기서 유비를 표현하고 있음을 제시해준다. 마태가 예수를 이스라엘에 비유하는 대목은 여기만이 아니다. 예를 들어 이스라엘이 사십 년 동안 광야에서 시험받았던 것처럼, 예수 역시 광야에서 사십 일 동안 시험받았다(마 4:1-2). 더욱이 마태 역시 호세아서의 맥락을 알고 있다. 즉 하나님은 예전에 이스라엘을 이집트에서 불러내셨듯이(호 11:1), 그의 백성을 위한 새로운 출애굽과 구원을 가져오신다는 것이다(호 11:10-11).[13] 여기서 예수는 그의 백성을 위해 구원의 새 시대를 가져오는 선구자요 개척자로서 등장한다.[14]

조하라.

13 새로운 출애굽에 대한 기대에 관해서는 다음을 보라. 사 11:11, 16; 27:13; 40:3; 52:3-4; 렘 16:14-15; 겔 20:34-36; 호 2:14-15; 11:5, 11; 미 7:15; 슥 10:10; *t. Ber.* 1:10; Daube, *Exodus Pattern*(특히 11-12); Wright, *Paul*, 139-62; (재구성된 자료에 의존하고 있는) 4Q389 f2.2. 마태복음이 강조하는 내용에 관해서는 다음을 보라. Davies, *Setting*, 25-93; *b. Ber.* 12b; *y. Ber.* 1:5; *Exod. Rab.* 1:5; 3:4; 15:11; *Deut. Rab.* 9:9; *Pesiq. Rab.* 31:10; 52:8; 중세 시대 유대인들의 해석에 관해서는 Jacobs, *Exegesis*, 39-40을 보라.

14 Keener, *Matthew*, 108. 자신의 백성을 지속적으로 사랑하시는 하나님에 관해서는 Hays,

같은 맥락에서 마태는 예레미야 31:15(여기서 라헬은 이스라엘의 유배로 인해 슬피 운다)을 라헬이 장사된 지역 근처인(창 35:19) 베들레헴의 영아 살해 사건(마 2:17-18)에 적용한다. 다시금 마태는 인용된 절의 맥락을 환기시키고 있는지도 모른다. 즉 마태가 방금 전에 인용했던 호세아 11:1과의 함축적 관계를 제공하면서 예레미야 31:20은 이스라엘의 하나님의 아들을 부른다.[15] 더욱이 하나님은 이스라엘의 비극을 선언하신 후 회복(렘 31:16-17)과 새 언약(렘 31:31-34; 참조. 마 26:28)을 약속하신다. 따라서 마태는 예수의 어린 시절에 발생한 이 비극을 이스라엘의 역사 속 비극과 비교하고 있는지도 모른다. 왜냐하면 마태는 구약성서에 해박한 그의 첫 번째 청자들이 이런 비극을 통해 메시아적 구원의 서막이 형성되었음을 인지할 것으로 기대하고 있기 때문이다.

이사야의 모형론적 모범

마태는 자신이 마태복음 1:23에서 인용한 이사야 7:14의 맥락도 알고 있는 것으로 보인다. 그 맥락은 그가 마태복음 4:15-16에서 이사야 9:1-2을 인용할 때 분명히 생생하게 유지된다.[16] 이 맥락에서 이사야는 유다 왕 아

Reading Backwards, 40-41도 보라. 여기서 Hays는 통찰력 있게 다음과 같이 주장한다. 즉 호세아가 첫 번째 출애굽 이야기와 예수 사이에 해석학적 연결을 제공한다고 말이다.

15 유대인 해석자들은 공통의 핵심 용어를 토대로 본문들을 서로 연결하는 일에 친숙했다. 유사 판결(*gezerah shevah*)에 관해서는 다음을 보라. Mek. *Nez.* 10.15-16, 26, 38; 17.17; *Pisha* 5.103; *b. Ber.* 9a; 35a; B.K. 25b; Git. 49a; Ker. 5a; Kid. 15a; 35b; Men. 76a; Naz. 48a; Nid. 22b-23a; R.H. 3b; 34a; Sanh. 40b; 51b; 52a; Shab. 64a; Tem. 16a; Zeb. 18a; 49b-50b; Ex. Rab. 1:20; 참조. CD 7.15-20.

16 어떤 이들은 더 완전한 의미(*sensus plenior*)의 접근을 지지하며 마태가 이사야서를 사용한 것을 인용한다(Pinnock, "Work of Spirit," 242). 분명한 것은 마태가 여기서 이사야가 상상

하스에게 아시리아에 대적하여 이스라엘과 아람의 북부 연합에 가담하지 말라고 경고하고 있었다. 하나님이 유다와 함께하실 것이라는 표지로서 ("우리와 함께하시는 하나님") 한 아이가 태어날 것이다. 이 아이는 그가 아직 어린 동안 이스라엘과 아람이 아시리아에게 멸망당하리라는 것을 의미했을 것이다(사 7:15-16). 이 아이는 의심의 여지 없이 이사야 자신의 아들로, 그 아들은 적국들의 신속한 패배를 예고했다(사 8:3-4).

그러나 이사야는 예언의 즉각적 성취 너머에 있는, 더 위대한 아들을 통해 주어질 궁극적 구원도 바라보았다(사 9:1-7; 참조. 11:1-10). 이사야의 아들들의 이름은 이스라엘을 향한 의도된 표지였다(사 8:18). 그러나 궁극적으로는 다윗의 집에 "전능하신 하나님"(사 9:6-7)이라고 불릴 아들이 탄생할 것이다. 이사야는 "전능하신 하나님"이라는 표현을 신적 방식으로 확실히 의도적으로 사용하고 있다(사 10:21). (신적인 왕을 믿는 문화들에 둘러싸여 있었던 이사야가 만일 실제로 신적 연관성을 의도하지 않았다면 감히 이런 용어를 사용하여 미래의 왕을 표현하지는 못했을 것이다.[17]) 70인역이 이사야 7:14의 어머니를 "처녀"로 변역한 것은 마태에게 확실한 연결고리가 된다. 그러나 마태는 이미 아하스 시대에 태어난 이사야의 아들을, 동일한 구절이 "우리와 함께하시는 하나님"이라고 부르는 존재의 궁극적 도래를 나타내는 전조이자 표지로서 여겨야 할 이유를 갖고 있었다.

맥락을 결코 무시하지 않으면서 마태는 예수의 사역을, 이스라엘

한 것 이상의 의미를 발견했다는 것이다. 그렇다고 이 의미가 이사야의 상황적 의미와 실제로 아무런 관계가 없었다는 말은 아니다. Brown(*Answering*, 17-32)을 비롯한 다른 이들은 이 구문을 독립적으로 그러나 비슷한 방식으로 이해한다.

17 다윗과 같은 궁극적 통치자의 신성에 대해 자세히 설명하는 예언은 드물다. 그러나 이런 예언은 다윗과 구별된 미래의 다윗 같은 통치자를 직접 언급하는 문헌의 희박성을 고려할 때 상대적으로 덜 드물다. 또한 참조. 렘 23:5-6. 비록 이 본문의 내용이 달리 설명될 수도 있지만 말이다(참조. 렘 33:16). 다른 취지에서 "오순절 방식의 읽기"는 일반적으로 사 9:1-7을 예수에게 적용한다. Grey, *Crowd*, 77-82를 보라.

의 역사 및 이런 문학적 맥락들이 불러일으키는 약속들과 비교하고 있다. 그는 이스라엘의 이전 역사에 나타난 하나님의 일하심과, 예수 안에서 새로운 정점에 달하는 이스라엘의 역사 사이의 사후 유비(after-the-fact analogies)를 만들어내고 있다. 비록 이와 같은 유비가 현대의 주해에서 낯설지도 모르지만, 마태의 주해는 매우 정교하다.

더 큰 맥락에 대한 마태의 관심은 마태복음 12장에서 계속된다. 예수는 하나님의 성령에 의해 귀신을 내쫓는 권능을 부여받았으므로(마 12:28) 예언된 사명을 성취한다.[18] 이 사명이 무엇인지 마태의 청중에게는 분명한데, 그 이유는 마태가 성령을 받은 하나님의 종에 대한 이사야서의 한 구절을 방금 인용했기 때문이다(마 12:18). 이사야의 종은 원래 전사와 같은 존재라기보다는 온유한 존재였을 것이다(마 12:19-20; 참조. 11:29; 21:5). 이 구절은 특별히 마태복음에서 주목할 만한데, 그 이유는 마태가 마태복음 3:17의 언어에 맞추어 이 구문을 번역했기 때문이다. 마태복음 3:17에는 예수의 사명을 선포하는 하늘의 음성이 등장한다.[19]

이사야의 맥락에서 하나님은 원래 이 종에게 이스라엘을 향한 사명을 주셨다. 그러나 이스라엘의 불순종으로 인해(사 42:18-20), 하나님은 이스라엘 백성을 자신에게 되돌릴 한 인물을 이스라엘 내에서 일으켜 세우셨다(사 49:5; 53:4-6, 11). 이사야의 맥락은 다음과 같은 내용을 더 보여준다. 즉 그 종이 자신의 백성뿐만 아니라 이방인들까지 축복해준다는 것이다(사 42:6; 49:6; 52:15). 하나님의 통치라는 복음을 선포하면서 말이다(사 52:7). 마태가

18 마 12:28의 "성령"은 눅 11:20의 "손"(finger)을 마태가 해석한 것일 수 있다. 그러나 마태의 이 해석은 유용하다. 이 해석을 통해 마태는 이 문맥에서 성령이라는 주제를 강조할 수 있게 된다. 예수의 활동이 종의 사명에 대한 이사야의 기대를 어떻게 충족시키는지를 보여주면서 말이다.

19 Keener, *Spirit*, 55-59, 98, 103-4.

이사야서에서 하나님의 백성의 사명과 그들을 대신해 이 사명을 성취해줄 존재 사이의 연관성을 발견할 수 있었기 때문에, 이사야서는 예수와 이스라엘을 연결하는 마태복음의 모범으로서 역할을 담당했을 것이다.

마태의 해석적 관심사

마태의 성서 사용은 주로 기독론과 관련이 있다. 그가 (고대적 의미에서) 예수의 전기를 쓰고 있으므로, 그의 관심이 특별히 그리스도에게 있다는 점은 놀랍지 않다. 실제로 예수의 신적 신분에 대한 마태(와 우리)의 믿음을 감안할 때(예. 마 1:23; 18:20; 28:18-20), 그리스도에 대한 초점과 그리스도 중심의 성서 적용은 어떤 경우에서든지 의심의 여지 없이 그(와 우리)에게 가장 중요할 것이다.

그러나 마태의 접근이 배타적으로 그리스도에 관한 것만 있는 것은 아니다. 마태가 제사보다 긍휼을 강조하거나(마 9:13; 12:7), 율법의 참된 요구(마 5:21-48), 하나님의 백성의 완악함(마 13:14-15), 결혼에 대한 하나님의 의도(마 19:4-6), 성전의 신성모독(마 21:13) 등에 대한 설명을 포함시키는 것을 상기해보라. 나는 앞에서 이 주제들 중 일부를 간략히 다루었다.

오늘날 주석가들도 마태의 접근이 「바나바 서신」(*Epistle of Barnabas*), 오리게네스 및 다른 이들의 저술에서 발견되는, 체계가 잡히지 않은 모형론보다 훨씬 더 정교함을 알게 될 것이다.[20] 심지어 히브리서조차 이후의 저술들보다 더 체계적인 모형론을 제시한다. 예를 들어 히브리서는 오늘날

20 모든 교부가 알레고리를 지지한 것은 아니다. 예를 들어 바실리오스는 알레고리를 심하게 매도한다(Hall, *Reading*, 86-88; 그러나 참조. 89-92에 나오는 그의 확장된 유비들). 참조. 360년대 중반의 빅토리누스(Levy, Krey and Ryan, *Romans*, 9). 영지주의 분파들은 종

몇몇 유명 해석자의 방식처럼 성전에 대한 세부내용을 알레고리화하지 않는다. (히브리서가 제시하는 하늘 성소와 땅의 성소의 일치는 그 시기에 알렉산드리아 유대교의 해석이 보여주는 중기 플라톤적 이상과 부합한다. 그러나 하늘 성소와 땅의 성소의 일치는 신이 사는 천상의 집과 이 땅의 모형을 연결하는 고대 근동의 사상과도 일맥상통한다.[21])

최초의 기독교 해석자들이 그리스도가 성서적 모범 또는 원칙의 전형, 예를 들어 시편의 의로운 순교자와 같은 존재임을 인식했을 때에도, 그것이 이런 원칙들로부터 추가적인 교훈들을 추론할 수 없음을 의미하는 것은 아니다. 의로운 순교자에 대한 초기 기독교의 탁월한 적용이 해당 본문이 이전에 지니고 있었던 보다 일반적인 적용의 가치를 제거하는 것은 아니다. (시편 저자는 아마도 기독론적 적용보다 더 일반적으로 생각하고 있었을 것이다. 그리고 우리 대부분은 이 시편 저자가 자신 혹은 이스라엘에 적용한 것이 실수였다고 말하고 싶지 않을 것이다.)

종 알레고리를 사용했다(Irenaeus *Her.* 1.18; Hippolytus *Her.* 5.15; Jonas, *Religion*, 91-97). 그러나 그들이 알레고리를 사용한 것은 그리스 철학 환경에서 자연스러운 것이었다(예. Iamblichus *Ep*. 3, frg. 3-4; Cancik-Lindemaier et al., "Allegoresis"; Cook, *Interpretation*, 12-13). 특히 알렉산드리아에서는 더 자연스러운 현상이었다(참조. 필론의 초기 저술들, 예. *Plant*. 36, 129[그리스 신화]; *Post.* 7; *Prob.* 80; *Som.* 1.102; Badilita, "Exégèse"; Kugel and Greer, *Interpretation*, 82-85; Wolfson, *Philo*, 1:87-163; 제한된 정보를 제공하는 Wolfson, *Philo*, 1:57-68; Hay, "Extremism"; Long, "Allegory"). 그리고 시간이 지나면서 알레고리의 사용은 서구에서도 자연스러운 현상이 되었다(예. Libanius *Encomium* 1.10). 이런 접근은 안디옥보다 알렉산드리아에서 더 널리 퍼져 있었다. 그래서 히에로니무스는 알레고리를 더 차원이 높은 영적 독서 방식으로 간주했다(Pollmann and Elliott, "Galatians," 56). 중세 시대에 자행된 알레고리의 남용을 겪은 후(이런 남용은 중세 유대인들의 사고에서도 발견된다; 참조. Ginsburg, *Kabbalah*, 127-29), 루터와 칼뱅은 이런 접근을 거부했다(Bartholomew, *Hermeneutics*, 197-98; 갈 4:24에 관한 루터의 *Second Lectures on Galatians* in Bray, *Galatians, Ephesians*, 159; 갈 4:24에 관한 칼뱅의 *Commentary on Galatians* in Bray, *Galatians, Ephesians*, 160). 마찬가지로 마르틴 부처(George, "Introduction," xxvi)와 유대인 주해가들도(예. 12세기의 이븐 에즈라; Jacobs, *Exegesis*, 13-14을 보라) 이런 접근에 반대했다.

21 다음을 보라. Keener, "Tabernacle," 838; idem, "Worship," 130-31.

초기 기독교의 그리스도 중심적인 해석은 그리스도께 집중하라고 우리에게 올바르게 경고한다. 예수의 첫 번째 제자들이 그랬듯이 말이다.[22] 그러나 마태의 예는 그들의 그리스도 중심적인 집중이 다른 추가적 적용들의 가능성을 최소화하지 않음을 보여준다.[23] 그렇다고 오늘날 모든 주석가가 이 본문들을 마태처럼 다루어야 한다는 말은 아니다. 다만 우리가 성서에 비추어 우리의 삶과 경험을 해석해야 한다면, 성서 주해뿐만 아니라 적용도 해야 한다고 말하는 것이다. 그렇게 하면서 우리는 우리 주 예수 안에서 절정에 달하는 하나님의 계획과, 이 계획이 우리에게 어떤 반응을 요청하는가와 같은 가장 핵심이 되는 문제들을 최우선 순위에 두어야 한다.

복음서의 다른 유비들

성서의 유비들이 전적으로 기독론적인 것은 아니다. 많은 은사주의자들이 주로 사도적 은사와 특정 개인의 은사들(또는 가끔 최악의 경우 메시아적 특권들)을 모든 믿는 자에게 돌림으로써 유비들을 때로 과도하게 적용해왔다면, 그들은 종종 여타의 많은 부주의한 관찰자들이 적절히 수행하지 못한 것을 과도하게 보상한 것이다. 누가와 마태 같은 복음서 저자들은, 그들이

22 오순절 해석학의 논의들 역시 종종 성령 해석학을 기독론적 해석학과 연결 짓는데, 그 이유는 성령이 그리스도의 영광을 위해 임하기 때문이다(요 16:13-15; Wyckoff, *Pneuma*, 137-38을 보라; 참조. Grey, *Crowd*, 66-67, 188). 이는 일반적으로 기독교 해석학에도 적용된다. 다음을 보라. Bloesch, "Christological Hermeneutic," 특히 81, 98-101. Geerlof는 "Augustine and Pentecostals"에서 아우구스티누스의 기독론적 시편 읽기가 오순절 해석자들에게 유용하다고 주장한다.

23 예. 누가에게 예수는 하나님의 백성을 대표하는 종이고(행 3:13; 8:32-35), 열방을 위한 빛이다(눅 2:32). 그러나 예수의 대리자들도 마찬가지다(행 1:8; 13:47).

다루는 전기적 주제와 그리스도에 대한 그들(과 우리)의 믿음을 고려할 때, 자연스럽게 그리스도와의 유비에 특별한 관심을 보였다. 그럼에도 그들 역시 더 최근의 구속 사건들과 구약성서의 구속 사건 간의 다른 유비들을 알고 있었다.

예를 들어 누가가 저술한 두 권짜리 저술의 시작 부분인 누가복음 1장의 마리아 찬가에서 한나의 모습(삼상 2장)을 볼 수 있다.[24]

사무엘상 2:1-10	누가복음 1:46-55
하나님은 낮은 자를 높이신다(2:1, 4-5, 8)	하나님은 낮은 자를 높이신다(1:48, 52-53)
나는 당신의 구원을 기뻐한다(2:1)	나는 하나님 곧 나의 구원자를 기뻐한다(1:47)
아무도 하나님처럼 거룩하지 않다(2:2)	거룩은 그분의 이름이다(1:49)
교만한 자는 낮아진다(2:3-5)	교만한 자는 낮아진다(1:51-53)
겸손한 자는 높아지고, 교만한 자는 낮아진다(2:4-5)	겸손한 자는 높아지고, 교만한 자는 낮아진다(1:52-53)
상황을 뒤엎는 하나님의 주권 찬양(2:3, 6-9)	상황을 뒤엎는 하나님의 주권 찬양(1:51-53)
임신하지 못하던 자가 자녀를 출산한다(2:5)	(문맥상: 엘리사벳의 임신 의미)
가난한 자와 부자(2:7-8)	빈손이 된 부자(1:53)
주린 자와 배부른 자(2:5)	주린 자의 배부름(1:53)
귀족의 자리를 차지하는 가난한 자(*dunastōn*, 2:8)	낮아진 통치자들(*dunastas*, 1:52) [동일한 용어]

24 이 내용의 출처는 Keener, *Acts*, 1:557이다. 다른 반향도 나타날 수 있지만(눅 1:49에서 시 111:9; 눅 1:51에서 시 89:10; 아마도 "큰일"을 행하시는 신 10:21; 11:7의 하나님; 참조. 34:12), 여기서도 한나의 찬가의 맥락을 되울리는 암시가 존재한다(눅 1:48에서 삼상 1:11).

죽음에서 올리시는 하나님(2:6)	(누가복음 기저에 암시되어 있는 의미?)
개인적 구원에서 하나님의 기름 부음 받은 왕으로의 전환(2:10)	개인적 구원에서 이스라엘의 구원으로의 전환

사실 그들은 최근의 구속사에서 발생한 사건들 간의 병행을 인지할 준비가 되어 있었다. 그들이 구약성서와 관련하여 그러했듯이 말이다. 누가는 요셉, 모세, 그리고 예수 간의 병행을 알고 있을 뿐만 아니라(행 7장에서처럼), 누가복음의 시작부터 이런 인물들 간의 병행과 대조를 인지한다. 따라서 우리는 예루살렘 성전에서 섬기던 존경받고 연로한 제사장 사가랴와 나사렛 동네의 처녀인 마리아 사이에 눈에 띄게 존재하는 병행과 대조에 주목할 수 있다.[25]

누가복음 1:12: 환상을 본 자들의 문제	**누가복음 1:29: 환상을 본 자들의 문제**
1:13: 두려워 말라	1:30: 두려워 말라
1:13: 기적의 이유	1:30: 기적의 이유
1:13: 아이의 이름(요한)	1:31: 아이의 이름(예수)
1:15: 아이가 큰 인물이 될 것	1:32: 아이가 큰 인물이 될 것
1:15: 태에서부터 성령이 충만함	1:35: 성령을 통한 잉태[a]
1:16-17: 사명	1:32-33: 사명
1:18: 질문	1:34: 질문
1:19-20: 증거 또는 설명	1:35-37: 증거 또는 설명
1:20: 불신으로 벙어리가 된 사가랴	1:38, 45: 믿음에 대해 칭찬받는 마리아
1:80: 아이가 자라다	2:40, 52: 아이가 자라다[b]

25 출처는 Keener, *Acts*, 1:556-57.

a. 요한과 예수가 출생하기 전에 각각 경험한 성령의 대조적인 역할에 관해서는 Tatum, "Epoch," 188-89을 보라.
b. 나는 할례(눅 1:59; 2:21에서는 암시됨), 혹은 엘리사벳(1:25)과 마리아(1:30)에 대한 "호의"와 같이 병행이 덜 분명한 것들은 생략했다. Flender는 *Theologian*, 29에서 마리아와 사가랴의 차이를 일련의 대조에 비추어서 바라본다. 이 일련의 대조는 누가복음에서 종종 종교적 내부자들과 다른 이들 사이의 대조를 의미한다(눅 7:36-50; 10:29-37; 14:15-24; 15:24-32; 18:9-14; 20:45-21:4).

그러나 누가 역시 누가복음의 예수와 사도행전의 예수 운동 간의 눈에 띄는 유사점들을 따른다. 그리고 (특히 베드로를 통해 예시되었지만 그에게만 국한된 것은 아닌) 예루살렘 교회 운동과 (특히 바울을 통해 예시된) 이방인 선교에서 발견되는 현저한 유사점들도 따른다.[26]

이런 몇몇 유사점은 이미 마가복음에 등장한다(이는 놀랍지 않은데, 그 이유는 고대 내러티브들은 이런 반향과 유사점을 종종 포함했기 때문이다).[27] 예를 들어 광야의 세례 요한은 예수가 광야에서 시간을 보낼 것을 예시한다(막 1:4, 12). 그리고 세례 요한의 처형은 예수의 죽음을 예시한다(막 6:16; 9:11-13). 세례 요한의 제자들이 그를 장사지낼 때 보여주는 신실함은 예수가 수난받을 때 예수의 제자들이 보여준 비신실함을 강조하는데(막 6:29; 14:50), 이는 마가의 주제에 부합한다. 마찬가지로 마태복음에 등장하는 세례 요한의 메시지 요약(마 3:2)은 예수의 메시지(마 4:17)와 그의 제자들의 메시지(마 10:7; 28:18-20)를 준비시킨다.

마가복음에서 예수의 고난은 그의 제자들의 고난을 예시한다(막 8:34; 10:39; 13-15장). 마가복음의 간결한 도입부를 봐도 성령 세례를 주는 예수가(막 1:8) 성령 세례를 받는 삶의 모범이 되고 있음을 알 수 있다. 즉 성령은 예수가 세례를 받을 때 그에게 임하고(막 1:10), 그를 광야로 이끌어 마

26 Keener, *Acts*, 1:558-62을 보라. 보다 광범위한 논의에 관해서는 특별히 다음을 보라. Talbert, *Patterns*; Tannehill, *Acts*; idem, *Luke*.

27 참조. Plutarch's parallel lives; Trompf, *Historical Recurrence*; Keener, *Acts*, 1:569-74.

귀의 시험에 직면하게 한다(막 1:12-13). 그 후에 예수는 귀신들을 쫓아내고(막 1:25-26) 계속해서 어려움에 직면한다. 그는 그의 제자들이 그의 능력(막 6:7; 9:28-29; 11:21-25; 어쩌면 4:40도 가능)과 더불어 앞서 언급했듯이 그의 고난에도 동참하길 기대한다.[28] 그러므로 적용은 예수에게서 멈추지 않고 예수의 본을 통한 제자들의 삶으로 이어진다.

유비와 적용

학자들은 "의미"라는 용어를 다른 방식들로 사용한다. 어떤 이들은 이 용어를 내가 여기서 "적용"이라고 부르는 것을 포함하는 방식으로 정의한다. 예를 들어 어떤 사람들은 본문이 사용되는 가운데 획득한 "단순 의미"와 "다중 의미" 모두를 존중하는 것에 대해 말한다.[29] 몇몇 초기 해석자는 이를 다중 적용이 가능한 의미라고 불렀다.[30] 명명(nomenclature)에 관계없이, 의미는 다른 맥락에서 다르게 작용한다. 예를 들어 "모든 사람이 평등하게 창조되었다"라는 표현을 통해 독립 선언문 입안자들은 사실 남성만을 의미했다. 그리고 실제적으로 재산을 소유하고 있는 자유인 성인 남성을 의미했다. 그러나 오늘날 대부분의 독자는 인류에 대한 원저자들의 이해보다 더 완전한 우리의 인류 이해에 비추어 이 원칙의 유효한 요소에 기

28 Keener, *Spirit*, 65-71.

29 Waddell, "Hearing," 186.

30 참조. Gillespie, "Authority," 219: 본문의 완전한 의미는 변하지 않지만, 이해는 변한다. 왜냐하면 완전한 이해가 본문의 "의미"(significance)를 적용하기 때문이다. Klein, Blomberg, and Hubbard, *Introduction*, 123에서 저자들은 동일한 구분을 적용한다. 다음에 나오는 논의를 보라. Osborne, *Spiral*, 366-96(여러 견해를 조사함), 397-415; Hirsch, *Validity*, 8, 143.

뻐게 접근한다.[31]

용어 정의

전문용어의 구분은 실제적 이유들로 인해 유익할 수 있다. 비록 주해와 상황화가 겹친다고 해도, 이 둘을 구별함으로써 우리는 그 과정을 보다 정확히 개념화할 수 있게 된다.[32] 그럼에도 다른 접근법들이 사용하는 다른 명칭들은 때로 이 명칭을 비방하는 자들이 인정하는 것보다 의미상 더 많이 겹친다.[33] 말은 의미를 전달하는데, 그 이유는 말이 특정한 언어적·문화적 틀 내에 존재하는 다양한 사고를 내포하기 때문이다. "의미"의 일반적 영어 의미는 다양한 사고를 포함할 만큼 광범위하다. 그리고 이 용어의 표준 의미가 무엇인지에 대한 논쟁은 본질적으로 특정 공동체 내의 정의(definition)를 통제하려는 투쟁일 수 있다.

나는 정의(definition)에 대한 의미론적 논쟁에 관심이 없기 때문에, 여

31 Pinnock, "Work of Spirit," 242. Hirsch는 *Validity*, 113에서 본문의 유효한 재적용은 본문의 본래 목적에서 흘러나와야 한다고 제안한다. 하지만 문헌 작성자들은 사실 그들의 "본문들이 자신들의 명백한 지식 밖에 존재하는 상황들에 적용되길" 기대했다(Vanhoozer, *Meaning*, 264은 Hirsch가 나중에 갖게 되는 인식을 요약한다; 또한 참조. Hirsch, *Validity*, 123). 따라서 아테네의 한 웅변가는 새 법률의 삽입이 범죄라고 경고하면서(Lysias *Or.* 30.2, §183; 30.17, §184) 다음과 같이 인식한다. 즉 솔론의 법에서 세부사항들이 상황에 맞게 수정되어야 하고, 다른 몇몇 문제는 그에 따른 사용에 부합해야 한다고 말이다(Lysias *Or.* 30.2, §183).

32 Brown, *Scripture as Communication*, 26. Stanley Porter는 다음과 같이 제안한다. 즉 번역 이론의 "역동적 등가"와 유사한 무언가가 오늘날 구체적 적용을 제공해주는 유용한 접근법이 될 수도 있다고 말이다(Porter, "Hermeneutics," 125-27을 보라). 번역에서 역동적 등가의 잠재적 위험은, 그것의 가치에도 불구하고, 번역자의 선택이 결국 본문으로 귀결된다는 것이다(Fee, *Listening*, 18).

33 Brown, *Scripture as Communication*, 105-6n21.

기서 내가 어떻게 이 논쟁적이면서도 자체적으로 여러 의미를 지닌 용어들을 사용하는지를 설명하려고 한다. 그리고 이 설명을 통해 내가 여기서 다루는 광의의 개념에 관한 측면들을 보다 구체적으로 정의하고자 한다. 나는 고대적 배경에서 최초로 소통된 의미들(즉 우리가 식별할 수 있는 한 의도된 청중을 위해 영감을 받은 저자들이 고안했던 의미와, 실제 초기 청중이 수용한 의미들)과 오늘날 우리가 이 본문들을 수용할 수 있는 방식들을 구별한다.

나는 다음과 같이 제안한다. 즉 우리가 최초의 의사소통을 가장 공손히 받아들이고 그것의 권위를 가장 온전히 인지하게 되는 것은 바로 새로운 상황에 대한 우리의 이해(우리의 적용)가 그 의사소통이 원래 전달하고자 했던 의미에 대한 우리의 이해로부터 흘러나오게 될 때라고 말이다. 관련 이론에 의하면 더 넓은 언어적·사회적 상황은 의사소통에 대한 우리의 이해에 반드시 정보를 제공해야 한다. 이런 정황을 획득하려면 이차적인 의사소통 사례에 대한 더 많은 노력이 필요하다. 이차적인 의사소통이란 원래 다른 배경을 다루는 문헌의 경우처럼 우리가 다른 누군가의 편지를 읽을 때 발생한다(예. 계 2:7a, 11a, 17a, 29a; 3:6a, 13a, 22a).

적용

확실히 나의 학문적 주석들은 적용을 강조하지 않는 편이다. 이는 적용이 본문을 성서로서 읽는 자들에게 중요하지 않아서가 아니다. 나의 주석이 적용을 강조하지 않는 이유는 무엇보다 학문적 주석이라는 장르가 학계에서 좀 더 널리 포용되는 방식의 읽기에 집중하기 때문이다. 두 번째 이유는 적절한 적용이 일반적으로 토착적이며, 원칙들이 적용되는 상황이 매우 다양하기 때문이다. 우리는 보편적 적용을 제시할 수 없다. 일반화되고 분명한 형태의 적용을 제외하고는 말이다.[34] 그럼에도 나는 개인적으로 성서를 읽을 때 나의 관심사(와 관심사가 되어야 하는 내용)에 성서의 말씀을 적용하는 성령의 음성을 듣는다. 그 관심사가 내 삶에 대한 것이든, 좀 더 일반적인 개념에서 세상의 필요에 대한 것이든 말이다. 마찬가지로 우리가 설교할 때, 예민한 목사들은 그들의 회중의 실제적인 메시지 수용에 관심을 갖는다. 성서를 개인적 경건을 위해 읽든지 아니면 설교를 위하여 읽든지 간에, 우리는 성서의 메시지에 관해 기도하기를 바란다.[35]

성서에서 우리는 이전의 성서와 관련하여 자신의 세대를 위해 하나님의 음성을 들었던 사람들에 대해 종종 배운다. 이는 단순히 역사적 관심의 문제가 아니었다. 신명기는 하나님의 백성이 하나님의 언약을 어길 시 그들에게 내릴 가혹한 심판을 이미 예언했다(신 27-28장). 그러나 열왕기하 22:15-20에서 여예언자 훌다는 예언의 메시지를 그녀의 세대에 정확히 적용한다. 예언자들이 선포했던 많은 심판들은 이스라엘이 어겼던 언약의 저주들을 되울렸다. 예레미야는 그의 전임자들을 참된 예언자들이라고 부른다(렘 26:17-19; 28:8).

시편 저자는 출애굽 사건들을 통해 하나님의 자비를 강조할 수 있었다(예. 시 74:13; 78:11-16; 105:25-45; 106:8-12; 참조. 느 9:9-15). 찬양을 불러일으키면서 말이다(시 105:45). 그러나 시편 저자는 동일한 사건들을 사용하여 이스라엘의 불순종(시 78:11, 17-20, 32-37, 40-43; 95:9-11; 106:7, 13-33; 참

---

34 Stanley Porter는 "Comment[ary]ing"에서 이런 현상을 "적용" 주석의 주요 문제로 비판해 왔다.

35 Stibbe는 "Thoughts," 192n24에서 본문에 순종하는 복음주의적 적용과 본문을 통한 하나님과의 은사주의적 만남을 구별한다. 그러나 이 둘은 모두 하나님께 대한 응답이다(렘 22:16을 보라). 그의 염려는 전자가 때로 보여주는 기계적 특성에 관한 것으로, 하나님께 대한 의존이 결여된 계몽주의적 방법을 말한다. 비록 그 자체가 방법론은 아니지만, 하나님께 대한 우리의 의존을 인지하는 것은 정말로 필요하며(참조. 시 119:34; 잠 1:7; 2:3; 3:5), 새 언약적 접근의 특징이다(고후 3:6, 15-18).

조. 78:8; 느 9:16-18), 하나님의 자비와 언약적 사랑의 강력한 행위(시 78:4, 23-29, 38-39, 42-55; 느 9:19-25, 32), 하나님의 심판의 의로움(시 78:21-22, 31, 34)을 강조하거나, 시편 저자 시대의 죄악에 도전하거나(시 95:7-8; 106:6), 이스라엘의 고난의 이유를 설명하거나(시 106:40-43; 참조. 느 9:33-37), 자비와 구원을 열망할 수도 있다(시 74:19-23; 106:44-47; 참조. 느 9:32).

다니엘은 예레미야서의 메시지를 숙고할 때(단 9:2) 예레미야서와 자기 시대의 관련성을 보고자 한다. 그는 단지 호기심으로 과거 유배의 원인들에 대해 관심을 보이는 것이 아니다. 그는 유배를 초래한 죄를 회개하고(단 9:3-6), 하나님의 약속의 성취가 자신의 시대에 이루어지길 기대하며 구한다. 예레미야의 70년은 다니엘이 받아들인, 새로운 영감을 받은 적용에서 70의 7년(일흔 이레; 개역개정)이 된다(렘 29:10; 단 9:2, 24). 우리는 어떤 약속들이 우리 세대와 관련이 있는지를 논쟁할 수 있다. 그러나 쏟아 부어진 성령이 분명히 역사하고 있으므로(행 2:17-18), 우리는 다니엘처럼 성취의 시대에 살고 있음을 기대해야 한다.

신약성서 저자들은 현재의 경험을 이전의 성서 인물들과의 유비에 비추어 종종 이해했다. 예를 들어 현저히 환상적인 요한계시록은 구약성서의 이미지들을 규칙적으로 재적용한다. 요한계시록에서 구약성서의 암시들은 좀처럼 구약성서 언어에 적용되지 않으므로, 해당 구약성서의 구절들은 요한계시록에 언급된 사건들에 대한 직접적인 예언으로서 여겨진다. 오히려 이 구약성서의 구절들은 동일한 종류의 사건들과 관련된다. 요한계시록 저자는 이 본문에 철저히 입각하여, 하나님이 역사하신 방법에 기초한 성서적 유비 및 기대에 앞서 자신이 묘사하는 거의 모든 것을 환상으로 본다.

요한계시록은 광범위하게 구약성서의 본문을 암시할 때(비록 구약성서의 본문을 전통적인 방식으로 분명하게 인용하지는 않지만), 그 본문의 주해를 설명하는 것이 아니다. 예를 들어 나팔과 하나님의 진노의 대접은 출애굽기에 나오는 이집트에 대한 재앙을 연상시킨다. 그러나 실제로 요한계시록이 수 세기 전 이집트에서 발생한 사건을 단순히 재현하고 있다고 제시하는 사람은 아무도 없다. 요한계시록은 하나님의 과거 행위라는 렌즈를 통해 세상을 향한 하나님의 심판을 살피는 중이다. 따라서 심판이 떨어지는 "위대한 도성"은 "소돔과 애굽"이라고 불린다(계 11:8).

마찬가지로 요한은 멸망한 바빌로니아에 대한 애도를 들을 때, 억압하는 제국의 멸망을 이야기하는 이사야와 예레미야의 표현을 빌려오면서, 요한계시록을 쓰기 수 세기 전 페르시아가 멸망시킨 바빌로니아에 관한 단순한 역사적 정보를 숙고하고 있는 것이 아니다. 그는 당시 하나님의 백성을 억압하고 있었고 이미 성전을 파괴해버린 또 다른 악한 제국을 생각하고 있는 중이다. 그리고 어쩌면 좀 더 일반적인 관점에서 자신의 시대를 초월하여 역사 속에 이어져 내려오는 악한 제국의 영을 생각하고 있는지도 모른다.[36]

아마도 가장 충격적인 것은 요한의 계시가 때로 구약성서의 약속에 대한 문자 그대로의 의미를 대체한다는 점일 것이다. 따라서 에스겔 40-48장을 들었던 그의 동시대 사람들은 아마도 하나님이 그분의 백성을 회복시키셨을 때 구체적 규모의 영광스러운 새 성전을 기대했을 것이다.[37] 그러나 요한은 새 예루살렘 성전을 보지 못했다. 왜냐하면 하나님과 어린

36 Keener, *Revelation*, 408-9, 412-14의 논평을 보라. 참조. Talbert, *Apocalypse*, 80; Beale, *Revelation*, 755; Aune, *Revelation*, 919-28; Reddish, *Revelation*, 277-78, 328; Stefanovic, *Revelation*, 513; Fee, *Revelation*, 196, 237. 요한계시록에 대한 (특히 예언적 관심의 측면에서) "은사주의적/예언적" 읽기에 관한 구체적 예들은 다음을 보라. Keener, "Charismatic Reading"; Macchia, "Spirit of Lamb"; Waddell, *Spirit in Revelation*; idem, "Adventure"; Herms, "Invoking."

37 초기 유대교에서 새 성전에 대한 기대에 관해서는 다음을 보라. *1 En.* 90:28-29; 11QTemple 29.8-10.

양이 성전이 되시고(계 21:22), 하나님이 그분의 백성 가운데 거하실 것이기 때문이다(계 21:3). 새 예루살렘이 지성소의 모양을 하고 있고, 에스겔의 환상과 비교하여 상상할 수 없을 정도로 더 웅장하므로(계 21:16), 아무도 불평할 수 없을 것이다.

에스겔의 상징적 환상은 영광의 부분적 측면만을 제시했고, 요한계시록의 상징주의 안에서 확대되었다. "고대 유대교 및 기독교의 종말론적 기대가 지닌 광범위한 경향 속에서 더욱 위대한 성취는 덜 숭고한 희망의 폐기가 절대로 아니었다. 오히려 그것은 묘사할 수 있는 말과 이미지를 초월하는 무언가를 상상할 수 있는 보다 나은 방법이었다."[38] 궁극적으로 인간의 언어에서 시와 상징주의만이 장차 올 영광을 일깨우려고 시도할 수 있다. 오직 성령만이 그 영광의 의미를 온전히 맛보게 해줄 수 있다(고전 2:9-10).

성서와 일치하는 개인적 적용

유비를 통해 성서 본문이 의존하고 있는 원칙을 적용하는 일은 우리가 그 원칙을 좀 더 구체적으로 이해하도록 도와준다. 이사야 25:8의 죽음을 삼키시는 하나님에 대해 읽으면서 어느 십 대 오순절파 신자는 하나님의 긍휼과 권능에 관해 격려받았다.[39] 또 다른 신자는 이사야 25:4의 가난한 자들을 보호하시는 하나님을 강조하며 이를 자신의 상황, 곧 위기에 처한 불

38 Keener, *Revelation*, 504.
39 Grey, *Crowd*, 108.

신자가 그녀에게 기도를 부탁했던 상황에 적용했다.[40] 이런 읽기들은 하나님의 속성에 대한 본문의 메시지가 지닌 참된 요소들을 적용한다.

마찬가지로 본문은 원저자의 직접적인 관심사를 넘어서는 함의들을 전달할 수 있음이 분명한 것으로 보인다. 그리고 이 함의들 속에서 원저자는 더 넓은 환경에서 소통하는 원칙들에 의존한다. 따라서 에베소서 5:18의 "술" 취하지 말라는 훈계는 원래 물과 발효 포도즙을 섞은 전형적인 고대 혼합물에 적용되었다. 그러나 이 원칙은 맥주, 보드카 혹은 여타의 술에 취하는 것에도 적용된다.[41]

성령은 성서를 통해 말한다

성서의 좀 더 큰 언약적 함의들에 적절히 집중하는 몇몇 학자는 때로 개인적 적용을 위한 역할을 무시함으로써 개인주의적 성취에 대한 현대 서구의 강조에 과잉 반응을 보인다. 그러나 새 언약의 한 가지 특징은 모든 믿는 자들이 그들의 삶 속에서 성령의 역사를 체험해야 한다는 것이다(예. 행 2:17-18; 롬 8:4-16; 고후 3:3). 최소한 이런 인지에는 우리가 성서를 읽을 때 우리의 삶을 위한 성서적 원칙에 담긴 함의에 집중하도록 하는 성령이 포함되어야 한다(고후 3:15-18을 보라). 그러므로 성령은 성서 본문들에서 더 넓은 유비들을 도출할 수도 있는데, 이 유비들은 첫 번째 청중과의 직접적인 의사소통을 초월하며, 그럼에도 성서 본문 및 성서신학에서 성령의 메시지에 대한 더 큰 틀과 일치한다.

---

40 Grey, *Crowd*, 108. Grey는 *Crowd*, 186에서 "본문이 개별 독자에게 뜻하는 의미를 찾기 위해 그 본문의 이해를 추구하는 오순절식 접근법"의 가치에 주목한다(참조. 161).

41 Stein, *Guide*, 19.

사실 은사지속론자들과 달리, 몇몇 은사중지론자는 성서에 대한 개인적 깨달음을 오늘날 성령이 이야기하는 거의 유일한 방식으로서 간주한다.[42] 그러나 은사지속론자들과 은사중지론자들은 모두 깨달음에 관한 성령의 역할을 확언한다.[43] 비록 많은 은사주의자들이 깨달음을 너무 과하게,[44] 때로는 다른 이들과 마찬가지로 부정확하게[45] 강조하지만 말이다. 교부들 역시 성서를 이해하는 데 있어 신적 깨달음의 필요를 주장했다.[46] 오늘날 몇몇 신학자는 처음의 영감과 이후의 깨달음 사이에 존재하는 연속성을 강조한다.[47] 이런 용어가 남용될 가능성이 있지만,[48] 그리스도인들은

---

42 루터와 칼뱅을 보라. 비록 그들이 열광주의에는 반대하고 있지만 말이다(Wyckoff, *Pneuma*, 24-25, 28). John Owen(Wyckoff, *Pneuma*, 33, Owen의 표현에 따르면, 이것은 이전에 계시되지 않은 새로운 진리들을 발견하지 못하지만, "내면의 주관적 계시"다). (개인적 이슈에 대한) 예언과 특정 환경 아래에서의 계시적 경험을 허용하는 루터에 관해서는 다음을 보라. Föller, "Luther on Miracles," 337-42, 347-48.

43 Gordon L. Anderson의 지적처럼, 성령이 주는 깨달음에 대한 오순절 학자들의 접근법은 "다른 복음주의자들이 견지하는 다양한 견해 속에 포함된다"("Pentecostal Hermeneutics"). 이와 대조적으로 해석학에 대한 내용을 저술하는 일부 오순절주의자들은 대체로 복음주의 학계의 자유주의적 고정관념들을 차용해왔는데, 이런 고정관념은 오순절 학계에 대한 일부 비평가들의 오해만큼이나 부당하다(Poirier, "Critique," 2n12의 풍자문과 관련하여 이런 우려에 주목하라).

44 관련 내용이 Holmes, "Challenge," 274에 등장한다.

45 McQuilkin은 *Understanding*, 38에서 성령이 마음을 조명하여 주관적으로 의미 있는 방식으로 성서 본문을 일깨워준다고 인지한다. 그러면서도 그는 자신의 깨달음의 완벽함을 주장하지 말라고 강하게 경고한다.

46 Graves, *Inspiration*, 43-48.

47 예. 다음을 보라. Karl Barth가 제안한 원래의 영감과 이에 따른 깨달음 사이의 연속성(Wyckoff, *Pneuma*, 47은 특히 Mueller, *Barth*, 57을 인용함); Pinnock, "Spirit in Hermeneutics," 4, Ellington, "Authority," 156에 인용됨; Hey, "Roles"; Mulholland, *Shaped*, 44; Peter Stuhlmacher("Ex Auditu," 5, Wyckoff, *Pneuma*, 62-63에 인용됨). 이 외의 관련 자료들도 보라. Osborne, *Spiral*, 340의 연결 내용도 참고하라. Pinnock은 "In Spirit-hermeneutics"에서 다음과 같이 자신의 의견을 제시했다. "나는 하나님의 숨결, 즉 예언자 및 사도들에게 영감을 불어넣은 바로 그 숨결이 하나님 자신과 예언자 및 사도들이 기록한 성서 말씀을 결합시키고, 그 의의를 공개한다고 믿는다"(Pinnock, "Work of Spirit," 241).

48 Carl Henry는 깨달음을 지속적인 영감으로서 묘사하는 것은 우리가 성서의 진리를 우리에게 개별적으로 전달해주는 성령의 역할과, 성서에 이미 존재하는 성령을 통한 깨달음(이 깨

영감을 통해 역사했던 성령이 이해를 제공하는 데 있어서도 여전히 역사한다는 데 일반적으로 동의한다.[49]

깨달음에 의한 적용을 확언한다고 해서 상황에 따른 모든 성서 읽기가 성령에 의한 깨달음에서 유래한다는 말은 아니다. 명백히 누구나 자신의 상황을 본문에 대입하여 읽을 수 있다. 동시에 본문의 이슈들은 우리 삶의 근본적 이슈들을 다루고, 우리는 대개 이를 인지하기 위해 비범한 계시를 필요로 하지 않는다.

일례로 한 학교의 졸업반 학생이 분명하게 기독교 신앙을 깎아내리려고 할 때, 나는 기독교 신앙을 옹호하면서 그냥 이 논쟁에서 벗어나고 싶었다. 그러나 의인이 악인 앞에 굴복하면 안 된다는 잠언 말씀의 경고를 발견하게 되었다(잠 25:26). 나는 내 입장을 고수했고, 학생들은 하나님의 은혜로 대부분 바른 기독교 신앙을 갖게 되었다. 그러나 나는 잠언 16:7의 말씀을 토대로 하나님께 다음과 같이 기도했다. 즉 내가 원수와도 화목하게 지낼 수 있도록 해달라고 말이다. 그래서 나는 그 졸업반 학생과 친구가 되었다.

때때로 지침은 다양한 각도에서 특별한 방식으로 나타난다. 성서를 읽을 때를 포함하여 평소에 우리는 하나님께서 무슨 말씀을 하시는지를 분별하기 위해, 아니면 적어도 무엇이 가장 지혜로운 길인지를 분별하기 위해 최선을 다한다(잠 14:15; 22:3; 27:12). 우리는 일부 모호함을 지닌 채 살아가지만(참조. 예. 왕상 21:29; 왕하 2:3, 5, 16; 잠 25:2; 눅 7:18-21; 행 21:4-14; 고

달음은 성서가 기록된 당시에 종종 새로운 진리였다)을 혼동할 위험이 있다고 우려했다(다음을 보라. Henry, *God Who Speaks*, 256-66, 275, 283-84, Wyckoff, *Pneuma*, 68, 79에 인용됨).

49 더 자세한 논의는 이 책 서론의 "성령에 대한 광의의 기독교 해석"을 보라.

전 13:9; 14:30-32; 계 10:4), 어쨌든 하나님을 신뢰한다.[50] 우리의 신뢰는 하나님의 음성을 완벽하게 듣는 우리의 능력이 아니라, 우리의 걸음을 인도하시는 하나님의 능력에 있다(잠 16:9; 20:24). 우리가 최선을 다해 하나님의 음성을 듣고 그분의 뜻에 순종할 때, 하나님은 때때로 우리가 알 수 없는 방식을 통해서도 우리를 인도하실 것이다.

성서에서 개인적 적용의 모범들

성서는 믿는 자들이 오랫동안 성서의 많은 모범들을 집단적으로뿐만 아니라 개인적으로 유용해왔음을 나타낸다. 예를 들어 아브라함이 이삭을 바치는 이야기에 나오는 숫양(창 22:13)은 구체적으로 "어린양"(창 22:7-8)과 같은 희생제물의 역할을 하는데, 이는 어떤 차원에서 이스라엘 청자들에게 유월절을 예시할 수 있다. 그러나 고대 청자들은 이 본문으로부터 그들의 삶과 관련된 하나님에 관한 교훈을 포함하여 다른 교훈들도 배웠을 것이다. 창세기 22:14은 다음과 같은 말이 창세기 저자의 시대에 여전히 적용되고 있었음을 보여준다. "여호와의 산에서 준비되리라." 몇몇 이스라엘 사람은 아마도 이 말을 속담처럼 하나님의 공급에 대한 그들의 믿음을 선언하는 일종의 성명으로서 사용했을 것이다.

바울과 동시대에 살았던 유대인들은 구약성서에서 이스라엘이 택함

50 왕상 20:35-37을 렘 35:5-14, 18-19과 비교하라. 참조. 왕상 13:18-24. 성령의 부정적 응답(행 16:6-9)과 꿈 해석(행 16:9-10) 이후, 바울과 그의 동역자들은 상식을 사용하여 "기도처"를 발견하는데, 그곳에서 그들은 사람들에게 말씀을 선포했을 것이다(행 16:13). 하나님이 사울을 부르셨을 때, 하나님은 이미 그의 미래가 좋지 않을 것을 알고 계셨다(참조. 삼상 8:10-18). 그러나 아직 다윗의 때는 아니었다. 다윗은 왕으로 기름 부음을 받았지만(삼상 16:13), 수년간의 고난 후에야 왕좌에 오른다.

을 받은 것에 대한 이야기를 종종 유대인 민족의 이야기로서 읽었다. 그러나 바울은 이 선민 이야기를 특히 자격 없는 자들에게 주신(야곱의 아들 대부분이 요셉에게 한 행동을 보라!) 하나님의 은혜에 관한 이야기로서 읽었다. 바울의 관점에서 이 선민 이야기는 언약을 지켰을 때의 이스라엘처럼 겸손히 하나님의 은혜를 포용했던 모든 사람에게 개인적으로 적용될 수 있었다(참조. 롬 9장; 8:28-30).

그러므로 로마서 4장에서 아브라함은 단순히 유대인들의 역사적 조상에 그치지 않는다. 바울에게 더 중요한 것은 아브라함이 하나님의 신실하심을 그처럼 신뢰하는 모든 사람의 아버지가 된다는 점이다. 여기서 바울은 개별적으로 언약 백성의 구성원이 된 모든 사람에게 창세기의 말씀을 적용한다.

믿는 자들을 위한 모범을 찾는 것은 바울의 역사적 내러티브 사용에 기초가 된다. 그리고 유대인들은 이미 아브라함과 사라를 하나님의 백성의 조상이라는 그들의 역할에 더하여 도덕적 모범으로도 사용했다. 물론 바울이 아브라함을 특별히 선택한 이유는 구속사적 성격을 갖지만, 아브라함의 믿음(죽음과 다름없는 상황에도 하나님의 약속을 믿는 믿음, 롬 4:19; 참조. 4:24)의 근본적 기능은 로마서 4:1-5:11의 적용 가치를 축소시키기보다는 그것의 근거로 작용한다. 고린도전서 10장에서 바울은 악한 광야 세대를 부정적 예로서 사용한다(참조. 히 3:7-12, 15-19; 4:6). 이미 언급했듯이, 이런 악한 광야 세대의 사용은 고대 이스라엘에서 이미 사용되었던 방식이었다(시 78:5-8).

히브리서 저자 역시 이와 유사하게 이전의 성서 인물들을 모범으로서 사용하는데, 이는 히브리서 11장에 가장 많이 등장한다. 예를 들어 요셉은 그의 친족들에게 하나님이 그들을 약속의 땅으로 데려가실 때 자신의 유해를 그곳에 가져가라고 지시하면서 이스라엘이 약속의 땅으로 돌아갈 것을 예견했다(창 50:25; 출 13:19). 히브리서 저자는 이를 하나님의 약속을 믿는 믿음에 대한 예로서 바르게 이해한다(히 11:22).

본보기를 위한 성서 내러티브 읽기

적용이라는 맥락에서 나는 여기서 성서 내러티브 읽기에 대한 이전의 논평들을 재검토한다. 때로 독자들은 성서의 부정적 본보기들을 긍정적으로 읽거나, 자신들이 원하는 본보기를 그 본보기와 관련이 없는 성서 구절 속에 투영한다. 본보기를 찾는 일은 영감을 받은 본문의 형태를 무시하는, 훈련되지 않은 방식으로 진행될 수 있다. 상황을 신중히 다루는 것이 언제나 가장 중요하다. (나는 이후에 이 책 17장의 "잘못된 종류의 경험적 읽기" 단락에서 몇몇 부정적 예를 다룬다. 그것이 이 책의 주요 관심사는 아니지만 말이다.)

그럼에도 성서와 경험을 함께 읽는 것은 길고 긍정적인 유산을 갖고 있다. 이런 읽기는 역사를 통틀어 많은 사람이 성서를 읽어온 방식일 뿐만 아니라, 신약성서 저자들이 구약성서를 (그리스도에 관한 그들의 경험에 비추어) 이해했던 방식이다. 따라서 예를 들어 바울은 고린도전서 10장에서 이스라엘이 광야에서 범한 죄를 자신의 시대를 향한 부정적인 예로서 읽었다. 자신의 시대를 향한 하나님의 속성 및 심판의 연속성을 인식하면서 말이다(고전 10:1-10). 바울은 이스라엘이 죄로 인해 겪은 심판들을 이야기하면서 다음과 같이 경고한다. "그들에게 일어난 이런 일은 본보기가 되고 또한 말세를 만난 우리를 깨우치기 위하여 기록되었느니라"(고전 10:11).

실제로 교부 저자들도 따라야 할 본보기로서 성서 인물들에 호소했다.[51]

앞서 주목했듯이 특히 오순절 학자들 사이에서 내부적으로 진행된 한 가지 논쟁은 사도행전의 내러티브가 규범적 모범을 제공하는지에 관한 것이었다. 몇몇 전통적인 오순절 학자들과 대조적으로 신중한 주석가이자 오순절 학자인 고든 피는 바울 서신에서 신학을 도출해내는 그런 자신감으로 내러티브에서 신학을 도출하는 것에 대해 우려를 표했다. 그는 반복된 유형들의 가치를 인정하지만, 내러티브의 특정 가르침이 그 내러티브의 의도에 국한되어야 한다고 주장한다.

피가 자신의 입장을 표현하는 현재 방식은 사람들의 반대를 덜 불러일으킬 것이다.[52] 그러나 나는 우리가 이 주제에 관해 내레이터의 의도—아니면 적어도 내러티브의 의도된 형태—에 대해 피의 몇몇 이전 논의가 인지했던 것보다 더 많이 배울 수 있다고 믿는다. 고대 역사가와 전기 작가들은 우리가 그들의 내러티브에서 본보기를 발견하기를 기대했을 것이다. 그 본보기가 긍정적이든 부정적이든 상관없이 말이다. 물론 우리가 긍정적이거나 부정적인, 아니면 긍정과 부정이 혼합된 본보기를 식별하는 방법은 상당히 신중한 사고를 요구한다(피의 요점 중 일부). 그러나 이런 요구는 바울 서신에도 똑같이 적용된다. 왜냐하면 바울 서신은 교회의 삶에서 구체적 상황들을 다루기 때문이다. 이는 바울 서신도 일종의 내러티브 상황을 지닌다는 말이다.

분명히 내러티브에 등장하는 모든 본보기가 긍정적인 것은 아니다. 그리고 가장 의미 있는 인물들은 긍정적인 특징과 부정적인 특징을 혼합적으로 지니고 있다. 고대 전기와 역사서에서 흔히 발견되듯이 말이다. 그

---

51 Graves, *Inspiration*, 32-37.

52 누가가 선례를 제공하려 했는지에 관한 Fee의 불확실성을 제외하고, 나는 *Gospel*, 100-104에 제시된 그의 주장에서 반대할 만한 것을 거의 발견하지 못한다.

럼에도 내러티브는 그것으로부터 배우는 방법에 관한 내적 단서들을 종종 제공해준다. 때로 내러티브는 등장인물이 긍정적 인물임을 명확히 지시한다. 예를 들어 마태는 마리아의 남편 요셉이 의로운 사람이었다고 명시한다(마 1:19). 이런 관찰은 일종의 기독론적 기능을 완수하지만(고대 전기들은 경건한 조상 혹은 교육을 보도함으로써 주인공들을 칭송할 수 있었을 것이다), 요셉을 긍정적이고 도덕적인 모범으로서 제시한다.

관습은 아내나 약혼녀가 부정한 행위를 했을 때 이혼을 허락했다. 그러므로 요셉은 마리아와 공개적으로 파혼함으로써 유익을 얻을 수 있었지만, 자신이 부당한 일을 당했다고 믿었음에도 불구하고 그녀의 수치를 줄여주고자 조용한 파혼을 택한다(마 1:19). 또한 그는 천사가 전한 메시지에 순종함으로써 그 수치를 포용한다(마 1:24). 그리고 마리아의 임신이 처녀 잉태뿐만 아니라 처녀 출산이 될 수 있도록 마리아와의 성적 관계를 삼가면서 절제를 행한다(마 1:25). 정욕, 이혼(마 5:27-32), 긍휼(마 9:13)에 대한 예수의 가르침과의 연관성과 더불어 이와 대조되는 죄악에 물든 헤롯의 무절제(마 14:3-11)는 이런 강조를 강화한다.

때때로 내러티브는 등장인물을 칭송하지만, 동시에 그 칭찬을 한정 짓는다. 예언자보다 더 나은 자로서 세례 요한은(마 11:9) 하나님의 영을 부어주는 것이 하나님의 고유권한임에도 예수가 성령과 불로 세례를 베풀 것이라고 바르게 이해한다(마 3:11). 그러나 세례 요한 역시 예수의 역할을 의심하는데, 그 정확한 이유는 그가 예수의 사역에 대해 전해 듣고 있기 때문이다(마 11:2-3). 예수는 불세례를 베푸는 대신 아픈 자들을 고치는 중이었다. 예수는 세례 요한을 위해 이사야의 회복 예언을 불러일으키는 말로 자신의 사역을 거듭 설명하셔야만 했다(마 11:5-6; 이 말씀은 사 35:5-6; 61:1을 연상시킨다). 그리고 이를 통해 예수는 자신의 행위들이 하나님 나라를 실제로 예고하며 드러내고 있음을 보여준다. 세례 요한은 긍정적 인물이지만, 자신의 역사 속 위치로 인해 제한된 지식을 지닌다.

종종 등장인물들은 나란히 등장하여, 우리가 비교와 대조를 통해 배울 수 있게 해준다. 그리스와 로마의 연설가들은 자신의 연설 속 인물들을 종종 비교했지만,[53] 이런 비교 행위는 훨씬 오래전부터 존재했다. 예를 들어 사무엘상에서 우리는 다음과 같은 대조에 주목할 수 있다. 겸손한 한나와 교만한 엘리(그리고 교만한 브닌나)의 대조, 사무엘과 엘리의 두 아들의 대조(삼상 2:12-18; 2:26-3:1; 3:13), 그리고 다윗과 사울의 대조.

단지 연대기가 아닌, 우리를 위한 유형들

나는 몇몇 유명한 은사주의 교사가 문학적·역사적 상황을 무시하는 발언을 들어왔듯이, 엄격한 역사학자들(과 다른 이유들로 인해 몇몇 성서신학자들)이 구약성서의 역사서와 같은 몇몇 성서 본문을 목회적 적용을 위해 사용하는 데 반대하는 것을 들어왔다. 그들은 이런 사용이 그 본문의 연대기로서의 원래 기능을 위반하는 것이라고 주장한다.

확실히 현재 형태에서 그런 본문들의 지배적 목적은 하나님의 분노를 정당화하고 미래의 회복을 약속하면서 종종 유배의 원인들을 설명하는 것이다. 그러나 동일한 맥락에서 그 본문들이 갖는 또 다른 목적은 유배로 이끈 죄들, 예컨대 우상숭배, 성적 부도덕, 무죄한 피 흘림과 같은 것들에

---

53 예. 다음을 보라. Theon *Progymn*. 2.86-88; Hermog. *Progymn*. 8. 대조법에 관한 18-20; Aphthonius *Progymn*. 10. 대조법에 관한 42-44S, 31-33R; Nicolaus *Progymn*. 9. 대조법에 관한 59-62; Hermog. *Inv.* 4.14.212; Marshall, *Enmity*, 348-53; Anderson, *Glossary*, 110-11; Gärtner, "Synkrisis."

대해 경고하는 것이다. 현시점까지 이런 죄들은 성서의 메시지뿐만 아니라 이전의 성서 메시지와 연속선상에 있는 하나님의 참된 예언자들의 경고에도 주의하여 그것을 실천하는 일을 소홀히 하거나 거부하는 것을 포함한다.

우리는 순전히 우리의 유산에 대한 역사적 이유 때문에 우리에게 관심 있는 구속 사건들에 대해서만 성서를 검색해야 할까? 그렇지 않은 것 같다. 물론 우리는 성서의 내러티브 틀이 주로 구속사와 우리를 자신에게로 회복시키고자 하는 사랑의 하나님과 관련되어 있음을 부정할 수 없다. 하나님은 우리가 그분의 방식을 일관되게 배워야 하는 그런 존재이시지만, 등장인물들은 가장 긍정적인 인물조차도 대부분 연약한 존재다.

성서가 다윗에게 초점을 맞추는 이유는 그가 덜 저명한 동료들, 예컨대 나단과 갓 같은 예언자들보다 하나님과 더 친밀하게 동행했기 때문이 아니라, 그의 삶이 구속사의 전략적 단계였고 그의 족보가 하나님의 백성의 약속된 운명과 엉켜 있었기 때문이다. 동시에 만일 우리가 다윗의 행위로부터 배울 수 없다면, 예수가 마가복음 2:25-26에서 다윗의 행위에 호소했던 것은 실수였을 것이다(참조. 히 11:32). 만일 우리가 아브라함의 믿음의 행보로부터 개인적으로 배울 수 없다면, 우리는 요한복음 8:39-40, 로마서 4:1-25, 갈라디아서 3:6-7, 히브리서 11:8-19, 야고보서 2:21-23과 같은 말씀들을 폐기 처분해야 할 것이다. .

은사주의자이자 구약학자인 마이클 브라운(Michael Brown)은 다음과 같이 묻는다. "강물이 갈라지기 전에 강에 발을 들여놓아야 했던 제사장들이 나오는 여호수아 3장이나 경이적인 양의 물고기를 잡기 전에 호수 깊은 곳으로 나아가야 했던 베드로가 나오는 누가복음 5장이 오늘날 우리에게 어떻게 말하고 있는가?"[54] 이런 본문들은 믿음으로 하나님의 모든 명령에 순종하라고 우리에게 요청하는 모범으로서 기능한다. 확실히 이 본문들의 강조는 하나님의 경이로운 권능에 있지만, 그 권능에 대한 반응도 요청한다.[55] 이 본문들은 과거에 있었던 하나님의 권능을 찬양할 뿐만 아니라 오늘날 자신의 목적을 성취하는 하나님의 권능을 신뢰하라고 우리에게 요청한다.

고린도전서 10장에서 바울은 구약성서의 구체적인 예들을 인용하지 않은 채 "그것은 우리를 현재의 위치로 이끌어주는 흥미로운 역사다"라고 말한다. 그는 고대 이스라엘이 경험한 심판을 당시 하나님의 백성과 관련된 일종의 경고로서 인용한다. 다시 말해 바울은 마치 성서가 하나님이 그분의 백성을 다루시는 방식에 관한 유형들을 제시하는 것처럼 성서를 읽는다. 바울은 믿는 자들이 성서 세계 안에서 성서를 읽기를 기대한다.

극단적인 은사중지론자는 이 지점에서 이런 해석학은 정경이 완성되기 전까지만 적합했다며 이의를 제기할 수 있을 것이다. 그러나 극단적 은사중지론자의 이런 반대는 그의 접근법을 입증해줄 정경적 증거가 없으며, 그의 접근법 역시 경험적 접근법보다 훨씬 성서 밖의 것임을 은연중에 인정하는 것이다. "성서 시대"에 살고 있다고 믿었던 초기 오순절주의자들은 많은 순수한 학문적 접근법들과 강경한 은사중지론적 접근법들이 놓친 공감적인 방식으로 성서 본문을 읽었다.

성서의 내러티브들은, 사도행전 10장을 비롯한 다른 경우들에서 우리가 이미 지적했듯이, 하나님과의 만남을 통해 기꺼이 변하고자 하는 신자들에게 반복된 모범들을 제공해준다. 초기 교회에서도 마찬가지였지만,

---

54 Brown, *Authentic Fire*, 315.

55 기적 이야기를 통한 가르침의 방식에 관해서는 다음에 나오는 예들을 보라. Cotter, *Miracle Stories*.

이것은 성서를 폐기하거나 자신의 해석학을 너무 유연하게 만들어서 성서 본문이 (몇몇 사람이 희망하는 것처럼) 무엇이든 의미할 수 있도록 만드는 것을 의미하지 않는다. 이것은 명백한 경험이 새로운 질문들을 염두에 두고 성서를 다시 읽도록 우리에게 요청한다는 것을 의미한다. 그리고 이와 같은 성서 읽기는 이전에 전제된 해석의 틀을 제쳐두라고 요구하는 일종의 과정이다.

신중한 성서 읽기 역시 우리에게 이런 과정을 종종 요구한다. 회심 직후 나는 성서의 기록 방식에 대한 엄격한 기대를 갖고 성서에 접근했었다. 그런데 이런 기대는 성서 본문 자체와 맞지 않았다. 나중에 신학교에 입학하기 전 복음서의 개요를 끝까지 읽고 난 후 나는 복음서가 실제 기록된 방식에 비추어 내 기대를 좀 더 많이 조정해야 했다. 성서 본문에 대한 존중으로 인해 나는 본문을 나의 신학적 기대에 맞추기보다 그 역을 실행할 수밖에 없었다. 우리의 신학에 영향을 미치는 경험의 가치를 배제하는 독자들은 내러티브를 본보기로서 수용하기보다 성서에 신학적 구성을 강요하는 것이다.

성서 적용 방식의 일관성

우리는 두 가지 극단을 피해야 한다. 첫 번째 극단은 성서를 일련의 징조로서 다루는 것인데, 이런 방식에서는 상황에서 벗어난 성서의 구절 혹은 구문이 우리의 상황에 직접 이야기한다. 여기서는 우리의 관심사와의 관련성이 원래의 메시지를 압도하기 때문에, 우리의 관심사가 강박적 해석 기준이 되어버린다.

또 다른 극단은 성서 본문을 순전히 역사적 관심을 위해서만 읽는 것이다. 학문적 성서 연구에서 우리는 종종 무신론자, 그리스도인, 그리고 다른 부류의 독자가 참여하는 토론에 반드시 필요한 공통점을 제공하기 위해 성서 본문을 이런 방식으로 읽는다. 이런 접근법은 역사적 의미를 재구성하는 데 초점을 맞추는데, 이는 이해를 위해 반드시 필요하고 토대가 되는 단계이며, 그 자체만 놓고 볼 때 반대할 만한 것은 아니다. (나의 학문적 저술들은 일반적으로 이런 기대의 패러다임 안에서 작용한다.) 그러나 그리스도인 독자로서 우리가 거기서 멈추어버린다면 성서 본문은 단순히 박물관(혹은 웅장한 무덤)이 되어버린다. 이는 결국 우리가 본문을 성서, 곧 하나님의 말씀으로서 구별하여 읽지 않는 것이다.

실제로 영감을 받은 기능에 대한 질문들은 차치하고, 대부분의 본문이 지닌 역사적 의미는 이를 넘어선다. 고대 역사가 및 평론가들은 정보를 위한 정보를 제공하기보다는 종종 심의적이고 과시적인 관심사들—예를 들어 개선된 행동이나 주제에 대한 칭송을 조장하는—을 갖고 있었다.[56]

몇몇 본문과 관련하여 은사중지론과 역사비평은 역사적 관심을 공언한다. 공정하게 말해서 실제로 은사지속론자들을 포함하는 모든 그리스도인은 문화적 상황이 변했다고 믿을 뿐만 아니라, 몇몇 문제가 역사 속 하나님의 계획의 전개와 함께 변한다고 믿는다. 그러나 대부분의 그리스도인 독자는 다른 시대에 속한 본문들이 제공하는 원칙들도 소중히 여긴다. 예를 들어 우리는 레위기에서 죄, 속죄, 감사 등에 관한 원칙들을 배울 수

56 장르와 주제는 성서의 장르에서와 마찬가지로 적용 가능성에 영향을 미쳤다. 우주론적 사변(성서에는 우주론적 사변이 거의 나오지 않는다)은 순수하게 정보를 제공하려는 의도를 갖는 경향이 있었다. 대플리니우스의 지식 백과사전은 정보를 수집했지만, 이런 정보 수집은 여전히 지식의 실제적 적용을 염두에 두고 있었고(예를 들어 그의 의학 치료 모음집을 보라), 윤리적 숙고는 사회 혹은 개인을 위한 적용을 요청했다.

있다. 이것들에 관한 모든 구체적 제사들을 실행하지 않고서도 말이다. 그러나 은사중지론자인 해석자가 바울 서신이 제시하는 증언의 직접적 관련성을 걸러내야 할 때(예. 고전 14:39), 이 해석자는 오늘날 그리스도인들이 사도행전 및 바울의 교회에 나오는 "마지막 날"과 다른 시대에 살고 있다고 믿는 것으로 보인다. 이런 가정을 위한 주석적·성서적 근거는 무엇인가? 이런 가정은 본문에 대한 신학적 강요인가?

물론 가장 완강한 은사중지론자도 일반적으로 이신칭의와 같은 원칙들을 자신에게 적용할 것이다. 이런 은사중지론은 선택적이다. 성서의 모든 부분이 단지 역사적 관심사와만 관련되는 것은 아니다. 혹자는 창세기 15:6의 아브라함의 믿음으로부터 배울 수 있는데, 그 이유는 바울이 그렇게 하기 때문이다. 그렇다면 바울이 이것을 어떻게 하는지를 모범으로 보여주었는데 우리 역시 더 일반적으로 예시를 통해 배우려고 해서는 안 되는 것인가? 이런 접근법은 하나님의 살아 있는 목소리를 성서 전체에서 추구하는 보다 일관성 있는 해석학을 제공한다.

여기서도 원칙적으로 폭넓은 동의가 있을 수 있다. 특정 장르, 특히 내러티브 장르에 초점을 맞춘 이견도 있을 수 있지만 말이다. 그러나 바울 서신에서조차[57] 우리는 영적 은사들, 아픈 자들을 위해 믿음으로 기도하라는 권면, 방언을 금지하지 말라는 명령 등에 관한 확언 등을 읽는다. 우리는 성서의 서신들을 단지 편의에 따라 상황적인 장르로 분류할 수 없다. 성서의 서신들이 상황에 따라 기록된 것은 맞지만, 그 서신들은 오늘날과 관련된 원칙들을 담고 있다.

57 전통적인 세대주의는 성서의 내러티브가 아닌 서신서에서 명제적 진리를 발견했다(Archer, *Hermeneutic*, 78). 서신을 신약성서 안에 있는 정경 중의 정경으로 사용하면서 말이다. 이와 대조적으로 초기 오순절주의자들은 사도행전을 복음서 및 서신서와 함께 통제 패러다임으로 사용했다(Archer, *Hermeneutic*, 124).

확실히 때때로 문화의 변화 또는 구속사적 상황의 변화조차도 우리가 원칙을 적용하는 방식상의 중대한 변화를 요구한다. 그러나 은사중지론은 문화적 변화가 아니라 신적 행위의 변화를 가정한다. 이 신적 행위는 예언과 같은 은사를 위해 신약성서 이전부터 이미 존재했으며, 신약성서 시대에 더 많이 확산되었다. 은사중지론을 지지하는 구속사적 환경의 가정된 변화는 성서 어디에서도 직접적으로 증명되지 않는다. 초기 기독교 역사 역시 기적이나 선택적 영적 은사, 예컨대 예언이나 방언 같은 은사의 목록이 중단되었다는 생각을 지지하지 않는다. 그리고 다시 말하지만 초기 그리스도인들은 자신들의 시대를 종말론적 시대로 이해했기 때문에, 우리가 서신서를 우리의 시대와 다른 영적 시대로 귀속시킬 여지를 거의 남기지 않는다.[58]

하지만 성서의 다른 측면들을 경험하는 일과 관련하여, 예컨대 칭의에 대한 바울의 강조를 삶 가운데 사용하고 우리가 그리스도와 함께 부활했다고 확언하는 선택적 은사중지론자는 은사주의 독자와 동등하거나 심지어 은사주의 독자를 능가할 것이다. 만일 은사주의 독자가 일관된 은사지속론적 해석학을 적용하는 데 실패한다면 말이다. 다시 말해 우리 모두는 은사지속론적 접근법을 적용함에 있어 좀 더 일관성이 있어야 한다.

58 대부분의 은사중지론자들은 서신서에 나오는 대부분의 내용을 오늘을 위한 것으로 받아들일 것이다. 그러나 (E. W. Bullinger의 주장을 따르는) 소수의 극렬 세대주의자들은(진보적 세대주의자들 및 전통적 세대주의자들과도 거리가 매우 멀다) 옥중 서신에 나오는 내용만이(따라서 주의 만찬은 제외된다) 교회의 현세대를 위한 것이라고 주장해왔다.

율법의 조문과 성령

시내산 언약은 돌판 위의 외관상 조문을 포함했다. 이와 대조적으로 약속된 새 언약은 마음에 새겨져야 했다(렘 31:31-34). 바울은 성령이 하나님의 백성으로 하여금 그분의 법을 지킬 수 있게 해줄 것이라는 에스겔 36:26-27을 연상시키면서 고린도후서 3:3에서 이런 대조를 지적한다.[59] (바울이 말하는 "육의 마음판"이라는 표현은 고후 3:3의 그리스어 본문에서 긍정적인 방식으로 사용되는데, 겔 36:26의 굳은 마음을 대체하는 부드러운 마음을 연상시킨다.)[60] 바울의 설명에 의하면, 그와 그의 동료들은 새 언약의 종들로서 율법 조문의 일꾼이 아닌 영, 곧 생명의 일꾼으로서 권능을 부여받았다(고후 3:6).[61] 마음판에 율법을 기록하고, 그 결과 율법이 지시하는 내적 의로움을 가능케 하는 존재는 바로 성령이다.

"율법의 조문"은 아마도 "율법에 관해 기록된 자세한 내용"을 가리킬 것이다. 유대인 교사들은 철자와 관련된 언어유희도 사용했다.[62] 고대의 법률 해석자들은 우리가 율법의 "조문"이라고 부르는 것과 율법의 의도를

59 예레미야서의 구절과 에스겔서의 구절 사이의 가능한 관계와, 이 두 구절이 보여주는 내면에 대한 특별한 초점에 관해서는 Boda, "Word and Spirit," 35-39을 보라.

60 이는 바울이 "육의"(fleshly)라는 형용사 표현을 긍정적으로 사용하는 유일한 예다(바울은 "육의"를 나타내는 그리스어 형용사를 세 번 사용한다). 이 표현의 사용은 70인역에서 극히 드물게 나타나며, 겔 11:19 및 36:26, 이 두 구절에서만 마음과 관련하여 사용된다. 바울은 겔 11:19-20을 연상시키는 것일 수도 있다(겔 11:19-20과 36:26을 함께 이해하고 있을 것이다). 그러나 하나님의 영에 대한 그의 언급은 겔 36:27도 암시한다.

61 은사주의 해석자들은 종종 율법의 조문보다는 성령을 추구하는 것을 강조한다. 예. 다음을 보라. Pinnock, "Work of Spirit," 240(출처: Pinnock, "Interpretation"); Ellington, "Authority," 156(Pinnock의 이전 소논문에 제시된 주장을 따른다).

62 Keener, *Romans*, 86.

종종 구별했다.[63] 율법의 조문과 율법의 영의 대조에 관해 말할 수 있는 우리의 현대적 방식은 아마도 바울의 용례로 거슬러 올라갈 수 있을 것이다. 비록 그가 단지 율법의 "의도"가 아닌 하나님의 영에 대해 언급하고 있지만 말이다.[64] 문법은 중요한데, 그 이유는 우리가 메시지를 듣고 그 메시지에 순종하는 데 있어 문법의 도움을 받기 때문이다. 그러나 우리는 거기서 멈추지 말아야 한다. 본질적으로 본문의 문법을 이해하는 것은 그 본문이 소통하고자 하는 하나님의 마음을 포용하는 것과 같지 않다.

사실 바울은 다른 곳에서 율법이 조문으로서 이해되는 한 믿는 자들이 그 율법에서 해방되었다고 주장한다. 대신에 우리는 성령에 의한 새 사람으로서 하나님을 섬긴다(롬 7:6). 그렇다고 바울이 구약성서의 일부 혹은 성서의 본질을 단순한 기록물로서 비하하고 있는 것은 아니다. 우리가 다른 곳에서 주목했듯이, 바울은 여기서 그리스도께 비추어 다시는 적절한 것으로 결코 여겨질 수 없는, 성서에 접근하는 방식을 바로잡고 있다(참조. 롬 3:27; 8:2; 9:30-32; 10:5-10). 하나님은 한때 민법을 사용하여 이스라엘의 죄를 억제하셨다(롬 7:14; 8:4). 그리고 우리는 여전히 이를 통해 배울 수 있다(고전 9:9; 14:21). 그러나 의는 그리스도로부터 나오고, 그의 영은 우리의 마음에 율법의 핵심을 새겨놓는다. 그래서 우리는 율법이 궁극적으로 가리키는 실제적 원칙들을 성취하게 된다(롬 8:2-4; 13:8-10). (그리스도인들이 이처럼 살지 않는다면, 그들은 바울의 요지를 놓치고 있는 것이다. 은혜를 오로지 법정 개념의 칭의와 연결하고 변화와는 연결하지 않는 가르침들은 바울의 요지를 놓치는 비

63 예. 다음을 보라. Quint. *Decl.* 331.3; Hermog. *Issues* 40.6-19; *Inv.* 2.2.110; Cohen, *Law,* 38-50. "조문"은 더 깊은 통찰에 반대되는 기본 상식을 의미했을 수도 있다(예. Heraclitus *Ep.* 4).

64 바울은 확실히 "외적 형식과 내적 느낌"이라는 낭만주의적 측면에서 생각하지 않았다(Wright, *Paul,* 982).

극적 역할을 담당해왔다.)

율법에 관한 우리의 초점이 단순한 문법이 아닌 성령의 메시지에 맞추어져야 한다면, 예언서들과 신약성서에 관한 우리의 초점은 얼마나 더 성령의 메시지에 맞추어져야 하겠는가?[65] 다시 말하지만, 나는 지금 주해를 비하하고 있는 것이 아니다. 수년 동안 나는 적용에 관심이 있는 학생들에게 어떻게 주해해야 하는지를 먼저 가르치는 데 대부분의 시간을 할애해왔다. 주해는 자기해석(eisegesis)과 극명한 대조를 이루는, 참된 유사적 적용에 필요한 기초가 된다. 나의 요점은 다음과 같다. 즉 만일 우리가 학생들 혹은 교회 공동체 구성원들에게 주해적 관찰을 멈추도록 가르치거나, 우리가 복음을 통해 조우하는 성령과 반대되는 (성서 본문에 대한 율법적 접근 같은) 우리만의 적용을 구상해내도록 가르친다면, 우리는 성서의 생성에 영감을 불어넣었던 성령의 음성을 듣고 있는 것이 아니다. 우리는 성서 본문에서 성령의 메시지를 진정으로 들을 때 그 메시지에 헌신하게 된다. 이 메시지는 마음을 움직이는 것으로, 단순히 의무적으로 해야 하는 숙제와 같은 것이 아니다.

일반적 의미의 주해는 성서 본문의 원래 지평에 초점을 맞춘다. 반면 독자 지향적 접근법들은 현재의 지평에 초점을 맞춘다. 후자가 결여된 전자는 정보를 제공해주지만, 우리를 변화시킬 성령의 생명의 숨결을 필요로 한다. 원래의 지평에 대한 관심이 배제된 현재의 지평에 대한 배타적 관심은 원래 영감을 받은 의미를 지워버리고 대신 무관한 의미를 가져올

65 참조. Gleason은 "Letter"에서 루터가 조문/성령 대조를 통해 조문의 문법이 아닌 개인적 적용을 중히 여기고 있음에 주목한다. 참조. Mulholland, *Shaped*, 95(참조. 135). 여기서 Mulholland는 "자기 변화 혹은 하나님의 호의 획득을 위한 '규칙서'(rule book)로서" 성서를 사용하는 것과 하나님을 만나는 장소로서 성서를 사용하는 것을 대조한다.

수 있다.[66] 만일 그 목적이 단순히 지평들의 융합이라면, 성서 본문을 우리의 사고를 투영하지 않은 다른 무엇으로서 듣기에 불충분한 객관적 거리가 남게 된다.[67] 가다머는 "과거와 현재 사이의 긴장을 보존하지 못하는 지평들의 때 이른 융합에 대해" 경고했다.[68]

그러나 청자 역시 성서 본문에 사로잡혀야 한다. 두 지평은 반드시 유지되어야 한다.[69] 티슬턴은 다음과 같이 지적한다. "한 본문이 이해되려면, 두 지평 사이의 상호작용이 반드시 일어나야 한다.…청자는 자신의 지평을 본문의 지평과 관련시킬 수 있어야 한다."[70] 서로의 영역을 제거하지 않는 두 지평의 연결은 종종 해석학의 역할로 간주된다.[71] 성령은 우리가 두 지평을 탐구하고 조사할 때 우리를 안내해줄 수 있다. 그러나 성령은 두 지평 사이의 간극을 연결하고, 본문의 원칙들을 우리의 삶과 공동체

---

66 Grey가 *Crowd*, 120-21, 145에서 경고하는 지평들의 때 이른 융합에 주목하라. 지평들의 때 이른 융합은 본문의 지평을 "독자의 내러티브 전기" 안으로 무너뜨리고, 그 결과 본문의 독자적이고 예언적인 목소리를 침묵시키면서 오로지 독자의 가정들만을 듣도록 만든다(여기서 Grey는 Thiselton, *Horizons*, 530을 인용한다). Bauer and Traina, *Inductive Bible Study*, 373도 보라. 지평들 사이의 해석학적 거리의 확립으로 인해 긍정적 근접성이 약화될 수 있지만(Grey, *Crowd*, 122), 역사적 상황은 해석상의 유용한 경계를 제공한다(132, 152).

67 Thiselton은 *Horizons*, 318-19에서 Krister Stendahl과 루터를 인용한다. 해석 과정을 이해하려는 목적은 해석자들이 본문에서 단순히 자신들의 전이해가 반향된 것만을 무심코 듣는 것을 방지하기 위함이다(Thiselton, *Horizons*, xx).

68 Thiselton, *Horizons*, 319. Hirsch는 *Validity*, 254에서 해석자가 "원래의 관점"과 자신의 관점을 융합하기 위해 먼저 원래의 관점을 파악해야 한다고 주장한다. 그리고 Gadamer가 이를 파악하는 데 실패했다고 강력히 주장한다. Hirsch는 Gadamer가 이렇게 다른 두 종류의 "의미"를 구별했어야 한다고 불평한다(255).

69 Thiselton, *Horizons*, 319. 대부분의 학문적인 은사주의 해석은 두 지평 모두를 중요시한다(참조. Stibbe, "Thoughts"; 비록 Lyons가 "Fourth Wave"에서 Stibbe의 접근이 보장하는 내용이 부적절하다고 여기고 있지만 말이다).

70 Thiselton, *Horizons*, 15.

71 다른 용어를 사용하지만, 믿음의 관점으로 글을 썼던 훨씬 이전의 저자들은 대개 이것을 인지했다(두 지평에 대한 더 새로운 고정관념들의 등장에도 불구하고 말이다). 참조. Mickelsen, *Interpreting the Bible*, 56-57의 주석 및 주해에 대한 논의.

에 적용하는 데 특히 도움이 된다.[72] 오순절 학자인 러셀 스피틀러(Russell Spittler)의 지적처럼 "주해는 우리를 진리의 현관 앞에 서게 하고, 성령은 그 현관의 안쪽 문을 연다."[73]

궁극적 말씀

요한복음의 도입부는 요한의 인식론과 관련하여 우리가 앞서 주목한 인식론적 대조를 상정한다. 요한은 예수가 신성한 지혜라고 이야기할 수 있었을 것이다. 왜냐하면 신적 지혜가 선재하는 신적 대리자를 표현하는 가장 흔한 유대교의 이미지였기 때문이다. 그러나 그는 "말씀"이라는 관련 표현으로 이동하는데, 그 이유는 그가 요한복음 1:14-18에서 제시하는(1:17에서 가장 극명하게 제시된다) 예수와 율법 사이의 비교 때문이다. 나는 다른 곳에서 다음과 같이 주장했다. 즉 요한은 학문적·본문중심적·율법중심적으로 예수 운동을 비평하는 자들에게 부분적으로 대응하는 듯하다고 말이다. 그들은 예수를 믿는 유대인 신자들, 즉 요한복음의 일차 독자들보다 자신들이 더 정확하게 성서를 알고 있다고 주장했다.[74] 요한은 예수 자신이

---

72 참조. Martin, "Renewal," 4, Spawn and Wright, "Emergence," 8에 인용됨. Archer는 *Hermeneutic*, 126에서 다음과 같이 제안한다. 즉 (적어도 현대주의 비평가들의 관점에서) 초기 오순절주의자들이 "성서를 주해하면서 과거와 현재의 경계를" 흐려놓았다고 말이다. 이상적으로 볼 때 오순절 독자들은 일반 독자들과 마찬가지로(Thiselton, "New *Hermeneutic*," 100을 보라) 두 지평의 가치를 확언할 수 있다(예. Archer, *Hermeneutic*, 180; Grey, *Crowd*, 99, 120, 132, 164).

73 Spittler는 "Enterprise," 76에서 역사와 경건의 가치를 모두 강조한다. 역사와 성령에 의한 하나님 알기에 관해서는 Autry, "Dimensions"도 보라.

74 Keener, *John*, 246-47, 363-64.

바로 하나님의 말씀이라고 주장함으로써 반응하는데, 하나님의 말씀인 예수는 이제 더 온전히 드러난 율법의 모든 신적 계시를 구현한다.[75]

출애굽기 33-34장에 관한 다양한 암시는 율법 수여 장면을 연상시키면서, 이전의 신적 계시와 예수의 연속성, 그리고 하나님의 마음에 대한 더 온전한 계시로서 율법보다 뛰어난 예수를 명료하게 제시한다.

출애굽기 33-34장[a]	요한복음 1:14-18
하나님의 말씀, 율법에 대한 계시	하나님의 말씀, 예수에 대한 계시
하나님은 회막에서 그의 백성 가운데 거하심(33:10); 모세는 하나님께서 그들과 함께 계속 거하실 것을 간구함(33:14-16)	말씀이 사람들 가운데 "회막을 치심"(문자적 의미, 1:14)
모세가 하나님의 영광을 봄	제자들이 예수의 영광을 봄(1:14)
하나님의 영광이 은혜와 진리로 충만함(34:6)	예수의 영광이 은혜와 진리로 충만함(1:14)
율법이 모세를 통해 주어짐	율법이 모세를 통해 주어짐(1:17)
아무도 하나님의 모든 영광을 볼 수 없음(33:20)	아무도 하나님의 모든 영광을 볼 수 없음(1:18a). 그러나 하나님의 모든 영광이 예수 안에서 온전히 계시됨(1:18b)

a. Keener, *John*, 1:405-26의 연구 내용을 토대로 한 위 도표는 Keener, *Background Commentary*, 250에서 발췌되었다.

모세는 은혜와 진리로 충만한 하나님의 영광의 일부를 목격할 수 있었지만, 예수는 하나님의 마음을 온전히 계시했다. 비록 예수가 요한복음에서

75 이 말씀은 계속해서 예수의 메시지에 등장한다(요 8:31, 37, 43, 51, 52, 55; 12:48; 14:23; 17:6, 14, 17, 20). 왜냐하면 성령이 예수의 메시지를 통해 계속해서 예수의 위격을 드러내고 있기 때문이다(이 책 11장에 있는 "요한복음에서 성령에 의해 다시 제시되는 그리스도" 단락을 보라). Barth와 Dietrich Bonhoeffer를 포함한 다른 이들은 선포 가운데 임재하는 그리스도를 강조한다. 다음을 보라. Bartholomew, *Hermeneutics*, 526-27, Barth, *Doctrine*, 135-36을 인용함; Bonhoeffer, *Ethics*, 259; idem, "Lectures," 126.

표적들을 통해 하나님의 영광을 드러내지만(예. 요 2:11; 11:4), 하나님의 영광의 궁극적 표현은(요 12:23-24; 참조. 7:39) 예수가 십자가에서 "들리면서" 시작한다(요 3:14; 8:28; 12:32; 참조. 70인역 사 52:13: "그가 높여지고 영광을 받을 것이다). 우리가 하나님을 십자가에 못 박음으로써 하나님을 향한 인류의 혐오가 궁극적으로 표현된 곳에서 바로 우리를 향한 그분의 사랑이 궁극적으로 증명된다.

요한은 율법과 예수의 연속성을 확증했지만, 율법에 대한 단순 지식만으로는 부족했다. 예수는 자신을 비난하는 자들에게 다음과 같이 경고한다. "너희가 성경에서 영생을 얻는 줄 생각하고 성경을 연구하거니와, 이 성경이 곧 내게 대하여 증언하는 것이니라. 그러나 너희가 영생을 얻기 위하여 내게 오기를 원하지 아니하는도다"(요 5:39-40). 이어서 예수는 하나님 아버지 앞에 그들을 고발하는 자는 "너희가 바라는 자 모세니라"라고 말한다. 왜냐하면 모세가 예수에 관해 기록했기 때문이다(요 5:45-47).

궁극적으로 그리스도인에게 있어 기독론적 읽기와 개인적 읽기는 양립할 수 있다. 우리는 복음서로부터 우리 주님의 성품을 배울 수 있으므로, 그분의 성품에 비추어 그분과 관계를 맺으며 살아간다. 예를 들어 예수는 필요할 때 따로 그의 제자들의 잘못을 바로잡았지만, 때로 위험을 감수해가면서 그들을 비난하는 자들에 맞서 변호한다(이에 관한 세 가지 예가 막 2:15-28에, 또 다른 예는 요 9:38-41에 등장한다). 이것이 바로 우리를 위해 십자가에 오른 동일한 주님의 마음이다. 그는 사회로부터 버림당한 자들을 긍휼함으로 치유했고(막 1:41), 당시 사람들이 도덕적 실패자들로서 간주했던 이들을 환영하고 변화시켰다. 그는 자신을 죽음으로 이끌 결과들에 굴복하지 않고 교만한 자들에게 도전했다. 우리 자신을 예수의 처음 추종자들의 자리에 놓고 성서의 예수를 알아갈수록, 우리는 왜 그들이 예수를 사랑했고 그에게 충성했는지를 알 수 있게 된다. 예수의 마음을 만난 사람은 하나님의 마음을 만나게 된다. 즉 하나님께 대한 인간의 상상력과 완전히 다른 참된 하나님을 만나게 된다.

결론

하나님이 한 시기에 말씀하셨던 진리의 핵심은 하나님이 또 다른 시기에 말씀하시는 진리와 본질적으로 일치한다. (하나님의 말씀이 곧 율법이라고 해석하는 것과 동일한 원칙을 롬 10:6-8에서 예수에 대한 메시지에 적용한 것에 주목하라.) 모든 그리스도인이 예수가 성서적 계시의 절정이라는 데 동의하지만(롬 10:4; 히 1:1-2), 로마서의 사도적 교회에 작용했던 인식론에 우리가 언제나 동의하는 것은 아니다. 그들은 그리스도에 대한 그들의 경험 때문에 그런 적용을 만들었다. 물론 그들은 다른 경험에 기초하여 대립적 메시지를 가져오는 거짓 예언자들을 다루어야 했다. 그러나 인식론을 경험을 제외한 본문에 국한시킴으로써 거짓의 문제를 간단히 제거할 수는 없는 노릇이다. 왜냐하면 우리의 정경 본문은 경험에 대해 증거하기 때문이다. 대신에 우리는 본문이 묘사하는 경험들과 연계하여 그 본문을 읽는 법을 배워야 한다. 이것이 바로 예수 그리스도 안에서 하나님과 맺는 개인적 관계다.

순수 주석가는 성서에서 많은 지적 보물들을 발견할 수 있다. 그러나 참된 제자만이 자신의 삶 속에서 이런 보물들의 풍성함을 경험할 수 있다. 다시 말하지만, 나의 요점은 주해를 무시하는 것이 아니다. 나의 요점은 단순한 학문적 연구를 넘어서는 한 걸음은 바로 성서 본문의 실제 영역에서, 즉 우리를 변화시키시는 하나님께 대한 세계관 가운데서 살아가고자 하는 적극적인 믿음을 가지고 성서 본문을 포용하는 일이라는 것이다. 그렇다면 이상적 주해가는 하나님 나라의 제자가 되어 오래된 보물과 새 보물을 내오는 율법 서기관과 같을 것이다(마 13:52).[76]

76 Pinnock은 "Work of Spirit," 241에서 이런 연관성을 통해 이 본문에 주목한다.

제6부 누구의 은사주의 해석인가?

오순절 및 은사주의 해석학에 관한 현재의 논의는 종종 건전한 성령 해석학에 관한 논의를 지배한다. 그러나 해석학을 특별히 오순절 혹은 은사주의 해석학으로 만드는 것은 무엇일까? 대다수의 오순절 학자는 Word of Faith의 강경한 가르침과 같이 억지로 교회에 떠맡긴 여러 대중적인 오순절 및 은사주의 해석들로부터 한 발 물러설 것이다.

어떤 이들은 보편적 오순절 공동체가 해석에 대한 안전망을 제공한다고 주장하지만, 그 공동체에서 누구의 해석이 인정받고 있는가? 우리 중에 다음과 같은 부흥운동의 해석을 포함시키자고 옹호하는 사람은 거의 없을 것이다. 즉 사회학자들이 오순절 해석으로 분류하지만, 그럼에도 예수 대신에 그 부흥운동의 창시자들을 신격화하는 해석 말이다. 마찬가지로 우리 중에 귀신에 관한 혼합주의적 가르침을 영적 은사의 지속을 지지하는 명백한 성서적 가르침과 같은 수준에 놓는 사람은 거의 없을 것이다.

그렇다면 우리는 오순절 학계의 보편적 공동체에 호소하는가? 하지만 오순절주의자들과 은사주의자들, 그리고 성령을 강조하는 다른 학자들 가운데 존재하는 해석학적 접근법들의 다양성은 그들이 교육받은 학교 수

만큼이나 광범위하다. 이런 형태의 성령 해석학에서 특징적이면서도 일반적으로 존재하는 요소는 본문에 대한 인격적 경험을 포용하는 것이다. 그러나 나는 이런 포용이 본문의 형태에 대한 관심으로 반드시 보완되어야 한다고 계속해서 주장한다. 성서는 글로 기록된 텍스트이기 때문에, 종종 그것의 첫 번째 청중(과 종종 그 이후의 청중)이 인지할 수 있는 장르로 존재한다. 하나님은 텍스트를 읽는 방법을 아는 자들이 접근할 수 있는 형태로 성서 본문에 영감을 불어넣으셨다. 따라서 우리가 믿음의 관점에서 성서 본문을 읽기 위해서는 단지 본문만 혹은 단지 성령만이 아니라, 항상 말씀과 성령이 함께 필요하다.

17장 순진한 "오순절식" 읽기 대 성서적으로 민감한 오순절식 읽기

어떤 의미에서 내가 앞에서 한 말은 훈련된 헌신적 성서 읽기에 찬성하는 주장이다. 그러나 나는 다음과 같은 주장도 펼친다. 즉 성서 본문에 대한 건전한 접근이 없다면 차라리 성서 본문을 사용하지 않는 것(과 확실히 성서 본문이 지닌 권위의 망토를 주장하지 않는 것)이 낫다고 말이다. 때로 그리스도인들이 건전한 교리를 갖게 되는 이유는 단순하다. 바로 성서 본문을 신실하고 훈련된 방식으로 연구했던 전임자들로부터 그런 교리를 물려받았기 때문이다. 그러나 우리의 읽기는 열렬한 애국 연설이나 심지어 치어리딩과 같은 방식으로 "영감"을 만들어내도록 고안되었다. 이는 하나님이 성서에 심어놓으신 신적 영감의 희미한 그림자 그 이상이 결코 될 수 없으며, 성령의 참된 백성은 이를 인지해야 한다.

대중적인 은사주의의 가르침은 성서 본문에 대한 신중한 연구 없이 해석에 대한 의식의 흐름 접근법을 너무 많이 반영하는 것으로 보인다.[1] 어떤 한 가지가 우리에게 다른 무엇을 상기시켜주는 것이 틀린 것은 아니다. 이는 우리의 뇌가 연결되어 있는 방식을 반영한다. 성령을 통해 우리를 인도

---

1 나는 여기서 교육학 이론을 염두에 두고 있는 것이 아니다. 때로는 대화 형태가 우리 문화 내에서 18세기 설교들에서 발견되는 것과 같은 꽉 짜여진 주장들보다 효과적으로 의사를 전달한다. 여기서 나는 해석학적 의식의 흐름, 즉 한 본문이 임의로 우리에게 다른 본문을 연상시키는 것에 반대한다.

하는 하나님의 주권을 절대적으로 신뢰함으로써 우리는 종종 이런 연결들로부터 배울 수 있다. 그러나 이것은 훈련된 해석학적 방법이 아니고, 다양한 상황적 의미나 적용의 근원이 되는 본문의 보편적 의미를 우리에게 제공해주지 않는다. 원칙적으로 이것은 책점(bibliomancy)과 유사할 수 있고 점술의 위험을 내포할 수 있다. 이것은 마치 고대인들이 미래 혹은 신들의 뜻을 새들의 비행이나 제물로 바친 동물들의 내장에서 발견되는 이상 현상으로 점쳤던 것과 같다.[2] 진정으로 성서에 몰두하며 성령의 인도를 신뢰하는 자들은 보통 그렇게까지 멀리 나가지 않을 것이다. 그러나 우리는 바른 길에 머무르기 위해 성서 본문에 신중한 주의를 기울일 필요가 있다.

보편적 오순절주의의 주요 특징 중 하나는 그것의 대중성이다. 오순절주의는 성령이 사역의 동역자들인 새로운 집단들에 권능을 부여해줄 것을 신뢰함으로써 토착민 사역자들을 더 신속하게 양성할 수 있었다(행 8:15-17; 10:44-47에서 발생했던 것처럼 말이다).[3] 그러나 가르침 역시 영적 은사다(7장의 "성령은 가르침의 은사를 주신다" 단락을 보라). 문제는 성령에 대한 오순절식 강조나, 성서 내러티브에 묘사된 사역을 수행하는 자들로서 경험적으로 살아야 한다는 오순절식 강조에 있지 않다. 문제는 미국 대중 종교를 보다 일반적으로 반영하는 전통에 기초한, 가르침에 대한 축소된 강조에 있다.

---

2 그러나 실제로 이런 점술 행위는 제비뽑기와 유사한 기능을 했을 수 있다. 그 해석이 투명했다면 말이다. Walton, *Thought*, 271-72을 보라. 그러나 먼저 기록된 성서 내용에 대한 성서적 암시에도 불구하고, 그러한 암시 가운데 성서를 사용한 무작위적 책점(bibliomancy)의 형태를 반영하는 것은 하나도 없다(주지하듯이, 두루마리 형태의 성서는 책 형태의 성서보다 점술용으로 사용하는 것이 더 어려웠을 것이다). 고대 그리스도인들의 사용 및 행위를 포함하여 성서의 점술 사용 및 행위에 관해서는 Van der Horst, "Bibliomancy"를 보라. 참조. 로마의 사제들이 징조에 대한 해결책으로 그리스어로 기록된 신탁 모음집을 사용했던 예(Rüpke, *Religion*, 18).

3 다음을 보라. Wall, "Acts," 139; Keener, *Acts*, 2:1527, 1813-14; 참조. Miller, *Empowered for Mission*.

대중적 접근

앞서 살펴보았듯이, 비록 학문적 해석학이 성서 본문을 통해 성령의 음성을 들을 때 제한적일 수 있지만, 대중적 해석학은 특히 상황을 경시하는 것과 같은 위험을 종종 안고 다닌다. 오순절주의가 탄생한 웨슬리적 성결주의 기반을 포함하는 대중적 해석은 증거 본문들을 한데 묶어놓는 것을 종종 포함했다.[4]

종교개혁은 성서 메시지를 회복시키는 데 초점을 맞추고 있었다. 비록 종교개혁가들이 유용하다고 판단한 전통과의 타협이 없었던 것은 아니지만 말이다. 종교개혁은 부분적으로 민족주의적 정치와 정보 기술(인쇄술)이 추진시켰으나, 종종 성서학자들이 주도한 대중적 운동이었다. 그러나 제2차 대각성 운동은 오순절주의의 대중적 전통을 더욱 발전시켰는데, 이런 발전은 종종 내가 긍정적으로 여기지만 몇몇 한계점이 있었던 방식들로 이루어졌다. "[개신교의] 이런 '민주적 혁명'은 대중적 해석학의 출현을 조장했다." 종교개혁가들은 매일의 독자를 위한 성서 해석을 중요시했다. 그러나

> 그들은 평신도가 목회적 지침과 별개로 성서를 적절히 이해할 수 있다고 생각하지 않았다. 그러나 제2차 대각성 운동의 부흥가들은 권위적 해석에서 풀

4 Archer, *Hermeneutic*, 62-63. 증거 본문과 관련하여 역사비평가들이 반대한 것은 "성서의 모든 부분이 동일하게 영감을 받았다는 가정이었다(Archer, *Hermeneutic*, 64). 내가 가장 우려하는 것은 증거 본문을 사용하는 일반 독자들이 종종 관련 본문의 상황에 주목하지 않는다는 점이다. 그러나 보수적인 교수들은 귀납적 성서 연구를 옹호했다. 성서의 각 책을 전체적으로 읽으면서 말이다(Archer, *Hermeneutic*, 66-68). 그리고 학자들이 사용한 증거 본문은 적합한 주해 연구를 전제했을 것이다(Archer, *Hermeneutic*, 101n44).

려난 성서를 강조했다.…"성서만이 유일한 신조"라는 격언은 오직 성서(*sola Scriptura*)라는 개신교 원칙과 더불어 성서적 해석의 최종 권위로서의 사적 판단에 대한 점진적 강조를 반영했다. 따라서 1800년 이후 성서적 해석에 대한 견해와 민주적 가치는 같은 방향으로 움직였다. 의지적 충성, 자립, 사적 판단과 같은 개념들을 상호적으로 강화하면서 말이다.[5]

이것은 말 그대로 "액면가" 해석에 대한 대중적 강조로 이어졌다.[6] 20세기 초에 사람들은 다음의 두 부류를 복음주의적 다양성의 이상적인 양극단으로 구별했을 것이다. 즉 고등교육을 받은 "동부의 올드 프린스턴(Old Princeton) 엘리트"와 "감리교 및 성결 운동에 기반한 서부 아주사 거리의 하층민들."[7] 우리는 이 둘 각각으로부터 배울 것이 있다.[8]

5 Smidt, *Evangelicals*, 22. 틴데일을 비롯한 일부 종교개혁가들은 다른 이들보다 대중 독자들에게 더 많이 호소했을 것이다. 그러나 여느 곳에서와 마찬가지로 영국에서도 예를 들어 상인들은 농장 인부들보다 글을 읽고 쓸 줄 아는 이들이 더 많았다. 교회와 국가를 분리하는 재세례파의 영향을 받은 미국의 침례교도들은 민주주의와 종교의 자유를 자신들의 가치로서 포고했다(예. Kidd and Hankins, *Baptists*, 72-75, 179, 194).

6 기도 및 성서 연구에만 전념했던 Finney의 상식적 성서 해석에 관해서는 Hardesty, *Women*, 72을 보라. 같은 주장을 펼친 Phoebe Palmer도 보라(73). 초기 오순절주의의 대중적이고 액면 그대로의 해석에 관해서는 다음을 보라. Martin, "Introduction," 3; Archer, *Hermeneutic*, 102, 125-26.

7 Boda, "Word and Spirit," 44. Boda는 여기서 프린스턴 대학교의 지식인들을 성서의 서기관 전통과, 아주사 길거리 부흥운동가들을 성서의 예언자적 전통과 비교한다. 개혁파 개신교의 전통에 저항하는 웨슬리적 사고에 관해서는 다음을 보라. Archer, *Hermeneutic*, 21-22(R. M. Anderson과 D. Dayton의 주장을 따른다).

8 후자의 범주에는 개혁파 전통에 서 있는 칼뱅주의 침례교도들도 포함된다. 이들은 자신들에게 필요한 것이 오로지 성령과 말씀 선포로의 부르심뿐이라고 믿었다(Kidd and Hankins, *Baptists*, 42을 보라).

이 접근법의 문제점

은사주의 경험과 마찬가지로 대중 종교는 긍정적 측면과 더불어 한계점도 지닌다. 몇몇 교회는 우리가 의학적 전문 지식이나 법률적 상담을 다룰 때 결코 사용하지 않을 방식, 곧 되는 대로의 방식으로 성서를 "이미 알고 있다"고 당연하게 생각하는 듯하다. 우리 대부분은 가장 전문적인 상담을 받기 위해 자격을 갖춘 심리학자와 상담자를 찾아야 하지만, 성서에 대한 조언은 글을 읽을 수 있는 사람이라면 누구나 할 수 있다. 나는 성서를 이해하기 위해 학자가 되거나 신학교에 가야 한다고 생각하지 않는다. 다만 나의 불만은 많은 교회가 신중하며 상황을 고려하는 성서 연구를 등한시하고 있다는 점이다.

잘 알려진 몇몇 대중적인 성서 해석자는 실제로 성서를 잘 다룬다. 몇몇 사람은 중요한 메시지를 갖고 있고, 많은 사람이 성실하게 삶을 살아간다. 그러나 어떤 이들은 맥락에서 벗어난 성서 구절들을 인용하면서 유명한 성서 교사가 될 수 있는데, 그 이유는 그들이 자신의 메시지를 홍보하는 데 몰두한 나머지 성서를 깊이 적용하는 데 있어 동등하게 주의를 기울일 충분한 양의 시간을 할애하지 않기 때문이다.

어떤 이들에게 "오순절 해석학"은 양립 불가능한 가치들을 한데 묶어놓은 모순처럼 들릴 것이다. 그러나 이런 가치들의 명백한 양립 불가능성은 대중적 종교와 학문적 종교 사이에 오랜 기간 존재해온 긴장을 재순환시킬 뿐인데, 이 긴장은 누가나 바울 같은 숙련된 성서 저자들로부터 유래한 것이 아니다. 사도행전에서 성령의 권능을 받은 삶을 산 대표적 인물 중 한 명은 바울이다. 그는 두란노에 있는 학교에서 매일 가르치며 문화적으로 이해 가능한 공적 지식인의 역할을 담당했고, 동시에 하나님은 이적과 기사를 통해 그를 사용하셨다(행 19:9-12).[9] 마찬가지로 바울은 벨릭스 앞에서 자신을 변호할 때 당시 최고의 수사 기법을 최적으로 사용했다.[10] 비록 초기 오순절 설교자들이 모두 학문적으로 훈련받은 것은 아니었지만, 초기 하나님의 성회에 소속된 성서 학교들에서 가르쳤던 많은 교사들은 CMA 단체에서 훈련을 받았다.[11]

오늘날 오순절주의자들은 종종 "실용적 목적", 곧 삶의 변화를 위해 성서 본문을 사용한다.[12] 그러나 본문의 적용점이 이런 성서 본문에서 발견되지 않고 성서 어디에도 나타나지 않는다면 무슨 일이 발생할까? 어쨌든 성서에서 우리가 찾으려고 계획한 것을 찾기만 하면, 성서가 우리에게 가르쳐야 하는 모든 것에 대한 균형 잡힌 이해를 진정으로 얻는 것일까? 학자인 올가 자프로메토바(Olga Zaprometova)가 한탄하는 것처럼, "몇몇 사역자(그중에서도 설교자, 교사, 신학자)의 손안에서, 성서는 그들이 원하는 것은 무엇이든 의미한다."[13]

많은 대중적인 오순절 및 은사주의적 사고들이 오순절 및 은사주의 신학의 고정관념에서 벗어날 준비가 되었다. 그러나 어떤 집단의 순진한 읽기는 고정관념으로 이어질 것이다. 이 순진한 읽기는 몇몇 주류 전통에

9 Keener, "Teaching Ministry"를 보라.

10 Keener, "Rhetorical Techniques"를 보라.

11 예. Menzies, *Anointed*, 138을 보라. 일찍이 CMA 단체에서 양육받은 저명한 하나님의 성회 지도자들의 목록은 Menzies, *Anointed*, 72n37을 보라. CMA 단체와 관련된 다른 인물들에 관해서는 다음을 보라. Menzies, *Anointed*, 56, 66, 70-72, 126-30; McGee, *People of Spirit*, 98-100, 109, 243; Miskov, *Life on Wings*(Carrie Judd Montgomery에 관해 언급한다).

12 Grey, *Crowd*, 91. 여기서 Grey는 기술적으로 자기의 주장을 펼치고 있다.

13 Zaprometova, "Crisis," 187.

서보다 보편적 오순절주의에서 좀 더 흔하게 발생할 수 있는데, 그 이유는 오순절 복음주의 진영의 교육이 취약하기 때문이다.

만일 실제로 성령이 우리로 하여금 성서 본문과 상관없는 무언가를 말하도록 이끈다면, 우리는 억지로 그 본문이 들어맞도록 강제할 필요가 없다. 왜냐하면 본문을 가르치는 것 외에도 하나님의 메시지를 전달하는 성령의 다른 은사들이 존재하기 때문이다(롬 12:6, 8; 고전 12:29; 14:3). 만일 성령이 우리로 하여금 단순히 환기시키는 방식으로 본문의 용어를 사용하여 우리의 주장을 밝히도록 이끈다면, 요한계시록은 때로 구약성서의 예언들과 동일한 기능을 하고(예. 단순히 심판을 전달하는 기능), 구약성서의 예언자들은 때로 그들보다 앞선 예언자들의 언어와 동일한 기능을 했을 가능성이 있다. 그러나 그것은 본문의 의미를 설명하는 일과 동일하지 않다. 그리고 비록 누군가가 단지 본문을 환기시킨다고 느끼더라도, 그들의 사역은 가르침의 은사와 교회 지도자들이 교화적인 방식으로 성서 본문을 참되게 설명해야 하는 책임을 대체하지 않는다(참조. 딤전 4:13, 16; 딤후 3:15-4:4).

잘못된 종류의 경험적 읽기[14]

어떤 교단은 개인적인 영적 경험을 등한시하는 반면, 다른 교단들은 그런 경험을 너무 강조한 나머지 경험에 관한 새로운 주장이 제기될 때마다 그

14 이 부분에 나오는 대부분의 내용은 다음의 출처에서 알맞게 차용되고 압축된 것이다. Keener, "Biblical Fidelity," 여기서는 특히 38.

들의 견해를 지속적으로 개정하거나 조화시켜야 한다. 안타깝게도 경험이 언제나 자기 해석적인 것은 아니다. 예를 들어 경험은 축귀 없이도 진정으로 카타르시스적일 수 있다. 또한 청자는 설교가 본문의 요지를 실제로 반영하지 않더라도 설교에서 귀중한 교훈을 배울 수 있다.

더욱이 하나님은 진실하고 열성적인 구도자들을 축복하실 수 있다. 이런 집단에서 발생하는 모든 것이 신적 행위라고 결론짓도록 우리에게 요청하지 않고도 말이다. 대부분의 부흥운동은 신적인 것과 함께 인간이 지닌 연약함의 요소들도 포함한다(예를 들어 제1차 영적 대각성 운동에 관한 조너선 에드워즈[Jonathan Edwards]의 평가에 주목하라).[15] 하나님은 잘못을 저지르기 쉬운 사람들을 통해 일하신다. 이 문제에서 예외인 사람은 없다.

주관성과 객관성 사이의 균형을 맞추는 일은 말처럼 쉽지 않다. 그리고 우리 모두가 같은 곳에서 이 둘 사이의 경계를 긋는 것도 아니다. 성령이 강렬하게 부어지는 동안(삼상 19:20-24; 행 10:44-46; 19:6, 11-12에서와 같이), 하나님은 우리의 일반적 한계를 초월하는 비범한 방식으로 행하실 수 있다. 최근의 부흥 집회에서 "거룩한 웃음"(holy laughter)을 비판했던 사람들은 아마도 이 거룩한 웃음이 이전의 성령 부음 사건에서 실제로 발생했음을 모르는 듯하다.[16] 성령이 (역사상 좀 더 잘 알려져 있는 몇몇 부흥운동에서처

15 에드워즈는 *Distinguishing Marks of a Work of the Spirit of God*(1741)과 *Religious Affections*(1746)에서 (기절을 포함하는) "신체적 효과"에 주목하는데, 이 신체적 효과는 그가 살던 시대에 부흥을 가져왔지만, 부흥의 변혁적 특징과는 직접적인 관련이 없었다.

16 예. 다음을 보라. Robeck, *Mission*, 12(아주사 길거리 부흥운동, 1906); Anderson, *Ends of Earth*, 173(1909년 칠레 감리교 신도들), 200(1929년 중국 장로교 신도들); Shaw, *Awakening*, 187(1930년대 중국 북부에서 일어난 산둥 부흥운동; 침례교 신도들의 참여에 관해서는 Crawford, *Shantung Revival*을 보라). 나는 이 현상을 1975년 회심 후 이틀 뒤, 처음으로 성령 충만에 빠져 있을 때 경험했다. 당시 내가 성령 충만을 통해 알 수 있었던 전부는 내 생애 처음으로 참되고 숭고한 기쁨을 맛보았다는 것이다. (운동이나 가족 행사를 통해 얻는 기쁨과 대조적으로) 영적 기쁨은 서구의 그리스도인들이 아프리카와 남미에 있는 우리의 형제자매들로부터, 그리고 심지어 이전 켈트 기독교의 전통으로부터도 많이 배워야

럼) 전적으로 울음만을 발생시키는 것은 아니다.[17] 어쨌거나 성령의 한 가지 열매는 기쁨이다(갈 5:22). 그리고 이는 사도행전에서 집단적 성령 체험의 한 측면에 관해 기록된 주된 특징이었다(행 13:52; 참조. 롬 14:17; 15:13; 살전 1:6).

그러나 다음과 같은 급진적 주관성은 사람들에게 상처를 주는 실수들을 종종 야기한다. 즉 부정확한 예언, 연약한 인간 정신에 비해 너무 과도한 감정적 격함, 영적 권위에 관한 오해 등이다. 그러나 앞으로 나아갈 길이 있다. 곧 하나님과 우리의 주관적 관계는 하나님의 말씀에 관한 객관적 연구에 정박될 수 있다.[18]

수년 전 짐 바커(Jim Bakker)는 The PTL Club(미국 복음주의 기독교 방송)에서 번영 메시지를 설교했다. 그는 후에 고백하길, 자신이 당시 너무도 바쁜 나머지 스스로 성서를 읽을 시간이 없었다고 말했다. 따라서 그는 그의 친구들이 가르쳐준 성서 메시지를 전달할 수밖에 없었다. 그 친구들이 문맥을 고려한 성서해석을 수정했다고 가정한 채 말이다. 감옥에 있는 동안 그는 이전보다 성서를 더 많이 읽을 수 있었다. 놀랍게도 그는 자신이 소유에 대한 예수의 가르침과 정반대되는 내용을 가르쳐왔음을 깨달았다.[19] (칭찬할 만한 것은 그가 후에 자신의 가르침을 바꾸었다는 점이다. 그러나 그의 수정된 메시지는 미국의 영적 소비 시장에서 이전만큼의 관심을 받지 못했다.) 다른 "영적인" 사람들이 그런 견해를 갖고 있다고 해서 그런 성서 해석을 당연하게

할 한 가지 영역이다.

17 참조. 기쁨의 "환희"와 이전에 미국에서 발생한 침례교 신도들의 한탄, Kidd and Hankins, *Baptists*, 87. 기절과 비자발적인 신체 떨림 현상들 역시 부흥운동 역사에서는 흔한 것이었다(예. Dunn, *Jesus and Spirit*, 192; Wolffe, *Expansion*, 57-59; Vidler, *Revolution*, 238; Synan, *Tradition*, 12-14; Moore, "Quakerism," 338; Rosen, "Psychopathology," 235-37; Kidd and Hankins, *Baptists*, 89).

18 Keener, "Biblical Fidelity," 38.

19 Bakker, *Wrong*, 531-44을 보라.

받아들이는 것은 우리를 교정시켜주는 성서로부터 우리를 멀어지게 만드는 일이다. 이렇게 당연하게 여겨지는 해석들은, 때때로 최근에 생겨난 것이라고 할지라도, 자주 "전통"이 되어버린다.[20]

대중적 오순절 해석학이 잘못 적용된 몇 가지 예

성서와 장르상 필적하는 문헌들을 읽는 것과 다른 방식으로 성서를 읽는 것은 칭찬받을 만하다. 이를 통해 우리가 성서에서 하나님의 음성을 듣는다면 말이다. 그러나 하나님이 기존의 문학적 장르에 속하는 성서의 많은 본문에 영감을 주셨으므로, 우리 역시 성서를 이런 장르에 속하는 문헌으로서 읽어야 한다. 즉 우리가 성서를 읽는 문학적 원칙들은 동일 문학 장르에 속하는 유사 문헌을 읽는 방식과 다르지 않다. 성서를 이와 다른 방식으로 다루는 사람들은 종종 성서적 러시안룰렛 게임을 한다. 즉 그들은 다른 문헌이라면 절대로 그렇게 하지 않을 방식으로 문맥과 단절된 성서 구절들을 임의로 취한다.[21] 격언들의 장르는 짧고 간결한 요점을 제공한다. 우리가 이 격언들을 격언 장르의 틀 안에서(즉 일반적인 원칙 진술로서) 듣는다면 말이다. 그러나 대부분의 장르는 이런 식으로 작용하지 않는다.

20 Keener, "Biblical Fidelity," 39.

21 참조. Green, *Seized*, 69의 불만, 즉 성서를 "자신의 말에 권위를 부여하기 위한 책으로서, 도덕적 신념을 지지하는 격언 모음집으로서, 아니면 논의의 출발점을 제공하는 일종의 보물 상자로서" 사용하는 것에 대한 불만.

몇몇 은사주의 텔레비전 설교

오늘날 오순절 해석학에 가장 열성적인 사람들은, 만약 그들이 대중적 집단으로부터 완전히 고립된 것이 아니라면, 학자들의 안전장치에서[22] 벗어나고 상황에 주의를 기울이지 않는 몇몇 대중적인 은사주의 해석이 제대로 훈련된 것이 아니기 때문에 교정이 매우 필요한 상태에 있다는 점을 반드시 인식해야 한다. (여기서 내 불만을 포스트모던적으로 듣지 않기를 바란다. 그러나 나는 성령의 이름으로 회자되는 대중적 주장들의 몇몇 종류에 대해 이미 언급했다.[23])

예를 들어 몇몇 유명 해석자는 문맥에 관계없이 성서의 명제들을 연결하여[24] 다음과 같이 이상한(그리고 비성서적인) 문구를 만들어낸다. "우리가 곧 하나님의 뜻**이다**"라고 말이다.[25] 이 해석은 적절히 통제되지 않을 때 터무니없는 왜곡을 만들어낼 수 있다. 즉 예를 들어 예수가 하나님의 의이고(고전 1:30), 우리 역시 하나님의 의이므로(고후 5:21), 우리는 예수다.[26] 이런 방법론은 인접한 본문들에서조차 파괴적인 결과를 초래할 수 있다. 예를 들어 하나님은 사랑이시고(요일 4:8, 16), 그분께서 그러하심과 같이 우

---

22 비현실적 해석이 일부 오순절 분파에서 나타날 수 있지만, 이런 해석을 "오순절 대학이나 신학교에서 가르치는 것은 아니다. 그리고 그런 해석이 적법한 오순절 해석학을 대표하는 것도 아니다"(Anderson, "Pentecostal Hermeneutics").

23 또 다른 주장을 하나 더 제시하자면, 나는 어느 성서 대학의 신입생 과대표 후보자 하나가 성령이 과대표 선거에 출마하도록 자신을 인도했다고 주장하는 것을 직접 들었다. 이렇게 주장한 후 그는 손쉽게 당선되었다. 하지만 그가 통제하기 힘든 학우들을 일 년 동안 견뎌낸 후, 성령은 이듬해 2학년 과대표 선거에 출마하도록 그를 인도하지 않았다.

24 예. Capps, *Tongue*, 17, 71.

25 Hagin, "Authority in Prayer"(카세트 테이프에 녹음된 강의).

26 또는 예수가 주님이시고 성령도 주님이시므로(고후 3:17, 이 부분은 출 33-34장의 내용을 해석하고 있다), 예수가 성령이고 우리가 예수라면, 우리는 성령이기도 하다. 우리가 죄를 짓는다면, 그리고 우리가 예수라면, 예수도 죄를 지었는가?

리도 이 세상에서 그러하기 때문에(요일 4:17), 우리가 사랑이고, 우리가 하나님이다. 유클리드 기하학에서 중요한 "평등 전이 속성"(transitive property of equality, a=b, b=c, 따라서 a=c)은 상황을 무시한 문학에 적용될 때 그릇된 결론에 이를 수 있다. 실제로 기하학적 논리에서도 (a)가 (b)와 정확히 동일하지 않아도 (b)를 포함할 수 있고, (a)와 (b)가 서로 동일하지 않아도 겹쳐질 수 있다는 것을 고려해야 한다.

보통 우리는 전통적인 복음주의 매체의 설교자들에게서 은사주의 매체의 많은 설교자들보다 더 나은 성서 주해를 얻을 수 있다. 이는 전자가 자신의 신학을 성서에 주입해서 읽기 때문이 아니라—어떤 이들은 그들이 주장하는 종말론, 은사의 중단 또는 다른 교리와 관련하여 그렇게 한다—보통 성서 주해에 집중하기 때문이다. 반면에 후자는 필요에 대한 즉각적 해결에 종종 초점을 맞춘다.

확실히 대중적 은사주의 매체의 식단은 대부분의 오순절 및 은사주의 강단의 식단과 다르다. 목사들은 그들의 양 떼에게 텔레비전 목회가 허용하는 것보다 좀 더 일관된 식단을 제공해야 한다. 그러나 이런 대중적인 인물들은 단지 많은 사람들—종종 젊은 신자들 혹은 관련된 증거 구절들을 제외하고 성서적으로 문맹인 자들—의 추종과 지지를 받고 있다는 이유로 성공을 거둔다. 더 확실히 나는 건전한 가르침을 제공하고자 애쓰는 친구들을 알고 있고, 이런 친구들을 중요한 예외로서 간주한다.

더욱이 필요에 대한 호소는 주목을 갈구하는 복잡한 세속 시장에서 복음에 귀를 기울이도록 만드는 한 가지 방식이다. 확실히 예수는 하나님 나라의 특성을 예시했을 뿐만 아니라 하나님 나라의 메시지에 주목하게 하는 표지로서 사람들을 치유하고 구원했다. 이 일은 중대한 요구들을 직접 다루었고, 예수는 보통 이야기와 기억에 남을 말씀으로 가르쳤다. 그러나 그는 자신의 청중으로 하여금 생각하도록 만드는 수수께끼들을 제시했고, 우리가 앞서 살펴보았듯이 성서를 문맥 안에서 이해했다. 그의 메시지는 성서의 핵심과 완벽한 보조를 맞추고 있었다.

대대로 내려오는 저주 깨뜨리기?

그럼에도 바람처럼 불어대는 최신 영적 유행에 초점을 맞추는 것으로 보이는 은사주의 집단들이 있다. 어떤 이들은 이처럼 유행이라는 파도의 물마루에 올라앉아 "서로 (하나님의 예언) 말씀을" 도적질한다(렘 23:30). 재정 번영의 "돌파구"를 확보하기 위해 대중적 가르침들은 믿음으로 씨를 뿌리는 것으로부터 가난의 영을 쫓아내어 조상의 저주를 깨뜨리는 것으로 이동했다.[27] 이런 많은 경우들에서 설교자는 힘을 발휘하여 기도 또는 관용어구를 통해 초자연적 해방을 추종자들에게 가져다준다.

물론 "조상의 저주"와 같은 개념은 성서에 그 전례가 등장한다. 아이들은 종종 자기 부모의 행동을 답보한다(예. 창 12:13; 20:2; 26:7). 그리고 조상의 방식을 답보함으로써 후손들은 조상의 축복이나 심판을 거두어들일 수 있다(예. 출 20:5-6; 신 5:9-10; 7:9). 또한 나는 말씀을 실천하는 자들이 대개 정직하다는 것을 부정하지 않으며, 잘못된 지식을 갖고 있지만 진실한 마음을 지닌 자에게 하나님이 종종 응답하신다는 것을 부정하는 것도 아니다. 그러나 조상의 불순종에 대해 성서가 제시하는 구체적인 해결책은 저명한 설교자의 공식과도 같은 구원 기도문이 아니다. 성서적 해결책이란 조상의 불순종에서 돌이켜 하나님의 말씀에 순종하는 것이다. 이런 깨달음을 통해 우리는 물려받은 가족적·문화적 죄들을 인지하고 그런 죄들

27 몇몇 축귀 사역의 역사와 비평에 관해서는 Collins, *Exorcism*을 보라.

에서 돌이키는 법에 이른다. 이런 돌이킴은 소비자를 위해 위생적으로 포장된 위기 경험 상품이 아니다.[28]

특히 몇몇 문화에서 말하는 마술적 의미에서의[29] 저주들은 조상이 받았던 심판들과는 다르다. 성서 역시 저주의 실재를 알고 있는데(예. 창 27:12-13; 민 22:6, 11-12; 24:10; 잠 26:2), 이 실재는 저주를 행하는 사회에서 보다 쉽게 파악된다. 이런 저주를 행하는 사회는 성서의 문화와 다른 방식으로 저주를 행할 수 있다. 그렇게 하면서도 성서의 원칙들이 여전히 적용될 수 있다. 마귀의 공격에 맞서려면(엡 6:11-13) 믿음이 요구되므로(엡 6:16), 권위 있는 기도로 맞서는 것은 이치에 맞는다(참조. 막 11:23). 확실히 그리스도인의 첫 번째 반응은 기도 가운데서 하나님께로 돌아서거나 예수의 이름으로 마귀의 공격에 맞서는 것이어야 한다.[30]

그럼에도 저주에 관한 성서의 가르침에서 때때로 무시되곤 하는 초

---

28 대각성 운동에서 위기 체험은 회심 내러티브의 일부로서 작용했다. 그러나 단순히 반복된 축복이 아닌 변화된 삶으로 이끄는 깊은 회개의 경험들이 나타났다. 주님과의 동행은 보통 주님과의 많은 경험을 이끌어냈으며, 은사주의자들은 가르침에 대한 반응으로 경험을 요구하는 데 일가견이 있다. 그러나 일부 집단에서 오래된 해결책이 기대하는 변화를 가져오지 못할 때 "새로운" 해결책을 습관적으로 추구하는 현상은 하나님의 목적을 이루는 데 좀 더 초점을 맞추도록 진지하게 통제될 필요가 있다.

29 적대적인 영적 힘이 실제로 존재할 수 있음을 의심하지 않도록 다음의 예를 보라. 출 7:11, 22; 8:7; 민 22:6, 12; 마 24:24; 막 13:22; 행 8:11; 13:6; 살후 2:9; 계 13:13. 이런 예들은 그런 힘의 다양한 문화적 형태를 보여준다. 적대적인 영적 힘은 다양한 사회에서 다양한 방식으로 표현될 수 있다.

30 우리는 축귀 명령의 성서적 선례들을 갖고 있다. 하나님 역시 이런 축귀 행위들을 종종 치하하신다. 축귀 행위가 덜 직접적인 영적 행위와 관련하여 믿음 안에서 하나님을 향할 경우라면 말이다. 그러나 공중의 권세들과 관련하여 그 권세들과의 갈등은 맞서 싸우고(엡 6:11-14) 지속적으로 기도할 것을 요구하지(단 10:12-13, 20-21), 그것들을 제압하거나 몇몇 은사주의 전통에서처럼 "땅으로 떨어뜨리라고" 요구하지 않는다. 성령은 좀 더 넓은 의미를 지닌 상징적 예언 행위로 우리를 이끌 수 있다(예. 겔 36:1, 4, 6, 8). 그러나 성령은 일종의 마술 주문처럼 충분히 외워졌을 때 천상의 권세들을 떨어뜨리는 그런 것이 아니다(참조. 벧후 2:10-11; 유 8-10절). 다음을 대조해서 보라. Copeland, *Laws*, 104(105에서 Copeland는 "견본 기도"[sample prayer]를 통해 사탄을 제압한다); Capps, *Tongue*, 126.

점은 저주를 받을 만한 일을 우리가 피해야 한다는 것이고(민 23:8; 31:16; 잠 26:2), 하나님께서 자신의 호의를 입은 자들에게 저주를 내리시지 않는다는 것이다(삼하 16:12). 하나님은 보통 우리를 저주하는 자들을 저주하시겠지만(창 12:3; 27:29), 예수는 대신에 그들을 축복하라고 우리에게 요청한다(눅 6:28; 참조. 롬 12:14; 벧전 3:9). 용서는 우리가 우리 자신을 방어하기 위해 하나님을 의지하고 있다는 신뢰를 예증하며, 하나님은 그분을 의지하는 우리의 기도를 들으신다(마 6:14-15; 참조. 벧전 3:7, 12). 실제로 성서는 용서를 비는 누군가를 용서하지 않으면 마귀에게 속는 것임을 분명히 밝힌다(고후 2:10-11).

내 관심은 이런 특정 교리가 아니라, 그런 교리의 점검되지 않은 확산이 의미하는 것을 하나의 예로서 사용하는 데 있다. 우리는 너무 자주 유행을 따르는데, 이 유행은 성서적 개념과의 연관 유무와 상관없이, 신중한 성서 연구보다는 대중적 관행 및 영적 변덕에 따라 생성된다. 성서적으로 미숙하고 그리스도의 지식 안에서 자라지 못한 우리는 온갖 가르침의 바람에 밀려 요동한다(엡 4:14). 말씀의 진정한 사역자들은(사도, 예언자, 복음 전하는 자, 목사와 교사, 엡 4:11) 온갖 가르침의 바람으로부터 우리를 보호해야 하고(엡 4:11-13), 그것으로부터 우리를 보호하지 못하는 자들은, 그들이 스스로를 무엇이라고 부르든지 간에, 말씀의 진정한 사역자들과 반대되는 역할을 하고 있는 셈이다(엡 4:14).

Word of Faith의 가르침

Word of Faith(1980년 미국에서 시작된 일종의 신은사주의 운동 단체—역자주)의 유명한 교사들은 문맥에 대한 고려 없이 성서를 인용하는 것으로 잘 알려져 있다. 이 단체의 추종자들은 그럼에도 불구하고 성령이 그들의 성서 읽기를 지지한다고 주장한다. 예를 들어 히브리서 11:1의 "지금의 믿음"(now faith)을 즉각적인 축복을 위한 믿음과 연결하여 사용하는 것을 생각해보라.[31] 안타깝게도 이런 교사들의 성서 번역본들이 "지금"이라고 번역한 그리스어 단어는(예. KJV, NASB, NIV, ESV, 그리고 NRSV) "지금"을 의미하는 그리스어 부사가 아니다. 이 그리스어 단어는 시제와 관련된 의미를 지니지 않는 접속사일 뿐이다.[32] 여기서 문맥이 가리키는 믿음은 미래의 보상을 소망하면서 현재의 고난을 견뎌내는 믿음이다(히 10:32-39; 11:8, 13-16, 26, 33-40; 12:1-3).

문맥상 요한복음 10:10의 도적질하고 죽이고 멸망시키러 온 도둑은 구체적으로 마귀가 아니라[33] 자신의 이익을 위해 양들을 착복하는 자다(요 10:1, 8, 12). 이를 구체적으로 예시하는 자들은 앞선 구절에 등장하는 바리새인들로, 그들은 한 신자를 회당에서 추방했다(요 9:34-41). 마찬가지로 "뭇 산의 가축"(시 50:10)은 하나님이 자신의 백성이 드리는 제사에 의존하시지 않는다는 것이지(시 50:7-14), 우리에게 현금을 주시려고 가축 몇 마리를 팔라고 제안하신다는 것을 의미하지 않는다.[34]

---

31 Hagin, *What Faith Is*, 3-4, 6, 12, 18, 20, 30; *New Thresholds of Faith*, 11; 다음도 보라. *The Word of Faith* (March 1983): 3. 시간을 의미하는 영어의 "now"는 "믿음"과 같은 명사를 수식하는 형용사가 아니라 부사다. 대중 수준의 연구들, 특히 Hagin의 연구는 수많은 판본을 거쳤고 출판 일자가 언제나 책에 명확히 표시되어 있는 것도 아니다.

32 여러 번역을 자주 참조하면 이런 종류의 문제를 방지할 수 있을 것이다. 그러나 이 경우에는 그리스어 원문 혹은 그리스어 원문과 영어 번역문을 대조해놓은 자료를 확인해보는 것이 필요할 것이다.

33 Pace Copeland, *Laws*, 63.

34 하나님의 부요하심을 나타내는 천 마리의 소에 관해서는 Hagin, *Redeemed*, 9을 보라. 이것이 하나님이 모든 것의 주인이 되심을 강조하는 맥락에서 요점은 아니지만, 하나님의 자원이 무궁하다는 점은 사실이다. 해석학적 문제는 일반적인 해석에서 이런 적용이 본문의 요지를 대체해왔다는 점이다.

히브리서 1:14의 섬기는 천사들은 우리 마음대로 사용할 수 있고 우리의 명령에 복종하는 천사들을 의미하지 않는다.[35] "누구를 섬기라고 보내졌다"라는 말은 "누구의 명령에 따라 섬기라고 보내졌다"라는 말이 아니라, "누구의 유익을 위해 섬기라고 보내졌다"라는 말이다. 대신에 관련 맥락을 고려해볼 때 그리스도는 율법을 중개했던 천사들보다 뛰어나다(히 1:4-8; 2:2-3). 해당 본문은 히브리서 저자의 청중에게 이미 알려진 수호천사 개념을 연상시키는 것으로 보인다.[36] 우리의 주님이신 예수조차도 천사를 부린다고 주장하지 않았지만, 자신이 천사들을 필요로 한다면 하나님 아버지께 요청할 것이라고 지적했다(마 26:53).[37]

입으로 자신의 믿음을 고백하는 것이 성서적 원칙을 반영할 수 있지만,[38] 믿음을 가르치는 교사들이 이 원칙을 위해 주로 사용하는 핵심 본문은 그리스도를 주로 고백하는 것에만 직접 적용된다(롬 10:9-10).[39] 로마서 4:17을 보면 아브라함이 아니라 하나님이 없는 것을 있는 것으로 부르셨다.[40] 에베소서 5:1의 맥락에서 하나님을 모방하는 일은 우리의 말로 실재

---

35 Pace Hagin, *Visions*, 126; *Prayer Secrets*, 20; Copeland, *Laws*, 104; Capps, *Tongue*, 57. 누군가를 섬기도록 영들을 보내는 현상은 몇몇 문화의 주술 행위 가운데 나타난다. 예. Fuchs, "Techniques," 129을 보라.

36 예. Tob 5:22(내용을 알고 있는 독자는 여기서 아이러니를 포착할 것이다); 히 1:14; 마 18:10; *L.A.B.* 11:12; 59:4; *t. Shab.* 17:2-3; *Sipre Num.* 40.1.5; *Gen. Rab.* 44:3; 60:15; *Song Rab.* 3:6, §3; Hermas 1.5. Le Cornu, *Acts*, 654, 이런 *L.A.B.* 15:5의 일부에 덧붙여 인용함; *Jub.* 35:17; *b. Hag.* 16a; *Ta'an.* 11a; 다음도 보라. Davies and Allison, *Matthew*, 2:770-72.

37 시 91:11을 보면 하나님의 명령에 따라 수호천사들이 우리를 보호한다("그가 너를 위하여 그의 천사들을 명령하사"). 그러나 우리가 좋은 대로 혹은 임의로 천사들을 부리는 것은 사탄이 마 4:6-7에서 시 91:11을 사용하는 것과 동일한 방식으로 이 시편 구절을 사용하는 것이다.

38 Capps가 *Tongue* 42, 65-69, 80ff 등에서 이런 주장을 지지하기 위해 인용하는 모든 본문은 맥락에서 벗어난다.

39 더 완전한 맥락에 관해서는 Keener, *Romans*, 125-26을 보라.

40 Pace Hagin, *What Faith Is*, 26-27. 롬 4장에 대한 그의 주해 역시 본문 이형(異形)에 위배된다. 비록 성서를 토대로 믿음을 가르치려는 그의 시도를 인정해줄 수는 있지만 말이다. 이

를 만들어내는 것과 전혀 무관하지만,[41] 하나님이 그러하셨듯이 사랑하고 용서하는 것과는 관련이 있다(엡 4:32-5:2). 마가복음 11:23은 아마도 예언적 말씀일 것이다. 그러므로 이 말씀은 하나님의 지원을 조건으로 삼는다. 예레미야애가의 지적처럼, "주의 명령이 아니면 누가 이것을 능히 말하여 이루게 할 수 있으랴?"(애 3:37)

이런 비평에도 불구하고 Word of Faith의 몇몇 영향력 있는 교사는 맥락의 중요성과, 맥락에 대한 주의 없이는 본문이 사실상 아무것도 말할 수 없음을 인식했다.[42] 그들 중 몇몇은 성서의 계시가 계시에 대한 여타의 다른 주장들보다 우선한다고 인정했다.[43] 그 외 다른 이들은 부주의한 모습을 보여왔다.[44] 심지어 Word of Faith의 몇몇 핵심 교사들조차도 적어도

는 성서의 주제를 무시하는 많은 이들과 대조를 이룬다. 그는 성서가 약속하지 않는 내용을 주장할 수 없다고 인정한다. 다음을 보라. *Matter of a Mate*, 1-2(여기서의 주장은 Capps, *Tongue*, 20의 주장과 다르다).

41 Capps, *Tongue*, 103, 114, 126; 참조. *Tongue*, 15-16. 여기서 Capps는 동정녀 탄생과 성육신을 엡5:1이 우리에게 적용하는 고백으로 왜곡시킨다. 이런 과도함은 신자들이 그리스도라거나 신성하다는 Hagin의 주장에 뿌리를 두는 것이 아니라 아예 동일한 것이다(*Authority*, 11-12; *Zoe*, 41; *Name of Jesus*, 105-6; 참조. Zoe, 35-36, 40, 42; Copeland, *Laws*, 15). 레마(Rhema)에서 공부한 동료들은 다음과 같은 말로 나를 안심시켰다. 즉 Capps는 우리가 그리스도를 의지하고 그의 몸으로서 그를 섬기고 있음을 지적하고 있을 뿐이라고 말이다. 그러나 나타난 아들들(Manifested Sons)의 왜곡에 대한 위험을 감안할 때(예. Sam Fife, *Seven Steps to Perfection*, 12; idem, *Why All Things Work for Good*, 9), 그가 이런 용어를 명시적으로 통제하는 것이 유용했을 것이다.

42 Hagin, *Ministering*, 8; Hagin Jr., *Faith Worketh by Love*, 3; idem, *Itching Ears*, 14. 적어도 Kenneth Hagin은 때때로 문맥을 신중히 설명했다. 예. *Visions*, 73에서는 요일 5장을, *Present Day Ministry*에서는 행 13:28-33을, *Authority*, 7-11에서는 엡 1:17-2:1 일부를 설명한다(비록 *Authority*의 상당 부분이 John A. Macmillan의 연구를 단순 반복할 뿐이지만 말이다. McConnell, *Different Gospel*, 69-71을 보라). 그는 인정받는 그리스 학자들도 인용한다. 비록 이런 인용이 그리스어에 대한 오해를 지지하기 위함이지만 말이다. 예. *Zoe*, 9. 아마도 가장 중요한 것은 노년의 Hagin이 당시 일부 운동들에서 나타났던 극단적 현상들을 비판했다는 점일 것이다(*Midas Touch*, 특히 131-204).

43 Hagin, *Ticket*, 5; *Ministering*, 11; *Visions*, 20, 33; *What Faith Is*, 27; 참조. *Authority*, 21; *Led By the Spirit*, 84; Hagin Jr., *Faith Worketh by Love*, 3; Harrell, *Possible*, 234의 논의.

44 Gloria Copeland는 바울이 자신의 육체의 가시에 대해 권한을 행사하는 데 실패한 것은 잘

원칙상으로는 맥락의 중요성을 인정하고 있다면, 우리가 그들의 접근법에 이의를 제기하기 위해 맥락에 호소하는 한, 얼마나 더 맥락의 중요성을 인정해야 하겠는가?

성서에 등장하는 믿음의 참된 모범들

믿음을 가르치는 교사들이 문맥과 상관없이 성서를 빈번히 사용한다고 말한다고 해서 성서가 믿음에 관해 가르치지 않는 것처럼 가장하는 것은 아니다.[45] 사실 성서는 믿음에 관한 많은 성서적 모범들을 제공하는데, 이 모범들은 문맥상 명확히 구분된다. 믿음을 가르치는 교사들은, 만일 그들이 문맥에 보다 많은 주의를 기울인다면, 그들의 주제에 더욱 유용하게 균형 잡힌 방식들로 접근할 수 있다.

명확한 예는 믿음의 전형적 모범인 아브라함일 것이다. 아브라함은 바울이 강조하는 창세기 15:6의 의롭게 하는 믿음과 더불어, 하나님의 약속에 비추어(창 12:1-4) 그분의 부르심에 순종함으로써 순종의 믿음을 예

못이라고 제안했다("Thorn," 5; 이 소논문을 내게 제공한 사람은 Jesse K. Moon이다). Word of Faith의 몇몇 교사는 성서의 본질을 그리스도인의 권리를 설명하는 일종의 계약서로 왜곡시켰다. 다음을 보라. Capps, *Tongue*, 8, 14, 106, 116; Copeland, *Laws*, 40. 따라서 성서의 "율법"은 모든 사람에게 똑같이 작용한다(Capps, *Tongue*, 103; Copeland, *Laws*, 20-21; 참조. 32: "유대인들"은 율법을 사용한다). 따라서 하나님은 "하나의 믿음만을 위한 하나님"으로 축소된다(Hagin, *Name of Jesus*, 11; Capps, *Tongue*, 103). 그리고 자신의 영광을 위해 고통을 야기하는 하나님이라면, 그는 우리의 믿음의 대상이 될 자격이 없다(Hagin, *Don't Blame God*, 3-4). 믿음으로 고백된 필요를 채우신다는 자신의 언약을 성실히 이행하지 않는 하나님이라면 거짓말쟁이라고 불리게 될 것이다(Hagin, *Prayer Secrets*, 22). Bishop, "Prosperity," 14의 비평을 보라.

45 실제로 동시대 신앙 운동들의 몇몇 아이디어는 원래 전반적으로 훨씬 균형 잡힌 19세기의 성서적 믿음에 대한 가르침, 예컨대 Taylor와 Gordon의 가르침을 통해 등장했다. King, *Only Believe*에 언급된 광범위한 문헌들을 보라.

증한다. 그러나 아브라함의 믿음은 그가 이삭을 제물로 바칠 때 특히 예증되는데(창 22:1-18; 히 11:17-19; 약 2:21-23), 이는 창세기에서 아브라함의 전체 내러티브의 절정에 해당한다. 본문의 등장인물인 아브라함이 믿음의 사람으로서 발전하는 모습을 추적하다 보면, 우리 역시 신실하신 하나님과 동행함으로써 믿음 안에서 성숙해질 수 있다는 격려를 받게 된다.

따라서 우리는 창세기 15:6에서 아브람(Abram)에게 이미 칭찬받을 만한 믿음이 있음을 인식한다. 그는 하나님의 약속을 신뢰한다. 그럼에도 관련 맥락은 이 믿음의 가치를 제한하는데, 이는 하나님이 아브람에게 후손과 땅을 이미 약속하셨기 때문이다(창 12:1-2). 창세기 15장에서 아브람은 후손에 관해 묻는다(창 15:2-3). 하나님은 이미 하신 약속을 더 구체적으로 반복해서 말씀하시고(창 15:4-5), 아브람은 진정으로 신뢰할 수 있는 분, 즉 하나님을 신뢰한다(창 15:6). 즉시 아브람은 하나님이 그에게 땅을 주신다는 것을 어떻게 알 수 있는지를 묻는다(창 15:8). 이는 하나님이 동일한 약속을 반복해서 말씀하신 직후다(창 15:7). 그리고 하나님은 그 약속을 다시 확증하신다(창 15:9-21). 그러나 창세기가 전하는 그다음 장면에서 아브람과 사래는 하갈을 통해 아들을 낳는다(창 16:1-2). 이것은 불신의 모습이 아니다. 왜냐하면 하나님은 아브람의 아들이 사라를 통해 나올 것이라고는 아직 직접적으로 말씀하시지 않았기 때문이다. 하지만 이런 모습은 아브라함이 창세기 22장에서 표현하는 믿음과는 그 결이 다르다.

이와 대조적으로 창세기 22장에서 아브라함은 자신에게 말씀하셨던 하나님께 대한 믿음을 토대로 수십 년간 그토록 기다렸던 바로 그 약속을 제물로 바쳐야 한다. 하나님이 우리의 의로 간주하시는 의롭게 하는 믿음은 창세기 15:6에서처럼 근거에 기반한 믿음이다. 그러나 수년에 걸친 시험을 통해 하나님의 신실함을 경험하고 나면 더 깊은 믿음의 차원에 들어서게 된다. 이 믿음의 차원에서 우리는 무엇이 되었든 하나님을 신뢰한다.

왜냐하면 어떤 상황에서도 하나님이 신뢰할 수 있는 분이라는 것을 알기 때문이다.[46] 우리는 하나님의 성품을 깨달으면서 하나님을 알게 된다. 그래서 우리는 그분을 신뢰한다. 이런 신뢰는 우리가 노력을 통해 얻은 것처럼 자랑할 수 있는 그런 종류의 믿음이 아니다. 이는 하나님의 신실하심으로부터 흘러나오는 믿음이다.

우리는 혈루증에 걸린 여인을 생각해볼 수 있다(막 5:34). 자신의 병든 상태로 인해 그녀는 군중 속에서 사람들과 접촉할 위험을 감수하지 말아야 한다. 그리고 당연히 예수의 옷을 만지지도 말아야 한다. 그녀와의 접촉은 비록 간접적일지라도 부정을 야기한다(레 15:26-27). 그러나 절박함 가운데 그녀는 정결 규례를 어기고 예수의 옷자락을 만진다(막 5:27-28). 이는 충격적인 믿음으로, 예수는 그녀와의 접촉을 공개적으로 드러냄으로써 이에 반응한다(막 5:31-34).[47] 비록 그녀와의 접촉이 예수 자신을 다른 사람들의 눈에 부정한 존재로 보이게 할 수 있었지만, 예수는 우리의 부정함과 깨어짐 속에서 우리와 동일시되는 것을 부끄러워하지 않는다. 이 여인은 고침을 받고 떠난다.

히브리서 11장은 수사적인 걸작이다.[48] 히브리서 11장은 아브라함을

---

46 이는 Kenneth Hagin이 *Prayer Secrets*, 22에서 표현한 방식과 다르다: "헌금은 우리가 주장했던 액수보다 20달러가 적었다.…그 헌금이 없었다면, 나는 내가 설교했던 모든 교회를 찾아가 예수는 거짓말쟁이고 성서는 그리 신뢰할 만하지 않다고 말해야 했을 것이다. 그 헌금이 쓸모없었다면, 나는 그 헌금을 던져버리고 싶었다. 이것은 나의 솔직한 고백이다." 실제로 그는 다른 설명을 생각해내고 기다렸을 것이다(참조. *Prevailing Prayer*, 75). 그러나 이처럼 현명치 못한 말은 사람들의 믿음을 훼손시킬 수 있다.

47 예수의 제자들은 예수의 몸에 손을 대는 것과(막 5:31) 예수의 옷에 손을 대는 것을(막 5:30) 동일한 것으로 간주한다. 누가가 마가의 이 내용을 풀어서 설명하고 있는 것처럼 말이다(눅 8:45).

48 Keener, *Background Commentary*, 658: "히 11장은 특정 요점을 위한 유대 역사의 요약, 즉 역사적 회고라고 불리는 흔한 문학적 관습을 따른다. 이런 문학적 관습이 나타나는 문헌으로는 행 7장, 마카베오상 2:49-69, 집회서 44-50장이 있다.…히브리서 저자는 대용어(anaphora, 문장의 첫 단어 혹은 첫 단어들의 반복)라고 불리는 문학 장치를 사용하여 11장

포함한 여러 믿음의 영웅들을 나열하는데, 그들은 미래에 이루어질 하나님의 약속을 신뢰했기 때문에 현재의 희생을 감수했다. 이 서술은 히브리서 12:2에서 궁극적 믿음의 영웅으로 마무리된다. 그 영웅은 우리의 믿음을 세우고 완성시킨 예수다. 그는 궁극적 높아짐을 소망하는 가운데 궁극적 고난을 견뎌냈다. 히브리서 11:32이 주지하듯이, 성서에 나오는 믿음의 인물들은 이 외에도 많이 있다.

이런 설명들은 다양한 종류의 믿음을 묘사하는 것이지, 믿음을 가르치는 유명한 교사들이 종종 기념하는 그런 종류의 믿음을 묘사하는 것이 아니다. 혈루증 걸린 여인은 예수의 권능과 즉시 조우할 필요가 있었다. 아브라함과 히브리서 11장에 나오는 다른 믿음의 사람들은 미래에 이루어질 하나님의 약속을 믿었기에 현재를 견디며 살았다. 성서는 이와 같은 두 종류의 믿음에 관해 가르친다.

하나님을 믿는 믿음에 대한 성서의 많은 예들은 믿음의 더욱 깊은 곳으로 들어가라고 요청한다. 믿음을 가르치는 유명 교사들과 달리, 우리는 우리와 다른 상황에 처한 이들에게 주어진 약속들을 우리 자신에게 적용할 수 없다. 왜냐하면 하나님이 서로 다른 방식으로 우리 각 개인과 일하시기 때문이다. 마치 그분이 서로 다른 방식으로 성서의 인물들과 일하셨던 것처럼 말이다. 그럼에도 성령이 소아시아의 일곱 교회에 주어진 구별된 메시지를 통해 모든 교회를 다루었듯이(계 2:7, 11, 17, 29; 3:6, 13, 22), 우리는 하나님이 다른 이들과 일하셨던 방식들로부터 배울 수 있다. 다른 이들에게 주신 약속들을 통해 우리는 하나님이 일하시는 방식들의 범위를 깨닫는 데 도움을 받을 수 있다.

을 기술하는데, 새 문단은 '믿음으로' 라는 동일한 그리스어로 시작한다."

긍정적 예: 고린도전서 14장 경험적으로 다시 읽기

고린도전서 14장을 단지 1세기 고린도 교회 성도들의 잘못을 바로잡는 내용으로서만이 아니라, 우리 역시 열망할 수 있는 교회의 이상적 정립 방식에 관한 바울의 역호소로서 공감하며 읽는다면 어떤 일이 벌어질까?(고전 14:5-6, 13-19, 24-33, 39-40) 나는 이런 접근법이 우리 교회들이 대부분의 영적 은사(목사-교사로서의 은사를 제외하고)의 공적 활용과 관련하여 견지하는 실제적인 은사중지론에 이의를 제기할 것으로 믿는다.

처음 몇 세기 동안 교회는 주로 가정에서 모였다. 현재 우리의 교회 모임도 꼭 특별한 장소가 필요한 것은 아니지만—나는 수년간 초대형 미국 흑인 침례교회에서 협동목사로서 사역한 것을 후회하지 않는다—우리의 전통 "예배"의 역동성은 신약성서에 등장하는 가정교회의 역동성과 매우 상이하다. 적어도 원칙상 좀 더 작은 집단들이 전 구성원이 참여하도록 허락함으로써 이상적으로 그들에게 자신의 영적 은사를 통해 기여하라고 요청할 수 있다. 심지어 오늘날 성도의 예배 참여를 극대화하는 전형적인 오순절 교회들조차도 모든 구성원이 차례로 돌아가며 예언하도록 허락할 수는 없다(고전 14:31). 인원수가 너무 많기 때문이다. 천 명의 성도가 돌아가며 모두 예언할 경우 그 예배가 얼마나 길어지겠는지 상상해보라! 아니면 보다 현실적으로 말해서 성도 각 개인이 다른 이들을 교화하기 위해 저마다의 은사, 즉 새로운 노래, 예언, 가르침 등을 꺼내놓을 경우, 예배가 얼마나 길어지겠는지 생각해보라(고전 14:26).

예루살렘 교회는 넓은 공적 공간을 사용할 수 있었는데, 예루살렘 교회가 형성되던 시기에 예루살렘 교회 성도들은 수적 성장에도 불구하고 그곳에서 함께 모일 수 있었다. 우리는 예루살렘에 있었던 일종의 초대형 교회에 관해 말할 수 있다. 많은 수의 성도를 동시에 가르치는 일은 비성서적인 것이 아니다. 우리에게 그들을 수용할 수 있는 수단이 있다면 말이다. 그럼에도 이 시기의 예루살렘에서조차 믿는 자들은 관계적 역동성을 포용하며 각 가정에서 만남을 가졌다.[49] 대규모 모임은 특별한 이점이 있지만, 교회 내에서 일대일 관계, 예컨대 오늘날 소위 소그룹이라고 불리는 관계의 역동성을 놓친다면,[50] 우리는 서로에게 그리스도의 몸이 된다는 성서적 의미의 일부를 놓치고 있는 것이다. 가정교회보다 규모가 큰 교회는 사람들이 서로를 교화시키는 관계로 들어오도록 만드는 방법을(예컨대 셀 모임) 찾아야 한다. 교회 구성원들의 독특한 은사들을 이용하고 육성하면서 말이다.[51]

고린도전서 14장에서 모든 교회 구성원은 그리스도의 몸을 세우기 위해 자신의 은사를 반드시 활용해야 한다. 이는 일종의 이상이므로, 환경으로 인해 이를 온전히 수행하는 데 제약이 있을 수 있다. 그러나 우리는 왜 이런 이상이 그토록 광범위하게 제약을 받는지, 그리고 함께 교회로 존재한다는 것의 의미와 관련하여 우리가 근본적인 무언가를 놓치고 있는 것은 아닌지 궁금해할 수 있다. 물론 이런 관찰이 고린도전서 14장에만 국

---

49 교회 사역을 하면서 나는 한 교회 이상에서 다음과 같은 일을 목격했다. 즉 매주 적어도 한 사람 이상이 우리가 영생을 얻었다는 것을 어떻게 알 수 있는지 예배 시간에 설명했지만, 교회에 정기적으로 출석하는 몇몇 사람은 내가 그들에게 그것을 개별적으로 설명해줄 때라야 비로소 이해했다.

50 이는 셀 모임, 제자 모임, 성서 연구 모임 등으로 불린다. 1세기에 이런 모임들은 가정교회의 형태였고, 1700년대에 존 웨슬리는 이런 모임들을 감리교 신도회(Methodist Societies), 속회(Class Meetings/Band Societies)라고 불렀는데, 이는 웨슬리 자신이 이전에 옥스퍼드 대학교에서 홀리 클럽(Holy Club)을 이끌면서 겪었던 경험과 같았다.

51 비은사주의 저자들도 영적 은사에 관한 성서 본문과 관련하여 귀중하고 균형 잡힌 주해를 제공한다. 이런 저서들은 다음과 같다. Carson, *Showing Spirit*; Hemphill, *Gifted*; 하나님의 음성을 듣는 것에 관해서는 Blackaby and King, *Experiencing God*이 있다. 이런 저자들의 몇몇 주장에 트집을 잡을 수 있지만, 은사주의자로 자처하는 우리조차 모든 주장에 만장일치를 보지는 못한다.

한되어서는 안 된다. 사도행전 2장이 묘사하는 초기 교회의 이상적 삶은 우리가 서로 각자의 삶에 개입하여 모두가 넉넉히 소유할 수 있도록 우리가 가진 것을 희생해야 한다고 제안한다.[52]

확실히 개인에게 민감한 방식으로 목회 혹은 멘토링을 하는 사람이라면 누구나 목자의 목회적 역할에 사람들을 그들의 실제 상황에 맞추어 다루는 것이 포함된다는 것을 인지한다. 예언적 차원에서 교회의 이상적인 모습을 추구하는 일은 목회적 민감성과 반드시 균형을 이루어야 한다. 그러나 우리는 이상과 목회적 민감성 간의 긴장을 유지한 채, 이 둘을 모두 담아내야 한다.

결론

성령은 대중적 충동을 사용하여 기독교 운동을 광범위하게 추진한다. 그럼에도 제대로 훈련되지 않고 잘못된 정보에 의한 읽기들이 점검 없이 방치되었을 때, 그런 해석들은 그리스도의 많은 추종자들 사이에서 많은 환멸과 배교를 불러오는 가르침들을 만들어냈다. 조상의 저주 및 번영에 대한 가르침과 다양한 방식으로 자신의 운명을 통제하는 일은 종종 우리의 소비자 문화에서 개인적 복음주의를 위한 훈련, 고난 가운데 하나님을 신뢰하기, 또는 맥락을 통한 성서 읽기보다 더 호소력 있는 것으로 입증되어 왔다.

52 나는 이 질문을 Keener, *Acts*, 1:1012-28에서 더 광범위하게 다룬다. 내가 저술한 대중 수준의 "Money"를 보라. 특별히 관련 내용을 광범위하고 유용하게 다루는 Blomberg, *Poverty*를 보라.

경험적 읽기는 중요하지만, 그리스도의 몸을 이루는 데 필수가 되는 성서 본문의 메시지와 진정으로 일치해야 한다. 문학적 맥락 및 성서 각 책의 고대 문화적 배경에 대한 민감함과 같은 기본 원칙들은 통제되지 않은 "은사주의" 해석을 억제하는 데 크게 기여할 것이다. 공동체를 위한 진정한 성령 해석학은 성서 본문의 형태에 의해 정립된 변수들을 인지하고 그 변수들을 따라야 한다.

18장 보편적인 오순절 공동체는 일종의 안전망인가?

어떤 이들은 우리가 성령의 음성을 지속적으로 들을 수 있게 하는 방편으로서 오순절 공동체의 해석에 호소한다. 이런 접근법에도 몇몇 가치가 있지만, 나는 이 역시 한계가 있다고 생각한다. 우리의 견해가 광범위한 기독교적 기준과 다를 때, 이 견해들에 대한 좀 더 자세한 조사가 요청된다. 더욱이 우리는 겸손하고 경험적이며 종말론적이고 교차문화적인 읽기와 같은 성령 해석학의 몇 가지 공통적인 요소들을 탐구했다. 그러나 오순절 및 은사주의 학계를 포함하는 오순절주의는 현재 너무 다양해서 세부내용에 관한 많은 지침을 제공할 수 없다.

공동체와 해석

나는 5장에서 독자 지향적 접근법들을 논하면서 해석 공동체라는 주제를 다루었다. 해석 공동체는 해석학적·신학적 논의에서 두각을 나타내왔는데, 성령 해석학을 말하는 많은 이들이 이 공동체의 역할을 강조한다.[1] 기

1 예. Spawn and Wright, "Emergence," 16(여기서 인용된 연구들 중에는 Yong, *Spirit-Word-*

독교 학자들은 종종 학계와 교회에서 서로 다른 기본 규칙들을 지켜야 할 필요를 발견하는데, 이는 이해할 수 있는 현상이다. 그러나 헌신과 교회의 교화를 위한 주해는 믿음의 공동체 내에서 발생한다.[2] 사도행전 15:28은 성령이 이끄는 참된 공동체의 이해가 지닌 가치를 제시한다.[3] 성령에 귀 기울이는 자들로 이루어진 공동체는 개인적 계시에 대한 주장을 평가할 책임도 있다(고전 14:29).

오순절 해석학을 다루는 다수의 저자가 공동체라는 문제를 강조한다. 오늘날 신학, 철학 그리고 사회과학에서(예. 체계 이론) 공동체가 차지하는 역할을 좀 더 일반적으로 감안할 때, 이런 강조는 놀랍지 않다. 모든 공동체는 자연스럽게 각자가 처한 상황을 위해 각자가 도출한 주해의 열매들을 상황화하려고 할 것이다. 여기에는 오순절 및 은사주의 집단들도 포함된다.[4]

기독교 공동체

기독교 공동체라는 주제는 매우 널리 강조되고 있으므로, 나는 여기서 아주 간단하게 그것의 중요성을 요약할 것이다. 그럼에도 기독교 공동체는 분명히 성서적 개념이다. 실제로 그리스 사람들은 시민들의 모임을 나타내기 위해 그리스어 에클레시아(ἐκκλησία)를 사용했다. 에클레시아는 영어

---

*Community*도 포함된다); idem, "Trialectic." 다음도 보라. Wyckoff, *Pneuma*, 69; Grey, *Crowd*, 129, 170.

2 Fee, *Listening*, 15. 다음도 보라. Green, *Seized*, 66-79.

3 Thomas, "Women," 88, 91.

4 Stibbe, "Thoughts," 185. 여기서 Stibbe는 해방신학자들의 행위를 비교한다.

성경에서 "교회"(church)로 번역된다. 그러나 기독교 공동체는 광야에 있는 하나님의 백성의 모임을 연상시킨다(이를 가리키는 히브리어는 그리스어 쉬나고게[συναγωγή], 즉 "회당"[synagogue]으로 훨씬 더 빈번히 번역된다). 서로 사랑하는 것은 상대방과의 관계 속에서 표현된다(롬 12:10; 살전 4:9-10). 동료 신자들과의 관계를 단절하는 자들은 그 신자들을 사랑하지 않기 때문에 사랑 없음(lovelessness)이라는 배교를 저지를 위험이 있다(요일 2:9-11, 19; 3:10-15, 18-19; 4:8).

바울은 그의 서신들에서 교회들을 다루었으며 이 교회들이 심지어 교회 구성원들을 치리할 때에도 함께 기능하길 기대했다(고전 5:4-5; 6:1-2; 살후 3:14-15). 비록 교회들이 믿음의 상호 보강을 제공했던 사회적 집단들이었지만(예. 히 3:13; 10:24-25을 보라), 이 교회들은 이것 이상의 의미를 지니고 있었다. 교회는 많은 지체로 이루어진 그리스도의 몸이며, 각 지체는 그리스도의 몸에 유익을 가져다줄 것으로 기대된다(롬 12:3-8; 고전 12:7, 12-26; 14:26; 엡 4:7, 11-16). 여행하며 교회들을 세울 때 바울과 그의 동역자들은 자신이 속한 집단을 넘어서는 직접적인 교제가 처음에는 결여되어 있었다. 그러나 이후로 그들은 상호 교제를 나누게 되었다. 팀 사역은 사도행전과 바울 서신에서 두드러진다(예. 다음의 구절들을 보라; 행 13:1-3; 15:39-40; 16:3; 18:5; 20:4; 27:2; 롬 16:3, 21; 고후 8:23; 빌 2:22, 25; 4:3; 골 4:10-14; 살전 3:2; 몬 24절).

적어도 우리는 때로 함께 기도하고(행 2:42; 딤전 2:1-2), 그 결과 우리의 기도를 우리의 아버지께 올려드린다(마 6:9).[5] 어떤 이들은 베드로후서 1:20을 적용하여 공동체의 해석에 관해 말한다. 그러나 다른 이들은 이 구

5 그러나 참조. 눅 11:2의 초기 사본들. 기도는 절대 보여주기 위한 연출이 되어서는 안 되므로, 우리 역시 골방에 들어가 하나님만이 우리의 마음을 보시도록 기도해야 한다(마 6:6).

절을 사용하여 성서 본문을 우리가 원하는 모든 것을 의미하도록 만드는 것(상대주의적 읽기)에 반대하는 주장을 편다. 그리고 문맥상 베드로후서 1:20은 예언자들의 영감을 가리킬 수도 있다(벧 1:20-21; 참조. NET). 바울은 보편적 기독교 운동에 호소할 수 있다. 비록 때로 우리 대부분에게 문화적 관행으로서 여겨지는 것이 그리스도인들의 활동 영역에 국한되지만 말이다(고전 11:16; 14:33, 36).

고대에는 대다수 사람이 문맹자였기 때문에, 1세기 그리스도인들 사이에서 성서 연구는 종종 공동의 작업이었고 믿는 자들이 함께 모이는 핵심 요소였다. 초기 그리스도인들은 성서의 집단적 읽기와 주해를 실행했는데,[6] 이는 회당에서 전이되어온 일종의 관습이었다.[7]

6 딤전 4:13; Justin *1 Apol.* 67; Murat. *Canon* 73-80. 이런 현상이 행 2:42, 46에는 등장하지 않지만(비록 일부 교인들이 글을 읽고 쓸 줄 알았지만, 대부분의 교인은 성전이나 회당에서 구약성서가 공개적으로 읽힐 때 구약 말씀을 접할 수 있었다. 행 8:27-28의 경우처럼 그들이 부유하지 않았다면 말이다), 행 2:42에 나오는 사도들의 가르침에는 복음서의 내용도 포함되어 있었을 것이다. 이후에 순교자 유스티누스는 이것을 "사도들의 회고록"이라고 불렀다(*1 Apol.* 66-67; *Dial.* 100-107). 그리고 소리 내어 읽는 것은 사도들의 직접적인 가르침 다음으로 가장 좋은 방식이었다(참조. 딤전 4:13의 "내가 이를 때까지").

7 눅 4:16; 행 13:15, 27; 15:21; 고후 3:15; *CIJ* 2:332-35, §1404(Theodotus 비문); Philo *Embassy* 156; *Good Man Free* 81; Josephus *Ag. Ap.* 2.175; *Ant.* 16.43; *m. Ber.* 1:2; Oesterley, *Liturgy*, 38-40; Levine, "Synagogue," 15-17; Sanders, *Jesus to Mishnah*, 78-81; Aune, *Environment*, 202; Le Cornu, *Acts*, 692; Dunn, "Synagogue," 219; Graves, "Reading"; Cohen, "Evidence on Synagogue," 164-65(여기서는 이런 관행을 목격했던 그리스도인들 중 특히 Justin *Dial.* 72.3이 언급된다); Ps.-Justin, *Exhortation to the Greeks* 13 (PG 6.268); Hippol. *Ref.* 9.12.8 = GCS 26.247. 다음도 참고하라. Justin *Dial.* 29; 55. 참조. 신 31:11; 수 8:34-35; 대하 34:30; 느 8:3, 8, 18; 9:3; 13:1.

공동체에 호소하는 것의 위험

비록 바울이 더 넓은 공동체의 가치들에 호소하지만, 이미 언급했듯이 공동체에 대한 우리의 호소는 순환의 위험을 무릅쓰게 된다. 일군의 믿음은 한 공동체 내에서 일관되게 작용할 수 있지만, 다른 공동체들과의 대화 가운데 심각한 도전에 직면할 수 있다.

더욱이 더 넓은 운동 내에 만연한 해석이 당시에는 포용되었지만, 되돌아볼 때 잘못된 것으로 판명된 일종의 유행이었다면 무슨 일이 벌어질까? 부활의 열정 가운데 하나님께 크게 쓰임 받은 모라비아 교도들은 때로 자신들을 예수의 피를 빨아먹는 벌레들로서 간주하는 기괴한 방식으로 예수의 피에 집착했다. 진젠도르프 백작(Count Zinzendorf)은 이런 접근법이 너무 지나치다는 것을 깨닫고 좀 더 균형 잡힌 상태로 되돌아갔다.[8] 대각성 부흥운동의 맥락에서 볼 때, 대부분의 19세기 미국 복음주의자들은 후천년설을 주장했는데, 후천년설은 오늘날 소수의 입장에 지나지 않는다.

마찬가지로 학문적으로 훈련된 은사주의 해석자는 토론토 부흥운동(Toronto Blessing)과 에스겔의 강 사건 사이의 연결이 "보편적 은사주의 공동체의 공유된 경험에서 비롯되었음"에 주목하면서 이 둘의 연결을 지지했다.[9] 내가 비록 토론토 부흥운동의 가치를 (몇몇 비평가와 반대로) 인정하지만,[10] 나는 "보편적 은사주의 공동체"에 대한 이런 호소에 의문을 제기

---

8 학자들은 종종 피를 좋아하는 그들의 성향에 주목한다. 예. 다음을 보라. Nichols, *History of Christianity*, 85; 특히 Walker, *History*, 453. Zinzendorf가 찬송가에 미친 전반적으로 긍정적인 영향에 관해서는 Bailey, *Gospel in Hymns*, 334-37을 보라.

9 Stibbe, "Thoughts," 186. 문맥상 나는 에스겔의 이미지가 오는 세대의 회복에 적용된다고 믿는다(계 22:1-2에서처럼). 그러나 여기서 나의 관심사는 공동체에 대한 Stibbe의 호소다.

10 Beverley는 *Laughter*에서 균형 잡힌 평가를 제공한다. 이를 지지하는 연구들은 다음과 같다. Poloma, *Mystics*; Chevreau, *Catch the Fire*. 역사적으로 부흥운동과 갱신운동은 처음에는 종종 예상되는 결과들을 과장해왔으나, 이후의 갱신운동에 장기적인 영향을 미쳤다. 주지하

한다. 예를 들어 중국과 아프리카에 있는 대부분의 성령 충만한 예배자들이 이런 부흥운동에 대해 들어보기나 했을까?

가장 중요한 것은 바울이 보편적 기독교 공동체에 호소할 때 이 공동체는 성공회, 루터교, 혹은 하나님의 성회와 같이 각각의 부흥운동 전통에 적합한 해석을 제안하여 다른 부흥운동 전통들에 의한 교정을 차단하는 단일한 기독교 종파가 아니라는 점이다.[11] 바울은 보편적 교회, 즉 그리스도의 몸인 교회에 호소하고 있다. 그런데 여기서 스스로를 오순절주의자로 밝히는 공동체만 아니라 성령 세례를 받은 모든 자들을 염두에 둔다고 주장할 때, 문제는 오늘날 오순절주의자들조차도 성령 세례의 정의에 모두 동의하는 것은 아니라는 점이다. 실제로 오순절주의자들의 가장 흔한 고전적 정의, 즉 방언을 포함하거나 방언에서 절정에 이르는 경험을 기준으로 삼는다면, 단지 고전적 오순절주의자들의 절반만이 이 기준에 부합한다.

듯이 나의 유일한 직접 체험은 토론토 공항 교회(Toronto Airport Church)에서 발생한 것이 아니라, 나의 친구 Randy Clark를 통해 발생했다. 그는 치유 사역과 학문 사이의 격차를 줄이기 위해 훌륭한 노력을 해왔다(예. 그의 목회학 박사논문인 Clark, "Effects"를 보라).

11 예. 미국 하나님의 성회의 처음 백년간은 전환난설(pretribulationalism)이 종말론에 관한 지배적 견해였다. 그러나 내가 아는 한 대부분의 오순절 학자들이 포함된 다수의 학자들은 이 견해가 주석적으로 지지될 수 없다고 간주한다. 나는 내가 존경하는 멘토들 중 몇몇이(여기에는 Stanley Horton도 포함되는데, 나는 이들과 이 문제를 놓고 대화를 나눈 적이 있다) 매우 실망스럽게도 이 견해를 지지했음을 인정한다. 학계에서 반대하는 교리적 확신을 위해 공동체로서의 하나님의 성회에 호소하는 것은 때로 보다 덜 편향적인 주해에 반대하여 설립 초기의 하나님의 성회에 영향을 미친 일반 전통들에 호소하는 것일 수 있다. 이는 하나님의 말씀 혹은 하나님의 영에 대한 호소가 아닌 전통에 대한 호소일 뿐이다. 이와 대조적으로, 오늘날 미국에서 발생하는 사도적 유형의 여러 부흥운동은 공개적으로 후환난설을 지지한다(예. Randy Clark's Global Awakening; International House of Prayer). 그러나 은사주의 공동체의 견해에 호소하는 일은 위험할 수 있다. 더 극단적인 몇몇 은사주의 부흥운동은 예언의 영이라는 이름하에 "나타난 아들들"(Manifested Sons) 종말론을 옹호해왔다. 그런데 Sam Fife가 주장하는 이 종말론의 순수 형태를 놓고 볼 때, 이 종말론은 거짓 예언이다. 그리고 나를 비롯한 대부분의 은사주의자들은 이 종말론을 이단으로 간주한다(Keener, *Miracles*, 2:612-13을 보라).

확실히 성령의 권능 부여는 우리가 추구해야 할 해석에 특별한 힘을 제공한다. 그러나 누가 이런 은사를 가지고 있는지를 우리가 어떻게 알 수 있는가?(참조. 고전 12:28; 엡 4:11; 딤전 4:14; 딤후 1:6) 그들의 계시가 우리의 계시와 가시적인 일관성을 갖는지를 살펴보거나 성서를 공유된 측정 막대기로서 사용하는 것을 제외하고 말이다. 어느 학자가 은사주의자인지를 추측해보고자 했던 나의 노력은(부록 C 참고) 종종 당혹스러운 것으로 드러났다. 왜냐하면 영적으로 가르침과 학문의 은사를 받은 몇몇 사람이 실제로 자신을 은사주의자로 규정하지 않았기 때문이다. 확실한 것은 가르침의 은사가 방언으로 기도하는 자들에게만 국한된 것은 아니라는 점이다. 더욱이 스스로를 은사주의자로 규정한 사람들은 자신의 경험을 다양한 방식으로 정의했다. 방언 기도를 하는 사람들과 오순절 교단에 속하는 자들을 포함하여 자신을 은사주의자로 규정하는 학자들 역시 다양한 견해를 가지며 다양한 해석 접근법을 사용한다.

사도적 권위와 공동체들

더욱이 공동체에 대한 바울의 호소는 우리의 처음 생각보다 훨씬 복잡할 수 있다. 다른 예언자들에 맞서야 했던 예레미야처럼(렘 2:8, 26; 5:13, 31; 14:13-15; 15:17; 23:14-21; 26:8; 27:9, 14-18), 바울도 종종 교회 내 집단에게 이의를 제기했고(고전 4:21; 고후 13:2), 거짓 교사들을 비난했으며(갈 1:8-9), 때로는 진실하지만 실수가 있는 사도들과 맞서야 했다(갈 2:11-14). 바울의 생이 끝을 향하고 있을 때 그가 가장 성공적으로 사역했던 지역에 세워진 교회에 속했던 대부분의 그리스도인이 그에게서 등을 돌렸다(딤후 1:15). 만일 그들이 우리의 해석 공동체였다면, 우리는 주님의 말씀을 거절했을 것이다.

지역 교회에서 예언하는 자들은 또한 계시된 말씀들을 평가한다(고전 14:29). 그럼에도 바울의 사도적 권위 혹은 높은 수준의 예언자적 권위는 각 지교회에 속한 예언하는 자들의 신념을 대체할 수 있다(고전 14:37). 물론 누구나 이런 권위를 주장할 수 있다. 따라서 이런 위험이 고린도후서에서 이슈가 되는데, 바울은 이 서신에서 라이벌인 사도들에 맞서야 한다. 바울은 여기서 자신의 사도적 권위를 변호하기 위해 그가 당한 고난과, 성령을 통한 고린도 교회의 설립에서 자신이 맡았던 역할에 호소한다(고후 2:14-7:4). 그리고 고린도 교회에 있는 자신의 라이벌들이 거짓 사도요(고후 11:13) 사탄의 일꾼이라고(고후 11:15) 비난한다. 오늘날 사도적 권위를 주장하는 어떤 이들은 소명으로 인해 자신이 겪은 희생과 고난을 이야기하는 데 있어 바울만큼 적절해 보이지 않는다(마 10:2, 16-20; 고전 4:9-13과 대조해보라).

보다 전통적인 교단들과 마찬가지로 몇몇 오순절 교단은 사도들과 고위급 예언자들과 관련하여 은사중지론적 입장을 취함으로써 사도적 권위를 정의하는 데 따르는 위험을 피하려고 할 것이다. 이런 접근법의 문제는 다른 은사들을 보증하는 것만큼 이런 은사중지론을 보증하는 성서적 증거가 없다는 것이다(만일 우리가 "사도"의 개념을 열두 제자에 대한 바울 서신의 일반적 의미가 아닌, 누가복음의 일반적 의미에 국한시키지 않는다면 말이다).[12] 그리고

12 *Didache*(11.3-6)는 바울의 용법과 좀 더 유사하지만, 대개 초기 교부들은 누가의 일반적인 용법을 채택한다. 다시 말해 그들은 예수의 열두 제자에 바울을 추가한다. 누가와 바울의 용법 모두 성서적이지만, 우리가 어느 용법을 따르는지를 특정한다면, 이는 대화에 도움이 된다. 오늘날 발생하는 사도적 부흥운동들 중 자신의 사도들이 예수의 열두 제자에 속한다고 주장하는 운동은 거의 없다(그러나 역사적 모순에도 불구하고 19세기 가톨릭 사도 교회의 열두 제자와 같이 그렇게 주장하는 이들도 있다[예. Strachan, *Theology of Irving*, 14을 보라; 참조. Christenson, *Message*, 47-48, 108-9]. 또 역사적인 기독교 정통과 거리가 먼 몰몬교의 기원들도 그런 주장과 관련이 있다).

오순절주의자들은 그들의 해석학에서 불일치 없이 이런 주장을 펼칠 수 없다. 성서적 사도들의 권위는 그들이 위임받은 사명과 메시지에서 유래하는 것이지, 교회의 인정에서 유래하는 것이 아니다. 그들은 그리스도에 대한 그들의 메시지와 순종으로 명성을 얻었다.[13]

정경의 권위는 이후 교회 공동체의 인정을 받았지만, 우리가 정경을 계시로서 간주하는 한, 그것의 권위는 공동체로부터 나오지 않는다. 사도들과 예언자들은 종종 하나님의 공동체에 이의를 제기했고, 자신들이 속한 세대에 항상 주의를 기울이지도 않았다. 우리가 주의를 기울여야 하는 공동체는 역사 속에서 하나님의 계시를 전달했던 그분의 대리인들의 공동체다. 우리는 성서를 통해 현재 우리가 접할 수 있는 그들의 검증된 계시에 최선을 다해 주목해야 한다. 교회는 계시의 대리자가 될 수 있으며, 종종 대리자가 되기도 한다. 그러나 우리는 단순히 교회의 한 부분이 내는 목소리나 특정 세대에 속한 교회의 목소리를 계시와 동일시할 수는 없다.

누가 오순절 공동체인가?

우리가 오순절주의를 정의하지 않는 한, 오순절 "해석 공동체"에 대한 호소는 제한적 가치를 지닐 수밖에 없다. 오순절 해석을 말하는 자들은 전통

13 사도들과 예언자들을 시험하는(testing) 것에 관해서는 다음의 예를 보라. 고전 14:29; 살전 5:20-21; 계 2:2; *Did*. 11.3-12.5. 일부 현대 사도적 부흥운동들에 대한 초기의 대체로 균형 잡힌 이의 제기에 관해서는 Geivett and Pivec, *New Apostolic Reformation*을 보라. 나는 오늘날 이런 사역을 완수해온 몇몇 사역자를 알고 있지만, 다른 사역자들이 사도라는 명칭을 너무 부주의하게 사용하고 있다고 믿는다.

적인 오순절 교단들을 의미하는가? 아니면 많은 통계학자들이 갱신주의자들(renewalists)이라고 부르는 훨씬 넓은 범주의 보편적 오순절주의를 의미하는가?

전통적 오순절주의는 결코 작지 않다. 특히 하나님의 성회는 현재 세계에서 가장 큰 개신교 교단 중 하나다. 모든 오순절 교단의 수는 여타의 다른 개신교 교단의 수보다 많다.[14] 그러나 서구 세계에서 다수의 전통적 오순절주의자들은 최초 증거 교리(initial evidence doctrine)를 제외하고는 은사지속론적 복음주의 단체들과 신학적으로 구별이 안 된다.[15]

북미 오순절주의의 초기 비평가들은 때로 오순절주의를 "방언 운동"으로 조롱했다. 물론 방언이 오순절주의의 특징이었지만(당시에 방언은 오순절 운동 외부에서는 호의적으로 논의되지 않았다), 그렇다고 방언이 오순절주의의 핵심인 것은 아니었다.[16] 성령의 권능 부여는 신학적으로 덜 주목받았는데, 그 이유는 다른 많은 부흥운동들 역시 이를 강조했기 때문이다(예를 들어 오순절 부흥운동 전부터 웨슬리와 케직[Keswick]이 이를 강조했다). 그러나 많은 연구가들은 오순절주의의 세계적 확산이 방언에 대한 독특한 강조 때문이라기보다는 성령에 대한 핵심적 강조 때문이라고 제안할 것이다.

최근 성서학계는 핵심과 특징을 구별해주는 유비를 제공한다. 편집비

---

14 예를 들어 전 세계 회중의 숫자 측면에서 볼 때, 2000년도에 오순절 교회는 751,000개, 독립 은사주의 교단 소속 교회는 413,000개, 침례교회는 226,000개, 루터교회는 106,000개, 성공회 교회는 82,000개였다. 거의 2억 명의 오순절 신도들이 있었던 반면, 위에 언급된 다른 교단 신도들의 수는 각각 7천 5백만 명에서 1억 명 사이였다(Johnstone, *Future*, 115).

15 우리는 성령 세례 이후의 결과에 관한 견해들을 추가할 수 있지만, 이는 이미 일부 감리교 단체와 대부분의 성결 운동 단체가 공유하는 것이다.

16 예. Seymour in Robeck, *Mission*, 163을 보라. Parham 역시 방언보다는 역사적·묵시적 메타내러티브에 더 집중했다(Oliverio, *Herrmeneutics*, 53, 특히 Jacobsen, *Thinking in Spirit*, 28-35의 주장을 따른다). 이와 유사하게 침례교 신도들의 특이점은 그들의 초점과 달랐다(Kidd and Hankins, *Baptists*, 249).

평이 각광받았던 시기에 학자들은 누가복음이나 마태복음의 신학적 특징을 결정하기 위해 마가복음과 대비하여 이 두 복음서의 변화를 강조했다. 이런 접근법은 몇몇 가치가 있고, (역사적 관심사에 더욱 집중된) 자료비평보다 설교에 더 많은 관련성을 제공해주었다. 그러나 얼마 지나지 않아 내러티브비평가들은 다음과 같이 바르게 지적하기 시작했다. 즉 우리는 누가복음의 변화에서뿐만 아니라 누가복음 자체로부터도 누가복음의 신학을 배울 수 있다고 말이다. 우리는 누가-행전을 누가가 신학적으로 불필요하거나 부적절하다고 여긴 자료에 추가한 것으로서가 아니라, 하나의 응집체로서 읽어야 한다. 마태와 누가가 마가복음에서 이미 다룬 내용 중 생략하기로 결정한 것이 무엇이든지 간에, 그것을 넘어 우리에게 독특한 점에 초점을 맞추는 것으로는 충분하지 않다. 우리를 정의해주는 것은 단지 독특한 것이 아니다. 만일 우리가 마치 독특한 것이 우리를 정의해주는 것처럼 행동한다면, 우리는 우리의 공동체 밖에 있는 사람들이 우리의 정체성을 형성하도록 허용하는 셈이다.

오순절 해석학이란 최초 증거와 관련하여 단순히 전통적인 오순절식 결론에 도달하는 그런 해석학을 말하는 것일까? 편집비평과 내러티브비평이 때때로 이런 목적을 위해 사용되지만, 그렇다고 해서 이 두 비평이 독특한 오순절식 방법론일까? 만일 이처럼 독특한 결론에 도달하기 위해 배치된 방법론들이 특별한 오순절식 방법론들이 아니라면, 특별히 오순절 해석학이라고 불릴 만한 해석학이 존재할까? (나는 여기서 "독특한"[distinctive]과 구별되는 "특별히"[uniquely]라는 표현을 사용한다. 그러나 오순절 해석학의 독특한 특징들, 예컨대 종말론적 읽기와 경험적 읽기와 같은 특징들은 고전적 오순절주의자들에게만 국한되는 것이 아니다.)

이와 대조적으로 우리는 전 세계적으로 5억 명 이상에 달하는 오순절 신도들에 대해 이야기할 때 모든 은사주의자를 포함하고, 심지어 신학적으로 기독교 운동으로 거의 인정될 수 없는 여러 독립적 운동들까지도 포함한다. 이 운동들이 포함되는 이유는 그것들이 독립적이며 경험 중심의 운동이기 때문이다.[17] 거의 모든 전통적 오순절주의자들이 수용하는 성령 체험의 공유 형태들에서조차 보편적 오순절주의는 전통적 오순절주의보다 더 많은 신학적 다양성을 나타낸다. 보편적 오순절주의는 최초 증거 교리나 후속 경험을 위한 "성령 세례" 명명에서 통합되어 있지 않다. 우리가 해석 공동체로서의 "보편적 오순절주의"를 말하거나, 해석 공동체로서의 보편적 오순절주의 학계를 말하는 한, 우리는 통일된 보편적인 오순절 신학이나 해석학에 관해 기술적으로 쉽게 말할 수 없다. (오순절 학문 공동체와 관련하여 이런 현실에 대한 논의는 뒤에 나오는 부록 C를 보라.)

은사주의적 특징을 불필요하게 만들기

부록 C에서 분명해지겠지만, 은사주의자들과 다른 은사지속론자들 사이의 경계는 사실 불명확하다. 우리가 다음과 같은 조건으로 "은사주의자"를 실제적 측면에서(즉 그들은 교회를 위한 영적 은사들을 인정하고 자신이 가진 영적 은사들을 실행한다) 진정한 은사지속론자로서 정의하는 한 말이다.[18] 그 조건이란, 부록 C에 나오는 목록의 목적들을 위해, 은사주의자라는 칭호를 기꺼이 수용하려는 자들에게 더 많은 제한을 두는 것이다. 만일 우리

17 Anderson, *Pentecostalism*, 11을 보라.

18 비록 단어의 뜻이 주로 어원학에서 유래하는 것은 아니지만, 은사지속론자라는 말은 "은사주의적"이라는 의미를 지닐 것이다. 만일 우리가 영적 은사(*charismata*)에 관한 바울의 논의를 따른다면 말이다. 즉 그 은사들은 그리스도의 몸에 속한다.

가 스스로를 은사주의자로 부르지는 않지만 명시적으로 영적 은사들을 인정하는 은사지속론 학자들을 포함시키기로 한다면, 그들의 목록은 꽤 두꺼운 책이 될 것이다(예. 크레이그 블롬버그[Craig Blomberg], D. A. 카슨[D. A. Carson], 그리고 나의 이전 동료인 로널드 J. 사이더[Ronald J. Sider]도 이 목록에 포함될 것이다).

부록 C의 작성을 위해 몇몇 학자에게 그들이 은사주의자인지를 물어보았을 때, 나는 때로 그들로부터 자신은 은사주의자가 아니지만 은사주의자들이 그리스도의 몸에 가져다준 고귀한 열정에 감사한다고 대답했다. 몇몇 경우에 그것은 정의(definition)의 문제였다. 그들은 은사주의자들의 친교 모임에 참석하지 않았고 방언으로 기도하지 않았다. 그래서 은사주의자라는 칭호를 거부했다. 이 칭호를 수락한 이들 중 상당수가 은사주의자들의 친교 모임에 참석하지 않았고 방언으로 기도하지 않았지만 말이다. (실제로 내가 팔머 신학교에서 가르친 학생들 대부분은 나를 은사주의자로 기억할 것이다. 그러나 그들은 모두 내가 당시 침례교 교회에서 협동목사로 사역하고 있음을 알고 있었다.)

내가 연락을 취했던 학자들 중 극소수만이 은사주의자라는 호칭을 강하게 거부했는데, 때로 그들의 이런 강한 거부감의 근원은 그들이 과거에 겪은 오순절 혹은 은사주의 집단에 대한 부정적 경험인 것 같았다. (나 역시 몇몇 부류의 오순절주의자 혹은 은사주의자들에 대한 부정적 경험이 있다. 하지만 이런 부정적 경험을 날려버리기에 충분한, 다른 부류의 오순절주의자들 혹은 은사주의자들에 대한 긍정적 경험이 있다.)

이 연구를 하면서 나는 칼빈 대학(Calvin College)의 종교역사학자인 조엘 카펜터(Joel Carpenter)에게 다음과 같이 제안했다. 즉 미래의 흐름은 기독교계 전반이 비은사중지론적 행위 측면에서 은사주의적 성향을 보이게 될 것이라고 말이다(그렇다고 모든 사람이 반드시 방언으로 기도한다는 말은 아니다). 이에 그는 다음과 같이 응답했다. 즉 "'은사주의적 가르침'을 특수 범주로 분류하는 것을 불필요하게 만드는 은사중지론적 가르침의 소멸"은 서구의 몇몇 지역에서 발생하고 있으며, 대부분의 아프리카 사람들은 은사중지론을 애시당초 받아들이지 않았다고 말이다.[19] 존 맥아더(John MacArthur)가 아프리카 교회의 은사주의화에 관해 불평한 것은 당연하다!

나는 개인적으로 학문 작업 중 종종 방언 기도를 한다. 나의 마음이 작업에 몰두 중일 때도 방언을 통해 나의 영이 새롭게 된다.[20] 하지만 나는 "오순절주의자"라는 명칭과 방언이라는 특수한 은사가, 누가 진정한 영적 은사의 활용자인지 혹은 누가 성령의 은총을 경험하는 자인지를 결정하는 최선의 방법이 아닐 수 있다고 믿는다. 내가 팔머 신학교에서 가르칠 때 교수들 중 대략 사분의 일은 방언 기도를 했고, 대략 삼분의 일은 놀라운 치유 경험을 갖고 있었다. 그러나 나는 이 두 무리 사이에서 확연히 중대한 상관관계를 관찰하지 못했다. 콩고 사람인 내 장인은 방언 기도를 하지 않았지만, 그가 간결한 기도를 드리고 나서 즉각적인 치유가 여러 번 발생했다.[21] 나는 분명히 방언으로 충분히 기도하며 은사주의자라는 칭호를 기꺼이 소유하지만, 내 장인과 같은 사람들, 혹은 대니 매케인(Danny McCain, 나이지리아 전역에 걸쳐 번성하는 사역을 펼치고 있다), 론 사이더(Ron Sider) 같은

19 2015년 7월 10일(인용), 2015년 7월 11일 개인 서신. 그는 자신을 "은사주의자"로 정의하지는 않지만, 앞서(7월 9일) 다음과 같이 말했었다. "칼빈 대학이나 칼빈 신학교에는 장 칼뱅이 가르쳤던 사도적 기적에 관한 "은사중지론적" 사고를 믿으려는 사람이 거의 없다"고 말이다.

20 나는 육체적 고통 가운데 있을 때뿐만 아니라 지적 혹은 영적 위기나 어려움 가운데 있을 때도 (아니면 마술 관련 파피루스 사본 독해와 같이 불쾌한 작업을 하는 동안에도) 방언이 유익하다는 것을 깨달았다. 나는 방언이 나의 학문적 작업 수행 능력에 도움이 됨을 경험해 왔다. 그러나 나는 하나님께서 다른 이들에게는 그분의 다른 은혜의 은사들을 허락하셔서 그들의 학문적 수행을 돕고 계심을 알고 있다.

21 이 사역은 스위스의 오순절 선교사인 그의 친구 Jacques Vernaud가 그에게 안수한 후 시작되었다.

영적 은사를 부여받은 친구들은 내가 아는 대부분의 은사주의자들 못지않은 성령의 사람들이다.

오늘날 대부분의 그리스도인은 은사중지론을 버리고 있으며, 따라서 원칙적으로 은사지속론자들이다. 그러나 동시에 많은 그리스도인이 개인적으로 성령의 은사들을 적극적으로 포용하지 않거나, 그들의 교회로 하여금 영적 은사들을 포용하도록 돕는 방법을 배우려고 하지 않는다. 즉 사실상 많은 그리스도인이 기능적 측면에서 은사중지론자로 머물러 있다. 이런 분열은 불행하게도 오늘날 많은 서구 오순절주의자들의 정확한 특징이기도 하다. 즉 교리상으로는 은사지속론자이지만, 실제로는 은사지속론자가 아니다. 오늘날 비은사중지론자가 되는 것은 신학적으로 전혀 독특한 일이 아니다. 독특한 것이 있다면 바로 하나님의 결정에 따른 성령의 역사를 기대하는 삶의 방식을 적극적으로 포용한다는 점이다. 그리고 이런 흐름의 독특함은 다른 교회들을 관통하여 흐르듯 서구 오순절 교회들도 관통하여 흐른다. 그러나 보통의 오순절주의자들은 적어도 몇몇 영적 은사의 행위에 대한 집단적 공감과, 이런 영적 은사들에 대한 더 많은 여지를 종종 유지한다.

그러나 만일 우리가 하나님이 이끄시는 곳으로 간다면, 미래에는 아마도 현재 활동적인 대부분의 기독교계가 위의 제안처럼 비은사중지론을 실천한다는 의미에서 은사주의적 성향으로 변하게 될 것이다. 만일 우리가 실제로 은사중지론을 극복한다면, "은사주의"는 분명 "특수 범주로서 구별할 필요가 없는 것"이 될 것이다.[22] 우리가 이미 알고 있는 것을 상기시키는 차원에서 말하지만, 우리 중 자신을 은사주의자로서 규정하는 자

22 위에 언급한 2015년 7월 10일 Carpenter가 나에게 보낸 편지 내용 중 그가 내 희망에 관해 요약한 부분에서 인용함.

들은 마치 우리가 스스로에게 은사를 부여한 것처럼(고전 4:7), 또는 마치 오직 우리만 은사를 받아 그리스도의 몸을 이루는 지체인 것처럼 우리의 은사를 자랑할 수는 없다(고전 12:14-21). 우리는 그리스도의 몸을 이루는 나머지 지체들과 다르다는 의미에서 "특별할" 필요가 없다. 우리를 하나님께 소중한 존재로 만드는 것은 바로 하나님의 사랑이기 때문이다. 그리스도는 그의 몸 전체에 은사를 주셨다. 더 많은 신자들이 이런 성서적 실재를 인지할수록—그들이 그렇게 하도록 도울 때 우리는 그리스도의 몸에 지속적으로 기여하게 된다—우리는 각각의 지체가 그리스도의 몸을 위해 얼마나 특별하고 필요한 존재인지를 알게 될 것이다.

단순한 은사주의적 교리가 아닌, 은사주의적 경험

부분적으로 우리는 다양한 출발점에서 시작하기 때문에, 은사주의적 경험 자체가 모든 사람을 동일한 해석학으로 이끄는 것은 아니다(다시 한번 부록 C에 등장하는 이름들의 다양성에 주목하라). 비록 대부분의 가톨릭과 주류 개신교 집단에서 이런 경험을 가진 자들이 그렇지 않은 동료 신자들보다 성서를 더 존중하고 성서의 메시지에 더 큰 주의를 기울이지만 말이다. (은사주의적 경험은 성서 본문에 기록된 많은 종류의 경험을 가능케 하는데, 이와 유사한 경험이 전무한 자들은 이런 성서적 경험들을 무시하고 싶은 유혹을 더 많이 받는다.) 가장 좁은 의미에서 은사주의적 경험의 성서적 목적은 사역을 위한 권능에 있다. 그러나 효과적인 성서 해석은 여전히 성서 본문에 대한 세밀한 주의를 통해 보완되어야 한다.

그러나 은사주의적 경험 또는 여타의 성령 체험이 직접적으로 제공하는 것은 성서 본문이 제시하는 하나님과의 살아 있는 만남이다. 자연스럽게 이 경험은, 우리의 신학, 믿음, 순종이 이런 경험을 환영함으로써 풍성해지는 한, 성서를 포용하고 적극적으로 성서에 순종하고자 하는 열망과 흥분을 배양해준다. 그러나 우리가 오로지 이성적 차원에서만 성서를 다룬다면 이런 열망과 흥분은 우리의 것이 될 수 없을 것이다. 명명법은 제쳐두고, 모든 신자는 성서에서 참하나님의 음성을 듣고 따름에 있어 성령의 인도를 환영해야 한다.

성령은 비은사중지론을 확장시키실 뿐만 아니라 우리에게 경험적 원동력을 제공해주는데, 이 원동력은 우리가 성서 본문을 경험하는 것을 환영할 뿐만 아니라, 우리의 삶에 침범하여 권능을 부여함으로써 성서 본문을 경험하게 해준다. 이런 원동력은 오순절주의자들과 은사주의자들에게만 국한된 것이 아니라 우리 가운데 종종 더 만연해 있다. 왜냐하면 우리가 그 원동력을 적극적으로 포용하기 때문이다. 성령의 더 깊은 경험은, 우리가 이 경험을 성령 세례로 부르든지, 성령의 다중적 충만함으로 부르든지, 아니면 하나님께 대한 지속적 경험으로 부르든지 간에, 우리로 하여금 마음을 다해 성령의 권능 및 사랑을 역동적으로 계속 포용하도록 열려 있게 해준다. 우리 안에 살아 계신 삼위일체의 세 번째 위격에 해당하는 성령의 임재와 행위가 어떻게 변화를 가져오지 않을 수 있겠는가?

이상적으로 말해서 성서가 성령의 은사들을 그리스도의 몸 전체에 속하는 것으로, 특히 그리스도의 몸을 세우기 위한 것으로 묘사하고 있으므로, 모든 그리스도인은 은사주의자들이다(여기에는 은사중지론자들도 포함되는데, 왜냐하면 그들이 실제로 포용하며 사용하는 성령의 은사들이 있기 때문이다).

오순절/은사주의 해석학은 오늘날 유별나게 독특한 것은 아니지만, 참된 내용을 제공해준다. 그 주된 이유는 오순절 운동이 지난 세기 동안 그것의 신학적 업적을 이미 이루어놓았기 때문이다. 최초 증거로서의 방언은 논란의 이슈로 남을 수 있지만, 오늘날 아무도 단순히 은사지속론의 유산을 지지한다는 이유만으로 자랑할 수는 없다. 대신에 만일 우리가 성령 안에서의 삶을 살아가길 원한다면, 단지 신학적 원칙에서만이 아니라 우리의 삶 속에서 그리고 우리의 교회 안에서 은사지속론을 적극적으로 포용할 필요가 있다. 물론 이를 위해서는 하나님의 능력이 필요하다. 단순히 이전의 부흥 유형을 흉내 내는 것으로는 성령을 되돌려올 수 없다. 그러나 하나님은 다음과 같이 약속하셨다. 즉 우리가 하나님께 성령을 구할 만큼 충분히 우리의 의존성을 인식한다면, 하나님은 당신의 축복을 거두지 않으실 것이라고 말이다(눅 11:13).

결론 개인적으로 그리고 역사적으로 말하는 성서

몇몇 해석자는 고대의 맥락을 강조하면서 원래 형태로서의 성서 말씀에 초점을 맞춘다. 반면에 다른 해석자들은 현대 독자들의 수용을 강조하면서 성령의 인도에 대한 필요에 초점을 맞춘다. 비록 후자가 성령 해석학에서 좀 더 독특할 수 있지만, 전자와 후자 모두 성서 저자들에 대한 성령의 영감을 인정하는 성령 해석학의 중심에 있다. 우리는 말씀과 성령, 이 둘을 모두 필요로 한다.

여기서 나는 이 책이 다룬 몇몇 원칙을 요약하고, 이런 원칙들에서 비롯된 몇몇 적용에 대해 언급할 것이다. 그리고 참된 성령 해석학이 왜 궁극적으로 기독교 해석학인지에 대해서도 다루고자 한다.

이 책의 요지

제1부에서 주목했듯이, 만일 우리가 신약성서에서 제시되고 신약성서 이후 성령 운동의 목소리가 제공한 성령 해석학의 모범을 따른다면, 우리는 성서를 경험적으로, 종말론적으로, 그리고 선교적으로 읽게 될 것이다. 성서가 설명하는 영적 경험을 공유할 때, 그리고 성서가 빈번히 다루고 격려했던 낮고 천한 자들과 함께 읽을 때, 우리는 더 많이 이해하고 공감하면서 성서를 읽게 될 것이다. 우리는 우리의 삶을 위한 성서의 메시지에 공감하고 그 메시지를 포용하는 하나님의 종말론적 백성으로서 성서를 읽을 수 있다.

제2부에서 살펴보았듯이 보편적 교회는 우리를 도울 수 있는데, 그 이유는 우리가 교회의 여러 교단으로부터 배울 수 있기 때문이다. 각 교단에 속한 자들은 그들의 삶을 위해 다른 교단에 속한 우리가 때로 간과하거나 적용하지 못하는 다양한 강조점을 채택한다. 오순절 내러티브와 오늘날 성령 운동의 우세한 지형은 모두 보편적 교회의 은사와 목소리를 환영하라고 요청한다. 제3부는 성서 본문이 그것의 고대 상황에서 의미했던 내용을 이해할 수 있는, 따라서 성서 본문의 일차 독자들에게 더 잘 공감할 수 있는 훈련된 읽기의 중요성을 강조했다.

제4부는 독특하게 기독교적인, 따라서 독특하게 성령의 인도를 받는 인식론에 대한 성령의 기여를 탐구했다. 이것은 분명히 말씀과 성령의 인식론으로, 이 둘은 종종 우리의 잘못된 해석을 바로잡도록 도와주는 해석학 집단에서 함께 작용한다. 이런 인식론은 모든 성령 해석학의 필수적 토대를 제공해주는데, 이는 하나님과의 신실한 관계를 통해, 그리고 하나님의 말씀에 대한 믿음의 순종을 통해 성장한다.

일단 우리의 인식론이 성령 해석학을 요청할 때, 이런 접근법은 어떤 모습일까? 제5부는 성령의 영감을 받은 정경 내의 해석자들이 어떻게 성령 해석학에 대한 모범을 제공하는지를 탐구한다. 이런 모범에는 예를 들어 제사보다 자비라는 예수의 해석과, 그리스도 안에서 성취된 하나님의 약속에 대한 믿음의 관점으로 율법을 읽는 바울의 읽기가 포함된다. 이런 읽기는 그리스도 중심적인 읽기일 것이다. 그러나 어떤 이들에게 이런 읽기는 몇몇 측면에서 성서가 다루는 것과 유사한 상황에 대한 개인적 적용의 함의도 지닐 것이다.

그러나 성령으로 읽기 위한 모든 사도가 성령의 마음을 동등하게 반영하는 것은 아니다. 사실상 몇몇 읽기는 꽤 잘못된 것일 수 있다. 제6부는 우리가 누구의 "은사주의 해석"을 따라야 할 것인지를 질문했다. 따라서 제6부는 성령이 이미 정립해놓은 성서의 메시지와 각각의 읽기가 어떻게 일치하는지를 점검하며 읽는 것의 중요성을 강화했다.

기독교 해석학으로서의 오순절 해석학

해석에서 성령에 대한 오순절식 강조는 오순절주의자들이 출현하기 훨씬 전부터 존재했다. 그러므로 이는 역사적으로 더 광범위한 기독교 해석학이다. 동시에 모든 그리스도인은 그들로 하여금 하나님의 메시지를 듣고 포용할 수 있도록 해주는 성령의 역사를 상기할 필요가 있다. 오순절주의자들과 은사주의자들은 모든 신자를 위해 이런 강조를 부각함으로써 보편적 교회 전반에 지속적으로 공헌한다. 오순절주의자들이 한 세기 전에 특별히 눈에 띄게 확산시킨 비은사중지론적 접근법은 모든 그리스도인을 성서의 세계로 초청한다. 그리고 이 접근법은 우리에게 기대감을 불어넣고 하나님의 선물, 즉 그분의 교회와 우리의 삶에서 종종 발생하는 놀라운 일을 신뢰하라고 요청한다.

전통적인 오순절 해석학에서 가장 독특한 것은 오랜 기간 교회로부터 무시당했던 영적 은사의 시기에 우리가 살고 있음을 믿고 체험하는 관점으로 성서를 읽으라는 분명한 요청이었다. 오늘날 오순절주의는 그들이 역점을 둔 사역에서 매우 성공적이라는 것이 입증되었으므로, 이런 강조점은 더 이상 독특한 것이 아니다. 보편적 교회는 점점 더 은사주의적인 성향을 보이고 있으며, 전통적 의미에서의 은사중지론은[1] 쇠퇴하고 있다.

이는 물론 전통적인 오순절주의자들이 해석학에서 독특한 목소리를 계속해서 낼 수 없다는 것을 의미하지 않는다. 원칙적으로는 영적 은사들을 인정하면서도 실제로 이 영적 은사들의 역할을 허용하는 경우가 거의 없는 교회가 많다. 여기서 오순절주의자들과 은사주의자들은 나머지 교회를 갱신하는 데 지속적으로 독특한 역할을 할 수 있다. 그들이 하나님의 은사들과 여타의 성령 체험들에 립 서비스 이상을 제공하는 한 말이다. 원칙상 은사지속론자가 되는 것이 성령에 대한 적극적 포용을 보장하는 것도 아니다. 은사지속론이란 우리가 매일 성령을 의지하는 가운데 살아내야 하는 그 무엇이 되어야 한다.

그러나 어떤 운동도 그것이 지닌 가장 독특한 요소들만으로 완전히 정의될 수는 없을 것이다. 그리스도의 몸 가운데서 널리 공유되고 있음에

1 나는 여기서 단순히 하나님이 항상 똑같은 일을 하지 않으시며, 그분의 은사와 성령의 부으심에 더 큰 주권을 허용하시는 것으로서 은사중지론을 정의하는 사람들을 배제한다. 이처럼 광범위한 정의 역시 나를 포함한 많은 은사주의자들을 포용한다. 나는 이런 입장을 은사중지론자로서 정의하지 않았지만, 몇몇 온건한 은사중지론자는 나와의 대화 중에 이런 입장을 표현해왔다.

도 불구하고 여전히 필수불가결한 상태로 남아 있는 성서 해석학의 많은 요소들이 있다. 이런 요소들에는 성령이 성서 저자들에게 영감을 주어 그들의 원래 배경에서 전달하고자 했던 메시지를 겸허히 포용하는 것이 포함된다. 또한 오늘날 우리의 삶에 대한 성서 본문의 함의들을 적극적으로 포용하는 것도 포함된다. 우리는 성령 역시 우리가 성서 본문을 주해하는 동안 우리를 인도하기를 바라신다는 것을 인식해야 한다. 성령은 본문의 메시지가 오늘날 우리에게 적용되는 영역들을 강조하고 그 메시지에 대한 우리의 순종을 불러일으킨다.

궁극적으로 오순절 해석학, 즉 오순절 관점에서의 해석학이란 단순히 하나의 기독교 해석학이다. 즉 성서 본문에서 예수 그리스도를 통해 계시되는 하나님의 음성을 듣는 해석학이다. 그리고 궁극적으로 기독교 해석학은 성령 해석학을 의미한다. 이는 우리가 성서를 통해 들어야 하는 것이 우리의 목소리보다는 하나님의 목소리임을 겸허하게 인식하는 접근법이다. 비록 모든 그리스도인이 현재 성서에서 하나님의 살아 있는 목소리를 경험하는 것은 아니지만(오순절주의자도 마찬가지다), 우리는 성서가 지금 우리를 하나님께 대한 지식과 계시라는 더 큰 보물로 초대하고 있음을 인식할 수 있다.

성령과 적용

우리는 적절한 유비를 사용할 수 있고 사용해야 한다. 그리고 성령은 우리를 위해 좀 더 직접적인 유비를 도출할 수 있다. 우리의 관심이 성서 속 인물들에게 주어진 약속들로 향하도록 인도하면서 말이다. 이 약속들은 하나님이 일반적으로 그분의 백성에게 주시는 약속들과 유사하다. 이 약속들을 통해 하나님은 우리의 삶에 개별적으로 유사점들을 만들어내신다. 성령이 우리에게 이야기하도록 허용하는 것에 대해 지나치게 주의하는 몇몇 그리스도인은 모든 그리스도인이 어떤 방식으로든 성령의 인도를 체험하고 있다는 사실을 망각하고 있다. 비록 그 인도가 단순히 우리가 하나님의 자녀라는(롬 8:15-16; 갈 4:6; 요일 3:24), 아니면 하나님이 우리를 사랑하신다는 성령의 증언일지라도 말이다(롬 5:5). "성령의 인도를 받는 것"은 그리스도인들의 기본 특징 중 하나다(롬 8:14; 갈 5:18).[2]

우리가 하나님이 말씀하신다는 것을 믿는다면, 하나님이 때로 유비를 통해 우리에게 말씀하신다는 생각은 성서에서의 그분의 역사를 상기시키는 매우 평범한 제안으로 보인다. 성서는 우리가 하나님의 음성을 듣도록 도와준다. 사람들은 종종 성서를 남용하듯 하나님의 음성을 듣는 것을 남용한다. "우리는 부분적으로 알고 부분적으로 예언하기" 때문이다(고전 13:9). 위조지폐나 닳아빠진 화폐의 존재가 돈을 포기하라고 우리에게 요구하지 않듯이, 초라한 구조를 목격하는 것은 건축 도구를 내버리거나 건축 자체를 포기하라고 우리에게 요청하지 않는다.

동시에 성령의 개인적 적용은 이런 유비들이 최상으로 도출될 수 있는 원래의 요점을 바꾸지 않는다. 원래의 메시지는 모든 문화의 모든 해석자에게 기초가 된다. 개인적 적용들은 정의상 보편적이지 않다. 즉 그것들이 모든 상황의 모든 사람에게 전이될 수는 없다. 전적으로 개인적인 읽기

---

2 바울은 이런 구절들의 맥락에서 성령의 인도에 담긴 도덕적 측면을 강조한다. 그러나 누가는 그의 내러티브를 통해 성령의 인도를 설명하면서 선교적 측면을 강조한다(행 8:29; 10:19; 16:6-7). 그리고 요한은 그리스도 중심의 계시적 측면을 강조한다(요 16:13-15). 시편 저자는 하나님의 인도를 필요로 한다(시 25:5; 43:3; 143:10). 각 성서 저자는 상황과 관련된 성령의 인도의 측면을 강조하지만, 모두 더 넓은 경험에 대해 이야기한다.

는 우리가 원하는 것 혹은 그 순간에 개인적으로 필요로 하는 것만을 발견할 위험이 있고, “하나님의 온전한 뜻”을 놓칠 위험이 있다(행 20:27).

더욱이 우리는 우리의 개인적 적용들에서조차 성서의 권위를 인용할 수 있는 최고의 자격이 있다. 우리의 개인적 적용들이 원래의 요점과 가장 유사할 때 말이다. 내가 예수의 사역 초기에 운집한 군중들을 염두에 두고서 하나님의 사명을 성취하면 반드시 유명해질 것이라는 원칙을 도출한다면, 나는 예수가 십자가에 달려야 함을 부인한 베드로만큼이나 요점에서 벗어나는 것이다. 예수의 기적에 감흥을 받은 갈릴리 사람들은 예수를 따랐다. 그러나 예루살렘에서 군중은 예수의 십자가 처형을 목 놓아 외쳤다. 우리가 만일 성서 본문의 요점을 놓친다면, 그 본문은 더 이상 성령에 의한 우리의 주관적 적용 및 체험에 대한 객관적 기준을 제공하지 못한다. 어떤 이들은 객관적 기준 없이 주관성 측면에서 실수를 범하고, 다른 이들은 경험 없이 객관성 측면에서 실수를 범한다. 가장 이상적인 상황은 주관성과 객관성이 서로 함께 작용하는 것이다.

초기 오순절주의의 목소리는 말씀과 성령을 한데 묶으라고 우리에게 요청한다. 이 둘의 합작은 내가 본문에 대한 최고의 복음주의적 주해로서 상상하는 것으로, 이 최선의 복음주의적 본문 주해는 그 본문의 메시지를 포용하고 실행하는 최고의 은사주의적 힘과 결합되어 있다. 가장 저명한 초기 오순절주의의 치유 복음주의자 중 한 명인 스미스 위글스워스는 인생의 말기에 실망하게 되었는데, 그 이유는 최초의 오순절주의자들이 희망했던 것처럼 오순절 부흥운동이 세대의 종말을 직접적으로 이끌지 못했기 때문이다. 그러나 그는 미래에 대한 소망을 포기하지 않았다. 그는 성령의 은사들을 회복시킨 오순절 성령의 부어짐과 더불어, 언젠가 하나님의 말씀을 강조하는 또 다른 부흥운동이 도래할 것이라고 믿었다. 그는 다음과 같이 예언했다. “이 두 개의 성령 운동이 결합할 때, 우리는 예수 그리스도의 교회가 이제껏 보지 못한 가장 위대한 운동을 보게 될 것이다."[3] 주님, 그렇게 되기를 바랍니다!

3 Stormont, *Wigglesworth*, 114. Stormont는 개인적으로 Wigglesworth를 알았는데, Wigglesworth는 오로지 성서만을 읽었던 사람이다(그가 읽었던 성서는 현재 Andrew White 신부가 보관하고 있다).

부록 A 이해를 연결하기 위한 몇몇 이론적 시도

학자들은 종종 고대 의미와 현대 적용의 해석학적 차이를 좁히고자 노력해왔다. 이런 차이를 좁히기 위한 접근법은 다양한데, 성서를 신학적 관점에서 교회의 책으로서 읽는 포스트모던적 읽기에서부터(이런 읽기는 교부들의 논쟁들로 거슬러 올라간다)[1] 불트만의 실존적 접근 등에 이르기까지 다양하다. 빌헬름 딜타이(Wilhelm Dilthey)는 모든 사람이 그들의 상황에 영향받고 있음을 인지했지만,[2] 우리 공통의 인간성에서 공유하는 구조를 전제함으로써 이해의 가능성에 접근했다.[3] 딜타이는 루돌프 불트만과 한스-게오르크 가다머(Hans-Georg Gadamer)에게 영향을 미친 몇몇 인물 중 한 명이

---

1 예. 다음을 보라. Bauer and Traina, *Inductive Bible Study*, 377-78. 여기에는 Robert Wall을 비롯한 다른 이들의 요점들이 요약되어 있다.

2 Dilthey, *Pattern*, 81: "자신들의 연구가 전제 조건들에 기초하지 않는다고 믿을 때조차, 그들은 그들의 지평에 의해 결정된다." 이 지평에는 그들 자신의 세대와 그 세대가 그것의 선대로부터 물려받은 것이 포함된다. 그럼에도 인문과학은 객관성을 위해 노력해야 한다. 또한 참조. 147-48.

3 Dilthey, *Pattern*, 102, 123; 인간의 연결성(이는 현대 심리학의 시스템 접근과 같은 것이다)에 관해서는 4-6장, 특히 122-23, 127, 131, 137-38, 161을 보라. 과학적 객관성으로 무장한 Dilthey는 방법론적 규칙들을 통해 상대성을 극복하길 희망했다(Westphal, *Community*, 32). 이와 대조적으로 Gadamer는 *Truth and Method*, 245에서 "Self-reflection and autobiography"에 나타난 Dilthey의 출발점이 부적절하다고 비평한다(참조. Dilthey, *Pattern*, 2장, 특히 85-86). Gadamer에게 본문은 특수한 것이 아닌 보편적인 것을 발견하도록 도와준다(*Truth and Method*,305). "공통의 세계—비록 만들어진 세계일지라도—는 언제나 언어의 전제 조건이다"(367).

었다. 비록 이 두 사람에게 좀 더 깊은 영향을 미친 사람은 동료 학자인 마르틴 하이데거(Martin Heidegger)였지만 말이다.[4]

한스-게오르크 가다머는 다음과 같이 바르게 지적했다. 즉 역사적 상황은 모든 해석자에게 영향을 미치고, 해석은 이런 상황에 대한 고려 없이는 불가능하다고 말이다. 속단의 의미에서 편견은 불가피하다.[5] 우리는 편견을 인정함으로써 우리와 마찬가지로 편견과 가정을 통해 살아가는 다른 이들로부터 배우게 되고, 그들과 상호작용을 하게 된다. 가다머에게 있어 다른 관점들 또는 본문들과의 모든 접촉은 본문의 세계와 우리의 세계 사이에 존재하는 지평들을 융합하는 일을 포함한다.[6] 시간적 거리가 실제로 존재하고, 가장 유능한 독자들이 해당 언어 등을 배워야 하지만,[7] 아리스토텔레스의 주장처럼 우리는 본문을 우리의 상황과 연결시켜야 한다.[8]

---

4 Dilthey와 마찬가지로 Bultmann 역시 저자와 해석의 공통점을 이해의 가능성에 대한 하나의 조건으로서 간주한다(Bultmann, "Problem of Hermeneutics," 73; 참조. Poland, *Criticism*, 45). Bultmann은 역사적 맥락에서 사람들의 구체적 존재를 강조한다("Science and Existence," 133; Perrin, *Bultmann*, 39; Heidegger에 관해서는 Thiselton, *Horizons*, 150을 보라). 모든 만남은 오직 전이해라는 공통점을 통해서만 가능하다(참조. Bultmann, "Problem of Hermeneutics," 85; idem, "Historicity," 98; Perrin, *Bultmann*, 80; Heidegger에 관해서는 Thiselton, *Horizons*, 166을 보라).

5 Gadamer에게 편견이 항상 근거가 없는 것은 아니다. 계몽주의가 가장했던 객관성에 반대하여 우리는 그 이후로 증가되고 수정되고 교정된 지식 혹은 가정들을 갖고 시작한다. Gadamer, *Truth and Method*, 239-40, 245-46을 보라. 또한 참조. Gerhart, "Generic Studies," 314; 참조. Osborne, *Spiral*, 388, 412(이 부분은 Ricoeur에 관한 내용이다). 연구의 제목에도 불구하고, Gadamer는 자세한 해석학적 방법론보다는 해석학의 인식론적 토대를 명확히 설명하는 일에 더 많은 관심을 보인다.

6 참조. Gadamer, *Truth and Method*, 404: "언어는 사람들 사이의 이해가 표출되는 대화 안에서만 그것의 참된 존재적 의미가 발견된다." 이런 대화를 통해 개인의 세계관들이 "드러난다."

7 Gadamer, *Truth and Method*, 258ff. 그러나 번역에도 대화와 더불어, 원래의 메시지가 정확히 일치하지 않는 무엇에 대한 이해가 포함된다(348).

8 Gadamer, *Truth and Method*, 289(참조. 경건주의자의 적용에 관해 언급하는 274).

불트만은 20세기 세상과 관련된 신약신학을 만들고자 했다.[9] 그러나 신약신학을 20세기의 특정 접근법과 결합시킴으로써 궁극적으로 불트만의 접근법은 예수를 해석자들이 살던 시기의 지배적 가치들에 맞추려고 했던 초기 시도들과 동일한 운명을 맞이할 것이다.[10] 대부분의 학자들은 초기의 하이데거가 루돌프 불트만의 사고에 주요한 영향을 미쳤다는 데 동의한다.[11] 비록 불트만은 자신이 신약성서에서 발견한 것과 일치하는 그림을 하이데거가 발견했다고 생각했지만 말이다.[12] 불트만은 실존적 해석을 편견이 아니라 여타의 역사 접근법과 마찬가지로 필요한 관점으로 간주했다.[13] 그는 문법적·형식적·역사적 분석으로 시작할 것을 주장했다.[14]

---

9 참조. Perrin, *Bultmann*, 70(비록 세상에 대한 생각들은 변하고 있었지만 말이다. 참조. Perrin, *Bultmann*, 61).

10 Manson, "Life of Jesus," 220.

11 Perrin, *Bultmann*, 15; Hasel, *New Testament Theology*, 85. Bultmann은 Heidegger가 정식으로 나치당원이 되기 전까지 그와 십 년 이상 교제했다. 다른 영향들로는 다음과 같은 것들이 있다. 예전의 낡은 자유주의(그러나 참조. Bultmann, "Mythology," 12-13; Poland, *Criticism*, 26-27, 29), 신칸트주의, 그리고 확장된 형태의 루터주의(Thiselton, *Horizons*, 205-26; 참조. Poland, *Criticism*, 19-20).

12 Bultmann, "Mythology," 23-25; Thiselton, *Horizons*, 178-79, 226, 232, 262. Bultmann은 신학이 철학으로부터 배울 수 있다고 단언했다(Bultmann, "Historicity," 96, 101). 그러나 철학의 통찰들이 존재를 실현시킬 수는 없다고 주장했다. 참된 존재는 존재론적 가능성이지, 실체적 가능성이 아니기 때문이다(Bultmann, "Historicity," 95, 103; idem, "Mythology," 25-27; Perrin, *Bultmann*, 30). 그리고 참된 존재는 그리스도를 위한 결단에 의해서만 성취될 수 있다고 주장했다(Bultmann, "Mythology," 28). 모든 이해는 질문을 묻는 특정 방식에 달려 있다(Bultmann, "Problem of Hermeneutics," 72-73). 하나님에 대한 질문만이 우리로 하여금 계시를 이해할 수 있게 해준다(Bultmann, "Problem of Hermeneutics," 87).

13 Bultmann, "Exegesis," 149; 참조. Bultmann, *Word*, 11. 따라서 Thielicke가 비판하는 것은 세속 철학으로 인한 성서의 훼손이다(Thiselton, *Horizons*, 3). Bultmann은 이 철학을 신학적 작업의 필수 영역으로 간주한다.

14 Bultmann, "Problem of Hermeneutics," 86. 우리는 우리의 주해가 가져올 결과를 사전에 미리 예상할 수 없다(Bultmann, "Exegesis," 145; Thiselton, *Horizons*, 284). 비록 우리가 주해 시 사용할 방법을 예상할 수밖에 없지만 말이다(Bultmann, "Exegesis," 146-47). 왜냐하면 우리의 주해 방법은 우리의 목적에 의해 결정되기 때문이다(Bultmann, "Historicity," 92).

우리가 모든 해석 작업에서 전이해의 역할을 인지하는 한 말이다.[15]

그러나 불트만의 철학적 가정들은 그가 자신의 주해 결과들을 제시하는 방법에 영향을 미쳤을 뿐만 아니라 그의 학문적 신학의 한계도 형성했다. 불트만은 그의 신학이 신 중심적이라기보다 인간 중심적이라는 바르트의 비난을 받아들이지 않았지만,[16] 철학과 신학 모두 인간을 그 대상으로 삼고 있다고 주장했다.[17]

불트만의 역사 이해는 문제가 더 심각하다. 불트만은 비록 하나님이 그리스도 안에서 행동하신 것이 부인할 수 없는 사실이지만,[18] 그럼에도 이런 하나님의 행동을 역사적인 것이 아니라 실존적인 것이라고 주장한다.[19] 반(反)초자연적 세상에 신학을 설명하면서 불트만은 신학적 전제에

---

15 Bultmann, "Problem of Hermeneutics," 72-73, 86. Johns and Johns, "Yielding," 50. 여기서 저자들은 Bultmann이 전이해를 바르게 강조했지만, 본문의 객관적 권위를 주장함에 있어 Bultmann과 오순절주의자들이 차이를 보인다고 지적한다.

16 Bultmann은 Barth가 실존적 분석의 요점을 오해했다고 반박하는데, 그 이유는 인간이 오로지 만남을 통해서만 존재하기 때문이다("Problem of Hermeneutics," 89). 그러나 그는 예수의 하나님을 인간 내면에 있는 그 무엇으로서 재정의한다(*Word*, 102-3). 그리고 우리의 인간 본성이 "실현되길" 추구한다(*Mythology*, 25; 그러나 참조. 새 아담과의 일치에 관한 바울의 이해). Bultmann의 신학이 실제로는 인류학이 되어버렸지만, "이는 결코 Bultmann의 의도가 아니었다"(Thiselton, *Horizons*, 223). 사랑과 친절이 객관적 현상이 아니듯이(Bultmann, "Science and Existence," 140), 초월적 존재인 하나님을 하나의 객체로서 말하는 것은 불가능하다(참조. Perrin, *Bultmann*, 19, 50). 따라서 하나님은 과학적 탐구 영역 밖에 존재한다(Bultmann, "Science and Existence," 131).

17 Bultmann, "Historicity," 94. 인간 중심적인 해석에 관한 예들은 Bultmann, *Word*, 55, 102-3을 보라. 20세기 초반 독일 신학 대부분은 인간 중심적이었고, Barth는 이에 실망했다. Poewe, *Religions*, 50을 보라.

18 Bultmann, "Mythology," 32-35.

19 Bultmann, "Demythologizing," 110. 그는 하나님의 불가시성을 그분의 행위의 가시성을 배제하는 것으로서 재정의한다("Demythologizing," 122). 비록 하나님의 비가시성을 확언하는 성서 자료가 역사 속에 나타난 그분의 가시적 행위를 확언하고 있지만 말이다. 하나님이 역사 속에서 사건을 일으키실 수 없다거나 하나님이 하나님이 아닐 것이라고 주장하는 것은(참조. Perrin, *Bultmann*, 86) 전통적인 유일신 신앙에 반대하는 방식으로 하나님의 행위를 재정의한다. "하나님은 세상에 갇혀 있는 일종의 현상이 아니다"(161)라는 이유를 들어 하나님의 행위가 우리의 존재와 무관하게 고려될 수 있음을 부정하는 것은 하나님의 행위

이의를 제기하기보다 그것을 수용한다. 따라서 성숙한 사람이라면 절대로 신약성서의 세계관을 "진지하게 견지할 수 없다."[20] 그에게 초자연적 힘과 관련된 것은 무엇이든 "신화"다.[21] 역사적 연속체는 초자연적 개입으로 중단될 수 없다.[22]

많은 학자들은 신약성서가 몇몇 "신화적" 용어 및 이미지를 재사용함을 인지한다. 이런 현상은 요한계시록 12:1-4과 같은 상징주의에서 가장 분명히 발견될 것이다. 이런 경우들에서 "비신화화"는 이상적 저자의 이상적 상황에서 이해될 수 없는 새로운 의미를 만들어내는 것이 아니라, 한 장르에서 또 다른 장르로 변환되는 것으로 묘사될 수 있다. 우리는 "신화"의 정의를 결정하기 위해 우리의 문화적 짐으로 가득 차 있는 현대적 기준들을 사용하는가?

불트만에게 신화는 종종 실존적 해석을 요구하지만,[23] 이 실존적 해석만이 신화를 이해하는 유일한 방법은 아니다. 원래의 의미가 다른 방향을 가리키는 곳에서는 특히 그렇다. 많은 문화에서 신화는 원인론, 우주론, 도덕적 교훈 등을 전달한다. 예를 들어 오늘날 아무도 인정하지 않는 삼층 구조의 우주가 왜 공간적 관점이 아닌 실존적 관점에서[24] 재해석되어야 하는가? 확실히 "하늘"은 "위"가 아닌 "바깥"에 존재할 수 있다. 그러나 우리의 지구 중심적인 경험에서 보더라도 하늘은 중력으로 "위"에 존재한다.

와 하나님이 동일하다고 가정하고, 하나님이 세상 밖에 존재할 수도 없으며 세상에서 아무것도 하실 수 없다고 가정하는 것처럼 보일 것이다. 하나님의 초월성과 내재성, 이 둘의 균형을 잡는 대신, Bultmann의 하나님은 전적 타자로서 역사 안에서 활동하지 않는 이신론의 신과 닮았다.

20 Bultmann, "Mythology," 4.

21 "Demythologizing," 95.

22 예. Bultmann, "Exegesis," 147.

23 Bultmann, "Mythology," 9.

24 Bultmann, "Mythology," 1.

고대 사람들은 대류권, 이온층 및 "바깥" 더 멀리에 존재하는 다른 형태들을 구분할 이유가 전혀 없었다. 하지만 이런 범위들이 자연스럽게 실존적 용어들로 해석되는 것일까?

마찬가지로 불트만에게 "미래"는 "존재의 참된 가능성"을 나타낸다.[25] 비록 불트만의 현재적 종말론이 종종 신약성서의 그림을 바르게 반영하지만,[26] 신약성서에서 실현된 종말론은 미래적 종말론을 대체하기보다 기대한다. 신약성서가 묵시문학이나 영지주의 문학처럼[27] 비신화화되어야 한다고 제안하는 것은 앞뒤가 맞지 않는 비교를 제공한다. 초기 묵시문학의 이미지에는 "실존적" 의미들이 아니라 사회정치적이거나 신비주의적인 의미들이 담겨 있었다. 혹자는 몇몇 영지주의 문헌을 "실존적" 용어로 해석할 수 있었을지 모르지만,[28] 이런 문헌들은 신약성서보다 더 늦은 시기에 기록되었고 가장 이른 기독교 접근법들에 대한 정보를 제공하지 않는다.[29] 상황적으로 말해서 20세기 북미 사람들은 바울이 로마서 8:38이나 에베소서 6:12에서 기록한 방식으로 영적 권세들에 대해 기록하지 않았을 것이다. 그러나 이런 성서 구절들에 대한 순전히 "실존적"인 해석은 이 구절들에서 브라질, 아이티, 필리핀, 나이지리아, 아이슬란드에 존재하는 심령술과의 지속적 관련성을 제거할 것이다.

만일 모든 본문이 똑같은 본질적·실존적 의미로 해석된다면, 왜 굳이

25 Bultmann, "Historicity," 96-97.

26 예. Bultmann, "Between Times," 250-52, 256; idem, "Mythology," 17-20, 38-39. 그러나 유대교의 중간기 종말론은 확립되지 않은 상태였다("Between Times," 248).

27 Bultmann, "Mythology," 14-15.

28 예. Jonas, *Religion*을 보라.

29 특히 다음을 보라. Yamauchi, *Gnosticism*; idem, "Gnosticism"; Smith, *Gnostic Origins*. 영지주의의 구속자 신화는 어떤 이들이 최초의 영지주의 궤적으로 부르고 싶어 하는 그 궤적 안에서조차 발견되지 않는다(Drane, "Background," 123; Bruce, "History," 49; 참조. Wilson, *Gnostic Problem*, 226).

다른 본문들을 사용하는가? 이 경우에 권위의 중심이 본문으로부터(즉 주어진 역사적 상황에서 이치에 맞도록 고안된 본문의 복잡한 상징들로부터) 해석자의 실존적 전이해로 옮겨지지 않았는가?[30] 불트만은 비유신론적 세계관으로부터 전제들을 빌렸다. 그 결과 야스퍼스(Jaspers)와 다른 실존주의자들은 불트만이 너무 많이 나간 것은 아닌지 의문을 제기한다.[31] 불트만의 내용 비평은 자신의 입장이 허위로 드러날 수 없도록 만들었다.[32] 마치 그가 믿음이란 것이 역사에 의해 입증되거나 왜곡될 수 없다고 주장했던 것처럼 말이다.[33] 불트만의 신앙주의(fideism)가 십자가에 대한 모욕(offense)을 순화시키는 것은 아니다.

상황화에 대한 여타의 많은 접근법이 존재하지만, 이런 접근 용례들이 보여주는 것은 학술 단체가 문법을 이해하는 것과 메시지를 포용하는 것의 차이를 인지하고 있다는 점이다.

---

30 따라서 Bultmann은 바울을 본의 아니게 일관성이 없다고 간주할 수 있는데, 그 이유는 부활이 십자가와의 일치를 유효하게 구성하지 못하면서도 진정성 있는 기적으로 남아 있기 때문이다(Bultmann, "Mythology," 36-37).

31 Hasel, *New Testament Theology*, 89.

32 Thiselton, *Horizons*, 274; 참조. 290.

33 참조. Ladd, *Bultmann*, 24, 26.

부록 B 탈식민주의 접근법들

성서를 탈식민주의적으로 읽는 것은[1] 제국의 존재를 강조하는데,[2] 이는 다양한 성서 본문과 관련이 있다.[3] 예를 들어 많은 학자들은 황제 숭배를 요한계시록에 나오는 소아시아의 일곱 교회가 일반적으로 경험했던 것으로 간주한다.[4] 신약성서의 몇몇 "평화" 선언 역시 황제의 공허한 팍스 로마나(Pax Romana)에 이의를 제기할 수 있다.[5]

1 다음을 보라. Moore and Segovia, *Criticism*; Punt, "Criticism"; England, "Criticism"; 예를 들어 다음을 보라. Stanley, *Colonized Apostle*; Kahl, "Bibelinterpretation"에 언급된 조사 내용들; Küster, "Kontextualisierung"; 복음서 및 사도행전에 관해서는 Diehl, "Rhetoric"을 보라. 일반적으로 좀 더 새로운 접근법들에 관해서는 Runesson, "Treasure"를 보라.

2 예. 다음을 보라. Joy, "Transitions"; Moore, "Empire"; idem, "Turn"; Punt, "Empire"; Barreto, "Affects What I See."

3 이 부록은 내가 저술한 "Scripture and Context"의 내용을 사용한다.

4 Ramsay, *Letters*, 231-32, 283, 366-67, 410을 보라.

5 다음을 보라. Yorke, "Hearing"의 주장들; Keener, *Acts*, 2:1799-1800; 살전 5장에 관한 가장 명쾌한 주장은 Weima, "Peace"를 보라.

다양한 접근법

탈식민주의 접근법은 다양하지만, 사회 권력 역학에 대한 탈식민주의 접근법들의 조사는 유익할 수 있다.[6] 비록 초기의 몇몇 탈식민주의 연구가 본문을 그것의 고대 상황에 비추어 연구하는 것을 가치 있게 여기지 않았지만, 이런 무시가 탈식민주의 접근법 자체에 내재되어 있는 것은 아니다.[7] 확실히 사회 권력은 일반적으로 고대 상황에서 이슈였다. 사회학적이고 사회-역사적인 접근법들이 빈번히 강조하듯이 말이다. 탈식민주의 접근법들은 자유주의적 성서 읽기에 반대할 필요도 없다. 비록 초기 연구들이 때로 이런 방식으로 사용되었지만 말이다.[8]

동시에 몇몇 학자는 무비판적으로 탈식민주의 딱지를 사용하는 자들에게 모든 제국이 동일한 것은 아니라는 점을 명심하라고 경고했다.[9] 우리는 차이점들에 대한 민감한 고려 없이 한 제국의 기준을 다른 제국에 강요

6 예. Rukundwa, "Theory"를 보라.

7 다음의 유용한 연구들을 보라. Lopez, "Visualizing," 93; idem, *Apostle*, 10.

8 Lopez는 *Apostle*, 10에서 다음과 같이 바르게 경고한다. 즉 이 접근법이 성서에 대한 적개심으로 적용된다면, 이는 사람들을 자유케 하고 변화시키는 성서의 잠재력을 결국 파괴하게 된다고 말이다. 복음주의의 탈식민주의적 접근법을 지지하는 휘튼 대학 교수 Gene Green 역시 이 접근법이 비평적이면서 동시에 건설적이어야 한다고 경고한다. 나아가 그는 탈식민주의적 비평과 "성서 및 그리스도에 대한 [복음주의의] 헌신," 이 둘의 균형을 잡아줄 참된 복음주의 해석자들의 필요를 제기한다(Green, "Response," 22). 참조. Keener, "Asia and Europe"에 언급된 탈식민주의적이지만 아시아 중심적인 접근법.

9 예를 들어 다음과 대조해보라. 무굴 제국; 영국 제국주의; 소비에트 제국; ISIS; 1930-40년대의 일본; 남미에서 자행된 미국의 전통적 착취; 오늘날 아시아에서 발생하고 있는 중국의 확장주의. 프랑스 식민주의 형태는 식민지에 따라 다른 모습을 보였는데, 이는 프랑스 제국주의의 차별화된 특징이었다. 상이한 식민주의에 관해서는 Sunquist, *Century*, 18-20을 보라.

할 수 없다.[10] 더욱이 신약성서 학자들의 "제국 연구물" 사용은 종종 로마 황실 숭배의 다양성, 즉 로마 황실 숭배의 다양한 지역적·세대적 편차에 대해 좀 더 정통할 필요가 있다.[11] 그러나 전통적인 텍스트적 관점에서의 더 광범위한 관심사는 모든 본문을 동일한 기준으로 읽는 위험에 관한 것이다. 그리고 이는 이데올로기 비평에서 종종 발생하는 위험이다(비록 이데올로기적 정보로 가득 찬 읽기에서도 자기 비판적 읽기는 해당 본문들의 이데올로기를 이해하는 데 충분하지 않지만 말이다).[12]

특정한 탈식민주의 접근법들은 종종 해석자들의 다른 사회정치적 위치들에 따라 다양하다.[13] 예를 들어 몇몇 유대인 페미니스트는 다음과 같이 불평한다. 즉 제3세계의 많은 탈식민주의자들이 고대 유대인들을 종교적인 식민 지배자들로 다루면서 서구의 반유대주의를 유용하고 있다고 말이다.[14] 실제로 몇몇 학자의 손에서 탈식민주의는 유식한 엘리트층이 하층민의 이름으로 말할 수 있는 또 다른 기회가 된다. 이로 인해 그들은 때로 개인적 특권을 포기하거나 억압받는 자들을 돕지 않고도 자신들의 학문적 지위로부터 유익을 얻는다.[15]

---

10 Fitzpatrick, "Carneades"를 보라.

11 Galinsky, "Cult"를 보라.

12 Gundry는 "Hearing"에서 Richard Horsley가 마가복음을 반식민주의적 복음서로서 잘못 읽고 있다고 주장한다. 그러나 Horsley(*JSNT* 26 [2, 2003]: 151-69)는 Gundry의 이런 주장에 이의를 제기한다.

13 Samuel, *Reading*, 14-34의 논의를 보라. 참조. idem, "Mission," 27-28. 참조. Moore, "Paul after Empire," 21-23의 경고.

14 Levine, "Disease"를 보라.

15 Lozano and Roth, "Problem," 187-88(여기서 저자들은 Spivak, *Critique*, 358의 주장을 따른다); Ramachandra, *Subverting*, 240-42.

동시에 탈식민주의 접근법들의 장점 중 하나는 이 접근법들이 다양한 사회적 위치에서의 읽기들을 포용한다는 점이다. 비록 초기의 연구들이 여전히 강력한 영향력을 미치고 있지만, 연구자들이 다양한 상황을 위한 그들만의 접근법을 지속적으로 개발해나갈 때, 우리는 새로 부상하는 여러 종류의 탈식민주의에 대해 이야기하게 될 것이고, 각각의 탈식민주의를 그것의 조건에 맞추어 평가하게 될 것이다. 탈식민주의 접근법들이 바람직하게도 전통 서구 문화의 가정들이 차지하는 패권에 도전하고 있듯이, 이 접근법들의 다양성은 몇몇 선도적인 탈식민주의 사상가들의 견해로부터 갈라져 나온 다양한 목소리를 환영해야 한다.[16] 다시 말해 제3세계 성서학자들은 학문 단체들의 동의를 포함하여 다른 누군가의 동의에 주목하기보다는 그들의 확신과 해석 공동체를 토대로 그들의 방식을 계속해서 자유롭게 형성해나가야 한다.[17]

보편적 읽기라는 이름으로 이루어지는 모든 읽기가 진정으로 교차문화적 경청을 포함하는 것은 아니다. 몇몇 해석자는 모든 본문을 걸러내줄 거의 균일한 해석 기준들을 만들어놓았다. 이 기준들은 마치 이전의 식민주의적 읽기들이 종종 그러했듯이(그것이 강제적 읽기였든지 아니면 거꾸로 역행하는 읽기였든지 간에), 모호한 본문들을 사용하여 이 본문들과 양립할 수

16 탈식민주의 이론이 때로 경쟁적인 관점들도 포함하여 여러 관점을 수용할 수 있는 능력에 관해서는 예. Wills, "Response"를 보라.

17 서구에서 교육받은 엘리트들의 신학적 재구성이 종종 제3세계 그리스도인들의 실제적 근본 신앙을 무시한다는 우려에 관해서는 다음을 보라. Chan, *Grassroots Asian Theology*, 22-27; 참조. Hwa Yung, *Quest2*, xiv; Johnson and Wu, *Families*, 11.

없는 정치적 안건들을 지지하도록 강제했다. 식민주의적 읽기처럼 탈식민주의적 읽기 역시 그것의 제한된 틀 내에서 권력에 대한 주장으로서 작용할 수 있다.

새로운 민족 중심주의를 피하는 것의 중요성

다른 이들의 목소리를 경청하는 일은 매우 중요하다. 그러나 특정한 목소리를 규범으로 삼을 경우, 우리는 우리의 출발점이었던 일종의 민족 중심적인 접근법으로 되돌아갈지도 모른다.[18] 이에 찬성하는 자들은 그들이 속한 집단의 이데올로기를 획일적으로 본문에 부과하여 이 이데올로기적 렌즈를 일종의 방법론으로 부를 수 있다.[19] 자신의 이념이 얼마나 훌륭한지와 관계없이 발생하는 한 가지 위험은 다음과 같다. 즉 우리는 우리의 시야 밖에 서 있는 본문으로부터 나온 새로운 통찰에 도전받기보다는 동일한 이데올로기를 여러 가지 방식으로 단순히 되풀이해서 말한다는 것이다.

18 예수의 가르침을 감안할 때, 복음주의와 혼합된 탈식민주의는 여타의 기독교 믿음에 대한 표현과 마찬가지로 필적할 존재가 없는 주님, 즉 그리스도로부터 출발해야 한다(참조. Usry and Keener, *Religion*, 140n4). 학문적 접근 혹은 민족적 충성이 그리스도인들에게서 그리스도의 자리를 빼앗아 대신 그 자리에 앉을 만큼 패권적이지는 않다. 예루살렘 교회는 효과적으로 상황화했지만(행 21:20), 민족주의와 민족 중심주의는 다른 그리스도인들(이 경우에는 이방인)과의 적절한 연합에 장애가 되었다(21:21. Keener, *Acts*, 3:3118-32의 논의를 보라).

19 새로운 접근법들을 평가하고 사용하면서 Moore는 "Manifesto"에서 다음과 같이 지적한다. 즉 새로운 접근법들이 성서 연구의 문학적 전환 기간 동안 전통적으로 이해되었던 의미에서 새로운 방법들을 제공하는 것은 아니라고 말이다.

대중 독자들은 스터디 성서(study Bible)에 나와 있는 설명을 규범으로 삼는다. 오늘날 몇몇 독자는 교부 해석자들의 해석을 규범으로 삼아, 이 규범을 통해서만 성서를 읽어야 한다고 주장한다.[20] 몇몇 페미니스트나 자유주의 해석자들은 그들의 해석학적 기준을 책임 있는 해석의 기준으로 삼아, 때때로 다른 자유주의적 읽기들에 특정 버전의 자유주의가 결여되어 있다고 이의를 제기하기도 한다.[21] 오늘날 소수의 학자는 제3세계의 목소리들을 규범으로서 간주한다. 그러나 그와 같은 목소리들에는 다양성이 존재하고, 대다수의 서구인들은 제3세계 민중의 목소리보다는 제3세계 내에서 서구식 교육을 받고 논문을 발표한 소수의 목소리에만 접근할 수 있다(아마도 때로는 이런 목소리에만 관심을 가질 것이다).[22] 많은 경우에 학자들은 동료 학자들의 주장에만 귀를 기울이고, 종종 신학상의 동일한 기본 신념을 지닌 학자들의 주장에 귀를 기울인다. 그들의 문화가 무엇이든 상관없이 말이다.

이는 아직 문제는 아니지만, 미래에 대한 경고가 된다. 우리는 새로운 목소리들이 초문화적 규범이 될 때마다 자신의 전통적인 견해가 규범이라고 계속해서 가정하는 유럽 중심의 해석자들에 반대하는 우리의 주장을 약화시킨다. 어떤 집단의 새로운 주장이 모두를 위한 지배적인 규범이 되면, 우리는 다시금 우리가 속한 집단을 칭송하는 것으로 돌아간다. 민족 중심주의, 민족주의, 인종차별주의, 성차별주의 등과 같은 모습으로 말이다.

그럼에도 지적해야 하는 것은 현재 대부분의 목소리, 예컨대 아프리

---

20 나는 이에 대한 우려를 "Biblical Fidelity," 34-37에서 더 자세히 설명한다.

21 흥미롭게도 초기의 많은 기독교 폐지론자들과 페미니스트들은 성서의 취지를 따르는 본질상 자유주의적인 읽기를 제공했다. 예. Sunderland, *Testimony* (1835); Booth, *Women* (1861).

22 Chan, *Grassroots Asian Theology*, 22-27에 나오는 불평 사항을 다시 보라. 이런 관찰의 목적은 학문적 목소리의 가치를 줄이는 것이 아니라 더 다양한 관점을 고려하기 위함이다.

카 신학, 아시아 신학, 남미 신학의 목소리들이 자신의 목소리를 초문화적 규범으로 만들려고 하지 않고, 그저 공론의 한 주제가 되려고 한다는 점이다. 서구의 읽기들은 너무 오랫동안 특권을 누려왔으므로, 이제 다른 목소리들을 듣고자 하는 서구의 독자들은 보청기를 착용하거나, 우수 음향기기를 통해 비서구의 목소리들을 제공해야 할 의무가 있다. 안전한 공간을 제공하여 비지배적인 목소리들을 더 잘 들을 수 있도록 하는 일은 지배 문화의 눈가리개를 초월하는 데 필요하다.

부록 C 보편적인 은사주의 학술 공동체

우리는 18장에서 다음과 같은 질문을 다루었다. 즉 누가 오순절 공동체인가? 우리가 은사주의 유형의 부흥운동들에 대한 견해들을 이런 운동들과 관련된 학자들의 견해들로 제한하더라도, 이 견해들은 성령 체험에 대한 학자들의 확언을 제외하고도 그들이 속한 교단과 운동의 숫자만큼이나 다양할 것이다. 이는 우리가 전 세계의 학자들을 조사할 때 사실이지만, 조사의 범위를 영어를 사용하는 서구 내의 학자들로 좁히더라도 사실이다. 본 부록은 은사주의자들이 성서학계나 신학계에 기여한 것이 전무하다고 잘못 알려진 주장을 부수적으로 잠재울 것이다.[1]

본 부록에서 나는 서구에서 알려진 몇몇 영어권 은사주의 학자에 대한 목록을 제시할 것이다. 지면과 시간의 제약으로 인해 나는 소수의 학자만을 언급할 수 있고, 나의 실수나 무지로 인해 이름이 생략된 학자들에게는 미리 사과를 드린다. 이 목록은 단순 예시에 불과하고, 누가 보더라도

1 참조. 예. MacArthur, *Fire,* xviii, 113, 그리고 온라인 동영상들. 나는 Keener, "Review of Strange Fire," 46에서도 이런 주장에 간단히 응답하고 있다. 이 주장은 처음에 나로 하여금 그의 비평에 반응하도록 촉구했고 (전에 발표되지 않은) 이 목록을 작성하도록 만들었다. MacArthur의 비평이 특정 종류의 은사주의자들에게 초점을 맞추고 있다면, 이 은사주의자들은 학계에서 잘 드러난 사람들이 아닐 수 있다. 그러나 그의 주장들은 보다 강력하다(예. 다음을 보라. MacArthur, *Fire*, xiii-xix, 137; 이 부분은 Keener, "Review of Strange Fire," 43-45에 언급되어 있다). MacArthur, *Fire*에 대한 다른 반응들은 다음과 같다. Brown, *Authentic Fire*; Graves, *Strangers*; 그리고 가장 호의적인 반응을 보이는 Kendall, *Fire*.

명백한 오순절 또는 은사주의 성향의 기관에서 가르치거나 은퇴한 학자들은 그 수가 매우 많고 또 목록에 올릴 필요도 없이 그 정체성이 명확하므로, 그들 중 몇몇을 제외하고는 모두 목록에서 제외시켰다.[2] 이런 제한은 불행하게도 다소 임의적인데, 그 이유는 리젠트 대학교(Regent University), 오랄로버츠 대학교(Oral Roberts University) 및 오순절 교단 소속 학교들을 포함하여[3] 이런 학교들 중 몇몇이 내가 이 책에서 인용하지 않은 교수진을 확보하고 있기 때문이다. 예를 들어 리젠트 대학교의 심리학 및 상담학 교수진(벤저민 키스[Benjamin Keyes], 제니퍼 리플리[Jennifer Ripley], 제임스 셀스[James Sells], 마크 야하우스[Mark Yarhouse] 등)이 이에 해당한다.

또한 나는 아직 연구 결과가 널리 알려져 있지 않거나 정교수가 아닌 다수의 젊은 학자를 제외시켰다(정교수직에 있다가 은퇴한 학자들이나, 자신의 사역을 다각화했던 학자들은 포함시켰지만 말이다).[4] (대학에 정교수로 재직 중인 몇

2 오순절 기관에 속한 몇몇 학자는 다른 기관에도 소속되어 있지만 말이다. 예. 뱅고 대학교(Bangor University)의 John Christopher.

3 내가 교수진을 알고 있는 몇몇 기관을 언급해보자면, 나는 많은 학자의 이름을 열거할 수 있는데, 그들 중 다수가 나의 친구들이다. 그 기관들의 명칭은 다음과 같다. Alphacrucis, Evangel, Lee, North Central, Northwestern, Southeastern, Southwestern, Valley Forge and Vanguard Universities, Emmanuel College, 성경대학들(SUM과 같은), 신학교들(Westminster Theological Centre, UK). 이 학자들 중 일부는 아래 언급된 다른 학자들처럼 출판된 연구물이 있지만, 이 책의 다른 부분에서 언급되지 않았다(예. 신학 윤리학 분야의 Daniela Augustine). Paul King과 Derek Morphew 같이 출판된 연구물이 있는 다른 학자들은 특별히 덜 전통적인 환경에서 지도자들을 양성하고 있거나 Harold Hunter 같은 기관에서 연구 활동을 하고 있다.

4 우리는 다음과 같은 많은 젊은 학자들을 제시할 수 있다. Mary Catherine Brown(PhD Asbury), Matt Croasman(PhD Yale, 현재 Yale에서 가르치고 있음), T. Michael W. Halcomb(PhD Asbury, 저술 활동 중에 있음), Brittany Kim(PhD Wheaton, Roberts Wesleyan College에서 가르치고 있음), Kris Miller(PhD Durham, Lipscomb University에서 가르치고 있음), Jack Poirier(DHL Jewish Theological Seminary), Michael Raburn(PhD Duke, Wake Forest에서 가르치고 있음), David Sloan(PhD, Trinity), Joel Soza(Malone). 내가 이 글을 쓰고 있는 시점에 박사논문을 작성하고 있었던 오순절 및 은사주의 학생들은 그 수가 많았다. 그중 몇 사람만 언급하면 다음과 같다. Joy Ames Vaughan(Asbury), Camilla Belfon(Iliff), Benjamin Dwayne Cowan(Claremont),

몇 젊은 학자는 포함시켰다.) 이것들은 견본일 뿐이다. 물론 나는 당혹스러울 정도로 많은 수의 동료 학자들에게 그들이 은사주의 학자인지를 물어보았지만, 그렇다고 내가 폭넓은 조사를 한 것은 아니다. 확실히 나는 내 오래된 친구들을 포함하여 다수의 은사주의 학자를 생략했는데, 그 이유는 단순히 내가 그들이 은사주의자라는 사실을 잊어버렸거나 그들을 알지 못하기 때문이다(성령론에 대한 토론을 제외하고, 누가 은사주의 학자인지에 관한 주제는 보통 학자들이 함께 논의하는 첫 번째 주제가 아니다). 신약성서학자들의 이름이 불균형적으로 많이 등장하는데, 그 이유는 내가 신약성서 분야의 동료 학자들을 더 많이 알고 있기 때문이다.

내 질문에 응답한 모든 이들이 "은사주의"를 동일한 방식으로 정의하지는 않는다. 예를 들어 내가 대강 짐작하기로 아마도 응답자 중 절반만이 방언 기도를 할 것이다(방언은 전통적 오순절주의의 패러다임이지만, 오순절 교단 신자들 중 절반만이 방언 기도를 하는 것으로 추산된다). 어떤 이들은 은사주의를 예전에 자신이 은사주의 모임에 참여했을 때 영적으로 깊이 형성된 것으로서 정의한다. 다른 이들은 은사주의 또는 오순절주의 예배에 참여하고 있다. 어떤 이들은 은사주의를 병든 자들이나 해방을 위해 공개적으로 기도하는 것으로서 정의한다. 어떤 이들은 영적 은사 및 예배에 감사하면서 은사주의를 자신이 속한 교단에서의 영적 부흥과 관련된 것으로서 정의한다.[5] 방언 기도를 하는 몇몇 학자는 목록에 자신의 이름을 올리지 말아달

Anna Marie Droll(Fuller), Wilmer Estrada-Carrasquillo(Asbury), Samantha Fong(Duke), Janna Gonwa(Yale), Alicia Jackson(University of Birmingham, UK), Thomas Lyons(Asbury), Caleb J. D. Maskell(Princeton University), Leila Ortiz(Lutheran Seminary of Philadelphia), Meghan Musy(McMaster Divinity College), Judith Odor(Asbury), and Ekaputra Tupamahu(Vanderbilt).

5 은사지속론자와 은사주의자 사이의 분명한 경계를 긋는 일은 어렵다. 사실 스스로를 은사주의자라고 불렀던 어떤 이들은 그들의 동료들에게는 은사주의자로 알려져 있지 않았다. 또 어떤 이들은 스스로를 은사주의자라고 부르지 않았음에도(그래서 이들은 목록에 없다) 그들의 동료들은 그들을 은사주의자라고 불렀다.

라고 부탁했다. 그들은 자신의 경험이 너무 내밀한 것이어서, 나를 신뢰하면서도 이를 공개하는 것은 원치 않았다. 목록에 나오는 학자들의 이름은 다음과 같은 다양한 교단을 나타낸다. 가톨릭, 감리교, 성공회, 침례교, 루터교, 장로교, 메노나이트, (특히) 오순절교 등등.[6]

대부분의 경우에 나는 대표되는 교육 기관들의 범위를 설명하기 위해 관련 학자들의 직책을 명기했다. 이 목록의 부수적인 이점은 은사주의 학자라고 해서 신학적 결론이나 해석학적 접근이 보장되는 것이 아님을 주지하게 되는 것이다. 예를 들어 웨인 그루뎀(Wayne Grudem)이 많은 부분에서 라이트(N. T. Wright)와 다르다는 것은 말할 필요도 없다. 이와 비슷하게 크리스토퍼 스탠리(Christopher Stanley)와 리처드 헤이스는 바울의 성서 사용과 관련하여 매우 다른 접근법을 보여준다. 몇몇 학자는 다른 학자들이 너무 자유주의적이거나 보수주의적이라고 간주할 수 있다.[7] 이런 현상은

---

6 다양성에 대한 실례를 들어보면 다음과 같다. 다음의 학자들은 성공회 신도들이다. Allan Anderson, Lyle Dorsett, Michael Green, Michael Knowles, N. T. Wright. 나를 포함한 다음의 학자들은 침례교 신도들이다. Loida Martell Otero, Luke Powery, and William Turner. 다음의 학자들은 가톨릭 신도들이다. Mary Healy와 Peter Williamson(이 두 학자는 가톨릭 성서 주석의 편집자들이다), Teresa Berger, Luke Timothy Johnson, George Montague(*Catholic Biblical Quarterly*의 전 편집자). 다음의 학자들은 미국 기독교 선교 연맹(Christian & Missionary Alliance) 소속이다. Robert Gallagher, Paul King. 다음의 학자들은 루터교 신도들이다. Mark Hillmer, Mark Allan Powell, Joy Schroeder. Alan Kreider는 메노나이트 소속이다. 다음의 학자들은 장로교 신도들이다. Ogbu Kalu, Lalsangkima Pachuau. Richard Foster는 퀘이커교 신도다. 오순절파 신도들을 제외하고 그다음으로 내가 가장 많이 알고 있는 교단의 학자들은 감리교 학자들일 것이다. 그 이유는 내 박사논문이 감리교 학자들과 직접적인 연관이 있기 때문이다. 그들의 이름은 다음과 같다. William Abraham, Valerie Cooper, Gene Green, Richard Hays, Israel Kamudzandu, Fred Long, Luther Oconor, Lester Ruth, Steve Seamands, Howard Snyder, Timothy Tennent, Robert Tuttle, David Watson, Ben Witherington.

7 은사주의 요소들을 제외하더라도, John MacArthur의 추종자 중 많은 이들은 보수적 성향이 조금 떨어지는 요소들로 인해 전체 표본이 훼손된다고 간주할지도 모른다. MacArthur 목사는 가톨릭 신자들과 주류의 개신교 신자들을 거부하는 전통에 속해 있고, 그들과 교제하는 자들을 매우 의심스러워한다. 그럼에도 나는 이 책을 읽는 대부분의 독자들이 더 광범위한

은사주의 해석학의 독특한 모호함이라고 할 수 있다. 은사주의 해석학이 은사지속론적 해석학과 완전하게 동일한 것이 아닌 한 말이다. (그런데 나는 이 둘이 동일하다고 믿는다. 어떤 이들은 은사지속론을 다른 이들보다 더 많이 강조하지만, 이것이 해석학적 결론을 결정하는 유일한 요소는 아니다.)

흑인 교회 연구:

Valerie Cooper(Duke Divinity School)
Felicia Howell Laboy(Louisville Presbyterian Theological Seminary)
Yolanda Pierce(Princeton Theological Seminary)

복음주의, 선교학 또는 보편적 기독교:

Afe Adogame(Edinburgh)
(고[故]) Kwame Bediako(Akrofi-Christaller Institute)
Peter Bellini(United Theological Seminary)
David Daniels(McCormick Theological Seminary)
Lyle Dorsett(Wheaton, Beeson)
Robert Gallagher(Wheaton College)
Sarita Gallagher(George Fox University)
Michael Green(Wycliffe Hall, Oxford)

목록에 관심이 있을 것으로 추정한다.

Jehu Hanciles(Emory University)

Dale Irvin(New York Theological Seminary)

(고[故]) Ogbu Kalu(McCormick Theological Seminary)

Charles Kraft(Fuller Theological Seminary)

Peter Kuzmic(Gordon-Conwell)

Wonsuk and Julie Ma(Oxford Center for Mission Studies; 마원석은 학장이다)

Philip Meadows(Nazarene Theological College)

Lalsangkima Pachuau(Asbury Theological Seminary)

Angel Santiago-Vendrell(Asbury Theological Seminary)

Scott Sunquist(Fuller Theological Seminary)

Timothy Tennent(Asbury Theological Seminary)

Al Tizon(North Park Theological Seminary)

Robert Tuttle, Jr.(Asbury Theological Seminary, emeritus)

Randy Woodley(George Fox Theological Seminary)

신약성서 분야(내가 가장 잘 알고 있는 분야의 동료들):

Efrain Agosto(New York Theological Seminary)

Norbert Baumert(St. Georgen)

Holly Beers(Westmont College)

Ben Blackwell(Houston Baptist University)

Lisa Bowens(Princeton Theological Seminary)

Douglas Campbell(Duke)

Daniel Darko(Gordon College)

Peter Davids(Word Biblical Commentary의 편집자)

James D. G. Dunn(Durham)

Paul Eddy(Bethel University)

Janet Meyer Everts(Hope College)

Gordon Fee(Gordon-Conwell, Regent College; NICNT 시리즈의 편집자)

Crispin Fletcher-Louis

(고[故]) J. Massyngberde Ford(University of Notre Dame)

Eric Greaux(Winston-Salem State University)

Gene L. Green(Wheaton College)

Joel Green(Fuller Theological Seminary)

Richard Hays(Duke)

Mary Healy(Sacred Heart Major Seminary)

William Heth(Taylor University)

Jamal-Dominique Hopkins(Crichton College)

Jeff Hubing(Northern Seminary)

David Instone-Brewer(Tyndale House, Cambridge)

Luke Timothy Johnson(Candler, at Emory)

Israel Kamudzandu(Saint Paul School of Theology)

Craig Keener(Asbury Theological Seminary)

William Kurz(Marquette University)

Kenneth Litwak(Azusa Pacific University)

Fred Long(Asbury Theological Seminary)

Francis Martin(Dominican House of Studies)

Scot McKnight(Northern Seminary)

George Montague(St. Mary's University)

Stephen Noll (Trinity School for Ministry)

John C. Poirier

Mark Allan Powell (Trinity Lutheran Seminary)

Emerson Powery (Messiah College)

Siegfried Schatzmann (Southwestern Baptist Theological Seminary)

Russell Spittler (Fuller Theological Seminary)

Christopher Stanley (St. Bonaventure University)

Sam Storms (vice-president, Evangelical Theological Society)

Max Turner (London School of Theology)

Graham Twelftree (London School of Theology)

Robert W. Wall (Seattle Pacific University and Seminary)

Steve Walton (St. Mary's University)

David Watson (United Theological Seminary)

Rikk Watts (Regent College)

Cynthia Westfall (McMaster Divinity College)

Peter Williamson (Sacred Heart Major Seminary)

Mark Wilson (Asia Minor Research Center)

Ben Witherington (Asbury Theological Seminary)

N. T. Wright (University of St. Andrews)

구약성서/히브리 성서 분야:

Harold Bennett (Morehouse College)

Mark Boda (McMaster Divinity College)

Michael Brown (Fire School of Ministry)

Jamie Coles (Seattle Pacific University)

Robert E. Cooley (Gordon-Conwell)

John Goldingay (Fuller Theological Seminary)

Gary Greig (United Theological Seminary)

Mark Hillmer (Luther Seminary)

Rebecca Idestrom (Tyndale Seminary)

Sandra Richter (Wheaton College)

Kevin Spawn (Regent University)

Beth Stovell (Ambrose College)

Wilhelm Wessels (University of South Africa)

실천신학 분야(의사소통, 설교학, 리더십 연구, 예전 연구, 화합 연구, 영성 훈련 등):

Christena Cleveland (Duke Divinity School)

Richard Foster (Friends University)

Reg Johnson (Asbury Theological Seminary)

Michael Knowles (McMaster Divinity College)

(고[故]) George A. Maloney

Luke Powery (Duke Divinity School)

Abraham A. Ruelas (Patten University)

Siang-Yang Tan (Fuller Theological Seminary)

William Turner Jr. (Duke Divinity School)

(고[故]) Dallas Willard

종교사 또는 교회사 분야:

Estralda Alexander(William Seymour College)

Linda Ambrose(Laurentian University)

Allan H. Anderson(University of Birmingham, UK)

Chris Armstrong(Wheaton College)

James Bradley(Fuller Theological Seminary)

Stanley M. Burgess(Missouri State University)

Meesaeng Choi(Asbury Theological Seminary)

David William Faupel(Wesley Theological Seminary)

Peter Hocken

Scott Kisker(United Theological Seminary)

Alan Kreider(Anabaptist Mennonite Biblical Seminary)

Timothy Larsen(Wheaton College)

Michael McClymond(Saint Louis University; University of Birmingham, UK)

Gerald McDermott(Roanoke College)

A. G. Miller(Oberlin College)

Luther Oconor(United Theological Seminary)

Daniel Ramírez(University of Michigan)

Mel Robeck(Fuller Theological Seminary)

Lester Ruth(Duke Divinity School)

Joy Schroeder(Trinity Lutheran Seminary)

종교 사회학 분야:

Margaret Poloma(University of Akron)
Michael Wilkinson(Trinity Western University)

윤리학, 신학, 철학 분야:

William Abraham(Perkins School of Theology)
Adetekunbo Adelekan(Palmer Theological Seminary)
Paul Alexander(Palmer Theological Seminary)
William Atkinson(London School of Theology)
Garth Kasimu Baker-Fletcher(Claremont School of Theology)
Karen Baker-Fletcher(Southern Methodist University)
Teresa Berger(Yale Divinity School)
Gregory Boyd(전 Bethel University 교수)
Daniel Castello(Seattle Pacific University and Seminary)
Paul Copan(Palm Beach Atlantic University)
(고[故]) Ralph Del Colle(Marquette)
(고[故]) Donald Gelpi(Jesuit School of Theology, Berkeley)
Douglas Groothuis(Denver Seminary)
Wayne Grudem(Phoenix Seminary)
Mareque Steele Ireland(Fuller Theological Seminary)
Veli-Matti Kärkkäinen(Fuller Theological Seminary)
William Kay(Chester University; Glyndwr University)

Daniel Keating(Sacred Heart Major Seminary)

Robert A. Larmer(University of New Brunswick)

Loida Martell-Otero(Palmer Theological Seminary)

Ralph Martin(Sacred Heart Major Seminary)

Kilian McDonnell(Saint John's School of Theology and Seminary)

J. P. Moreland(Talbot Seminary)

Heribert Mühlen(University of Paderborn)

Cherith Fee Nordling(Northern Seminary)

Edward O'Connor(University of Notre Dame)

Andrew Sung Park(United Theological Seminary)

(고[故]) Clark Pinnock(McMaster Divinity College)

Jon Ruthven(United Theological Seminary)

Steve Seamands(Asbury Theological Seminary)

(고[故]) Thomas Allan Smail(St. John's College)

James K. A. Smith(Calvin College)

Howard Snyder(Manchester Wesley Research Centre at Nazarene Theological College, Manchester)

Robert Stamps(Asbury Theological Seminary)

Steve Studebaker(McMaster Divinity College)

Bernie Van De Walle(Ambrose University)

Eldin Villafañe(Gordon-Conwell Theological Seminary)

Miroslav Volf(Yale Divinity School)

Wolfgang Vondey(Regent University)

Frederick Ware(Howard Divinity School)

Nimi Wariboko(Andover Newton)

Eric Lewis Williams(Harvard University)

Amos Yong(Fuller Theological Seminary)

위 목록에는 현재 또는 이전의 학계 리더들이 일부 포함되지 않았는데, 그들은 다음과 같다. 로버트 쿨리(Robert Cooley, 고든-콘웰 신학교[Gordon-Conwell Seminary] 전임 총장), 로버트 헤론(Robert Herron, 오클라호마 웨슬리 대학교[Oklahoma Wesleyan University] 학장), 뉴욕 신학교 총장 데일 어빈(Dale Irvin), 애즈버리 신학교 총장 티모시 테넨트(Timothy Tennent).

제3세계의 많은 주요 신학자 및 종교학자들은 위 목록에 언급된 학자들과 더불어 오순절주의자 혹은 은사주의자들이다. 아프리카의 예를 들면 다음과 같은 인물들이 있다. 나이지리아의 주교 다포 아사주(Dapo Asaju, Crowther Graduate Theological Seminary), 가나의 크와베나 아사모아-기아두(Kwabena Asamoah-Gyadu, Trinity Theological Seminary), 나이지리아의 데지 아예그보인(Deji Ayegboyin, University of Ibadan). 그리고 아시아의 예를 들면 다음과 같은 인물들이 있다. 싱가폴의 사이몬 챈(Simon Chan, Trinity Theological College), 은퇴 교수이자 감리교 신자인 말레이시아의 화융(Hwa Yung).

은사주의 사상가들의 목록은 R. T. 켄덜(R. T. Kendall), 고(故) 월터 마틴(Walter Martin), 에릭 메택시스(Eric Metaxas), 존 파이퍼(John Piper), 프랭크 바이올라(Frank Viola) 같이 학문적 지식과 훈련을 겸비한 은사주의 또는 은사지속론의 유명 작가들이 포함될 경우 훨씬 더 길어질 것이다. 더욱이 교회 지도자들 중에서 현재 캔터베리 대주교인 저스틴 웰비(Justin Welby)가 포함될 수 있고, 경우에 따라서는 가톨릭 은사주의 운동과 복음주의적 헌신을 지지하는 교황 프란치스코(Pope Francis)도 포함될 수 있다. 수십 년 동안 로마 교황청의 공식 설교자는 이탈리아 카푸친 사제인 라니에로 칸탈라메사(Raniero Cantalamessa) 신부인데, 그는 자신의 은사주의 경험을 공개적으로 이야기한다. 주 안에서 사랑하는 형제요 은사중지론자인 존 맥아더(John MacArthur)는 이런 현상을 위험한 누룩의 창궐이라고 부르며 한탄할지 모르지만, 내가 하나님께 감사드리는 것은 오순절 운동, 은사주의 운동, 그리고 제3의 물결이라고 불리는 운동을 통해 영적 은사에 대한 수용이 상당한 주류로 자리 잡게 된 점이다.

위 목록은 두 가지 이슈를 다루기 위함이다. 첫 번째는 은사주의자들과 오순절주의자들이 성서학계나 신학계에 아무런 기여도 하지 않았다는 허황된 주장과 맞서 싸우는 것이다. 두 번째는 은사주의 및 오순절주의 관점들과 해석학적 접근법들이 얼마나 다양한지를 설명하여, 성령의 권능에 의존하는 것을 제외하고, 어느 정도까지 획일적인 "은사주의" 또는 "오순절주의" 해석학에 대해 말하는 것이 가능한지 질문하는 것이다.

참고문헌

Aberle, "Zweck." • Aberle, M. von. "Über den Zweck des Johannesevangelium." *Theologische Quartalschrift* 42 (1861): 37–94.

Abraham, *Revelation.* • Abraham, William J. *Divine Revelation and the Limits of Historical Criticism.* Oxford: Oxford University Press, 1982.

Adhinarta, *Doctrine.* • Adhinarta, Yuzo. *The Doctrine of the Holy Spirit in the Major Reformed Confessions and Catechisms of the Sixteenth and Seventeenth Centuries.* Carlisle, Cumbria, UK: Langham Monographs, 2012.

Agosto, "Foreword." • Agosto, Efraín. "Foreword." xiii–vi in *Colonized Apostle: Paul through Postcolonial Eyes.* Edited by Christopher D. Stanley. Minneapolis: Fortress, 2011.

Ahn, "Debates." • Ahn, Yongnan Jeon. "Various Debates in the Contemporary Pentecostal Hermeneutics." *Spirit & Church* 2 (1, 2000): 19–52.

Akhtar, "Miracles." • Akhtar, Shabbir. "Miracles as Evidence for the Existence of God." *SJRS* 11 (1, 1990): 18–23.

Albright, *Biblical Period.* • Albright, William Foxwell. *The Biblical Period from Abraham to Ezra.* New York: Harper & Row, 1963.

Albright, *Yahweh.* • Albright, William Foxwell. *Yahweh and the Gods of Canaan.* Jordan Lectures, 1965. Garden City, NY: Doubleday, 1968.

Alexander, "Action." • Alexander, Paul. "Nonviolent Direct Action in Acts 2: The Holy Spirit, the Early Church, and Martin Luther King, Jr." 114–24 in *Trajectories in the Book of Acts: Essays in Honor of John Wesley Wyckoff.* Edited by Paul Alexander, Jordan Daniel May, and Robert G. Reid. Eugene, OR: Wipf & Stock, 2010.

Alexander, "Conscience." •Alexander, Kimberly Ervin. "Matters of Conscience, Matters of Unity, Matters of Orthodoxy: Trinity and Water Baptism in Early Pentecostal Theology and Practice." *JPT* 17 (1, 2008): 48–69.

Alexander, *Fire.* • Alexander, Estrelda Y. *Black Fire: One Hundred Years of African American Pentecostalism.* Downers Grove, IL: InterVarsity, 2011.

Alexander and Yong, *Daughters.* • Alexander, Estrelda, and Amos Yong, eds. *Philip's Daughters: Women in Pentecostal-Charismatic Leadership.* PrTMS 104. Eugene, OR: Pickwick, Wipf & Stock, 2009.

Allen, "Whole Person Healing." • Allen, E. Anthony. "Whole Person Healing, Spiritual Realism, and Social Disintegration: A Caribbean Case Study in Faith, Health, and Healing." *IntRevMiss* 90 (356/357, January-April 2001): 118–33.

Allison, *Moses.* • Allison, Dale C., Jr. *The New Moses: A Matthean Typology.* Minneapolis: Fortress, 1993.

Althouse, *Spirit.* • Althouse, Peter. *Spirit of the Last Days: Pentecostal Eschatology in Conversation with Jürgen Moltmann.* New York: T&T Clark International, 2003.

Alvarez, "South." • Alvarez, Miguel. "The South and the Latin America Paradigm of the Pentecostal Movement." *AJPS* 5 (1, 2002): 135–53.

Anderson, *Ends of the Earth.* • Anderson, Allan Heaton. *To the Ends of the Earth: Pentecostalism and the Transformation of World Christianity.* New York: Oxford University Press, 2013.

Anderson, *Glossary.* • Anderson, R. Dean, Jr. *Glossary of Greek Rhetorical Terms Connected to Methods of Argumentation, Figures, and Tropes from Anaximenes to Quintilian.* Leuven: Peeters, 2000.

Anderson, "Pentecostal Hermeneutics." • Anderson, Gordon L. "Pentecostal Hermeneutics." *Enrichment Journal* (April 14, 2010). At http://enrichmentjournal.ag.org/top/holyspirit_articledisplay.cfm?targetBay =1b574def-b227-4617-bfc7-a02cdb926902&ModID=2&Process=DisplayArticle&RSSRSSContentID=15177&RSS_OriginatingChannelID=1170&RSS_OriginatingRSSFeedID=4486&RSS_Source=.

Anderson, "Pentecostal Hermeneutics 2." • Anderson, Gordon L. "Pentecostal Hermeneutics Part 2." http://enrichmentjournal.ag.org/top/holyspirit_articledisplay.cfm?targetBay=1b574def-b227-4617-bfc7-a02cdb926902&ModID=2&Process=DisplayArticle&RSS_RSSContentID=15178&RSS_OriginatingChannelID =1170&RSS_OriginatingRSSFeedID=4486&RSS_Source=.

Anderson, *Pentecostalism.* • Anderson, Allan. *An Introduction to Pentecostalism: Global Charismatic Christianity.* Cambridge: Cambridge University Press, 2004.

Anderson, "Points." • Anderson, Allan. "To All Points of the Compass: The Azusa Street Revival and Global Pentecostalism." *Enr* 11 (2, 2006): 164–72.

Anderson, *Rhetorical Theory.* • Anderson, R. Dean, Jr. *Ancient Rhetorical Theory and Paul.* Rev. ed. CBET 18. Leuven: Peeters, 1999.

Anderson, "Signs." • Anderson, Allan. "Signs and Blunders: Pentecostal Mission Issues at 'Home and Abroad' in the Twentieth Century." *JAM* 2 (2, 2000): 193–210.

Arand et al., *Perspectives on Sabbath.* • Arand, Charles P., et al. *Perspectives on the Sabbath: Four Views.* Nashville: B&H Academic, 2011.

Archer, *Hermeneutic.* • Archer, Kenneth J. *A Pentecostal Hermeneutic: Spirit, Scripture and Community.* Cleveland, TN: CPT Press, 2009.

Archer, "Hermeneutics and Society." • Archer, Kenneth J. "Pentecostal Hermeneutics and the Society for Pentecostal Studies: Reading and Hearing in One Spirit and One Accord." *Pneuma* 37 (3, 2015): 317–39.

Archer, "Horizons." • Archer, Kenneth J. "Horizons and Hermeneutics of Doctrine: A Review Essay." *JPT* 18 (2009): 150–56.

Archer, "Retrospect and Prospect." • Archer, Kenneth J. "Pentecostal Hermeneutics: Retrospect and Prospect." 131–48 in *Pentecostal Hermeneutics: A Reader.* Edited by Lee Roy Martin. Leiden: Brill, 2013. Reprint of Archer, Kenneth J. "Pentecostal Hermeneutics: Retrospect and Prospect." *JPT* 8 (1996): 63–81.

Arles, "Appraisal." • Arles, Nalini. "Pandita Ramabai—An Appraisal from Feminist Perspective." *BangTF* 31 (1, July 1999): 64–86.

Arles, "Study." • Arles, Nalini. "Pandita Ramabai and Amy Carmichael: A Study of Their Contributions toward Transforming the Position of Indian Women." MTh thesis, University of Aberdeen, 1985.

Arrington, *Acts.* • Arrington, French L. *The Acts of the Apostles: An Introduction and Commentary.* Peabody, MA: Hendrickson, 1988.

Arrington, "Use." • Arrington, French L. "The Use of the Bible by Pentecostals." *Pneuma* 16 (1, 1994): 101–7.

Asamoah-Gyadu, "Hearing." • Asamoah-Gyadu, Kwabena. " 'Hearing in Our Own Tongues the Wonderful Works of God': Pentecost, Ecumenism and Renewal in African Christianity." *Missionalia* 35 (3, November 2007): 128–45.

Asamoah-Gyadu, "Influence." • Asamoah-Gyadu, J. Kwabena. "Pentecostalism and the Influence of Primal Realities in Africa." 139–61 in *The Many Faces of Global Pentecostalism.* Edited by Harold D. Hunter and Neil Ormerod. Cleveland, TN: CPT Press, 2013.

Asamoah-Gyadu, "Mission." • Asamoah-Gyadu, J. Kwabena. "Reversing Christian Mission: African Pentecostal Pastor Establishes 'God's Embassy' in the Ukraine." Unpublished paper, May 2004.

Ashton, *Understanding.* • Ashton, John. *Understanding the Fourth Gospel.* Oxford: Clarendon, 1991.

Auerbach, *Mimesis.* • Auerbach, Erich. *Mimesis: The Representation of Reality in Western Literature.* Princeton: Princeton University Press, 1953.

Aune, *Dictionary of Rhetoric.* • Aune, David E. *The Westminster Dictionary of New Testament and Early Christian Literature and Rhetoric.* Louisville: Westminster John Knox, 2003.

Aune, *Environment.* • Aune, David E. *The New Testament in Its Literary Environment.* LEC 8. Philadelphia: Westminster, 1987.

Aune, *Prophecy.* • Aune, David E. *Prophecy in Early Christianity and the Ancient Mediterranean World.* Grand Rapids: Eerdmans, 1983.

Aune, *Revelation.* • Aune, David E. *Revelation.* 3 vols. WBC 52, 52b, 52c. Dallas: Word, 1997. 『WBC 성경 주석 요한계시록』(솔로몬 역간).

Autry, "Dimensions." • Autry, Arden C. "Dimensions of Hermeneutics in Pentecostal Focus." *JPT* 3 (1993): 29–50.

Averbeck, "Sacrifices." • Averbeck, Richard E. "Sacrifices and Offerings." 706–33 in *Dictionary of the Old Testament: Pentateuch.* Edited by T. Desmond Alexander and David W. Baker. Downers Grove, IL: InterVarsity, 2003.

Azenabor, "Witchcraft." • Azenabor, Godwin Ehi. "The Idea of Witchcraft and the Challenge of Modern Science." 21–35 in *Studies in Witchcraft, Magic, War, and Peace in Africa.* Edited by

Beatrice Nicolini. Lewiston, NY: Edwin Mellen, 2006.

Azevedo, Prater, and Lantum, "Biomedicine." • Azevedo, Mario J., Gwendolyn S. Prater, and Daniel N. Lantum. "Culture, Biomedicine, and Child Mortality in Cameroon." *SSMed* 32 (12, 1991): 1341–49.

Backhaus, "Falsehood." • Backhaus, Wilfried K. "Advantageous Falsehood: The Person Moved by Faith Strikes Back." *PhilTheol* 7 (1993): 289–310.

Badawy, *Architecture.* • Badawy, Alexander. *A History of Egyptian Architecture: The Empire (1580–1085 B.C.).* Berkeley and Los Angeles: University of California Press, 1968.

Badilita, "Exégèse." • Badilita, Smaranda. "Philon d'Alexandrie et l'exégèse allégorique." *FoiVie* 107 (4, 2008): 63–76.

Bagiella, Hong, and Sloan, "Attendance as Predictor." • Bagiella, Emilia, Victor Hong, and Richard P. Sloan. "Religious Attendance as a Predictor of Survival in the EPESE Cohorts." *IntJEpid* 34 (2005): 443–51.

Bähre, "Witchcraft." • Bähre, Erik. "Witchcraft and the Exchange of Sex, Blood, and Money among Africans in Cape Town, South Africa." *JRelAf* 32 (3, 2002): 300–334.

Bailey, *Gospel in Hymns.* • Bailey, Albert Edward. *The Gospel in Hymns: Backgrounds and Interpretations.* New York: Scribner's, 1950.

Bailey, *Peasant Eyes.* • Bailey, Kenneth Ewing. *Through Peasant Eyes: More Lucan Parables, Their Culture and Style.* Grand Rapids: Eerdmans, 1980.

Bailey, *Poet.* • Bailey, Kenneth Ewing. *Poet and Peasant: A Literary-Cultural Approach to the Parables in Luke.* Grand Rapids: Eerdmans, 1976.

Baker, *Enough.* • Baker, Rolland, and Heidi Baker. *There Is Always Enough: The Story of Rolland and Heidi Baker's Miraculous Ministry among the Poor.* Grand Rapids: Baker, 2003.

Baker, "Pentecostal Bible Reading." • Baker, Robert O. "Pentecostal Bible Reading: Toward a Model of Reading for the Formation of the Affections." 94–108 in *Pentecostal Hermeneutics: A Reader.* Edited by Lee Roy Martin. Leiden: Brill, 2013.

Baker, *Testaments.* • Baker, David L. *Two Testaments, One Bible: A Study of the Theological Relationship between the Old and New Testaments.* Downers Grove, IL: InterVarsity, 1991.

Bakker, *Wrong.* • Bakker, Jim, with Ken Abraham. *I Was Wrong.* Nashville: Thomas Nelson, 1996. 『내가 틀렸었다』(지혜의일곱기둥 역간).

Barbour, *Myths.* • Barbour, Ian G. *Myths, Models, and Paradigms: A Comparative Study in Science and Religion.* New York: Harper & Row, 1974.

Barbour, *Religion and Science.* • Barbour, Ian G. *Religion and Science: Historical and Contemporary Issues.* San Francisco: HarperSanFrancisco, 1997.

Barnes, "Introduction." • Barnes, Linda L. "Introduction." 3–26 in *Teaching Religion and Healing.* Edited by Linda L. Barnes and Inés Talamantez. AARTRSS. Oxford: Oxford University Press, 2006.

Barnes, "World Religions." • Barnes, Linda L. "World Religions and Healing." 341–52 in *Teaching Religion and Healing.* Edited by Linda L. Barnes and Inés Talamantez. AARTRSS. Oxford: Oxford University Press, 2006.

Barnes and Talamantez, *Religion and Healing.* • Barnes, Linda L., and Inés Talamantez, eds.

Teaching Religion and Healing. AARTRSS. Oxford: Oxford University Press, 2006.

Barr, Leonard, Parsons, and Weaver, *Acts.* • Barr, Beth Allison, Bill J. Leonard, Mikeal C. Parsons, and C. Douglas Weaver, eds. *The Acts of the Apostles: Four Centuries of Baptist Interpretation. The Baptists' Bible.* Waco: Baylor University Press, 2009.

Barreto, "Affects What I See." • Barreto, Raimundo Cesar. "How Who I Am Affects What I See: Reading Mark with Latin American Eyes." *Review & Expositor* 107 (3, 2010): 395 – 410.

Barrett, *Acts.* • Barrett, C. K. *A Critical and Exegetical Commentary on the Acts of the Apostles.* 2 vols. Edinburgh: T&T Clark, 1994 – 98.

Barrett, "Renewal." • Barrett, David B. "The Worldwide Holy Spirit Renewal." 381 – 414 in *The Century of the Holy Spirit: One Hundred Years of Pentecostal and Charismatic Renewal, 1901–2001.* Edited by Vinson Synan. Nashville: Thomas Nelson, 2001.

Barrett, *World Christian Encyclopedia.* • David B. Barrett, *World Christian Encyclopedia.* 2nd ed. New York: Oxford University Press, 2001.

Barrett, Johnson, and Crossing, "Missiometrics 2006." • Barrett, David B., Todd M. Johnson, and Peter F. Crossing. "Missiometrics 2006: Goals, Resources, Doctrines of the 350 Christian World Communions." *IBMR* 30 (1, January 2006): 27 – 30.

Barrett, Johnson, and Crossing, "Missiometrics 2007." • Barrett, David B., Todd M. Johnson, and Peter F. Crossing. "Missiometrics 2007: Creating Your Own Analysis of Global Data." *IBMR* 31 (1, January 2007): 25 – 32.

Barth, *Church Dogmatics.* • Barth, Karl. *Church Dogmatics.* Edinburgh: T&T Clark, 1956 – 75. 『칼 바르트의 교회교의학』(대한기독교서회 역간).

Barth, *Doctrine.* • Barth, Karl. *The Doctrine of the Word of God.* Vol. 1.1 of *Church Dogmatics.* Edited by G. W. Bromiley and T. F. Torrance. Translated by G. W. Bromiley et al. Edinburgh: T&T Clark, 1956.

Barthes, "Death." • Barthes, Roland. "The Death of an Author." 167 – 71 in *Modern Criticism and Theory.* Edited by David Lodge. New York: Longman, 1988.

Barthes, *Pleasure.* • Barthes, Roland. *The Pleasure of the Text.* Trans. R. Miller. New York: Hill & Wang, 1975.

Bartholomew, *Canon.* • Bartholomew, Craig G. *Canon and Biblical Interpretation.* Grand Rapids: Zondervan, 2006.

Bartholomew, *Hermeneutics.* • Bartholomew, Craig G. *Introducing Biblical Hermeneutics: A Comprehensive Framework for Hearing God in Scripture.* Grand Rapids: Baker Academic, 2015.

Bartholomew and Thomas, *Manifesto.* • Bartholomew, Craig G., and Heath A. Thomas, editors. *A Manifesto for Theological Interpretation.* Grand Rapids: Baker Academic, 2016.

Bartleman, *Azusa Street.* • Bartleman, Frank. *Azusa Street.* Foreword by Vinson Synan. 1925. Repr., Plainfield, NJ: Logos, 1980.

Baslez, "Monde." • Baslez, Marie-Francoise. "Le monde des Actes des apôtres: Approches lit téraires et études documentaires." 63 – 84 in *Les Actes des apôtres—Histoire, récit, théologie: XXe congrès de l'Association catholique française pour l'étude de la Bible (Angers, 2003).* Edited by Michel Berder. LD 199. Paris: Cerf, 2005.

Bauckham, *Climax*. • Bauckham, Richard. *The Climax of Prophecy: Studies on the Book of Revelation.* Edinburgh: T&T Clark, 1993.

Bauckham, *Crucified.* • Bauckham, Richard. *God Crucified: Monotheism and Christology in the New Testament.* Grand Rapids: Eerdmans, 1998.

Bauckham, "Gospels." • Bauckham, Richard. "For Whom Were the Gospels Written?" 9–48 in *The Gospels for All Christians: Rethinking the Gospel Audiences.* Edited by Richard Bauckham. Grand Rapids: Eerdmans, 1998.

Bauckham, *Gospels for Christians.* • Bauckham, Richard, ed. *The Gospels for All Christians: Rethinking the Gospel Audiences.* Grand Rapids: Eerdmans, 1998.

Bauckham, "Review of Waddell." • Bauckham, Richard. "Review of Robby Waddell, *The Spirit of the Book of Revelation.*" *JPT* 17 (1, 2008): 3–8.

Bauckham, *Testimony*. • Bauckham, Richard. *The Testimony of the Beloved Disciple: Narrative, History, and Theology in the Gospel of John.* Grand Rapids: Baker Academic, 2007.

Bauer, "Function." • Bauer, David R. "The Literary and Theological Function of the Genealogy in Matthew's Gospel." 129–59 in *Treasures New and Old: Recent Contributions to Matthean Studies.* Edited by David R. Bauer and Mark Allan Powell. SBLSymS 1. Atlanta: Scholars Press, 1996.

Bauer and Powell, "Introduction." • Bauer, David R., and Mark Allan Powell, "Introduction." 1–25 in *Treasures New and Old: Recent Contributions to Matthean Studies.* Edited by David R. Bauer and Mark Allan Powell. SBLSymS 1. Atlanta: Scholars Press, 1996.

Bauer and Traina, *Inductive Bible Study.* • David R. Bauer and Robert A. Traina, *Inductive Bible Study: A Comprehensive Guide to the Practice of Hermeneutics.* Foreword by Eugene H. Peterson. Grand Rapids: Baker Academic, 2011.

Baumgarten, "Korban." • Baumgarten, Albert I. "*Korban* and the Pharisaic *Paradosis.*" *Journal of the Ancient Near Eastern Society* 16–17 (1984–1985): 5–17.

Beale, *Revelation.* • Beale, Gregory K. *The Book of Revelation: A Commentary on the Greek Text.* NIGTC. Grand Rapids: Eerdmans, 1999. 『NIGTC 요한계시록 상 · 하』(새물결플러스 역간).

Beale and Carson, *Commentary.* • Beale, Gregory K., and D. A. Carson, eds. *Commentary on the New Testament Use of the Old Testament.* Grand Rapids: Baker Academic, 2007. 『마태·마가복음』(CLC 역간).

Beasley-Murray, "Kingdom." • Beasley-Murray, George R. "The Kingdom of God and Christology in the Gospels." 22–36 in *Jesus of Nazareth, Lord and Christ: Essays on the Historical Jesus and New Testament Christology.* Edited by Joel B. Green and Max Turner. Grand Rapids: Eerdmans; Carlisle, UK: Paternoster, 1994.

Bebbington, *Dominance.* • Bebbington, David W. *The Dominance of Evangelicalism: The Age of Spurgeon and Moody.* A History of Evangelicalism 3. Downers Grove, IL: InterVarsity, 2005.

Beck, "Anonymity." • Beck, David R. "The Narrative Function of Anonymity in Fourth Gospel Characterization." *Semeia* 63 (1993): 143–58.

Beck, *Paradigm.* • Beck, David R. *The Discipleship Paradigm: Readers and Anonymous Characters in the Fourth Gospel.* Leiden: Brill, 1997.

Beckwith, *Argument.* • Beckwith, Francis J. *David Hume's Argument against Miracles: A Critical Analysis.* Lanham, MD: University Press of America, 1989.

Bediako, "African Culture." • Bediako, Kwame. "Jesus in African Culture: A Ghanaian Perspective." 93–121 in *Emerging Voices in Global Christian Theology.* Edited by William A. Dyrness. Grand Rapids: Zondervan, 1994.

Belfiore, "Plots." • Belfiore, Elizabeth. "Aristotle's *muthos* and Narratological Plots." *CBull* 73 (2, 1997): 141–47.

Belleville, *Leaders.* • Belleville, Linda L. *Women Leaders and the Church: Three Crucial Questions.* Grand Rapids: Baker, 2000.

Bendlin, "Intertextuality." • Bendlin, Andreas. "Intertextuality." 6:873–75 in *BrillPauly.*

Benson, *Healing.* • Benson, Herbert, with Marg Stark. *Timeless Healing: The Power and Biology of Belief.* New York: Scribner, 1996.

Benson, "Ignorant." • Benson, Bruce Ellis. " 'Now I Would Not Have You Ignorant': Derrida, Gadamer, Hirsch and Husserl on Authors' Intentions." 173–91 in *Evangelicals and Scripture: Tradition, Authority and Hermeneutics.* Edited by Vincent Bacote, Laura C. Miguélez, and Dennis L. Ockholm. Downers Grove, IL: InterVarsity, 2004.

Berger, "Faces." • Berger, Peter L. "Four Faces of Global Culture." 419–27 in *Globalization and the Challenges of a New Century: A Reader.* Edited by Patrick O'Meara, Howard D. Mehlinger, and Matthew Krain. Bloomington: Indiana University Press, 2000.

Bernal, *Athena.* • Bernal, Martin. *Black Athena: The Afroasiatic Roots of Classical Civilization.* 3 vols. London: Free Association; New Brunswick, NJ: Rutgers University Press, 1987–2006.

Beverley, *Laughter.* • Beverley, James A. *Holy Laughter and the Toronto Blessing: An Investigative Report.* Grand Rapids: Zondervan, 1995.

Binsbergen, "Witchcraft." • Binsbergen, Wim van. "Witchcraft in Modern Africa as Virtualized Boundary Conditions of the Kinship Order." 212–63 in *Witchcraft Dialogues: Anthropological and Philosophical Exchanges.* Edited by George Clement Bond and Diane M. Ciekawy. Athens: Center for International Studies, Ohio University, 2001.

Bird, "Inerrancy." • Bird, Michael F. "Inerrancy Is Not Necessary for Evangelicalism outside the USA." 145–73 in *Five Views on Biblical Inerrancy.* Edited by J. J. Merrick and Stephen M. Garrett. Grand Rapids: Zondervan, 2013.

Bishop, "Prosperity." • Bishop, Larry. "Prosperity." *Cornerstone* 10 (54, May-June 1981): 12–16.

Blackaby and King, *Experiencing God.* • Blackaby, Henry T., and Claude V. King. *Experiencing God: How to Live the Full Adventure of Knowing and Doing the Will of God.* Nashville: Broadman & Holman, 1994.

Blackman, "Exegesis." • Blackman, E. C. "The Task of Exegesis." 3–26 in *The Background of the New Testament and Its Eschatology: Essays in Honour of Charles Harold Dodd.* Edited by W. D. Davies and D. Daube. Cambridge: Cambridge University Press, 1964.

Bloesch, "Christological Hermeneutic." • Bloesch, Donald G. "A Christological Hermeneutic: Crisis and Conflict in Hermeneutics." 78–102 in *The Use of the Bible in Theology: Evangelical Options.* Edited by Robert K. Johnston. Atlanta: John Knox, 1985.

Blomberg, *Believe.* • Blomberg, Craig L. *Can We Still Believe the Bible? An Evangelical Engagement with Contemporary Questions.* Grand Rapids: Brazos, 2014.

Blomberg, "Globalization." • Blomberg, Craig L. "The Globalization of Hermeneutics." *JETS* 38 (4, December 1995): 581–93.

Blomberg, *Poverty.* • Blomberg, Craig L. *Neither Poverty nor Riches: A Biblical Theology of Material Possessions.* Grand Rapids: Eerdmans, 1999. 『가난하게도 마옵시고 부하게도 마옵소서』(IVP 역간).

Blumhofer, *Chapter.* • Blumhofer, Edith L. *The Assemblies of God: A Chapter in the Story of American Pentecostalism.* 2 vols. Springfield, MO: Gospel Publishing House, 1989.

Blumhofer, *Faith.* • Blumhofer, Edith Waldvogel. *Restoring the Faith: The Assemblies of God, Pentecostalism, and American Culture.* Urbana: University of Illinois Press, 1993.

Blumhofer, *Popular History.* • Blumhofer, Edith Waldvogel. *The Assemblies of God: A Popular History.* Springfield, MO: Gospel Publishing House, 1985.

Blumhofer, *Sister.* • Blumhofer, Edith L. *Aimee Semple McPherson: Everybody's Sister.* Grand Rapids: Eerdmans, 1993.

Blumhofer, Spittler, and Wacker, *Currents.* • Blumhofer, Edith L., Russell P. Spittler, and Grant Wacker. *Pentecostal Currents in American Protestantism.* Urbana: University of Illinois Press, 1999.

Boda, "Walking." • Boda, Mark J. "Walking with the Spirit in the Word: A Response." 169–72 in *Spirit and Scripture: Exploring a Pneumatic Hermeneutic.* Edited by Kevin L. Spawn and Archie T. Wright. New York: Bloomsbury, 2012.

Boda, "Word and Spirit." • Boda, Mark J. "Word and Spirit, Scribe and Prophet in Old Testa-ment Hermeneutics." 25–45 in *Spirit and Scripture: Exploring a Pneumatic Hermeneutic.* Edited by Kevin L. Spawn and Archie T. Wright. New York: Bloomsbury, 2012.

Boddy, "Spirit Possession." • Boddy, Janice. "Spirit Possession Revisited: Beyond Instrumentality." *ARAnth* 23 (1994): 407–34.

Bomann, *Faith in Barrios.* • Bomann, Rebecca Pierce. *Faith in the Barrios: The Pentecostal Poor in Bogota.* Boulder, CO, and London: Lynn Rienner, 1999.

Bomann, "Salve." • Bomann, Rebecca Pierce. "The Salve of Divine Healing: Essential Rituals for Survival among Working-Class Pentecostals in Bogota, Colombia." 187–205 in *Global Pentecostal and Charismatic Healing.* Edited by Candy Gunther Brown. Foreword by Harvey Cox. Oxford: Oxford University Press, 2011.

Bonhoeffer, *Ethics.* • Bonhoeffer, Dietrich. *Ethics.* New York: Macmillan, 1955.

Bonhoeffer, "Lectures." • Bonhoeffer, Dietrich. "Lectures on Preaching." 123–80 in *Bonhoeffer: Worldly Preaching.* Edited and translated by C. E. Fant. Nashville: Thomas Nelson, 1975.

Bonk, "Missions." • Bonk, Jonathan J. "Missions and the Liberation of Theology." *IBMR* 34 (4, October 2010): 13–94.

Bonsirven, *Judaism.* • Bonsirven, Joseph. *Palestinian Judaism in the Time of Jesus Christ.* New York: Holt, Rinehart & Winston, 1964.

Booth, *Women.* • Booth, Catherine Mumford. *Let the Women Speak: Females Teaching in Church.* Liskeard: Diggory, 2007 (originally 1861).

Borg, *Conflict.* • Borg, Marcus J. *Conflict, Holiness and Politics in the Teachings of Jesus.* Studies in the Bible and Early Christianity 5. Lewiston, NY: Edwin Mellen, 1984.

Boring, Berger, and Colpe, *Commentary.* • Boring, M. Eugene, Klaus Berger, and Carsten Colpe, eds. *Hellenistic Commentary to the New Testament.* Nashville: Abingdon, 1995.

Bosworth, "Beating." • Bosworth, F. F. "Beating in Texas Follows Ministry to Blacks: F. F. Bosworth's 1911 Letter to His Mother, Dallas, Tex., Aug. 21, 1911." *Assemblies of God Heritage* 6 (2, Summer 1986): 5, 14.

Bourguignon, "Appendix." • Bourguignon, Erika. "Appendix." 359 – 76 in *Religion, Altered States of Consciousness, and Social Change.* Edited by Erika Bourguignon. Columbus: Ohio State University Press, 1973.

Bourguignon, "Introduction." • Bourguignon, Erika. "Introduction: A Framework for the Comparative Study of Altered States of Consciousness." 3 – 35 in *Religion, Altered States of Consciousness, and Social Change.* Edited by Erika Bourguignon. Columbus: Ohio State University Press, 1973.

Bourguignon, *Possession.* • Bourguignon, Erika. *Possession.* Chandler & Sharp Series in Cross-Cultural Themes. San Francisco: Chandler & Sharp, 1976.

Bourguignon, "Spirit Possession Belief." • Bourguignon, Erika. "Spirit Possession Belief and Social Structure." 17 – 26 in *The Realm of the Extra-Human: Ideas and Actions.* Edited by Agehananda Bharati. The Hague: Mouton, 1976.

Bovon, *Theologian.* • Bovon, François. *Luke the Theologian: Thirty-Three Years of Research (1950–1983).* Translated by Ken McKinney. Allison Park, PA: Pickwick, 1987.

Boyd, *Benefit of Doubt.* • Boyd, Gregory A. *Benefit of the Doubt: Breaking the Idol of Certainty.* Grand Rapids: Baker, 2013.

Brandes, "Reflections." • Brandes, Stanley. "Reflections on Honor and Shame in the Mediterranean." 121 – 34 in *Honor and Shame and the Unity of the Mediterranean.* Edited by David D. Gilmore. American Anthropological Association 22. Washington, DC: American Anthropological Association, 1987.

Brant, "Husband Hunting." • Brant, Jo-Ann A. "Husband Hunting: Characterization and Narrative Art in the Gospel of John." *Biblical Interpretation* 4 (2, 1996): 205 – 23.

Brathwaite, "Tongues." • Brathwaite, Renea. "Tongues and Ethics: William J. Seymour and the 'Bible Evidence'; A Response to Cecil M. Robeck, Jr." *Pneuma* 32 (2010): 203 – 22.

Braund, "Satire." • Braund, Susanna. "Satire." 13:13 – 16 in *BrillPauly.*

Bray, *Corinthians.* • Bray, Gerald, ed. *1–2 Corinthians.* ACCS: New Testament 7. Downers Grove, IL: InterVarsity, 1999.

Bray, *Galatians, Ephesians.* • Bray, Gerald, ed. *Galatians, Ephesians.* Reformation Commentary on Scripture, New Testament 10. Downers Grove, IL: IVP Academic, 2011.

Bray, *Romans.* • Bray, Gerald, ed. *Romans.* ACCS: New Testament 6. Downers Grove, IL: InterVarsity, 1998.

Breggen, "Miracle Reports." • Breggen, Hendrik van der. "Miracle Reports, Moral Philosophy, and Contemporary Science." PhD dissertation, University of Waterloo, 2004.

Breggen, "Seeds." • Breggen, Hendrik van der. "The Seeds of Their Own Destruction: David

Hume's Fatally Flawed Arguments against Miracle Reports." *Christian Research Journal* 30 (1, 2007): 5 pages, available online.

Bremback and Howell, *Persuasion.* • Bremback, Winston L., and William S. Howell. *Persuasion: A Means of Social Influence.* 2nd ed. Englewood Cliffs, NJ: Prentice-Hall, 1976.

Brett, *Criticism.* • Brett, Mark G. *Biblical Criticism in Crisis? The Impact of the Canonical Approach on Old Testament Studies.* New York: Cambridge University Press, 1991.

Brock and Scott, *Criticism.* • Brock, Bernard L., and Robert L. Scott. *Methods of Rhetorical Criticism: A Twentieth-Century Perspective.* 2nd ed. Detroit: Wayne State University Press, 1980.

Brondos, "Freedom." • Brondos, David A. "Freedom, the 'Letter' and the 'Spirit': Interpreting Scripture with the 'Mind of Christ.'" *Trinity Seminary Review* 26 (1, 2005): 7–15.

Brooke, *Science.* • Brooke, John Hedley. *Science and Religion: Some Historical Perspectives.* Cambridge History of Science Series. New York: Cambridge University Press, 1991.

Brooke, "Science." • Brooke, John Hedley. "Science and Theology in the Enlightenment." 7–27 in *Religion and Science: History, Method, Dialogue.* Edited by W. Mark Richardson and Wesley J. Wildman. Foreword by Ian G. Barbour. New York: Routledge, 1996.

Brown, *Answering.* • Brown, Michael L. *Answering Jewish Objections to Jesus,* vol. 3, *Messianic Prophecy Objections.* Grand Rapids: Baker, 2006.

Brown, *Authentic Fire.* • Brown, Michael L. *Authentic Fire: A Response to John MacArthur's* Strange Fire. Lake Mary, FL: Excel, 2014.

Brown, "Awakenings." • Brown, Candy Gunther. "Global Awakenings: Divine Healing Networks, and Global Community in North America, Brazil, Mozambique, and Beyond." 351–69 in *Global Pentecostal and Charismatic Healing.* Edited by Candy Gunther Brown. Foreword by Harvey Cox. Oxford: Oxford University Press, 2011.

Brown, *Death.* • Brown, Raymond E. *The Death of the Messiah—From Gethsemane to Grave: A Commentary on the Passion Narratives in the Four Gospels.* 2 vols. New York: Doubleday, 1994.

Brown, *Essays.* • Brown, Raymond E. *New Testament Essays.* Garden City, NY: Doubleday, 1968.

Brown, *Healing.* • Brown, Candy Gunther, ed. *Global Pentecostal and Charismatic Healing.* Foreword by Harvey Cox. Oxford: Oxford University Press, 2011.

Brown, "Jeremiah." • Brown, Michael L. "Jeremiah." 7:23–572 in *The Expositor's Bible Commentary.* Rev. ed. Edited by Tremper Longman III and David E. Garland. Grand Rapids: Zondervan, 2010.

Brown, *Miracles.* • Brown, Colin. *Miracles and the Critical Mind.* Grand Rapids: Eerdmans, 1984.

Brown, "Proclamation." • Brown, Harold O. J. "Proclamation and Preservation: The Necessity and Temptations of Church Tradition." 69–87 in *Reclaiming the Great Tradition: Evangelicals, Catholics and Orthodox in Dialogue.* Edited by James S. Cutsinger. Downers Grove, IL: InterVarsity, 1997.

Brown, *Scripture as Communication.* • Brown, Jeannine K. *Scripture as Communication: Introducing Biblical Hermeneutics.* Grand Rapids: Baker Academic, 2007.

Brown, *Testing Prayer.* • Brown, Candy Gunther. *Testing Prayer: Science and Healing.* Cambridge, MA: Harvard University Press, 2012.

Brown, Mory, Williams, and McClymond, "Effects." • Brown, Candy Gunther, Stephen C. Mory, Rebecca Williams, and Michael J. McClymond. "Study of the Therapeutic Effects of Proximal Intercessory Prayer (STEPP) on Auditory and Visual Impairments in Rural Mozambique." *SMedJ* 103 (9, September 2010): 864–69.

Brubaker, "Postmodernism." • Brubaker, Malcolm R. "Postmodernism and Pentecostals: A Case Study of Evangelical Hermeneutics." *Evangelical Journal* 15 (1, 1997): 33–45.

Bruce, *Commentary.* • Bruce, F. F. *Commentary on the Book of the Acts: The English Text with Introduction, Exposition, and Notes.* NICNT. Grand Rapids: Eerdmans, 1977.

Bruce, *History.* • Bruce, F. F. *New Testament History.* Garden City, NY: Doubleday, 1972.

Bruce, "History." • Bruce, F. F. "The History of New Testament Study." 21–59 in *New Testament Interpretation: Essays on Principles and Methods.* Edited by I. Howard Marshall. Grand Rapids: Eerdmans, 1977.

Bruce, "Holy Spirit in Acts." • Bruce, F. F. "The Holy Spirit in the Acts of the Apostles." *Interpretation* 27 (2, 1973): 166–83.

Bruce, "Interpretation." • Bruce, F. F. "Interpretation of the Bible." 565–68 in *Evangelical Dictionary of Theology.* Edited by Walter Elwell. Grand Rapids: Baker, 1996.

Bruce, *John.* • Bruce, F. F. *The Gospel of John: Introduction, Exposition and Notes.* Grand Rapids: Eerdmans, 1983.

Brueggemann, *Message.* • Brueggemann, Walter. *The Message of the Psalms: A Theological Commentary.* Minneapolis: Augsburg, 1984. 『브루그만의 시편 사색』(솔로몬 역간).

Brueggemann, *Praying.* • Brueggemann, Walter. *Praying the Psalms.* Winona, MN: Saint Mary's Press, 1986. 『시편의 기도』(CLC 역간).

Brueggemann, *Texts under Negotiation.* • Brueggemann, Walter. *Texts under Negotiation: The Bible and the Postmodern Imagination.* Minneapolis: Fortress, 1993.

Buber, *I and Thou.* • Buber, Martin. *I and Thou.* New York: Scribner, 1958.

Bührmann, "Religion and Healing." • Bührmann, M. V. "Religion and Healing: The African Experience." 25–34 in *Afro-Christian Religion and Healing in Southern Africa.* Edited by G. C. Oosthuizen, S. D. Edwards, W. H. Wessels, and I. Hexham. AfSt 8. Lewiston, NY: Edwin Mellen, 1989.

Bultmann, "Between Times." • Bultmann, Rudolf. "Man between the Times according to the New Testament." 248–66 in *Existence and Faith: Shorter Writings of Rudolf Bultmann.* Edited by Schubert Ogden. New York: Meridian, 1960.

Bultmann, *Christianity.* • Bultmann, Rudolf. *Primitive Christianity in Its Contemporary Setting.* Translated by Reginald H. Fuller. New York: Meridian, 1956.

Bultmann, "Demythologizing." • Bultmann, Rudolf. "On the Problem of Demythologizing." 95–130 in *New Testament Mythology and Other Basic Writings.* Edited by Schubert Ogden. Philadelphia: Fortress, 1984.

Bultmann, "Exegesis." • Bultmann, Rudolf. "Is Exegesis without Presuppositions Possible?" 145–53 in *The New Testament and Mythology and Other Basic Writings.* Edited by Schubert Ogden. Philadelphia: Fortress, 1984.

Bultmann, "Historicity." • Bultmann, Rudolf. "The Historicity of Man and Faith." 90–100 in *Existence and Faith: Shorter Writings of Rudolf Bultmann.* Edited by Schubert Ogden. New York: Meridian, 1960.

Bultmann, *Jesus and Word.* • Bultmann, Rudolf. *Jesus and the Word.* Translated by Louise Pettibone Smith and Erminie Huntress Lantero. New York: Scribner's, 1958.

Bultmann, *Mythology.* • Bultmann, Rudolf. *The New Testament and Mythology and Other Basic Writings.* Edited by Schubert Ogden. Philadelphia: Fortress, 1984.

Bultmann, "Mythology." • Bultmann, Rudolf. "New Testament and Mythology." 1–43 in *New Testament Mythology and Other Basic Writings.* Edited by Schubert Ogden. Philadelphia: Fortress, 1984.

Bultmann, "Problem of Hermeneutics." • Bultmann, Rudolf. "The Problem of Hermeneutics." 69–93 in *New Testament Mythology and Other Basic Writings.* Edited by Schubert Ogden. Philadelphia: Fortress, 1984.

Bultmann, "Science and Existence." • Bultmann, Rudolf. "Science and Existence." 131–44 in *New Testament Mythology and Other Basic Writings.* Edited by Schubert Ogden. Philadelphia: Fortress, 1984.

Bultmann, *Theology.* • Bultmann, Rudolf. *Theology of the New Testament.* Translated by Kendrick Grobel. 2 vols. New York: Scribner's, 1951.

Bultmann, *Word.* • Bultmann, Rudolf. *Jesus and the Word.* Translated by Louise Pettibone Smith and Erminie Huntress Lantero. New York: Scribner's, 1958.

Burgess, "Evidence." • Burgess, Stanley M. "Evidence of the Spirit: The Medieval and Modern Western Churches." 20–40 in *Initial Evidence: Historical and Biblical Perspectives on the Pentecostal Doctrine of Spirit Baptism.* Edited by Gary B. McGee. Peabody, MA: Hendrickson, 1991.

Burgess, "Pandita Ramabai." • Burgess, Ruth Vassar. "Pandita Ramabai: A Woman for All Seasons: Pandita Ramabai Saraswati Mary Dongre Medhavi (1858–1922)." *AJPS* 9 (2, 2006): 183–98.

Burhenn, "Miracles." • Burhenn, Herbert. "Attributing Miracles to Agents—Reply to George D. Chryssides." *RelS* 13 (4, 1977): 485–89.

Burke, *Death.* • Burke, Sean. *The Death and Return of the Author: Criticism and Subjectivity in Barthes, Foucault and Derrida.* 3rd ed. Edinburgh: Edinburgh University Press, 2008.

Burns, *Debate.* • Burns, Robert M. *The Great Debate on Miracles: From Joseph Glanvill to David Hume.* London: Associated University Presses; Lewisburg, PA: Bucknell University Press, 1981.

Burns, *Romans.* • Burns, J. Patout, trans. and ed., with Father Constantine Newman. *Romans Interpreted by Early Christian Commentators.* The Church's Bible. Grand Rapids: Eerdmans, 2012.

Burridge, "Biography." • Burridge, Richard A. "Biography." 371–91 in *Handbook of Classical Rhetoric in the Hellenistic Period, 330 B.C.–A.D. 400.* Edited by Stanley E. Porter. Leiden: Brill, 1997.

Burridge, "Biography, Ancient." • Burridge, Richard A. "Biography, Ancient." 167–70 in *DNTB.*

Burridge, *Gospels.* • Burridge, Richard A. *What Are the Gospels? A Comparison with Graeco-Roman Biography.* SNTSMS 70. Cambridge: Cambridge University Press, 1992.

Burridge, "Gospels and Acts." • Burridge, Richard A. "The Gospels and Acts." 507–32 in *Handbook of Classical Rhetoric in the Hellenistic Period, 330 B.C.–A.D. 400.* Edited by Stanley E. Porter. Leiden: Brill, 1997.

Burridge, "People." • Burridge, Richard A. "About People, by People, for People: Gospel Genre and Audiences." 113–46 in *The Gospels for All Christians: Rethinking the Gospel Audiences.* Edited by Richard Bauckham. Grand Rapids: Eerdmans, 1998.

Burtt, *Foundations.* • Burtt, Edwin Arthur. *The Metaphysical Foundations of Modern Science.* Repr., Garden City, NY: Doubleday, 1954.

Byrd, "Theory." • Byrd, Joseph. "Paul Ricoeur's Hermeneutical Theory and Pentecostal Proclamation." *Pneuma* 15 (2, 1993): 203–14.

Byrskog, "History." • Byrskog, Samuel. "History or Story in Acts— Middle Way? The 'We' Passages, Historical Intertexture, and Oral History." 257–83 in *Contextualizing Acts: Lukan Narrative and Greco-Roman Discourse.* Edited by Todd Penner and Caroline Vander Stichele. SBLSymS 20. Atlanta: SBL, 2003.

Caird, "Exegetical Method." • Caird, G. B. "The Exegetical Method of the Epistle to the Hebrews." *Canadian Journal of Theology* 5 (1, 1959): 44–51.

Callaway, "Reflections." • Callaway, Philip R. "Reflections on the Language of the 'Historical' Dead Sea Scrolls." *QC* 12 (2–4, 2004): 123–26.

Calvin, *Catholic Epistles.* • Calvin, John. *Commentaries on the Catholic Epistles.* Translated by John Owen. Grand Rapids: Eerdmans, 1948.

Calvin, *Corinthians.* • Calvin, John. *Commentaries on the Epistles of Paul the Apostle to the Corinthians.* Translated by John Pringle. Grand Rapids: Eerdmans, 1948.

Calvin, *Institutes.* • Calvin, John. *Institutes of the Christian Religion.* 2 vols. Translated by John Allen. Revised by Benjamin B. Warfield. Philadelphia: Presbyterian Board of Christian Education, 1936. 『기독교 강요』(CH북스 역간).

Campos, "Tensions." • Campos, Oscar A. "Premillennial Tensions and Holistic Missiology: Latin American Evangelicalism." 147–69 in *A Case for Historic Premillennialism: An Alternative to "Left Behind" Eschatology.* Edited by Craig L. Blomberg and Sung Wook Chung. Grand Rapids: Baker Academic, 2009.

Cancik-Lindemaier et al., "Allegoresis." • Cancik-Lindemaier, Hildegard, et al. "Allegoresis." 1:511–16 in *BrillPauly.*

Cannon, "Voodoo Death." • Cannon, Walter B. " 'Voodoo' Death." *AmAnth* 44 (1942): 169–81.

Capps, *Tongue.* • Capps, Charles. *The Tongue: A Creative Force.* Tulsa, OK: Harrison House, 1976.

Cargal, "Postmodern Age." • Cargal, Timothy B. "Beyond the Fundamentalist-Modernist Controversy: Pentecostals and Hermeneutics in a Postmodern Age." *Pneuma* 15 (2, Fall 1993): 163–87.

Carlston, "Vocabulary." • Carlston, Charles. "The Vocabulary of Perfection in Philo and Hebrews." 133–60 in *Unity and Diversity in New Testament Theology: Essays in Honor of George E. Ladd.* Edited by Robert A. Guelich. Grand Rapids: Eerdmans, 1978.

Carmon, *Inscriptions.* • Carmon, Efrat, ed. *Inscriptions Reveal: Documents from the Time of the Bible, the Mishna, and the Talmud.* Translated by R. Grafman. Jerusalem: Israel Museum, 1973.

Carpenter, "Sacrifices." • Carpenter, Eugene E. "Sacrifices and Offerings in the OT." 4:260–73 in *The International Standard Bible Encyclopedia.* 4 vols. Rev. ed. Grand Rapids: Eerdmans, 1988.

Carson, "Colonialism." • Carson, Penelope. "Christianity, Colonialism, and Hinduism in Kerala: Integration, Adaptation, or Confrontation?" 127–54 in *Christians and Missionaries in India: Cross-cultural Communication since 1500, with Special Reference to Caste, Conversion, and Colonialism.* Edited by Robert Eric Frykenberg. Grand Rapids: Eerdmans, 2003.

Carson, *Interpretation.* • Carson, D. A., ed. *Biblical Interpretation and the Church: The Problem of Contextualization.* Nashville: Thomas Nelson, 1985.

Carson, "Mirror-Reading." • Carson, D. A. "Mirror-Reading with Paul and against Paul: Galatians 2:11–14 as a Test Case." 99–112 in *Studies in the Pauline Epistles: Essays in Honor of Douglas J. Moo.* Edited by Matthew S. Harmon and Jay E. Smith. Grand Rapids: Zondervan, 2014.

Carson, *Showing Spirit.* • Carson, D. A. *Showing the Spirit: A Theological Exposition of 1 Corinthians 12–14.* Grand Rapids: Baker, 1987.

Cartledge, "Text-Community-Spirit." • Cartledge, Mark J. "Text-Community-Spirit: The Challenges Posed by Pentecostal Theological Method to Evangelical Theology." 130–42 in *Spirit and Scripture: Exploring a Pneumatic Hermeneutic.* Edited by Kevin L. Spawn and Archie T. Wright. New York: Bloomsbury, 2012.

Cartledge, "Theology." • Cartledge, Mark J. "Empirical Theology: Towards an Evangelical-Charismatic Hermeneutic." *JPT* 9 (1996): 115–26.

Cartledge, *Tongues.* • Cartledge, Mark J., ed. *Speaking in Tongues: Multi-disciplinary Perspectives.* SPCI. Waynesboro, GA, and Bletchley, Milton Keynes, UK: Paternoster, 2006.

Cassuto, *Exodus.* • Cassuto, Umberto. *A Commentary on the Book of Exodus.* Translated by Israel Abrahams. Jerusalem: Magnes, 1967.

Cayzer, "Ending." • Cayzer, J. "The Ending of Acts: Handing on the Baton." *StMkRev* 161 (1995): 23–25.

Chambers, *Chambers.* • Chambers, Oswald. *Oswald Chambers: His Life and Work.* London: Simpkin Marshall, 1941.

Chambers, *Help.* • Chambers, Oswald. *The Place of Help.* Grand Rapids: Discovery House Publishers, 1989 (orig. 1935).

Chambers, *Psychology.* • Chambers, Oswald. *Biblical Psychology.* Grand Rapids: Discovery House Publishers, 1995 (orig. 1962).

Chan, *Grassroots Asian Theology.* • Chan, Simon. *Grassroots Asian Theology: Thinking the Faith from the Ground Up.* Downers Grove, IL: IVP Academic, 2014.

Chandra shekar, "Possession Syndrome." • Chandra shekar, C. R. "Possession Syndrome in India." 79–95 in *Altered States of Consciousness and Mental Health: A Cross-Cultural Perspective.* Edited by Colleen A. Ward. CCRMS 12. Newbury Park, CA: Sage, 1989.

Charnov, "Shavuot." • Charnov, Bruce H. "Shavuot, 'Matan Torah,' and the Triennial Cycle." *Judaism* 23 (3, 1974): 332–36.

Chaván de Matviuk, "Growth." • Chaván de Matviuk, Marcela A. "Latin American Pentecostal Growth: Culture, Orality, and the Power of Testimonies." *AJPS* 5 (2, July 2002): 205–22.

Chempakassery, "Jerusalem Pentecost." • Chempakassery, Philip. "Jerusalem Pentecost: An Indian Reinterpretation and Challenges." *Jeev* 34 (200, 2004): 108–21.

Chereau, "Babel à la Pentecôte." • Chéreau, Georgette. "De Babel à la Pentecôte: Histoire d'une bénédiction." *NRTh* 122 (1, 2000): 19–36.

Chesnut, *Born Again in Brazil.* • Chesnut, R. Andrew. *Born Again in Brazil: The Pentecostal Boom and the Pathogens of Poverty.* New Brunswick, NJ: Rutgers University Press, 1997.

Chester, "Introspective Conscience." • Chester, Stephen J. "Paul and the Introspective Conscience of Martin Luther: The Impact of Luther's *Anfechtungen* on His Interpretation of Paul." *Biblical Interpretation* 14 (5, 2006): 508–36.

Cheung, "Study." • Cheung, Luke. "A Preliminary Study on Pentecostal Hermeneutics." *CGST Journal* 33 (2002): 97–118.

Chevreau, *Catch the Fire.* • Chevreau, Guy. *Catch the Fire: The Toronto Blessing; An Experience of Renewal and Revival.* Toronto: HarperCollins, 1995.

Chevreau, *Turnings.* • Chevreau, Guy. *Turnings: The Kingdom of God and the Western World.* Foreword by Rolland Baker and Heidi Baker. Tonbridge, Kent, UK: Sovereign World, 2004.

Childs, *Canon.* • Childs, Brevard S. *The New Testament as Canon: An Introduction.* Philadelphia: Fortress, 1984.

Childs, *Scripture.* • Childs, Brevard S. *Introduction to the Old Testament as Scripture.* Philadelphia: Fortress, 1979.

Childs, *Theology.* • Childs, Brevard S. *Biblical Theology of the Old and New Testaments: Theological Reflections on the Christian Bible.* London: SCM, 1992. 『신·구약 성서신학』(은성 역간).

Childs et al., *Bible as Scripture.* • Childs, Brevard. *The Bible as Christian Scripture: The Work of Brevard S. Childs.* Edited by Robert C. Kashow, Kent Harold Richards, and Christopher R. Seitz. Atlanta: Society of Biblical Literature, 2013.

Choi, "Hermeneutics." • Choi, Hunn. "Multicultural Hermeneutics and Mission." *Asbury Journal* 70 (1, 2015): 111–39.

Chomsky, *Structures.* • Chomsky, Noam. *Syntactic Structures.* The Hague: Mouton, 1966.

Christenson, *Message.* • Christenson, Larry. *A Message to the Charismatic Movement.* Minneapolis: Dimension Books, Bethany Fellowship, 1972.

Clapper, *Wesley.* • Clapper, Gregory S. *John Wesley on Religious Affections.* Pietist and Wesleyan Studies 1. Metuchen: Scarecrow, 1989.

Clark, "Effects." • Clark, Randy. "A Study of the Effects of Christian Prayers on Pain or Mobility Restrictions from Surgeries Involving Implanted Materials." DMin dissertation, United Theological Seminary, 2013.

Clark, "Hermeneutics." • Clark, Matthew S. "Pentecostal Hermeneutics: The Challenge of Relating to (Post-)modern Literary Theory." *Acta Patristica et Byzantina* 12 (2001): 41-67.

Clark, "Pentecostal Hermeneutics." • Clark, Matthew S. "Pentecostal Hermeneutics: The Challenge of Relating to (Post-)modern Literary Theory." *Spirit & Church* 2 (1, 2000): 67-93.

Clarke, "Wine Skins." • Clarke, Clifton R. "Old Wine and New Wine Skins: West Indian and the New West African Pentecostal Churches in Britain and the Challenge of Renewal." 169-82 in *The Many Faces of Global Pentecostalism.* Edited by Harold D. Hunter and Neil Ormerod. Cleveland, TN: CPT Press, 2013.

Cloete and Smit, "Name Called Babel." • Cloete, G. D., and D. J. Smit. " 'Its Name Was Called Babel...' " *JTSA* 86 (1994): 81-87.

Cohen, "Evidence on Synagogue." • Cohen, Shaye J. D. "Pagan and Christian Evidence on the Ancient Synagogue." 159-81 in *The Synagogue in Late Antiquity.* Edited by Lee I. Levine. Philadelphia: American Schools of Oriental Research, 1986.

Cohen, *Law.* • Cohen, Boaz. *Jewish and Roman Law: A Comparative Study.* 2 vols. New York: Jewish Theological Seminary of America Press, 1966.

Cohen, "Names of Translators." • Cohen, Naomi G. "The Names of the Translators in the Letter of Aristeas: A Study in the Dynamics of Cultural Transition." *JSJ* 15 (1, 1984): 32-64.

Colesan, "Joshua." • Colesan, Joseph. "Joshua." 3:1-183 in *Cornerstone Biblical Commentary.* Carol Stream, IL: Tyndale House, 2012.

Colledge, *God and Dickens.* • Colledge, Gary L. *God and Charles Dickens: Recovering the Christian Voice of a Classic Author.* Grand Rapids: Brazos, 2012.

Collins, *Babel.* • Collins, John J. *The Bible after Babel: Historical Criticism in a Postmodern Age.* Grand Rapids: Eerdmans, 2005.

Collins, *Exorcism.* • Collins, James M. *Exorcism and Deliverance Ministry in the Twentieth Century: An Analysis of the Practice and Theology of Exorcism in Modern Western Christianity.* Foreword by Ian Stackhouse. Studies in Evangelical History and Thought. Colorado Springs: Paternoster, 2009.

Collins, "Topography." • Collins, Kenneth J. "John Wesley's Topography of the Heart: Dispositions, Tempers, and Affections." *Methodist History* 36 (3, 1998): 162-75.

Comstock and Partridge, "Attendance." • Comstock, George W., and Kay B. Partridge. "Church Attendance and Health." *JChrDis* 25 (1972): 665-72.

Conte and Most, "Genre." • Conte, Gian Biagio, and Glenn W. Most. "Genre." 630-31 in *OCD*³.

Cook, *Interpretation.* • Cook, John Granger. *The Interpretation of the New Testament in Greco-Roman Paganism.* Peabody, MA: Hendrickson, 2002; Tubingen: J. C. B. Mohr, 2000.

Copan, *Monster.* • Copan, Paul. *Is God a Moral Monster? Making Sense of the Old Testament God.* Grand Rapids: Baker, 2011.

Copan and Flannagan, *Genocide.* • Copan, Paul, and Matt Flannagan, *Did God Really Command Genocide? Coming to Terms with the Justice of God.* Grand Rapids: Baker, 2014.

Copeland, *Laws.* • Copeland, Kenneth. *The Laws of Prosperity.* Fort Worth, TX: Kenneth Copeland Publications, 1974.

Copeland, "Thorn." • Copeland, Gloria. "Paul's Thorn in the Flesh." *Believer's Voice of Victory* 11

(11, November 1983): 5, 8.

Copleston, *Philosophy*. • Copleston, Frederick. *Contemporary Philosophy: Studies of Logical Positivism and Existentialism.* Rev. ed. London: Search; Paramus, NJ: Newman, 1972.

Cotter, *Miracle Stories*. • Cotter, Wendy J. *The Christ of the Miracle Stories: Portrait through Encounter.* Grand Rapids: Baker Academic, 2010.

Cour, Avlund, and Schultz-Larsen, "Religion." • Cour, Peter la, Kirsten Avlund, and Kirsten Schultz-Larsen. "Religion and Survival in a Secular Region: A Twenty-Year Follow-up of 734 Danish Adults Born in 1914." *SSMed* 62 (2006): 157 – 64.

Cover, "Above." • Cover, Michael B. " 'Now and Above; Then and Now' (Gal. 4:21 – 31: Platonizing and Apocalyptic Polarities in Paul's Eschatology." 220 – 29 in *Galatians and Christian Theology: Justification, the Gospel, and Ethics in Paul's Letter.* Edited by Mark W. Elliott et al. Grand Rapids: Baker Academic, 2014.

Cracknell and White, *Methodism*. • Cracknell, Kenneth, and Susan J. White. *An Introduction to World Methodism.* Cambridge: Cambridge University Press, 2005.

Craigie, *Deuteronomy*. • Craigie, Peter C. *The Book of Deuteronomy.* NICOT. Grand Rapids: Eerdmans, 1976.

Cramer, "Miracles." • Cramer, John A. "Miracles and David Hume." *PScChrF* 40 (3, September 1988): 129 – 37.

Crapanzaro, "Introduction." • Crapanzaro, Vincent. "Introduction." 1 – 40 in *Case Studies in Spirit Possession.* Edited by Vincent Crapanzaro and Vivian Garrison. New York: John Wiley & Sons, 1977.

Crawford, "Healing." • Crawford, Suzanne J. "Religion, Healing, and the Body." 29 – 45 in *Teaching Religion and Healing.* Edited by Linda L. Barnes and Inés Talamantez. AARTRSS. Oxford: Oxford University Press, 2006.

Crawford, *Shantung Revival*. • Crawford, Mary K. *The Shantung Revival.* Shanghai: China Baptist Publication Society, 1933.

Crites, "Intellect." • Crites, Garry J. "Intellect That Illuminates Christian Truth: Thomas Aquinas's *Summa Theologiae*." *Christian History* 116 (2015): 16 – 19.

Cross, "Proposal." • Cross, Terry L. "A Proposal to Break the Ice: What Can Pentecostal Theology Offer Evangelical Theology?" *JPT* 10 (2, 2002): 44 – 73.

Crossan, "Metamodel." • Crossan, John Dominic. "A Metamodel for Polyvalent Interpretation." *Semeia* 9 (1977): 105 – 47.

Cuéllar and Woodley, "Mission." • Cuéllar, Gregory Lee, and Randy S. Woodley. "North American Mission and Motive: Following the Markers." 61 – 74 in *Evangelical Postcolonial Conversations: Global Awakenings in Theology and Practice.* Edited by Kay Higuera Smith, Jayachitra Lalitha, and L. Daniel Hawk. Downers Grove, IL: IVP Academic, 2014.

Cullmann, *Salvation*. • Cullmann, Oscar. *Salvation in History.* New York: Harper & Row, 1967.

Curtis, *Faith*. • Curtis, Heather D. *Faith in the Great Physician: Suffering and Divine Healing in American Culture, 1860–1900.* Baltimore: Johns Hopkins University Press, 2007.

Dallaire, "Joshua." • Dallaire, Hélène M. "Joshua." 2:815 – 1042 in *The Expositor's Bible Commentary.* Rev. ed. Grand Rapids: Zondervan, 2012.

Daniels, "Differences." • Daniels, David D., III. "God Makes No Differences in Nationality: The Fashioning of a New Racial/Nonracial Identity at the Azusa Street Revival." *Enr* 11 (2, 2006): 72-76.

Danker, *New Age.* • Danker, Frederick W. *Jesus and the New Age, according to St. Luke.* St. Louis: Clayton, 1972.

Daston, "Marvelous Facts." • Daston, Lorraine. "Marvelous Facts and Miraculous Evidence in Early Modern Europe." *Critical Inquiry* 18 (Autumn 1991): 93-124.

Daube, *Exodus Pattern.* • Daube, David. *The Exodus Pattern in the Bible.* All Souls Studies 2. London: Faber & Faber, 1963.

Daube, "Johanan ben Zaccai." • Daube, David. "Three Notes Having to Do with Johanan ben Zaccai." *JTS* 11 (1, 1960): 53-62.

Davies, *Healer.* • Davies, Stevan L. *Jesus the Healer: Possession, Trance, and the Origins of Christianity.* New York: Continuum, 1995.

Davies, *Matthew.* • Davies, Margaret. *Matthew.* Readings. Sheffield, UK: JSOT Press, 1993.

Davies, "Read as Pentecostal." • Davies, Andrew. "What Does It Mean to Read the Bible as a Pentecostal?" 249-62 in *Pentecostal Hermeneutics: A Reader.* Edited by Lee Roy Martin. Leiden: Brill, 2013.

Davies, *Setting.* • Davies, W. D. *The Setting of the Sermon on the Mount.* Cambridge: Cambridge University Press, 1964.

Davies and Allison, *Matthew.* • Davies, W. D., and Dale C. Allison. *A Critical and Exegetical Commentary on the Gospel according to Saint Matthew.* 3 vols. ICC. Edinburgh: T&T Clark, 1988-97.

Dawson, "Urbanization." • Dawson, John. "Urbanization and Mental Health in a West African Community." 305-42 in *Magic, Faith, and Healing: Studies in Primitive Psychotherapy Today.* Edited by Ari Kiev. Introduction by Jerome D. Frank. New York: Free Press, 1964.

Dayton, *Roots.* • Dayton, Donald W. *Theological Roots of Pentecostalism.* Peabody, MA: Hendrickson, 1987.

De Boer, *Galatians.* • De Boer, Martinus C. *Galatians: A Commentary.* NT Library. Louisville: Westminster John Knox, 2011.

De Cuypere and Willems, "Meaning." • De Cuypere, Ludovic, and Klaas Willems. "Meaning and Reference in Aristotle's Concept of Linguistic Signs." *Foundations of Science* 13 (2008): 307-24.

Deiros, "Cross." • Deiros, Pablo A. "Cross and Sword." *Christian History* 35 (1992): 30-31.

Delaney, "Seeds." • Delaney, Carol. "Seeds of Honor, Fields of Shame." 35-48 in *Honor and Shame and the Unity of the Mediterranean.* Edited by David D. Gilmore. AAAM 22. Washington, DC: American Anthropological Association, 1987.

Dempster, Klaus, and Petersen, *Globalization.* • Dempster, Murray W., Byron D. Klaus, and Douglas Petersen. *The Globalization of Pentecostalism: A Religion Made to Travel.* Foreword by Russell P. Spittler. Carlisle: Paternoster; Oxford: Regnum, 1999.

Derrida, *Speech.* • Derrida, Jacques. *Speech and Phenomena: And Other Essays on Husserl's Theory of Signs.* Evanston: Northwestern University Press, 1973.

Derrida, *Writing.* • Derrida, Jacques. *Writing and Difference.* Chicago: University of Chicago Press, 1978. 『글쓰기와 차이』(동문선 역간).

Derrida and Stocker, *Derrida.* • Derrida, Jacques, and Barry Stocker. *Jacques Derrida: Basic Writings.* New York: Routledge, 2007.

DeSilva, *Global Readings.* • DeSilva, David A. *Global Readings: A Sri Lankan Commentary on Paul's Letter to the Galatians.* Eugene, OR: Cascade, 2011.

De Vaux, *Israel.* • De Vaux, Roland. *Ancient Israel: Its Life and Institutions.* 2 vols. Translated by John MacHugh. New York: McGraw-Hill, 1961.

Dever, "Stratifications." • Dever, William G. "The MB IIC Stratifications in the Northwest Gate Area at Shechem." *BASOR* 216 (December 1974): 43.

De Wet, "Signs." • De Wet, Christiaan Rudolph. "Signs and Wonders in Church Growth." MA thesis, Fuller School of World Mission, December 1981.

Dewey, "Gospel of Mark." • Dewey, Joanna. "The Gospel of Mark as an Oral-Aural Event: Implications for Interpretation." 145-63 in *The New Literary Criticism and the New Testament.* Edited by Edgar V. McKnight and Elizabeth Struthers Malbon. Valley Forge, PA: Trinity Press International, 1994; Sheffield: JSOT Press, 1994.

Diehl, "Rhetoric." • Diehl, Judith A. "Anti-Imperial Rhetoric in the New Testament." *Currents in Biblical Research* 10 (1, 2011): 9-52.

Dilthey, *Pattern.* • Dilthey, Wilhelm. *Pattern and Meaning in History: Thoughts on History and Society.* Edited by H. P. Rickman. New York: Harper & Brothers, 1962; London: Allen & Unwin, 1961.

Di Sabatino, "Frisbee." • Di Sabatino, David. "Appendix 3: Lonnie Frisbee." 392-407 in *The Quest for the Radical Middle: A History of the Vineyard,* by Bill Jackson. Foreword by Todd Hunter. Cape Town: Vineyard International, 1999.

Dodd, *Preaching.* • Dodd, C. H. *The Apostolic Preaching and Its Developments.* London: Hodder & Stoughton, 1936. Repr., Grand Rapids: Baker, 1980.

Dodd, *Problem.* • Dodd, Brian. *The Problem with Paul.* Downers Grove, IL: InterVarsity, 1996.

Dominy, "Spirit, Church, and Mission." • Dominy, Bert B. "Spirit, Church, and Mission: Theological Implications of Pentecost." *SWJT* 35 (2, 1993): 34-39.

Donahue, "Redaction Criticism." • Donahue, John R. "Redaction Criticism: Has the *Hauptstrasse* Become a *Sackgasse?*" 27-57 in *The New Literary Criticism and the New Testament.* Edited by Edgar V. McKnight and Elizabeth Struthers Malbon. Valley Forge, PA: Trinity Press International; Sheffield, UK: JSOT Press, 1994.

Dornisch, "Symbolic Systems." • Dornisch, Loretta. "Symbolic Systems and the Interpretation of Scripture: An Introduction to the Work of Paul Ricoeur." *Semeia* 4 (1975): 1-26.

Dorries, "Irving and Spirit Baptism." • Dorries, David W. "Edward Irving and the 'Standing Sign' of Spirit Baptism." 41-56 in *Initial Evidence: Historical and Biblical Perspectives on the Pentecostal Doctrine of Spirit Baptism.* Edited by Gary B. McGee. Peabody, MA: Hendrickson, 1991.

Doyle, *Killing.* • Doyle, Tom, with Greg Webster. *Killing Christians: Living the Faith Where It's Not Safe to Believe.* Nashville: Thomas Nelson, 2015.

Drane, John W. "The Religious Background." • 117–25 in *New Testament Interpretation: Essays on Principles and Methods.* Edited by I. Howard Marshall. Grand Rapids: Eerdmans, 1977.

Driver, *Scrolls.* • Driver, G. R. *The Judaean Scrolls: The Problem and a Solution*. Oxford: Blackwell, 1965.

Droogers, "Normalization." • Droogers, André. "The Normalization of Religious Experience: Healing, Prophecy, Dreams, and Visions." 33–49 in *Charismatic Christianity as a Global Culture.* Edited by Karla Poewe. SCR. Columbia: University of South Carolina Press, 1994.

Drury, *Saying.* • Drury, Amanda Hontz. *Saying Is Believing: The Necessity of Testimony in Adolescent Spiritual Development.* Downers Grove, IL: InterVarsity, 2015.

D'Sa, "Dhvani." • D'Sa, Francis X. " 'Dhvani' as a Method of Interpretation." *Biblebhashyam* 5 (4, 1979): 276–94.

Dube, "Search." • Dube, D. "A Search for Abundant Life: Health, Healing, and Wholeness in Zionist Churches." 109–36 in *Afro-Christian Religion and Healing in Southern Africa.* Edited by G. C. Oosthuizen, S. D. Edwards, W. H. Wessels, and I. Hexham. AfSt 8. Lewiston, NY: Edwin Mellen, 1989.

Duhaime, "Voies." • Duhaime, Jean L. "Les voies des deux esprits (*1QS* iv 2–14): Une analyse structurelle." *RevQ* 19 (75, 2000): 349–67.

Duke, *Irony.* • Duke, Paul D. *Irony in the Fourth Gospel.* Atlanta: John Knox, 1985.

Duncan Hoyte, "Plagues." • Duncan Hoyte, H. M. "The Plagues of Egypt: What Killed the Animals and the Firstborn?" *The Medical Journal of Australia* 158 (1993): 706–8.

Dunn, *Acts.* • Dunn, James D. G. *The Acts of the Apostles.* Narrative Commentaries. Valley Forge, PA: Trinity Press International, 1996.

Dunn, *Baptism.* • Dunn, James D. G. *Baptism in the Holy Spirit: A Re-examination of the New Testament Teaching on the Gift of the Spirit in Relation to Pentecostalism Today.* SBT, 2nd ser., 15; London: SCM, 1970.

Dunn, *Jesus and Spirit.* • Dunn, James D. G. *Jesus and the Spirit: A Study of the Religious and Charismatic Experience of Jesus and the First Christians as Reflected in the New Testament.* London: SCM, 1975.

Dunn, "John." • Dunn, James D. G. "Let John Be John: A Gospel for Its Time." 293–322 in *The Gospel and the Gospels.* Edited by Peter Stuhlmacher. Grand Rapids: Eerdmans, 1991.

Dunn, "Justice." • Dunn, James D. G. "The Justice of God: A Renewed Perspective on Justification by Faith." *JTS* 43 (1, 1992): 1–22.

Dunn, *New Perspective.* • Dunn, James D. G. *The New Perspective on Paul.* Rev. ed. Grand Rapids: Eerdmans, 2008. 『바울에 관한 새 관점』(에클레시아북스 역간).

Dunn, "Old Perspective." • Dunn, James D. G. "What's Right about the Old Perspective on Paul." 214–29 in *Studies in the Pauline Epistles: Essays in Honor of Douglas J. Moo.* Edited by Matthew S. Harmon and Jay E. Smith. Grand Rapids: Zondervan, 2014.

Dunn, "Reconstructions." • Dunn, James D. G. "Reconstructions of Corinthian Christianity and the Interpretation of 1 Corinthians." 295–310 in *Christianity at Corinth: The Quest for the Pauline Church.* Edited by Edward Adams and David G. Horrell. Louisville: Westminster

John Knox, 2004.

Dunn, "Role." • Dunn, James D. G. "The Role of the Spirit in Biblical Hermeneutics." 154–59 in *Spirit and Scripture: Exploring a Pneumatic Hermeneutic.* Edited by Kevin L. Spawn and Archie T. Wright. New York: Bloomsbury, 2012.

Dunn, "Synagogue." • Dunn, James D. G. "Did Jesus Attend the Synagogue?" 206–22 in *Jesus and Archaeology.* Edited by James H. Charlesworth. Grand Rapids: Eerdmans, 2006.

Dunn, *Unity.* • Dunn, James D. G. *Unity and Diversity in the New Testament: An Inquiry into the Character of Earliest Christianity.* Louisville: Westminster John Knox, 1984.

Dupont, *Salvation.* • Dupont, Jacques. *The Salvation of the Gentiles: Essays on the Acts of the Apostles.* Translated by John R. Keating. New York: Paulist, 1979.

Dupont-Sommer, *Writings.* • Dupont-Sommer, Andre. *The Essene Writings from Qumran.* Translated by G. Vermes. Oxford: Blackwell, 1961. Repr., Gloucester, MA: Peter Smith, 1973.

Dussel, *History.* • Dussel, Enrique. *A History of the Church in Latin America: Colonialism to Liberation (1492–1979).* Translated by Alan Neely. Grand Rapids: Eerdmans, 1981.

Earman, *Failure.* • Earman, John. *Hume's Abject Failure: The Argument against Miracles.* Oxford: Oxford University Press, 2000.

Ebeling, *Theology.* • Ebeling, Gerhard. *Theology and Proclamation: A Discussion with Rudolf Bultmann.* London: Collins, 1966.

Ebeling, *Word and Faith.* • Ebeling, Gerhard. *Word and Faith.* Philadelphia: Fortress, 1963.

Ecklund, *Science.* • Ecklund, Elaine Howard. *Science vs. Religion: What Scientists Really Think.* Oxford: Oxford University Press, 2010.

Eco, *Reader.* • Eco, Umberto. *The Role of the Reader: Explorations in the Semiotics of Texts.* Bloomington: Indiana University Press, 1979.

Eddy and Boyd, *Legend.* • Eddy, Paul Rhodes, and Gregory A. Boyd. *The Jesus Legend: A Case for the Historical Reliability of the Synoptic Jesus Tradition.* Grand Rapids: Baker Academic, 2007.

Edgar, "Messianic Interpretation." • Edgar, S. L. "The New Testament and Rabbinic Messianic Interpretation." *NTS* 5 (1, 1958): 47–54.

Edwards, *Affections.* • Edwards, Jonathan. *Religious Affections.* Works of Jonathan Edwards. New Haven: Yale University Press, 1959.

Edwards, "Crowns." • Edwards, Laurence L. "Rabbi Akiba's Crowns: Postmodern Discourse and the Cost of Rabbinic Reading." *Judaism* 49 (4, 2000): 417–35.

Edwards, *Galatians.* • Edwards, Mark J., ed. *Galatians, Ephesians, Philippians.* ACCS: New Testament 8. Downers Grove, IL: InterVarsity, 1999.

Edwards, *Marks.* • Edwards, Jonathan. *The Distinguishing Marks of a Work of the Spirit of God.* Works of Jonathan Edwards. New Haven: Yale University Press, 1972.

Edwards, "Parallels." • Edwards, James R. "Parallels and Patterns between Luke and Acts." *BBR* 26 (2016).

Edwards, "Revolution." • Edwards, Mark U., Jr. "After the Revolution: The Beginning of the Reformation Was Not the End of Luther's Troubles." *Christian History* 115 (2015): 50–53.

Efferin, "Paraclete." • Efferin, Henry. "The Paraclete in John 14–16." *Stulos Theological Journal*

1 (2, 1993): 149–56.

Eickelman, *Middle East.* • Eickelman, Dale F. *The Middle East: An Anthropological Approach.* 2nd ed. Englewood Cliffs, NJ: Prentice Hall, 1989.

Eliot, "Tradition." • Eliot, T. S. "Tradition and the Individual Talent." 453–60 in *American Literary Criticism: 1900–1950.* Edited by Charles I. Glicksberg. New York: Hendricks, 1952.

Ellin, "Again." • Ellin, Joseph. "Again: Hume on Miracles." *HumSt* 19 (1, April 1993): 203–12.

Ellington, "Authority." • Ellington, Scott A. "Pentecostalism and the Authority of Scripture." 149–70 in *Pentecostal Hermeneutics: A Reader.* Edited by Lee Roy Martin. Leiden: Brill, 2013.

Ellington, "Locating." • Ellington, Scott A. "Locating Pentecostals at the Hermeneutical Round Table." *JPT* 22 (2, 2013): 206–25.

Elliott, *Arrogance.* • Elliott, Neil. *The Arrogance of Nations: Reading Romans in the Shadow of Empire.* Paul in Critical Contexts. Minneapolis: Fortress, 2008.

Elliott, *Feelings.* • Elliott, Matthew. *Faithful Feelings: Emotion in the New Testament.* Leicester, UK: Inter-Varsity, 2005.

Ellis, *Old Testament.* • Ellis, E. E. *The Old Testament in Early Christianity.* Grand Rapids: Baker, 1992.

Ellison et al., "Involvement." • Ellison, Christopher G., R. A. Hummer, et al. "Religious Involvement and Mortality Risk among African American Adults." *ResAg* 22 (6, 2000): 630–67.

Eng et al., "Ties." • Eng, P. M., E. B. Rimm, G. Fitzmaurice, and I. Kawachi. "Social Ties and Change in Social Ties in Relation to Subsequent Total and Cause-Specific Mortality and Coronary Heart Disease Incidence in Men." *AmJEpid* 155 (2002): 700–709.

England, "Criticism." • England, F. "Mapping Postcolonial Biblical Criticism in South Africa." *Neotestamentica* 38 (1, 2004): 88–99.

Ervin, "Hermeneutics." • Ervin, Howard M. "Hermeneutics: A Pentecostal Option." 23–35 in *Essays on Apostolic Themes: Studies in Honor of Howard M. Ervin.* Edited by Paul Elbert. Peabody, MA: Hendrickson, 1985.

Ervin, "Hermeneutics" (*Pneuma* version). • Ervin, Howard M. "Hermeneutics: A Pentecostal Option." *Pneuma* 3 (2, 1981): 11–25.

Escobar, *Tides.* • Escobar, Samuel. *Changing Tides: Latin America and World Mission Today.* AmSocMissMonS 31. Maryknoll, NY: Orbis, 2002.

Eskridge, *Family.* • Eskridge, Larry. *God's Forever Family: The Jesus People Movement in America.* Oxford: Oxford University Press, 2013.

Espinosa, "Contributions." • Espinosa, Gastón. " 'The Holy Ghost Is Here on Earth?': The Latino Contributions to the Azusa Street Revival." *Enr* 11 (2, Spring 2006): 118–25.

Espinosa, "Healing in Borderlands." • Espinosa, Gastón. "Latino Pentecostal Healing in the North American Borderlands." 129–49 in *Global Pentecostal and Charismatic Healing.* Edited by Candy Gunther Brown. Foreword by Harvey Cox. Oxford: Oxford University Press, 2011.

Espinoza, *"Pia Desideria."* • Espinoza, Benjamin D. "*Pia Desideria* Reimagined for Contemporary Theological Education." *Asbury Journal* 70 (1, 2015): 140–56.

Estrada, "Hermeneutic." • Estrada, Rodolfo Galvan. "Is a Contextualized Hermeneutic the Future of Pentecostal Readings? The Implications of a Pentecostal Hermeneutic for a Chicano/Latino Community." *Pneuma* 37 (3, 2015): 341–55.

Evans, "Judgment." • Evans, C. Stephen. "Critical Historical Judgment and Biblical Faith." *FPhil* 11 (2, April 1994): 184–206.

Evans, *Narrative.* • Evans, C. Stephen. *The Historical Christ and the Jesus of Faith: The Incarnational Narrative as History.* Oxford: Clarendon, 1996.

Evans, "Naturalism." • Evans, C. Stephen. "Methodological Naturalism in Historical Biblical Scholarship." 180–205 in *Jesus and the Restoration of Israel: A Critical Assessment of N. T. Wright's* Jesus and the Victory of God. Edited by Carey C. Newman. Downers Grove, IL: InterVarsity, 1999.

Evans, *Texts.* • Evans, Craig A. *Ancient Texts for New Testament Studies: A Guide to the Background Literature.* Peabody, MA: Hendrickson, 2005.

Evans, *Wycliffe.* • Evans, G. R. *John Wycliffe: Myth and Reality.* Downers Grove, IL: IVP Academic, 2005.

Evans and Sanders, *Luke and Scripture.* • Evans, Craig A., and James A. Sanders. *Luke and Scripture: The Function of Sacred Tradition in Luke-Acts.* Minneapolis: Fortress, 1993.

Evans and Tov, *Exploring.* • Evans, Craig A., and Emmanuel Tov, eds. *Exploring the Origins of the Bible: Canon Formation in Historical, Literary, and Theological Perspective.* Grand Rapids: Baker Academic, 2008.

Everts, "Exorcist." • Everts, William W. "Jesus Christ, No Exorcist." *BSac* 81 (323, July 1924): 355–62.

Eya, "Healing." • Eya, Regina. "Healing and Exorcism: The Psychological Aspects." 44–54 in *Healing and Exorcism: The Nigerian Experience.* Proceedings, Lectures, Discussions, and Conclusions of the First Missiology Symposium on Healing and Exorcism, organized by the Spiritan International School of Theology, Attakwu, Enugu, May 18–20, 1989. Edited by Chris U. Manus, Luke N. Mbefo, and E. E. Uzukwu. Attakwu, Enugu: Spiritan International School of Theology, 1992.

Faupel, *Everlasting Gospel.* • Faupel, David William. *The Everlasting Gospel: The Significance of Eschatology in the Development of Pentecostal Thought.* JPTSup 10. Sheffield: Sheffield Academic Press, 1996.

Fee, *Gospel.* • Fee, Gordon D. *Gospel and Spirit: Issues in New Testament Hermeneutics.* Peabody, MA: Hendrickson, 1991.

Fee, "Historical Precedent." • Fee, Gordon D. "Hermeneutics and the Historical Precedent: A Major Problem in Pentecostal Hermeneutics." 118–32 in *Perspectives on the New Pentecostalism.* Edited by Russell P. Spittler. Grand Rapids: Baker, 1976.

Fee, *Listening.* • Fee, Gordon D. *Listening to the Spirit in the Text.* Grand Rapids: Eerdmans, 2000.

Fee, *Revelation.* • Fee, Gordon D. *Revelation.* New Covenant Commentary Series. Eugene, OR:

Cascade, 2011.

Fee and Stuart, *Worth.* • Fee, Gordon D., and Douglas Stuart. *How to Read the Bible for All Its Worth: A Guide to Understanding the Bible*. 2nd ed. Grand Rapids: Zondervan, 1993. 『성경을 어떻게 읽을 것인가』(성서유니온선교회 역간).

Fern, "Critique." • Fern, Richard L. "Hume's Critique of Miracles: An Irrelevant Triumph." *RelS* 18 (3, 1982): 337–54.

Finger, *Meals.* • Finger, Reta Halteman. *Of Widows and Meals: Communal Meals in the Book of Acts.* Grand Rapids: Eerdmans, 2007.

Finlay, *Columba.* • Finlay, Ian. *Columba.* London: Victor Gollancz, 1979.

Fiorenza, "Hermeneutics." • Fiorenza, Elisabeth Schussler. "Toward a Feminist Biblical Hermeneutics: Biblical Interpretation and Liberation Theology." 358–81 in *A Guide to Contemporary Hermeneutics: Major Trends in Biblical Interpretation.* Edited by Donald K. McKim. Grand Rapids: Eerdmans, 1986.

Firth, "Foreword." • Firth, Raymond. "Foreword." ix–iv in *Spirit Mediumship and Society in Africa.* Edited by John Beattie and John Middleton. Foreword by Raymond Firth. New York: Africana Publishing Corporation, 1969.

Fish, "Condemnation." • Fish, Stanley. "Condemnation without Absolutes." *New York Times,* October 15, 2001, A19.

Fitzgerald, "Miracles." • Fitzgerald, Paul. "Miracles." *PhilFor* 17 (1, Fall 1985): 48–64.

Fitzmyer, *Acts.* • Fitzmyer, Joseph A. *The Acts of the Apostles: A New Translation with Introduction and Commentary.* AB 31. New York: Doubleday, 1998. 『사도행전 주해』(분도출판사 역간).

Fitzpatrick, "Carneades." • Fitzpatrick, Matthew P. "Carneades and the Conceit of Rome: Transhistorical Approaches to Imperialism." *Greece & Rome* 57 (1, 2010): 1–20.

Flemming, *Contextualization.* • Flemming, Dean. *Contextualization in the New Testament: Patterns for Theology and Mission.* Downers Grove, IL: InterVarsity, 2005.

Flender, *Theologian.* • Flender, Helmut. *St Luke: Theologian of Redemptive History.* Translated by Reginald H. Fuller and Ilse Fuller. London: SPCK, 1967.

Fogarty, "Hermeneutic." • Fogarty, Stephen. "Toward a Pentecostal Hermeneutic." *Pentecostal Charismatic Bible Colleges Journal* 5 (2, Aug. 2001), 11 pages, at http://webjournals.ac.edu.au/journals/PCBC/vol5-no2/toward-a-pentecostal-hermeneutic/.

Föller, "Luther on Miracles." • Föller, Oskar. "Martin Luther on Miracles, Healing, Prophecy, and Tongues." *SHE* 31 (2, October 2005): 333–51.

Force, "Dominion." • Force, James E. "Newton's God of Dominion: The Unity of Newton's Theological, Scientific, and Political Thought." 75–102 in James E. Force and Richard H. Popkin, *Essays on the Context, Nature, and Influence of Isaac Newton's Theology.* IntArHistI 129. Dordrecht: Kluwer Academic, 1990.

Fornara, *Nature of History.* • Fornara, C. W. *The Nature of History in Ancient Greece and Rome.* Berkeley: University of California Press, 1983.

Forrester, "Pentecost." • Forrester, Duncan B. "The Perennial Pentecost." *ExpT* 116 (7, 2005): 224–27.

Forstman, *Word and Spirit.* • Forstman, H. Jackson. *Word and Spirit: Calvin's Doctrine of Bibli-*

cal Authority. Stanford: Stanford University Press, 1962.

Foskett, *Interpreting.* • Foskett, Mary F. *Interpreting the Bible.* Philadelphia: Fortress, 2009.

Foucault, "Author." • Foucault, Michel. "What Is an Author?" 101–20 in *The Foucault Reader.* Edited by Paul Rabinow. New York: Pantheon, 1984.

Fowler, "Reader." • Fowler, Robert M. "Who Is 'the Reader' in Reader Response Criticism?" *Semeia* 31 (1985): 5–23.

Frank, *Persuasion.* • Frank, Jerome D. *Persuasion and Healing: A Comparative Study of Psychotherapy.* Baltimore: Johns Hopkins University Press, 1961.

Frankenberry, *Faith.* • Frankenberry, Nancy K. *The Faith of Scientists in Their Words.* Princeton: Princeton University Press, 2008.

Fraser and Kilgore, *Friends.* • Fraser, Elouise Renich, and Louis A. Kilgore. *Making Friends with the Bible.* Foreword by Dorothy Jean Weaver. Scottsdale, PA: Herald, 1994.

Frei, *Eclipse.* • Frei, Hans W. *The Eclipse of Biblical Narrative: A Study in Eighteenth-and Nineteenth-Century Hermeneutics.* New Haven: Yale University Press, 1974.

Fretheim, "Plagues." • Fretheim, Terence E. "The Plagues as Ecological Signs of Historical Disaster." *JBL* 110 (1991): 385–96.

Friedman, "Israel's Response." • Friedman, Mordechai A. "Israel's Response in Hosea 2:17b: 'You Are My Husband.'" *JBL* 99 (2, June 1980): 199–204.

Froehlich, "Hermeneutics." • Froehlich, Karlfried. "Biblical Hermeneutics on the Move." 175–91 in *A Guide to Contemporary Hermeneutics: Major Trends in Biblical Interpretation.* Edited by Donald K. McKim. Grand Rapids: Eerdmans, 1986.

Frykenberg, *Christianity in India.* • Frykenberg, Robert Eric. *Christianity in India: From Beginnings to the Present.* OHCC. New York, Oxford: Oxford University Press, 2010.

Fuchs, *Hermeneutik.* • Fuchs, Ernst. *Hermeneutik.* 4th ed. Tubingen: J. C. B. Mohr, 1970.

Fuchs, "Proclamation." • Fuchs, Ernst. "Proclamation and Speech-Event." *Theology Today* 19(3, October 1962): 341–54.

Fuchs, *Studies.* • Fuchs, Ernst. *Studies of the Historical Jesus.* London: SCM, 1964.

Fuchs, "Techniques." • Fuchs, Stephen. "Magic Healing Techniques among the Balahis in Central India." 121–38 in *Magic, Faith, and Healing: Studies in Primitive Psychiatry Today.* Edited by Ari Kiev. Foreword by Jerome D. Frank. New York: Free Press, 1964.

Fuller, "Analogy." • Fuller, Daniel. "Biblical Theology and the Analogy of Faith." 195–213 in *Unity and Diversity in New Testament Theology: Essays in Honor of George E. Ladd.* Edited by Robert A. Guelich. Grand Rapids: Eerdmans, 1978.

Fuller, "Classics." • Fuller, Reginald H. "Classics and the Gospels: The Seminar." 173–92 in *The Relationships among the Gospels: An Interdisciplinary Dialogue.* Edited by William O. Walker Jr. San Antonio: Trinity University Press, 1978.

Gadamer, *Truth.* • Gadamer, Hans-Georg. *Truth and Method.* Translated by Garrett Barden and John Cumming. New York: Crossroad, 1988. 『진리와 방법 1·2』(문학동네 역간).

Galinsky, "Cult." • Galinsky, Karl. "The Cult of the Roman Emperor: Uniter or Divider?" 1–21 in *Rome and Religion: A Cross-disciplinary Dialogue on the Imperial Cult.* Edited by Jeffrey Brodd and Jonathan L. Reed. Atlanta: Society of Biblical Literature, 2011.

Gane, "Leviticus." • Gane, Roy E. "Leviticus." 284–337 in vol. 1 of *Zondervan Illustrated Bible Backgrounds Commentary: Old Testament.* Edited by John Walton. 5 vols. Grand Rapids: Zondervan, 2009.

Gardner, "Miracles." • Gardner, Rex. "Miracles of Healing in Anglo-Celtic Northumbria as Recorded by the Venerable Bede and His Contemporaries: A Reappraisal in the Light of Twentieth-Century Experience." *BMedJ* 287 (December 24–31, 1983): 1927–33.

Gartner, "Synkrisis." • Gartner, Hans Armin. "Synkrisis." 14:28 in *BrillPauly.*

Gaster, *Scriptures.* • Gaster, Theodor H. *The Dead Sea Scriptures.* Garden City, NY: Doubleday, 1976.

Geerlof, "Augustine and Pentecostals." • Geerlof, Derek M. "Augustine and Pentecostals: Building a Hermeneutical Bridge between Past and Present Experience in the Psalms." *Pneuma* 37 (2, 2015): 262–80.

Geivett and Habermas, "Introduction." • Geivett, R. Douglas, and Gary R. Habermas. "Introduction." 9–26 in *In Defense of Miracles: A Comprehensive Case for God's Action in History.* Edited by R. Douglas Geivett and Gary R. Habermas. Downers Grove, IL: InterVarsity, 1997.

Geivett and Pivec, *New Apostolic Reformation.* • Geivett, R. Douglas, and Holly Pivec. *A New Apostolic Reformation: A Biblical Response to a Worldwide Movement.* Wooster, OH: Weaver Book Company, 2014.

George, "Introduction." • George, Timothy. "General Introduction." ix–xxiv in *Galatians, Ephesians.* Edited by Gerald Bray. Reformation Commentary on Scripture, New Testament 10. Downers Grove, IL: IVP Academic, 2011.

Gerhart, "Generic Studies." • Gerhart, Mary. "Generic Studies: Their Renewed Importance in Religious and Literary Interpretation." *JAAR* 45 (3, September 1977): 309–25.

Gerhart, "Notion." • Gerhart, Mary. "Paul Ricoeur's Notion of 'Diagnostics': Its Function in Literary Interpretation." *JR* 56 (1976): 137–56.

Gerhart and Russell, "Mathematics." • Gerhart, Mary, and Allan Melvin Russell. "Mathematics, Empirical Science, and Religion." 121–29 in *Religion and Science: History, Method, Dialogue.* Edited by W. Mark Richardson and Wesley J. Wildman. Foreword by Ian G. Barbour. New York: Routledge, 1996.

Gillespie, "Authority." • Gillespie, Thomas W. "Biblical Authority and Interpretation: The Current Debate on Hermeneutics." 192–219 in *A Guide to Contemporary Hermeneutics: Major Trends in Biblical Interpretation.* Edited by Donald K. McKim. Grand Rapids: Eerdmans, 1986.

Gilmore, "Shame." • Gilmore, David D. "Introduction: The Shame of Dishonor." 2–21 in *Honor and Shame and the Unity of the Mediterranean.* Edited by David D. Gilmore. AAAM 22. Washington, DC: American Anthropological Association, 1987.

Ginsburg, *Kabbalah.* • Ginsburg, Christian D. *The Essenes: Their History and Doctrines; The Kabbalah: Its Doctrines, Development, and Literature.* London: Routledge & Kegan Paul, 1955. (The Kabbalah section is a reprint from 1863; that on the Essenes, from 1864.)

Glad, "Adaptability." • Glad, Clarence E. "Paul and Adaptability." 17–41 in *Paul in the Gre-*

co-Roman World: A Handbook. Edited by J. Paul Sampley. Harrisburg, PA: Trinity Press International, 2003.

Glasson, *Advent.* • Glasson, T. Francis. *The Second Advent: The Origin of the New Testament Doctrine.* 3rd rev. ed. London: Epworth, 1963.

Gleason, "Letter." • Gleason, Randall C. " 'Letter' and 'Spirit' in Luther's Hermeneutics." *Bibliotheca Sacra* 157 (628, 2000): 468–85.

"God's Wonderful Working." • "God's Wonderful Working." *Christian History* 23 (1989): 12–18.

Goff, *Fields.* • Goff, James R., Jr. *Fields White unto Harvest: Charles F. Parham and the Missionary Origins of Pentecostalism.* Fayetteville: University of Arkansas Press, 1988.

Goff, "Theology of Parham." • Goff, James R., Jr. "Initial Tongues in the Theology of Charles Fox Parham." 57–71 in *Initial Evidence: Historical and Biblical Perspectives on the Pentecostal Doctrine of Spirit Baptism.* Edited by Gary B. McGee. Peabody, MA: Hendrickson, 1991.

González, *Acts.* • González, Justo L. *Acts: The Gospel of the Spirit.* Maryknoll, NY: Orbis, 2001.

González, *Months.* • González, Justo L. *Three Months with the Spirit.* Nashville: Abingdon, 2003.

González, *Tribe.* • González, Justo L. *Out of Every Tribe and Nation: Christian Theology at the Ethnic Roundtable.* Nashville: Abingdon, 1992.

Gordon, *Common Background.* • Gordon, Cyrus H. *The Common Background of Greek and Hebrew Civilizations.* New York: W. W. Norton, 1965.

Gordon, *Near East.* • Gordon, Cyrus H. *The Ancient Near East.* New York: W. W. Norton, 1965.

Gorsuch, "Limits." • Gorsuch, Richard L. "On the Limits of Scientific Investigation: Miracles and Intercessory Prayer." 280–99 in *Religious and Spiritual Events.* Vol. 1 in *Miracles: God, Science, and Psychology in the Paranormal.* Edited by J. Harold Ellens. Westport, CT; London: Praeger, 2008.

Goulder, *Type and History.* • Goulder, Michael D. *Type and History in Acts.* London: SPCK, 1964.

Granit, "Attitude." • Granit, Ragnar. "I Have a Religious Attitude toward the Unknown." 177–78 in *Cosmos, Bios, and Theos: Scientists Reflect on Science, God, and the Origins of the Universe, Life, and* Homo Sapiens. Edited by Henry Margenau and Roy Abraham Varghese. La Salle, IL: Open Court, 1992.

Grant, "Ambiguity." • Grant, Colleen C. "Ambiguity in an Ambiguous Gospel." *Journal of Theology* 103 (1999): 1–15.

Grant, *Gnosticism.* • Grant, Robert M. *Gnosticism and Early Christianity.* 2nd ed. New York: Columbia University Press, 1966.

Grant and Tracy, *History.* • Grant, Robert M., and David Tracy. *A Short History of the Interpretation of the Bible.* 2nd rev. ed. Philadelphia: Fortress, 1984.

Graves, *Inspiration.* • Graves, Michael. *The Inspiration and Interpretation of Scripture: What the Early Church Can Teach Us.* Grand Rapids: Eerdmans, 2014.

Graves, "Reading." • Graves, Michael. "The Public Reading of Scripture in Early Judaism." *JETS* 50 (3, 2007): 467–87.

Graves, *Strangers.* • Graves, Robert W., ed. *Strangers to Fire: When Tradition Trumps Scripture.* Foreword by J. Lee Grady. Woodstock, GA: The Foundation for Pentecostal Scholarship, 2014.

Gray, "Ugarit." • Gray, J. "Ugarit." 145–67 in *Archaeology and Old Testament Study.* Edited by D. Winton Thomas. Oxford: Clarendon, 1967.

Green, "Booth's Theology." • Green, Roger J. "William Booth's Theology of Redemption." *Christian History* 26 (1990): 27–30.

Green, "Interpretation." • Green, Gene L. "Relevance Theory and Biblical Interpretation." 217–40 in *The Linguist as Pedagogue: Trends in Teaching and Linguistic Analysis of the New Testament.* Edited by Stanley E. Porter and Matthew Brook O'Donnell. NTMon. Sheffield: Sheffield Phoenix, 2009.

Green, *Practicing Theological Interpretation.* • Green, Joel B. *Practicing Theological Interpretation: Engaging Biblical Texts for Faith and Formation.* Grand Rapids: Baker Academic, 2011.

Green, "Pragmatics." • Green, Gene L. "Lexical Pragmatics and Biblical Interpretation." *JETS* 50 (4, 2007): 799–812.

Green, "Relevance Theory." • Green, Gene L. "Relevance Theory and Theological Interpretation: Thoughts on Metarepresentation." *Journal of Theological Interpretation* 4 (2010): 75–90.

Green, "Repetition." • Green, Joel B. "Internal Repetition in Luke-Acts: Contemporary Narratology and Lucan Historiography." 283–99 in *History, Literature, and Society in the Book of Acts.* Edited by Ben Witherington III. Cambridge: Cambridge University Press, 1996.

Green, "Response." • Green, Gene. "A Response to the Postcolonial Roundtable: Promises, Problems and Prospects." 19–28 in *Evangelical Postcolonial Conversations: Global Awakenings in Theology and Practice.* Edited by Kay Higuera Smith, Jayachitra Lalitha, and L. Daniel Hawk. Downers Grove, IL: IVP Academic, 2014.

Green, *Seized.* • Green, Joel B. *Seized by Truth: Reading the Bible as Scripture.* Nashville: Abingdon, 2007.

Green, *Theology.* • Green, Chris E. W. *Toward a Pentecostal Theology of the Lord's Supper: Foretasting the Kingdom.* Cleveland, TN: CPT Press, 2012.

Green and McDonald, *World.* • Green, Joel B., and Lee Martin McDonald, eds. *The World of the New Testament: Cultural, Social, and Historical Contexts.* Grand Rapids: Baker Academic, 2013.

Green and Turner, *Horizons.* • Green, Joel B., and Max Turner, eds. *Between Two Horizons: Spanning New Testament Studies and Systematic Theology.* Grand Rapids: Eerdmans, 2000.

Gregory, "Secular Bias." • Gregory, Brad S. "The Other Confessional History: On Secular Bias in the Study of Religion." *HistTh,* theme issue, 45 (4, December 2006): 132–49.

Grenz, *Renewing.* • Grenz, Stanley L. *Renewing the Center: Evangelical Theology in a Post-Theological Era.* 2nd ed. Grand Rapids: Baker, 2006.

Grey, *Crowd.* • Grey, Jacqueline. *Three's a Crowd: Pentecostalism, Hermeneutics, and the Old Testament.* Eugene, OR: Pickwick, 2011.

Grindal, "Heart." • Grindal, Bruce T. "Into the Heart of Sisala Experience: Witnessing Death

Divination." *JAnthRes* 39 (1983): 60–80.

Gritsch, "Reformer." • Gritsch, Eric W. "The Unrefined Reformer." *Christian History* 39 (1993): 35–37.

Gross, *Preach.* • Gross, Nancy Lammers. *If You Cannot Preach Like Paul*...Grand Rapids: Eerdmans, 2002.

Grunlan and Mayers, *Cultural Anthropology.* • Grunlan, Stephen A., and Marvin K. Mayers. *Cultural Anthropology: A Christian Perspective.* Grand Rapids: Zondervan, 1979.

Gundry, "Hearing." • Gundry, Robert H. "Richard A. Horsley's Hearing the Whole Story: A Critical Review of Its Postcolonial Slant." *JSNT* 26 (2, 2003): 131–49.

Gundry, *Use.* • Gundry, Robert H. *The Use of the Old Testament in St. Matthew's Gospel: With Special Reference to the Messianic Hope.* NovTSup 18. Leiden: Brill, 1975.

Gurney, *Hittites.* • Gurney, O. R. *The Hittites.* Baltimore: Penguin, 1972.

Gutt, *Relevance Theory.* • Gutt, Ernst-August. *Relevance Theory: A Guide to Successful Communication in Translation.* Dallas: Summer Institute of Linguistics; New York: United Bible Societies, 1992.

Gutting, *Paradigms*. • Gutting, Gary, ed. *Paradigms and Revolutions: Appraisals and Applications of Thomas Kuhn's Philosophy of Science.* Notre Dame, IN: University of Notre Dame Press, 1980.

Hafemann, "Yaein." • Hafemann, Scott. "Yaein: Yes and No to Luther's Reading of Galatians 3:6–14." 117–31 in *Galatians and Christian Theology: Justification, the Gospel, and Ethics in Paul's Letter.* Edited by Mark W. Elliott et al. Grand Rapids: Baker Academic, 2014.

Hagin, *Authority of the Believer.* • Hagin, Kenneth E. *Authority of the Believer.* Tulsa, OK: Kenneth Hagin Ministries, 1975.

Hagin, *Don't Blame God.* • Hagin, Kenneth E. *Don't Blame God.* Tulsa, OK: Kenneth Hagin Ministries, 1979.

Hagin, *Led By the Spirit.* • Hagin, Kenneth E. *How You Can Be Led By the Spirit of God.* Tulsa, OK: Kenneth Hagin Ministries, 1978.

Hagin, *Matter of a Mate.* • Hagin, Kenneth E. *On the Matter of a Mate.* Tulsa, OK: Kenneth Hagin Ministries, n.d.

Hagin, *Midas Touch.* • Hagin, Kenneth E. *The Midas Touch: A Balanced Approach to Biblical Prosperity.* Tulsa: Faith Library Publications, 2000.

Hagin, *Ministering.* • Hagin, Kenneth E. *Ministering to the Oppressed.* Tulsa, OK: Kenneth Hagin Ministries, 1978.

Hagin, *Name of Jesus.* • Hagin, Kenneth E. *The Name of Jesus.* Tulsa, OK: Kenneth Hagin Ministries, 1979. 『케네스 해긴의 예수의 놀라운 이름』(베다니출판사 역간).

Hagin, *New Thresholds of Faith.* • Hagin, Kenneth E. *New Thresholds of Faith.* Tulsa, OK: Kenneth Hagin Ministries, 1981.

Hagin, *Prayer Secrets.* • Hagin, Kenneth E. *Prayer Secrets.* Tulsa, OK: Kenneth Hagin Ministries, n.d.

Hagin, *Present Day Ministry.* • Hagin, Kenneth E. *Present Day Ministry of Jesus Christ.* Tulsa, OK: Kenneth Hagin Ministries, n.d.

Hagin, *Prevailing Prayer.* • Hagin, Kenneth E. *Prevailing Prayer to Peace.* Tulsa, OK: Rhema Bible Church; Kenneth Hagin Ministries, n.d.

Hagin, *Redeemed.* • Hagin, Kenneth E. *Redeemed from Poverty, Sickness, Death.* Tulsa, OK: Rhema Bible Church; Kenneth Hagin Ministries, 1983.

Hagin, *Ticket.* • Hagin, Kenneth E. *How to Write Your Own Ticket with God.* Tulsa, OK: Rhema Bible Church, 1979.

Hagin, *Visions.* • Hagin, Kenneth E. *I Believe in Visions.* Old Tappan, NJ: Fleming H. Revell, 1972.

Hagin, *What Faith Is.* • Hagin, Kenneth E. *What Faith Is.* Tulsa, OK: Kenneth Hagin Ministries, 1978.

Hagin, *Zoe.* • Hagin, Kenneth E. *Zoe: The God Kind of Life.* Tulsa, OK: Kenneth Hagin Ministries, 1981.

Hagin Jr., *Faith Worketh by Love.* • Hagin, Kenneth, Jr. *Faith Worketh by Love.* Tulsa, OK: Kenneth Hagin Ministries, 1979.

Hagin Jr., *Itching Ears.* • Hagin, Kenneth, Jr. *Itching Ears.* Tulsa, OK: Rhema Bible Church, 1982.

Hahn, *Kinship*. • Hahn, Scott. *Kinship by Covenant: A Canonical Approach to the Fulfillment of God's Saving Promises.* New Haven: Yale University Press, 2009.

Hair, "Witches." • Hair, P. E. H. "Heretics, Slaves, and Witches—as Seen by Guinea Jesuits c. 1610." *JRelAf* 28 (2, 1998): 131–44.

Hall, "Attendance." • Hall, Daniel E. "Religious Attendance: More Cost-Effective Than Lipitor?" *JABFM* 19 (2, March 2006): 103–9.

Hall, *Reading.* • Hall, Christopher A. *Reading Scripture with the Church Fathers.* Downers Grove, IL: InterVarsity, 1998.

Halpern, *Historians.* • Halpern, Baruch. *The First Historians: The Hebrew Bible and History.* San Francisco: Harper & Row, 1988.

Hambourger, "Belief." • Hambourger, Robert. "Belief in Miracles and Hume's Essay." *Nous* 14 (1980): 587–604.

Hanciles, *Beyond Christendom.* • Hanciles, Jehu J. *Beyond Christendom: Globalization, African Migration, and the Transformation of the West.* Maryknoll, NY: Orbis, 2008.

Hanciles, "Conversion." • Hanciles, Jehu J. "Conversion and Social Change: A Review of the 'Unfinished Task' in West Africa." 157–80 in *Christianity Reborn: The Global Expansion of Evangelicalism in the Twentieth Century.* Edited by Donald M. Lewis. SHCM. Grand Rapids: Eerdmans, 2004.

Haran, "Image." • Haran, Menahem. "The Priestly Image of the Tabernacle." *HUCA* 36 (1965): 191–226.

Hardesty, *Women.* • Hardesty, Nancy A. *Women Called to Witness: Evangelical Feminism in the 19th Century.* Nashville: Abingdon, 1984.

Harmon, "Allegory." • Harmon, Matthew S. "Allegory, Typology, or Something Else? Revisiting Galatians 4:21–5:1." 144–58 in *Studies in the Pauline Epistles: Essays in Honor of Douglas J. Moo.* Edited by Matthew S. Harmon and Jay E. Smith. Grand Rapids: Zondervan, 2014.

Harms, *Paradigms.* • Harms, Richard B. *Paradigms from Luke-Acts for Multicultural Communities.* AUSt, series 7, Theology and Religion 216. New York, Bern: Lang, 2001.

Harrell, *Possible.* • Harrell, David Edwin, Jr. *All Things Are Possible: The Healing and Charismatic Revivals in Modern America.* Bloomington: Indiana University Press, 1975.

Harries, "Worldview." • Harries, Jim. "The Magical Worldview in the African Church: What Is Going On?" *Missiology* 28 (4, 2000): 487–502.

Harrington, *Interpreting.* • Harrington, Daniel J. *Interpreting the New Testament: A Practical Guide.* New Testament Message. Wilmington, DE: Michael Glazier, 1979.

Harrison, *Introduction.* • Harrison, Roland K. *Introduction to the Old Testament.* Grand Rapids: Eerdmans, 1969.

Harrison, *Overwhelmed.* • Harrison, Randall A. *Overwhelmed by the Spirit: A Biblical Study on Discovering the Spirit.* N.p.: Entrust Publications, 2013.

Harrison and Yamauchi, "Clothing." • Harrison, R. K., and Edwin M. Yamauchi. "Clothing." 322–36 in *Dictionary of Daily Life in Biblical and Post-Biblical Antiquity.* Edited by Edwin M. Yamauchi and Marvin R. Wilson. 3 vols. Vol. 1: A–Da. Peabody, MA: Hendrickson, 2014.

Hart, *Delusions.* • Hart, David Bentley. *Atheist Delusions: The Christian Revolution and Its Fashionable Enemies.* New Haven: Yale University Press, 2009.

Hasel, *New Testament Theology.* • Hasel, Gerhard F. *New Testament Theology: Basic Issues in the Current Debate.* Grand Rapids: Eerdmans, 1978. 『현대신약신학의 동향』(대한기독교출판사 역간).

Hasitschka, "Anmerkungen." • Hasitschka, Marin. "Sozialgeschichtliche Anmerkungen zum Johannesevangelium." *Protokolle zur Bibel* 1 (1, 1992): 59–67.

Haskell, *Objectivity.* • Haskell, Thomas L. *Objectivity Is Not Neutrality: Explanatory Schemes in History.* Baltimore: Johns Hopkins University Press, 1998.

Hastings, *Edwards and Life of God.* • Hastings, Ross. *Jonathan Edwards and the Life of God: Toward an Evangelical Theology of Participation.* Minneapolis: Fortress, 2015.

Hauerwas, *Unleashing.* • Hauerwas, Stanley. *Unleashing the Scripture: Freeing the Bible from Captivity to America.* Nashville: Abingdon, 1993.

Hauerwas and Jones, *Narrative.* • Hauerwas, Stanley, and L. Gregory Jones, eds. *Why Narrative? Readings in Narrative Theology.* Grand Rapids: Eerdmans, 1989.

Hawk and Twiss, "Indian." • Hawk, L. Daniel, and Richard L. Twiss. "From Good: 'The Only Good Indian Is a Dead Indian' to Better: 'Kill the Indian and Save the Man' to Best: 'Old Things Pass Away and All Things Become White!': An American Hermeneutic of Colonization." 47–60 in *Evangelical Postcolonial Conversations: Global Awakenings in Theology and Practice.* Edited by Kay Higuera Smith, Jayachitra Lalitha, and L. Daniel Hawk. Downers Grove, IL: IVP Academic, 2014.

Hay, "Extremism." • Hay, David M. "Putting Extremism in Context: The Case of Philo, *De Migratione* 89–93." *Studia Philonica Annual* 9 (1997): 126–42.

Haya-Prats, *Believers.* • Haya-Prats, Gonzalo. *Empowered Believers: The Holy Spirit in the Book of Acts.* Edited by Paul Elbert. Translated by Scott A. Ellington. Eugene, OR: Cascade, 2011.

Hayden, "Walk." • Hayden, Roger. "To Walk in All His Ways." *Christian History* 4 (2, 1985):

7 – 9, 35.

Hayes, "Responses." • Hayes, Stephen. "Christian Responses to Witchcraft and Sorcery." *Missionalia* 23 (3, 1995): 339 – 54.

Hays, *Conversion.* • Hays, Richard B. *The Conversion of the Imagination: Paul as Interpreter of Israel's Scripture.* Grand Rapids: Eerdmans, 2005.

Hays, *Echoes.* • Hays, Richard B. *Echoes of Scripture in the Letters of Paul.* New Haven: Yale University Press, 1989. 『바울서신에 나타난 구약의 반향』(여수룬 역간).

Hays, *First Corinthians.* • Hays, Richard B. *First Corinthians.* IBC. Louisville: John Knox, 1997. 『현대성서주석 고린도전서』(한국장로교출판사 역간).

Hays, *Reading Backwards.* • Hays, Richard B. *Reading Backwards: Figural Christology and the Fourfold Gospel Witness.* Waco: Baylor University Press, 2014.

Head, "Nazi Quest." • Head, Peter M. "The Nazi Quest for an Aryan Jesus." *JSHJ* 2 (1, 2004): 55 – 89.

Heaney, "Conversion." • Heaney, Robert S. "Conversion to Coloniality: Avoiding the Colonization of Method." *IntRevMiss* 97 (384 – 385, January 2008): 65 – 77.

Hedgespeth, "Power." • Hedgespeth, Joanne. "The Healing Power of the Will to Live." 235 – 48 in *Medical and Therapeutic Events.* Vol. 2 of *Miracles: God, Science, and Psychology in the Paranormal.* Edited by J. Harold Ellens. Westport, CT; London: Praeger, 2008.

Hefley and Hefley, *Blood.* • Hefley, James, and Marti Hefley. *By Their Blood: Christian Martyrs of the Twentieth Century.* 2nd ed. Grand Rapids: Baker, 1996.

Heinze, "Introduction." • Heinze, Ruth-Inge. "Introduction." 1 – 18 in *Proceedings of the Fourth International Conference on the Study of Shamanism and Alternate Modes of Healing, Held at the St. Sabina Center, San Rafael, California, September 5–7, 1987.* Edited by Ruth-Inge Heinze. N.p.: Independent Scholars of Asia; Madison, WI: A-R Editions, 1988.

Helm, "Miraculous." • Helm, Paul. "The Miraculous." *ScChrB* 3 (1, 1991): 83 – 95.

Helm et al., "Activity." • Helm, Hughes M., Judith C. Hays, Elizabeth P. Flint, Harold G. Koenig, and Dan G. Blazer. "Does Private Religious Activity Prolong Survival? A Six-Year Follow-up Study of 3,851 Older Adults." *JGBSMS* 55 (7, 2000): M400 – 405.

Heltzer, "Tithe." • Heltzer, M. "On Tithe Paid in Grain in Ugarit." *Israel Exploration Journal* 25 (2 – 3, 1975): 124 – 28.

Hemphill, *Gifted.* • Hemphill, Ken. *You Are Gifted: Your Spiritual Gifts and the Kingdom of God.* Nashville: B&H Publishing Group, 2009.

Henderson, "Life." • Henderson, Jordan. "Josephus's *Life* and *Jewish War* Compared to the Synoptic Gospels." *JGRCJ* 10 (2014): 113 – 31.

Hengel, *Jesus and Paul.* • Hengel, Martin. *Between Jesus and Paul: Studies in the History of Earliest Christianity.* Philadelphia: Fortress, 1983.

Hengel, "Messiah." • Hengel, Martin. "Jesus, the Messiah of Israel: The Debate about the 'Messianic Mission' of Jesus." 323 – 49 in *Authenticating the Activities of Jesus.* Edited by Bruce Chilton and Craig A. Evans. NTTS 28.2. Leiden: Brill, 1999.

Hengel and Schwemer, *Between Damascus and Antioch.* • Hengel, Martin, and Anna Maria Schwemer. *Paul between Damascus and Antioch: The Unknown Years.* Translated by John

Bowden. London: SCM; Louisville: Westminster John Knox, 1997.

Henry, *God Who Speaks.* • Henry, Carl F. H. *God Who Speaks and Shows.* Vol. 4 of *God, Revelation and Authority.* Waco: Word, 1970.

Herms, "Invoking." • Herms, Ronald. "Invoking the Spirit and Narrative Intent in John's Apocalypse." 99–114 in *Spirit and Scripture: Exploring a Pneumatic Hermeneutic.* Edited by Kevin L. Spawn and Archie T. Wright. New York: Bloomsbury, 2012.

Herms, "Review." • Herms, Ronald. "Review of Robby Waddell, *The Spirit of the Book of Revelation* (JPTS 30; Blandford Forum: Deo, 2006)." *JPT* 17 (1, 2008): 9–18.

Hernando, *Dictionary.* • Hernando, James D. *Dictionary of Hermeneutics: A Concise Guide to Terms, Names, Methods, and Expressions.* Springfield, MO: Gospel Publishing House, 2005.

Hernando, "Function." • Hernando, James D. "Pneumatological Function in the Narrative of Acts: Drawing Foundational Insight for a Pentecostal Missiology." 241–76 in *Trajectories in the Book of Acts: Essays in Honor of John Wesley Wyckoff.* Edited by Paul Alexander, Jordan Daniel May, and Robert G. Reid. Eugene, OR: Wipf & Stock, 2010.

Heth, "Remarriage." • Heth, William A. "Remarriage for Adultery or Desertion." 59–83 in *Remarriage after Divorce in Today's Church.* Edited by Mark Strauss. Grand Rapids: Zondervan, 2006.

Heth and Wenham, *Divorce.* • Heth, William A., and Gordon J. Wenham. *Jesus and Divorce: The Problem with the Evangelical Consensus.* Nashville: Thomas Nelson, 1984.

Heuch, Jacobsen, and Fraser, "Study." • Heuch, Ivar, Bjarne K. Jacobsen, and Gary E. Fraser. "A Cohort Study Found That Earlier and Longer Seventh-Day Adventist Church Membership Was Associated with Reduced Male Mortality." *JClinEpid* 58 (1, 2005): 83–91.

Hexham, "Exorcism." • Hexham, Irving. "Theology, Exorcism, and the Amplification of Deviancy." *EvQ* 49 (1977): 111–16.

Hey, "Roles." • Hey, Sam. "Changing Roles of Pentecostal Hermeneutics." *Evangelical Review of Theology* 25 (3, 2001): 210–18.

Hickson, *Heal.* • Hickson, James Moore. *Heal the Sick.* 2nd ed. London: Methuen, 1924.

Hiebert, "Excluded Middle." • Hiebert, Paul G. "The Flaw of the Excluded Middle." *Missiology* 10 (1, January 1982): 35–47.

Hill, *Hellenists.* • Hill, Craig C. *Hellenists and Hebrews: Reappraising Division within the Earliest Church.* Minneapolis: Fortress, 1992.

Hill, "Witchcraft." • Hill, Harriet. "Witchcraft and the Gospel: Insights from Africa." *Missiology* 24 (3, 1996): 323–44.

Hill et al., "Attendance and Mortality." • Hill, Terrence D., Jacqueline L. Angel, Christopher G. Ellison, and Ronald J. Angel. "Religious Attendance and Mortality: An 8-Year Follow-up of Older Mexican Americans." *JGPSSS* 60 (2, 2005): S102–9.

Hillard, Nobbs, and Winter, "Corpus." • Hillard, T., A. Nobbs, and B. Winter. "Acts and the Pauline Corpus, I: Ancient Literary Parallels." 183–213 in *The Book of Acts in Its Ancient Literary Setting.* Edited by Bruce W. Winter and Andrew D. Clarke. Vol. 1 of *The Book of Acts in Its First Century Setting.* Edited by Bruce W. Winter. Grand Rapids: Eerdmans; Carlisle, UK: Paternoster, 1993.

Hinson, "History of Glossolalia." • Hinson, E. Glenn. "A Brief History of Glossolalia." 45–75 in *Glossolalia: Tongue Speaking in Biblical, Historical, and Psychological Perspective.* By Frank Stagg, E. Glenn Hinson, and Wayne E. Oates. Nashville: Abingdon, 1967.

Hirsch, *Aims.* • Hirsch, Eric Donald. *The Aims of Interpretation.* Chicago: University of Chicago Press, 1976.

Hirsch, *Literacy.* • Hirsch, Eric Donald. *Cultural Literacy.* New York: Houghton & Mifflin, 1987.

Hirsch, *Validity.* • Hirsch, Eric Donald. *Validity in Interpretation.* New Haven: Yale University Press, 1967.

Hirschberg and Barasch, *Recovery.* • Hirschberg, Caryle, and Marc Ian Barasch. *Remarkable Recovery: What Extraordinary Healings Tell Us about Getting Well and Staying Well.* New York: Riverhead, 1995.

Hoare, "Approach." • Hoare, Frank. "A Pastoral Approach to Spirit Possession and Witchcraft Manifestations among the Fijian People." *MissSt* 21 (1, 2004): 113–37.

Hoehner, *Ephesians.* • Hoehner, Harold W. *Ephesians: An Exegetical Commentary.* Grand Rapids: Baker, 2002.

Hoffman and Kurzenberger, "Miraculous." • Hoffman, Louis, and Marika Kurzenberger. "The Miraculous and Mental Illness." 65–93 in *Parapsychological Perspectives.* Vol. 3 in *Miracles: God, Science, and Psychology in the Paranormal.* Edited by J. Harold Ellens. Westport, CT; London: Praeger, 2008.

Hollenweger, "Contribution." • Hollenweger, Walter J. "The Contribution of Critical Exegesis to Pentecostal Hermeneutics." *Spirit & Church* 2 (1, 2000): 7–18.

Hollenweger, *Pentecostals.* • Hollenweger, Walter J. *The Pentecostals.* London: SCM, 1972. Repr., Peabody, MA: Hendrickson, 1988.

Holmes, "Challenge." • Holmes, Pamela. "A Never Ending Canadian Pentecostal Challenge: What to Do with the Women." 264–85 in *The Many Faces of Global Pentecostalism.* Edited by Harold D. Hunter and Neil Ormerod. Cleveland, TN: CPT Press, 2013.

Holwerda, *Spirit.* • Holwerda, David Earl. *The Holy Spirit and Eschatology in the Gospel of John: A Critique of Rudolf Bultmann's Present Eschatology.* Kampen: J. H. Kok, 1959.

Horrell and Adams, "Introduction." • Horrell, David G., and Edward Adams. "Introduction: The Scholarly Quest for Paul's Church at Corinth: A Critical Survey." 1–43 in *Christianity at Corinth: The Quest for the Pauline Church.* Edited by Edward Adams and David G. Horrell. Louisville: Westminster John Knox, 2004.

Hort, "Plagues." • Hort, Greta. "The Plagues of Egypt." Parts 1 and 2. *ZAW* 69 (1957): 84–103; 70 (1958): 48–59.

Horton, *Corinthians.* • Horton, Stanley M. *I and II Corinthians: A Logion Press Commentary.* Springfield, MO: Gospel, 1999.

Horton, *Spirit.* • Horton, Stanley M. *What the Bible Says about the Holy Spirit.* Springfield, MO: Gospel, 1976.

Houston, *Miracles.* • Houston, J. *Reported Miracles: A Critique of Hume.* Cambridge: Cambridge University Press, 1994.

Hoy, *Critical Circle.* • Hoy, David Couzens. *The Critical Circle: Literature, History, and Philosophical Hermeneutics.* Berkeley: University of California Press, 1978.

Hubbard, *Joshua.* • Hubbard, Robert L., Jr. *Joshua.* NIVAC. Grand Rapids: Zondervan, 2009.

Hudson, "Strange Words." • Hudson, Neil. "Strange Words and Their Impact on Early Pentecostals: A Historical Perspective." 52–80 in *Speaking in Tongues: Multi-disciplinary Perspectives.* Edited by Mark J. Cartledge. SPCI. Waynesboro, GA, and Bletchley, Milton Keynes, UK: Paternoster, 2006.

Hull, *Spirit in Acts.* • Hull, J. H. E. *The Holy Spirit in the Acts of the Apostles.* London: Lutterworth, 1967; Cleveland: World, 1968.

Hume, *History of Religion.* • Hume, David. *The Natural History of Religion.* Edited by H. E. Root. London: Adam & Charles Black, 1956.

Hume, *Miracles.* • Hume, David. *Of Miracles.* Introduction by Antony Flew. La Salle, IL: Open Court, 1985.

Hunt, "Paraclete." • Hunt, Dwight. "Jesus' Teaching Concerning the Paraclete in the Upper Room Discourse." Master of Theology thesis, Western Conservative Baptist Seminary, April 1981.

Hur, *Reading.* • Hur, Ju. *A Dynamic Reading of the Holy Spirit in Luke-Acts.* JSNTSup 211. Sheffield, UK: Sheffield Academic, 2001.

Hurtado, *Lord Jesus Christ.* • Hurtado, Larry W. *Lord Jesus Christ: Devotion to Jesus in Earliest Christianity.* Grand Rapids: Eerdmans, 2003. 『주 예수 그리스도』(새물결플러스 역간).

Hylen, *Imperfect Believers.* • Hylen, Susan E. *Imperfect Believers: Ambiguous Characters in the Gospel of John.* Louisville: Westminster John Knox, 2009.

Ilan, *Women.* • Ilan, Tal. *Jewish Women in Greco-Roman Palestine.* Tubingen: Mohr, 1996.

Inowlocki, "Rewriting." • Inowlocki, Sabrina. "Josephus' Rewriting of the Babel Narrative (Gen 11:1–9)." *JSJ* 37 (2, 2006): 169–91.

Instone-Brewer, *Divorce.* • Instone-Brewer, David. *Divorce and Remarriage in the Bible: The Social and Literary Context.* Grand Rapids: Eerdmans, 2002.

Instone-Brewer, *Techniques.* • Instone-Brewer, David. *Techniques and Assumptions in Jewish Exegesis before 70 C.E.* Tubingen: J. C. B. Mohr (P. Siebeck), 1992.

Ironson et al., "Spirituality." • Ironson, G., G. F. Solomon, E. G. Balbin, et al. "Spirituality and Religiousness Are Associated with Long Survival, Healthy Behaviors, Less Distress, and Lower Cortisol in People Living with HIV/AIDS: The IWORSHIP Scale, Its Validity and Reliability." *AnnBehMed* 24 (2002): 34–48.

Irvin and Sunquist, *History.* • Irvin, Dale T., and Scott W. Sunquist. *Modern Christianity from 1454–1800.* Vol. 2 of *History of the World Christian Movement.* Maryknoll, NY: Orbis, 2012.

Irwin, "Stoic Inhumanity." • Irwin, Terence H. "Stoic Inhumanity." 219–41 in *The Emotions in Hellenistic Philosophy.* Edited by Juha Sihvola and Troels Engberg-Pedersen. TSHP 46. Dordrecht, Neth.: Kluwer Academic, 1998.

Iser, *Implied Reader.* • Iser, Wolfgang. *The Implied Reader: Patterns of Communication in Prose Fiction from Bunyan to Beckett.* Baltimore: Johns Hopkins University Press, 1974.

Isichei, *History.* • Isichei, Elizabeth. *A History of Christianity in Africa from Antiquity to the Pres-*

ent. Lawrenceville, NJ: Africa World; Grand Rapids: Eerdmans, 1995.

Ising, *Blumhardt.* • Ising, Dieter. *Johann Christoph Blumhardt, Life and Work: A New Biography.* Translated by Monty Ledford. Eugene, OR: Cascade, 2009. Translated from *Johann Christoph Blumhardt: Leben und Werk.* Gottingen: Vandenhoeck & Ruprecht, 2002.

Israel, Albrecht, and McNally, "Hermeneutics." • Israel, Richard D., Daniel E. Albrecht, and Randal G. McNally. "Pentecostals and Hermeneutics: Texts, Rituals, and Communities." Papers of the Society for Pentecostal Studies Annual Meeting. Dallas, TX, November 1990.

Jackson, *Quest.* • Jackson, Bill. *The Quest for the Radical Middle: A History of the Vineyard.* Foreword by Todd Hunter. Cape Town: Vineyard International, 1999.

Jacobs, *Exegesis.* • Jacobs, Louis. *Jewish Biblical Exegesis.* New York: Behrman House, 1973.

Jacobsen, *Thinking in Spirit.* • Jacobsen, Douglas. *Thinking in the Spirit: Theologies of the Early Pentecostal Movement.* Bloomington: Indiana University Press, 2003.

Jaki, *Patterns.* • Jaki, Stanley L. *Patterns or Principles and Other Essays.* Wilmington, DE: Intercollegiate Studies Institute, 1995.

Jantzen, "Miracles." • Jantzen, Grace. "Miracles Reconsidered." *CSR* 9 (4, 1980): 354–58.

Jayakumar, *Mission Reader.* • Jayakumar, Samuel. *Mission Reader: Historical Models for Wholistic Mission in the Indian Context.* Oxford: Oxford Centre for Mission Studies, 2002.

Jenkins, *Next Christendom.* • Jenkins, Philip. *The Next Christendom: The Coming of Global Christianity.* New York: Oxford University Press, 2002. 『신의 미래』(도마의길 역간).

Jennings, *Good News.* • Jennings, Theodore W., Jr. *Good News to the Poor: John Wesley's Evangelical Economics.* Nashville: Abingdon, 1990.

Jensen, "Logic." • Jensen, Dennis. "The Logic of Miracles." *JASA* 33 (3, September 1981): 145–53.

Jeremias, *Parables.* • Jeremias, Joachim. *The Parables of Jesus.* 2nd rev. ed. New York: Scribner's, 1972.

Jobes, "Relevance Theory." • Jobes, Karen H. "Relevance Theory and the Translation of Scripture." *JETS* 50 (4, 2007): 773–97.

Johns, "Meeting God." • Johns, Cheryl Bridges. "Meeting God in the Margins, Ministry among Modernity's Refugees." 3:7–31 in *The Papers of the Henry Luce III Fellows in Theology.* 3 vols. Edited by Matthew Zyniewicz. Atlanta: Scholars Press, 1999.

Johns, "New Directions." • Johns, Donald A. "Some New Directions in the Hermeneutics of Classical Pentecostalism's Doctrine of Initial Evidence." 145–67 in *Initial Evidence: Historical and Biblical Perspectives on the Pentecostal Doctrine of Spirit Baptism.* Edited by Gary B. McGee. Peabody, MA: Hendrickson, 1991.

Johns, *Pentecostal Formation.* • Johns, Cheryl Bridges. *Pentecostal Formation: A Pedagogy among the Oppressed.* Sheffield: Sheffield Academic Press, 1993.

Johns and Johns, "Yielding." • Johns, Jackie David, and Cheryl Bridges Johns. "Yielding to the Spirit: A Pentecostal Approach to Group Bible Study." 33–56 in *Pentecostal Hermeneutics: A Reader.* Edited by Lee Roy Martin. Leiden: Brill, 2013.

Johnson, *Acts.* • Johnson, Luke Timothy. *The Acts of the Apostles.* SP 5. Collegeville, MN: Liturgical Press, 1992.

Johnson, "Growing Church." • Johnson, Harmon A. "The Growing Church in Haiti." Coral Gables, FL: West Indies Mission, 1970.

Johnson, *Hume.* • Johnson, David. *Hume, Holism, and Miracles.* CSPhilRel. Ithaca, NY: Cornell University Press, 1999.

Johnson, *Romans.* • Johnson, Luke Timothy. *Reading Romans: A Literary and Theological Commentary.* Macon, GA: Smyth & Helwys, 2001.

Johnson, Barrett, and Crossing, "Christianity 2010." • Johnson, Todd M., David B. Barrett, and Peter F. Crossing. "Christianity 2010: A View from the *New Atlas of Global Christianity.*" *IBMR* 34 (1, January 2010): 29–36.

Johnson and Ross, *Atlas.* • Johnson, Todd M., and Kenneth R. Ross, eds. *Atlas of Global Christianity, 1910–2010.* Managing editor, Sandra S. K. Lee. Edinburgh: Center for the Study of Global Christianity, 2009.

Johnson and Wu, *Families.* • Johnson, Todd M., and Cindy M. Wu. *Our Global Families: Christians Embracing Common Identity in a Changing World.* Grand Rapids: Baker Academic, 2015.

Johnston, "Commandments." • Johnston, Robert Morris. " 'The Least of the Commandments': Deuteronomy 22:6–7 in Rabbinic Judaism and Early Christianity." *AUSS* 20 (1982): 205–15.

Johnston, "Ordination." • Johnston, Flo. "Ordination Will Cross Racial Lines." *The Chicago Tribune* (August 9, 1991): section 2, 9.

Johnstone, *Future.* • Johnstone, Patrick. *The Future of the Global Church: History, Trends and Possibilities.* Downers Grove, IL: InterVarsity, 2011.

Jonas, *Religion.* • Jonas, Hans. *The Gnostic Religion: The Message of the Alien God and the Beginnings of Christianity.* 2nd rev. ed. Boston: Beacon Press, 1963.

Joy, "Transitions." • Joy, C. I. D. "Transitions and Trajectories in the Early Christian Community in the Context of Pluralism and Mission in Acts: A Postcolonial Reading." *BiBh* 32 (4, 2006): 326–41.

Judge, *First Christians.* • Judge, Edwin A. *The First Christians in the Roman World: Augustan and New Testament Essays.* Edited by James R. Harrison. WUNT 229. Tubingen: Mohr Siebeck, 2008.

Jules-Rosette, "Healers." • Jules-Rosette, Bennetta. "Faith Healers and Folk Healers: The Symbolism and Practice of Indigenous Therapy in Urban Africa." *Religion* 11 (1981): 127–49.

Kahl, "Bibelinterpretation." • Kahl, Werner. "Akademische Bibelinterpretation in Afrika, Lateinamerika und Asien angesichts der Globalisierung." *Verkündigung und Forschung* 54 (1, 2009): 45–58.

Kalu, *African Pentecostalism.* • Kalu, Ogbu. *African Pentecostalism: An Introduction.* Oxford: Oxford University Press, 2008.

Kapolyo, *Condition.* • Kapolyo, Joe M. *The Human Condition: Christian Perspectives through African Eyes.* Downers Grove, IL: InterVarsity, 2005.

Katzoff, "Purchase." • Katzoff, Louis. "Purchase of the Machpelah." *Dor le Dor* 16 (1987): 29–31.

Kauffman, "Introduction." • Kauffman, Richard A. "Introduction." 6–9 in *Essays on Spiritual Bondage and Deliverance*. Edited by Willard M. Swartley. Occasional Papers 11. Elkhart, IN: Institute of Mennonite Studies, 1988.

Keck, "Ethos." • Keck, Leander E. "On the Ethos of Early Christians." *JAAR* 42 (1974): 435–52.

Kee, *Miracle*. • Kee, Howard Clark. *Miracle in the Early Christian World: A Study in Sociohistorical Method*. New Haven: Yale University Press, 1983.

Keene, "Possibility of Miracles." • Keene, J. Calvin. "The Possibility of Miracles." *CrQ* 26 (3, July 1949): 208–14.

Keener, *Acts*. • Keener, Craig S. *Acts: An Exegetical Commentary*. 4 vols. Grand Rapids: Baker Academic, 2012–15.

Keener, "Acts 2:1–1." • Keener, Craig S. "Day of Pentecost, Years A, B, C: First Lesson—Acts 2:1–21." 524–28 in *The First Readings: The Old Testament and Acts*. Vol. 1 of *The Lectionary Commentary: Theological Exegesis for Sunday's Texts*. Edited by Roger E. Van Harn. Grand Rapids: Eerdmans; London: Continuum, 2001.

Keener, "Adultery." • Keener, Craig S. "Adultery, Divorce." 6–16 in *DNTB*.

Keener, "Asia and Europe." • Keener, Craig S. "Between Asia and Europe: Postcolonial Mission in Acts 16:8–10." *AJPS* 11 (1–2, 2008): 3–14.

Keener, "Asiarchs." • Keener, Craig S. "Paul's 'Friends' the Asiarchs (Acts 19.31)." *Journal of Greco-Roman Christianity and Judaism* 3 (2006): 134–41.

Keener, "Assumptions." • Keener, Craig S. "Assumptions in Historical Jesus Research: Using Ancient Biographies and Disciples' Traditioning as a Control." *JSHJ* 9 (1, 2011): 26–58.

Keener, *Background Commentary*. • Keener, Craig S. *The IVP Bible Background Commentary: New Testament*. 2nd rev. ed. Downers Grove, IL: InterVarsity, 2014. 『IVP 성경배경주석』(IVP 역간).

Keener, "Beheld." • Keener, Craig S. " 'We Beheld His Glory': John 1:14." 15–25 in *Aspects of Historicity in the Fourth Gospel*. Edited by Paul N. Anderson, Felix Just, and Tom Thatcher. Vol. 2 of *John, Jesus and History*. SBL Early Christianity and Its Literature 2. Atlanta: SBL, 2009.

Keener, *Bible in Context*. • Keener, Craig S. *The Bible in Its Context: How to Improve Your Study of the Scriptures*. Mountlake Terrace, WA: Action International, 2013.

Keener, "Biblical Fidelity." • Keener, Craig S. "Biblical Fidelity as an Evangelical Commitment." 29–41 in *Following Jesus: Journeys in Radical Discipleship. Essays in Honor of Ronald J. Sider*. Edited by Paul Alexander and Al Tizon. Regnum Studies in Global Christianity. Oxford: Regnum, 2013.

Keener, "Biographies." • Keener, Craig S. "Reading the Gospels as Biographies of a Sage." *BurH* 47 (2011): 59–66.

Keener, "Case." • Keener, Craig S. "A Reassessment of Hume's Case against Miracles in Light of Testimony from the Majority World Today." *PRSt* 38 (3, Fall 2011): 289–310.

Keener, "Charismatic Reading." • Keener, Craig S. "One Thousand Two Hundred Sixty Days: A Charismatic-Prophetic Empowerment Reading of Time and God's People in the Book of

Revelation." 235–46 in *But These Are Written...: Essays on Johannine Literature in Honor of Professor Benny C. Aker.* Edited by Craig S. Keener, Jeremy S. Crenshaw, and Jordan Daniel May. Eugene, OR: Pickwick, 2014.

Keener, *Corinthians.* • Keener, Craig S. *1 and 2 Corinthians.* NCamBC. Cambridge: Cambridge University Press, 2005.

Keener, "Diversity." • Keener, Craig S. "Embracing God's Passion for Diversity: A Theology of Racial and Ethnic Plurality." *Enr* 12 (3, 2007): 20–28.

Keener, "Evidence." • Keener, Craig S. "Tongues as Evidence of the Character of the Spirit's Empowerment in Acts." In *A Light to the Nations: Explorations in Ecumenism, Missions, and Pentecostalism in Honor of Gary B. McGee.* Edited by Stanley M. Burgess and Paul W. Lewis. Eugene, OR: Pickwick, 2017.

Keener, "Expectation." • Keener, Craig S. "Messianic Expectation." Prepared for "Expectation and Human Flourishing," Yale Center for Faith and Culture, New York City, June 22, 2015.

Keener, *Galatians.* • Keener, Craig S. *Galatians.* NCamBC. Cambridge: Cambridge University Press, 2018.

Keener, *Gift.* • Keener, Craig S. *Gift and Giver: The Holy Spirit for Today.* Grand Rapids: Baker, 2001. 『현대를 위한 성령론』(새물결플러스 역간).

Keener, "Gifts." • Keener, Craig S. "Gifts (Spiritual)." 155–61 in *The Westminster Theological Wordbook of the Bible.* Edited by Donald E. Gowan. Louisville: Westminster John Knox, 2003.

Keener, "Gifts for Today." • Keener, Craig S. "Are Spiritual Gifts for Today?" 135–62 in *Strangers to Fire: When Tradition Trumps Scripture.* Edited by Robert W. Graves. Foreword by J. Lee Grady. Woodstock, GA: The Foundation for Pentecostal Scholarship, 2014.

Keener, "Head Coverings." • Keener, Craig S. "Head Coverings." 442–47 in *DNTB.*

Keener, *Historical Jesus.* • Keener, Craig S. *The Historical Jesus of the Gospels.* Grand Rapids: Eerdmans, 2009.

Keener, "Holy Spirit." • Keener, Craig. "The Holy Spirit." 158–73 in *The Oxford Handbook of Evangelical Theology.* Edited by Gerald R. McDermott. New York: Oxford University Press, 2010.

Keener, "Invitations." • Keener, Craig S. "Some New Testament Invitations to Ethnic Reconciliation." *EvQ* 75 (3, 2003): 195–213.

Keener, *John.* • Keener, Craig S. *The Gospel of John: A Commentary.* 2 vols. Peabody, MA: Hendrickson; Grand Rapids: Baker Academic, 2003. 『요한복음 1·2·3』(CLC 역간).

Keener, "Kiss." • Keener, Craig S. "Kiss, Kissing." 628–29 in *DNTB.*

Keener, "Knowledge." • Keener, Craig S. "Studies in the Knowledge of God in the Fourth Gospel in Light of Its Historical Context." MDiv thesis, Assemblies of God Theological Seminary, 1987.

Keener, "Learning." • Keener, Craig S. "Learning in the Assemblies: 1 Corinthians 14:34–35." 161–71 in *Discovering Biblical Equality: Complementarity without Hierarchy.* Edited by Ronald W. Pierce, Rebecca Merrill Groothuis, and Gordon D. Fee. Downers Grove, IL: InterVarsity, 2004.

Keener, "Luke's Pneumatology." • Keener, Craig S. "Luke's Pneumatology in Acts for the 21st Century." 205–22 in *Contemporary Issues in Pneumatology: Festschrift in Honor of George M. Flattery.* Edited by James E. Richardson. Springfield, MO: Global University, 2009.

Keener, "Marriage." • Keener, Craig S. "Marriage." 680–93 in *DNTB.*

Keener, *Marries Another.* • Keener, Craig S.... *And Marries Another: Divorce and Remarriage in the Teaching of the New Testament.* Grand Rapids: Baker Academic, 1991.

Keener, *Matthew.* • Keener, Craig S. *The Gospel of Matthew: A Socio-Rhetorical Commentary.* Grand Rapids: Eerdmans, 2009. Rev. ed. of *A Commentary on the Gospel of Matthew.* Grand Rapids: Eerdmans, 1999.

Keener, *Mind.* • Keener, Craig S. *The Mind of the Spirit: Paul's Approach to Transformed Thinking.* Grand Rapids: Baker Academic, 2016.

Keener, "Miracle Reports in Gospels and Today." • Keener, Craig S. "Miracle Reports in the Gospels and Today." Plenary address for "Special Divine Action," 2014 conference for the Ian Ramsey Centre for Science and Religion, Oxford University, Oxford, UK, July 14, 2014.

Keener, "Miracle Reports: Perspectives." • Keener, Craig S. "Miracle Reports: Perspectives, Analogies, Explanations." 53–65 in *Hermeneutik der frühchristlichen Wundererzählungen: Historiche, literarische und rezeptionsästhetische Aspekte.* Edited by Bernd Kollmann and Ruben Zimmermann. WUNT 339. Tübingen: Mohr Siebeck, 2014.

Keener, *Miracles.* • Keener, Craig S. *Miracles: The Credibility of the New Testament Accounts.* Grand Rapids: Baker Academic, 2011.

Keener, "Miracles." • Keener, Craig S. "Miracles." 2:101–7 in *The Oxford Encyclopedia of Bible and Theology.* 2 vols. Edited by Samuel E. Balentine. Oxford: Oxford University Press, 2015.

Keener, "Miracles: Dictionary." • Keener, Craig S. "Miracles." In *Dictionary of Christianity and Science.* Edited by Paul Copan et al. Grand Rapids: Zondervan, 2017.

Keener, "Money." • Keener, Craig S. "When Jesus Wanted All My Money: And Everything Else; How I learned He's an All-or-Nothing Lord." *Christianity Today* (May 2015): 46–50.

Keener, "Otho." • Keener, Craig S. "Otho: A Targeted Comparison of Suetonius' Biography and Tacitus' History, with Implications for the Gospels' Historical Reliability." *BBR* 21 (3, 2011): 331–55.

Keener, "Parallel Figures." • Keener, Craig S. "Jesus and Parallel Jewish and Greco-Roman Figures." 85–111 in *Christian Origins and Greco-Roman Culture: Social and Literary Contexts for the New Testament.* Edited by Stanley Porter and Andrew W. Pitts. Vol. 1 of *Early Christianity in Its Hellenistic Context.* Vol. 9 in Texts and Editions for New Testament Study. Leiden: Brill, 2013.

Keener, *Paul.* • Keener, Craig S. *Paul, Women, and Wives: Marriage and Women's Ministry in the Letters of Paul.* Peabody, MA: Hendrickson; Grand Rapids: Baker Academic, 1992.

Keener, "Pentecost." • Keener, Craig S. "Pentecost." 360–61 in *The Westminster Theological Wordbook of the Bible.* Edited by Donald E. Gowan. Louisville: Westminster John Knox, 2003.

Keener, "Perspective." • Keener, Craig S. "Women in Ministry: Another Egalitarian Perspective." 203–48 in *Two Views on Women in Ministry.* Edited by James R. Beck. Rev. ed. Grand

Rapids: Zondervan, 2005.

Keener, "Pneumatology." • Keener, Craig S. "The Function of Johannine Pneumatology in the Context of Late First-Century Judaism." PhD dissertation, Duke University, 1991.

Keener, "Possession." • Keener, Craig S. "Spirit Possession as a Cross-Cultural Experience." *BBR* 20 (2010): 215–36.

Keener, "Power." • Keener, Craig S. "Power of Pentecost: Luke's Missiology in Acts 1–2." *AJPS* 12 (1, January 2009): 47–73.

Keener, *Questions.* • Keener, Craig S. *Three Crucial Questions about the Holy Spirit.* Grand Rapids: Baker, 1996.

Keener, "Raised." • Keener, Craig S. " 'The Dead Are Raised' (Matthew 11:5//Luke 7:22): Resuscitation Accounts in the Gospels and Eyewitness Testimony." *BBR* 25 (1, 2015): 57–79.

Keener, "Reconciliation." • Keener, Craig S. "The Gospel and Racial Reconciliation." 117–30 in *The Gospel in Black and White: Theological Resources for Racial Reconciliation.* Edited by Dennis L. Ockholm. Downers Grove, IL: InterVarsity, 1997.

Keener, "Remarriage." • Keener, Craig S. "Remarriage for Circumstances beyond Adultery or Desertion." 103–19 in *Remarriage after Divorce in Today's Church.* Edited by Mark Strauss. Grand Rapids: Zondervan, 2006.

Keener, *Revelation.* • Keener, Craig S. *Revelation.* NIVAC. Grand Rapids: Zondervan, 2000. 『NIV 적용 주석 요한계시록』(솔로몬 역간).

Keener, "Review of Strange Fire." • Keener, Craig S. "A Review of MacArthur's *Strange Fire.*" 35–58 in *Strangers to Fire: When Tradition Trumps Scripture.* Edited by Robert W. Graves. Foreword by J. Lee Grady. Woodstock, GA: The Foundation for Pentecostal Scholarship, 2014.

Keener, "Rhetorical Techniques." • Keener, Craig S. "Some Rhetorical Techniques in Acts 24:2–21." 221–51 in *Paul's World.* Edited by Stanley E. Porter. PAST 4. Leiden: Brill, 2008.

Keener, *Romans.* • Keener, Craig S. *Romans.* NCCS 6. Eugene, OR: Wipf & Stock, 2009.

Keener, "Scripture and Context." • Keener, Craig S. "Scripture and Context: An Evangelical Exploration." *Asbury Journal* 70 (1, 2015): 17–62.

Keener, "Spirit." • Keener, Craig S. "Spirit, Holy Spirit, Advocate, Breath, Wind." 484–96 in *The Westminster Theological Wordbook of the Bible.* Edited by Donald E. Gowan. Louisville: Westminster John Knox, 2003.

Keener, *Spirit.* • Keener, Craig S. *The Spirit in the Gospels and Acts: Divine Purity and Power.* Peabody, MA: Hendrickson, 1997. Repr., Grand Rapids: Baker Academic, 2010.

Keener, "Spirit Perspectives." • Keener, Craig S. " 'Fleshly' versus Spirit Perspectives in Romans 8:5–8." 211–29 in *Paul: Jew, Greek, and Roman.* Edited by Stanley Porter. PAST 5. Leiden: Brill, 2008.

Keener, "Subordination." • Keener, Craig S. "Is Subordination within the Trinity Really Heresy? A Study of John 5:18 in Context." *TJ* n.s. 20 (1, 1999): 39–51.

Keener, "Tabernacle." • Keener, Craig S. "Tabernacle." 837–40 in *Dictionary of Biblical Imagery.* Edited by Leland Ryken, James C. Wilhoit, and Tremper Longman III. Downers Grove,

IL: InterVarsity, 1998.

Keener, "Teaching Ministry." • Keener, Craig S. "A Spirit-Filled Teaching Ministry in Acts 19:9." 46–58 in *Trajectories in the Book of Acts: Essays in Honor of John Wesley Wyckoff.* Edited by Jordan May, Paul Alexander, and Robert G. Reid. Eugene, OR: Wipf & Stock, 2010.

Keener, "Tongues." • Keener, Craig S. "Why Does Luke Use Tongues as a Sign of the Spirit's Empowerment?" *JPT* 15 (2, 2007): 177–84.

Keener, "Transformation." • Keener, Craig S. "Transformation through Divine Vision in 1 John 3:2–6." *F&M* 23 (1, 2005): 13–22.

Keener, "Warfare." • Keener, Craig S. "Paul and Spiritual Warfare." 107–23 in *Paul's Missionary Methods in His Time and Ours.* Edited by Robert Plummer and John Mark Terry. Downers Grove, IL: IVP Academic, 2012.

Keener, "Worship." • Keener, Craig S. "The Tabernacle and Contextual Worship." *Asbury Journal* 67 (1, 2012): 127–38.

Keener and Carroll, "Introduction." • Keener, Craig S., and M. Daniel Carroll R., "Introduction." 1–4 in *Global Voices: Reading the Bible in the Majority World.* Edited by Craig Keener and M. Daniel Carroll R. Peabody, MA: Hendrickson, 2013.

Keener and Carroll, *Voices.* • Keener, Craig S., and M. Daniel Carroll R., eds. *Global Voices: Reading the Bible in the Majority World.* Foreword by Edwin M. Yamauchi. Peabody, MA: Hendrickson, 2013.

Keener and Keener, *Impossible Love.* • Keener, Craig S., and Medine Moussounga Keener. *Impossible Love: The True Story of an African Civil War, Miracles, and Love against All Odds.* Grand Rapids: Chosen Books, 2016.

Keener and Usry, *Faith.* • Keener, Craig S., and Glenn Usry. *Defending Black Faith.* Downers Grove, IL: InterVarsity, 1997.

Keller, *Hammer.* • Keller, Mary. *The Hammer and the Flute: Women, Power, and Spirit Possession.* Baltimore: Johns Hopkins University Press, 2002.

Kelly, "Miracle." • Kelly, Stewart E. "Miracle, Method, and Metaphysics: Philosophy and the Quest for the Historical Jesus." *TJ* 29 n.s. (1, 2008): 45–63.

Kelly, *Peter.* • Kelly, J. N. D. *A Commentary on the Epistles of Peter and Jude.* Thornapple Commentaries. Grand Rapids: Baker, 1981.

Kelsey, *Healing.* • Kelsey, Morton T. *Healing and Christianity in Ancient Thought and Modern Times.* New York: Harper & Row, 1973.

Kemp, "Ravished." • Kemp, Simon. " 'Ravished of a Fiend': Demonology and Medieval Madness." 67–78 in *Altered States of Consciousness and Mental Health: A Cross-Cultural Perspective.* Edited by Colleen A. Ward. CCRMS 12. Newbury Park, CA: Sage, 1989.

Kendall, *Fire.* • Kendall, R. T. *Holy Fire: A Balanced Biblical Look at the Holy Spirit's Work in Our Lives.* Lake Mary, FL: Charisma House, 2014.

Kennedy, "Criticism." • Kennedy, George. "Classical and Christian Source Criticism." 125–55 in *The Relationships among the Gospels: An Interdisciplinary Dialogue.* Edited by William O. Walker Jr. San Antonio: Trinity University Press, 1978.

Khai, *Cross.* • Khai, Chin Khua. *The Cross among Pagodas: A History of the Assemblies of God in*

Myanmar. Baguio City, Philippines: APTS, 2003.

Khai, "Pentecostalism." • Khai, Chin Khua. "The Assemblies of God and Pentecostalism in Myanmar." 261–80 in *Asian and Pentecostal: The Charismatic Face of Christianity in Asia.* Edited by Allan Anderson and Edmond Tang. Foreword by Cecil M. Robeck. Regnum Studies in Mission, AJPSS 3. Oxford: Regnum; Baguio City: APTS Press, 2005.

Kidd, *Awakening.* • Kidd, Thomas S. *The Great Awakening: The Roots of Evangelical Christianity in Colonial America.* New Haven: Yale University Press, 2007.

Kidd, "Healing." • Kidd, Thomas S. "The Healing of Mercy Wheeler: Illness and Miracles among Early American Evangelicals." *WMQ* 63 (1, January 2006): 149–70.

Kidd and Hankins, *Baptists.* • Kidd, Thomas S., and Barry Hankins. *Baptists in America: A History.* Oxford: Oxford University Press, 2015.

Kiev, *Magic.* • Kiev, Ari, ed. *Magic, Faith, and Healing: Studies in Primitive Psychotherapy Today.* Introduction by Jerome D. Frank. New York: Free Press, 1964.

Kilgallen, *Commentary.* • Kilgallen, John J. *A Brief Commentary on the Acts of the Apostles.* New York: Paulist, 1988.

Kim, "Mission." • Kim, Sung Hwan. "The Holy Spirit's Mission in the Book of Acts: Its Repetition and Continuation." ThM thesis, Fuller School of World Mission, 1993.

Kim, "Reenchanted." • Kim, Sean C. "Reenchanted: Divine Healing in Korean Protestantism." 267–85 in *Global Pentecostal and Charismatic Healing.* Edited by Candy Gunther Brown. Foreword by Harvey Cox. Oxford: Oxford University Press, 2011.

Kimball, "Learning." • Kimball, Solon T. "Learning a New Culture." 182–92 in *Crossing Cultural Boundaries: The Anthropological Experience.* Edited by Solon T. Kimball and James B. Watson. San Francisco: Chandler, 1972.

King, *Disfellowshiped.* • King, Gerald W. *Disfellowshiped: Pentecostal Responses to Fundamentalism in the United States, 1906–1943.* Eugene, OR: Wipf & Stock, 2011.

King, *Moving Mountains.* • King, Paul L. *Moving Mountains: Lessons in Bold Faith from Great Evangelical Leaders.* Grand Rapids: Chosen, 2004.

King, *Only Believe.* • King, Paul L. *Only Believe: Examining the Origin and Development of Classic and Contemporary Word of Faith Theologies.* Tulsa: Word & Spirit Press, 2008.

Kingsbury, *Christology.* • Kingsbury, Jack Dean. *The Christology of Mark's Gospel.* Philadelphia: Fortress, 1983. 『마가의 기독론』(나단 역간).

Kinnear, *Tide.* • Kinnear, Angus. *Against the Tide: The Story of Watchman Nee.* Wheaton, IL: Tyndale House, 1978.

Kitchen, "Background." • Kitchen, Kenneth A. "Some Egyptian Background to the Old Testament." *TynBul* 5 (16, 1960): 4–18.

Kitchen, *Orient.* • Kitchen, Kenneth A. *Ancient Orient and the Old Testament.* Downers Grove, IL: InterVarsity Press, 1968.

Kitchen, *Reliability.* • Kitchen, Kenneth A. *On the Reliability of the Old Testament.* Grand Rapids: Eerdmans, 2003.

Klauck, *Context.* • Klauck, Hans-Josef. *The Religious Context of Early Christianity: A Guideto Graeco-Roman Religions.* Translated by Brian McNeil. Minneapolis: Fortress, 2003.

Klaus, "Mission." • Klaus, Byron D. "The Mission of the Church." 567–95 in *Systematic Theology: A Pentecostal Perspective.* Edited by Stanley M. Horton. Springfield, MO: Logion, 1994.

Klausner, *Jesus to Paul.* • Klausner, Joseph. *From Jesus to Paul.* Translated by W. Stinespring. Foreword by Sidney Hoenig. London: Macmillan, 1943. Repr., New York: Menorah, 1979.

Klein, Blomberg, and Hubbard, *Introduction.* • Klein, William W., Craig L. Blomberg, and Robert L. Hubbard Jr. *Introduction to Biblical Interpretation.* Dallas: Word, 1993. 『성경 해석학 총론』(생명의말씀사 역간).

Klein, Blomberg, and Hubbard, *Introduction*[2]. • Klein, William W., Craig L. Blomberg, and Robert L. Hubbard Jr., *Introduction to Biblical Interpretation.* Rev. ed. Nashville: Nelson, 2004.

Klutz, *Exorcism Stories.* • Klutz, Todd. *The Exorcism Stories in Luke-Acts: A Sociostylistic Reading.* SNTSMS 129. Cambridge: Cambridge University Press, 2004.

Knapstad, "Power." • Knapstad, Bård Løkken. "Show Us the Power! A Study of the Influence of Miracles on the Conversion Process from Islam to Christianity in an Indonesian Context." ThM thesis, Norwegian Lutheran School of Theology, 2005.

Koch, *Zulus.* • Koch, Kurt E. *God among the Zulus.* Translated by Justin Michell and Waldemar Engelbrecht. Natal, RSA: Mission Kwa Sizabanu, 1981.

Koenig, *Medicine.* • Koenig, Harold G. *Medicine, Religion, and Health: Where Science and Spirituality Meet.* Templeton Science and Religion Series. West Conshohocken, PA: Templeton Foundation Press, 2008.

Koester, "Brown and Martyn." • Koester, Craig R. "R. E. Brown and J. L. Martyn: Johannine Studies in Retrospect." *Biblical Theology Bulletin* 21 (2, 1991): 51–55.

Koester, "Spectrum." • Koester, Craig R. "The Spectrum of Johannine Readers." 5–19 in *"What Is John?" Readers and Reading of the Fourth Gospel.* Edited by Fernando F. Segovia. SBLSymS 3. Atlanta: Scholars Press, 1996.

Koester, *Symbolism.* • Koester, Craig R. *Symbolism in the Fourth Gospel: Meaning, Mystery, Community.* Minneapolis: Fortress, 1995.

Koestler, "Kepler." • Koestler, Arthur. "Kepler and the Psychology of Discovery." 49–57 in *The Logic of Personal Knowledge: Essays Presented to Michael Polanyi on His Seventieth Birthday, 11 March 1961.* London: Routledge & Kegan Paul, 1961.

Koschorke, Ludwig, and Delgado, *History.* • Koschorke, Klaus, Frieder Ludwig, and Mariano Delgado, eds., with Roland Spliesgart. *A History of Christianity in Asia, Africa, and Latin America, 1450–1990: A Documentary Sourcebook.* Grand Rapids: Eerdmans, 2007.

Köstenberger, Schreiner, and Baldwin, *Women.* • Köstenberger, Andreas J., Thomas R. Schreiner, and H. Scott Baldwin, eds. *Women in the Church: A Fresh Analysis of 1 Timothy 2:9–15.* Grand Rapids: Baker, 1995.

Kraft, *Worldview.* • Kraft, Charles H. *Worldview for Christian Witness.* Pasadena: William Carey Library, 2008.

Kraft, "Worldviews." • Kraft, Charles. "Shifting Worldviews, Sifting Attitudes." 57–68 in *Power Encounters among Christians in the Western World.* Edited by Kevin Springer, with an introduction and afterword by John Wimber. San Francisco: Harper & Row, 1988.

Kraftchick, "Πάθη." • Kraftchick, Steven J. "Πάθη in Paul: The Emotional Logic of 'Original Argument.'" 39–68 in *Paul and Pathos.* Edited by Thomas H. Olbricht and Jerry L. Sumney. SBLSymS 16. Atlanta: SBL, 2001.

Krause, "Support." • Krause, Neal. "Church-Based Social Support and Mortality." *JGPSSS* 61 (3, 2006): S140–46.

Kraut et al., "Association." • Kraut, Allen, Samuel Melamed, et al. "Association of Self-Reported Religiosity and Mortality in Industrial Employees: The CORDIS Study." *SSMed* 58 (3, 2004): 595–602.

Kraybill, *Cult and Commerce.* • Kraybill, J. Nelson. *Imperial Cult and Commerce in John's Apocalypse.* JSNTSup 132. Sheffield, UK: Sheffield Academic, 1996.

Krentz, *Method.* • Krentz, Edgar. *The Historical-Critical Method.* Philadelphia: Fortress, 1975.

Kruger, *Question.* • Kruger, Michael J. *The Question of Canon: Challenging the Status Quo in the New Testament Debate.* Downers Grove, IL: IVP Academic, 2013.

Kugel, *Bible.* • Kugel, James L. *How to Read the Bible: A Guide to Scripture, Then and Now.* New York: Free Press, 2007.

Kugel and Greer, *Interpretation.* • Kugel, James L., and Rowan A. Greer. *Early Biblical Interpretation.* LEC 3. Philadelphia: Westminster, 1986.

Kuhn, *Structure.* • Kuhn, Thomas S. *The Structure of Scientific Revolutions.* 2nd ed. Chicago: University of Chicago Press, 1970.

Kurz, *Reading Luke-Acts.* • Kurz, William S. *Reading Luke-Acts: Dynamics of Biblical Narrative.* Louisville: Westminster John Knox, 1993.

Küster, "Kontextualisierung." • Küster, Volker. "Von der Kontextualisierung zur Glokalisierung: Interkulturelle Theologie und postkoloniale Kritik." *Theologische Literaturzeitung* 134 (3, 2009): 261–78.

Kwon, *1 Corinthians 1–4.* • Kwon, Oh-Young. *1 Corinthians 1–4: Reconstructing Its Social and Rhetorical Situation and Re-Reading It Cross-Culturally for Korean-Confucian Christians Today.* Eugene, OR: Wipf & Stock, 2010.

Kydd, *Healing.* • Kydd, Ronald A. N. *Healing through the Centuries: Models for Understanding.* Peabody, MA: Hendrickson, 1998.

Kyle, *Last Days.* • Kyle, Richard. *The Last Days Are Here Again: A History of the End Times.* Grand Rapids: Baker, 1998.

Kysar, "Gospel." • Kysar, Robert. "John, the Gospel of." 3:912–31 in *Anchor Bible Dictionary.* 6 vols. Edited by David Noel Freedman. New York: Doubleday, 1992.

Kysar, *John.* • Kysar, Robert. *John.* Augsburg Commentary on the New Testament. Minneapolis: Augsburg Publishing House, 1986.

Lachs, *Commentary.* • Lachs, Samuel Tobias. *A Rabbinic Commentary on the New Testament: The Gospels of Matthew, Mark, and Luke.* Hoboken, NJ: Ktav; New York: Anti-Defamation League of B'Nai B'Rith, 1987.

Ladd, *Bultmann.* • Ladd, George Eldon. *Rudolf Bultmann.* Chicago: InterVarsity, 1964.

Ladd, *Theology.* • Ladd, George Eldon. *A Theology of the New Testament.* Grand Rapids: Eerdmans, 1974. 『신약신학』(은성 역간).

Ladd, *Young Church.* • Ladd, George Eldon. *The Young Church.* Nashville: Abingdon, 1964.

Lagerwerf, *Witchcraft.* • Lagerwerf, Leny. *Witchcraft, Sorcery and Spirit Possession: Pastoral Responses in Africa.* Gweru, Zimbabwe: Mambo Press, 1987.

Laing, "Face." • Laing, Mark. "The Changing Face of Mission: Implications for the Southern Shift in Christianity." *Missiology* 34 (2, April 2006): 165–77.

Laistner, *Historians.* • Laistner, M. L. W. *The Greater Roman Historians.* Berkeley: University of California Press; London: Cambridge University Press, 1947.

Lalitha, "Feminism." • Lalitha, Jayachitra. "Postcolonial Feminism, the Bible and Native Indian Women." 75–87 in *Evangelical Postcolonial Conversations: Global Awakenings in Theology and Practice.* Edited by Kay Higuera Smith, Jayachitra Lalitha, and L. Daniel Hawk. Downers Grove, IL: IVP Academic, 2014.

Land, "Passion." • Land, Steven J. "A Passion for the Kingdom: Revisioning Pentecostal Spirituality." *JPT* 1 (1992): 19–46.

Land, *Pentecostal Spirituality.* • Land, Steven J. *Pentecostal Spirituality: A Passion for the Kingdom.* Sheffield: Sheffield Academic Press, 1994.

Landscape Survey. • *U.S. Religious Landscape Survey: Religious Beliefs and Practices—Diverse and Politically Relevant.* Washington, DC: Pew Forum on Religion and Public Life, June 2008. Online: http://religions.pewforum.org/pdf/report2-religious-landscape-study-full.pdf.

Lang, *Kunst.* • Lang, Manfred. *Die Kunst des christlichen Lebens: Rezeptionsästhetische Studien zum lukanischen Paulusbild.* ABIG 29. Lepizig: Evangelische Verlagsanstalt, 2008.

Langtry, "Probability." • Langtry, Bruce. "Hume, Probability, Lotteries, and Miracles." *HumSt* 16 (1, April 1990): 67–74.

LaPoorta, "Unity." • LaPoorta, Jappie. "Unity or Division." 151–69 in *The Globalization of Pentecostalism: A Religion Made to Travel.* Edited by Murray W. Dempster, Byron D. Klaus, and Douglas Petersen. Foreword by Russell P. Spittler. Carlisle: Paternoster; Oxford: Regnum, 1999.

Larkin, *Culture.* • Larkin, William J., Jr. *Culture and Biblical Hermeneutics: Interpreting and Applying the Authoritative Word in a Relativistic Age.* Grand Rapids: Baker, 1988.

Larsson, "Hellenisten und Urgemeinde." • Larsson, Edwin. "Die Hellenisten und die Urgemeinde." *NTS* 33 (2, 1987): 205–25.

LaSor, Hubbard, and Bush, *Survey.* • LaSor, William Sanford, David Allan Hubbard, and Frederic W. Bush. *Old Testament Survey: The Message, Form, and Background of the Old Testament.* 2nd ed. Grand Rapids: Eerdmans, 1996. 『구약개관』(CH북스 역간).

Le Cornu, *Acts.* • Le Cornu, Hilary, with Joseph Shulam. *A Commentary on the Jewish Roots of Acts.* 2 vols. Jerusalem: Academon, 2003.

Lederle, "Evidence." • Lederle, Henry I. "Initial Evidence and the Charismatic Movement: An Ecumenical Appraisal." 131–41 in *Initial Evidence: Historical and Biblical Perspectives on the Pentecostal Doctrine of Spirit Baptism.* Edited by Gary B. McGee. Peabody, MA: Hendrickson, 1991.

Lederle, *Treasures.* • Lederle, Henry I. *Treasures Old and New: Interpretations of "Spirit-Baptism" in the Charismatic Renewal Movement.* Peabody, MA: Hendrickson, 1988.

Lee, "Future." • Lee, Moonjang. "Future of Global Christianity." 104 – 5 in *Atlas of Global Christianity, 1910–2010.* Edited by Todd M. Johnson and Kenneth R. Ross. Managing editor, Sandra S. K. Lee. Edinburgh: Center for the Study of Global Christianity, 2009.

Lee, "Korean Pentecost." • Lee, Young-Hoon. "Korean Pentecost: The Great Revival of 1907." *AJPS* 4 (1, 2001): 73 – 83.

Lee, "Nationalism." • Lee, Jae Won. "Paul, Nation, and Nationalism: A Korean Postcolonial Perspective." 223 – 35 in *The Colonized Apostle: Paul through Postcolonial Eyes.* Edited by Christopher D. Stanley. Paul in Critical Contexts (series). Minneapolis: Fortress, 2011.

LeMarquand, "Readings." • LeMarquand, Grant. "African Readings of Paul." 488 – 503 in *The Blackwell Companion to Paul.* Edited by Stephen Westerholm. Malden, MA, Oxford: Blackwell, 2011.

Lenski, *Acts.* • Lenski, R. C. H. *The Interpretation of the Acts of the Apostles.* Columbus, OH: Lutheran Book Concern, 1934. Repr., Minneapolis: Augsburg, 1961.

Lentricchia, *After New Criticism.* • Lentricchia, Frank. *After the New Criticism.* Chicago: University of Chicago Press, 1980.

Leon, *Jews of Rome.* • Leon, Harry J. *The Jews of Ancient Rome.* Morris Loeb Series. Philadelphia: Jewish Publication Society of America, 1960.

Lesslie, *Angels.* • Lesslie, Robert D. *Angels in the ER: Inspiring True Stories from an Emergency Room Doctor.* Eugene, OR: Harvest House, 2008.

Leung Lai, *'I'-Window.* • Leung Lai, Barbara M. *Through the 'I'-Window: The Inner Life of Characters in the Hebrew Bible.* Hebrew Bible Monographs 34. Sheffield: Sheffield Phoenix, 2011.

Levine, "Disease." • Levine, A.-J. "The Disease of Postcolonial New Testament Studies and the Hermeneutics of Healing." *Journal of Feminist Studies in Religion* 20 (1, 2004): 91 – 99.

Levine, "Synagogue." • Levine, Lee I. "The Second Temple Synagogue: The Formative Years." 7 – 31 in *The Synagogue in Late Antiquity.* Edited by Lee I. Levine. Philadelphia: American Schools of Oriental Research, 1986.

Levinson, "Introduction." • Levinson, Bernard M. "Introduction." 1 – 14 in *Theory and Method in Biblical and Cuneiform Law: Revision, Interpolation and Development.* Edited by Bernard M. Levinson. JSOTSup 181. Sheffield: Sheffield Academic Press, 1994.

Levy, Krey, and Ryan, *Romans.* • Levy, Ian Christopher, Philip D. W. Krey, and Thomas Ryan. *The Letter to the Romans.* The Bible in Medieval Tradition. Grand Rapids: Eerdmans, 2013.

Lewis, *Ecstatic Religion.* • Lewis, I. [Ioan] M. *Ecstatic Religion: An Anthropological Study of Spirit Possession and Shamanism.* Pelican Anthropology Library. Middlesex: Penguin, 1971.

Lewis, "Epistemology." • Lewis, Paul W. "Towards a Pentecostal Epistemology: The Role of Experience in Pentecostal Hermeneutics." *Spirit & Church* 2 (1, 2000): 95 – 125.

Lewis, "Spirits and Sex War." • Lewis, I. M. "Correspondence: Spirits and the Sex War." *Man* n.s. 2 (4, December 1967): 626 – 28.

Libby, "Theseus." • Libby, Brigitte B. "Forgetful Theseus and Mindful Aeneas in Catullus 64 and *Aeneid* 4." 65 – 88 in *Memory in Ancient Rome and Early Christianity.* Edited by Karl Galinsky. Oxford: Oxford University Press, 2016.

Licona, "Biographies." • Licona, Michael R. "Using Plutarch's Biographies to Help Resolve Differences in Parallel Gospel Accounts." Paper presented in the New Testament Backgrounds section at the Evangelical Theological Society, Baltimore, November 21, 2013.

Licona, *Differences.* • Licona, Michael R. *Why Are There Differences in the Gospels?* New York: Oxford University Press, 2016.

Licona, *Resurrection.* • Licona, Michael R. *The Resurrection of Jesus: A New Historiographical Approach.* Downers Grove, IL: InterVarsity; Nottingham, UK: Apollos, 2010. 『예수의 부활』(새물결플러스 역간).

Licona and Van der Watt, "Historians and Miracles." • Licona, Michael R., and Jan G. Van der Watt. "Historians and Miracles: The Principle of Analogy and Antecedent Probability Reconsidered." *HTS/TS* 65 (1, 2009): article 129, 6 pages. http://www.hts.org.za.

Liefeld, "Preacher." • Liefeld, Walter L. "The Wandering Preacher as a Social Figure in the Roman Empire." PhD dissertation, Columbia University, 1967.

Lienhardt, "Death." • Lienhardt, Godfrey. "The Situation of Death: An Aspect of Anuak Philosophy." *AnthrQ* 35 (2, April 1962): 74–85.

Lightfoot, *Acts.* • Lightfoot, J. B. *The Acts of the Apostles: A Newly Discovered Commentary.* Vol. 1 of The Lightfoot Legacy Set. Edited by Ben Witherington III and Todd D. Still. Downers Grove, IL: IVP Academic, 2014.

Lightfoot, *Commentary.* • Lightfoot, John. *A Commentary on the New Testament from the Talmud and Hebraica, Matthew—I Corinthians.* 4 vols. Grand Rapids: Baker, 1979.

Lines, "Readings." • Lines, Kevin P. "Exegetical and Extispicic Readings of the Bible in Turkana, Kenya, and North America." *Asbury Journal* 66 (1, 2011): 65–94.

Littlejohn and Foss, *Encyclopedia.* • Littlejohn, Stephen W., and Karen A. Foss. *Encyclopedia of Communication Theory.* Los Angeles: Sage, 2009.

Littlejohn and Foss, *Theories.* • Littlejohn, Stephen W., and Karen A. Foss. *Theories of Human Communication.* Long Grove, IL: Waveland Press, 2011.

Livingston, *Pentateuch.* • Livingston, G. Herbert. *The Pentateuch in Its Cultural Environment.* Grand Rapids: Baker, 1974.

Llewellyn, "Events." • Llewellyn, Russ. "Religious and Spiritual Miracle Events in Real-Life Experience." 241–63 in *Religious and Spiritual Events.* Vol. 1 in *Miracles: God, Science, and Psychology in the Paranormal.* Edited by J. Harold Ellens. Westport, CT: London: Praeger, 2008.

Llewellyn-Jones, *Tortoise.* • Llewellyn-Jones, Lloyd. *Aphrodite's Tortoise: The Veiled Woman of Ancient Greece.* Swansea: The Classical Press of Wales, 2003.

Lloyd-Jones, *Christianity.* • Lloyd-Jones, Martyn. *Authentic Christianity.* Studies in the Book of Acts 1. Wheaton, IL: Crossway, 2000.

Long, "Allegory." • Long, A. A. "Allegory in Philo and Etymology in Stoicism: A Plea for Drawing Distinctions." *Studia Philonica Annual* 9 (1997): 198–210.

Long and McMurry, *Collapse.* • Long, Zeb Bradford, and Douglas McMurry. *The Collapse of the Brass Heaven: Rebuilding Our Worldview to Embrace the Power of God.* Grand Rapids: Chosen, 1994.

Longenecker, *Exegesis.* • Longenecker, Richard N. *Biblical Exegesis in the Apostolic Period.* Grand

Rapids: Eerdmans, 1975.

Longenecker, *Rhetoric*. • Longenecker, Bruce W. *Rhetoric at the Boundaries: The Art and Theology of the New Testament Chain-Link Transitions*. Waco, TX: Baylor University Press, 2005.

Longman, "Honest." • Longman, Tremper, III. "Getting Brutally Honest with God." *CT* April 2015: 56–59.

Lopez, *Apostle*. • Lopez, Davina C. *Apostle to the Conquered: Reimagining Paul's Mission*. Minneapolis: Fortress, 2008.

Lopez, "Visualizing." • Lopez, Davina C. "Visualizing Significant Otherness: Reimagining Paul(ine Studies) through Hybrid Lenses." 74–94 in *The Colonized Apostle: Paul through Postcolonial Eyes*. Edited by Christopher D. Stanley. Paul in Critical Contexts (series). Minneapolis: Fortress, 2011.

Loughlin, *Story*. • Loughlin, Gerard. *Telling God's Story: Bible, Church, and Narrative Theology.* Cambridge: Cambridge University Press, 1996.

Lovett, "Holiness-Pentecostalism." • Lovett, Leonard. "Black Holiness-Pentecostalism." 76–84 in *DPCM*.

Lozano and Roth, "Problem." • Lozano, Gilberto, and Federico A. Roth. "The Problem and Promise of Praxis in Postcolonial Criticism." 183–96 in *Evangelical Postcolonial Conversations: Global Awakenings in Theology and Practice*. Edited by Kay Higuera Smith, Jayachitra Lalitha, and L. Daniel Hawk. Downers Grove, IL: IVP Academic, 2014.

Lundin, *Disciplining Hermeneutics*. • Lundin, Roger. *Disciplining Hermeneutics: Interpretation in Christian Perspective*. Grand Rapids: Eerdmans, 1997.

Lung-Kwong, *Purpose*. • Lung-Kwong, Lo. *Paul's Purpose in Writing Romans: The Upbuilding of a Jewish and Gentile Christian Community in Rome*. Edited by Philip P. Chia and Yeo Khiok-khng. Jian Dao Dissertation Series 6. Bible and Literature 4. Hong Kong: Alliance Bible Seminary Press, 1998.

Lutgendorf et al., "Participation." • Lutgendorf, Susan K., Daniel Russell, Philip Ullrich, Tamara B. Harris, and Robert Wallace. "Religious Participation, Interleukin-6, and Mortality in Older Adults." *HealthPsy* 23 (5, 2004): 465–75.

Lyons, "Fourth Wave." • Lyons, John. "The Fourth Wave and the Approaching Millennium: Some Problems with Charismatic Hermeneutics." *Anvil* 15 (3, 1998): 169–80.

Ma, "Encounter." • Ma, Julie C. " 'A Close Encounter with the Transcendental': Proclamation and Manifestation in Pentecostal Worship in Asian Context." 127–45 in *Asian Church and God's Mission: Studies Presented in the International Symposium on Asian Mission in Manila, January 2002*. Edited by Wonsuk Ma and Julie C. Ma. Manila: OMF Literature; West Caldwell, NJ: MWM, 2003.

Ma, "Eschatology." • Ma, Wonsuk. "Pentecostal Eschatology: What Happened When the Wave Hit the West End of the Ocean." *AJPS* 12 (1, January 2009): 95–112.

Ma, "Shift." • Ma, Wonsuk. "A Global Shift of World Christianity and Pentecostalism." 62–70 in *The Many Faces of Global Pentecostalism*. Edited by Harold D. Hunter and Neil Ormerod. Cleveland, TN: CPT Press, 2013.

Ma, *Spirit*. • Ma, Julie C. *When the Spirit Meets the Spirits: Pentecostal Ministry among the Kanka-*

na-ey Tribe in the Philippines. SICHC 118. Frankfurt: Peter Lang, Wien, 2000.

Ma, "Studies." • Ma, Wonsuk. "Biblical Studies in the Pentecostal Tradition: Yesterday, Today, and Tomorrow." 52–69 in *The Globalization of Pentecostalism: A Religion Made to Travel.* Edited by Murray W. Dempster, Byron D. Klaus, and Douglas Petersen. Foreword by Russell P. Spittler. Carlisle, UK: Paternoster; Oxford: Regnum, 1999.

Ma, "Women." • Ma, Julie. "Asian Women and Pentecostal Ministry." 129–46 in *Asian and Pentecostal: The Charismatic Face of Christianity in Asia.* Edited by Allan Anderson and Edmond Tang. Foreword by Cecil M. Robeck. RStMiss, AJPSS 3. Oxford: Regnum; Baguio City, Philippines: APTS, 2005.

MacArthur, *Fire.* • MacArthur, John. *Strange Fire: The Danger of Offending the Holy Spirit with Counterfeit Worship.* Nashville: Thomas Nelson, 2013.

Macchia, "Babel." • Macchia, Frank D. "Babel and the Tongues of Pentecost—Reversal or Fulfilment? A Theological Perspective." 34–51 in *Speaking in Tongues: Multi-disciplinary Perspectives.* Edited by Mark J. Cartledge. SPCI. Waynesboro, GA, and Bletchley, Milton Keynes, UK: Paternoster, 2006.

Macchia, "Spirit and Text." • Macchia, Frank D. "The Spirit and the Text: Recent Trends in Pentecostal Hermeneutics." *Spirit & Church* 2 (1, 2000): 53–65.

Macchia, "Spirit of Lamb." • Macchia, Frank D. "The Spirit of the Lamb: A Reflection on the Pneumatology of Revelation." 214–20 in *But These Are Written...: Essays on Johannine Literature in Honor of Professor Benny C. Aker.* Edited by Craig S. Keener, Jeremy S. Crenshaw, and Jordan Daniel May. Eugene, OR: Pickwick, 2014.

Macchia, *Spirituality.* • Macchia, Frank D. *Spirituality and Social Liberation: The Message of the Blumhardts in the Light of Wuerttemberg Pietism.* Pietist and Wesleyan Studies. Metuchen, NJ: Scarecrow, 1993.

Maccini, *Testimony.* • Maccini, Robert Gordon. *Her Testimony Is True: Women as Witnesses according to John.* JSNTSup 125. Sheffield, UK: Sheffield Academic, 1996.

MacDonald, *Theology of Samaritans.* • MacDonald, John. *The Theology of the Samaritans.* Philadelphia: Westminster, 1964.

Maclean and Aitken, "Introduction." • Maclean, Jennifer K. Berenson, and Ellen Bradshaw Aitken. "Introduction." xil–xcii in *Flavius Philostratus: Heroikos.* Translated and edited by Jennifer K. Berenson Maclean and Ellen Bradshaw Aitken. SBL Writings from the Greco-Roman World, 1. Volume editor: Jackson P. Hershbell. Atlanta: Society of Biblical Literature, 2001.

MacMullen, "Women in Public." • MacMullen, Ramsay. "Women in Public in the Roman Empire." *Historia* 29 (1980): 209–18.

MacNutt, *Healing.* • MacNutt, Francis. *Healing.* Notre Dame, IN: Ave Maria, 1974.

Maggay, "Issues." • Maggay, Melba Padilla. "Early Protestant Missionary Efforts in the Philippines: Some Intercultural Issues." 29–41 in *Asian Church and God's Mission: Studies Presented in the International Symposium on Asian Mission in Manila, January 2002.* Edited by Wonsuk Ma and Julie C. Ma. Manila: OMF Literature; West Caldwell, NJ: MWM, 2003.

Magrassi, *Praying the Bible.* • Magrassi, Mariano. *Praying the Bible: An Introduction to Lectio*

Divina. Collegeville, MN: Liturgical Press, 1998.

Malherbe, "Theorists." • Malherbe, Abraham J. "Ancient Epistolary Theorists." *Ohio Journal of Religious Studies* 5 (2, 1977): 3–77.

Malina, *Anthropology.* • Malina, Bruce J. *The New Testament World: Insights from Cultural Anthropology.* Atlanta: John Knox, 1981.

Malina, "Reading Theory Perspective." • Malina, Bruce J. "Reading Theory Perspective: Reading Luke-Acts." 3–23 in *The Social World of Luke-Acts: Models for Interpretation.* Edited by Jerome H. Neyrey. Peabody, MA: Hendrickson, 1991.

Malina, *Windows.* • Malina, Bruce J. *Windows on the World of Jesus: Time Travel to Ancient Judea.* Louisville: Westminster John Knox, 1993.

Malina and Pilch, *Acts.* • Malina, Bruce J., and John J. Pilch. *Social-Science Commentary on the Book of Acts.* Minneapolis: Fortress, 2008.

Malina and Pilch, *Letters.* • Malina, Bruce J., and John J. Pilch. *Social-Science Commentary on the Letters of Paul.* Minneapolis: Fortress, 2006.

Mandryk, *Operation World.* • Mandryk, Jason. *Operation World.* 7th ed. Colorado Springs: Biblica, 2010.

Manson, "Life of Jesus." • Manson, T. W. "The Life of Jesus: Some Tendencies in Present-day Research." 211–21 in *The Background of the New Testament and Its Eschatology: Essays in Honour of Charles Harold Dodd.* Edited by W. D. Davies and D. Daube. Cambridge: Cambridge University Press, 1964.

Maquet, "Shaman." • Maquet, Jacques. "Introduction: Scholar and Shaman." 1–6 in *Ecstasy and Healing in Nepal: An Ethnopsychiatric Study of Tamang Shamanism* by Larry Peters. Malibu: Undena Publications, 1981.

Margenau, "Laws." • Margenau, Henry. "The Laws of Nature Are Created by God." 57–63 in *Cosmos, Bios, and Theos: Scientists Reflect on Science, God, and the Origins of the Universe, Life, and* Homo Sapiens. Edited by Henry Margenau and Roy Abraham Varghese. La Salle, IL: Open Court, 1992.

Marguerat, *Actes.* • Marguerat, Daniel. *Les Actes des apôtres (1–12).* CNT, 2e série, 5 A. Geneva: Labor et Fides, 2007.

Marguerat, "Enigma of Closing." • Marguerat, Daniel. "The Enigma of the Silent Closing of Acts (28:16–31)." 284–304 in *Jesus and the Heritage of Israel: Luke's Narrative Claim upon Israel's Legacy.* Edited by David P. Moessner. Luke the Interpreter of Israel 1. Harrisburg, PA: Trinity Press International, 1999.

Marguerat, *Histoire.* • Marguerat, Daniel. *La premiere histoire du christianisme (les Actes des apôtres).* LD 180. Paris: Cerf, 1999.

Marguerat, *Historian.* • Marguerat, Daniel. *The First Christian Historian: Writing the "Acts of the Apostles."* Translated by Ken McKinney, Gregory J. Laughery, and Richard Bauckham. SNTSMS 121. Cambridge: Cambridge University Press, 2002.

Marshall, *Beyond Bible.* • Marshall, I. Howard. *Beyond the Bible: Moving from Scripture to Theology.* With essays by Kevin J. Vanhoozer and Stanley E. Porter. Grand Rapids: Baker Academic, 2004.

Marshall, *Blood.* • Marshall, Paul A. *Their Blood Cries Out: The Worldwide Tragedy of Modern Christians Who Are Dying for Their Faith.* Dallas: Word, 1997.

Marshall, *Enmity.* • Marshall, Peter. *Enmity in Corinth: Social Conventions in Paul's Relations with the Corinthians.* WUNT 2.23. Tübingen: Mohr Siebeck, 1987.

Marshall, *Historian and Theologian.* • Marshall, I. Howard. *Luke: Historian and Theologian.* Exeter, UK: Paternoster, 1970.

Marshall, "Luke as Theologian." • Marshall, I. Howard. "Luke as Theologian." 4:402–3 in *ABD.*

Marshall, *Origins.* • Marshall, I. Howard. *The Origins of New Testament Christology.* 2nd ed. Downers Grove, IL: InterVarsity, 1990. 『신약 기독론의 기원』(CLC 역간).

Marshall, "Significance of Pentecost." • Marshall, I. Howard. "The Significance of Pentecost." *SJT* 30 (4, 1977): 347–69.

Marshall, Gilbert, and Shea, *Persecuted.* • Marshall, Paul, Lela Gilbert, and Nina Shea. *Persecuted: The Global Assault on Christians.* Foreword by Eric Metaxas. Afterword by Archbishop Charles J. Chaput. Nashville: Thomas Nelson, 2013.

Marshall and Shea, *Silenced.* • Marshall, Paul, and Nina Shea. *Silenced: How Apostasy and Blasphemy Codes Are Choking Freedom Worldwide.* New York: Oxford University Press, 2011.

Martell-Otero, "Liberating News." • Martell-Otero, Loida I. "Liberating News: An Emerging U.S. Hispanic/Latina Soteriology of the Crossroads." PhD dissertation, Fordham University Department of Theology, 2004.

Martell-Otero, "Satos." • Martell-Otero, Loida I. "Of Satos and Saints: Salvation from the Periphery." 7–33 in *Perspectivas.* HTIOPS 4, Summer 2001. Edited by Renata Furst-Lambert.

Martin, *Acts.* • Martin, Francis, ed., in collaboration with Evan Smith. *Acts.* ACCS: New Testament 5. Downers Grove, IL: InterVarsity, 2006.

Martin, *Bede.* • Martin, Lawrence T., ed. and trans. *Venerable Bede: Commentary on the Acts of the Apostles.* Kalamazoo, MI: Cistercian, 1989.

Martin, "Hearing." • Martin, Lee Roy. "Hearing the Voice of God: Pentecostal Hermeneutics and the Book of Judges." 205–32 in *Pentecostal Hermeneutics: A Reader.* Edited by Lee Roy Martin. Leiden: Brill, 2013.

Martin, "Introduction." • Martin, Lee Roy. "Introduction to Pentecostal Hermeneutics." 1-9 in *Pentecostal Hermeneutics: A Reader.* Edited by Lee Roy Martin. Leiden: Brill, 2013.

Martin, "Psalm 63." • Martin, Lee Roy. "Psalm 63 and Pentecostal Spirituality: An Exercise in Affective Hermeneutics." 263–84 in *Pentecostal Hermeneutics: A Reader.* Edited by Lee Roy Martin. Leiden: Brill, 2013.

Martin, *Reader.* • Martin, Lee Roy, ed. *Pentecostal Hermeneutics: A Reader.* Leiden: Brill, 2013.

Martin, "Renewal." • Martin, Francis. "The Charismatic Renewal and Biblical Hermeneutics." 1–37 in *Theological Reflections on the Charismatic Renewal.* Edited by John C. Haughey. Ann Arbor: Servant, 1978.

Martin, *Slavery.* • Martin, Dale B. *Slavery as Salvation: The Metaphor of Slavery in Pauline Christianity.* New Haven: Yale University Press, 1990.

Martin, "Spirit and Flesh." • Martin, Francis. "Spirit and Flesh in the Doing of Theology." Paper presented to the 15th annual meeting of the Society for Pentecostal Studies, 1985.

Martin, "Voice of Emotion." • Martin, Troy W. "The Voice of Emotion: Paul's Pathetic Persuasion (Gal 4:12–20)." 181–202 in *Paul and Pathos.* Edited by Thomas H. Olbricht and Jerry L. Sumney. SBLSymS 16. Atlanta: SBL, 2001.

Martínez-Taboas, "Seizures." • Martínez-Taboas, Alfonso. "Psychogenic Seizures in an Espiritismo Context: The Role of Culturally Sensitive Psychotherapy." *PsycTRPT* 42 (1, Spring 2005): 6–13.

Martyn, *Galatians.* • Martyn, J. Louis. *Galatians.* AB 33A. New Haven: Yale University Press, 1997.

Martyn, "Glimpses." • Martyn, J. Louis. "Glimpses into the History of the Johannine Community." 149–76 in *L'Évangile de Jean: Sources, rédaction, théologie.* Edited by M. De Jonge. Bibliotheca Ephemeridum Theologicarum Lovaniensium 45. Gembloux: J. Duculot; Leuven: University Press, 1977.

Martyn, *Theology.* • Martyn, J. Louis. *History and Theology in the Fourth Gospel.* Nashville: Abingdon, 1968.

Matthews and Clark, *Faith Factor.* • Matthews, Dale A., with Connie Clark. *The Faith Factor: Proof of the Healing Power of Prayer.* New York: Viking Penguin, 1998.

Maxwell, "Audience." • Maxwell, Kathy R. "The Role of the Audience in Ancient Narrative: Acts as a Case Study." *ResQ* 48 (3, 2006): 171–80.

Maxwell, "Witches." • Maxwell, David. "Witches, Prophets, and Avenging Spirits: The Second Christian Movement in North-East Zimbabwe." *JRelAf* 25 (3, 1995): 309–39.

May, *Witnesses.* • May, Jordan Daniel. *Global Witnesses to Pentecost: The Testimony of "Other Tongues."* Cleveland, TN: CPT Press, 2013.

Mayers, *Christianity Confronts Culture.* • Mayers, Marvin K. *Christianity Confronts Culture: A Strategy for Crosscultural Evangelism.* Grand Rapids: Zondervan, 1987.

Mayrargue, "Expansion." • Mayrargue, Cedric. "The Expansion of Pentecostalism in Benin: Individual Rationales and Transnational Dynamics." 274–92 in *Between Babel and Pentecost: Transnational Pentecostalism in Africa and Latin America.* Edited by André Corten and Ruth Marshall-Fratani. Bloomington, Indianapolis: Indiana University Press, 2001.

Mbiti, *Religions.* • Mbiti, John S. *African Religions and Philosophies.* Garden City, NY: Doubleday, 1970.

McCain and Keener, *Understanding and Applying.* • McCain, Danny, and Craig Keener. *Understanding and Applying the Scriptures.* Bukuru, Nigeria: Africa Christian Textbooks, 2003.

McClenon, *Events.* • McClenon, James. *Wondrous Events: Foundations of Religious Belief.* Philadelphia: University of Pennsylvania Press, 1994.

McClenon and Nooney, "Anomalous Experiences." • McClenon, James, and Jennifer Nooney. "Anomalous Experiences Reported by Field Anthropologists: Evaluating Theories Regarding Religion." *Anthropology of Consciousness* 13 (2, 2002): 46–60.

McClymond and McDermott, *Theology of Edwards.* • McClymond, Michael J., and Gerald R. McDermott. *The Theology of Jonathan Edwards.* New York: Oxford University Press, 2012.

McConnell, *Different Gospel.* • McConnell, D. R. *A Different Gospel: A Historical and Biblical*

Analysis of the Modern Faith Movement. Peabody, MA: Hendrickson, 1988.

McDonald, *Canon.* • McDonald, Lee Martin. *The Biblical Canon: Its Origin, Transmission, and Authority.* Peabody, MA: Hendrickson, 2007.

McDonald and Sanders, *Debate.* • McDonald, Lee Martin, and James A. Sanders, eds., *The Canon Debate.* Peabody, MA: Hendrickson, 2002.

McDonnell and Montague, *Initiation.* • McDonnell, Kilian, and George T. Montague. *Christian Initiation and Baptism in the Holy Spirit: Evidence from the First Eight Centuries.* Collegeville, MN: Liturgical Press, 1991.

McEntyre, *Phrase.* • McEntyre, Marilyn Chandler. *What's in a Phrase? Pausing Where Scripture Gives You Pause.* Grand Rapids: Eerdmans, 2014.

McGee, "Calcutta Revival." • McGee, Gary B. "The Calcutta Revival of 1907 and the Reformulation of Charles F. Parham's 'Bible Evidence' Doctrine." *AJPS* 6 (1, 2003): 123–43.

McGee, "Hermeneutics." • McGee, Gary B. "Early Pentecostal Hermeneutics: Tongues as Evidence in the Book of Acts." 96–118 in *Initial Evidence: Historical and Biblical Perspectives on the Pentecostal Doctrine of Spirit Baptism.* Edited by Gary B. McGee. Peabody, MA: Hendrickson, 1991.

McGee, "Logic." • McGee, Gary B. "Taking the Logic 'a Little Further': Late Nineteenth-Century References to the Gift of Tongues in Mission-Related Literature and Their Influence on Early Pentecostalism." *AJPS* 9 (1, 2006): 99–125.

McGee, "Miracles." • McGee, Gary B. "Miracles." 252–54 in *Encyclopedia of Mission and Missionaries.* Edited by Jonathan J. Bonk. New York: Routledge, 2007.

McGee, *Miracles.* • McGee, Gary B. *Miracles, Missions, and American Pentecostalism.* AmSoc-MissS 45. Maryknoll, NY: Orbis, 2010.

McGee, "Miracles and Mission." • McGee, Gary B. "Miracles and Mission Revisited." *IBMR* 25 (October 2001): 146–56.

McGee, *People of Spirit.* • McGee, Gary B. *People of the Spirit: The Assemblies of God.* Springfield, MO: Gospel, 2004.

McGee, "Possessions." • McGee, Daniel B. "Sharing Possessions: A Study in Biblical Ethics." 163–78 in *With Steadfast Purpose: Essays on Acts in Honor of Henry Jackson Flanders, Jr.* Edited by Naymond H. Keathley. Waco: Baylor University Press, 1990.

McGee, "Radical Strategy." • McGee, Gary B. "The Radical Strategy in Modern Mission: The Linkage of Paranormal Phenomena with Evangelism." 69–95 in *The Holy Spirit and Mission Dynamics.* Edited by C. Douglas McConnell. Evangelical Missiological Society Series 5. Pasadena: William Carey, 1997.

McGee, "Regions Beyond." • McGee, Gary B. "To the Regions Beyond: The Global Expansion of Pentecostalism." 69–95 in *The Century of the Holy Spirit: 100 Years of Pentecostal and Charismatic Renewal, 1901–2001.* Edited by Vinson Synan. Nashville: Thomas Nelson, 2001.

McGee, "Shortcut." • McGee, Gary B. "Shortcut to Language Preparation? Radical Evangelicals, Missions, and the Gift of Tongues." *IBMR* 25 (July 2001): 118–23.

McGee, "Strategies." • McGee, Gary B. "Strategies for Global Mission." 203–24 in *Called and*

Empowered: Global Mission in Pentecostal Perspective. Edited by Murray A. Dempster, Byron D. Klaus, and Douglas Petersen. Peabody, MA: Hendrickson, 1991.

McGee, "Strategy." • McGee, Gary B. "The Radical Strategy." 47–59 in *Signs and Wonders in Ministry Today.* Edited by Benny C. Aker and Gary B. McGee. Foreword by Thomas E. Trask. Springfield, MO: Gospel, 1996.

McGrath, *Universe.* • McGrath, Alister E. *A Fine-Tuned Universe: The Quest for God in Science and Theology.* Louisville: John Knox, 2009.

McGrew, "Argument." • McGrew, Timothy. "The Argument from Miracles: A Cumulative Case for the Resurrection of Jesus of Nazareth." 593–662 in *The Blackwell Companion to Natural Theology.* Edited by J. P. Moreland and William Lane Craig. Malden, MA: Blackwell, 2009.

Mchami, "Possession." • Mchami, R. E. K. "Demon Possession and Exorcism in Mark 1:21–28." *AfThJ* 24 (1, 2001): 17–37.

McInerny, *Miracles.* • McInerny, Ralph M. *Miracles: A Catholic View.* Huntington, IN: Our Sunday Visitor Publishing Division, 1986.

McKay, "Veil." • McKay, John W. "When the Veil Is Taken Away: The Impact of Prophetic Experience on Biblical Interpretation." 57–80 in *Pentecostal Hermeneutics: A Reader.* Edited by Lee Roy Martin. Leiden: Brill, 2013.

McKenzie, "Signs." • McKenzie, John L. "Signs and Power: The New Testament Presentation of Miracles." *ChicSt* 3 (1, Spring 1964): 5–18.

McKim, *Guide.* • McKim, Donald K., ed. *A Guide to Contemporary Hermeneutics: Major Trends in Biblical Interpretation.* Grand Rapids: Eerdmans, 1986.

McKnight and Malbon, "Introduction." • McKnight, Edgar V., and Elizabeth Struthers Malbon. "Introduction." 15–26 in *The New Literary Criticism and the New Testament.* Edited by Edgar V. McKnight and Elizabeth Struthers Malbon. Valley Forge, PA: Trinity Press International; Sheffield, UK: JSOT Press, 1994.

McLaughlin, *Ethics.* • McLaughlin, Raymond W. *The Ethics of Persuasive Preaching.* Grand Rapids: Baker, 1979.

McNamara, "Nature." • McNamara, Kevin. "The Nature and Recognition of Miracles." *ITQ* 27 (1960): 294–322.

McNaughton, *Blacksmiths.* • McNaughton, Patrick R. *The Mande Blacksmiths: Knowledge, Power, and Art in West Africa.* Bloomington: Indiana University Press, 1988.

McQueen, *Joel and Spirit.* • McQueen, Larry R. *Joel and the Spirit: The Cry of a Prophetic Hermeneutic.* Cleveland, TN: CPT, 2009.

McQuilkin, *Understanding.* • McQuilkin, Robertson. *Understanding and Applying the Bible.* Rev. ed. Chicago: Moody, 2009.

Meagher, "Pentecost Spirit." • Meagher, P. M. "Pentecost Spirit: To Witness." *Vidyajyoti* 62 (4, 1998): 273–79.

Mendels, "Empires." • Mendels, Doron. "The Five Empires: A Note on a Propagandistic *Topos.*" *American Journal of Philology* 102 (3, 1981): 330–37.

Mensah, "Basis." • Mensah, Felix Augustine. "The Spiritual Basis of Health and Illness in Africa." 171–80 in *Health Knowledge and Belief Systems in Africa.* Edited by Toyin Falola and

Matthew M. Heaton. Durham, NC: Carolina Academic Press, 2008.

Menzies, *Anointed.* • Menzies, William W. *Anointed to Serve: The Story of the Assemblies of God.* Springfield, MO: Gospel, 1971.

Menzies, "Bandwagon." • Menzies, Robert P. "Jumping Off the Postmodern Bandwagon." *Pneuma* 16 (1994): 115–20.

Menzies, *Empowered.* • Menzies, Robert P. *Empowered for Witness: The Spirit in Luke-Acts.* London: T&T Clark, 2004.

Menzies, "Methodology." • Menzies, William W. "The Methodology of Pentecostal Theology: An Essay on Hermeneutics." 1–14 in *Essays on Apostolic Themes: Studies in Honor of Howard M. Ervin.* Edited by Paul Elbert. Peabody, MA: Hendrickson, 1985.

Menzies, "Paradigm." • Menzies, Robert P. "Acts 2.17–21: A Paradigm for Pentecostal Mission." *JPT* 17 (2, 2008): 200–218.

Menzies, "Revelator." • Menzies, Robert P. "Was John the Revelator Pentecostal?" 221–34 in *But These Are Written...: Essays on Johannine Literature in Honor of Professor Benny C. Aker.* Edited by Craig S. Keener, Jeremy S. Crenshaw, and Jordan Daniel May. Eugene, OR: Pickwick, 2014.

Menzies, "Tongues." • Menzies, Glen. "Tongues as 'The Initial Physical Sign' of Spirit Baptism in the Thought of D. W. Kerr." *Pneuma* 20 (2, Fall 1998): 175–89.

Menzies and Anderson, "Eschatological Diversity." • Menzies, Glen, and Gordon L. Anderson. "D. W. Kerr and Eschatological Diversity in the Assemblies of God." *Paraclete* (Winter 1993): 8–16.

Merrick, "Tracing." • Merrick, Teri R. "Tracing the Metanarrative of Colonialism and Its Legacy." 108–20 in *Evangelical Postcolonial Conversations: Global Awakenings in Theology and Practice.* Edited by Kay Higuera Smith, Jayachitra Lalitha, and L. Daniel Hawk. Downers Grove, IL: IVP Academic, 2014.

Merrick, Garrett, and Gundry, *Views.* • Merrick, J., Stephen M. Garrett, and Stanley N. Gundry, eds. *Five Views on Biblical Inerrancy.* Counterpoints. Grand Rapids: Zondervan, 2013.

Merz, "Witch." • Merz, Johannes. " 'I Am a Witch in the Holy Spirit': Rupture and Continuity of Witchcraft Beliefs in African Christianity." *Missiology* 36 (2, April 2008): 201–17.

Metaxas, *Miracles.* • Metaxas, Eric. *Miracles: What They Are, Why They Happen, and How They Can Change Your Life.* New York: Dutton, 2014.

Meyer, "Deed." • Meyer, Ben F. "Appointed Deed, Appointed Doer: Jesus and the Scriptures." 155–76 in *Authenticating the Activities of Jesus.* Edited by Bruce Chilton and Craig A. Evans. NTTS 28.2. Leiden: Brill, 1999.

Meyer, *Realism.* • Meyer, Ben F. *Critical Realism and the New Testament.* PrTMS 17. Allison Park, PA: Pickwick, 1989.

Meyers, *Exodus.* • Meyers, Carol. *Exodus.* Cambridge: Cambridge University Press, 2005.

Michaels, *Gospel of John.* • Michaels, J. Ramsey. *The Gospel of John.* NICNT. Grand Rapids: Eerdmans, 2010.

Mickelsen, *Interpreting the Bible.* • Mickelsen, A. Berkeley. *Interpreting the Bible.* Grand Rapids: Eerdmans, 1963.

Míguez Bonino, "Acts 2." • Míguez Bonino, José. "Acts 2:1 –42: A Latin American Perspective." 161 –65 in *Return to Babel: Global Perspectives on the Bible.* Edited by John R. Levison and Priscilla Pope-Levison. Louisville: Westminster John Knox, 1999.

Milazzo, "Sermone." • Milazzo, Vincenza. " 'Etsi imperitus sermone…': Girolamo e i solecismi di Paolo nei commentari alle epistole paoline." *Annali di storia dell'esegesi* 12 (2, 1995): 261 –77.

Miller, *Empowered for Mission.* • Miller, Denzil R. *Empowered for Global Mission: A Missionary Look at the Book of Acts.* Foreword by John York. [Springfield, Mo.:] Life Publishers International, 2005.

Miller, *Tongues Revisited.* • Miller, Denzil R. *Missionary Tongues Revisited: More Than Evidence; Recapturing Luke's Missional Perspective on Speaking in Tongues.* Springfield, MO: PneumaLife, 2014.

Miller and Yamamori, *Pentecostalism.* • Miller, Donald E., and Tetsunao Yamamori. *Global Pentecostalism: The New Face of Christian Social Engagement.* Berkeley: University of California Press, 2007.

Minogue, "Religion." • Minogue, Kenneth. "Religion, Reason and Conflict in the Twenty-first Century." *NatInt* (Summer 2003): 127 – 32.

Miskov, *Life on Wings.* • Miskov, Jennifer A. *Life on Wings: The Forgotten Life and Theology of Carrie Judd Montgomery (1858–1946).* Cleveland, TN: CPT Press, 2012.

Mitchell, "Accommodation." • Mitchell, Margaret M. "Pauline Accommodation and 'Condescension' (συγκατάβασις: 1 Cor 9:19 –23 and the History of Influence." 197 –214 in *Paul Beyond the Judaism/Hellenism Divide.* Edited by Troels Engberg-Pedersen. Louisville: Westminster John Knox, 2001.

Mittelstadt, *Reading.* • Mittelstadt, Martin William. *Reading Luke-Acts in the Pentecostal Tradition.* Cleveland, TN: CPT Press, 2010.

Moberly, "Hermeneutics." • Moberly, R. Walter L. "Pneumatic Biblical Hermeneutics: A Response." 160 –65 in *Spirit and Scripture: Exploring a Pneumatic Hermeneutic.* Edited by Kevin L. Spawn and Archie T. Wright. New York: Bloomsbury, 2012.

Moles, "Time." • Moles, John. "Time and Space Travel in Luke-Acts." 101 –22 in *Engaging Early Christian History: Reading Acts in the Second Century.* Edited by Rubén R. Dupertuis and Todd Penner. Bristol, CT: Acumen, 2013.

Moltmann, "Blessing." • Moltmann, Jürgen. "The Blessing of Hope: The Theology of Hope and the Full Gospel of Life." *JPT* 13 (2, 2005): 147 –61.

Montefiore, *Miracles.* • Montefiore, Hugh. *The Miracles of Jesus.* London: SPCK, 2005.

Montefiore and Loewe, *Anthology.* • Montefiore, C. G., and Herbert Loewe, eds. and trans. *A Rabbinic Anthology.* London: Macmillan, 1938. Reprinted with a new prolegomenon by Raphael Loewe. New York: Schocken, 1974.

Moore, "Approach." • Moore, Rickie D. "A Pentecostal Approach to Scripture." 11 –13 in *Pentecostal Hermeneutics: A Reader.* Edited by Lee Roy Martin. Leiden: Brill, 2013.

Moore, "Cadaver." • Moore, Stephen D. "How Jesus' Risen Body Became a Cadaver." 269 –82 in *The New Literary Criticism and the New Testament.* Edited by Edgar V. McKnight and Elizabeth Struthers Malbon. Valley Forge, PA: Trinity Press International, 1994; Sheffield: JSOT Press, 1994.

Moore, "Canon." • Moore, Rickie D. "Canon and Charisma in the Book of Deuteronomy." 15–31 in *Pentecostal Hermeneutics: A Reader.* Edited by Lee Roy Martin. Leiden: Brill, 2013.

Moore, "Empire." • Moore, Stephen D. "The Empire of God and the Postcolonial Era." *Reflections* 95 (1, 2008): 69–71.

Moore, "Fire of God." • Moore, Rickie D. "Deuteronomy and the Fire of God: A Critical Charismatic Interpretation." 109–30 in *Pentecostal Hermeneutics: A Reader. Pentecostal Hermeneutics: A Reader.* Edited by Lee Roy Martin. Leiden: Brill, 2013.

Moore, "God's Word." • Moore, Rick. "Approaching God's Word Biblically: A Pentecostal Perspective." Paper presented to the 19th Annual Meeting of the Society of Pentecostal Studies, Fresno, 1989.

Moore, *Judaism.* • Moore, George Foot. *Judaism in the First Centuries of the Christian Era.* 3 vols. Cambridge, MA: Harvard University Press, 1927–30. Repr., 3 vols. in 2. New York: Schocken, 1971.

Moore, "Manifesto." • Moore, Stephen D. "A Modest Manifesto for New Testament Literary Criticism: How to Interface with a Literary Studies Field That Is Post-Literary, Post-Theoretical, and Post-Methodological." *Biblical Interpretation* 15 (1, 2007): 1–25.

Moore, "Paul after Empire." • Moore, Stephen D. "Paul after Empire." 9–23 in *The Colonized Apostle: Paul through Postcolonial Eyes.* Edited by Christopher D. Stanley. Paul in Critical Contexts (series). Minneapolis: Fortress, 2011.

Moore, *Poststructuralism.* • Moore, Stephen D. *Poststructuralism and the New Testament: Derrida and Foucault at the Foot of the Cross.* Minneapolis: Fortress, 1994.

Moore, "Quakerism." • Moore, Rosemary. "Late Seventeenth-Century Quakerism and the Miraculous: A New Look at George Fox's 'Book of Miracles.'" 335–44 in *Signs, Wonders, Miracles: Representations of Divine Power in the Life of the Church. Papers Read at the 2003 Summer Meeting and the 2004 Winter Meeting of the Ecclesiastical History Society.* Edited by Kate Cooper and Jeremy Gregory. Rochester, NY: Boydell & Brewer, for the Ecclesiastical History Society, 2005.

Moore, "Turn." • Moore, Stephen D. "The 'Turn to Empire' in Biblical Studies." *Scuola Cattolica* 35 (1, 2012): 19–27.

Moore and Segovia, *Criticism.* • Moore, Stephen D., and Fernando F. Segovia. *Postcolonial Biblical Criticism: Interdisciplinary Intersections.* London: T&T Clark, 2005.

Moreland, *Triangle.* • Moreland, J. P. *Kingdom Triangle: Recover the Christian Mind, Renovate the Soul, Restore the Spirit's Power.* Grand Rapids: Zondervan, 2007.

Moreland and Issler, *Faith.* • Moreland, J. P., and Klaus Issler. *In Search of a Confident Faith: Overcoming Barriers to Trusting God.* Downers Grove, IL: InterVarsity, 2008.

Morsy, "Possession." • Morsy, Soheir A. "Spirit Possession in Egyptian Ethnomedicine: Origins, Comparison, and Historical Specificity." 189–208 in *Women's Medicine: The* Zar-Bori *Cult in Africa and Beyond.* Edited by I. M. Lewis, Ahmed Al-Safi, and Sayyid Hurreiz. Edinburgh: International African Institute, Edinburgh University Press, 1991.

Mott, "Science." • Mott, Nevill. "Science Will Never Give Us the Answers to All Our Questions." 64–69 in *Cosmos, Bios, and Theos: Scientists Reflect on Science, God, and the Origins of the Universe, Life, and* Homo Sapiens. Edited by Henry Margenau and Roy Abraham Varghese. La Salle, IL: Open Court, 1992.

Moule, *Mark.* • Moule, C. F. D. *The Gospel according to Mark.* Cambridge: Cambridge University Press, 1965.

Moule, *Messengers.* • Moule, C. F. D. *Christ's Messengers: Studies in the Acts of the Apostles.* New York: Association, 1957.

Mozley, *Lectures.* • Mozley, J. B. *Eight Lectures on Miracles Preached Before the University of Oxford in the Year MDCCCLXV, on the Foundation of the Late Rev. John Bampton.* 3rd ed. New York: Scribner, Welford & Co., 1872.

Mueller, *Barth.* • Mueller, David L. *Karl Barth.* Makers of the Modern Theological Mind. Waco: Word, 1972.

Mueller, "Temple Scroll." • Mueller, James R. "The Temple Scroll and the Gospel Divorce Texts." *RevQ* 10 (2, 1980): 247–56.

Mulholland, *Shaped.* • Mulholland, M. Robert, Jr., *Shaped by the Word: The Power of Scripture in Spiritual Formation.* Rev. ed. Nashville: Upper Room, 2000.

Mullin, *History.* • Mullin, Robert Bruce. *A Short World History of Christianity.* Louisville: Westminster John Knox, 2008.

Murray, *Splendor.* • Murray, Margaret A. *The Splendor That Was Egypt.* New York: Hawthorn, 1963.

Musick, House, and Williams, "Attendance and Mortality." • Musick, Marc A., James S. House, and David R. Williams. "Attendance at Religious Services and Mortality in a National Sample." *JHSocBeh* 45 (2, 2004): 198–213.

Mussies, "Greek." • Mussies, G. "Greek in Palestine and in the Diaspora." 1040–64 in *JPFC.*

Myers, "Obedience." • Myers, Jason Andrew. "Obedience across Romans: Tracing a Book Wide Theme and Illustrating Obedience with Greco-Roman Literature." PhD dissertation, Asbury Theological Seminary, 2015.

N, *I Am N.* • *I Am N: Inspiring Stories of Christians Facing Islamic Extremists.* Colorado Springs: David C. Cook, 2016.

Nadar, "Feminism." • Nadar, Sarojini. " 'The Bible Says!': Feminism, Hermeneutics and Neo-Pentecostal Challenges." *Journal of Theology for Southern Africa* 134 (2009): 131–46.

Nasrallah, "Cities." • Nasrallah, Laura. "The Acts of the Apostles, Greek Cities, and Hadrian's Panhellenion." *JBL* 127 (3, 2008): 533–66.

Nebeker, "Spirit." • Nebeker, Gary L. "The Holy Spirit, Hermeneutics, and Transformation: From Present to Future Glory." *Evangelical Review of Theology* 27 (1, 2003): 47–54.

Neill, "Demons." • Neill, Stephen. "Demons, Demonology." 161–62 in *Concise Dictionary of the Christian World Mission.* Edited by Stephen Neill, Gerald H. Anderson, and John Goodwin. Nashville: Abingdon, 1971.

Neill, *History of Missions.* • Neill, Stephen. *A History of Christian Missions.* Harmondsworth, UK: Penguin, 1964.

Nelson, "Temple." • Nelson, Harold H. "The Egyptian Temple." 147–58 in *The Biblical Archaeologist Reader.* Edited by G. Ernest Wright and David Noel Freedman. Chicago: Quadrangle, 1961.

Neufeldt, "Legacy." • Neufeldt, Harvey G. "The Legacy of Jacob A. Loewen." *IBMR* 32 (3, July 2008): 141–48.

Newlands, "Ovid." • Newlands, Carole. "Select Ovid." *Classical World* 102 (2, 2009): 173–77.

Niang, *Faith.* • Niang, Aliou Cissé. *Faith and Freedom in Galatia and Senegal: The Apostle Paul, Colonists and Sending Gods.* BIS 97. Leiden: Brill, 2009.

Nichols, *History of Christianity.* • Nichols, James Hastings. *History of Christianity: 1650–1950; Secularization of the West.* New York: Ronald Press, 1956.

Nichols, *Shape.* • Nichols, Aidan. *The Shape of Catholic Theology: An Introduction to Its Sources, Principles, and History.* Collegeville, MN: Liturgical Press, 1991.

Nicholson, "Confidentiality." • Nicholson, John. "The Delivery and Confidentiality of Cicero's Letters." *CJ* 90 (1, 1994): 33–63.

Nicolls, "Laws." • Nicolls, William K. "Physical Laws and Physical Miracles." *ITQ* 27 (1960): 49–56.

Nienkirchen, "Visions." • Nienkirchen, Charles. "Conflicting Visions of the Past: The Prophetic Use of History in the Early American Pentecostal-Charismatic Movements." 119–33 in *Charismatic Christianity as a Global Culture.* Edited by Karla Poewe. SCR. Columbia: University of South Carolina Press, 1994.

Nineham, *Mark.* • Nineham, D. E. *Gospel of Saint Mark.* Baltimore: Penguin, 1963. Repr., Philadelphia: Westminster, 1977.

Noble, *Approach.* • Noble, Paul R. *The Canonical Approach: A Critical Reconstruction of the Hermeneutics of Brevard S. Childs.* Leiden: Brill, 1995.

Noel, "Fee." • Noel, B. T. "Gordon Fee and the Challenge to Pentecostal Hermeneutics: Thirty Years Later." *Pneuma* 26 (1, 2004): 60–80.

Noll, *History.* • Noll, Mark A. *A History of Christianity in the United States and Canada.* Grand Rapids: Eerdmans, 1992.

Noll, *Rise.* • Noll, Mark A. *The Rise of Evangelicalism: The Age of Edwards, Whitefield, and the Wesleys.* Vol. 1 in *A History of Evangelicalism: People Movements and Ideas in the English-Speaking World.* Downers Grove, IL: InterVarsity, 2003.

Noll, *Shape.* • Noll, Mark A. *The New Shape of World Christianity: How American Experience Reflects Global Faith.* Downers Grove, IL: IVP Academic, 2009.

Numbere, *Vision.* • Numbere, Nonyem E. *A Man and a Vision: A Biography of Apostle Geoffrey D. Numbere.* Diobu, Nigeria: Greater Evangelism Publications, 2008.

Nyunt, "*Hesychasm*." • Nyunt, Moe Moe. "*Hesychasm* Encounters *Lectio Divina:* An Intercultural Analysis of Eastern and Western Christian Contemplative Practices." *Asbury Journal* (70.1, 2015): 76–94.

Obeyesekere, "Sorcery." • Obeyesekere, Gananath. "Sorcery, Premeditated Murder, and the Canalization of Aggression in Sri Lanka." *Ethnology* 14 (1975): 1–24.

Oblau, "Healing." • Oblau, Gotthard. "Divine Healing and the Growth of Practical Christianity in China." 307 – 27 in *Global Pentecostal and Charismatic Healing*. Edited by Candy Gunther Brown. Foreword by Harvey Cox. Oxford: Oxford University Press, 2011.

O'Day, "John." • O'Day, Gail R. "The Gospel of John: Introduction, Commentary, and Reflections." 9:491 – 865 in *The New Interpreter's Bible*. 12 vols. Edited by Leander E. Keck. Nashville: Abingdon, 1995.

O'Day, *Revelation*. • O'Day, Gail R. *Revelation in the Fourth Gospel: Narrative Mode and Theological Claim*. Philadelphia: Fortress, 1986.

Odeberg, *Pharisaism*. • Odeberg, Hugo. *Pharisaism and Christianity*. Translated by J. M. Moe. St. Louis: Concordia, 1964.

Oduyoye, "Value." • Oduyoye, Mercy Amba. "The Value of African Religious Beliefs and Practices for Christian Theology." 109 – 16 in *African Theology en Route: Papers from the Pan-African Conference of Third World Theologians, December 17 – 23, 1977, Accra, Ghana*. Edited by Kofi Appiah-Kubi and Sergio Torres. Maryknoll, NY: Orbis, 1979.

Oesterley, *Liturgy*. • Oesterley, William Oscar Emil. *The Jewish Background of the Christian Liturgy*. Oxford: Clarendon, 1925.

Ogilbee and Riess, *Pilgrimage*. • Ogilbee, Mark, and Jana Riess. *American Pilgrimage: Sacred Journeys and Spiritual Destinations*. Brewster, MA: Paraclete, 2006.

Olapido, *Development*. • Olapido, Caleb Oluremi. *The Development of the Doctrine of the Holy Spirit in the African Indigenous Christian Movement*. New York: Peter Lang, 1996.

Olena, *Horton*. • Olena, Lois E., with Raymond L. Gannon. *Stanley M. Horton: Shaper of Pentecostal Theology*. Foreword by George O. Wood. Springfield, MO: Gospel Publishing House, 2009.

Oliverio, *Hermeneutics*. • Oliverio, L. William, Jr. *Theological Hermeneutics in the Classical Pentecostal Tradition: A Typological Account*. Global Pentecostal and Charismatic Studies 12. Leiden: Brill, 2012.

Oman et al., "Attendance." • Oman, Doug, John H. Kurata, et al. "Religious Attendance and Cause of Death over Thirty-one Years." *IntJPsyMed* 32 (1, 2002): 69 – 89.

Omenyo, "Healing." • Omenyo, Cephas N. "New Wine in an Old Bottle? Charismatic Healing in the Mainline Churches in Ghana." 231 – 49 in *Global Pentecostal and Charismatic Healing*. Edited by Candy Gunther Brown. Foreword by Harvey Cox. Oxford: Oxford University Press, 2011.

Opp, *Lord for Body*. • Opp, James. *The Lord for the Body: Religion, Medicine, and Protestant Faith Healing in Canada, 1880–1930*. Montreal: McGill-Queen's University Press, 2005.

Osborne, "Hermeneutics." • Osborne, Grant R. "Hermeneutics/Interpreting Paul." 388 – 97 in *DPL*.

Osborne, *Spiral*. • Osborne, Grant R. *The Hermeneutical Spiral: A Comprehensive Introduction to Biblical Interpretation*. Downers Grove, IL: InterVarsity, 1991.

Osler, "Revolution." • Osler, Margaret J. "That the Scientific Revolution Liberated Science from Religion." 90 – 98 in *Galileo Goes to Jail and Other Myths about Science and Religion*. Edited by Ronald L. Numbers. Cambridge, MA: Harvard University Press, 2009.

Oss, "Hermeneutics of Dispensationalism." • Oss, Douglas A. "The Hermeneutics of Dispensationalism within the Pentecostal Tradition." Paper at the Evangelical Theological Society, November 21, 1991.

Otte, "Treatment." • Otte, Richard. "Mackie's Treatment of Miracles." *IJPhilRel* 39 (3, 1996): 151–58.

Ouédraogo, "Pentecostalism." • Ouédraogo, Philippe. "Pentecostalism in Francophone West Africa: The Case of Burkina Faso." 162–68 in *The Many Faces of Global Pentecostalism.* Edited by Harold D. Hunter and Neil Ormerod. Cleveland, TN: CPT Press, 2013.

Packer, *Acts.* • Packer, J. W. *Acts of the Apostles.* CBC. Cambridge: Cambridge University Press, 1966.

Padilla, *Speeches.* • Padilla, Osvaldo. *The Speeches of Outsiders in Acts: Poetics, Theology, and Historiography.* SNTSMS 144. Cambridge: Cambridge University Press, 2008.

Paintner and Wynkoop, *Lectio Divina.* • Paintner, Christine Valters, and Lucy Wynkoop. *Lectio Divina: Contemplative Awakening and Awareness.* Mahwah, NJ: Paulist Press, 2008.

Palmer, *Hermeneutics.* • Palmer, Richard. *Hermeneutics: Interpretation Theory in Schleiermacher, Dilthey, Heidegger, and Gadamer.* Studies in Phenomenology and Existential Philosophy. Evanston: Northwestern University Press, 1969. 『해석학이란 무엇인가』(문예출판사 역간).

Pao, *Isaianic Exodus.* • Pao, David W. *Acts and the Isaianic New Exodus.* WUNT 2.130. Tübingen: Mohr Siebeck, 2000. Repr., Grand Rapids: Baker, 2002.

Park, *Healing.* • Park, Andrew Sung. *Racial Conflict and Healing: An Asian-American Theological Perspective.* Maryknoll, NY: Orbis, 1996.

Park, "Spirituality." • Park, Myung Soo. "Korean Pentecostal Spirituality as Manifested in the Testimonies of Members of Yoido Full Gospel Church." 43–67 in *David Yonggi Cho: A Close Look at His Theology and Ministry.* Edited by Wonsuk Ma, William W. Menzies, and Hyeon-sung Bae. AJPSS 1. Baguio City: APTS Press, Hansei University Press, 2004.

Parmentier, "Zungenreden." • Parmentier, Martin. "Das Zungenreden bei den Kirchenvätern." *Bijdr* 55 (4, 1994): 376–98.

Patte, *Global Bible Commentary.* • Patte, Daniel, ed. *Global Bible Commentary.* Nashville: Abingdon, 2004.

Patte, *Structural Exegesis.* • Patte, Daniel. *What Is Structural Exegesis?* Philadelphia: Fortress, 1976.

Pawlikowski, "Pharisees." • Pawlikowski, John T. "The Pharisees and Christianity." *BibT* 49 (1970): 47–53.

Pedraja, "*Testimonios.*" • Pedraja, Luis G. "*Testimonios* and Popular Religion in Mainline North American Hispanic Protestantism." http://www.livedtheology.org/pdfs/Pedraja.pdf. Accessed February 6, 2009.

Penney, *Missionary Emphasis.* • Penney, John Michael. *The Missionary Emphasis of Lukan Pneumatology.* JPTSup 12. Sheffield, UK: Sheffield Academic, 1997.

Perkins, *Reading.* • Perkins, Pheme. *Reading the New Testament: An Introduction.* 2nd ed. New York: Paulist Press, 1988.

Perrin, *Bultmann.* • Perrin, Norman. *The Promise of Bultmann.* Philadelphia: Fortress, 1969.

Perrin, *Kingdom.* • Perrin, Norman. *The Kingdom of God in the Teaching of Jesus.* Philadelphia:

Westminster, 1963.

Perrin, *Thomas and Tatian.* • Perrin, Nicholas. *Thomas and Tatian: The Relationship between the* Gospel of Thomas *and the* Diatessaron. SBL Academia Biblica 5. Atlanta: Society of Biblical Literature, 2002.

Perrot, "Lecture de la Bible." • Perrot, Charles. "La lecture de la Bible dans les synagogues au premier siècle de notre ère." *MaisD* 126 (1976): 24–41.

Peters, *Healing in Nepal.* • Peters, Larry. *Ecstasy and Healing in Nepal: An Ethnopsychiatric Study of Tamang Shamanism.* Malibu: Undena Publications, 1981.

Peterson, *Acts.* • Peterson, David. *The Acts of the Apostles.* PNTC. Grand Rapids: Eerdmans; Nottingham, UK: Apollos, 2009.

Pfeiffer, *Ras Shamra.* • Pfeiffer, Charles F. *Ras Shamra and the Bible.* Grand Rapids: Baker, 1962.

Phillips, "Miracles." • Phillips, D. Z. "Miracles and Open-Door Epistemology." *SJRS* 14 (1, 1993): 33–40.

Pierce, Groothuis, and Fee, *Discovering.* • Pierce, Ronald W., Rebecca Merrill Groothuis, and Gordon D. Fee, eds. *Discovering Biblical Equality: Complementarity without Hierarchy.* Downers Grove, IL: InterVarsity, 2004.

Pilch, *Dictionary.* • Pilch, John J. *The Cultural Dictionary of the Bible.* Collegeville, MN: Liturgical Press, 1999.

Pilch, "Disease." • Pilch, John J. "Disease." 135–40 in *The New Interpreter's Dictionary of the Bible.* 5 vols. Nashville: Abingdon, 2007.

Pilch, *Healing.* • Pilch, John J. *Healing in the New Testament: Insights from Medical and Mediterranean Anthropology.* Minneapolis: Fortress, 2000.

Pilch, "Sickness." • Pilch, John J. "Sickness and Healing in Luke-Acts." 181–209 in *The Social World of Luke-Acts: Models for Interpretation.* Edited by Jerome H. Neyrey. Peabody, MA: Hendrickson, 1991.

Pilch, *Visions.* • Pilch, John J. *Visions and Healing in the Acts of the Apostles: How the Early Believers Experienced God.* Collegeville, MN: Liturgical Press, 2004.

Piñero, "Mediterranean View." • Piñero, Antonio. "A Mediterranean View of Prophetic Inspiration: On the Concept of Inspiration in the *Liber antiquitatum biblicarum* by Pseudo-Philo." *MHR* 6 (1, 1991): 5–34.

Pinnock, "Foreword." • Pinnock, Clark H. "Foreword." vii–viii in *The Charismatic Theology of St. Luke* by Roger Stronstad. Peabody, MA: Hendrickson, 1984.

Pinnock, "Interpretation." • Pinnock, Clark H. "The Work of the Spirit in the Interpretation of Holy Scripture from the Perspective of a Charismatic Biblical Theologian." *JPT* 18 (2, 2009): 157–71.

Pinnock, "Spirit in Hermeneutics." • Pinnock, Clark H. "The Work of the Holy Spirit in Hermeneutics." *JPT* 2 (1993): 3–23.

Pinnock, "Work of Spirit." • Pinnock, Clark H. "The Work of the Spirit in the Interpretation of Holy Scripture from the Perspective of a Charismatic Biblical Theologian." 233–48 in *Pentecostal Hermeneutics: A Reader.* Edited by Lee Roy Martin. Leiden: Brill, 2013.

Piper, *Glory*. • Piper, John. *A Peculiar Glory: How the Christian Scriptures Reveal Their Complete Truthfulness*. Wheaton, IL: Crossway, 2016.

Piper and Grudem, *Recovering*. • Piper, John, and Wayne Grudem, eds. *Recovering Biblical Manhood and Womanhood: A Response to Evangelical Feminism.* Wheaton, IL: Crossway, 1991.

Pizzuto-Pomaco, "Shame." • Pizzuto-Pomaco, Julia. "From Shame to Honour: Mediterranean Women in Romans 16." PhD dissertation, University of St. Andrews, 2003.

Placher, *Mark*. • Placher, William C. *Mark.* BTCB. Louisville: Westminster John Knox, 2010.

Pobee, "Health." • Pobee, John S. "Health, Healing, and Religion: An African View." *IntRev-Miss* 90 (356/357, January-April 2001): 55-64.

Poewe, *Religions*. • Poewe, Karla. *New Religions and the Nazis.* New York and London: Routledge, 2006.

Pogoloff, "Isocrates." • Pogoloff, Stephen M. "Isocrates and Contemporary Hermeneutics." 338-62 in *Persuasive Artistry: Studies in New Testament Rhetoric in Honor of George A. Kennedy.* Edited by Duane F. Watson. JSNTSup 50. Sheffield, UK: Sheffield Academic, 1991.

Poirier, "Authorial Intention." • Poirier, John C. "Authorial Intention as Old as the Hills." *Stone-Campbell Journal* 7 (2004): 59-72.

Poirier, "Critique." • Poirier, John C. "A Critique of Kenneth Archer's Hermeneutic of Scripture." Philosophy interest group paper presented at the 44th annual meeting of the Society for Pentecostal Studies, March 2015.

Poirier and Lewis, "Hermeneutics." • Poirier, John C., and B. Scott Lewis. "Pentecostal and Postmodernist Hermeneutics: A Critique of Three Conceits." *JPT* 15 (1, 2006): 3-21.

Poland, *Criticism*. • Poland, Lynn M. *Literary Criticism and Biblical Hermeneutics.* AARAS 48. Atlanta: Scholars Press, 1985.

Polanyi, *Science*. • Polanyi, Michael. *Science, Faith and Society.* Chicago: University of Chicago Press, 1964.

Polhill, *Acts*. • Polhill, John B. *Acts.* NAC 26. Nashville: Broadman, 1992.

Polkinghorne, *Science and Providence*. • Polkinghorne, John. *Science and Providence: God's Interaction with the World.* Boston: New Science Library, Shambhala, 1989.

Polkinghorne and Beale, *Questions*. • Polkinghorne, John, and Nicholas Beale. *Questions of Truth: Fifty-one Responses to Questions about God, Science, and Belief.* Louisville: Westminster John Knox, 2009.

Pollmann and Elliott, "Galatians." • Pollmann, Karla, and Mark W. Elliott. "Galatians in the Early Church: Five Case Studies." 40-61 in *Galatians and Christian Theology: Justification, the Gospel, and Ethics in Paul's Letter.* Edited by Mark W. Elliott et al. Grand Rapids: Baker Academic, 2014.

Poloma, *Assemblies*. • Poloma, Margaret M. *The Assemblies of God at the Crossroads: Charisma and Institutional Dilemmas.* Knoxville: University of Tennessee Press, 1989.

Poloma, *Mystics*. • Poloma, Margaret M. *Main Street Mystics: The Toronto Blessing and Reviving Pentecostalism.* Walnut Creek, CA: AltaMira, 2003.

Popper, *Myth of Framework*. • Popper, Karl R. *The Myth of the Framework: In Defense of Science and Rationality.* Edited by M. A. Notturno. London: Routledge, 1994.

Porter, "Comment(ary)ing on Acts." • Porter, Stanley E. Paper presented at the annual meeting of the SBL, Philadelphia, November 21, 2005.

Porter, "Hermeneutics." • Porter, Stanley E. "Hermeneutics, Biblical Interpretation, and Theology: Hunch, Holy Spirit, or Hard Work?" 97–127 in *Beyond the Bible: Moving from Scripture to Theology* by I. Howard Marshall, with essays by Kevin J. Vanhoozer and Stanley E. Porter. Grand Rapids: Baker Academic, 2004.

Porter, *Paul.* • Porter, Stanley E. *The Apostle Paul: His Life, Thought, and Letters*. Grand Rapids: Eerdmans, 2016. 『바울 서신 연구』(새물결플러스 역간).

Porter, Evans, and McDonald, *New Testament.* • Porter, Stanley E., Craig A. Evans, and Lee Martin McDonald, eds. *How We Got the New Testament: Text, Transmission, and Translation.* Grand Rapids: Baker Academic, 2013.

Poster, "Affections." • Poster, Carol. "The Affections of the Soul: *Pathos,* Protreptic, and Preaching in Hellenistic Thought." 23–37 in *Paul and Pathos.* Edited by Thomas H. Olbricht and Jerry L. Sumney. SBL Symposium Series 16. Atlanta: Society of Biblical Literature, 2001.

Pothen, "Missions." • Pothen, Abraham T. "Indigenous Cross-cultural Missions in India and Their Contribution to Church Growth: With Special Emphasis on Pentecostal-Charismatic Missions." PhD dissertation, Fuller Theological Seminary, 1990.

Powell, "Answers." • Powell, Mark Allan. "Old Answers to New Questions: Traditional Biblical Interpretation in Our Contemporary Context." Presentation to the biblical studies seminar, Asbury Theological Seminary, September 23, 2015.

Powell, "Readings." • Powell, Mark Allan. "Expected and Unexpected Readings of Matthew: What the Reader Knows." *ATJ* 48/2 (1993): 31–52.

Powers, "Daughters." • Powers, Janet Everts. " 'Your Daughters Shall Prophesy': Pentecostal Hermeneutics and the Empowerment of Women." 313–37 in *Globalization of Pentecostalism: A Religion Made to Travel.* Edited by Murray W. Dempster, Byron D. Klaus, and Douglas Petersen. Foreword by Russell P. Spittler. Carlisle, UK: Paternoster; Oxford: Regnum, 1999.

Powers, "Recovering." • Powers, Janet Everts. "Recovering a Woman's Head with Prophetic Authority: A Pentecostal Interpretation of 1 Corinthians 11.3–16." *JPT* 10 (1, 2001): 11–37.

Powers, *Silencing.* • Powers, Kirstan. *The Silencing: How the Left Is Killing Free Speech.* Washington, DC: Regnery, 2015.

Prema, "Paradigm." • Prema, Sr. "Acts 2:17–21: A Paradigm for a Collaborative Mission." *Jeev* 34 (200, 2004): 122–36.

Prickett, *Origins of Narrative.* • Prickett, Stephen. *Origins of Narrative: The Romantic Appropriation of the Bible.* Cambridge: Cambridge University Press, 1996.

Prince, "Foreword." • Prince, Raymond. "Foreword." xi–xvi in *Case Studies in Spirit Possession.* Edited by Vincent Crapanzaro and Vivian Garrison. New York: John Wiley & Sons, 1977.

Prince, "Yoruba Psychiatry." • Prince, Raymond. "Indigenous Yoruba Psychiatry." 84–120 in *Magic, Faith, and Healing: Studies in Primitive Psychiatry Today.* Edited by Ari Kiev. Foreword by Jerome D. Frank. New York: Free Press, 1964.

Provan, Long, and Longman, *History.* • Provan, Iain, V. Philips Long, and Tremper Longman III. *A Biblical History of Israel.* Louisville: Westminster John Knox, 2003.

Punt, "Criticism." • Punt, Jeremy. "Postcolonial Biblical Criticism in South Africa: Some Mind and Road Mapping." *Neotestamentica* 37 (1, 2003): 59–85.

Punt, "Empire." • Punt, Jeremy. "Empire as Material Setting and Heuristic Grid for New Testament Interpretation: Comments on the Value of Postcolonial Criticism." *HTS/TS* 66 (1, 2010): 330, 7.

Purtill, "Proofs." • Purtill, Richard L. "Proofs of Miracles and Miracles as Proofs." *CSR* 6 (1, 1976): 39–51.

Putney, *Missionaries.* • Putney, Clifford. *Missionaries in Hawai'i: The Lives of Peter and Fanny Gulick, 1797–1883.* Amherst: University of Massachusetts, 2010.

Quast, "Community." • Quast, Kevin B. "Reexamining Johannine Community." *TJT* 5 (2, 1989): 293–95.

Qureshi, *Seeking.* • Qureshi, Nabeel. *Seeking Allah, Finding Jesus: A Devout Muslim Encounters Christianity.* Foreword by Lee Strobel. Grand Rapids: Zondervan, 2014. 『알라를 찾다가 예수를 만나다』(새물결플러스 역간).

Rabin, "L- with Imperative." • Rabin, C. "L-with Imperative (Gen. XXIII)." *JSS* 13 (1, 1968): 113–24.

Race, "Introduction." • Race, William H. "Introduction." 1–41 in vol. 1 of Pindar, *Odes.* Translated by William H. Race. 2 vols. LCL. Cambridge, MA: Harvard University Press, 1997.

Raharimanantsoa, *Mort.* • Raharimanantsoa, Mamy. *Mort et Espérance selon la Bible Hébraïque.* ConBOT 53. Stockholm: Almqvist & Wiksell, 2006.

Rainey, "Sacrifice" 1. • Rainey, Anson F. "Sacrifice and Offerings." 5:194–211 in *The Zondervan Pictorial Encyclopedia of the Bible.* 5 vols. Edited by Merrill C. Tenney. Grand Rapids: Zondervan, 1975–76.

Rainey, "Sacrifice" 2. • Rainey, Anson F. "Sacrifice and Offerings." 5:233–52 in *The Zondervan Encyclopedia of the Bible.* Rev. ed. 5 vols. Edited by Merrill C. Tenney and Moisés Silva. Grand Rapids: Zondervan, 2009.

Ramachandra, *Subverting.* • Ramachandra, Vinoth. *Subverting Global Myths: Theology and the Public Issues Shaping Our World.* Downers Grove, IL: InterVarsity, 2008.

Ramm, *Interpretation.* • Ramm, Bernard. *Protestant Biblical Interpretation: A Textbook of Hermeneutics.* 3rd rev. ed. Grand Rapids: Baker, 1970.

Ramsay, *Letters.* • Ramsay, William M. *The Letters to the Seven Churches of Asia.* London: Hodder & Stoughton, 1904. Repr., Grand Rapids: Baker, 1979.

Randa, Tandi. • Randa, Tandi. Personal correspondence, May 26, 2012; May 13, 2014.

Raschke, "Textuality." • Raschke, Carl A. "From Textuality to Scripture: The End of Theology as 'Writing.'" *Semeia* 40:39–52.

Reddish, *Revelation.* • Reddish, Mitchell G. *Revelation.* SHBC. Macon, GA: Smyth & Helwys, 2001.

Remus, *Healer.* • Remus, Harold. *Jesus as Healer.* UJT. Cambridge: Cambridge University Press, 1997.

Rensberger, *Faith.* • Rensberger, David. *Johannine Faith and Liberating Community.* Philadelphia: Westminster, 1988.

Reviv, "Elements." • Reviv, Hanoch. "Early Elements and Late Terminology in the Descriptions of the Non-Israelite Cities in the Bible." *IEJ* 27 (4, 1977): 189–96.

Reynolds, *Magic*. • Reynolds, Barrie. *Magic, Divination and Witchcraft among the Barotse of Northern Rhodesia.* Berkeley: University of California Press, 1963.

Richards, "Factors." • Richards, Wes. "An Examination of Common Factors in the Growth of Global Pentecostalism: Observed in South Korea, Nigeria, and Argentina." *JAM* 7 (1, March 2005): 85–106.

Rickman, *Dilthey*. • Rickman, Hans Peter. *Wilhelm Dilthey: Pioneer of the Human Studies.* Berkeley: University of California Press, 1979.

Rickman, "Introduction." • Rickman, Hans Peter. "General Introduction." 1–63 in *Pattern and Meaning in History: Thoughts on History and Society* by Wilhelm Dilthey. Edited by H. P. Rickman. New York: Harper & Brothers, 1962.

Ricoeur, *Essays*. • Ricoeur, Paul. *Essays on Biblical Interpretation.* Edited by Lewis S. Mudge. Philadelphia: Fortress, 1980.

Ricoeur, *Hermeneutics*. • Ricoeur, Paul. *Hermeneutics and the Human Sciences: Essays on Language, Action, and Interpretation.* Edited and translated by John B. Thompson. New York: Cambridge University Press, 1981. 『해석학과 인문사회과학』(서광사 역간).

Ricoeur, *Interpretation Theory*. • Ricoeur, Paul. *Interpretation Theory: Discourse and the Surplus of Meaning.* Fort Worth: Texas Christian University Press, 1976. 『해석 이론』(서광사 역간).

Ridderbos, *John*. • Ridderbos, Herman N. *The Gospel according to John: A Theological Commentary.* Translated by John Vriend. Grand Rapids: Eerdmans, 1997.

Ridderbos, *Speeches of Peter*. • Ridderbos, Herman N. *The Speeches of Peter in the Acts of the Apostles.* Tyndale New Testament Lecture, 1961. London: Tyndale, 1962.

Robeck, *Mission*. • Robeck, Cecil M., Jr. *The Azusa Street Mission and Revival: The Birth of the Global Pentecostal Movement.* Nashville: Thomas Nelson, 2006.

Robeck, "Seymour." • Robeck, Cecil M., Jr. "William J. Seymour and 'The Bible Evidence.'" 72–95 in *Initial Evidence: Historical and Biblical Perspectives on the Pentecostal Doctrine of Spirit Baptism.* Edited by Gary B. McGee. Peabody, MA: Hendrickson, 1991.

Robertson, *Lectio Divina*. • Robertson, Duncan. *Lectio Divina: The Medieval Experience of Reading.* Collegeville, MN: Liturgical Press, 2011.

Robinson, "Challenge." • Robinson, Bernard. "The Challenge of the Gospel Miracle Stories." *NBf* 60 (1979): 321–34.

Robinson, *Divine Healing*. • Robinson, James. *Divine Healing: The Years of Expansion, 1906–1930. Theological Variation in the Transatlantic World.* Eugene, OR: Pickwick, 2014.

Robinson, *Law*. • Robinson, O. F. *The Criminal Law of Ancient Rome.* London: Duckworth; Baltimore: Johns Hopkins University Press, 1995.

Robinson and Wall, *Called*. • Robinson, Anthony B., and Robert W. Wall. *Called to Be Church: The Book of Acts for a New Day.* Grand Rapids: Eerdmans, 2006.

Rollinson, "*Mythos* and *mimesis*." • Rollinson, Philip. "*Mythos* and *mimesis* in Humanist Critical Theory." *CBull* 73 (2, 1997): 149–53.

Rorty, "Faces." • Rorty, Amélie Oksenberg. "The Two Faces of Stoicism: Rousseau and Freud." 243–70 in *The Emotions in Hellenistic Philosophy.* Edited by Juha Sihvola and Troels Engberg-Pedersen. TSHP 46. Dordrecht, Neth.: Kluwer Academic, 1998.

Roschke, "Healing." • Roschke, Ronald W. "Healing in Luke, Madagascar, and Elsewhere." *CurTM* 33 (6, December 2006): 459–71.

Rosen, "Psychopathology." • Rosen, George. "Psychopathology in the Social Process: Dance Frenzies, Demonic Possession, Revival Movements, and Similar So-called Psychic Epidemics. An Interpretation." 219–50 in *Possession and Exorcism.* Edited and with introductions by Brian P. Levack. Vol. 9 in *Articles on Witchcraft, Magic, and Demonology: A Twelve-Volume Anthology of Scholarly Articles.* New York: Garland, 1992. Reprinted from *BullHistMed* 36 (1962): 13–44.

Rosner, "Progress." • Rosner, Brian S. "The Progress of the Word." 215–34 in *Witness to the Gospel: The Theology of Acts.* Edited by I. Howard Marshall and David Peterson. Grand Rapids: Eerdmans, 1998.

Ross, *Holiness.* • Ross, Allen P. *Holiness to the Lord: A Guide to the Exposition of the Book of Leviticus.* Grand Rapids: Baker Academic, 2002.

Ross, "Preaching." • Ross, Kenneth R. "Preaching in Mainstream Christian Churches in Malawi: A Survey and Analysis." *JRelAf* 25 (1, February 1995): 3–24.

Rukundwa, "Theory." • Rukundwa, Lazare S. "Postcolonial Theory as a Hermeneutical Tool for Biblical Reading." *HTS/TS* 64 (1, 2008): 339–51.

Rundin, "Pozo Moro." • Rundin, John S. "Pozo Moro, Child Sacrifice, and the Greek Legendary Tradition." *JBL* 123 (3, 2004): 425–47.

Runesson, "Treasure." • Runesson, Anders. "Bringing Out of the Treasure What Is New and Old: Trajectories in New Testament Research Today." *Svensk Teologisk Kvartalskrift* 87 (1, 2011): 2–13.

Rüpke, *Religion.* • Rüpke, Jörg. *Religion: Antiquity and Its Legacy.* Ancients and Moderns. New York: Oxford University Press, 2013.

Russell, "Anointing." • Russell, Walt. "The Anointing with the Holy Spirit in Luke-Acts." *TJ* 7 (1, 1986): 47–63.

Russell and Winterbottom, *Criticism.* • Russell, D. A., and M. Winterbottom, *Ancient Literary Criticism: The Principal Texts in New Translations.* New York: Oxford University Press, 1972.

Safrai, "Relations." • Safrai, Shemuel. "Relations between the Diaspora and the Land of Israel." 184–215 in *JPFC.*

Safrai, "Synagogue." • Safrai, Shemuel. "The Synagogue." 908–44 in *JPFC.*

Salam, "Science." • Salam, Abdus. "Science and Religion: Reflections on Transcendence and Secularization." 93–104 in *Cosmos, Bios, and Theos: Scientists Reflect on Science, God, and the Origins of the Universe, Life, and* Homo Sapiens. Edited by Henry Margenau and Roy Abraham Varghese. La Salle, IL: Open Court, 1992.

Salmon, *Heals.* • Salmon, Elsie H. *He Heals Today, or A Healer's Case Book.* 2nd ed. Foreword by W. E. Sangster. The Drift, Evesham, Worcs.: Arthur James, 1951.

Samuel, "Mission." • Samuel, Simon. "Mission amidst Affluence and Affliction." *Doon Theologi-*

cal Journal 5 (1, 2008): 21–42.

Samuel, *Reading.* • Samuel, Simon. *A Postcolonial Reading of Mark's Story of Jesus.* LNTS 340. London: T&T Clark, 2007.

Sanders, *Figure.* • Sanders, E. P. *The Historical Figure of Jesus.* New York: Penguin, 1993.

Sanders, *Jesus and Judaism.* • Sanders, E. P. *Jesus and Judaism.* Philadelphia: Fortress, 1985. 『예수와 유대교』(CH북스 역간).

Sanders, *Jesus to Mishnah.* • Sanders, E. P. *Jewish Law from Jesus to the Mishnah: Five Studies.* London: SCM; Philadelphia: Trinity Press International, 1990.

Sanders, *John.* • Sanders, J. N. *A Commentary on the Gospel according to St. John.* Edited and completed by B. A. Mastin. Harper's New Testament Commentaries. New York: Harper & Row, 1968.

Sanders, *Margins.* • Sanders, Cheryl J. *Ministry at the Margins: The Prophetic Mission of Women, Youth and the Poor.* Downers Grove, IL: InterVarsity, 1997.

Sanders, "Nomism." • Sanders, E. P. "Covenantal Nomism Revisited." *JSQ* 16 (1, 2009): 25–55.

Sandmel, *Judaism.* • Sandmel, Samuel. *Judaism and Christian Beginnings.* New York: Oxford University Press, 1978.

Sanneh, *Disciples.* • Sanneh, Lamin. *Disciples of All Nations: Pillars of World Christianity.* New York: Oxford University Press, 2008.

Sanneh, *West African Christianity.* • Sanneh, Lamin. *West African Christianity: The Religious Impact.* Maryknoll, NY: Orbis, 1983.

Sanneh, *Whose Religion.* • Sanneh, Lamin. *Whose Religion Is Christianity? The Gospel beyond the West.* Grand Rapids: Eerdmans, 2003.

Sarna, *Exodus.* • Sarna, Nahum M. *Exploring Exodus: The Heritage of Biblical Israel.* New York: Schocken, 1986.

Satyavrata, "Globalization." • Satyavrata, Ivan. "The Globalization of Pentecostal Missions in the Twenty-First Century." JPHWMSM 4. Springfield, MO: Assemblies of God Theological Seminary, 2009.

Satyavrata, *Witness.* • Satyavrata, Ivan. *God Has Not Left Himself without a Witness.* Eugene, OR: Wipf & Stock, 2011.

Scharen, *Fieldwork.* • Scharen, Christian. *Fieldwork in Theology: Exploring the Social Context of God's Work in the World.* Grand Rapids: Baker Academic, 2015.

Scherberger, "Shaman." • Scherberger, Laura. "The Janus-Faced Shaman: The Role of Laughter in Sickness and Healing among the Makushi." *AnthHum* 30 (1, 2005): 55–69.

Schnabel, "Fads." • Schnabel, Eckhard J. "Fads and Common Sense: Reading Acts in the First Century and Reading Acts Today." *JETS* 54 (2, 2011): 251–78.

Schnabel, *Mission.* • Schnabel, Eckhard J. *Early Christian Mission.* 2 vols. Downers Grove, IL: InterVarsity; Leicester, UK: Apollos, 2004.

Schnabel, *Missionary.* • Schnabel, Eckhard J. *Paul the Missionary: Realities, Strategies and Methods.* Downers Grove, IL: InterVarsity; Leicester, UK: Apollos, 2008.

Schreiner, *Galatians.* • Schreiner, Thomas R. *Galatians.* Zondervan Exegetical Commentary on the New Testament. Grand Rapids: Zondervan, 2010.

Schubert, "Ehescheidung." • Schubert, Kurt. "Ehescheidung im Judentum zur Zeit Jesu." *TQ* 151 (1, 1971): 23–27.

Schweitzer, *Quest.* • Schweitzer, Albert. *The Quest of the Historical Jesus.* Translated by W. Montgomery. Introduction by James M. Robinson. New York: Macmillan, 1968.

Scott, "Horizon." • Scott, James M. "Luke's Geographical Horizon." 483–544 in *The Book of Acts in Its Graeco-Roman Setting.* Edited by David W. J. Gill and Conrad Gempf. Vol. 2 of *The Book of Acts in Its First Century Setting.* Edited by Bruce W. Winter. Grand Rapids: Eerdmans; Carlisle, UK: Paternoster, 1994.

Scott, "Pattern." • Scott, John Atwood. "The Pattern of the Tabernacle." PhD dissertation, University of Pennsylvania, 1965.

Searle, *Expression.* • Searle, John R. *Expression and Meaning: Studies in the Theory of Speech Acts.* New York: Cambridge, 1979.

Searle, *Speech Acts.* • Searle, John R. *Speech Acts: An Essay in the Philosophy of Language.* London: Cambridge University Press, 1969.

Searle and Vanderveken, *Foundations.* • Searle, John R., and Daniel Vanderveken. *Foundations of Illocutionary Logic.* New York: Cambridge University Press, 1984.

Sears and Wallace, "Spirituality." • Sears, Samuel F., and Robyn L. Wallace. "Spirituality, Coping, and Survival." 173–83 in *Biopsychosocial Perspectives on Transplantation.* Edited by J. R. Rodrigue. New York: Kluwer Academic/Plenum, 2001.

Sebald, "Witchcraft." • Sebald, Hans. "Franconian Witchcraft: The Demise of a Folk Magic." *AnthrQ* 53 (3, July 1980): 173–87.

Segovia, *Decolonizing.* • Segovia, Fernando F. *Decolonizing Biblical Studies: A View from the Margins.* Maryknoll, NY: Orbis, 2000.

Seung, *Semiotics.* • Seung, Hirsch T. K. *Semiotics and Thematics in Hermeneutics.* New York: Columbia University Press, 1982.

Sevrin, "Nicodemus Enigma." • Sevrin, Jean-Marie. "The Nicodemus Enigma: The Characterization and Function of an Ambiguous Actor of the Fourth Gospel." 357–69 in *Anti-Judaism and the Fourth Gospel: Papers of the Leuven Colloquium, 2000.* Edited by R. Bieringer, D. Pollefeyt, and F. Vandecasteele-Vanneuville. Assen: Royal Van Gorcum, 2001.

Sharp, "Philonism." • Sharp, J. R. "Philonism and the Eschatology of Hebrews: Another Look." *East Asia Journal of Theology* 2 (2, 1984): 289–98.

Shaw, *Awakening.* • Shaw, Mark. *Global Awakening: How Twentieth-Century Revivals Triggered a Christian Revolution.* Downers Grove, IL: IVP Academic, 2010.

Shelton, *Mighty in Deed.* • Shelton, James B. *Mighty in Word and Deed: The Role of the Holy Spirit in Luke-Acts.* Peabody, MA: Hendrickson, 1991.

Shepherd, "Targums." • Shepherd, Michael B. "Targums, the New Testament, and Biblical Theology of the Messiah." *JETS* 51 (1, 2008): 45–58.

Shishima, "Wholistic Nature." • Shishima, D. S. "The Wholistic Nature of African Traditional Medicine: The Tiv Experience." 119–26 in *Religion, Medicine and Healing.* Edited by Gbola Aderibigbe and Deji Ayegboyin. Lagos: Nigerian Association for the Study of Religions and

Education, 1995.

Shogren, "Prophecy." • Shogren, Gary Steven. "Christian Prophecy and Canon in the Second Century: A Response to B. B. Warfield." *JETS* 40 (4, 1997): 609–26.

Shoko, *Religion*. • Shoko, Tabona. *Karanga Indigenous Religion in Zimbabwe: Health and Well-Being*. VitIndRel. Foreword by James L. Cox. Burlington, VT: Ashgate, 2007.

Shorter, *Witch Doctor*. • Shorter, Aylward. *Jesus and the Witch Doctor: An Approach to Healing and Wholeness*. Maryknoll, NY: Orbis, 1985.

Shortt, *Christianophobia*. • Shortt, Rupert. *Christianophobia: A Faith under Attack*. Grand Rapids: Eerdmans, 2012.

Shuler, *Genre*. • Shuler, Philip L. *A Genre for the Gospels: The Biographical Character of Matthew*. Philadelphia: Fortress, 1982.

Sider, *Christians*. • Sider, Ronald J. *Rich Christians in an Age of Hunger*. Foreword by Kenneth Kantzer. Dallas: Word, 1990. 『가난한 시대를 사는 부유한 그리스도인』(IVP 역간).

Sider, *Cry Justice*. • Sider, Ronald J. *Cry Justice: The Bible on Hunger and Poverty*. New York: Paulist, 1980.

Sider, *Fed*. • Sider, Ronald J. *For They Shall Be Fed: Scripture Readings and Prayers for a Just World*. Dallas: Word, 1997.

Sider, "Historian." • Sider, Ronald J. "The Historian, the Miraculous, and the Post-Newtonian Man." *SJT* 25 (1972): 309–19.

Sider, "Methodology." • Sider, Ronald J. "Historical Methodology and Alleged Miracles: A Reply to Van Harvey." *FidHist* 3 (1, 1970): 22–40.

Sim, "Relevance Theoretic Approach." • Sim, Margaret Gavin. "A Relevance Theoretic Approach to the Particle ἵνα in Koine Greek." PhD dissertation, University of Edinburgh, 2006.

Simon, *Stephen and Hellenists*. • Simon, Marcel. *St Stephen and the Hellenists in the Primitive Church*. Haskell Lectures, 1956. New York: Longmans, Green, 1958.

Singleton, "Spirits." • Singleton, Michael. "Spirits and 'Spiritual Direction': The Pastoral Counseling of the Possessed." 471–78 in *Christianity in Independent Africa*. Edited by Edward Fasholé-Luke, Richard Gray, Adrian Hastings, and Godwin Tasie. Bloomington: Indiana University Press, 1978.

Smart, *Philosophers*. • Smart, Ninian. *Philosophers and Religious Truth*. 2nd ed. London: SCM, 1969.

Smart, *Philosophy of Religion*. • Smart, Ninian. *The Philosophy of Religion*. New York: Random House, 1970.

Smidt, *Evangelicals*. • Smidt, Corwin E. *American Evangelicals Today*. Lanham, MD: Rowman & Littlefield, 2013.

Smith, *Gnostic Origins*. • Smith, Carl B., II. *No Longer Jews: The Search for Gnostic Origins*. Peabody, MA: Hendrickson, 2004.

Smith, "Hope after Babel?" • Smith, David. "What Hope after Babel? Diversity and Community in Gen 11:1–9; Exod 1:1–14; Zeph 3:1–13; and Acts 2:1–13." *HBT* 18 (2, 1996): 169–91.

Smith, "Inc/arnation." • Smith, James K. A. "Limited Inc/arnation: Revisiting the Searle/Derrida Debate in Christian Context." 112–32 in *Hermeneutics at the Crossroads*. Edited by Kevin J. Vanhoozer, James K. A. Smith, and Bruce Ellis Benson. Bloomington: Indiana University Press, 2006.

Smith, *John*. • Smith, D. Moody. *John*. ANTC. Nashville: Abingdon, 1999.

Smith, *Thinking*. • Smith, James K. A. *Thinking in Tongues: Outline of a Pentecostal Philosophy*. Grand Rapids: Eerdmans, 2010.

Smith, "Tolerance." • Smith, Kathryn J. "From Evangelical Tolerance to Imperial Prejudice? Teaching Postcolonial Biblical Studies in a Westernized, Confessional Setting." *Christian Scholar's Review* 37 (4, 2008): 447–64.

Smith, "Understand." • Smith, Abraham. " 'Do You Understand What You Are Reading?': A Literary Critical Reading of the Ethiopian (Kushite) Episode (Acts 8:26–40)." *JITC* 22 (1, 1994): 48–70.

Snell, "Science." • Snell, George D. "I Do Not See How Science Can Shed Light on the Origins of Design." 209–11 in *Cosmos, Bios, and Theos: Scientists Reflect on Science, God, and the Origins of the Universe, Life, and* Homo Sapiens. Edited by Henry Margenau and Roy Abraham Varghese. La Salle, IL: Open Court, 1992.

Soares Prabhu, "Reading." • Soares Prabhu, George M. "And There Was a Great Calm: A 'Dhvani' Reading of the Stilling of the Storm (Mk 4.35–41)." *BiBh* 5 (4, 1979): 295–308.

Solberg, *Church Undone*. • Solberg, Mary M., ed. *A Church Undone: Documents from the German Christian Faith Movement, 1932–1940*. Minneapolis: Fortress, 2015.

Solivan, *Spirit*. • Solivan, Samuel. *The Spirit, Pathos, and Liberation: Toward an Hispanic Pentecostal Theology*. JPTSup 14. Sheffield, UK: Sheffield Academic, 1998.

Sorabji, *Emotion*. • Sorabji, Richard. *Emotion and Peace of Mind: From Stoic Agitation to Christian Temptation*. Oxford: Oxford University Press, 2000.

Spawn, "Principle." • Spawn, Kevin L. "The Principle of Analogy and Biblical Interpretation in the Renewal Tradition." 46–72 in *Spirit and Scripture: Exploring a Pneumatic Hermeneutic*. Edited by Kevin L. Spawn and Archie T. Wright. New York: Bloomsbury, 2012.

Spawn and Wright, "Cultivating." • Spawn, Kevin L., and Archie T. Wright. "Cultivating a Pneumatic Hermeneutic." 192–98 in *Spirit and Scripture: Exploring a Pneumatic Hermeneutic*. Edited by Kevin L. Spawn and Archie T. Wright. New York: Bloomsbury, 2012.

Spawn and Wright, "Emergence." • Spawn, Kevin L., and Archie T. Wright. "The Emergence of a Pneumatic Hermeneutic in the Renewal Tradition." 3–22 in *Spirit and Scripture: Exploring a Pneumatic Hermeneutic*. Edited by Kevin L. Spawn and Archie T. Wright. New York: Bloomsbury, 2012.

Spawn and Wright, "Introduction." • Spawn, Kevin L., and Archie T. Wright. "Introduction." xvii–xviii in *Spirit and Scripture: Exploring a Pneumatic Hermeneutic*. Edited by Kevin L. Spawn and Archie T. Wright. New York: Bloomsbury, 2012.

Spawn and Wright, *Spirit and Scripture*. • Spawn, Kevin L., and Archie T. Wright, eds. *Spirit and Scripture: Exploring a Pneumatic Hermeneutic*. New York: Bloomsbury, 2012.

Spence, *Palace*. • Spence, Jonathan D. *The Memory Palace of Matteo Ricci*. New York: Viking Penguin, 1984.

Spencer, *Acts.* • Spencer, F. Scott. *Acts.* Sheffield, UK: Sheffield Academic, 1997.

Spencer, "Approaches." • Spencer, F. Scott. "Acts and Modern Literary Approaches." 381–414 in *The Book of Acts in Its Ancient Literary Setting.* Edited by Bruce W. Winter and Andrew D. Clarke. Vol. 1 of *The Book of Acts in Its First Century Setting.* Edited by Bruce W. Winter. Grand Rapids: Eerdmans; Carlisle, UK: Paternoster, 1993.

Sperber and Wilson, "Précis." • Sperber, Dan, and Deirdre Wilson. "Précis of Relevance: Communication and Cognition." *Behavioural and Brain Sciences* 10 (1987): 697–754.

Sperber and Wilson, *Relevance.* • Sperber, Dan, and Deirdre Wilson. *Relevance: Communication and Cognition.* Oxford: Blackwell, 1986.

"Spirit and Power." • "Spirit and Power: A Ten-Country Survey of Pentecostals." Pew Forum Survey (2006). http://pewforum.org/survey/pentecostal. Accessed January 4, 2009.

Spittler, "Enterprise." • Spittler, Russell P. "Scripture and the Theological Enterprise: View from a Big Canoe." 56–77 in *The Use of the Bible in Theology: Evangelical Options.* Edited by Robert K. Johnston. Atlanta: John Knox, 1985.

Spittler, "Glossolalia." • Spittler, Russell P. "Glossolalia." 335–41 in *DPCM.*

Spivak, *Critique.* • Spivak, Gayatri Chakravorty. *A Critique of Postcolonial Reason: Toward a History of the Vanishing Present.* Cambridge, MA: Harvard University Press, 1999.

Stager, "Eroticism." • Stager, Lawrence E. "Eroticism and Infanticide at Ashkelon." *BAR* 17 (4, 1991): 34–53, 72.

Stager and Wolff, "Child Sacrifice." • Stager, Lawrence E., and Samuel R. Wolff. "Child Sacrifice at Carthage—Religious Rite or Population Control; Archaeological Evidence Provides Basis for a New Analysis." *BAR* 10 (1, January 1984): 30–51.

Stanley, *Colonized Apostle.* • Stanley, Christopher D., ed. *The Colonized Apostle: Paul through Postcolonial Eyes.* Paul in Critical Contexts (series). Minneapolis: Fortress, 2011.

Stanley, *Diffusion.* • Stanley, Brian. *The Global Diffusion of Evangelicalism: The Age of Billy Graham and John Stott.* A History of Evangelicalism 5. Downers Grove, IL: InterVarsity, 2013.

Stanley, "Introduction." • Stanley, Christopher D. "Introduction." 3–7 in *The Colonized Apostle: Paul through Postcolonial Eyes.* Edited by Christopher D. Stanley. Paul in Critical Contexts (series). Minneapolis: Fortress, 2011.

Stanley, *Language of Scripture.* • Stanley, Christopher D. *Paul and the Langage of Scripture: Citation Technique in the Pauline Epistles and Contemporary Literature.* SNTSMS 69. Cambridge: Cambridge University Press, 1992.

Starr, "Flexibility." • Starr, Raymond J. "The Flexibility of Literary Meaning and the Role of the Reader in Roman Antiquity." *Latomus* 60 (2, 2001): 433–45.

Stefanovic, *Revelation.* • Stefanovic, Ranko. *Revelation of Jesus Christ: Commentary on the Book of Revelation.* 2nd ed. Berrien Springs, MI: Andrews University Press, 2009.

Stein, "Benefits." • Stein, Robert H. "The Benefits of an Author-Oriented Approach to Hermeneutics." *JETS* 44 (3, September 2001): 451–66.

Stein, *Guide.* • Stein, Robert H. *A Basic Guide to Interpreting the Bible: Playing by the Rules.* 2nd ed. Grand Rapids: Baker Academic, 2011.

Steinmetz, "Superiority." • Steinmetz, David C. "The Superiority of Pre-Critical Exegesis." *The-*

ology Today 37 (1, 1980): 27 – 38.

Stendahl, *Paul.* • Stendahl, Krister. *Paul among Jews and Gentiles and Other Essays.* Philadelphia: Fortress, 1976.

Stibbe, "Thoughts." • Stibbe, Mark. "This Is That: Some Thoughts concerning Charismatic Hermeneutics." *Anvil: An Anglican Evangelical Journal for Theology and Mission* 15 (3, 1998): 181 – 93.

Stieglitz, "Plagues." • Stieglitz, Robert R. "Ancient Records and the Exodus Plagues." *BAR* 13 (6, 1987): 46 – 49.

Stoller, "Eye." • Stoller, Paul. "Eye, Mind, and Word in Anthropology." *L'Homme* 24 (3 – 4, 1984): 91 – 114.

Stormont, *Wigglesworth.* • Stormont, George. *Wigglesworth: A Man Who Walked with God.* Tulsa: Harrison House, 1989.

Strachan, *Theology of Irving.* • Strachan, Gordon. *The Pentecostal Theology of Edward Irving.* Peabody, MA: Hendrickson, 1973.

Strauss, *Messiah.* • Strauss, Mark L. *The Davidic Messiah in Luke-Acts: The Promise and Its Fulfillment in Lukan Christology.* JSNTSup 110. Sheffield, UK: Sheffield Academic, 1995.

Strawbridge et al., "Attendance." • Strawbridge, W. J., S. J. Shema, et al. "Religious Attendance Increases Survival by Improving and Maintaining Good Health Behaviors, Mental Health, and Social Relationships." *AnnBehMed* 23 (1, 2001): 68 – 74.

Strawbridge et al., "Strength." • Strawbridge, W. J., R. D. Cohen, et al. "Comparative Strength of Association between Religious Attendance and Survival." *IntJPsyMed* 30 (4, 2000): 299 – 308.

Stronstad, *Charismatic Theology.* • Stronstad, Roger. *The Charismatic Theology of St. Luke.* Peabody, MA: Hendrickson, 1984.

Stronstad, "Experience." • Stronstad, Roger. "Pentecostal Experience and Hermeneutics." *Paraclete* 26 (1, Winter 1992): 14 – 30.

Stronstad, "Trends." • Stronstad, Roger. "Trends in Pentecostal Hermeneutics." *Paraclete* 22 (Summer 1988): 1 – 12.

Stroup, *Promise.* • Stroup, George W. *The Promise of Narrative Theology: Recovering the Gospel in the Church.* Atlanta: John Knox, 1981.

Stuart, *Missionaries.* • Stuart, John. *British Missionaries and the End of Empire: East, Central, and Southern Africa, 1939 – 64.* Grand Rapids: Eerdmans, 2011.

Stuhlmacher, *Criticism.* • Stuhlmacher, Peter. *Historical Criticism and Theological Interpretation of Scripture: Toward a Hermeneutic of Consent.* Philadelphia: Fortress, 1977.

Stuhlmacher, "Ex Auditu." • Stuhlmacher, Peter. "Ex Auditu and the Theological Interpretation of Holy Scripture." *Ex auditu* 2 (1986): 1 – 6.

Sugirtharajah, "Catching." • Sugirtharajah, Rasiah S. "Catching the Post or How I Became an Accidental Theorist." 176 – 85 in *Shaping a Global Theological Mind.* Edited by Darren C. Marks. Aldershot, UK: Ashgate, 2008.

Sumney, "Rationalities." • Sumney, Jerry L. "Alternative Rationalities in Paul: Expanding Our Definition of Argument." *ResQ* 46 (1, 2004): 1 – 9.

Sunderland, *Manual.* • Sunderland, La Roy. *Anti Slavery Manual, Containing a Collection of Facts and Arguments on American Slavery.* New York: S. W. Benedict, 1837. Reprinted by Detroit: Negro History Press, n.d.

Sunderland, *Testimony.* • Sunderland, La Roy. *The Testimony of God against Slavery, or A Collection of Passages from the Bible Which Show the Sin of Holding Property in Man, with Notes.* Boston: Webster & Southard, 1835.

Sunquist, *Century.* • Sunquist, Scott W. *The Unexpected Cristian Century: The Reversal and Transformation of Global Christianity, 1900–2000.* Foreword by Mark A. Noll. Grand Rapids: Baker Academic, 2015.

Swartley, *Slavery.* • Swartley, Willard M. *Slavery, Sabbath, War and Women: Case Studies in Biblical Interpretation.* Scottsdale: Herald, 1983.

Sweeney, *Story.* • Sweeney, Douglas A. *The American Evangelical Story: A History of the Movement.* Grand Rapids: Baker Academic, 2005.

Swinburne, "Evidence." • Swinburne, Richard. "Evidence for the Resurrection." 191–212 in *The Resurrection: An Interdisciplinary Symposium on the Resurrection of Jesus.* Edited by Stephen T. Davis, Daniel Kendall, and Gerald O'Collins. Oxford: Oxford University Press, 1997.

Swinburne, "Historical Evidence." • Swinburne, Richard. "Historical Evidence." 133–51 in *Miracles.* Edited by Richard Swinburne. New York: Macmillan, 1989.

Swinburne, "Introduction." • Swinburne, Richard. "Introduction." 1–17 in *Miracles.* Edited by Richard Swinburne. New York: Macmillan, 1989.

Swinburne, *Miracle.* • Swinburne, Richard. *The Concept of Miracle.* NSPR. London: Macmillan, 1970.

Synan, "Legacies." • Synan, Vinson. "The Lasting Legacies of the Azusa Street Revival." *Enr* 11 (2, 2006): 142–52.

Synan, *Movement.* • Synan, Vinson. *The Holiness-Pentecostal Movement in the United States.* Grand Rapids: Eerdmans, 1971.

Synan, "Seymour." • Synan, Vinson. "Seymour, William Joseph." 778–81 in *DPCM.*

Synan, *Tradition.* • Synan, Vinson. *The Holiness-Pentecostal Tradition: Charismatic Movements in the Twentieth Century.* Grand Rapids: Eerdmans, 1997.

Synan, *Voices.* • Synan, Vinson. *Voices of Pentecost: Testimonies of Lives Touched by the Holy Spirit.* Ann Arbor: Servant, 2003.

Szentágothai, "Existence." • Szentágothai, János. "The Existence of Some Creative Impulse at the Very Beginning." 214–17 in *Cosmos, Bios, and Theos: Scientists Reflect on Science, God, and the Origins of the Universe, Life, and* Homo Sapiens. Edited by Henry Margenau and Roy Abraham Varghese. La Salle, IL: Open Court, 1992.

Talbert, *Acts.* • Talbert, Charles H. *Reading Acts: A Literary and Theological Commentary on the Acts of the Apostles.* Rev. ed. Macon, GA: Smyth & Helwys, 2005.

Talbert, *Apocalypse.* • Talbert, Charles H. *The Apocalypse: A Reading of the Revelation of John.* Louisville: Westminster John Knox, 1994.

Talbert, *Corinthians.* • Talbert, Charles H. *Reading Corinthians: A Literary and Theological Commentary on 1 and 2 Corinthians.* New York: Crossroad, 1987.

Talbert, *Mediterranean Milieu.* • Talbert, Charles H. *Reading Luke-Acts in Its Mediterranean Milieu.* NovTSup 107. Leiden: Brill, 2003.

Talbert, *Patterns.* • Talbert, Charles H. *Literary Patterns, Theological Themes, and the Genre of Luke-Acts.* SBLMS 20. Missoula, MT: Scholars Press, 1974.

Taliaferro and Hendrickson, "Racism." • Taliaferro, Charles, and Anders Hendrickson. "Hume's Racism and His Case against the Miraculous." *PhilChr* 4 (2, 2002): 427–41.

Tannehill, *Acts.* • Tannehill, Robert C. *The Acts of the Apostles.* Vol. 2 of *The Narrative Unity of Luke-Acts: A Literary Interpretation.* Minneapolis: Fortress, 1990.

Tannehill, *Luke.* • Tannehill, Robert C. *The Gospel according to Luke.* Vol. 1 of *The Narrative Unity of Luke-Acts: A Literary Interpretation.* Philadelphia: Fortress, 1986.

Tarango, *Jesus Way.* • Tarango, Angela. *American Indian Pentecostals and the Fight for the Indigenous Principle.* Chapel Hill: University of North Carolina Press, 2014.

Tarr, *Foolishness.* • Tarr, Del. *The Foolishness of God: A Linguist Looks at the Mystery of Tongues.* Foreword by Jack Hayford. Springfield, MO: Access, 2010.

Tatum, "Epoch." • Tatum, W. Barnes. "The Epoch of Israel: Luke I–II and the Theological Plan of Luke-Acts." *NTS* 13 (2, 1967): 184–95.

Taylor, *Hume.* • Taylor, A. E. *David Hume and the Miraculous.* The Leslie Stephen Lecture, Cambridge University, 1927. Cambridge: Cambridge University Press, 1927.

Taylor, "Shades." • Taylor, Mark C. "Shades of Difference." *Semeia* 40 (Fall 1987): 21–38.

Ten, "Racism." • Ten, C. L. "Hume's Racism and Miracles." *JValInq* 36 (2002): 101–7.

Ten Elshof, *Confucius.* • Ten Elshof, Gregg A. *Confucius for Christians: What an Ancient Chinese Worldview Can Teach Us about Life in Christ.* Grand Rapids: Eerdmans, 2015.

Tennant, *Miracle.* • Tennant, F. R. *Miracle and Its Philosophical Presuppositions: Three Lectures Delivered in the University of London 1924.* Cambridge: Cambridge University Press, 1925.

Tennent, *Theology.* • Tennent, Timothy C. *Theology in the Context of World Christianity: How the Global Church Is Influencing the Way We Think about and Discuss Theology.* Grand Rapids: Zondervan, 2007.

Theissen, "Nouvelle perspective." • Theissen, Gerd. "La nouvelle perspective sur Paul et ses limites. Quelques reflexions psychologiques." *ETR* 83 (4, 2008): 529–51.

Theissen and Merz, *Guide.* • Theissen, Gerd, and Annette Merz. *The Historical Jesus: A Comprehensive Guide.* Translated by John Bowden. Minneapolis: Fortress, 1998.

Thiselton, "Hermeneutics." • Thiselton, Anthony C. "Hermeneutics and Theology: The Legitimacy and Necessity of Hermeneutics." 142–74 in *A Guide to Contemporary Hermeneutics: Major Trends in Biblical Interpretation.* Edited by Donald K. McKim. Grand Rapids: Eerdmans, 1986.

Thiselton, *Horizons.* • Thiselton, Anthony C. *The Two Horizons: New Testament Hermeneutics and Philosophical Description.* Grand Rapids: Eerdmans, 1980. 『두 지평』(IVP 역간).

Thiselton, "New Hermeneutic." • Thiselton, Anthony C. "The New Hermeneutic." 78–107 in *A Guide to Contemporary Hermeneutics: Major Trends in Biblical Interpretation.* Edited by Donald K. McKim. Grand Rapids: Eerdmans, 1986.

Thomas, "Spirit Is Saying." • Thomas, John Christopher. " 'What the Spirit Is Saying to the

Church'—The Testimony of a Pentecostal in New Testament Studies." 115–29 in *Spirit and Scripture: Exploring a Pneumatic Hermeneutic*. Edited by Kevin L. Spawn and Archie T. Wright. New York: Bloomsbury, 2012.

Thomas, "Women." • Thomas, John Christopher. "Women, Pentecostalism, and the Bible: An Experiment in Pentecostal Hermeneutics." 81–4 in *Pentecostal Hermeneutics: A Reader*. Reprint of "Women, Pentecostals and the Bible: An Experiment in Pentecostal Hermeneutics." *JPT* 5 (1994): 41–56. Also found in "Women in the Church: An Experiment in Pentecostal Hermeneutics." *Evangelical Review of Theology* 20 (3, 1996): 220–32.

Thomas and Alexander, "Signs." • Thomas, John Christopher, and Kimberly E. Alexander. " 'And the Signs Are Following': Mark 16.9–0—A Journey into Pentecostal Hermeneutics." *JPT* 11 (2, 2003): 147–70.

Thoresen, "Health." • Thoresen, Carl E. "Spirituality, Religion, and Health: What's the Deal?" 3–10 in *Spirit, Science, and Health: How the Spiritual Mind Fuels Physical Wellness*. Edited by Thomas G. Plante and Carl E. Thoresen. Foreword by Albert Bandura. Westport, CT: Praeger, 2007.

Thorsen and Reeves, *Bible*. • Thorsen, Don, and Keith H. Reeves, *What Christians Believe about the Bible: A Concise Guide for Students*. Grand Rapids: Baker Academic, 2012.

Thurén, "Sincere." • Thurén, Lauri. "Was Paul Sincere? Questioning the Apostle's Ethos." *Scriptura* 65 (1998): 95–108.

Tigchelaar, "Names of Spirits." • Tigchelaar, Eibert J. C. " 'These Are the Names of the Spirits of…': A Preliminary Edition of *4Qcatalogue of Spirits (4Q230)* and New Manuscript Evidence for the *Two Spirits Treatise (4Q257* and *1Q29a*)." *RevQ* 21 (84, 2004): 529–47.

Tippett, "Possession." • Tippett, A. R. "Spirit Possession as It Relates to Culture and Religion: A Survey of Anthropological Literature." 143–74 in *Demon Possession: A Medical, Historical, Anthropological, and Theological Symposium*. Papers presented at the University of Notre Dame, January 8–11, 1975, under the auspices of the Christian Medical Association. Edited by John Warwick Montgomery. Minneapolis: Bethany House, 1976.

Tomkins, *History*. • Tomkins, Stephen. *A Short History of Christianity*. Grand Rapids: Eerdmans, 2005.

Tonquédec, *Miracles*. • Tonquédec, Joseph de. *Miracles*. Translated by Frank M. Oppenheim. West Baden Springs, IN: West Baden College, 1955. Translated from "Miracle." 3:517–78 in *Dictionnaire Apologétique de la Foi Catholique*. Edited by A. d'Alès. Paris: Beauchesne, 1926.

Toon, *Development*. • Toon, Peter. *The Development of Doctrine in the Church*. Grand Rapids: Eerdmans, 1979.

Torrey, *Person and Work*. • Torrey, R. A. *Person and Work of the Holy Spirit*. Grand Rapids: Zondervan, 1974.

Torrey, "Supernatural Guidance." • Torrey, R. A. "Supernatural Guidance." *Paraclete* (Fall 1978): 17–21.

Townes, "Question." • Townes, Charles H. "The Question of Origin Seems Unanswered If We Explore from a Scientific View Alone." 122–24 in *Cosmos, Bios, and Theos: Scientists Reflect* *on Science, God, and the Origins of the Universe, Life, and* Homo Sapiens. Edited by Henry Margenau and Roy Abraham Varghese. La Salle, IL: Open Court, 1992.

Tozer, *Pursuit.* • Tozer, A. W. *The Pursuit of God.* Camp Hill, PA: Christian Publications, [1948, 1982,] 1993. 『하나님을 추구하라』(복있는사람 역간).

Treier, *Interpretation.* • Treier, Daniel J. *Introducing Theological Interpretation of Scripture: Recovering a Christian Practice.* Grand Rapids: Baker Academic, 2008.

Tribble, "Work." • Tribble, H. W. "The Convicting Work of the Holy Spirit, John 16:7–11." *RevExp* 32 (1935): 269–80.

Trompf, *Historical Recurrence.* • Trompf, G. W. *The Idea of Historical Recurrence in Western Thought.* Berkeley: University of California Press, 1979.

Tronier, "Spørgsmålet." • Tronier, Henrik. "Spørgsmålet om hermeneutisk kongruens I Pauluseksegesen. 2. del: Allegorisk og typologisk hermeneutic i eksegesen." *Dansk Teologisk Tidsskrift* 55 (3, 1992): 191–208.

Trousdale, *Movements.* • Trousdale, Jerry. *Miraculous Movements.* Nashville: Thomas Nelson, 2012.

Tsouna, "Introduction." • Tsouna, Voula, "Introduction." vii–viii in *Philodemus, On Property Management*. Translated with an introduction and notes by Voula Tsouna. SBL Writings from the Greco-Roman World 33. Atlanta: SBL, 2012.

Tucker, "Background." • Tucker, Gene M. "The Legal Background of Genesis 23." *JBL* 85 (1, March 1966): 77–84.

Tucker, *Jerusalem.* • Tucker, Ruth. *From Jerusalem to Irian Jaya: A Biographical History of Christian Missions.* Grand Rapids: Zondervan, 1983.

Tuppurainen, "Contribution." • Tuppurainen, Riku P. "The Contribution of Socio-Rhetorical Criticism to Spirit-Sensitive Hermeneutics: A Contextual Example—Luke 11:13." *Journal of Biblical and Pneumatological Research* 4 (2012): 38–66.

Turaki, "Legacy." • Turaki, Yusufu. "The British Colonial Legacy in Northern Nigeria." PhD dissertation, Boston University, 1982.

Turner, "Actuality." • Turner, Edith. "Psychology, Metaphor, or Actuality? A Probe into Iñupiat Eskimo Healing." *AnthCons* 3 (1–2, 1992): 1–8.

Turner, "Advances." • Turner, Edith. "Advances in the Study of Spirit Experience: Drawing Together Many Threads." *AnthCons* 17 (2, 2006): 33–61.

Turner, "Experience." • Turner, Max. "Early Christian Experience and Theology of 'Tongues'—New Testament Perspective." 1–33 in *Speaking in Tongues: Multi-disciplinary Perspectives.* Edited by Mark J. Cartledge. SPCI. Waynesboro, GA, and Bletchley, Milton Keynes, UK: Paternoster, 2006.

Turner, *Experiencing Ritual.* • Turner, Edith, with William Blodgett, Singleton Kahoma, and Fideli Benwa. *Experiencing Ritual: A New Interpretation of African Healing.* SCEthn. Philadelphia: University of Pennsylvania Press, 1992.

Turner, *Hands.* • Turner, Edith. *The Hands Feel It: Healing and Spirit Presence among a Northern Alaskan People.* DeKalb: Northern Illinois University Press, 1996.

Turner, *Healers.* • Turner, Edith. *Among the Healers: Stories of Spiritual and Ritual Healing around* *the World.* Religion, Health, and Healing. Westport, CT: Praeger, 2006.

Turner, *Power.* • Turner, Max. *Power from on High: The Spirit in Israel's Restoration and Witness in Luke-Acts.* Sheffield, UK: Sheffield Academic, 1996. 『성령과 권능』(새물결플러스 역간)

Turner, *Prophet.* • Turner, David L. *Israel's Last Prophet: Jesus and the Jewish Leaders in Matthew 23.* Minneapolis: Fortress, 2015.

Turner, "Reality of Spirits." • Turner, Edith. "The Reality of Spirits." *Shamanism* 10 (1, Spring/Summer 1997).

Twelftree, *Exorcist.* • Twelftree, Graham H. *Jesus the Exorcist: A Contribution to the Study of the Historical Jesus.* Peabody, MA: Hendrickson; Tübingen: J. C. B. Mohr, 1993. 『귀신 축출자 예수』(대장간 역간).

Twelftree, *Miracle Worker.* • Twelftree, Graham H. *Jesus the Miracle Worker: A Historical and Theological Study.* Downers Grove, IL: InterVarsity, 1999.

Twelftree, *Name.* • Twelftree, Graham H. *In the Name of Jesus: Exorcism among Early Christians.* Grand Rapids: Baker Academic, 2007. 『초기 기독교와 축귀 사역』(새물결플러스 역간).

Twelftree, *People.* • Twelftree, Graham H. *People of the Spirit: Exploring Luke's View of the Church.* Grand Rapids: Baker Academic, 2009.

Tyson, "History to Rhetoric." • Tyson, Joseph B. "From History to Rhetoric and Back: Assessing New Trends in Acts Studies." 23–42 in *Contextualizing Acts: Lukan Narrative and Greco-Roman Discourse.* Edited by Todd Penner and Caroline Vander Stichele. SBLSymS 20. Atlanta: SBL, 2003.

Usry and Keener, *Religion.* • Usry, Glenn, and Craig S. Keener. *Black Man's Religion: Can Christianity Be Afrocentric?* Downers Grove, IL: InterVarsity, 1996.

Van der Horst, "Bibliomancy." • Van der Horst, Pieter W. "Ancient Jewish Bibliomancy." *JGRCJ* 1 (2000): 9–17.

Van der Watt, "Hermeneutics of Relevance." • Van der Watt, Jan G. "A Hermeneutics of Relevance: Reading the Bible in Dialogue in African Contexts." 237–55 in *Miracles and Imagery in Luke and John: Festschrift Ulrich Busse.* Edited by J. Verheyden, G. van Belle, and J. G. van der Watt. BETL 218. Leuven: Uitgeverij Peeters, 2008.

Vanhoozer, "Beyond." • Vanhoozer, Kevin J. " 'Into the Great 'Beyond': A Theologian's Response to the Marshall Plan." 81–95 in *Beyond the Bible: Moving from Scripture to Theology* by I. Howard Marshall, with essays by Kevin J. Vanhoozer and Stanley E. Porter. Grand Rapids: Baker Academic, 2004.

Vanhoozer, *Meaning.* • Vanhoozer, Kevin J. *Is There a Meaning in This Text? The Bible, the Reader, and the Morality of Literary Knowledge.* Grand Rapids: Zondervan, 1998. 『이 텍스트에 의미가 있는가』(IVP 역간).

Van Ness, Kasl, and Jones, "Religion." • Van Ness, Peter H., Stanislav V. Kasl, and Beth A. Jones. "Religion, Race, and Breast Cancer Survival." *IntJPsyMed* 33 (2003): 357–76.

Vassiliadis, "Ermeneutike." • Vassiliadis, Petros. "Agiopneumatike Biblike Ermeneutike (Biblical Hermeneutics and the Holy Spirit)." *Deltion Biblikon Meleton* 14 (2, 1985): 51–60. (New Testament Abstracts)

Venter, *Reconciliation.* • Venter, Alexander. *Doing Reconciliation: Racism, Reconciliation, and*

Transformation in the Church and World. Cape Town: Vineyard International, 2004.

Verbaal, "Cicero." • Verbaal, Wim. "Cicero and Dionysios the Elder, or the End of Liberty." *Classical World* 99 (2, 2006): 145–56.

Vermes, "Elements." • Vermes, Geza. "Historiographical Elements in the Qumran Writings: A Synopsis of the Textual Evidence." *JJS* 58 (1, 2007): 121–39.

Vermes, "Halakah." • Vermes, Geza. "Sectarian Matrimonial Halakah in the Damascus Rule." *JJS* 25 (1, 1974): 197–202.

Vermes, *Jesus and Judaism.* • Vermes, Geza. *Jesus and the World of Judaism.* Philadelphia: Fortress, 1984; London: SCM, 1983.

Vidler, *Revolution.* • Vidler, Alec R. *The Church in an Age of Revolution: 1789 to the Present Day.* PHC 5. London: Penguin, 1974.

Voth, "Jeremiah." • Voth, Steven. "Jeremiah." 4:228–371 in *Zondervan Illustrated Bible Backgrounds Commentary: Old Testament.* Edited by John H. Walton. 5 vols. Grand Rapids: Zondervan, 2009.

Waardt, "Witchcraft." • Waardt, Hans de. "Dutch Witchcraft in the Sixteenth and Seventeenth Centuries." *SocG* 36 (3–4, May 1989): 224–44.

Wackenheim, "Babel." • Wackenheim, Charles. "De Babel a Pentecote." *LumVie* 58 (281, 2009): 47–56.

Wacker, *Heaven.* • Wacker, Grant. *Heaven Below: Early Pentecostals and American Culture.* Cambridge, MA: Harvard University Press, 2001.

Waddell, "Adventure." • Waddell, Robby. "Choose Your Own Adventure: Teaching, Participatory Hermeneutics, and the Book of Revelation." 178–93 in *But These Are Written...: Essays on Johannine Literature in Honor of Professor Benny C. Aker.* Edited by Craig S. Keener, Jeremy S. Crenshaw, and Jordan Daniel May. Eugene, OR: Pickwick, 2014.

Waddell, "Hearing." • Waddell, Robby. "Hearing What the Spirit Says to the Churches: Profile of a Pentecostal Reader of the Apocalypse." 171–203 in *Pentecostal Hermeneutics: A Reader.* Edited by Lee Roy Martin. Leiden: Brill, 2013.

Waddell, *Spirit in Revelation.* • Waddell, Robert C. *The Spirit of the Book of Revelation.* JPTSup 30. Blandford Forum, UK: Deo, 2006.

Wagenaar, "Kumba." • Wagenaar, Hinne. "Babel, Jerusalem, and Kumba: Missiological Reflections on Genesis 11:1–9 and Acts 2:1–13." *IntRevMiss* 92 (366, 2003): 406–21.

Währisch-Oblau, "Healthy." • Währich-Oblau, Claudia. "God Can Make Us Healthy Through and Through: On Prayers for the Sick and the Interpretation of Healing Experiences in Christian Churches in China and African Immigrant Congregations in Germany." *IntRevMiss* 90 (356–57, 2001): 87–102.

Walde, "Irony." • Walde, Christine. "Irony: Rhetoric." 6:943–44 in *BrillPauly.*

Walker, *History.* • Walker, Williston. *A History of the Christian Church.* 3rd ed. Rev. Robert T. Handy. New York: Scribner's, 1970.

Wall, "Acts." • Wall, Robert W. "The Acts of the Apostles." *NIB* 10:1–368.

Waltke, Houston, and Moore, *Psalms.* • Waltke, Bruce K., James M. Houston, and Erika Moore. *The Psalms as Christian Lament: A Historical Commentary.* Grand Rapids: Eerdmans, 2014.

Walton, *Genesis One.* • Walton, John H. *The Lost World of Genesis One.* Downers Grove, IL: IVP Academic, 2009.

Walton, *Thought.* • Walton, John H. *Ancient Near Eastern Thought and the Old Testament: Introducing the Conceptual World of the Hebrew Bible.* Grand Rapids: Baker Academic, 2006. 『고대 근동 사상과 구약성경』(CLC 역간).

Walton, Matthews, and Chavalas, *Background Commentary.* • Walton, John H., Victor H. Matthews, and Mark W. Chavalas. *The IVP Bible Background Commentary: Old Testament.* Downers Grove, IL: InterVarsity, 2000. 『IVP 성경 배경 주석』(IVP 역간).

Walton and Sandy, *World.* • Walton, John H., and D. Brent Sandy. *The Lost World of Scripture: Ancient Literary Culture and Biblical Authority.* Downers Grove, IL: IVP Academic, 2013.

Ward, "Believing." • Ward, Keith. "Believing in Miracles." *Zyg* 37 (3, 2002): 741–50.

Ward, "Cross-Cultural Study." • Ward, Colleen A. "The Cross-Cultural Study of Altered States of Consciousness and Mental Health." 15–35 in *Altered States of Consciousness and Mental Health: A Cross-Cultural Perspective.* Edited by Colleen A. Ward. CCRMS 12. Newbury Park, CA: Sage, 1989.

Ward, "Introduction." • Ward, Colleen A. "Introduction." 8–10 in *Altered States of Consciousness and Mental Health: A Cross-Cultural Perspective.* Edited by Colleen A. Ward. CCRMS 12. Newbury Park, CA: Sage, 1989.

Ward, "Miracles and Testimony." • Ward, Keith. "Miracles and Testimony." *RelS* 21 (1985): 134–45.

Ward, "Possession." • Ward, Colleen A. "Possession and Exorcism: Psychopathology and Psychotherapy in a Magico-Religious Context." 125–44 in *Altered States of Consciousness and Mental Health: A Cross-Cultural Perspective.* Edited by Colleen A. Ward. CCRMS 12. Newbury Park, CA: Sage, 1989.

Watson, *Paul, Judaism, and the Gentiles.* • Watson, Francis. *Paul, Judaism, and the Gentiles: Beyond the New Perspective.* Rev. ed. Grand Rapids: Eerdmans, 2007.

Webb, *Slaves.* • Webb, William J. *Slaves, Women, and Homosexuals: Exploring the Hermeneutics of Cultural Analysis.* Foreword by Darrell L. Bock. Downers Grove, IL: InterVarsity, 2001.

Webster, *Ingesting Jesus.* • Webster, Jane S. *Ingesting Jesus: Eating and Drinking in the Gospel of John.* SBL Academia Biblica 6. Atlanta: Society of Biblical Literature, 2003.

Webster, *Methodism and Miraculous.* • Webster, Robert. *Methodism and the Miraculous: John Wesley's Idea of the Supernatural and the Identification of Methodists in the Eighteenth Century.* Asbury Theological Seminary Series: The Study of World Christian Revitalization Movements in Pietist/Wesleyan Studies, 12. Lexington, KY: Emeth, 2013.

Weima, "Peace." • Weima, Jeffrey D. " 'Peace and Security' (1 Thess 5.3): Prophetic Warning or Political Propaganda?" *NTS* 58 (2012): 331–59.

Weintraub, "Credibility." • Weintraub, Ruth. "The Credibility of Miracles." *PhilSt* 82 (1996): 359–75.

Welbourn, "Exorcism." • Welbourn, F. B. "Exorcism." *Theology* 75 (1972): 593–96.

Welbourn, "Healing." • Welbourn, F. B. "Healing as a Psychosomatic Event." 351–68 in *Afro-Christian Religion and Healing in Southern Africa.* Edited by G. C. Oosthuizen, S. D.

Edwards, W. H. Wessels, and I. Hexham. AfSt 8. Lewiston, NY: Edwin Mellen, 1989.

Wells, "Exodus." • Wells, Bruce. "Exodus." 160–283 in vol. 1 of *Zondervan Illustrated Bible Backgrounds Commentary: Old Testament.* Edited by John Walton. 5 vols. Grand Rapids: Zondervan, 2009.

Wendl, "Slavery." • Wendl, Tobias. "Slavery, Spirit Possession and Ritual Consciousness: The *Tchamba* Cult among the Mina of Togo." 111–23 in *Spirit Possession, Modernity and Power in Africa.* Edited by Heike Behrend and Ute Luig. Madison: University of Wisconsin Press, 1999.

Wendland, *Cultural Factor.* • Wendland, Ernst R. *The Cultural Factor in Bible Translation: A Study of Communicating the Word of God in a Central African Cultural Context.* London: United Bible Societies, 1987.

Wengert, "Luther." • Wengert, Timothy. "Martin Luther on Galatians 3:6–14: Justification by Curses and Blessings." 91–116 in *Galatians and Christian Theology: Justification, the Gospel, and Ethics in Paul's Letter.* Edited by Mark W. Elliott, Scott J. Hafemann, N. T. Wright, and John Frederick. Grand Rapids: Baker Academic, 2014.

Wenham, *Bible.* • Wenham, John W. *Christ and the Bible.* Downers Grove, IL: InterVarsity, 1977.

Wesley, *Notes.* • Wesley, John. *Explanatory Notes upon the New Testament.* London: Epworth, 1966; originally 1754.

West, *Sorcery.* • West, Harry G. *Ethnographic Sorcery.* Chicago: University of Chicago Press, 2007.

Westerholm, "New Perspective." • Westerholm, Stephen. "What's Right about the New Perspective on Paul." 230–42 in *Studies in the Pauline Epistles: Essays in Honor of Douglas J. Moo.* Edited by Matthew S. Harmon and Jay E. Smith. Grand Rapids: Zondervan, 2014.

Westphal, *Community.* • Westphal, Merold. *Whose Community? Which Interpretation? Philosophical Hermeneutics for the Church.* Grand Rapids: Baker Academic, 2009.

White, "Calling." • White, Gayle. "Colorblind Calling." *The Atlanta Journal & Constitution* (November 3, 1991): M1, 4.

Whitehead, *Science.* • Whitehead, Alfred North. *Science and the Modern World.* Pelican Mentor Books 28. New York: New American Library, 1948.

Whybray, *Making.* • Whybray, R. N. *The Making of the Pentateuch: A Methodological Study.* JSOTSup 53. Sheffield, UK: JSOT Press, 1987.

Wigger, *Saint.* • Wigger, John. *American Saint: Francis Asbury and the Methodists.* Oxford: Oxford University Press, 2009.

Wikenhauser, *Apostelgeschichte.* • Wikenhauser, Alfred. *Die Apostelgeschichte.* 4th ed. RNT 5. Regensburg: Pustet, 1961.

Williams, "Acts." • Williams, Demetrius K. "The Acts of the Apostles." 213–48 in *True to Our Native Land: An African American New Testament Commentary.* Edited by Brian K. Blount, with Cain Hope Felder, Clarice J. Martin, and Emerson Powery. Minneapolis: Fortress, 2007.

Williams, "Germanicus." • Williams, Kathryn F. "Tacitus' Germanicus and the Principate." *Latomus* 68 (1, 2009): 117–30.

Williams, "Names." • Williams, Margaret H. "Palestinian Jewish Personal Names in Acts." 79–114 in *The Book of Acts in Its Palestinian Setting.* Edited by Richard Bauckham. Vol. 4 of *The Book of Acts in Its First Century Setting.* Edited by Bruce W. Winter. Grand Rapids: Eerdmans; Carlisle, UK: Paternoster, 1995.

Williams, *Radical Reformation.* • Williams, George Huntston. *The Radical Reformation.* Philadelphia: Westminster, 1962.

Williams, *Theology.* • Williams, J. Rodman. *Renewal Theology: Systematic Theology from a Charismatic Perspective.* Grand Rapids: Academie, 1988–92.

Wills, "Response." • Wills, Lawrence M. "A Response to the Roundtable Discussion 'Anti-Judaism and Postcolonial Biblical Interpretation.'" *Journal of Feminist Studies in Religion* 20 (2, 2004): 189–92.

Wilson, *Gnostic Problem.* • Wilson, R. McL. *The Gnostic Problem.* London: A. R. Mowbray, 1958.

Wilson, *Pastoral Epistles.* • Wilson, Stephen G. *Luke and the Pastoral Epistles.* London: SPCK, 1979.

Wilson, "Seeing." • Wilson, C. Roderick. "Seeing They See Not." 197–208 in *Being Changed: The Anthropology of Extraordinary Experience.* Edited by David Young and Jean-Guy Goulet. Petersborough, ON: Broadview, 1994.

Wilson and Sperber, "Outline." • Wilson, Deirdre, and Dan Sperber. "An Outline of Relevance Theory." 21–41 in *Encontro de linguistas: Actas.* Edited by H. O. Alves. UCPLA. Minho, Port.: Universidade do Minho, 1985.

Wilson and Sperber, "Representation." • Wilson, Deirdre, and Dan Sperber. "Representation and Relevance." 133–53 in *Mental Representations: The Interface between Language and Reality.* Edited by Ruth M. Kempson. Cambridge: Cambridge University Press, 1988.

Wimsatt and Beardsley, *Icon.* • Wimsatt, William K. *The Verbal Icon: Studies in the Meaning of Poetry, and Two Preliminary Essays Written in Collaboration with Monroe C. Beardsley.* London: Methuen, 1970.

Wimsatt and Beardsley, "Intentional Fallacy." • Wimsatt, W. K., and Monroe C. Beardsley. "The Intentional Fallacy." 3–18 in *The Verbal Icon: Studies in the Meaning of Poetry.* Edited by W. K. Wimsatt. Lexington: University of Kentucky, 1954.

Wink, "Write." • Wink, Walter. "Write What You See." *FourR* 7 (3, May 1994): 3–9.

Wire, "Story." • Wire, Antoinette Clark. "The Miracle Story as the Whole Story." *SEAJT* 22 (2, 1981): 29–37.

Witherington, *Christology of Jesus.* • Witherington, Ben, III. *The Christology of Jesus.* Minneapolis: Augsburg Fortress, 1990.

Witherington, *Grace.* • Witherington, Ben, III. *Grace in Galatia: A Commentary on Paul's Letter to the Galatians.* Grand Rapids: Eerdmans; Edinburgh: T&T Clark, 1998.

Witherington, *Isaiah.* • Witherington, Ben, III. *Isaiah Old and New.* Minneapolis: Fortress, 2017.

Witherington, *Wisdom.* • Witherington, Ben, III. *John's Wisdom: A Commentary on the Fourth Gospel.* Louisville: Westminster/John Knox, 1995.

Wittig, "Theory." • Wittig, Susan. "A Theory of Multiple Meanings." *Semeia* 9 (1977): 75–103.

Wolfe, "Potential." • Wolfe, Alan. "The Potential for Pluralism: Religious Responses to the Triumph of Theory and Method in American Academic Culture." 22–39 in *Religion, Scholarship, Higher Education: Perspectives, Models, and Future Prospects.* Edited by Andrea Sterk. Notre Dame, IN: University of Notre Dame Press, 2001.

Wolffe, *Expansion.* • Wolffe, John. *The Expansion of Evangelicalism: The Age of Wilberforce, More, Chalmers and Finney.* Downers Grove, IL: InterVarsity, 2007.

Wolfson, *Philo.* • Wolfson, Harry Austryn. *Philo: Foundations of Religious Philosophy in Judaism, Christianity, and Islam.* 2 vols. 4th rev. ed. Cambridge, MA: Harvard University Press, 1968.

Wong, "Mind." • Wong, David W. F. "The Loss of the Christian Mind in Biblical Scholarship." *Evangelical Quarterly* 64 (1, 1992): 23–36.

Wong et al., "Factors." • Wong, Y. K., W. C. Tsai, J. C. Lin, C. K. Poon, S. Y. Chao, Y. L. Hsiao, et al. "Socio-demographic Factors in the Prognosis of Oral Cancer Patients." *OrOnc* 42 (9, 2006): 893–906.

Wrede, *Origin.* • Wrede, William. *The Origin of the New Testament.* Translated by James S. Hill. London and New York: Harper & Brothers, 1909.

Wrede, *Secret.* • Wrede, William. *The Messianic Secret.* Translated by J. C. G. Greig. Cambridge, UK: James Clarke, 1971.

Wrensch et al., "Factors." • Wrensch, Margaret, Terri Chew, et al. "Risk Factors for Breast Cancer in a Population with High Incidence Rates." *BrCanRes* 5 (4, 2003): R88–102.

Wright, *Biblical Archaeology.* • Wright, G. Ernest. *Biblical Archaeology.* Philadelphia: Westminster, 1962.

Wright, "Jewish Interpretation." • Wright, Archie T. "Second Temple Period Jewish Biblical Interpretation: An Early Pneumatic Hermeneutic." 73–98 in *Spirit and Scripture: Exploring a Pneumatic Hermeneutic.* Edited by Kevin L. Spawn and Archie T. Wright. New York: Bloomsbury, 2012.

Wright, *Mission.* • Wright, Christopher J. H. *The Mission of God: Unlocking the Bible's Grand Narrative.* Downers Grove, IL: IVP Academic, 2006. 『하나님의 선교』(IVP 역간)

Wright, *Paul.* • Wright, N. T. *Paul and the Faithfulness of God.* 2 vols. Vol. 4 of *Christian Origins and the Question of God.* Minneapolis: Fortress, 2013. 『바울과 하나님의 신실하심』(CH북스 역간).

Wright, *Victory.* • Wright, N. T. *Jesus and the Victory of God.* Vol. 2 of *Christian Origins and the Question of God.* Minneapolis: Fortress, 1996. 『예수와 하나님의 승리』(CH북스 역간).

Wyckoff, "Baptism." • Wyckoff, John W. "The Baptism in the Holy Spirit." 423–55 in *Systematic Theology: A Pentecostal Perspective.* Edited by Stanley M. Horton. Springfield, MO: Logion, 1994.

Wyckoff, John. • Wyckoff, John, personal correspondence, April 26 and May 10, 2015.

Wyckoff, *Pneuma.* • Wyckoff, John W. *Pneuma and Logos: The Role of the Spirit in Biblical Hermeneutics.* Eugene, OR: Wipf & Stock, 2010.

Wyk, "Witchcraft." • Wyk, I. W. C. van. "African Witchcraft in Theological Perspective." *HvTSt*

60 (3, 2004): 1201–28.

Wykstra, "Problem." • Wykstra, Stephen J. "The Problem of Miracle in the Apologetic from History." *JASA* 30 (4, 1978): 154–63.

Yamamori and Chan, *Witnesses.* • Yamamori, Tetsunao, and Kim-kwong Chan. *Witnesses to Power: Stories of God's Quiet Work in a Changing China.* Waynesboro, GA, and Carlisle, UK: Paternoster, 2000.

Yamauchi, "Adultery." • Yamauchi, Edwin M. "Adultery." 18–26 in *Dictionary of Daily Life in Biblical and Post-Biblical Antiquity.* Edited by Edwin M. Yamauchi and Marvin R. Wilson. 3 vols. Vol. 1: A-Da. Peabody, MA: Hendrickson, 2014.

Yamauchi, *Gnosticism.* • Yamauchi, Edwin M. *Pre-Christian Gnosticism: A Survey of the Proposed Evidences.* Grand Rapids: Eerdmans, 1973.

Yamauchi, "Gnosticism." • Yamauchi, Edwin M. "Gnosticism." 414–18 in *Dictionary of New Testament Background.* Edited by Craig A. Evans and Stanley E. Porter. Downers Grove, IL: InterVarsity, 2000.

Yamauchi, *Persia.* • Yamauchi, Edwin M. *Persia and the Bible.* Foreword by Donald J. Wiseman. Grand Rapids: Baker, 1990. 『페르시아와 성경』(CLC 역간).

Yeager et al., "Involvement." • Yeager, Diane M., Dana A. Glei, Melanie Au, Hui-Sheng Lin, Richard P. Sloan, and Maxine Weinstein. "Religious Involvement and Health Outcomes among Older Persons in Taiwan." *SSMed* 63 (2006): 2228–41.

Yeo, "Cultural Hermeneutics." • Yeo, Khiok-Khng. "Cultural Hermeneutics." 1:808–9 in *The New Interpreter's Dictionary of the Bible.* 5 vols. Edited by Katharine Doob Sakenfeld. Nashville: Abingdon, 2006.

Yeo, *Musing.* • Yeo, Khiok-Khng. *Musing with Confucius and Paul: Toward a Chinese Christian Theology.* Eugene, OR: Cascade, 2008.

Yeo, "*Xin*." • Yeo, Khiok-Khng. "On Confucian *Xin* and Pauline *Pistis.*" *Sino-Christian Studies* 2 (2006): 25–51.

Yong, *Spirit Poured.* • Yong, Amos. *The Spirit Poured Out on All Flesh: Pentecostalism and the Possibility of Global Theology.* Grand Rapids: Baker, 2005.

Yong, *Spirit-Word-Community.* • Yong, Amos. *Spirit-Word-Community: Theological Hermeneutics in Trinitarian Perspective.* Ashgate New Critical Thinking in Religion, Theology, and Biblical Studies. Burlington, VT: Ashgate, 2002.

Yong, "Trialectic." • Yong, Amos. "The Hermeneutical Trialectic: Notes toward a Consensual Hermeneutic and Theological Method." *Heythrop Journal* 45 (2004): 22–39.

Yong with Anderson, *Renewing.* • Yong, Amos, with Jonathan A. Anderson. *Renewing Christian Theology: Systematics for a Global Christianity.* Waco: Baylor University Press, 2014.

York, *Missions.* • York, John V. *Missions in the Age of the Spirit.* Foreword by Byron D. Klaus. Springfield, MO: Logion, 2000.

Yorke, "Hearing." • Yorke, Gosnell L. "Hearing the Politics of Peace in Ephesians: A Proposal from an African Postcolonial Perspective." *JSNT* 30 (1, 2007): 113-27.

Young, "Epistemology." • Young, Robert. "Miracles and Epistemology." *RelS* 8 (2, 1972): 115-26.

Young, "Mind of Scripture." • Young, Frances. "The 'Mind' of Scripture: Theological Readings of the Bible in the Fathers." *International Journal of Systematic Theology* 7 (2, 2005): 126–41.

Yung, "Integrity." • Yung, Hwa. "The Integrity of Mission in the Light of the Gospel: Bearing the Witness of the Spirit." *MissSt* 24 (2007): 169–88.

Yung, *Quest.* • Yung, Hwa. *Mangoes or Bananas? The Quest for an Authentic Asian Christian Theology; Biblical Theology in an Asian Context.* RStMiss. Oxford: Regnum, 1997.

Yung, *Quest*[2]. • Yung, Hwa. *Mangoes or Bananas? The Quest for an Authentic Asian Christian Theology.* 2nd ed. RStMiss. Oxford: Regnum, 2014.

Yung, "Reformation." • Yung, Hwa. "A 21st Century Reformation: Recovering the Supernatural." The Lausanne Global Conversation. http://conversation.lausanne .org/en/conversations/detail/11041, accessed October 2, 2010.

Zaprometova, "Crisis." • Zaprometova, Olga. "The Crisis of Identity or Anthropology at Risk." 183–95 in *The Many Faces of Global Pentecostalism.* Edited by Harold D. Hunter and Neil Ormerod. Cleveland, TN: CPT Press, 2013.

Zevit, "Plagues." • Zevit, Ziony. "Three Ways to Look at the Ten Plagues." *Bible Review* 6 (3, 1990): 16–23, 42, 44.

Zhang, "Ethics of Transreading." • Zhang, Huiwen (Helen). " 'Translated, It Is:…'—An Ethics of Transreading." *Educational Theory* 64 (5, October 2014): 479–95.

Zhaoming, "Chinese Denominations." • Zhaoming, Deng. "Indigenous Chinese Pentecostal Denominations." 437–66 in *Asian and Pentecostal: The Charismatic Face of Christianity in Asia.* Edited by Allan Anderson and Edmond Tang. Foreword by Cecil M. Robeck. RStMiss, AJPSS 3. Oxford: Regnum; Baguio City, Philippines: APTS, 2005.

성령 해석학

오순절 관점으로 성서 읽기

1쇄 발행 2020년 12월 5일

지은이 크레이그 S. 키너
옮긴이 송일
펴낸이 김요한
펴낸곳 새물결플러스

편 집 왕희광 정인철 노재현 한바울 정혜인
이형일 나유영 노동래 최호연
디자인 윤민주 황진주 박인미 이지윤
마케팅 박성민 이원혁
총 무 김명화 이성순
영 상 최정호 곽상원
아카데미 차상희

홈페이지 www.holywaveplus.com
이메일 hwpbooks@hwpbooks.com
출판등록 2008년 8월 21일 제2008-24호
주 소 (우) 04118 서울시 마포구 마포대로19길 33
전 화 02) 2652-3161
팩 스 02) 2652-3191

ISBN 979-11-6129-183-3 93230

책값은 뒤표지에 있습니다.

이 도서의 국립중앙도서관 출판예정도서목록(CIP)은 서지정보유통지원시스템 홈페이지(seoji.nl.go.kr)와 국가자료공동목록시스템(nl.go.kr/kolisnet)에서 이용하실 수 있습니다. CIP2020048135